Roleplaying Dice Companion

Gamemaster Edition

Steven Finlay

Relativistic

Relativistic

e-mail: info@relativistic.co.uk

ISBN-13: 978-1-9997303-9-0

No plants or animals were mistreated in the writing of this book. However, some may have been consumed by the author during the production process.

Cover and inside images: Thanks to Pixabay and Shutterstock.

Contents

Welcome to the Dungeon

Welcome friend, to you and your companions. I congratulate you on obtaining this Scroll of Wisdom – however you chanced upon it. May it prove a powerful aid in your questing.

Paranoia, Pathfinder, Traveller, Call of Cthulhu, TMNT, Vampire and of course, the all-conquering Dungeons and Dragons, to name but a few. Whatever your role-playing poison, having a good set of dice is a no brainer. Pity the wretched gamemaster with only a D20 and a couple of D6's to their name. However, no matter how many dice you have, there are always situations where you wish you had a few more, and like everything small and shiny, it's easy to lose or misplace them. I still recall that day, sometime in the early 2000s, when I lost my one and only D20 before a gaming session. No smart phones in those days! Embarrassing and very very frustrating. People still tease me about it more than 15 years later.

These days, there are lots of great programs and apps available if you need a dice roll and you don't happen to have the right polyhedron to hand. For example, the excellent Roll20 website (https://roll20.net/) offers a great dice rolling simulation tool as well as a whole host of other useful role-playing aids. So, in one sense, an ancient tome such as this isn't really needed. However, if you want to keep things anchored in the physical world, like to do things "old school" and insist on banishing all the electronics to the forbidden zone while you play, then this is the book for you.

The Roleplaying Dice Companion provides an easy to use simulated dice rolling experience. It's not intended that you replace your dice with this text (a curse of stupidity on you if you did) but rather, to provide that little bit of extra capacity at the dice rolling end of things should you ever need it.

You may also find that using this book brings some novelty value to the party. Likewise, it may prove invaluable when someone in the party is playing up a bit and complaining about the fairness of their or the gamemaster's dice rolls. (Am I wrong, or is there always one in every party?) Using this book could be a good way to shut them up for a while. And, if they start questioning the random number generation process used to simulate the dice rolls presented herein, just remind them that two independent teams of drunk, blindfolded druids were employed around the clock for more than five weeks to generate them all. Therefore, guaranteed to be completely random with no discernable patterns or biases whatsoever.

This book contains hundreds of thousands of randomly simulated dice rolls. All popular (and some unpopular) die are covered, including D4, D6, D8, D10, D12, D16 and D20. 0 – 7 and 0 – 9 variants of D8 and D10 are also provided, as are the combined results from multiple dice rolls. If you need to simulate rolling 4 D8's then no problem – just pick a number from the 4D8 table.

How to Use this Scroll of Wisdom

How should you use this learned text? However you want – you acquired it, it's yours! However, the way I originally designed the book was to provide a simple look-up method for selecting simulated dice rolls at random. The simplest way to do this was to use the time. The gamemaster consults their timepiece and states the current minute and second to use. The minute defines the column, the second the row. Times don't have to be exact. The gamemaster just needs to be clear that it's minute 23 and second 47 or whatever, for the purpose of selecting the relevant random number. Party members should not start arguing over the exact time – it's whatever time the gamemaster says it is – no further discussion required. Once the minute and second have been selected, you simply pick the number in the relevant dice roll table that matches those numbers. It's as easy as that! But, for those with low intelligence scores, let's do an example.

Let's say that I need to simulate rolling four ten sided dice (4D10) using standard 1 - 10 numbering (noting that the book also has tables for ten sided dice numbered 0 – 9, which is common). The process is as follows:

1. I look at the clock on the wall (or my watch, phone, fitbit, etc.) and conclude that it's say, 12 minutes and 54 seconds past the hour.
2. I confirm this to the party: "It's 12:54 guys." Therefore, they know my reference point.
3. I then look up the number on the 4 D 10 table on pages 90 and 91 at column 12, row 54.
4. The value is 20.

Therefore, the simulated result of rolling 4 D 10s is 20. That's my dice roll. 20.

If I want to use four separate simulated D10 dice rolls instead, then I would consult the 1 D 10 table on page 84. I would take the first dice roll from position 12:54 in the table and then the next 3 numbers in the row after that. This gives values of 3, 8, 2 and 3. Adding them up gives me 16. Using this method, if I get to the end of a row then I just go to the next row, or if it's the last row, then start again with the first row.

There are, of course, lots of other ways to select numbers at random from each table. The good old "shut your eyes and point" method is OK or you can start at the first number in a given table and then go through them one at a time, crossing them off as you go. With each table containing more than 3,000 numbers it will take a good while to get through them all.

Note that the Russian roulette table is based on there being a re-spin between goes. Therefore, the probability of shooting yourself in the head remains constant at 0.1667[*] (odds of 1 in 6) each time.

Coin Toss
(Heads and Tails)

Heads and Tails

Minutes

Seconds	0	1	2	3	4	5	6	7	8	9	10	11	12	13	14	15	16	17	18	19	20	21	22	23	24	25	26	27	28	29
0	T	T	T	T	H	T	T	T	T	T	H	H	T	H	T	H	T	T	H	H	H	T	H	T	H	T	H	T	H	H
1	H	T	T	T	H	H	H	H	H	H	H	H	H	T	H	H	T	T	H	T	H	T	H	H	H	H	T	H	T	H
2	H	T	T	T	H	H	T	H	T	T	H	T	T	T	T	H	T	T	H	H	T	H	T	H	T	T	T	H
3	T	T	T	H	H	T	H	H	H	H	H	T	T	T	T	T	T	H	H	T	H	T	H	T	H	T	T	H	H	T	H
4	H	T	T	T	H	T	T	H	H	T	H	T	H	T	T	T	H	T	H	T	H	T	T	T	H	T	T	T	T
5	H	H	H	T	T	H	T	T	H	T	H	T	T	T	T	H	T	H	T	T	T	T	T	T	T	T	H	T	T	T
6	T	T	T	H	T	H	T	H	T	T	T	H	T	T	T	H	T	T	H	H	T	T	H	T	T	H	T	H
7	T	T	H	H	H	H	H	H	H	H	T	T	T	H	H	T	T	H	H	T	T	T	T	H	T	H	H	H	H	H
8	H	T	T	T	H	H	T	T	T	T	H	H	T	H	H	T	H	H	T	T	T	H	T	H	T	H	H	T
9	H	T	H	H	H	H	T	H	T	H	T	T	H	T	H	H	H	T	H	T	H	T	T	T	H	H	H	H	H	H
10	H	T	T	T	H	T	H	H	H	H	H	T	H	H	T	H	H	T	T	H	H	H	H	T	H	H	H	T
11	H	T	H	H	T	T	T	T	H	H	H	T	H	T	T	T	H	T	H	T	H	H	H	T	H	T	T	T	T	T
12	T	T	H	T	H	T	T	T	H	T	H	T	H	T	H	H	T	H	T	H	H	T	H	T	H	T	H	T
13	H	T	H	H	H	H	H	H	T	T	T	H	H	H	H	H	T	H	T	H	T	H	T	H	T	T	H	H
14	T	T	T	T	H	T	H	H	H	T	T	T	H	T	H	T	T	H	T	H	T	H	T	T	H	T	H	H
15	H	H	T	T	T	T	T	H	T	H	T	H	T	T	T	H	T	H	H	H	H	T	T	T	T	H	T	T
16	T	T	T	H	T	H	T	T	T	H	H	H	T	H	T	T	H	T	H	T	T	T	H	T	T	T	T	T
17	H	T	T	T	T	H	H	T	T	T	H	T	H	T	H	T	T	H	H	H	H	T	H	T	H	T	H	T	H	H
18	H	T	T	T	H	H	H	T	T	T	H	T	T	T	T	T	H	T	H	T	H	T	T	T	T	T	H	H
19	T	H	H	H	H	H	T	T	T	H	T	H	H	T	H	T	H	T	H	T	T	T	T	H	T	H	T	H	T	T
20	H	T	H	T	T	T	T	H	T	H	H	T	T	H	T	H	T	T	H	T	T	H	T	H	H	H	H	H
21	H	T	T	T	T	T	T	H	T	H	T	T	H	T	H	T	H	T	H	H	H	T	H	H	T	H	H	H	T	T
22	H	H	T	H	T	H	H	T	H	H	T	H	T	T	T	T	T	H	T	T	T	T	T	H	T	H	T	H	T
23	H	H	T	T	T	H	T	H	H	H	T	T	T	H	H	H	T	H	T	H	T	H	T	H	T	H	T	H	T
24	T	H	T	T	T	T	H	T	H	T	T	T	H	H	H	H	H	T	H	T	T	T	T	T	H	H	H
25	H	T	H	H	H	H	T	T	H	T	H	T	H	H	H	H	T	H	T	T	T	H	T	T	H	T	H	H	H
26	H	T	H	T	T	T	H	T	T	H	H	T	T	T	T	H	T	H	H	T	H	H	T	H	T	T	T	H	H
27	T	T	H	H	T	H	H	H	T	H	T	T	T	T	H	H	H	T	T	H	T	H	T	H	H	H	H	H	T
28	H	H	T	H	T	H	T	T	T	H	T	T	H	T	H	T	T	T	H	H	T	H	T	H	T	H	H	T
29	H	H	H	T	H	H	H	T	T	T	H	T	H	T	H	T	T	T	T	H	H	H	H	T	T	H	T	T	T
30	T	T	T	H	T	T	T	T	T	H	T	H	T	H	T	H	T	H	H	T	H	H	T	H	T	T	H	H	T
31	T	T	T	H	H	H	H	H	H	H	H	T	H	T	H	T	T	T	H	T	H	T	H	H	H	H	T	H	T	T
32	T	T	T	T	T	H	T	T	T	T	H	H	T	H	H	T	T	H	H	T	T	H	T	T	T	T	T	H	H
33	T	T	H	T	H	T	H	H	H	T	T	T	T	T	T	T	H	T	H	T	H	T	T	T	H	H	T	H	T
34	T	T	T	T	T	H	T	H	H	H	T	H	T	H	T	H	T	H	T	T	T	H	T	T	T	T	H	H
35	H	H	T	T	T	H	T	T	H	T	H	T	T	T	H	T	H	T	H	T	H	T	T	T	T	H	T	T	T	H
36	T	T	H	T	T	T	T	T	H	T	H	T	T	T	T	H	T	H	T	T	T	H	T	H	T	H	T	H
37	T	H	H	H	H	H	H	T	T	T	H	T	T	H	H	T	T	H	T	T	H	T	H	H	H	H	H	H
38	T	T	T	H	T	T	T	T	H	T	T	H	H	T	H	H	T	T	H	T	H	H	H	H	H	H	H	T
39	T	H	H	H	H	T	H	T	H	T	T	T	H	T	T	H	H	T	H	T	T	T	H	H	H	H	H	T
40	T	T	H	T	T	T	H	H	T	T	T	H	H	T	H	T	T	H	T	T	H	H	T	H	T	H	H	T
41	T	H	H	T	T	T	H	H	T	H	T	H	T	H	T	H	T	H	H	H	T	H	T	T	H	T	T	T	T	H
42	T	T	H	T	T	H	T	T	H	T	T	H	T	T	H	T	H	H	T	T	H	H	T	H	T	H	T	H	H
43	T	H	H	H	H	H	H	H	T	H	H	H	H	H	H	T	H	T	H	T	H	T	T	H	T	T	H	H	T
44	T	T	T	H	T	T	H	T	H	T	T	H	T	H	H	T	H	T	T	H	T	T	T	T	T	T	T	T
45	H	T	T	T	T	H	T	H	T	H	T	T	T	T	T	H	H	T	H	H	H	T	T	T	H	T	T	T	H
46	T	T	H	T	T	T	H	H	T	H	T	T	H	T	H	T	T	H	T	H	H	T	T	H	T	T	H	H
47	T	T	T	T	H	H	T	T	T	H	T	H	T	H	T	T	H	T	H	H	T	T	H	T	H	T	H	T	H
48	T	T	H	T	T	T	T	T	T	T	T	T	T	T	T	T	H	H	T	T	T	H	T	T	T	H	H	H
49	H	H	H	H	H	H	T	T	H	T	H	T	H	T	H	T	H	H	T	T	T	T	T	H	T	H	T	T	T
50	T	H	T	T	T	T	T	H	T	H	T	T	T	H	H	T	T	H	T	T	H	H	H	H	H	T
51	T	T	T	T	T	T	H	H	T	T	T	H	T	H	T	T	H	H	T	H	T	H	H	T	H	H	H	T	T	T
52	H	T	H	H	H	H	H	H	T	H	T	T	T	H	T	T	T	T	T	T	H	T	H	T	T	H	T	T
53	H	T	T	T	H	H	H	H	T	T	T	H	H	H	H	H	T	H	T	H	T	H	T	H	T	H	H	T	T
54	H	T	T	T	T	H	T	H	H	T	T	T	H	T	T	T	H	T	T	H	T	H	T	H	H	T	T
55	T	H	H	H	T	T	H	T	H	T	H	T	H	H	H	H	H	T	H	T	T	T	H	T	H	T	H	H	H
56	T	T	H	T	T	T	T	T	T	T	T	T	T	H	T	T	T	T	H	T	H	T	T	H	T	T	H	H
57	H	H	T	H	H	T	T	T	T	T	H	H	H	H	T	H	T	H	T	H	H	H	H	T	H	H	H
58	H	T	T	T	T	T	T	T	T	T	T	H	T	T	T	T	T	H	H	T	H	T	T	T	T	H	T	H
59	H	H	T	H	H	H	T	T	T	H	H	T	H	H	T	T	T	T	H	H	H	H	T	T	H	T	T	T

6

Minutes

	30	31	32	33	34	35	36	37	38	39	40	41	42	43	44	45	46	47	48	49	50	51	52	53	54	55	56	57	58	59
0	T	T	H	T	H	T	T	T	T	T	T	T	T	H	T	T	T	T	H	T	H	T	H	H	H	T	H	T	T	H
1	T	T	H	H	H	T	H	H	H	H	H	H	H	T	T	H	T	T	T	T	H	T	H	T	T	H	T	T	H	H
2	H	T	T	H	T	T	T	H	T	H	T	H	T	H	T	H	H	H	H	H	H	T	T	H	H	H	T	H	T	T
3	T	T	T	H	H	H	T	H	T	H	H	T	T	H	T	H	T	H	H	H	T	H	T	T	T	T	H	T	H	H
4	H	H	H	T	H	T	T	H	T	H	H	H	T	T	H	T	H	T	T	T	T	T	H	T	T	T	T	T	T	T
5	H	H	T	T	T	H	H	H	T	T	H	T	T	H	T	H	T	T	T	H	H	T	H	T	T	T	T	T	T	H
6	H	T	T	T	T	T	T	H	T	H	T	T	H	T	H	T	T	H	T	T	T	T	H	T	H	T	T	T	H	T
7	H	H	H	T	T	H	T	H	T	H	T	T	H	T	T	H	T	T	T	H	H	T	T	H	T	T	T	T	H	T
8	T	T	T	T	H	T	T	T	T	H	T	H	H	H	H	H	H	H	H	T	T	T	T	T	H	T	T	T	H	H
9	T	T	H	H	T	T	T	T	T	H	T	T	T	T	H	H	T	H	T	H	T	H	H	T	H	T	H	H	H	T
10	T	T	T	T	T	H	T	T	H	T	T	T	T	H	T	H	T	H	H	H	T	H	H	H	T	T	T	T	H	T
11	H	H	H	H	H	T	H	T	H	H	H	H	T	H	T	T	T	H	H	H	H	T	H	H	H	T	H	T	T	H
12	H	H	H	H	T	T	T	T	H	T	H	T	H	T	H	H	T	T	H	T	H	T	H	T	H	H	H	H	H	H
13	T	T	T	H	T	H	H	H	T	T	T	T	H	T	H	T	H	T	H	H	T	H	T	T	H	T	H	H	H	H
14	T	T	H	T	T	T	T	T	T	T	H	T	T	T	H	T	T	H	T	T	T	H	T	T	T	H	T	H	T	T
15	H	T	H	T	T	H	T	H	T	H	H	T	T	T	T	H	H	T	H	H	T	H	T	H	H	T	H	H	T	T
16	H	H	T	T	H	T	H	H	H	T	T	T	T	T	T	T	T	T	T	T	T	H	T	T	T	T	T	T	H	H
17	H	T	T	H	T	T	H	H	T	H	H	H	H	H	H	H	T	H	T	H	T	H	H	H	T	T	H	T	H	T
18	H	T	H	T	T	T	T	T	H	T	T	T	T	H	T	T	T	T	H	T	T	T	T	H	T	T	H	H	H	T
19	T	T	T	H	T	T	H	T	H	T	H	T	H	T	T	H	T	T	H	T	H	T	H	T	H	H	T	H	T	T
20	T	T	T	H	H	H	T	T	T	H	T	T	T	H	T	H	T	T	H	T	T	T	T	H	T	T	T	T	T	H
21	T	H	T	T	H	H	T	H	H	H	T	H	H	H	H	H	H	H	H	T	T	H	T	T	T	T	T	H	T	T
22	T	H	H	H	T	T	T	T	T	H	T	T	T	H	T	T	T	T	T	T	T	T	T	T	T	T	T	H	T	H
23	T	H	T	T	H	T	T	H	T	H	H	T	T	H	T	H	T	T	H	T	T	T	T	H	T	T	T	H	H	H
24	T	T	T	T	T	T	T	T	H	T	H	T	H	T	T	H	H	T	H	T	T	T	H	T	H	H	H	T	T	T
25	H	T	T	T	H	T	T	T	H	H	H	H	T	T	T	T	T	T	T	T	T	H	T	H	T	H	T	H	H	T
26	T	T	T	H	T	H	H	T	T	T	H	T	H	T	T	T	H	T	T	T	H	T	H	T	T	T	T	T	H	T
27	H	H	H	T	H	T	H	H	T	T	H	H	H	H	H	H	T	T	H	T	H	H	H	T	H	T	T	T	H	T
28	H	H	H	T	T	H	T	T	H	T	T	H	T	H	T	H	T	T	H	T	H	T	T	H	T	T	T	T	H	H
29	T	H	T	T	T	H	H	H	T	H	T	T	T	T	H	T	T	T	H	H	T	T	T	H	H	T	H	T	T	T
30	T	H	T	H	T	T	T	T	T	T	T	H	T	T	T	H	T	H	H	H	T	H	T	T	H	T	T	T	T	T
31	T	H	H	T	H	H	H	H	H	H	H	T	T	T	H	T	T	T	T	H	T	H	T	T	H	T	T	H	H	H
32	T	T	T	H	T	H	T	T	H	T	T	H	H	H	H	H	H	T	T	H	T	H	T	H	T	H	T	T	T	H
33	T	T	H	H	H	T	H	T	H	H	T	T	T	H	T	H	T	H	H	T	H	T	T	T	T	H	T	H	H	H
34	H	H	H	H	T	T	H	T	T	T	H	T	H	T	T	T	H	T	H	T	T	T	T	T	T	T	H	T	T	H
35	H	T	T	T	H	H	T	H	T	T	T	H	T	T	T	H	T	H	H	T	T	H	T	T	T	T	T	H	T	H
36	T	T	T	T	T	T	T	T	H	T	H	T	H	T	T	H	T	H	T	T	T	T	T	H	T	T	T	T	H	H
37	H	H	T	T	H	T	H	T	H	T	T	T	H	T	H	T	T	H	T	T	H	T	T	T	T	T	T	T	H	T
38	T	T	H	T	T	T	T	H	T	H	H	H	H	H	T	H	T	T	T	T	H	T	T	T	T	T	T	H	T	H
39	T	H	H	T	T	T	T	H	H	T	T	T	T	H	T	H	H	T	H	H	T	T	H	T	H	T	H	H	T	T
40	T	T	T	H	T	H	T	H	T	T	T	T	H	H	H	T	H	T	T	T	T	T	T	T	H	T	T	H	T	H
41	H	H	H	H	T	H	H	T	H	H	H	H	T	H	T	T	T	H	H	H	H	T	H	H	H	T	H	T	T	T
42	H	H	H	T	T	T	T	H	T	T	H	T	T	T	H	T	H	T	T	H	H	T	H	T	H	H	T	H	H	H
43	T	T	H	T	H	H	H	T	T	T	H	T	H	T	H	H	T	H	T	T	H	T	H	H	H	T	H	H	H	H
44	T	H	T	H	T	T	T	T	H	T	T	T	H	T	T	T	H	T	T	T	T	H	T	H	T	T	H	T	T	T
45	T	H	T	T	H	T	H	T	H	H	T	T	T	T	T	T	H	T	T	T	T	T	H	T	H	T	H	T	T	H
46	H	T	T	H	T	H	T	T	T	H	T	T	T	T	T	T	T	H	T	T	H	H	T	H	T	H	T	T	H	H
47	T	T	H	T	T	T	H	T	H	H	H	H	H	H	H	T	T	T	H	T	H	T	H	H	H	T	T	H	T	T
48	T	H	T	H	T	T	T	T	H	H	T	T	T	T	T	H	T	T	T	T	H	T	T	H	H	H	T	H	H	T
49	T	T	H	T	T	T	H	H	T	H	T	H	T	T	H	T	T	H	T	H	T	H	H	T	H	T	H	T	T	H
50	T	T	H	H	H	T	T	T	H	T	T	H	T	T	H	T	T	H	T	T	T	T	T	T	T	T	H	T	T	H
51	H	T	T	H	H	T	H	H	H	H	T	H	H	H	H	H	H	T	T	H	T	T	T	T	T	T	T	T	H	T
52	H	H	H	T	T	T	T	T	H	T	H	T	H	T	T	T	T	T	H	T	T	T	T	T	H	T	H	T	H	H
53	H	T	T	H	T	T	H	T	H	H	H	T	T	H	H	T	H	T	T	H	T	T	T	H	T	T	T	T	H	T
54	T	T	H	T	T	H	H	T	H	T	H	H	T	H	T	T	H	T	T	T	T	H	T	T	H	T	T	T	T	H
55	T	T	T	H	T	T	H	H	H	H	T	T	T	T	T	T	T	T	T	H	T	H	T	H	H	H	H	T	H	H
56	T	T	H	T	T	T	T	T	T	T	T	T	T	T	H	T	T	H	T	H	T	H	H	H	T	H	T	T	T	T
57	H	H	T	H	T	H	H	T	T	T	H	H	H	H	H	H	T	T	H	T	H	H	H	T	H	T	T	T	T	T
58	H	H	T	H	T	H	T	T	H	T	T	T	H	T	H	T	T	T	T	H	T	T	T	T	T	H	T	H	H	T
59	H	T	T	T	H	H	H	T	H	T	T	T	H	T	T	T	H	H	T	T	T	H	H	T	H	H	T	T	T	H

S
E
C
O
N
D
S

7

4-Sided Dice (1 − 4)

1D4

Seconds \ Minutes	0	1	2	3	4	5	6	7	8	9	10	11	12	13	14	15	16	17	18	19	20	21	22	23	24	25	26	27	28	29
0	2	3	1	4	1	1	4	4	4	4	1	2	4	3	1	1	3	2	3	1	4	4	2	3	2	3	4	1	1	3
1	3	4	4	3	4	3	1	1	3	2	2	2	4	2	3	4	2	4	2	4	3	4	4	1	3	2	3	2	3	3
2	3	4	3	4	2	2	1	3	4	1	3	1	1	4	1	1	3	4	4	4	4	4	3	2	4	4	3	2	1	4
3	3	2	2	2	4	4	1	2	3	3	3	1	1	3	3	1	3	2	2	2	1	2	4	3	1	1	3	3	1	4
4	2	2	1	4	2	4	2	2	1	1	1	1	4	4	2	3	3	2	3	3	1	1	3	1	1	3	3	3	3	3
5	1	3	2	4	4	2	1	4	4	2	1	1	2	2	2	1	3	4	4	3	2	3	2	1	3	1	4	3	2	3
6	3	4	3	2	4	4	1	3	3	4	4	1	2	2	2	3	4	1	4	4	4	4	1	3	4	2	3	1	4	3
7	3	4	3	2	3	3	1	1	1	1	1	4	4	4	4	3	2	4	3	3	4	3	1	1	2	4	1	3	4	4
8	2	1	1	2	3	1	2	3	2	3	3	4	3	4	3	4	1	1	1	4	1	4	2	4	1	3	3	1	3	2
9	4	1	1	1	1	2	2	3	1	1	3	4	1	1	1	4	3	4	4	1	2	3	1	2	2	2	3	3	3	3
10	2	1	1	4	3	3	1	4	1	4	1	2	2	1	4	2	3	1	1	3	2	3	1	2	2	2	3	2	3	4
11	2	4	4	2	3	3	1	1	2	4	2	2	3	1	1	4	3	3	3	1	2	4	1	2	4	1	1	3	1	2
12	3	4	4	3	3	3	1	4	4	4	4	4	1	4	3	3	1	3	1	1	2	4	1	4	3	1	3	1	1	2
13	2	2	2	1	1	3	2	1	4	3	4	2	4	1	2	4	1	4	3	1	4	3	2	1	2	4	4	4	4	3
14	2	3	2	4	2	1	4	4	4	4	4	4	2	1	4	4	1	3	2	1	1	2	1	2	3	1	3	4	2	1
15	3	1	2	2	2	2	2	3	2	4	4	1	3	2	4	3	3	1	1	2	4	3	4	2	3	3	1	4	1	3
16	2	2	3	3	3	3	2	4	2	4	1	3	2	1	2	3	2	4	1	4	3	4	1	3	4	3	3	3	3	2
17	4	4	2	4	4	4	3	3	3	3	3	2	2	2	4	3	4	3	1	3	4	2	2	1	3	1	4	1	4	4
18	4	4	3	1	1	2	1	2	1	1	3	1	1	2	1	2	2	3	3	3	3	2	3	3	4	2	4	1	3	4
19	2	3	4	2	1	1	4	3	3	1	3	2	2	1	2	3	3	3	1	3	4	4	4	1	2	4	3	2	1	4
20	4	2	3	4	2	4	2	2	2	4	4	4	3	1	2	3	3	1	3	1	2	4	3	2	2	2	4	1	4	3
21	2	2	4	1	4	4	1	2	2	3	4	1	4	1	2	4	4	3	3	3	3	1	3	1	3	3	4	3	4	2
22	3	4	2	4	4	3	1	3	1	4	4	1	3	2	1	2	4	1	4	4	3	1	3	3	4	3	1	2	2	4
23	4	1	3	4	1	4	1	1	2	3	2	2	4	3	2	2	3	4	2	2	3	4	1	1	2	1	3	1	2	4
24	2	2	1	2	3	2	4	2	3	3	4	3	3	3	1	4	1	3	1	1	2	2	4	2	3	4	4	1	2	1
S 25	4	2	4	4	2	1	2	4	3	3	1	1	2	3	4	1	3	1	1	3	2	3	1	1	4	4	4	2	3	2
E 26	1	2	4	1	1	1	3	2	1	1	1	4	4	1	1	3	2	3	2	2	1	2	2	3	2	1	3	1	1	1
C 27	4	2	3	1	4	2	4	4	2	3	4	2	1	4	1	2	4	2	1	1	4	3	3	4	4	4	3	1	1	4
O 28	4	2	2	3	3	1	1	3	1	1	4	2	2	3	4	1	2	3	1	4	4	2	4	4	3	4	3	2	1	3
N 29	3	1	1	4	4	3	4	1	3	1	2	2	3	4	4	3	1	4	1	1	4	3	2	3	2	2	1	2	1	3
D 30	3	1	4	1	1	4	4	4	4	1	2	4	3	1	1	3	2	3	1	4	4	2	3	2	3	4	1	1	3	1
S 31	4	4	3	4	3	1	1	3	2	2	2	4	2	3	4	2	4	2	4	3	4	4	1	3	2	3	2	3	3	4
32	4	3	4	2	2	1	3	4	1	3	1	1	4	1	1	3	4	4	4	4	4	3	2	4	4	3	2	1	4	4
33	2	2	2	4	4	1	2	3	3	3	1	1	3	3	1	3	2	2	2	1	2	4	3	1	1	3	3	1	4	1
34	2	1	4	2	4	2	2	1	1	1	1	4	4	2	3	3	2	3	3	1	1	3	1	1	3	3	3	3	3	1
35	3	2	4	4	2	1	4	4	2	1	1	2	2	2	1	3	4	4	3	2	3	2	1	3	1	4	3	2	3	1
36	4	3	2	4	4	1	3	3	4	4	1	2	2	2	3	4	1	4	4	4	4	1	3	4	2	3	1	4	3	4
37	4	3	2	3	3	1	1	1	1	1	4	4	4	4	3	2	4	3	3	4	3	1	1	2	4	1	3	4	4	3
38	1	1	2	3	1	2	3	2	3	3	4	3	4	3	4	1	1	1	4	1	4	2	4	1	3	3	1	3	2	3
39	1	1	1	1	2	2	3	1	1	3	4	1	1	1	4	3	4	4	1	2	3	1	2	2	2	3	3	3	3	3
40	1	1	4	3	3	1	4	1	4	1	2	2	1	4	2	3	1	1	3	2	3	1	2	2	2	3	2	3	4	4
41	4	4	2	3	3	1	1	2	4	2	2	3	1	1	4	3	3	3	1	2	4	1	2	4	1	1	3	1	2	3
42	4	4	3	3	3	1	4	4	4	4	4	4	1	4	3	3	1	3	1	1	2	4	1	4	3	1	3	1	1	2
43	2	2	1	1	3	2	1	4	3	4	2	4	1	2	4	1	4	3	1	4	3	2	1	2	4	4	4	4	3	3
44	3	2	4	2	1	4	4	4	4	4	4	2	1	4	4	1	3	2	1	1	2	1	2	3	1	3	4	2	1	1
45	1	2	2	2	2	2	3	2	4	4	1	3	2	4	3	3	1	1	2	4	3	4	2	3	3	1	4	1	3	4
46	2	3	3	3	3	2	4	1	3	2	1	2	3	2	4	2	2	4	1	4	3	4	1	3	4	3	3	3	2	1
47	4	2	4	4	4	3	3	3	3	3	2	2	2	4	3	4	3	1	3	4	2	2	1	3	1	4	1	4	4	3
48	4	3	1	1	2	1	2	1	1	3	1	1	2	1	2	2	3	3	3	3	2	3	3	4	2	4	1	3	4	3
49	3	4	2	1	1	4	3	3	1	3	2	2	1	2	3	3	3	1	3	4	4	4	1	2	4	3	2	1	4	1
50	2	3	4	2	4	2	2	2	4	4	4	3	1	2	3	3	1	3	1	2	4	3	2	2	2	4	1	4	3	3
51	2	4	1	4	4	1	2	2	3	4	1	4	1	2	4	4	3	3	3	3	1	3	1	3	3	4	3	4	2	4
52	4	2	4	4	3	1	3	1	4	4	1	3	2	1	2	4	1	4	4	3	1	3	3	4	3	1	2	2	4	3
53	1	3	4	1	4	1	1	2	3	2	2	4	3	2	2	3	4	2	2	3	4	1	1	2	1	3	1	2	4	2
54	2	1	2	3	2	4	2	3	3	4	3	3	3	1	4	1	3	1	1	2	2	4	2	3	4	4	1	2	1	3
55	2	4	4	2	1	2	4	3	3	1	1	2	3	4	1	3	1	1	3	2	3	1	1	4	4	4	2	3	2	1
56	2	4	1	1	1	3	2	1	1	1	4	4	1	1	3	2	3	2	2	1	2	2	3	2	1	3	1	1	1	2
57	2	3	1	4	2	4	4	2	3	4	2	1	4	1	2	4	2	1	1	4	3	3	4	4	4	3	1	1	4	4
58	2	2	3	3	1	1	3	1	1	4	2	2	3	4	1	2	3	1	4	4	2	4	4	3	4	3	2	1	3	1
59	1	1	4	4	3	4	1	3	1	2	2	3	4	4	3	1	4	1	1	4	3	2	3	2	2	1	2	1	3	1

The left margin contains the vertical label **SECONDS** (letters S-E-C-O-N-D-S aligned beside rows 25–31).

Sec	30	31	32	33	34	35	36	37	38	39	40	41	42	43	44	45	46	47	48	49	50	51	52	53	54	55	56	57	58	59
0	1	2	4	4	4	3	4	4	3	4	1	2	3	4	1	4	2	2	4	3	3	1	4	3	2	1	2	1	4	1
1	4	4	3	3	4	3	4	3	2	4	4	2	3	3	3	3	3	1	1	3	1	3	2	3	3	2	4	1	1	4
2	4	3	4	3	3	1	2	4	3	3	4	1	1	1	4	1	2	2	3	2	4	3	1	1	2	4	1	4	3	1
3	1	2	1	1	2	1	4	4	3	3	3	3	1	3	2	2	4	1	4	4	2	1	4	1	4	1	1	3	3	1
4	1	4	2	2	1	1	2	1	4	3	2	2	3	2	1	1	2	4	4	3	2	3	1	4	1	1	2	1	4	2
5	1	4	3	2	3	1	1	3	2	2	3	3	3	4	4	2	1	1	3	2	3	3	3	2	1	3	1	2	3	4
6	4	4	3	3	2	2	3	3	1	2	2	3	4	1	1	1	1	2	4	3	4	3	1	1	1	3	1	3	4	2
7	3	1	1	4	4	4	1	2	4	3	1	2	1	2	1	2	4	3	1	1	4	4	3	1	1	2	3	4	2	3
8	3	1	1	1	3	1	2	4	1	2	4	1	1	4	2	3	3	4	3	3	4	4	2	3	3	4	1	2	3	2
9	3	4	1	4	1	2	2	4	2	2	4	2	1	2	2	3	2	2	4	4	4	4	1	1	3	1	4	1	4	
10	4	2	2	1	2	1	3	2	2	3	4	4	2	2	3	1	3	1	2	1	3	1	2	1	4	2	2	2	2	2
11	3	1	2	2	1	3	4	2	1	4	1	3	2	4	2	3	2	2	1	2	2	3	1	3	3	3	1	1	1	3
12	4	2	1	4	4	2	2	4	3	2	1	3	2	1	4	3	3	3	2	1	1	2	2	1	2	4	2	3	1	3
13	3	1	4	4	4	3	2	3	4	2	2	2	1	2	2	1	4	2	1	2	3	1	3	4	4	1	3	2	3	1
14	1	4	1	3	4	4	4	3	1	1	2	3	3	3	2	3	4	3	2	4	3	1	2	1	1	3	4	2	1	2
15	4	1	3	4	4	4	3	1	3	3	3	3	3	2	1	4	4	4	4	3	3	2	2	1	3	1	2	4	1	1
16	1	3	2	2	3	4	1	4	1	4	3	4	4	2	2	2	1	4	1	2	4	2	3	2	3	1	2	1	2	
17	3	2	1	3	2	1	4	2	4	2	1	4	2	2	4	1	4	1	4	4	4	4	2	4	2	4	4	1	4	3
18	3	2	2	4	2	1	2	4	1	2	2	1	3	3	2	2	3	4	4	1	2	4	1	3	3	4	2	3	4	1
19	1	2	2	2	4	3	4	1	4	3	4	1	1	4	3	1	1	1	3	3	1	3	3	1	4	4	3	3	2	2
20	3	2	2	2	2	3	2	1	2	4	1	2	3	2	4	2	2	1	1	2	2	2	1	1	1	3	4	3	1	2
21	4	3	1	2	2	4	4	3	3	1	4	4	3	1	4	2	1	1	1	2	3	2	4	4	1	2	1	2	2	2
22	3	2	1	4	1	3	4	3	1	2	1	4	3	2	4	4	1	3	1	3	3	2	2	3	2	3	3	1	2	1
23	2	1	4	4	2	2	1	4	4	4	2	2	3	4	1	2	2	2	4	2	2	3	3	1	2	1	4	3	3	1
24	3	4	3	2	4	2	1	3	2	3	2	2	2	3	2	3	2	1	2	2	2	2	1	4	3	4	4	3	2	
25	1	3	3	4	4	1	1	4	2	4	1	2	3	3	1	1	4	4	2	2	1	3	4	4	3	4	2	4	1	3
26	2	2	1	2	3	2	3	4	1	3	2	4	4	4	2	1	3	1	3	2	3	1	3	1	4	4	1	1	4	1
27	4	3	3	4	2	4	1	1	4	2	4	2	2	2	3	2	3	2	4	4	4	1	1	4	4	2	1	2	4	4
28	1	2	1	4	4	1	4	1	1	2	2	3	1	2	4	3	3	2	1	3	1	1	4	1	1	2	3	1	4	1
29	1	2	1	3	2	4	2	2	3	2	1	4	4	1	2	3	3	2	2	4	3	3	3	4	3	4	2	1	2	2
30	2	4	4	4	3	4	4	3	4	1	2	3	4	1	4	2	2	4	3	3	1	4	3	2	1	2	1	4	1	4
31	4	3	3	4	3	4	3	2	4	4	2	3	3	3	3	1	1	3	1	3	2	3	3	2	4	1	1	4	3	
32	3	4	3	3	1	2	4	3	3	4	1	1	1	4	1	2	2	3	2	4	3	1	1	2	4	1	4	3	1	2
33	2	1	1	2	1	4	4	3	3	3	3	1	3	2	2	4	1	4	4	2	1	4	1	4	1	1	3	3	1	3
34	4	2	2	1	1	2	1	4	3	2	2	3	2	1	1	2	4	4	3	2	3	1	4	1	1	2	1	4	2	1
35	4	3	2	1	1	3	2	2	3	3	4	4	2	1	1	3	2	3	3	3	2	1	3	1	2	3	4	1		
36	4	3	3	2	2	3	3	1	2	2	3	4	1	1	1	1	2	4	3	4	3	1	1	1	3	1	3	4	2	2
37	1	1	4	4	4	1	2	4	3	1	2	1	2	1	2	4	3	1	1	4	4	3	1	1	2	3	4	2	3	2
38	1	1	1	3	1	2	4	1	2	4	1	1	4	2	3	3	4	3	3	4	4	2	3	3	4	1	2	3	2	3
39	4	1	4	1	2	2	4	2	2	4	2	1	2	2	3	2	2	4	4	4	4	1	1	3	1	4	1	4	1	
40	2	2	1	2	1	3	2	2	3	4	4	2	2	3	1	3	1	2	1	3	1	2	1	4	2	2	2	2	2	1
41	1	2	2	1	3	4	2	1	4	1	3	2	4	2	3	2	2	1	2	2	3	1	3	3	3	1	1	1	3	4
42	2	1	4	4	2	2	4	3	2	1	3	2	1	4	3	3	3	2	1	1	2	2	1	2	4	2	3	1	3	3
43	1	4	4	4	3	2	3	4	2	2	2	1	2	2	1	4	2	1	2	3	1	3	4	4	1	3	2	3	1	2
44	4	1	3	4	4	4	3	1	1	2	3	3	3	2	3	4	3	2	4	3	1	2	1	1	3	4	2	1	2	1
45	1	3	4	4	4	3	1	3	3	3	3	2	1	4	4	4	4	3	3	3	2	2	1	3	1	2	4	1	1	1
46	3	2	2	3	4	1	4	1	4	3	4	4	2	2	2	1	4	1	1	2	4	2	3	2	3	1	2	1	2	1
47	2	1	3	2	1	4	2	4	2	1	4	2	2	4	1	4	1	4	4	4	4	2	4	2	4	4	1	4	3	3
48	2	2	4	2	1	2	4	1	2	2	1	3	3	2	2	3	4	4	1	2	4	1	3	3	4	2	3	4	1	1
49	2	2	2	4	3	4	1	4	3	4	1	1	4	3	1	1	1	3	3	1	3	3	1	4	4	3	3	2	2	2
50	2	2	2	2	3	2	1	2	4	1	2	3	2	4	2	2	1	1	2	2	1	1	1	3	4	3	1	2	4	
51	3	1	2	2	4	4	3	3	1	4	4	3	1	4	2	1	1	1	2	3	2	4	4	1	2	1	2	2	2	2
52	2	1	4	1	3	4	3	1	2	1	4	3	2	4	4	1	3	1	3	3	2	2	3	2	3	3	1	2	1	1
53	1	4	4	2	2	1	4	4	4	2	2	3	4	1	2	2	2	4	2	2	3	3	1	2	1	4	3	3	1	4
54	4	3	2	4	2	1	3	2	3	2	2	2	3	2	3	2	1	2	2	2	2	1	4	3	4	4	3	2	3	
55	3	3	4	4	1	1	4	2	4	1	2	3	3	1	1	4	4	2	2	1	3	4	4	3	4	2	4	1	3	2
56	2	1	2	3	2	3	4	1	3	2	4	4	4	2	1	3	1	3	2	3	1	3	1	4	4	1	1	4	1	4
57	3	3	4	2	4	1	1	4	2	4	2	2	2	3	2	3	2	4	4	4	1	1	4	4	2	1	2	4	4	3
58	2	1	4	4	1	4	1	1	2	2	3	1	2	4	3	3	2	1	3	1	1	4	1	1	2	3	1	4	1	3
59	2	1	3	2	4	2	2	3	2	1	4	4	1	2	3	3	2	2	4	3	3	3	4	3	4	2	1	2	2	4

2D4

Minutes

Sec	0	1	2	3	4	5	6	7	8	9	10	11	12	13	14	15	16	17	18	19	20	21	22	23	24	25	26	27	28	29
0	5	4	6	7	5	5	8	3	3	4	4	5	6	2	5	5	3	6	6	7	6	8	8	5	4	5	5	5	3	2
1	5	5	6	4	6	3	3	7	6	6	2	3	7	4	5	7	8	2	6	2	6	7	4	6	7	5	4	5	6	5
2	4	5	6	8	4	6	4	7	5	3	6	3	8	5	3	3	4	6	3	7	5	3	5	5	5	2	3	7	4	6
3	7	4	5	5	6	4	4	3	3	8	3	7	6	5	8	4	7	6	3	5	3	5	4	8	3	6	5	3	6	7
4	8	3	5	3	6	5	6	8	6	5	6	6	4	8	6	4	8	4	4	4	6	2	6	5	3	4	6	5	3	3
5	6	7	5	4	4	5	5	6	3	2	6	6	4	6	6	5	6	6	5	5	7	2	5	4	8	5	5	5	7	2
6	4	4	7	6	4	6	3	3	6	3	6	4	5	4	4	7	5	5	6	5	3	5	2	3	5	6	5	4	8	2
7	7	4	3	4	6	6	4	7	5	8	2	6	6	5	3	7	4	4	3	4	6	4	8	2	6	6	5	7	5	2
8	5	2	3	2	5	2	8	8	6	6	3	2	5	7	8	3	5	3	3	5	6	5	3	2	3	5	7	6	2	7
9	4	6	7	5	5	3	7	5	3	6	3	5	5	4	5	5	7	5	5	2	7	6	5	5	5	7	3	6	3	4
10	3	5	7	6	5	2	4	7	2	5	5	6	5	6	5	4	4	2	6	5	4	7	5	3	4	7	3	3	6	7
11	6	3	4	2	8	7	3	5	5	8	6	5	7	4	6	7	7	4	3	4	5	4	6	5	2	4	7	6	6	5
12	4	2	7	6	6	5	4	4	3	3	2	8	6	2	5	8	3	5	7	3	6	3	4	5	5	7	2	8	6	6
13	3	6	5	4	6	4	5	6	7	7	3	7	5	3	6	5	5	4	4	6	5	8	2	7	7	5	4	8	8	3
14	5	5	4	3	6	4	4	2	6	4	6	4	5	4	3	6	5	5	8	5	7	8	6	2	8	5	3	5	7	5
15	2	3	4	7	4	6	6	5	6	5	7	2	8	3	7	5	4	5	8	6	3	8	4	7	6	3	6	7	4	3
16	3	5	5	5	6	3	7	7	5	2	5	4	6	3	5	6	6	5	6	6	5	5	2	6	6	8	3	2	7	7
17	6	4	3	4	5	5	8	7	3	6	4	6	3	2	3	7	7	6	5	3	7	6	4	3	5	4	6	7	4	5
18	8	3	7	6	4	4	5	6	7	5	5	6	4	7	6	5	2	5	3	3	4	5	5	2	5	3	6	5	8	
19	2	5	3	7	6	5	4	4	5	6	6	5	4	4	4	6	6	5	8	3	5	5	7	5	3	3	5	3	6	2
20	5	5	7	3	5	3	5	3	4	6	6	4	6	7	5	4	2	5	5	7	4	7	5	5	7	3	2	4	6	
21	4	3	8	6	4	7	7	4	6	5	7	6	2	4	4	2	4	6	8	8	6	5	5	5	7	5	7	4	3	6
22	4	6	5	5	4	5	4	4	6	8	5	4	2	7	4	4	7	4	4	3	4	4	7	6	6	4	7	4	4	5
23	3	8	5	6	2	3	8	3	5	2	5	5	8	4	5	4	4	5	4	3	4	5	6	3	2	6	4	3	4	4
24	6	5	5	8	3	2	6	6	7	7	5	7	4	5	7	4	4	2	8	3	7	3	6	7	6	7	6	2	3	5
25	4	7	5	4	4	3	7	3	3	3	4	5	5	5	5	5	6	6	3	4	7	4	7	2	4	6	3	5	6	5
26	8	4	4	6	6	4	5	5	4	4	5	7	7	5	3	6	5	2	4	2	4	5	6	6	6	6	6	2	6	7
27	7	6	6	6	5	4	5	4	5	4	6	5	3	4	5	6	3	5	6	4	3	5	4	6	6	5	5	5	2	4
28	2	6	4	4	3	8	8	6	4	6	5	5	5	7	6	5	6	6	4	4	5	6	5	6	2	3	6	6	4	5
29	4	3	5	2	6	5	4	7	6	7	7	5	2	3	7	8	6	4	3	6	5	4	5	5	6	5	7	5	2	3
30	4	6	7	5	5	8	3	3	4	4	5	6	2	5	5	3	6	6	7	6	8	8	5	4	5	5	5	3	2	3
31	5	6	4	6	3	3	7	6	6	2	3	7	4	5	7	8	2	6	2	6	7	4	6	7	5	4	5	6	5	6
32	5	6	8	4	6	4	7	5	3	6	3	8	5	3	3	4	6	3	7	5	3	5	5	5	2	3	7	4	6	3
33	4	5	5	6	4	4	3	3	8	3	7	6	5	8	4	7	6	3	5	3	5	4	8	3	6	5	3	6	7	5
34	3	5	3	6	5	6	8	6	5	6	6	4	8	6	4	8	4	4	4	6	2	6	5	3	4	6	5	3	3	4
35	7	5	4	4	5	5	6	3	2	6	6	4	6	6	5	6	6	5	5	7	2	5	4	8	5	5	5	7	2	4
36	4	7	6	4	6	3	3	6	3	6	4	5	4	4	7	5	5	6	5	3	5	2	3	5	6	5	4	8	2	4
37	4	3	4	6	6	4	7	5	8	2	6	6	5	3	7	4	4	3	4	6	4	8	2	6	6	5	7	5	2	3
38	2	3	2	5	2	8	8	6	6	3	2	5	7	8	3	5	3	3	5	6	5	3	2	3	5	7	6	2	7	7
39	6	7	5	5	3	7	5	3	6	3	5	5	4	5	5	7	5	5	2	7	6	5	5	5	7	3	6	3	4	6
40	5	7	6	5	2	4	7	2	5	5	6	5	6	5	4	4	2	6	5	4	7	5	3	4	7	3	3	6	7	5
41	3	4	2	8	7	3	5	5	8	6	5	7	4	6	7	7	4	3	4	5	4	6	5	2	4	7	6	6	5	3
42	2	7	6	6	5	4	4	3	3	2	8	6	2	5	8	3	5	7	3	6	3	4	5	5	7	2	8	6	6	6
43	6	5	4	6	4	5	6	7	7	3	7	5	3	6	5	5	4	4	6	5	8	2	7	7	5	4	8	8	3	3
44	5	4	3	6	4	4	2	6	4	6	4	5	4	3	6	5	5	8	5	7	8	6	2	8	5	3	5	7	5	4
45	3	4	7	4	6	6	5	6	5	7	2	8	3	7	5	4	5	8	6	3	8	4	7	6	3	6	7	4	3	6
46	5	5	5	6	3	7	7	5	2	5	4	6	3	5	6	6	5	6	6	5	5	2	6	6	8	3	2	7	7	5
47	4	3	4	5	5	8	7	3	6	4	6	3	2	3	7	7	6	5	3	7	6	4	3	5	4	6	7	4	5	6
48	3	7	6	4	4	5	6	7	5	5	6	4	7	6	5	2	5	5	3	3	4	5	5	2	5	3	6	5	8	3
49	5	3	7	6	5	4	5	6	6	5	4	4	4	6	6	5	8	3	5	5	7	5	3	3	5	3	6	2	5	3
50	5	7	3	5	3	5	3	4	6	6	4	6	7	5	4	2	5	5	7	4	7	5	5	5	7	3	2	4	6	3
51	3	8	6	4	7	7	4	6	5	7	6	2	4	4	2	4	6	8	8	6	5	5	5	7	5	7	4	3	6	2
52	6	5	5	4	5	4	4	6	8	5	4	2	7	4	4	7	4	4	3	4	4	7	6	6	4	7	4	4	5	4
53	8	5	6	2	3	8	3	5	2	5	5	8	4	5	4	4	5	4	3	4	5	6	3	2	6	4	3	4	4	4
54	5	5	8	3	2	6	6	7	7	5	7	4	5	7	4	4	2	8	3	7	3	6	7	6	7	6	2	3	5	8
55	7	5	4	4	3	7	3	3	3	4	5	5	5	5	5	6	6	3	4	7	4	7	2	4	6	3	5	6	5	7
56	4	4	6	6	4	5	5	4	4	5	7	7	5	3	6	5	2	4	2	4	5	6	6	6	6	6	2	6	7	5
57	6	6	6	5	4	5	4	5	4	6	5	3	4	5	6	3	5	6	4	3	5	4	6	6	5	5	5	2	4	7
58	6	4	4	3	8	8	6	4	6	5	5	5	7	6	5	6	6	4	4	5	6	5	6	2	3	6	6	4	5	5
59	3	5	2	6	5	4	7	6	7	7	5	2	3	7	8	6	4	3	6	5	4	5	5	6	5	7	5	2	3	5

(Left margin label for rows 25–31: **S E C O N D S**)

Minutes

Seconds	30	31	32	33	34	35	36	37	38	39	40	41	42	43	44	45	46	47	48	49	50	51	52	53	54	55	56	57	58	59
0	3	7	6	3	3	8	5	5	4	5	6	4	5	5	7	6	4	7	3	7	4	4	6	7	4	4	3	2	4	4
1	6	6	7	8	2	6	5	6	5	7	7	7	8	6	6	6	5	6	8	3	6	5	6	5	3	6	7	6	4	2
2	3	4	5	8	4	6	5	4	8	6	4	7	2	8	8	8	4	4	5	6	3	3	3	4	5	3	2	3	5	7
3	5	2	5	8	5	5	4	4	2	4	3	4	4	6	4	4	7	7	5	3	7	6	5	4	6	5	4	5	5	2
4	4	2	4	4	7	4	4	3	7	6	7	6	3	6	5	5	6	4	4	6	5	5	3	3	5	6	5	8	4	2
5	4	3	6	5	6	4	6	7	7	5	5	6	4	2	7	4	4	7	6	4	4	2	6	7	6	5	6	3	6	3
6	4	4	7	6	8	4	4	3	6	6	6	7	2	6	6	4	7	5	7	5	4	6	4	3	5	6	3	3	6	5
7	3	6	2	4	4	7	7	6	6	6	3	6	8	5	7	4	4	7	5	5	5	7	5	6	6	5	3	6	5	5
8	7	8	8	6	7	2	4	5	7	7	4	2	8	4	2	7	2	2	5	3	7	7	6	4	5	4	2	4	4	6
9	6	8	4	7	5	6	6	7	3	4	5	5	3	3	6	7	6	5	3	8	6	3	4	7	6	3	5	4	2	7
10	5	3	8	5	5	4	4	3	7	6	6	7	7	7	3	4	8	4	5	5	7	5	4	2	5	8	8	4	7	5
11	3	4	4	7	4	7	5	6	7	5	4	6	3	3	7	3	5	5	6	5	5	6	4	6	7	3	3	6	4	5
12	6	6	7	2	3	3	5	7	5	7	6	5	5	4	4	5	6	4	6	6	8	5	3	2	6	5	5	3	4	5
13	3	4	4	2	8	8	4	4	5	5	4	5	5	2	3	4	7	7	6	5	5	6	5	6	3	6	6	3	4	5
14	4	8	7	7	5	6	3	5	3	4	6	8	7	3	4	7	4	3	4	4	6	5	4	3	5	4	6	3	5	3
15	6	6	3	2	5	8	6	5	6	3	3	7	2	2	2	5	5	7	6	8	5	5	5	5	6	5	8	3	8	5
16	5	5	8	7	4	6	6	5	6	5	2	4	6	4	5	4	8	7	5	7	4	7	6	5	6	5	8	3	3	3
17	6	4	4	6	3	5	3	5	4	4	7	5	8	4	4	5	4	5	7	8	6	4	6	4	5	4	4	8	5	7
18	3	2	3	5	5	4	2	8	6	8	5	5	7	5	2	5	4	7	6	3	5	5	8	6	5	7	5	5	5	5
19	3	6	2	4	8	5	4	4	5	5	4	5	7	3	8	5	3	4	7	6	5	7	3	4	4	5	5	2	6	3
20	3	6	6	4	5	6	5	6	3	8	4	7	3	2	7	8	3	5	6	6	5	4	5	5	3	8	7	4	7	7
21	2	5	4	8	5	5	4	2	5	4	6	5	6	5	5	3	4	3	4	3	5	4	6	3	7	2	3	4	2	7
22	4	6	2	4	6	7	6	5	6	6	6	6	6	5	7	7	8	7	6	5	8	8	2	5	5	4	6	3	3	5
23	4	5	4	5	4	6	5	6	4	5	8	6	4	2	6	3	4	4	2	3	4	7	6	6	5	4	2	7	3	8
24	8	5	7	4	4	8	3	5	4	6	5	2	6	2	6	4	3	3	2	5	6	4	4	4	5	7	4	6	5	6
25	7	5	4	2	2	3	4	4	6	6	5	8	4	8	7	7	7	5	3	6	4	5	4	7	6	5	6	3	5	4
26	5	4	6	4	2	4	7	4	4	4	5	4	8	4	5	4	4	8	5	6	5	5	5	4	8	6	6	5	5	3
27	7	3	3	3	3	2	5	4	5	4	6	6	5	6	6	4	5	2	6	3	3	4	7	4	7	6	4	6	4	7
28	5	5	5	2	6	7	5	8	8	4	5	6	7	3	5	4	4	5	7	5	7	5	8	5	7	4	6	5	6	6
29	5	6	4	3	5	6	5	5	4	5	4	2	6	3	8	4	5	7	3	4	2	8	3	5	6	7	4	5	2	6
30	7	6	3	3	8	5	5	4	5	6	4	5	5	7	6	4	7	3	7	4	4	6	7	4	4	3	2	4	4	8
31	6	7	8	2	6	5	6	5	7	7	7	8	6	6	6	5	6	8	3	6	5	6	5	3	6	7	6	4	2	5
32	4	5	8	4	6	5	4	8	6	4	7	2	8	8	8	4	4	5	6	3	3	3	4	5	3	2	3	5	7	6
33	2	5	8	5	5	4	4	2	4	3	4	4	6	4	4	7	7	5	3	7	6	5	4	6	5	4	5	5	2	4
34	2	4	4	7	4	4	3	7	6	7	6	3	6	5	5	6	4	4	6	5	5	3	3	5	6	5	8	4	2	8
35	3	6	5	6	4	6	7	7	5	5	6	4	2	7	4	4	7	6	4	4	2	6	7	6	5	6	3	6	3	3
36	4	7	6	8	4	4	3	6	6	6	7	2	6	6	4	7	5	7	5	4	6	4	3	5	6	3	3	6	5	5
37	6	2	4	4	7	7	6	6	6	3	6	8	5	7	4	4	7	5	5	5	7	5	6	6	5	3	6	5	5	6
38	8	8	6	7	2	4	5	7	7	4	2	8	4	2	7	2	2	5	3	7	7	6	4	5	4	2	4	4	6	6
39	8	4	7	5	6	6	7	3	4	5	5	3	3	6	7	6	5	3	8	6	3	4	7	6	3	5	4	2	7	6
40	3	8	5	5	4	4	3	7	6	6	7	7	7	3	4	8	4	5	5	7	5	4	2	5	8	8	4	7	5	5
41	4	4	7	4	7	5	6	7	5	4	6	3	3	7	3	5	5	6	5	5	6	4	6	7	3	3	6	4	5	5
42	6	7	2	3	3	5	7	5	7	6	5	5	4	4	5	6	4	6	6	8	5	3	2	6	5	5	3	4	5	5
43	4	4	2	8	8	4	4	5	5	4	5	5	2	3	4	7	7	6	5	5	6	5	6	3	6	6	3	4	5	7
44	8	7	7	5	6	3	5	3	4	6	8	7	3	4	7	4	3	4	4	6	5	4	3	5	4	6	3	5	3	5
45	6	3	2	5	8	6	5	6	3	3	7	2	2	2	5	5	7	6	8	5	5	5	5	6	5	8	3	8	5	2
46	5	8	7	4	6	6	5	6	5	2	4	6	4	5	4	8	7	5	7	4	7	6	5	6	5	8	3	3	3	5
47	4	4	6	3	5	3	5	4	4	7	5	8	4	4	5	4	5	7	8	6	4	6	4	5	4	4	8	5	7	3
48	2	3	5	5	4	2	8	6	8	5	5	7	5	2	5	4	7	6	3	5	5	8	6	5	7	5	5	5	5	2
49	6	2	4	8	5	4	4	5	5	4	5	7	3	8	5	3	4	7	6	5	7	3	4	4	5	5	2	6	3	4
50	6	6	4	5	6	5	6	3	8	4	7	3	2	7	8	3	5	6	6	5	4	5	5	3	8	7	4	7	7	5
51	5	4	8	5	5	4	2	5	4	6	5	6	5	5	3	4	3	4	3	5	4	6	3	7	2	3	4	2	7	2
52	6	2	4	6	7	6	5	6	6	6	6	6	5	7	7	8	7	6	5	8	8	2	5	5	4	6	3	3	5	7
53	5	4	5	4	6	5	6	4	5	8	6	4	2	6	3	4	4	2	3	4	7	6	6	5	4	2	7	3	8	3
54	5	7	4	4	8	3	5	4	6	5	2	6	2	6	4	3	3	2	5	6	4	4	4	5	7	4	6	5	6	5
55	5	4	2	2	3	4	4	6	6	5	8	4	8	7	7	7	5	3	6	4	5	4	7	6	5	6	3	5	4	5
56	4	6	4	2	4	7	4	4	4	5	4	8	4	5	4	4	8	5	6	5	5	5	4	8	6	6	5	5	3	5
57	3	3	3	3	2	5	4	5	4	6	6	5	6	6	4	5	2	6	3	3	4	7	4	7	6	4	6	4	7	4
58	5	5	2	6	7	5	8	8	4	5	6	7	3	5	4	4	5	7	5	7	5	8	5	7	4	6	5	6	6	7
59	6	4	3	5	6	5	5	4	5	4	2	6	3	8	4	5	7	3	4	2	8	3	5	6	7	4	5	2	6	8

SECONDS

13

3D4

The vertical label **SECONDS** appears at the left margin (S‑E‑C‑O‑N‑D‑S) spanning rows 25–31.

Sec\Min	0	1	2	3	4	5	6	7	8	9	10	11	12	13	14	15	16	17	18	19	20	21	22	23	24	25	26	27	28	29
0	7	7	10	10	8	9	8	5	9	7	8	4	9	6	4	7	7	4	6	6	8	9	7	8	8	4	8	10	8	8
1	6	8	8	5	6	11	6	8	6	9	12	6	8	5	11	11	9	4	7	7	8	8	10	9	8	5	4	7	7	6
2	5	9	3	8	8	8	9	7	5	8	8	6	10	11	7	5	8	12	6	9	7	8	6	7	5	9	9	10	9	8
3	6	8	9	7	6	10	10	11	7	6	9	9	9	9	6	8	9	9	5	10	8	10	7	10	5	9	5	7	6	7
4	8	5	8	9	7	9	4	11	8	6	6	9	7	7	12	10	6	6	7	9	4	7	10	5	7	6	8	9	10	10
5	7	9	8	7	8	7	6	7	6	10	8	10	5	9	8	6	6	9	10	8	9	6	4	12	9	11	5	6	8	7
6	8	7	8	11	6	5	9	5	6	8	7	5	7	7	8	8	10	4	8	6	4	7	6	4	7	6	7	7	8	4
7	9	8	8	8	7	5	8	7	7	8	8	6	8	9	7	6	9	9	9	10	5	6	7	5	9	8	7	9	7	5
8	10	8	7	6	7	5	8	6	6	11	10	8	9	3	9	5	5	5	8	11	6	9	9	6	5	8	10	3	5	6
9	7	11	10	7	9	5	8	8	7	10	9	10	5	9	7	6	9	6	7	4	8	7	10	6	4	7	8	10	10	7
10	6	8	10	9	9	7	7	9	10	9	8	7	9	5	5	6	7	3	7	11	10	10	10	7	5	7	5	7	10	8
11	8	7	8	7	8	6	10	8	7	8	6	10	9	4	7	8	12	8	7	7	9	7	6	8	6	8	10	11	6	8
12	12	7	5	6	7	6	10	5	5	8	9	6	4	11	11	10	8	7	4	7	4	4	10	7	9	7	10	5	3	7
13	9	7	6	6	10	8	7	7	8	6	9	6	10	8	8	6	6	9	7	6	8	11	9	6	6	9	8	9	6	8
14	4	8	7	5	7	6	6	7	9	8	4	6	7	6	6	9	8	8	4	10	8	8	5	12	11	8	8	6	8	7
15	10	11	7	8	7	9	7	6	7	9	7	6	12	7	7	12	7	8	8	6	5	8	8	8	5	4	12	8	6	6
16	8	11	4	11	11	6	9	4	6	8	5	9	7	7	6	7	11	6	7	7	8	7	6	11	5	5	4	8	5	8
17	7	6	7	7	9	7	9	7	7	5	11	8	7	4	10	7	8	6	10	12	10	9	7	8	8	7	9	8	8	6
18	8	10	4	3	6	10	9	8	5	4	11	10	8	11	5	8	9	9	8	4	8	4	5	7	6	6	10	9	5	12
19	9	3	6	8	9	6	7	5	8	9	10	6	8	7	6	7	8	8	5	10	8	6	7	10	6	7	4	9	6	11
20	7	4	11	9	7	10	10	5	9	7	7	5	10	9	8	7	9	9	10	4	5	6	7	6	8	5	8	4	7	7
21	9	7	10	8	7	10	8	8	5	6	5	6	8	11	9	6	8	4	5	8	6	7	6	8	6	7	9	7	11	9
22	7	8	7	5	6	5	9	7	10	6	6	5	6	5	5	7	5	7	7	5	10	7	7	9	5	6	9	4	8	4
23	6	11	9	6	10	6	4	8	8	8	7	6	8	9	12	10	4	10	7	8	7	10	7	9	6	11	7	8	8	7
24	9	8	4	6	8	6	7	7	7	8	5	7	4	10	4	8	6	5	11	6	8	7	6	6	5	10	8	6	9	6
25	12	7	9	10	6	4	9	4	7	9	7	8	5	6	5	8	6	8	10	8	8	7	3	8	8	11	9	5	9	5
26	7	9	5	9	5	4	9	7	5	4	7	5	8	8	8	10	7	10	7	5	3	6	7	5	5	6	7	8	7	8
27	4	5	4	7	11	7	7	5	11	4	8	9	10	6	7	6	9	9	9	10	12	8	9	7	6	5	6	6	8	10
28	5	5	6	9	5	10	6	5	7	7	7	11	10	9	7	7	8	10	8	5	10	10	8	6	5	11	6	8	6	5
29	6	8	9	4	5	10	10	11	8	10	8	10	7	6	10	6	7	8	7	6	8	8	7	10	8	7	8	5	8	7
30	7	10	10	8	9	8	5	9	7	8	4	9	6	4	7	7	4	6	6	8	9	7	8	8	4	8	10	8	8	8
31	8	8	5	6	11	6	8	6	9	12	6	8	5	11	11	9	4	7	7	8	8	10	9	8	5	4	7	7	6	8
32	9	3	8	8	8	9	7	5	8	8	6	10	11	7	5	8	12	6	9	7	8	6	7	5	9	9	10	9	8	4
33	8	9	7	6	10	10	11	7	6	9	9	9	9	6	8	9	9	5	10	8	10	7	10	5	9	5	7	6	7	5
34	5	8	9	7	9	4	11	8	6	6	9	7	7	12	10	6	6	7	9	4	7	10	5	7	6	8	9	10	10	10
35	9	8	7	8	7	6	7	6	10	8	10	5	9	8	6	6	9	10	8	9	6	4	12	9	11	5	6	8	7	5
36	7	8	11	6	5	9	5	6	8	7	5	7	7	8	8	10	4	8	6	4	7	6	4	7	6	7	7	8	4	8
37	8	8	8	7	5	8	7	7	8	8	6	8	9	7	6	9	9	9	10	5	6	7	5	9	8	7	9	7	5	7
38	8	7	6	7	5	8	6	6	11	10	8	9	3	9	5	5	5	8	11	6	9	9	6	5	8	10	3	5	6	9
39	11	10	7	9	5	8	8	7	10	9	10	5	9	7	6	9	6	7	4	8	7	10	6	4	7	8	10	10	7	7
40	8	10	9	9	7	7	9	10	9	8	7	9	5	5	6	7	3	7	11	10	10	10	7	5	7	5	7	10	8	9
41	7	8	7	8	6	10	8	7	8	6	10	9	4	7	8	12	8	7	7	9	7	6	8	6	8	10	11	6	8	11
42	7	5	6	7	6	10	5	5	8	9	6	4	11	11	10	8	7	4	7	4	4	10	7	9	7	10	5	3	7	11
43	7	6	6	10	8	7	7	8	6	9	6	10	8	8	6	6	9	7	6	8	11	9	6	6	9	8	9	6	8	8
44	8	7	5	7	6	6	7	9	8	4	6	7	6	6	9	8	8	4	10	8	8	5	12	11	8	8	6	8	7	5
45	11	7	8	7	9	7	6	7	9	7	6	12	7	7	12	7	8	8	6	5	8	8	8	5	4	12	8	6	6	7
46	11	4	11	11	6	9	4	6	8	5	9	7	7	6	7	11	6	7	7	8	7	6	11	5	5	4	8	5	8	11
47	6	7	7	9	7	9	7	7	5	11	8	7	4	10	7	8	6	10	12	10	9	7	8	8	7	9	8	8	6	6
48	10	4	3	6	10	9	8	5	4	11	10	8	11	5	8	9	9	8	4	8	4	5	7	6	6	10	9	5	12	7
49	3	6	8	9	6	7	5	8	9	10	6	8	7	6	7	8	8	5	10	8	6	7	10	6	7	4	9	6	11	8
50	4	11	9	7	10	10	5	9	7	7	5	10	9	8	7	9	9	10	4	5	6	7	6	8	5	8	4	7	7	6
51	7	10	8	7	10	8	8	5	6	5	6	8	11	9	6	8	4	5	8	6	7	6	8	6	7	9	7	11	9	3
52	8	7	5	6	5	9	7	10	6	6	5	6	5	5	7	5	7	7	5	10	7	7	9	5	6	9	4	8	4	10
53	11	9	6	10	6	4	8	8	8	7	6	8	9	12	10	4	10	7	8	7	10	7	9	6	11	7	8	8	7	8
54	8	4	6	8	6	7	7	7	8	5	7	4	10	4	8	6	5	11	6	8	7	6	6	5	10	8	6	9	6	6
55	7	9	10	6	4	9	4	7	9	7	8	5	6	5	8	6	8	10	8	8	7	3	8	8	11	9	5	9	5	6
56	9	5	9	5	4	9	7	5	4	7	5	8	8	8	10	7	10	7	5	3	6	7	5	5	6	7	8	7	8	6
57	5	4	7	11	7	7	5	11	4	8	9	10	6	7	6	9	9	9	10	12	8	9	7	6	5	6	6	8	10	8
58	5	6	9	5	10	6	5	7	7	7	11	10	9	7	7	8	10	8	5	10	10	8	6	5	11	6	8	6	5	5
59	8	9	4	5	10	10	11	8	10	8	10	7	6	10	6	7	8	7	6	8	8	7	10	8	7	8	5	8	7	9

Minutes

Seconds	30	31	32	33	34	35	36	37	38	39	40	41	42	43	44	45	46	47	48	49	50	51	52	53	54	55	56	57	58	59
0	8	4	4	8	9	3	8	9	9	9	5	7	12	6	10	6	6	7	9	10	8	9	8	5	10	6	8	6	9	9
1	8	4	8	9	7	8	10	9	9	7	6	5	5	8	11	5	5	6	9	6	6	5	7	10	6	6	11	9	9	3
2	4	4	10	4	8	9	10	10	7	6	6	10	10	6	9	7	12	9	10	8	5	8	5	4	10	10	8	11	11	9
3	5	6	5	9	9	8	7	5	8	4	9	6	7	9	5	7	8	5	7	7	9	9	10	9	5	8	7	8	6	11
4	10	6	5	10	5	8	7	6	3	7	10	8	7	9	11	9	8	10	5	6	6	7	6	10	7	7	8	7	4	5
5	5	8	9	6	5	5	7	9	7	4	8	9	7	9	6	5	9	5	8	7	11	6	6	9	5	11	5	6	5	12
6	8	11	10	6	7	5	4	3	6	8	6	7	6	9	7	8	7	10	7	7	4	7	7	8	9	8	5	7	6	6
7	7	4	6	4	8	11	10	4	8	6	7	9	8	4	9	7	6	6	6	7	6	10	6	8	10	6	3	5	11	4
8	9	8	7	8	7	8	7	11	6	6	8	9	10	8	7	9	7	11	7	8	7	11	10	6	8	8	9	5	9	10
9	7	5	4	7	6	5	7	8	7	7	8	9	8	7	7	8	6	9	6	10	9	9	9	4	5	8	8	9	6	8
10	9	6	7	7	6	12	4	6	6	6	9	6	10	7	5	9	6	10	10	6	10	5	7	8	9	4	9	8	12	8
11	11	5	7	9	8	4	8	8	4	8	6	11	6	9	10	9	8	6	8	8	5	10	7	6	3	8	5	7	5	11
12	11	6	8	7	6	7	12	8	9	9	8	9	7	9	6	10	8	7	6	6	8	5	5	8	7	9	5	8	10	3
13	8	3	5	10	7	8	5	7	9	9	5	10	8	9	7	9	7	8	11	9	8	6	7	8	4	6	8	10	10	8
14	5	5	10	8	7	12	3	7	5	7	5	5	8	6	4	4	6	9	9	10	7	9	8	9	7	6	7	8	9	9
15	7	8	6	8	5	7	9	7	10	8	7	5	9	4	6	9	6	8	9	7	6	8	7	10	6	10	7	7	5	8
16	11	9	4	11	10	5	12	7	6	8	6	11	8	8	6	5	9	9	7	9	7	9	9	9	4	7	4	8	9	8
17	6	9	8	8	4	6	9	8	9	6	7	8	6	9	5	10	5	8	7	8	5	6	12	4	8	9	7	8	10	7
18	7	7	11	8	7	11	8	7	7	6	8	7	9	5	8	6	9	10	7	8	9	11	7	4	10	7	10	5	7	8
19	8	9	7	9	7	7	7	5	7	8	10	6	7	7	3	10	7	10	9	4	9	4	9	7	4	12	8	8	8	6
20	6	8	6	8	6	6	11	7	7	9	6	11	7	7	6	6	10	11	6	7	7	10	8	7	10	7	6	7	8	4
21	3	7	7	6	9	7	6	7	3	5	7	8	7	4	9	9	7	9	10	7	6	9	6	9	8	6	9	10	6	8
22	10	10	7	8	11	7	9	6	5	12	9	11	9	6	8	7	9	11	7	6	6	6	9	6	7	11	11	9	9	3
23	8	6	11	6	7	7	8	9	6	6	8	6	9	6	9	6	9	9	4	10	9	6	7	10	7	6	8	8	5	7
24	6	6	10	6	9	11	8	8	5	8	10	6	8	6	7	10	5	7	7	10	6	7	6	7	5	6	8	7	7	7
25	6	7	6	10	8	10	5	7	7	11	4	5	6	8	8	7	6	8	8	10	9	5	7	9	9	7	10	6	9	6
26	6	6	9	12	9	7	10	9	7	4	7	3	6	9	10	5	6	7	6	6	5	8	7	8	4	7	6	5	7	7
27	8	11	7	9	6	7	10	8	9	7	8	6	9	9	9	10	5	7	7	8	8	6	8	7	9	9	8	7	11	9
28	5	10	8	7	6	9	4	6	7	7	6	9	7	6	5	8	8	8	9	6	7	5	7	4	5	9	3	11	12	7
29	9	7	9	4	7	12	6	8	4	6	8	8	5	11	5	8	7	9	7	7	6	8	8	9	10	8	6	7	5	5
30	4	4	8	9	3	8	9	9	9	5	7	12	6	10	6	6	7	9	10	8	9	8	5	10	6	8	6	9	9	7
31	4	8	9	7	8	10	9	9	7	6	5	5	8	11	5	5	6	9	6	6	5	7	10	6	6	11	9	9	3	9
32	4	10	4	8	9	10	10	7	6	6	10	10	6	9	7	12	9	10	8	5	8	5	4	10	10	8	11	11	9	4
33	6	5	9	9	8	7	5	8	4	9	6	7	9	5	7	8	5	7	7	9	9	10	9	5	8	7	8	6	11	7
34	6	5	10	5	8	7	6	3	7	10	8	7	9	11	9	8	10	5	6	6	7	6	10	7	7	8	7	4	5	9
35	8	9	6	5	5	7	9	7	4	8	9	7	9	6	5	9	5	8	7	11	6	6	9	5	11	5	6	5	12	7
36	11	10	6	7	5	4	3	6	8	6	7	6	9	7	8	7	10	7	7	4	7	7	8	9	8	5	7	6	6	3
37	4	6	4	8	11	10	4	8	6	7	9	8	4	9	7	6	6	6	7	6	10	6	8	10	6	3	5	11	4	9
38	8	7	8	7	8	7	11	6	6	8	9	10	8	7	9	7	11	7	8	7	11	10	6	8	8	9	5	9	10	5
39	5	4	7	6	5	7	8	7	7	8	9	8	7	7	8	6	9	6	10	9	9	9	4	5	8	8	9	6	8	5
40	6	7	7	6	12	4	6	6	6	9	6	10	7	5	9	6	10	10	6	10	5	7	8	9	4	9	8	12	8	6
41	5	7	9	8	4	8	8	4	8	6	11	6	9	10	9	8	6	8	8	5	10	7	6	3	8	5	7	5	11	9
42	6	8	7	6	7	12	8	9	9	8	9	7	9	6	10	8	7	6	6	8	5	5	8	7	9	5	8	10	3	9
43	3	5	10	7	8	5	7	9	9	5	10	8	9	7	9	7	8	11	9	8	6	7	8	4	6	8	10	10	8	7
44	5	10	8	7	12	3	7	5	7	5	5	8	6	4	4	6	9	9	10	7	9	8	9	7	6	7	8	9	9	4
45	8	6	8	5	7	9	7	10	8	7	5	9	4	6	9	6	8	9	7	6	8	7	10	6	10	7	7	5	8	8
46	9	4	11	10	5	12	7	6	8	6	11	8	8	6	5	9	9	7	9	7	9	9	9	4	7	4	8	9	8	5
47	9	8	8	4	6	9	8	9	6	7	8	6	9	5	10	5	8	7	8	5	6	12	4	8	9	7	8	10	7	10
48	7	11	8	7	11	8	7	7	6	8	7	9	5	8	6	9	10	7	8	9	11	7	4	10	7	10	5	7	8	5
49	9	7	9	7	7	7	5	7	8	10	6	7	7	3	10	7	10	9	4	9	4	9	7	4	12	8	8	8	6	6
50	8	6	8	6	6	11	7	7	9	6	11	7	7	6	6	10	11	6	7	7	10	8	7	10	7	6	7	8	4	9
51	7	7	6	9	7	6	7	3	5	7	8	7	4	9	9	7	9	10	7	6	9	6	9	8	6	9	10	6	8	8
52	10	7	8	11	7	9	6	5	12	9	11	9	6	8	7	9	11	7	6	6	6	9	6	7	11	11	9	9	3	7
53	6	11	6	7	7	8	9	6	6	8	6	9	6	9	6	9	9	4	10	9	6	7	10	7	6	8	8	5	7	7
54	6	10	6	9	11	8	8	5	8	10	6	8	6	7	10	5	7	7	10	6	7	6	7	5	6	8	7	7	7	11
55	7	6	10	8	10	5	7	7	11	4	5	6	8	8	7	6	8	8	10	9	5	7	9	9	7	10	6	9	6	10
56	6	9	12	9	7	10	9	7	4	7	3	6	9	10	5	6	7	6	6	5	8	7	8	4	7	6	5	7	7	9
57	11	7	9	6	7	10	8	9	7	8	6	9	9	9	10	5	7	7	8	8	6	8	7	9	9	8	7	11	9	11
58	10	8	7	6	9	4	6	7	7	6	9	7	6	5	8	8	8	9	6	7	5	7	4	5	9	3	11	12	7	5
59	7	9	4	7	12	6	8	4	6	8	8	5	11	5	8	7	9	7	7	6	8	8	9	10	8	6	7	5	5	9

4D4

Minutes

	0	1	2	3	4	5	6	7	8	9	10	11	12	13	14	15	16	17	18	19	20	21	22	23	24	25	26	27	28	29
0	13	8	14	10	11	8	9	13	7	13	9	10	10	12	10	9	8	7	10	8	9	12	8	12	12	6	9	10	11	10
1	11	11	7	10	14	14	7	15	11	11	13	13	12	10	10	7	8	8	13	11	10	14	8	9	10	12	10	8	10	7
2	8	11	10	9	10	11	9	8	11	12	12	12	13	14	12	12	6	15	10	7	13	8	11	8	6	10	13	11	11	11
3	8	10	8	14	9	9	11	13	9	8	12	9	11	6	11	10	10	8	13	9	11	12	12	9	10	9	13	13	9	9
4	10	8	10	9	13	12	12	5	9	12	9	12	10	8	13	12	11	9	13	9	11	13	12	10	11	9	15	12	7	11
5	10	11	10	9	7	12	14	10	12	12	15	8	8	12	13	10	10	11	6	9	8	9	12	8	9	13	9	8	5	13
6	11	11	9	9	11	12	7	13	7	7	15	11	10	11	9	7	10	9	10	7	11	10	7	13	10	11	8	6	10	14
7	9	9	12	7	11	10	12	14	8	11	11	10	15	12	11	11	13	9	8	6	12	13	8	7	8	13	8	12	9	10
8	7	8	11	8	5	12	7	11	14	8	9	12	9	9	8	10	12	11	11	13	9	7	5	10	5	11	7	11	8	12
9	11	10	7	12	12	8	15	11	10	12	11	10	11	8	12	8	8	10	11	7	13	10	8	13	11	13	13	9	11	8
10	8	8	12	15	15	12	12	10	12	12	15	9	11	8	12	13	6	11	10	10	10	10	12	11	10	7	11	13	8	13
11	10	5	8	11	8	9	13	12	8	13	13	14	8	13	12	10	7	8	8	8	7	10	6	9	8	10	11	7	9	9
12	9	15	11	9	11	12	9	7	11	12	9	11	11	10	11	7	8	9	7	7	10	10	12	10	8	11	6	10	11	13
13	13	12	12	9	9	9	8	8	9	12	10	8	12	13	13	10	10	14	10	11	14	7	7	7	11	8	11	12	12	13
14	11	11	12	10	10	10	9	9	9	12	9	7	8	9	11	12	11	9	8	9	10	7	10	10	13	9	12	8	12	12
15	13	6	8	11	12	10	16	7	15	9	11	10	12	10	11	10	11	14	10	8	11	15	12	9	10	11	10	11	11	10
16	8	8	10	14	11	9	13	11	7	8	13	10	9	10	14	12	12	7	11	13	12	11	5	7	11	8	9	7	11	10
17	9	7	10	7	10	9	11	10	13	11	12	13	12	11	13	10	8	6	11	8	9	12	11	12	9	6	11	10	9	10
18	10	9	12	7	8	11	8	9	9	7	8	13	10	8	10	10	7	11	7	12	9	10	11	13	8	9	10	11	13	7
19	11	12	14	11	11	11	7	8	12	12	11	11	11	9	10	11	13	13	12	10	14	11	8	8	11	12	10	10	7	9
20	10	5	13	14	9	7	9	9	8	11	11	6	11	9	10	8	12	10	13	13	12	14	8	10	12	11	9	8	11	8
21	7	6	12	11	5	14	13	12	8	11	7	8	13	9	9	11	7	7	15	8	11	8	9	12	11	10	8	7	7	6
22	8	8	11	10	11	12	12	8	15	11	13	11	8	12	10	10	10	8	9	12	9	8	12	9	11	11	7	5	11	7
23	8	11	11	6	9	11	6	12	8	8	11	8	9	11	10	10	13	12	11	4	11	9	5	9	9	9	7	8	7	13
24	7	14	11	12	12	5	10	9	13	7	10	9	7	8	9	12	12	11	9	8	7	9	9	6	9	9	7	7	11	8
25	10	13	12	12	8	8	11	11	9	10	11	9	9	6	9	13	9	12	10	11	9	6	9	10	13	8	11	11	10	14
26	6	8	9	13	11	5	12	8	8	7	12	13	10	9	11	9	12	8	6	11	8	4	7	13	10	7	8	8	13	12
27	11	10	8	11	12	11	13	11	8	8	10	12	12	11	11	11	13	11	7	12	12	11	9	11	10	12	8	9	10	10
28	10	10	11	8	9	10	10	13	12	7	14	13	12	9	11	11	12	14	10	10	11	13	9	11	8	9	9	9	10	8
29	11	11	10	13	11	9	8	14	10	8	10	12	11	12	14	7	9	11	11	11	8	10	8	11	8	10	12	10	14	12
30	8	14	10	11	8	9	13	7	13	9	10	10	12	10	9	8	7	10	8	9	12	8	12	12	6	9	10	11	10	11
31	11	7	10	14	14	7	15	11	11	13	13	12	10	10	7	8	8	13	11	10	14	8	9	10	12	10	8	10	7	9
32	11	10	9	10	11	9	8	11	12	12	12	13	14	12	12	6	15	10	7	13	8	11	8	6	10	13	11	11	11	7
33	10	8	14	9	9	11	13	9	8	12	9	11	6	11	10	10	8	13	9	11	12	12	9	10	9	13	13	9	9	11
34	8	10	9	13	12	12	5	9	12	9	12	10	8	13	12	11	9	13	9	11	13	12	10	11	9	15	12	7	11	15
35	11	10	9	7	12	14	10	12	12	15	8	8	12	13	10	10	11	6	9	8	9	12	8	9	13	9	8	5	13	9
36	11	9	9	11	12	7	13	7	7	15	11	10	11	9	7	10	9	10	7	11	10	7	13	10	11	8	6	10	14	8
37	9	12	7	11	10	12	14	8	11	11	10	15	12	11	11	13	9	8	6	12	13	8	7	8	13	8	12	9	10	9
38	8	11	8	5	12	7	11	14	8	9	12	9	9	8	10	12	11	11	13	9	7	5	10	5	11	7	11	8	12	10
39	10	7	12	12	8	15	11	10	12	11	10	11	8	12	8	8	10	11	7	13	10	8	13	11	13	13	9	11	8	11
40	8	12	15	15	12	12	10	12	12	15	9	11	8	12	13	6	11	10	10	10	10	12	11	10	7	11	13	8	13	9
41	5	8	11	8	9	13	12	8	13	13	14	8	13	12	10	7	8	8	8	7	10	6	9	8	10	11	7	9	9	9
42	15	11	9	11	12	9	7	11	12	9	11	11	10	11	7	8	9	7	7	10	10	12	10	8	11	6	10	11	13	7
43	12	12	9	9	9	8	8	9	12	10	8	12	13	13	10	10	14	10	11	14	7	7	7	11	8	11	12	12	13	8
44	11	12	10	10	10	9	9	9	12	9	7	8	9	11	12	11	9	8	9	10	7	10	10	13	9	12	8	12	12	10
45	6	8	11	12	10	16	7	15	9	11	10	12	10	11	10	11	14	10	8	11	15	12	9	10	11	10	11	11	10	11
46	8	10	14	11	9	13	11	7	8	13	10	9	10	14	12	12	7	11	13	12	11	5	7	11	8	9	7	11	10	13
47	7	10	7	10	9	11	10	13	11	12	13	12	11	13	10	8	6	11	8	9	12	11	12	9	6	11	10	9	10	10
48	9	12	7	8	11	8	9	9	7	8	13	10	8	10	10	7	11	7	12	9	10	11	13	8	9	10	11	13	7	8
49	12	14	11	11	11	7	8	12	12	11	11	11	9	10	11	13	13	12	10	14	11	8	8	11	12	10	10	7	9	11
50	5	13	14	9	7	9	9	8	11	11	6	11	9	10	8	12	10	13	13	12	14	8	10	12	11	9	8	11	8	5
51	6	12	11	5	14	13	12	8	11	7	8	13	9	9	11	7	7	15	8	11	8	9	12	11	10	8	7	7	6	13
52	8	11	10	11	12	12	8	15	11	13	11	8	12	10	10	10	8	9	12	9	8	12	9	11	11	7	5	11	7	9
53	11	11	6	9	11	6	12	8	8	11	8	9	11	10	10	13	12	11	4	11	9	5	9	9	9	7	8	7	13	11
54	14	11	12	12	5	10	9	13	7	10	9	7	8	9	12	12	11	9	8	7	9	9	6	9	9	7	7	11	8	10
55	13	12	12	8	8	11	11	9	10	11	9	9	6	9	13	9	12	10	11	9	6	9	10	13	8	11	11	10	14	11
56	8	9	13	11	5	12	8	8	7	12	13	10	9	11	9	12	8	6	11	8	4	7	13	10	7	8	8	13	12	12
57	10	8	11	12	11	13	11	8	8	10	12	12	11	11	11	13	11	7	12	12	11	9	11	10	12	8	9	10	10	13
58	10	11	8	9	10	10	13	12	7	14	13	12	9	11	11	12	14	10	10	11	13	9	11	8	9	9	9	10	8	11
59	11	10	13	11	9	8	14	10	8	10	12	11	12	14	7	9	11	11	11	8	10	8	11	8	10	12	10	14	12	8

(Left margin, rows 25–31: **S E C O N D S**)

Minutes

SECONDS	30	31	32	33	34	35	36	37	38	39	40	41	42	43	44	45	46	47	48	49	50	51	52	53	54	55	56	57	58	59
0	11	14	14	11	9	12	12	11	12	11	6	10	12	10	7	10	10	10	13	10	8	8	10	12	9	11	11	9	8	10
1	9	10	10	13	14	10	11	10	7	9	12	12	12	8	10	11	10	13	11	7	9	12	10	14	14	10	7	14	9	11
2	7	13	6	13	9	11	11	10	9	10	13	11	11	8	12	9	16	10	11	13	14	15	12	8	7	12	10	7	7	6
3	11	13	10	11	8	10	7	12	10	10	14	9	11	11	11	14	10	7	11	8	11	13	5	13	11	13	13	14	6	4
4	15	6	10	11	10	9	11	11	10	11	11	13	9	10	10	11	12	6	12	7	10	9	11	8	9	5	8	8	12	6
5	9	7	7	12	9	10	13	7	10	12	13	9	12	12	10	14	7	9	11	8	12	10	11	12	6	13	8	13	11	7
6	8	9	10	8	7	11	11	10	8	13	12	10	8	13	12	9	13	12	6	7	12	11	11	14	12	10	10	8	12	10
7	9	13	8	10	9	9	7	10	15	10	10	6	6	10	12	9	11	11	7	8	7	10	14	10	11	9	10	11	15	13
8	10	7	8	7	9	10	9	14	8	12	11	10	15	12	11	10	7	12	6	10	10	10	10	10	10	9	10	9	11	10
9	11	9	11	8	8	11	6	11	10	8	6	10	11	10	6	11	6	10	14	11	9	10	13	11	13	11	7	9	12	8
10	9	9	7	8	12	13	12	11	8	9	13	7	8	8	12	12	7	9	9	11	7	11	10	11	10	9	10	9	11	11
11	9	5	11	6	12	8	12	7	7	10	13	15	5	6	8	9	11	13	9	10	7	12	13	10	7	13	11	8	11	8
12	7	12	11	9	10	12	8	12	9	9	5	9	16	9	10	13	11	8	9	9	12	10	11	12	8	9	7	8	11	15
13	8	9	9	8	13	11	11	9	10	10	13	9	10	10	10	7	6	9	7	10	10	13	10	10	10	12	11	13	7	8
14	10	9	10	14	6	9	9	11	13	12	8	8	14	10	6	9	11	9	9	10	14	11	9	12	10	9	6	6	9	7
15	11	11	14	11	9	13	11	11	13	9	11	8	11	8	8	12	13	10	10	11	8	10	7	8	11	13	11	12	10	11
16	13	13	11	5	7	9	10	9	10	8	9	13	13	8	13	12	10	10	13	11	11	10	9	11	11	13	9	11	14	11
17	10	16	9	12	8	8	10	10	10	10	12	13	14	14	10	10	12	10	14	6	8	13	10	13	13	11	10	9	11	8
18	8	12	8	12	8	11	10	12	12	12	15	11	10	11	9	6	7	9	11	8	12	11	7	11	7	7	11	12	11	8
19	11	10	10	9	12	12	10	8	12	11	15	10	9	12	14	11	12	8	8	9	10	12	14	13	13	10	9	9	8	9
20	5	9	7	12	11	15	9	10	12	5	9	9	8	11	8	12	11	11	10	13	8	11	9	8	6	11	11	10	11	6
21	13	7	8	11	7	11	7	12	9	15	4	11	10	11	9	9	9	8	11	15	10	8	12	10	7	9	9	12	7	10
22	9	14	15	12	12	12	10	12	16	12	8	13	11	13	10	11	8	10	10	10	11	10	9	11	13	6	11	11	15	13
23	9	9	11	11	13	11	11	5	16	7	10	10	13	12	13	15	9	5	11	14	7	8	7	13	12	13	10	13	10	6
24	10	7	12	11	9	10	7	13	7	11	9	10	11	11	11	11	9	9	9	10	7	12	10	4	9	14	13	10	12	7
25	11	7	11	9	10	9	6	7	7	9	12	9	8	6	6	9	10	12	11	10	11	9	10	10	12	10	11	10	10	10
26	12	15	9	12	10	6	10	8	6	11	13	14	11	7	9	12	7	8	8	10	6	10	8	10	14	9	13	14	9	10
27	13	7	13	10	9	11	10	11	11	11	12	15	12	12	10	9	11	13	11	7	8	8	9	9	8	12	10	11	12	8
28	11	10	11	6	13	10	14	9	12	12	11	13	9	10	9	8	11	11	12	10	12	13	11	8	15	12	8	8	4	12
29	8	12	7	10	16	9	12	10	7	13	6	9	8	7	10	13	8	6	10	12	9	12	12	9	6	12	8	10	8	8
30	14	14	11	9	12	12	11	12	11	6	10	12	10	7	10	10	10	13	10	8	8	10	12	9	11	11	9	8	10	14
31	10	10	13	14	10	11	10	7	9	12	12	12	8	10	11	10	13	11	7	9	12	10	14	14	10	7	14	9	11	10
32	13	6	13	9	11	11	10	9	10	13	11	11	8	12	9	16	10	11	13	14	15	12	8	7	12	10	7	7	6	8
33	13	10	11	8	10	7	12	10	10	14	9	11	11	11	14	10	7	11	8	11	13	5	13	11	13	13	14	6	4	6
34	6	10	11	10	9	11	11	10	11	11	13	9	10	10	11	12	6	12	7	10	9	11	8	9	5	8	8	12	6	9
35	7	7	12	9	10	13	7	10	12	13	9	12	12	10	14	7	9	11	8	12	10	11	12	6	13	8	13	11	7	9
36	9	10	8	7	11	11	10	8	13	12	10	8	13	12	9	13	12	6	7	12	11	11	14	12	10	10	8	12	10	10
37	13	8	10	9	9	7	10	15	10	10	6	6	10	12	9	11	11	7	8	7	10	14	10	11	9	10	11	15	13	13
38	7	8	7	9	10	9	14	8	12	11	10	15	12	11	10	7	12	6	10	10	10	10	10	10	9	10	9	11	10	9
39	9	11	8	8	11	6	11	10	8	6	10	11	10	6	11	6	10	14	11	9	10	13	11	13	11	7	9	12	8	6
40	9	7	8	12	13	12	11	8	9	13	7	8	8	12	12	7	9	9	11	7	11	10	11	10	9	10	9	11	11	10
41	5	11	6	12	8	12	7	7	10	13	15	5	6	8	9	11	13	9	10	7	12	13	10	7	13	11	8	11	8	10
42	12	11	9	10	12	8	12	9	9	5	9	16	9	10	13	11	8	9	9	12	10	11	12	8	9	7	8	11	15	6
43	9	9	8	13	11	11	9	10	10	13	9	10	10	10	7	6	9	7	10	10	13	10	10	10	12	11	13	7	8	8
44	9	10	14	6	9	9	11	13	12	8	8	14	10	6	9	11	9	9	10	14	11	9	12	10	9	6	6	9	7	8
45	11	14	11	9	13	11	11	13	9	11	8	11	8	8	12	13	10	10	11	8	10	7	8	11	13	11	12	10	11	9
46	13	11	5	7	9	10	9	10	8	9	13	13	8	13	12	10	10	13	11	11	10	9	11	11	13	9	11	14	11	10
47	16	9	12	8	8	10	10	10	10	12	13	14	14	10	10	12	10	14	6	8	13	10	13	13	11	10	9	11	8	12
48	12	8	12	8	11	10	12	12	12	15	11	10	11	9	6	7	9	11	8	12	11	7	11	7	7	11	12	11	8	11
49	10	10	9	12	12	10	8	12	11	15	10	9	12	14	11	12	8	8	9	10	12	14	13	13	10	9	9	8	9	8
50	9	7	12	11	15	9	10	12	5	9	9	8	11	8	12	11	11	10	13	8	11	9	8	6	11	11	10	11	6	8
51	7	8	11	7	11	7	12	9	15	4	11	10	11	9	9	9	8	11	15	10	8	12	10	7	9	9	12	7	10	12
52	14	15	12	12	12	10	12	16	12	8	13	11	13	10	11	8	10	10	10	11	10	9	11	13	6	11	11	15	13	12
53	9	11	11	13	11	11	5	16	7	10	10	13	12	13	15	9	5	11	14	7	8	7	13	12	13	10	13	10	6	8
54	7	12	11	9	10	7	13	7	11	9	10	11	11	11	11	9	9	9	10	7	12	10	4	9	14	13	10	12	7	12
55	7	11	9	10	9	6	7	7	9	12	9	8	6	6	9	10	12	11	10	11	9	10	10	12	10	11	10	10	10	10
56	15	9	12	10	6	10	8	6	11	13	14	11	7	9	12	7	8	8	10	6	10	8	10	14	9	13	14	9	10	13
57	7	13	10	9	11	10	11	11	11	12	15	12	12	10	9	11	13	11	7	8	8	9	9	8	12	10	11	12	8	9
58	10	11	6	13	10	14	9	12	12	11	13	9	10	9	8	11	11	12	10	12	13	11	8	15	12	8	8	4	12	10
59	12	7	10	16	9	12	10	7	13	6	9	8	7	10	13	8	6	10	12	9	12	12	9	6	12	8	10	8	8	11

5D4

Minutes

Seconds	0	1	2	3	4	5	6	7	8	9	10	11	12	13	14	15	16	17	18	19	20	21	22	23	24	25	26	27	28	29
0	8	12	13	13	11	18	8	11	16	9	12	14	12	13	6	12	13	9	10	10	9	18	13	12	16	15	12	11	17	17
1	15	15	12	13	12	7	10	9	15	9	15	9	9	11	16	11	10	13	9	16	16	10	12	13	16	13	10	17	18	15
2	12	11	17	12	15	13	15	16	12	10	15	10	12	15	14	13	14	10	12	11	11	11	12	15	11	10	13	14	14	13
3	12	12	13	14	10	11	18	7	16	14	18	16	12	10	13	11	11	13	13	16	13	10	11	12	8	13	15	14	11	14
4	14	14	14	12	7	10	15	14	10	12	13	12	15	9	13	13	14	15	16	8	13	12	18	12	9	17	7	15	13	14
5	9	8	12	14	15	9	15	11	12	16	14	12	9	13	12	16	13	10	9	14	12	10	9	12	13	10	13	16	11	16
6	14	15	15	11	11	11	16	16	10	13	12	9	11	11	12	13	11	9	9	14	12	11	13	12	6	15	13	13	14	11
7	18	10	12	12	13	11	12	17	9	13	17	13	10	15	13	14	14	11	17	11	8	13	10	10	12	11	13	13	8	17
8	8	13	12	11	17	13	13	16	16	15	13	16	13	16	14	9	15	12	13	11	12	13	11	13	12	16	12	10	10	16
9	13	14	11	9	11	12	12	9	12	14	15	13	13	16	16	15	10	9	14	18	11	9	10	9	11	12	11	10	13	16
10	9	10	12	12	15	11	14	11	15	11	12	15	12	13	11	11	11	12	15	11	11	13	15	10	8	13	12	9	6	15
11	15	11	13	13	11	14	14	12	12	10	16	11	12	12	13	8	13	16	15	13	12	11	11	9	14	12	16	8	15	13
12	13	14	12	12	16	14	16	16	8	12	12	19	11	18	15	12	12	13	10	14	10	11	17	13	13	14	13	12	15	10
13	11	14	12	10	13	17	8	15	15	12	10	15	9	14	13	9	12	10	13	15	14	12	15	11	18	14	13	9	15	14
14	14	10	15	14	9	16	13	18	11	14	13	16	20	10	16	13	9	13	11	11	10	12	13	14	15	13	14	15	14	9
15	18	13	12	13	10	12	14	15	17	13	15	16	13	14	13	15	11	13	10	12	8	13	16	13	11	12	11	19	10	10
16	14	12	11	13	13	9	14	16	12	11	13	14	11	14	14	12	10	15	15	13	12	16	16	9	10	10	14	13	11	
17	7	14	11	11	12	10	10	15	13	12	14	13	16	17	15	15	12	14	9	14	13	15	12	10	13	15	16	12	12	14
18	9	10	10	16	14	11	12	10	11	13	15	15	14	10	9	12	10	12	11	15	8	9	15	14	8	15	11	10	13	16
19	8	14	12	16	15	8	16	7	13	15	15	12	12	16	11	17	11	9	11	14	12	16	9	12	11	14	16	11	13	8
20	14	10	18	18	10	11	9	13	15	10	15	12	15	16	14	10	15	9	11	16	8	11	12	10	6	9	12	12	14	13
21	11	8	13	9	12	13	7	16	13	10	13	10	12	15	15	15	16	14	14	16	12	13	14	7	13	12	11	17	16	10
22	12	11	17	14	14	9	12	11	15	16	15	16	11	8	12	11	12	14	11	9	16	19	12	15	10	12	13	11	13	13
23	14	12	14	15	13	12	12	14	11	12	14	13	13	12	10	13	14	16	13	9	17	12	12	14	15	7	9	13	16	12
24	14	12	14	10	15	10	8	12	15	13	13	12	14	10	12	12	12	13	14	12	15	10	11	13	12	15	13	14	13	9
S 25	15	12	13	14	12	14	13	9	11	14	12	10	12	15	16	10	12	15	12	12	10	15	11	16	13	16	13	13	12	11
E 26	14	15	14	14	11	11	15	13	11	14	14	15	13	13	15	11	13	17	18	12	13	14	12	17	14	14	10	14	15	12
C 27	16	17	11	10	15	12	12	14	13	11	12	11	13	14	10	9	11	15	11	12	13	11	17	13	12	12	12	14	11	13
O 28	13	10	16	15	12	8	16	10	11	16	14	7	10	14	11	10	16	13	16	19	8	11	13	11	10	11	9	16	11	12
N 29	12	14	13	9	12	10	15	12	12	13	13	17	9	12	17	13	12	10	8	12	16	13	9	10	13	17	15	14	10	14
D 30	12	13	13	11	18	8	11	16	9	12	14	12	13	6	12	13	9	10	10	9	18	13	12	16	15	12	11	17	17	14
S 31	15	12	13	12	7	10	9	15	9	15	9	9	11	16	11	10	13	9	16	16	10	12	13	16	13	10	17	18	15	16
32	11	17	12	15	13	15	16	12	10	15	10	12	15	14	13	14	10	12	11	11	11	12	15	11	10	13	14	14	13	16
33	12	13	14	10	11	18	7	16	14	18	16	12	10	13	11	11	13	13	16	13	10	11	12	8	13	15	14	11	14	12
34	14	14	12	7	10	15	14	10	12	13	13	12	15	9	13	13	14	15	16	8	13	12	18	12	9	17	7	15	13	14
35	8	12	14	15	9	15	11	12	16	14	12	9	13	12	16	13	10	9	14	12	10	9	12	13	10	13	16	11	16	9
36	15	15	11	11	11	16	16	10	13	12	9	11	11	12	13	11	9	9	14	12	11	13	12	6	15	13	13	14	11	13
37	10	12	12	13	11	12	17	9	13	17	13	10	15	13	14	14	11	17	11	8	13	10	10	12	11	13	13	8	17	9
38	13	12	11	17	13	13	16	16	15	13	16	13	16	14	9	15	12	13	11	12	13	11	13	12	16	12	10	10	16	8
39	14	11	9	11	12	12	9	12	14	15	13	13	16	16	15	10	9	14	18	11	9	10	9	11	12	11	10	13	16	10
40	10	12	12	15	11	14	11	15	11	12	15	12	13	11	11	11	12	15	11	11	13	15	10	8	13	12	9	6	15	13
41	11	13	13	11	14	14	12	12	10	16	11	12	12	13	8	13	16	15	13	12	11	11	9	14	12	16	8	15	13	14
42	14	12	12	16	14	16	16	8	12	12	19	11	18	15	12	12	13	10	14	10	11	17	13	13	14	13	12	15	10	14
43	14	12	10	13	17	8	15	15	12	10	15	9	14	15	9	12	10	13	15	14	12	15	11	18	14	13	9	15	14	15
44	10	15	14	9	16	13	18	11	14	13	16	20	10	16	13	9	13	11	11	10	12	13	14	15	13	14	15	14	9	11
45	13	12	13	10	12	14	15	17	13	15	16	13	14	13	15	11	13	10	12	8	13	16	13	11	12	11	19	10	10	12
46	12	11	13	13	9	14	16	12	11	13	14	11	14	14	13	12	10	15	15	13	12	16	16	9	10	10	14	13	11	13
47	14	11	11	12	10	10	15	13	12	14	13	16	17	15	15	12	14	9	14	13	15	12	10	13	15	16	12	12	14	14
48	10	10	16	14	11	12	10	11	13	15	15	14	10	9	12	10	12	11	15	8	9	15	14	8	15	11	10	13	16	8
49	14	12	16	15	8	16	7	13	15	15	12	12	16	11	17	11	9	11	14	12	16	9	12	11	14	16	11	13	8	12
50	10	18	18	10	11	9	13	15	10	15	12	15	16	14	10	15	9	11	16	8	11	12	10	6	9	12	12	14	13	11
51	8	13	9	12	13	7	16	13	10	13	10	12	15	15	15	16	14	14	16	12	13	14	7	13	12	11	17	16	10	18
52	11	17	14	14	9	12	11	15	16	15	16	11	8	12	11	12	14	11	9	16	19	12	15	10	12	13	11	13	13	15
53	12	14	15	13	12	12	14	11	12	14	13	13	12	10	13	14	16	13	9	17	12	12	14	15	7	9	13	16	12	9
54	12	14	10	15	10	8	12	15	13	13	12	14	10	12	12	12	13	14	12	15	10	11	13	12	15	13	14	13	9	12
55	12	13	14	12	14	13	9	11	14	12	10	12	15	16	10	12	15	12	12	10	15	11	16	13	16	13	13	12	11	14
56	15	14	14	11	11	15	13	11	14	14	15	13	13	15	11	13	17	18	12	13	14	12	17	14	14	10	14	15	12	14
57	17	11	10	15	12	12	14	13	11	12	11	13	14	10	9	11	15	11	12	13	11	17	13	12	12	12	14	11	13	10
58	10	16	15	12	8	16	10	11	16	14	7	10	14	11	10	16	13	16	19	8	11	13	11	10	11	9	16	11	12	6
59	14	13	9	12	10	15	12	12	13	13	17	9	12	17	13	12	10	8	12	16	13	9	10	13	17	15	14	10	14	13

Minutes

Seconds	30	31	32	33	34	35	36	37	38	39	40	41	42	43	44	45	46	47	48	49	50	51	52	53	54	55	56	57	58	59
0	14	14	18	12	7	16	13	13	12	15	13	13	17	9	13	8	13	12	11	14	12	16	15	10	14	12	12	10	13	13
1	16	12	12	12	15	12	16	11	14	9	13	13	9	13	9	15	13	10	13	9	11	12	10	14	8	12	10	12	11	13
2	16	15	11	11	12	15	14	9	15	13	15	15	8	14	7	15	11	11	18	11	14	14	12	11	12	9	9	13	15	7
3	12	9	13	12	13	12	11	15	8	11	11	14	14	12	12	13	17	13	9	18	15	14	12	8	8	15	14	13	13	9
4	14	13	13	12	13	14	9	18	11	15	14	16	14	16	13	13	14	10	13	15	14	9	16	15	14	11	11	14	12	15
5	9	12	9	14	15	9	10	11	12	16	14	14	12	15	16	17	16	10	13	12	15	10	14	8	14	11	9	13	7	15
6	13	16	12	16	15	10	10	15	14	9	16	17	15	16	12	14	12	14	12	15	13	12	11	13	14	9	13	16	12	13
7	9	10	9	11	15	15	15	9	14	14	14	14	12	13	11	12	15	12	12	14	15	13	13	16	11	10	16	13	16	12
8	8	15	11	14	10	13	10	11	9	14	10	16	14	15	9	10	14	12	16	13	15	14	12	15	13	13	15	16	13	12
9	10	16	13	9	13	8	14	13	13	12	12	12	10	15	13	14	13	5	10	12	14	14	14	13	12	11	13	8	10	10
10	13	10	12	7	14	14	15	12	15	9	14	12	11	14	12	11	12	13	13	12	11	10	10	15	13	13	13	10	13	12
11	14	11	13	13	15	12	17	16	13	11	13	13	11	11	15	17	11	15	12	12	7	14	8	13	16	11	13	17	14	12
12	14	9	14	9	16	10	15	9	11	15	11	11	11	12	14	14	8	13	13	16	12	15	12	15	12	8	16	14	13	15
13	15	12	14	14	10	13	17	10	15	9	15	7	11	17	13	12	13	17	9	14	13	12	15	8	8	12	12	13	12	11
14	11	15	13	11	9	11	13	13	12	11	13	10	13	8	14	11	15	13	10	11	18	16	10	17	13	12	16	13	13	13
15	12	7	16	8	14	7	11	12	11	10	18	7	8	9	11	11	14	16	14	11	9	12	11	10	17	17	15	13	13	13
16	13	13	10	16	10	16	10	8	16	12	14	12	18	14	10	17	13	19	14	10	14	9	11	10	10	15	14	13	13	13
17	14	9	12	9	15	9	13	9	7	12	10	11	11	15	11	11	15	10	12	14	15	12	15	6	10	9	13	15	13	15
18	8	14	11	10	14	13	13	12	11	19	10	8	13	12	11	10	14	13	12	12	12	8	9	13	12	17	12	10	10	10
19	12	14	9	17	15	8	15	16	9	12	8	15	15	12	11	14	7	10	10	18	12	13	11	13	11	14	15	11	16	12
20	11	12	11	13	11	13	14	15	13	15	16	15	17	8	15	14	15	15	11	11	11	15	10	13	15	14	12	10	12	16
21	18	11	13	12	14	12	14	9	12	16	17	14	14	14	12	11	14	9	11	9	9	12	12	10	12	9	13	8	18	14
22	15	15	12	9	9	8	9	15	15	10	16	9	9	14	11	13	16	11	14	13	15	14	15	11	10	13	15	16	12	9
23	9	10	15	11	8	15	15	12	13	12	10	12	12	8	18	9	12	11	13	9	11	13	8	16	13	13	11	14	14	13
24	12	10	10	13	10	17	12	12	13	9	16	16	17	15	10	10	9	12	13	17	17	15	16	16	11	13	12	11	8	13
25	14	13	16	9	10	10	13	7	13	11	9	10	13	10	12	13	9	10	12	12	15	10	17	11	14	11	13	13	13	12
26	14	13	16	6	15	12	13	10	12	13	12	17	9	12	15	14	13	13	14	9	13	16	12	15	13	12	11	15	15	13
27	10	15	12	8	9	12	10	14	12	15	12	14	14	16	15	13	17	11	14	11	13	11	17	13	13	14	15	11	13	13
28	6	13	11	12	9	9	8	13	12	14	12	10	14	15	15	16	14	12	11	14	12	12	15	11	14	11	14	15	14	11
29	13	16	14	12	10	8	11	17	11	16	13	16	12	13	15	10	8	12	12	14	11	17	14	13	14	14	14	12	14	18
30	14	18	12	7	16	13	13	12	15	13	13	17	9	13	8	13	12	11	14	12	16	15	10	14	12	12	10	13	13	14
31	12	12	12	15	12	16	11	14	9	13	13	9	13	9	15	13	10	13	9	11	12	10	14	8	12	10	12	11	13	15
32	15	11	11	12	15	14	9	15	13	15	15	8	14	7	15	11	11	18	11	14	14	12	11	12	9	9	13	15	7	14
33	9	13	12	13	12	11	15	8	11	11	14	14	12	12	13	17	13	9	18	15	14	12	8	8	15	14	13	13	9	15
34	13	13	12	13	14	9	18	11	15	14	16	14	16	13	13	14	10	13	15	14	9	16	15	14	11	11	14	12	15	13
35	12	9	14	15	9	10	11	12	16	14	14	12	15	16	17	16	10	13	12	15	10	14	8	14	11	9	13	7	15	11
36	16	12	16	15	10	10	15	14	9	16	17	15	16	12	14	12	14	12	15	13	12	11	13	14	9	13	16	12	13	11
37	10	9	11	15	15	15	9	14	14	14	14	12	13	11	12	15	12	12	14	15	13	13	16	11	10	16	13	16	12	10
38	15	11	14	10	13	10	11	9	14	10	16	14	15	9	10	14	12	16	13	15	14	12	15	13	13	15	16	13	12	14
39	16	13	9	13	8	14	13	13	12	12	12	10	15	13	14	13	5	10	12	14	14	14	13	12	11	13	8	10	10	11
40	10	12	7	14	14	15	12	15	9	14	12	11	14	12	11	12	13	13	12	11	10	10	15	13	13	13	10	13	12	11
41	11	13	13	15	12	17	16	13	11	13	13	11	11	15	17	11	15	12	12	7	14	8	13	16	11	13	17	14	12	12
42	9	14	9	16	10	15	9	11	15	11	11	11	12	14	14	8	13	13	16	12	15	12	15	12	8	16	14	13	15	14
43	12	14	14	10	13	17	10	15	9	15	7	11	17	13	12	13	17	9	14	13	12	15	8	8	12	12	13	12	11	11
44	15	13	11	9	11	13	13	12	11	13	10	13	8	14	11	15	13	10	11	18	16	10	17	13	12	16	13	13	13	18
45	7	16	8	14	7	11	12	11	10	18	7	8	9	11	11	14	16	14	11	9	12	11	10	17	17	15	13	13	13	14
46	13	10	16	10	16	10	8	16	12	14	12	18	14	10	17	13	19	14	10	14	9	11	10	10	15	14	13	13	13	12
47	9	12	9	15	9	13	9	7	12	10	11	11	15	11	11	15	10	12	14	15	12	15	6	10	9	13	15	13	15	17
48	14	11	10	14	13	13	12	11	19	10	8	13	12	11	10	14	13	12	12	12	8	9	13	12	17	12	10	10	10	11
49	14	9	17	15	8	15	16	9	12	8	15	15	12	11	14	7	10	10	18	12	13	11	13	11	14	15	11	16	12	8
50	12	11	13	11	13	14	15	13	15	16	15	17	8	15	14	15	15	11	11	11	15	10	13	15	14	12	10	12	16	14
51	11	13	12	14	12	14	9	12	16	17	14	14	14	12	11	14	9	11	9	9	12	12	10	12	9	13	8	18	14	16
52	15	12	9	9	8	9	15	15	10	16	9	9	14	11	13	16	11	14	13	15	14	15	11	10	13	15	16	12	9	13
53	10	15	11	8	15	15	12	13	12	10	12	12	8	18	9	12	11	13	9	11	13	8	16	13	13	11	14	14	13	11
54	10	10	13	10	17	12	12	13	9	16	16	17	15	10	10	9	12	13	17	17	15	16	16	11	13	12	11	8	13	10
55	13	16	9	10	10	13	7	13	11	9	10	13	10	12	13	9	10	12	12	15	10	17	11	14	11	13	13	13	12	11
56	13	16	6	15	12	13	10	12	13	12	17	9	12	15	14	13	13	14	9	13	16	12	15	13	12	11	15	15	13	16
57	15	12	8	9	12	10	14	12	15	12	14	14	16	15	13	17	11	14	11	13	11	17	13	13	14	15	11	13	13	15
58	13	11	12	9	9	8	13	12	14	12	10	14	15	15	16	14	12	11	14	12	12	15	11	14	11	14	15	14	11	14
59	16	14	12	10	8	11	17	11	16	13	16	12	13	15	10	8	12	12	14	11	17	14	13	14	14	14	12	14	18	11

6D4

Minutes

	0	1	2	3	4	5	6	7	8	9	10	11	12	13	14	15	16	17	18	19	20	21	22	23	24	25	26	27	28	29
0	16	15	15	15	14	12	16	15	18	10	12	15	13	12	14	17	11	14	16	12	19	15	15	11	15	11	12	15	17	13
1	16	15	15	19	18	11	11	13	14	18	14	16	20	16	12	14	11	18	23	13	16	16	12	11	19	20	12	18	15	18
2	12	18	20	15	12	12	17	16	15	15	14	17	14	17	11	15	18	10	18	14	12	14	17	13	18	18	11	12	10	15
3	15	11	19	14	13	21	11	16	18	14	13	12	15	16	17	17	10	15	14	14	11	20	19	17	10	13	16	11	14	14
4	14	16	10	15	15	12	20	15	14	14	10	15	16	15	23	17	9	15	16	18	18	18	12	13	15	19	15	17	18	15
5	16	10	15	11	13	15	12	12	15	15	17	15	14	13	16	14	16	12	16	19	16	16	14	16	20	18	17	14	12	15
6	16	17	14	13	19	11	14	19	16	12	9	17	12	14	19	12	18	16	15	11	20	18	15	17	17	11	11	16	20	15
7	13	12	14	15	15	12	17	17	18	16	17	17	11	18	15	14	14	13	18	18	17	9	19	10	10	13	17	13	16	14
8	14	18	13	13	16	15	18	15	13	14	18	15	16	11	10	15	16	9	16	17	16	19	16	20	21	13	11	15	18	19
9	12	15	12	15	15	12	13	12	16	12	18	10	12	12	9	19	12	15	17	14	20	18	9	11	18	13	15	16	17	13
10	15	10	19	14	13	20	12	10	17	19	10	12	13	16	17	15	18	19	14	14	19	17	14	17	20	19	17	16	18	15
11	13	16	17	16	17	14	16	16	15	18	18	11	12	12	21	9	13	19	14	15	11	20	17	15	12	15	13	16	16	14
12	14	12	13	18	16	15	9	15	17	14	15	15	13	20	11	16	13	15	14	14	11	12	18	14	9	16	19	18	15	17
13	12	15	15	14	18	17	17	19	10	11	13	16	12	21	12	13	13	15	19	16	16	16	17	14	19	15	13	11	17	17
14	16	16	18	13	11	22	12	17	13	15	18	15	18	17	12	14	16	19	14	13	14	13	13	13	16	12	12	20	15	
15	20	8	11	10	17	15	23	15	13	17	12	16	17	11	12	18	16	17	22	13	16	15	14	13	13	16	12	13	14	12
16	17	16	17	18	12	12	19	19	14	12	17	13	15	18	15	18	20	16	17	15	10	15	15	14	17	23	14	13	17	16
17	12	19	13	12	17	15	13	17	16	15	20	17	13	16	22	15	13	16	17	16	17	18	20	17	19	10	14	20	14	15
18	15	11	16	13	18	12	12	13	12	12	14	14	17	11	14	14	11	11	15	12	17	18	18	19	8	16	10	19	12	15
19	14	11	15	19	14	14	9	13	9	15	12	13	18	18	13	12	14	15	19	16	11	15	16	16	16	14	15	16	13	19
20	13	15	16	19	21	16	18	18	16	11	16	13	13	12	14	16	14	20	16	13	19	14	14	15	13	16	9	19	17	14
21	15	20	13	17	15	17	16	15	18	14	16	15	17	15	15	19	16	16	14	15	16	18	12	19	16	16	12	18	16	13
22	11	11	8	18	14	20	15	13	19	15	16	17	16	17	12	16	15	20	15	17	13	15	17	14	14	13	18	14	14	14
23	12	13	14	22	11	20	16	18	15	14	14	15	19	20	17	14	18	19	10	15	15	18	17	20	16	14	17	14	9	17
24	18	14	15	11	18	16	12	18	8	10	12	14	14	13	18	12	13	11	17	13	12	18	12	11	19	14	10	18	15	16
25	11	16	18	12	15	14	16	20	19	17	15	18	15	18	13	13	13	20	14	16	17	17	13	15	14	15	13	11	14	13
26	19	14	17	18	15	12	17	18	15	16	11	15	20	15	18	15	17	14	13	18	17	14	16	11	13	14	14	12	16	16
27	10	13	16	14	17	15	21	17	14	16	12	18	14	13	12	13	17	16	17	18	16	16	14	15	15	15	15	15	15	13
28	11	11	11	15	19	18	18	13	14	14	15	14	17	12	15	13	12	19	17	12	14	16	10	19	14	16	18	14	16	14
29	17	11	13	16	16	9	18	17	12	12	16	15	18	15	19	14	12	13	13	18	10	16	15	16	14	10	10	14	14	17
30	15	15	15	14	12	16	15	18	10	12	15	13	12	14	17	11	14	16	12	19	15	15	11	15	11	12	15	17	13	13
31	15	15	19	18	11	11	13	14	18	14	16	20	16	12	14	11	18	23	13	16	16	12	11	19	20	12	18	15	18	16
32	18	20	15	12	12	17	16	15	15	14	17	14	17	11	15	18	10	18	14	12	14	17	13	18	18	11	12	10	15	17
33	11	19	14	13	21	11	16	18	14	13	12	15	16	17	17	10	15	14	14	11	20	19	17	10	13	16	11	14	14	16
34	16	10	15	15	12	20	15	14	14	10	15	16	15	23	17	9	15	16	18	18	18	12	13	15	19	15	17	18	15	16
35	10	15	11	13	15	12	12	15	15	17	15	14	13	16	14	16	12	16	19	16	16	14	16	20	18	17	14	12	15	14
36	17	14	13	19	11	14	19	16	12	9	17	12	14	19	12	18	16	15	11	20	18	15	17	17	11	11	16	20	15	17
37	12	14	15	15	12	17	17	18	16	17	17	11	18	15	14	14	13	18	18	17	9	19	10	10	13	17	13	16	14	17
38	18	13	13	16	15	18	15	13	14	18	15	16	11	10	15	16	9	16	17	16	19	16	20	21	13	11	15	18	19	16
39	15	12	15	15	12	13	12	16	12	18	10	12	12	9	19	12	15	17	14	20	18	9	11	18	13	15	16	17	13	15
40	10	19	14	13	20	12	10	17	19	10	12	13	16	17	15	18	19	14	14	19	17	14	17	20	19	17	16	18	15	13
41	16	17	16	17	14	16	16	15	18	18	11	12	12	21	9	13	19	14	15	11	20	17	15	12	15	13	16	16	14	14
42	12	13	18	16	15	9	15	17	14	15	15	13	20	11	16	13	15	14	14	11	12	18	14	9	16	19	18	15	17	9
43	15	15	14	18	17	17	19	10	11	13	16	12	21	12	13	13	15	19	16	16	16	17	14	19	15	13	11	17	17	14
44	16	18	13	11	22	12	17	13	15	18	15	18	17	12	14	16	19	14	13	14	13	13	13	13	16	12	12	20	15	13
45	8	11	10	17	15	23	15	13	17	12	16	17	11	12	18	16	17	22	13	16	15	14	13	13	16	12	13	14	12	15
46	16	17	18	12	12	19	19	14	12	17	13	15	18	15	18	20	16	17	15	10	15	15	14	17	23	14	13	17	16	12
47	19	13	12	17	15	13	17	16	15	20	17	13	16	22	15	13	16	17	16	17	18	20	17	19	10	14	20	14	15	18
48	11	16	13	18	12	12	13	12	12	14	17	11	14	14	11	11	15	12	17	18	18	19	8	16	10	19	12	15	12	15
49	11	15	19	14	14	9	13	9	15	12	13	18	18	13	12	14	15	19	16	11	15	16	16	16	14	15	16	13	19	7
50	15	16	19	21	16	18	18	16	11	16	13	13	12	14	16	14	20	16	13	19	14	14	15	13	16	9	19	17	14	16
51	20	13	17	15	17	16	15	18	14	16	15	17	15	15	19	16	16	14	15	16	18	12	19	16	16	12	18	16	13	15
52	11	8	18	14	20	15	13	19	15	16	17	16	17	12	16	15	20	15	17	13	15	17	14	14	13	18	14	14	14	17
53	13	14	22	11	20	16	18	15	14	14	15	19	20	17	14	18	19	10	15	15	18	17	20	16	14	17	14	9	17	18
54	14	15	11	18	16	12	18	8	10	12	14	14	13	18	12	13	11	17	13	12	18	12	11	19	14	10	18	15	16	8
55	16	18	12	15	14	16	20	19	17	15	18	15	18	13	13	13	20	14	16	17	17	13	15	14	15	13	11	14	13	16
56	14	17	18	15	12	17	18	15	16	11	15	20	15	18	15	17	14	13	18	17	14	16	11	13	14	14	12	16	16	15
57	13	16	14	17	15	21	17	14	16	12	18	14	13	12	13	17	16	17	18	16	16	14	15	15	15	15	15	15	13	17
58	11	11	15	19	18	18	13	14	14	15	14	17	12	15	13	12	19	17	12	14	16	10	19	14	16	18	14	16	14	15
59	11	13	16	16	9	18	17	12	12	16	15	18	15	19	14	12	13	13	18	10	16	15	16	14	10	10	14	14	17	12

SECONDS

	30	31	32	33	34	35	36	37	38	39	40	41	42	43	44	45	46	47	48	49	50	51	52	53	54	55	56	57	58	59
0	13	14	17	15	19	16	11	10	15	13	13	14	14	17	17	16	14	12	14	15	16	18	21	16	18	9	15	17	11	14
1	16	14	14	15	18	10	19	13	10	14	14	11	13	19	16	17	11	17	15	12	19	12	15	15	18	12	18	11	13	18
2	17	15	14	14	14	16	13	17	19	11	14	10	15	13	18	13	13	16	21	18	14	13	8	13	15	12	13	14	16	14
3	16	14	15	18	11	19	16	14	15	12	19	11	15	17	17	11	13	11	16	16	13	17	14	17	17	16	11	13	16	14
4	16	12	18	12	18	16	17	18	16	13	7	13	14	16	17	19	14	16	13	17	17	17	11	20	15	15	16	15	12	19
5	14	17	11	19	16	16	14	12	17	15	13	9	13	14	14	16	12	14	15	17	16	15	18	17	15	16	15	14	14	18
6	17	13	17	13	17	12	22	14	15	15	13	16	14	11	17	18	14	15	13	15	20	15	11	14	16	19	18	15	17	11
7	17	13	17	15	15	16	11	14	8	14	18	16	10	16	12	14	15	12	20	23	17	15	10	11	16	16	14	12	8	15
8	16	17	17	12	15	20	13	15	15	16	18	16	13	18	14	14	16	17	16	19	14	12	13	16	16	16	17	14	16	18
9	15	16	16	12	22	11	17	17	17	17	17	14	16	15	12	12	13	12	16	12	20	20	12	14	14	16	16	19	14	16
10	13	13	12	14	15	16	12	15	15	15	17	16	13	15	18	17	14	14	18	17	14	14	17	16	16	16	16	15	17	12
11	14	13	17	19	17	13	13	12	17	15	16	15	17	17	14	13	18	13	12	16	16	13	13	13	14	20	11	19	16	16
12	9	17	10	12	18	19	19	11	16	15	14	16	14	21	15	18	14	18	14	18	16	12	14	12	17	18	17	13	14	12
13	14	15	17	16	16	17	17	12	14	16	19	16	16	16	20	20	17	17	18	18	14	13	20	14	15	15	16	11	17	17
14	13	18	19	11	16	19	18	13	13	14	10	14	19	15	17	13	17	16	17	17	18	11	17	12	19	12	19	12	14	18
15	15	15	15	14	19	18	12	13	10	18	18	17	15	12	15	16	14	12	15	15	15	15	13	19	12	12	16	13	14	11
16	12	18	12	17	18	16	15	14	14	16	19	15	15	14	13	15	13	19	15	17	16	13	16	18	15	10	16	11	15	18
17	18	17	13	18	16	21	9	18	18	18	15	14	16	16	11	15	16	14	14	15	16	16	15	18	13	17	12	16	13	16
18	15	13	16	14	14	21	18	16	16	14	16	17	19	15	13	12	18	17	11	18	18	13	15	12	14	18	16	17	11	14
19	7	11	13	14	14	12	13	13	15	20	14	12	17	9	12	17	13	21	18	18	15	16	16	15	16	18	14	16	16	13
20	16	14	17	15	12	20	16	14	18	18	14	14	13	16	12	21	13	16	13	21	14	16	18	15	16	16	12	13	15	16
21	15	11	15	17	16	10	15	20	14	16	17	21	17	23	9	16	14	12	14	21	13	14	19	14	15	13	12	17	11	14
22	17	8	12	18	9	19	17	16	15	16	15	15	15	16	13	11	14	16	14	12	10	18	14	13	19	12	14	15	12	13
23	18	15	15	16	17	17	14	21	11	17	17	17	15	11	12	16	10	20	12	20	14	16	20	16	10	15	17	17	12	15
24	8	14	18	16	14	17	8	16	13	16	17	14	14	15	15	12	17	17	17	15	14	18	16	18	16	19	15	12	13	17
25	16	18	12	16	16	16	13	16	15	12	9	13	12	16	17	19	16	14	11	15	12	16	13	19	14	11	17	16	22	20
26	15	17	17	14	10	18	14	13	17	18	19	13	19	13	7	17	16	14	19	15	15	14	12	13	15	16	17	17	15	17
27	17	11	17	11	14	18	14	14	14	8	15	17	11	10	15	14	14	14	15	13	15	15	16	19	14	13	10	8	17	15
28	15	15	19	17	11	16	9	14	19	15	14	17	12	19	16	16	14	13	12	13	18	14	15	17	15	12	14	16	15	14
29	12	21	17	16	15	14	10	13	13	11	14	14	20	18	12	13	18	14	13	12	16	15	17	16	15	12	16	13	14	15
30	14	17	15	19	16	11	10	15	13	13	14	14	17	17	16	14	12	14	15	16	18	21	16	18	9	15	17	11	14	16
31	14	14	15	18	10	19	13	10	14	14	11	13	19	16	17	11	17	15	12	19	12	15	15	18	12	18	11	13	18	12
32	15	14	14	14	16	13	17	19	11	14	10	15	13	18	13	13	16	21	18	14	13	8	13	15	12	13	14	16	14	20
33	14	15	18	11	19	16	14	15	12	19	11	15	17	17	11	13	11	16	16	13	17	14	17	17	16	11	13	16	14	14
34	12	18	12	18	16	17	18	16	13	7	13	14	16	17	19	14	16	13	17	17	17	11	20	15	15	16	15	12	19	12
35	17	11	19	16	16	14	12	17	15	13	9	13	14	14	16	12	14	15	17	16	15	18	17	15	16	15	14	14	18	16
36	13	17	13	17	12	22	14	15	15	13	16	14	11	17	18	14	15	13	15	20	15	11	14	16	19	18	15	17	11	17
37	13	17	15	15	16	11	14	8	14	18	16	10	16	12	14	15	12	20	23	17	15	10	11	16	16	14	12	8	15	14
38	17	17	12	15	20	13	15	15	16	18	16	13	18	14	14	16	17	16	19	14	12	13	16	16	16	17	14	16	18	11
39	16	16	12	22	11	17	17	17	17	17	14	16	15	12	12	13	12	16	12	20	20	12	14	14	16	16	19	14	16	22
40	13	12	14	15	16	12	15	15	15	17	16	13	15	18	17	14	14	18	17	14	14	17	16	16	16	16	15	17	12	16
41	13	17	19	17	13	13	12	17	15	16	15	17	17	14	13	18	13	12	16	16	13	13	13	14	20	11	19	16	16	15
42	17	10	12	18	19	19	11	16	15	14	16	14	21	15	18	14	18	14	18	16	12	14	12	17	18	17	13	14	12	18
43	15	17	16	16	17	17	12	14	16	19	16	16	16	20	20	17	17	18	18	14	13	20	14	15	15	16	11	17	17	18
44	18	19	11	16	19	18	13	13	14	10	14	19	15	17	13	17	16	17	17	18	11	17	12	19	12	19	12	14	18	12
45	15	15	14	19	18	12	13	10	18	18	17	15	12	15	16	14	12	15	15	15	15	13	19	12	12	16	13	14	11	13
46	18	12	17	18	16	15	14	14	16	19	15	15	14	13	15	13	19	15	17	16	13	16	18	15	10	16	11	15	18	11
47	17	13	18	16	21	9	18	18	18	15	14	16	16	11	15	16	14	14	15	16	16	15	18	13	17	12	16	13	16	14
48	13	16	14	14	21	18	16	16	14	16	17	19	15	13	12	18	17	11	18	18	13	15	12	14	18	16	17	11	14	11
49	11	13	14	14	12	13	13	15	20	14	12	17	9	12	17	13	21	18	18	15	16	16	15	16	18	14	16	16	13	13
50	14	17	15	12	20	16	14	18	18	14	14	13	16	12	21	13	16	13	21	14	16	18	15	16	16	12	13	15	16	14
51	11	15	17	16	10	15	20	14	16	17	21	17	23	9	16	14	12	14	21	13	14	19	14	15	13	12	17	11	14	19
52	8	12	18	9	19	17	16	15	16	15	15	15	16	13	11	14	16	14	12	10	18	14	13	19	12	14	15	12	13	12
53	15	15	16	17	17	14	21	11	17	17	17	15	11	12	16	10	20	12	20	14	16	20	16	10	15	17	17	12	15	17
54	14	18	16	14	17	8	16	13	16	17	14	14	15	15	12	17	17	17	15	14	18	16	18	16	19	15	12	13	17	12
55	18	12	16	16	16	13	16	15	12	9	13	12	16	17	19	16	14	11	15	12	16	13	19	14	11	17	16	22	20	13
56	17	17	14	10	18	14	13	17	18	19	13	19	13	7	17	16	14	19	15	15	14	12	13	15	16	17	17	15	17	17
57	11	17	11	14	18	14	14	14	8	15	17	11	10	15	14	14	14	15	13	15	15	16	19	14	13	10	8	17	15	14
58	15	19	17	11	16	9	14	19	15	14	17	12	19	16	16	14	13	12	13	18	14	15	17	15	12	14	16	15	14	12
59	21	17	16	15	14	10	13	13	11	14	14	20	18	12	13	18	14	13	12	16	15	17	16	15	12	16	13	14	15	14

The left margin label reads (vertically, aligned with rows 25–31): S E C O N D S

6-Sided Dice (1 – 3)

1D6 (1 – 3)

Minutes

Seconds	0	1	2	3	4	5	6	7	8	9	10	11	12	13	14	15	16	17	18	19	20	21	22	23	24	25	26	27	28	29
0	1	1	3	2	1	3	3	3	2	2	3	2	3	3	2	3	1	1	1	3	1	1	1	3	2	2	2	1	1	3
1	2	2	3	3	1	3	3	1	1	2	3	1	1	3	2	3	1	2	1	3	2	2	2	2	2	3	2	2	1	2
2	2	2	3	3	1	1	2	1	1	2	1	3	3	3	2	2	2	2	2	3	2	2	2	1	3	1	1	2	3	3
3	2	1	3	3	1	3	1	1	1	3	2	2	1	3	2	1	3	3	3	3	2	1	2	1	3	3	1	1	1	1
4	3	2	3	1	2	2	1	2	3	3	2	2	3	2	3	3	1	1	3	1	3	2	3	2	3	1	1	3	2	2
5	1	3	1	2	2	2	2	3	3	1	1	1	3	1	1	3	1	2	3	3	1	1	3	1	2	2	2	3	3	3
6	1	3	1	3	2	3	2	1	3	2	2	1	2	2	1	1	1	3	1	1	3	2	3	1	2	3	1	1	1	1
7	1	2	3	1	2	3	3	3	1	1	3	2	1	1	3	1	2	1	3	2	1	3	2	2	2	2	3	1	3	1
8	2	2	2	3	3	3	2	2	2	3	1	3	3	1	1	3	3	3	1	1	1	2	3	3	3	2	2	3	3	3
9	1	2	3	3	3	2	2	3	1	2	3	3	2	1	2	3	1	3	2	1	1	1	1	2	3	1	2	2	3	2
10	3	1	2	3	1	1	2	2	1	1	2	1	1	3	3	2	1	3	3	1	2	1	1	3	2	2	3	3	1	2
11	2	2	1	2	3	2	3	3	3	2	1	2	2	2	2	2	3	3	1	3	2	3	3	2	1	3	3	3	2	1
12	3	3	1	1	3	3	2	3	3	3	3	2	1	2	1	2	3	3	2	3	3	1	3	1	2	3	1	2	1	3
13	3	2	3	3	1	3	1	3	2	1	3	1	2	1	2	3	2	3	2	3	1	1	1	2	1	2	2	1	2	1
14	1	2	2	3	1	3	2	2	2	1	1	2	1	3	3	3	3	3	2	1	3	2	2	1	3	3	2	1	1	1
15	3	2	3	1	1	2	3	1	3	3	3	3	2	2	3	3	1	3	1	1	2	2	1	2	3	1	1	2	3	2
16	3	3	3	3	3	1	2	2	2	3	3	2	1	1	3	2	2	2	1	2	2	2	1	3	2	2	2	3	2	2
17	1	1	2	3	2	1	1	1	1	1	3	3	1	2	3	2	3	2	1	2	2	2	1	2	1	1	1	1	3	2
18	2	2	3	2	1	3	3	3	1	3	3	1	2	3	3	1	1	3	1	2	2	2	3	3	3	3	3	2	1	3
19	3	3	1	3	1	1	2	3	2	1	1	2	2	1	2	3	1	1	2	3	1	1	3	3	1	2	2	3	3	2
20	3	2	3	1	2	2	3	3	3	2	3	2	1	3	1	1	1	3	2	1	2	3	2	3	2	1	2	1	2	1
21	1	3	3	3	1	3	1	1	1	2	1	1	3	1	3	1	2	2	2	3	3	3	2	1	2	1	3	1	3	2
22	1	3	2	2	3	3	3	2	2	3	2	1	1	1	3	2	2	3	2	1	2	1	3	2	3	2	1	2	1	3
23	3	3	2	3	1	3	3	1	1	3	1	3	2	3	2	3	1	2	1	1	3	3	2	2	1	1	3	3	3	1
24	2	1	3	1	2	1	2	1	3	2	1	2	1	3	3	2	3	3	1	1	3	2	2	3	3	2	2	3	2	3
25	3	2	1	2	1	2	3	2	3	2	3	2	3	3	1	3	1	2	2	1	3	3	2	2	1	3	2	3	1	1
26	3	2	2	3	3	1	2	1	2	2	3	3	2	3	1	1	2	1	2	3	3	2	1	2	3	2	1	1	1	3
27	3	1	3	1	1	1	2	1	2	1	3	1	2	3	3	3	3	3	2	3	2	3	3	3	3	1	2	2	3	3
28	3	2	3	1	2	3	1	3	2	1	2	3	1	1	1	2	3	3	2	2	3	3	3	3	3	1	3	2	1	1
29	2	1	3	1	1	2	3	3	1	1	1	3	1	3	2	2	3	3	2	2	2	3	2	3	1	1	1	2	3	1
30	1	3	2	1	3	3	3	2	2	3	2	3	3	2	3	1	1	1	3	1	1	1	3	2	2	2	1	1	3	2
31	2	3	3	1	3	3	1	1	2	3	1	1	3	2	3	1	2	1	3	2	2	2	2	2	3	2	2	1	2	2
32	2	3	3	1	1	2	1	1	2	1	3	3	3	2	2	2	2	2	3	2	2	2	1	3	1	1	2	3	3	1
33	1	3	3	1	3	1	1	1	3	2	2	1	3	2	1	3	3	3	3	2	1	2	1	3	3	1	1	1	1	1
34	2	3	1	2	2	1	2	3	3	2	2	3	2	3	3	1	1	3	1	3	2	3	2	3	1	1	3	2	2	3
35	3	1	2	2	2	2	3	3	1	1	1	3	1	1	3	1	2	3	3	1	1	3	1	2	2	2	3	3	3	1
36	3	1	3	2	3	2	1	3	2	2	1	2	2	1	1	1	3	1	1	3	2	3	1	2	3	1	1	1	1	2
37	2	3	1	2	3	3	3	1	1	3	2	1	1	3	1	2	1	3	2	1	3	2	2	2	2	3	1	3	1	2
38	2	2	3	3	3	2	2	2	3	1	3	3	1	1	3	3	3	1	1	1	2	3	3	3	2	2	3	3	3	3
39	2	3	3	3	2	2	3	1	2	3	3	3	2	1	2	3	2	1	1	1	1	2	3	1	2	2	3	2	3	3
40	1	2	3	1	1	2	2	1	1	2	1	1	3	3	2	1	3	3	1	2	1	1	3	2	2	3	3	1	2	1
41	2	1	2	3	2	3	3	3	2	1	2	2	2	2	2	3	3	1	3	2	3	3	3	2	1	3	3	3	2	1
42	3	1	1	3	3	2	2	3	3	3	2	1	2	1	2	3	3	2	3	3	1	3	1	2	3	1	2	1	3	3
43	2	3	3	1	3	1	3	2	1	3	1	2	1	2	3	2	3	2	3	1	1	1	2	1	2	2	1	2	1	1
44	2	2	3	1	3	2	2	2	1	1	2	1	3	3	3	3	3	2	1	3	2	2	1	3	3	2	1	1	1	2
45	2	3	1	1	2	3	1	3	3	3	2	2	3	3	1	3	1	1	2	2	1	2	3	1	1	2	3	2	2	3
46	3	3	3	3	1	2	2	2	3	3	2	1	1	3	2	2	2	1	2	2	2	1	3	2	2	2	3	2	1	1
47	1	2	3	2	1	1	1	1	1	3	3	1	2	3	2	3	2	1	2	2	2	1	2	1	1	1	1	3	2	2
48	2	3	2	1	3	1	3	1	3	3	1	2	3	3	1	1	3	1	2	2	2	3	3	3	3	3	2	1	3	3
49	3	1	3	1	1	2	3	2	1	1	2	2	1	2	3	1	1	2	3	1	1	3	3	1	2	2	3	3	2	2
50	2	3	1	2	2	3	3	3	2	3	2	1	3	1	1	1	3	2	1	2	3	2	3	2	1	2	1	2	1	3
51	3	3	3	1	3	1	1	1	2	1	1	3	1	3	1	2	2	2	3	3	3	2	1	2	1	3	1	3	2	2
52	3	2	2	3	2	3	3	2	3	3	2	1	1	1	3	2	2	3	2	1	2	1	3	2	3	2	1	2	1	1
53	3	2	3	1	3	3	1	1	3	1	3	2	3	2	3	1	2	1	1	3	3	2	2	1	1	3	3	3	1	1
54	1	3	1	2	1	2	1	3	2	1	2	1	3	3	2	3	3	1	1	3	2	2	3	3	2	2	3	2	3	1
55	2	1	2	1	2	3	2	2	3	2	3	2	3	3	1	3	1	2	2	1	3	3	2	2	1	3	2	3	1	1
56	2	2	3	3	1	2	1	2	2	3	3	2	3	1	1	2	1	2	3	3	2	1	2	3	3	2	1	1	1	1
57	1	3	1	1	1	2	1	2	1	1	3	1	2	3	3	3	3	3	2	3	2	3	3	3	3	1	2	2	3	2
58	2	3	1	2	3	1	3	2	1	2	1	3	3	1	1	1	2	3	3	2	2	3	3	3	3	1	3	2	1	2
59	1	3	1	1	2	3	3	1	1	1	3	1	3	2	2	3	3	2	2	2	3	2	3	1	1	1	2	3	1	2

Minutes

Seconds	30	31	32	33	34	35	36	37	38	39	40	41	42	43	44	45	46	47	48	49	50	51	52	53	54	55	56	57	58	59
0	2	3	3	1	2	3	2	2	1	1	2	2	1	1	3	3	1	2	2	2	2	1	2	1	3	2	3	3	1	2
1	2	1	1	1	2	2	2	2	2	1	3	1	3	1	3	3	2	2	3	3	2	1	3	2	3	3	1	3	3	2
2	1	2	2	3	1	3	2	3	2	3	1	3	3	1	2	2	1	2	3	3	2	2	3	3	3	3	1	1	3	1
3	1	3	2	3	1	2	2	3	1	1	3	2	3	2	2	3	3	2	2	3	2	1	3	1	3	2	3	2	2	2
4	3	3	1	3	1	3	2	2	1	3	1	2	2	3	3	2	3	3	2	2	1	3	1	2	2	1	1	1	2	3
5	1	1	1	3	3	3	1	1	3	2	1	1	1	3	2	2	2	3	2	1	2	2	2	1	2	2	1	3	1	2
6	2	2	1	3	2	2	2	3	1	2	3	3	2	1	2	2	2	2	2	2	1	3	3	1	2	1	1	2	2	1
7	2	1	1	3	2	3	3	2	1	1	1	1	3	1	2	1	3	2	1	1	1	3	1	1	2	2	2	2	2	1
8	3	1	3	2	2	2	1	3	3	2	3	3	1	3	2	3	1	1	1	1	3	2	2	1	1	1	3	3	2	1
9	3	1	2	2	1	2	3	3	1	2	1	2	2	2	2	3	3	2	2	3	3	2	1	3	3	3	1	1	1	2
10	1	2	2	3	1	3	2	3	1	1	1	1	2	3	2	1	2	3	3	3	2	2	1	2	2	1	2	3	3	3
11	2	3	2	1	2	3	3	1	2	1	3	3	2	1	3	2	3	3	2	3	1	3	3	3	2	2	2	2	3	1
12	3	1	3	2	3	3	1	1	3	2	3	1	1	1	2	1	3	2	3	1	3	3	1	1	1	1	1	2	2	3
13	1	3	1	2	3	3	1	1	1	3	1	2	1	2	1	1	1	1	2	1	3	1	2	1	1	1	3	1	3	3
14	2	3	2	3	1	2	3	3	3	3	1	3	1	3	2	2	3	2	3	3	1	3	1	3	2	3	3	3	1	3
15	3	2	1	1	2	3	2	3	1	2	2	1	2	1	3	2	3	2	2	2	2	3	1	2	1	2	3	3	3	3
16	1	3	2	2	3	2	3	3	1	2	1	2	2	1	1	2	3	2	3	1	1	2	2	1	1	2	1	1	2	2
17	2	1	1	3	3	2	3	2	3	3	2	2	3	3	3	3	2	3	1	3	1	3	3	1	2	2	1	2	2	2
18	3	1	1	2	2	2	1	2	1	2	1	3	3	3	2	3	2	1	1	1	2	2	1	1	1	2	2	1	1	1
19	2	2	3	3	3	2	2	1	2	3	2	3	3	1	3	1	1	1	3	3	2	1	2	2	1	3	3	3	3	2
20	3	1	3	1	2	2	2	3	2	1	3	3	3	2	2	3	3	1	1	1	1	1	2	3	2	1	2	2	1	3
21	2	3	2	1	2	1	1	1	2	1	3	1	1	3	1	1	1	2	1	2	2	2	1	3	2	2	2	2	3	1
22	1	1	1	1	1	3	1	3	3	1	1	3	1	1	2	2	1	3	3	1	1	2	1	1	3	1	2	3	1	2
23	1	1	2	2	2	2	2	1	1	2	3	1	2	2	2	2	3	3	3	3	1	2	1	2	3	2	2	1	1	1
24	1	3	3	1	3	3	2	2	3	2	1	2	2	2	3	2	3	2	1	2	1	2	2	2	1	3	2	2	3	3
25	1	1	1	1	2	2	3	2	1	2	3	2	2	2	1	2	3	2	2	3	2	3	1	1	2	3	1	2	3	1
26	1	2	3	3	2	2	1	1	3	1	2	1	3	2	1	2	3	3	3	2	3	1	2	1	2	3	2	2	1	1
27	2	2	3	2	3	3	3	2	2	3	1	1	3	3	2	2	3	3	2	1	3	1	2	3	3	3	3	1	1	3
28	2	1	2	2	3	1	3	1	3	2	2	1	3	3	2	2	3	2	3	3	1	3	3	3	2	1	2	3	3	3
29	2	3	3	1	2	1	1	1	1	2	3	2	1	1	2	2	2	1	1	2	1	1	2	2	1	3	2	3	3	3
30	3	3	1	2	3	2	2	1	1	2	2	1	1	3	3	1	2	2	2	2	1	2	1	3	2	3	3	1	2	1
31	1	1	1	2	2	2	2	2	1	3	1	3	1	3	3	2	2	3	3	2	1	3	2	3	3	1	3	3	2	2
32	2	2	3	1	3	2	3	2	3	1	3	3	1	2	2	1	2	3	3	2	2	3	3	3	3	1	1	3	1	1
33	3	2	3	1	2	2	3	1	1	3	2	3	2	2	3	3	2	2	3	2	1	3	1	3	2	3	2	2	2	1
34	3	1	3	1	3	2	2	1	3	1	2	2	3	3	2	3	3	2	2	1	3	1	2	2	1	1	1	2	3	2
35	1	1	3	3	3	1	1	3	2	1	1	1	3	2	2	2	3	2	1	2	2	2	1	2	2	1	3	1	2	1
36	2	1	3	2	2	2	3	1	2	3	3	2	1	2	2	2	2	2	2	1	3	3	1	2	1	1	2	2	1	3
37	1	1	3	2	3	3	2	1	1	1	1	1	3	1	2	1	3	2	1	1	1	3	1	1	2	2	2	2	1	3
38	1	3	2	2	2	1	3	3	2	3	3	1	3	2	3	1	1	1	1	3	2	2	1	1	1	3	3	2	1	2
39	1	2	2	1	2	3	3	1	2	1	2	2	2	2	3	3	2	2	3	3	2	1	3	3	3	1	1	1	2	3
40	2	2	3	1	3	2	3	1	1	1	1	2	3	2	1	2	3	3	3	2	2	1	2	2	1	2	3	3	3	1
41	3	2	1	2	3	3	1	2	1	3	3	2	1	3	2	3	2	3	1	3	3	3	2	2	2	2	3	1	3	2
42	1	3	2	3	3	1	1	3	2	3	1	1	1	2	1	3	2	3	1	3	3	1	1	1	1	1	2	2	3	3
43	3	1	2	3	3	1	1	1	3	1	2	1	2	1	1	1	1	1	2	1	3	1	2	1	1	1	3	1	3	1
44	3	2	3	1	2	3	3	3	3	1	3	1	3	2	2	3	2	3	3	1	3	1	3	2	3	3	3	3	1	3
45	2	1	1	2	3	2	3	1	2	2	1	2	1	3	2	3	2	2	2	2	3	1	2	1	2	3	3	3	1	1
46	3	2	2	3	2	3	3	1	2	1	2	2	1	2	1	1	2	3	2	3	1	1	2	2	1	1	1	2	2	1
47	1	1	3	3	2	3	2	3	3	2	2	3	3	3	2	3	1	3	1	3	3	3	1	2	2	1	2	2	2	1
48	1	1	2	3	2	2	1	2	1	2	1	3	3	3	2	3	2	1	1	1	2	2	1	1	1	2	2	1	1	1
49	2	3	3	3	2	2	1	2	3	2	3	3	1	3	1	1	1	3	3	2	1	2	2	1	3	3	3	3	2	3
50	1	3	1	2	2	2	3	2	1	3	3	3	2	2	3	1	1	1	1	1	2	3	2	1	2	2	1	3	2	1
51	3	2	1	2	1	1	1	2	1	3	1	1	3	1	1	1	2	1	2	2	2	1	3	2	2	2	2	3	1	2
52	1	1	1	1	3	1	3	3	1	1	3	1	1	2	2	1	3	3	1	1	2	1	1	3	1	2	3	1	2	3
53	1	2	2	2	2	2	1	1	2	3	1	2	2	2	2	2	3	3	3	3	1	2	1	2	3	2	2	1	1	3
54	3	3	1	3	3	2	2	3	2	1	2	2	2	3	2	3	2	1	2	1	2	2	2	2	1	3	2	2	3	3
55	1	1	1	2	2	3	2	1	2	3	2	2	2	1	2	3	2	2	3	2	3	1	1	2	3	1	2	3	1	3
56	2	3	3	2	2	1	1	3	1	2	1	3	2	1	2	3	3	3	2	3	1	2	1	2	3	2	2	1	1	3
57	2	3	2	3	3	3	2	2	3	1	1	3	3	2	2	3	3	2	1	3	1	2	3	3	3	3	1	1	3	2
58	1	2	2	3	1	3	1	1	3	2	2	3	3	2	2	3	2	3	3	1	3	3	3	2	1	2	3	3	3	2
59	3	3	1	2	1	1	1	1	2	3	2	1	1	2	2	2	1	1	2	1	1	2	2	1	3	2	3	3	3	3

6-Sided Dice (1 – 6)

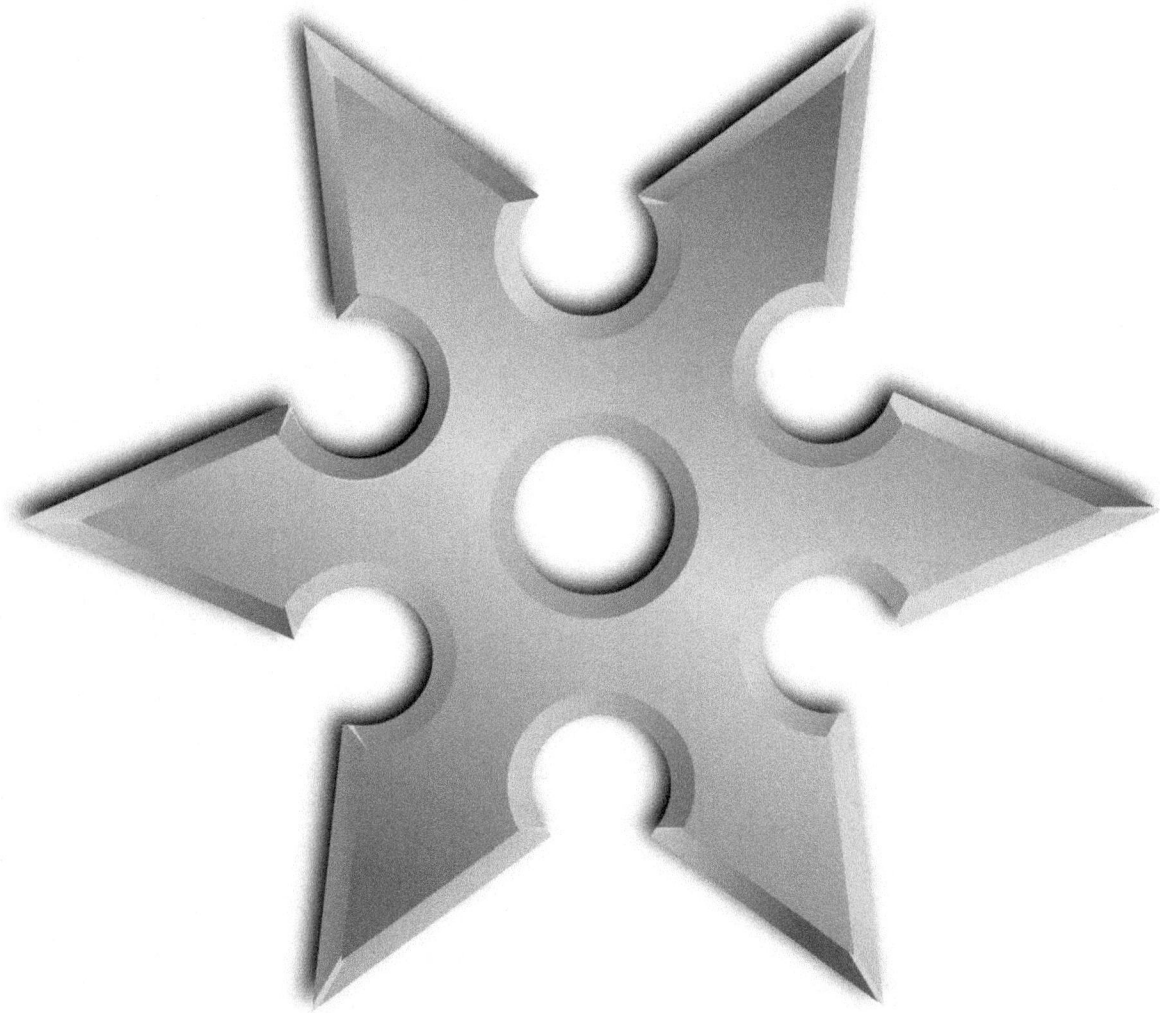

1D6

Minutes

Seconds	0	1	2	3	4	5	6	7	8	9	10	11	12	13	14	15	16	17	18	19	20	21	22	23	24	25	26	27	28	29
0	1	1	1	3	6	4	5	4	4	4	1	2	6	4	3	4	1	2	6	4	5	1	1	6	1	5	1	6	6	6
1	3	2	3	3	2	2	4	6	6	6	5	2	6	4	1	2	2	1	3	2	5	6	5	4	4	1	1	5	2	2
2	6	1	1	5	5	3	6	4	3	3	3	1	3	4	2	1	5	4	5	5	4	5	1	3	4	6	3	1	3	3
3	3	1	1	6	2	2	1	5	1	6	6	2	6	1	6	3	5	1	6	5	4	2	5	6	2	3	1	6	1	2
4	1	3	4	6	5	5	5	5	4	4	1	5	3	6	4	4	1	5	5	3	4	1	3	5	2	6	2	5	6	1
5	6	4	2	6	1	3	4	2	2	4	4	4	6	6	4	6	3	2	3	4	1	2	6	3	6	4	2	4	2	2
6	5	2	6	4	1	3	1	1	5	5	5	2	5	5	5	2	1	1	4	6	6	2	3	1	4	4	1	1	4	6
7	6	5	2	1	6	2	1	1	1	4	4	3	2	5	3	5	6	2	1	1	4	2	6	5	6	5	3	4	3	3
8	4	2	1	3	6	3	2	4	2	4	1	5	4	3	1	3	3	1	4	2	3	6	2	1	4	6	6	6	3	
9	3	3	1	6	4	5	3	2	3	2	4	6	1	6	6	5	2	6	1	3	6	3	2	1	1	3	5	5	5	4
10	5	2	3	1	2	6	4	3	6	1	4	4	6	2	3	2	3	3	6	5	5	2	2	1	4	6	4	4	2	4
11	2	4	5	5	6	2	1	6	2	6	4	3	1	6	1	1	5	4	6	6	1	1	2	3	4	3	3	1	4	6
12	3	6	5	4	5	3	5	6	2	1	5	3	4	2	6	6	3	2	2	5	1	4	2	2	5	2	5	1	5	1
13	6	1	6	4	6	2	2	5	3	2	3	5	3	2	1	5	2	6	5	2	6	6	1	1	6	4	6	1	2	6
14	1	5	6	3	3	6	4	4	6	2	6	4	5	1	4	6	3	3	2	6	5	1	1	5	1	4	2	3	5	6
15	5	6	1	6	6	5	2	5	5	3	5	1	1	5	4	6	4	1	2	4	3	6	6	1	1	4	4	5	2	3
16	1	1	4	4	5	1	5	5	6	2	3	2	5	1	2	2	2	2	4	3	6	2	6	5	5	3	3	4	5	5
17	2	6	5	5	2	1	3	5	2	1	1	4	6	4	6	5	5	4	3	4	6	1	6	4	5	2	6	6	1	6
18	1	6	6	2	5	2	1	2	6	5	5	5	1	2	4	6	3	1	2	1	4	1	2	1	6	1	6	5	3	3
19	3	6	3	3	2	2	1	2	2	5	5	4	1	5	6	4	2	2	5	5	1	3	6	3	5	5	1	4	3	1
20	4	4	5	6	3	5	3	6	6	2	1	3	3	5	4	5	2	2	5	3	6	4	2	4	4	6	2	4	1	6
21	4	3	4	3	4	3	2	6	4	4	1	4	2	2	6	6	4	5	5	1	5	6	1	4	2	1	3	3	4	5
22	4	5	4	3	1	3	4	5	5	5	6	6	6	4	3	6	1	5	4	5	6	3	2	3	3	3	1	5	5	6
23	3	3	4	3	6	4	2	5	4	4	6	6	3	4	5	1	3	5	3	3	5	6	1	3	6	2	4	5	6	4
24	3	4	5	6	6	6	2	3	2	3	1	5	1	2	4	5	5	3	3	6	6	3	1	3	3	3	1	5	2	3
25	4	5	1	5	6	2	2	5	4	4	4	6	3	5	2	1	1	1	2	5	5	1	5	1	3	2	4	6	4	4
26	3	4	5	2	5	3	1	5	6	2	2	2	1	6	3	1	1	5	3	6	5	5	3	6	6	4	2	5	3	2
27	6	2	6	4	2	6	2	5	3	1	2	5	1	2	2	4	6	3	2	2	3	4	1	1	5	6	1	4	4	3
28	2	1	1	1	5	6	1	1	2	4	1	2	5	2	6	4	3	3	5	3	2	2	6	6	2	2	5	6	4	2
29	5	3	4	6	1	1	6	6	3	5	3	4	3	4	3	2	1	1	2	4	3	6	6	3	5	4	3	1	5	1
30	1	1	3	6	4	5	4	4	4	1	2	6	4	3	4	1	2	6	4	5	1	1	6	1	5	1	6	6	6	
31	2	3	3	2	2	4	6	6	6	5	2	6	4	1	2	2	1	3	2	5	6	5	4	4	1	1	5	2	2	1
32	1	1	5	5	3	6	4	3	3	3	1	3	4	2	1	5	4	5	5	4	5	1	3	4	6	3	1	3	3	4
33	1	1	6	2	2	1	5	1	6	6	2	6	1	6	3	5	1	6	5	4	2	5	6	2	3	1	6	1	2	1
34	3	4	6	5	5	5	5	4	4	1	5	3	6	4	4	1	5	5	3	4	1	3	5	2	6	2	5	6	1	5
35	4	2	6	1	3	4	2	2	4	4	4	6	6	4	6	3	2	3	4	1	2	6	3	6	4	2	4	2	2	1
36	2	6	4	1	3	1	1	5	5	5	2	5	5	5	2	1	1	4	6	6	2	3	1	4	4	1	1	4	6	6
37	5	2	1	6	2	1	1	1	4	4	3	2	5	3	5	6	2	1	1	4	2	6	5	6	5	3	4	3	3	2
38	2	1	3	6	3	2	4	2	4	1	5	4	3	4	1	3	3	1	4	2	3	6	2	1	4	6	6	6	3	6
39	3	1	6	4	5	3	2	3	2	4	6	1	6	6	5	2	6	1	3	6	3	2	1	1	3	5	5	5	4	1
40	2	3	1	2	6	4	3	6	1	4	4	6	2	3	2	3	3	6	5	5	2	2	1	4	6	4	4	2	4	1
41	4	5	5	6	2	1	6	2	6	4	3	1	6	1	1	5	4	6	6	1	1	2	3	4	3	3	1	4	6	3
42	6	5	4	5	3	5	6	2	1	5	3	4	2	6	6	3	2	2	5	1	4	2	2	5	2	5	1	5	1	5
43	1	6	4	6	2	2	5	3	2	3	5	3	2	1	5	2	6	5	2	6	6	1	1	6	4	6	1	2	6	3
44	5	6	3	3	6	4	4	6	2	6	4	5	1	4	6	3	3	2	6	5	1	1	5	1	4	2	3	5	6	3
45	6	1	6	6	5	2	5	5	3	5	1	1	5	4	6	4	1	2	4	3	6	6	1	1	4	4	5	2	3	6
46	1	4	4	5	1	5	5	6	2	3	2	5	1	2	2	2	2	4	3	6	2	6	5	5	3	3	4	5	5	1
47	6	5	5	2	1	3	5	2	1	1	4	6	4	6	5	5	4	3	4	6	1	6	4	5	2	6	6	1	6	1
48	6	6	2	5	2	1	2	6	5	5	5	1	2	4	6	3	1	2	1	4	1	2	1	6	1	6	5	3	3	2
49	6	3	3	2	2	1	2	2	5	5	4	1	5	6	4	2	2	5	5	1	3	6	3	5	5	1	4	3	1	3
50	4	5	6	3	5	3	6	6	2	1	3	3	5	4	5	2	2	5	3	6	4	2	4	4	6	2	4	1	6	3
51	3	4	3	4	3	2	6	4	4	1	4	2	2	6	6	4	5	5	1	5	6	1	4	2	1	3	3	4	5	6
52	5	4	3	1	3	4	5	5	5	6	6	6	4	3	6	1	5	4	5	6	3	2	3	3	3	1	5	5	6	6
53	3	4	3	6	4	2	5	4	4	6	6	3	4	5	1	3	5	3	3	5	6	1	3	6	2	4	5	6	4	5
54	4	5	6	6	6	2	3	2	3	1	5	1	2	4	5	5	3	3	6	6	3	1	3	3	3	1	5	2	3	3
55	5	1	5	6	2	2	5	4	4	4	6	3	5	2	1	1	1	2	5	5	1	5	1	3	2	4	6	4	4	1
56	4	5	2	5	3	1	5	6	2	2	2	1	6	3	1	1	5	3	6	5	5	3	6	6	4	2	5	3	2	5
57	2	6	4	2	6	2	5	3	1	2	5	1	2	2	4	6	3	2	2	3	4	1	1	5	6	1	4	4	3	6
58	1	1	1	5	6	1	1	2	4	1	2	5	2	6	4	3	3	5	3	2	2	6	6	2	2	5	6	4	2	2
59	3	4	6	1	1	6	6	3	5	3	4	3	4	3	2	1	1	2	4	3	6	6	3	5	4	3	1	5	1	5

(Left margin row label: SECONDS)

Minutes

Seconds	30	31	32	33	34	35	36	37	38	39	40	41	42	43	44	45	46	47	48	49	50	51	52	53	54	55	56	57	58	59
0	2	4	6	3	2	6	4	5	2	4	5	3	4	3	5	6	2	5	6	3	6	1	3	1	6	1	3	3	1	5
1	1	6	2	2	6	3	3	1	2	1	2	4	4	4	1	3	5	3	5	2	6	3	2	4	1	3	4	2	3	1
2	4	5	5	4	5	2	4	4	3	3	4	2	6	4	3	3	6	2	4	5	2	1	6	3	5	2	1	6	4	5
3	1	6	6	2	6	5	5	2	4	6	1	6	1	1	2	6	5	4	1	1	6	6	6	4	6	1	4	1	5	2
4	5	2	6	2	5	4	4	2	6	4	6	1	3	6	4	1	5	6	6	3	4	4	2	5	2	3	3	1	2	3
5	1	2	1	2	5	5	2	6	4	4	5	4	2	4	1	1	5	4	5	6	1	1	5	5	4	3	4	5	2	4
6	6	2	1	5	2	6	1	4	4	2	3	2	3	3	5	2	4	3	6	3	4	4	4	6	2	1	4	5	2	3
7	2	5	3	1	4	5	6	2	3	1	3	5	4	5	5	2	5	5	4	1	6	2	5	2	6	1	4	4	1	2
8	6	4	2	6	5	4	6	6	1	4	2	5	5	1	2	6	6	6	3	2	5	3	6	2	6	4	2	5	2	4
9	1	6	3	4	1	2	4	4	4	5	6	1	4	2	1	4	4	2	2	1	3	3	5	6	2	2	3	6	1	2
10	1	3	6	5	2	6	4	3	5	1	4	6	3	1	2	3	1	4	4	4	4	5	4	6	2	6	5	6	3	6
11	3	1	3	5	4	6	4	2	1	1	4	5	2	1	3	4	6	4	4	5	5	2	5	3	2	3	3	4	6	4
12	5	4	5	3	3	3	2	6	2	1	5	4	3	5	4	2	2	3	4	6	4	3	5	5	6	5	5	1	2	5
13	3	3	6	5	3	4	3	3	2	1	2	2	1	4	1	4	2	3	3	4	2	1	1	2	2	6	1	3	6	3
14	3	2	3	6	3	4	1	5	3	2	1	6	3	6	3	1	4	3	2	6	4	6	3	1	4	5	4	1	6	5
15	6	4	1	4	4	3	2	3	6	5	1	2	6	1	2	1	3	6	4	6	6	2	6	4	4	1	6	2	5	6
16	1	4	5	6	1	6	2	1	3	3	2	4	1	3	3	5	2	5	2	3	1	3	5	3	3	1	5	4	3	4
17	1	1	2	6	1	3	5	5	6	6	6	1	3	5	3	2	3	6	1	2	2	4	4	5	5	3	2	2	4	2
18	2	2	4	4	6	6	3	6	2	1	4	5	2	1	2	4	5	6	3	4	1	3	3	2	2	6	5	2	1	3
19	3	2	4	5	6	1	1	3	3	4	1	5	6	3	4	6	2	1	6	2	2	5	1	3	1	3	4	4	2	3
20	3	1	5	1	2	6	4	5	5	5	4	6	5	2	1	3	1	1	6	4	5	2	2	3	6	6	1	5	5	1
21	6	5	1	6	6	6	2	4	1	1	2	2	6	4	6	1	2	5	6	3	4	5	5	5	6	3	2	4	4	5
22	6	4	3	1	5	5	4	2	2	3	1	4	1	2	2	4	4	6	4	5	6	2	4	4	3	3	2	3	3	2
23	5	4	5	4	2	3	1	4	5	2	5	4	6	3	1	5	5	5	4	3	3	4	4	3	1	2	2	2	3	6
24	2	2	5	1	3	3	6	4	4	5	3	3	6	4	1	6	6	3	5	5	3	6	2	2	1	1	1	4	6	5
25	1	2	2	2	5	5	2	2	5	4	5	4	4	3	2	1	3	4	1	5	6	3	5	3	1	5	1	4	4	4
26	5	6	5	5	2	6	4	4	3	4	6	4	4	1	5	2	3	3	1	2	6	3	3	2	1	1	3	1	4	5
27	6	4	1	1	5	4	4	6	4	3	5	2	6	4	6	2	1	4	4	4	1	4	6	4	3	2	5	5	2	5
28	2	2	2	4	6	2	2	5	2	5	2	5	1	4	4	1	3	3	5	4	3	3	2	2	2	1	1	3	4	6
29	5	3	6	6	3	4	3	5	2	5	5	3	5	5	5	1	5	1	2	4	2	1	3	2	4	6	2	3	3	1
30	4	6	3	2	6	4	5	2	4	5	3	4	3	5	6	2	5	6	3	6	1	3	1	6	1	3	3	1	5	1
31	6	2	2	6	3	3	1	2	1	2	4	4	4	1	3	5	3	5	2	6	3	2	4	1	3	4	2	3	1	1
32	5	5	4	5	2	4	4	3	3	4	2	6	4	3	3	6	2	4	5	2	1	6	3	5	2	1	6	4	5	1
33	6	6	2	6	5	5	2	4	6	1	6	1	1	2	6	5	4	1	1	6	6	6	4	6	1	4	1	5	2	2
34	2	6	2	5	4	4	2	6	4	6	1	3	6	4	1	5	6	6	3	4	4	2	5	2	3	3	1	2	3	4
35	2	1	2	5	5	2	6	4	4	5	4	2	4	1	1	5	4	5	6	1	1	5	5	4	3	4	5	2	4	1
36	2	1	5	2	6	1	4	4	2	3	2	3	3	5	2	4	3	6	3	4	4	4	6	2	1	4	5	2	3	4
37	5	3	1	4	5	6	2	3	1	3	5	4	5	5	2	5	5	4	1	6	2	5	2	6	1	4	4	1	2	1
38	4	2	6	5	4	6	6	1	4	2	5	5	1	2	6	6	6	3	2	5	3	6	2	6	4	2	5	2	4	6
39	6	3	4	1	2	4	4	4	5	6	1	4	2	1	4	4	2	2	1	3	3	5	6	2	2	3	6	1	2	4
40	3	6	5	2	6	4	3	5	1	4	6	3	1	2	3	1	4	4	4	4	5	4	6	2	6	5	6	3	6	6
41	1	3	5	4	6	4	2	1	1	4	5	2	1	3	4	6	4	4	5	5	2	5	3	2	3	3	4	6	4	5
42	4	5	3	3	3	2	6	2	1	5	4	3	5	4	2	2	3	4	6	4	3	5	5	6	5	5	1	2	5	1
43	3	6	5	3	4	3	3	2	1	2	2	1	4	1	4	2	3	3	4	2	1	1	2	2	6	1	3	6	3	4
44	2	3	6	3	4	1	5	3	2	1	6	3	6	3	1	4	3	2	6	4	6	3	1	4	5	4	1	6	5	6
45	4	1	4	4	3	2	3	6	5	1	2	6	1	2	1	3	6	4	6	6	2	6	4	4	1	6	2	5	6	1
46	4	5	6	1	6	2	1	3	3	2	4	1	3	3	5	2	5	2	3	1	3	5	3	3	1	5	4	3	4	5
47	1	2	6	1	3	5	5	6	6	6	1	3	5	3	2	3	6	1	2	2	4	4	5	5	3	2	2	4	2	1
48	2	4	4	6	6	3	6	2	1	4	5	2	1	2	4	5	6	3	4	1	3	3	2	2	6	5	2	1	3	2
49	2	4	5	6	1	1	3	3	4	1	5	6	3	4	6	2	1	6	2	2	5	1	3	1	3	4	4	2	3	3
50	1	5	1	2	6	4	5	5	5	4	6	5	2	1	3	1	1	6	4	5	2	2	3	6	6	1	5	5	1	3
51	5	1	6	6	6	2	4	1	1	2	2	6	4	6	1	2	5	6	3	4	5	5	5	6	3	2	4	4	5	6
52	4	3	1	5	5	4	2	2	3	1	4	1	2	2	4	4	6	4	5	6	2	4	4	3	3	2	3	3	2	1
53	4	5	4	2	3	1	4	5	2	5	4	6	3	1	5	5	5	4	3	3	4	4	3	1	2	2	2	3	6	6
54	2	5	1	3	3	6	4	4	5	3	3	6	4	1	6	6	3	5	5	3	6	2	2	1	1	1	4	6	5	2
55	2	2	2	5	5	2	2	5	4	5	4	4	3	2	1	3	4	1	5	6	3	5	3	1	5	1	4	4	4	3
56	6	5	5	2	6	4	4	3	4	6	4	4	1	5	2	3	3	1	2	6	3	3	2	1	1	3	1	4	5	2
57	4	1	1	5	4	4	6	4	3	5	2	6	4	6	2	1	4	4	4	1	4	6	4	3	2	5	5	2	5	2
58	2	2	4	6	2	2	5	2	5	2	5	1	4	4	1	3	3	5	4	3	3	2	2	2	1	1	3	4	6	1
59	3	6	6	3	4	3	5	2	5	5	3	5	5	5	1	5	1	2	4	2	1	3	2	4	6	2	3	3	1	2

(Left margin label for rows 25–31: S E C O N D S)

2D6

	0	1	2	3	4	5	6	7	8	9	10	11	12	13	14	15	16	17	18	19	20	21	22	23	24	25	26	27	28	29
0	4	5	6	7	4	3	6	8	11	7	8	8	4	3	9	10	3	8	7	8	8	5	8	9	6	2	6	4	5	11
1	7	8	6	8	3	5	3	8	5	8	2	7	7	5	11	4	9	9	6	5	9	8	2	8	2	9	9	7	2	7
2	11	5	11	5	10	6	10	6	7	11	8	7	5	8	5	6	12	10	6	8	8	7	7	10	3	7	5	12	7	6
3	3	6	5	5	6	7	7	3	11	10	9	9	2	6	7	6	2	9	7	3	7	11	5	5	12	6	8	10	3	6
4	4	7	8	8	7	5	9	9	3	7	8	9	5	11	11	9	2	5	6	8	10	5	10	8	4	7	8	4	9	10
5	7	9	10	7	4	7	8	2	5	3	2	11	4	12	4	3	8	5	8	8	3	6	7	5	6	2	6	2	9	7
6	4	8	7	9	11	2	11	4	8	8	5	8	3	9	4	7	8	4	8	6	5	10	8	10	4	7	8	5	7	
7	7	3	7	10	7	8	10	8	5	4	10	10	9	4	8	7	5	7	6	8	9	4	3	8	7	5	7	2	4	8
8	7	9	5	6	6	7	11	3	8	6	4	8	6	11	7	6	10	11	6	5	7	5	6	7	7	9	8	10	8	6
9	9	11	12	10	3	6	9	8	5	3	10	4	4	5	7	8	6	4	6	3	8	9	10	5	9	9	6	8	5	8
10	9	3	8	10	4	7	10	10	7	4	8	9	4	6	7	9	4	12	6	10	6	6	7	4	10	8	9	4	9	7
11	5	12	7	5	3	10	2	9	7	7	10	5	5	7	10	11	3	5	3	8	12	8	4	5	8	2	7	9	6	7
12	7	7	9	10	4	5	9	7	6	10	8	3	8	8	3	5	5	5	6	11	7	7	8	7	12	6	5	5	9	3
13	9	10	6	8	3	8	11	10	8	4	6	3	6	9	9	7	7	5	3	9	9	4	7	9	11	7	7	12	8	6
14	10	10	8	3	4	10	5	6	4	3	5	3	5	9	6	7	7	8	9	11	11	9	9	9	8	8	6	9	7	8
15	10	10	9	6	6	9	5	6	4	9	7	5	10	4	6	4	11	2	5	7	11	8	10	12	3	9	9	2	6	9
16	10	9	4	8	8	6	3	3	7	4	7	6	11	6	5	6	4	8	7	6	7	5	10	9	5	11	7	7	3	9
17	9	7	9	5	6	8	6	7	9	11	3	6	7	6	7	7	9	5	8	5	9	3	8	6	9	7	5	11	5	6
18	6	6	7	10	7	7	8	4	8	8	6	5	7	8	12	4	8	7	8	9	3	7	6	3	10	6	7	6	5	7
19	9	6	10	11	6	9	6	5	11	6	12	11	3	3	5	12	8	7	10	3	7	10	12	3	5	6	9	5	8	4
20	7	7	10	8	2	5	5	6	5	10	7	5	4	10	8	7	6	9	7	6	9	4	8	11	3	7	7	10	5	9
21	9	9	5	3	9	7	4	3	6	5	9	3	8	5	10	6	7	12	8	6	6	7	6	9	11	6	8	8	7	6
22	10	9	8	7	5	7	10	8	3	12	5	4	3	9	6	10	9	7	4	9	7	5	5	6	8	8	5	7	6	6
23	8	11	10	8	7	9	5	5	9	6	8	9	3	9	3	9	5	6	8	7	5	4	5	8	4	6	4	9	6	3
24	9	6	7	4	6	9	10	5	11	5	7	5	7	4	4	8	8	6	10	7	9	7	4	6	7	7	7	6	3	9
25	4	5	3	7	3	9	8	4	7	7	6	10	8	8	6	10	4	4	7	2	8	8	5	6	9	7	5	8	10	6
26	11	9	5	6	4	2	7	5	4	7	7	3	7	10	9	5	7	7	5	4	7	8	7	6	7	5	8	10	10	3
27	7	9	5	6	7	9	7	9	6	5	3	7	6	5	6	5	6	8	4	11	5	8	9	8	6	6	11	4	7	11
28	9	6	7	8	7	12	11	9	3	9	9	9	9	10	10	5	7	5	10	5	5	7	5	5	2	7	10	8	7	9
29	12	7	5	8	4	2	5	7	5	8	10	7	9	9	6	9	8	8	6	6	3	4	6	6	7	10	7	8	9	7
30	5	6	7	4	3	6	8	11	7	8	8	4	3	9	10	3	8	7	8	8	5	8	9	6	2	6	4	5	11	4
31	8	6	8	3	5	3	8	5	8	2	7	7	5	11	4	9	9	6	5	9	8	2	8	2	9	9	7	2	7	9
32	5	11	5	10	6	10	6	7	11	8	7	5	8	5	6	12	10	6	8	8	7	7	10	3	7	5	12	7	6	5
33	6	5	5	6	7	7	3	11	10	9	9	2	6	7	6	2	9	7	3	7	11	5	5	12	6	8	10	3	6	2
34	7	8	8	7	5	9	9	3	7	8	9	5	11	11	9	2	5	6	8	10	5	10	8	4	7	8	4	9	10	10
35	9	10	7	4	7	8	2	5	3	2	11	4	12	4	3	8	5	8	8	3	6	7	5	6	2	6	2	9	7	7
36	8	7	9	11	2	11	4	8	8	5	8	3	9	4	7	8	4	8	8	6	5	10	8	10	4	7	8	5	7	5
37	3	7	10	7	8	10	8	5	4	10	10	9	4	8	7	5	7	6	8	9	4	3	8	7	5	7	2	4	8	11
38	9	5	6	6	7	11	3	8	6	4	8	6	11	7	6	10	11	6	5	7	5	6	7	7	9	8	10	8	6	4
39	11	12	10	3	6	9	8	5	3	10	4	4	5	7	8	6	4	6	3	8	9	10	5	9	9	6	8	5	8	8
40	3	8	10	4	7	10	10	7	4	8	9	4	6	7	9	4	12	6	10	6	6	7	4	10	8	9	4	9	7	7
41	12	7	5	3	10	2	9	7	7	10	5	5	7	10	11	3	5	3	8	12	8	4	5	8	2	7	9	6	7	8
42	7	9	10	4	5	9	7	6	10	8	3	8	8	3	5	5	5	6	11	7	7	8	7	12	6	5	5	9	3	12
43	10	6	8	3	8	11	10	8	4	6	3	6	9	9	7	7	5	3	9	9	4	7	9	11	7	7	12	8	6	6
44	10	8	3	4	10	5	6	4	3	5	3	5	9	6	7	7	8	9	11	11	9	9	9	8	8	6	9	7	8	6
45	10	9	6	6	9	5	6	4	9	7	5	10	4	6	4	11	2	5	7	11	8	10	12	3	9	9	2	6	9	7
46	9	4	8	8	6	3	3	7	4	7	6	11	6	5	6	4	8	7	6	7	5	10	9	5	11	7	7	3	9	8
47	7	9	5	6	8	6	7	9	11	3	6	7	6	7	7	9	5	8	5	9	3	8	6	9	7	5	11	5	6	6
48	6	7	10	7	7	8	4	8	8	6	5	7	8	12	4	8	7	8	9	3	7	6	3	10	6	7	6	5	7	10
49	6	10	11	6	9	6	5	11	6	12	11	3	3	5	12	8	7	10	3	7	10	12	3	5	6	9	5	8	4	5
50	7	10	8	2	5	5	6	5	10	7	5	4	10	8	7	6	9	7	6	9	4	8	11	3	7	7	10	5	9	8
51	9	5	3	9	7	4	3	6	5	9	3	8	5	10	6	7	12	8	6	6	7	6	9	11	6	8	8	7	6	4
52	9	8	7	5	7	10	8	3	12	5	4	3	9	6	10	9	7	4	9	7	5	5	6	8	8	5	7	6	6	8
53	11	10	9	7	5	5	9	6	8	9	3	9	3	9	5	6	8	7	5	4	5	8	4	6	4	9	6	3	7	8
54	6	7	4	6	9	10	5	11	5	7	5	4	7	4	8	8	6	10	7	9	7	4	6	7	7	7	6	3	9	8
55	5	3	7	3	9	8	4	7	7	6	10	8	8	6	10	4	4	7	2	8	8	5	6	9	7	5	8	10	6	7
56	9	5	6	4	2	7	5	4	7	7	3	7	10	9	5	7	7	5	4	7	8	7	6	7	5	8	10	10	3	5
57	9	5	6	7	9	7	9	6	5	3	7	6	5	6	5	6	8	4	11	5	8	9	8	6	6	11	4	7	11	8
58	6	7	8	7	12	11	9	3	9	9	9	9	10	10	5	7	5	10	5	5	7	5	5	2	7	10	8	7	9	4
59	7	5	8	4	2	5	7	5	8	10	7	9	9	6	9	8	8	6	6	3	4	6	6	7	10	7	8	9	7	7

(Left vertical label: S E C O N D S)

Minutes

		30	31	32	33	34	35	36	37	38	39	40	41	42	43	44	45	46	47	48	49	50	51	52	53	54	55	56	57	58	59
	0	4	6	4	7	9	7	11	4	7	11	3	9	7	12	7	7	6	6	8	8	4	6	10	12	8	9	3	9	7	8
	1	9	6	7	6	7	4	10	10	4	8	7	5	6	8	8	7	7	5	10	6	9	4	5	8	6	8	10	4	10	6
	2	5	9	6	8	7	9	8	5	4	3	6	10	4	7	9	11	5	9	10	7	3	6	9	7	8	9	12	11	10	11
	3	2	3	10	10	7	9	4	8	10	11	3	8	8	7	11	5	9	5	12	11	10	9	8	2	10	3	10	5	8	11
	4	10	7	5	6	2	10	10	12	4	10	6	7	7	8	7	5	5	4	8	11	7	3	6	10	7	4	6	5	6	9
	5	7	7	6	5	5	8	12	8	6	5	3	12	2	9	7	6	10	9	8	6	10	9	7	7	7	6	9	6	8	5
	6	5	6	4	8	11	7	4	5	5	6	10	8	8	8	4	7	4	3	10	7	4	3	7	7	12	6	7	7	9	6
	7	11	11	8	8	3	7	9	2	7	4	4	11	7	10	10	7	7	8	9	9	10	6	7	7	4	8	8	3	7	11
	8	4	8	11	7	3	6	10	6	10	9	6	2	5	8	7	6	4	2	7	8	7	5	7	9	9	2	7	8	10	9
	9	8	5	6	8	5	5	3	10	6	8	6	9	4	7	10	8	7	7	5	6	6	9	4	6	7	3	9	6	9	5
	10	7	9	8	12	7	5	5	4	10	4	5	3	5	6	7	6	8	12	6	5	8	4	7	7	10	7	8	5	8	6
	11	8	11	7	10	7	4	4	5	6	5	5	12	9	9	2	2	7	6	2	8	3	9	8	5	9	8	12	3	5	11
	12	12	2	6	3	8	5	7	7	12	6	5	6	6	8	4	7	8	5	9	7	7	8	10	12	7	7	6	7	4	9
	13	6	6	9	6	11	7	6	5	9	9	10	9	10	5	7	7	6	4	8	9	11	11	7	9	7	8	4	10	10	11
	14	6	10	8	6	8	3	6	7	3	4	8	8	2	4	7	3	10	7	4	10	8	4	8	7	10	6	9	9	12	9
	15	7	5	10	10	7	4	6	5	7	10	6	5	9	6	11	4	8	8	5	6	3	7	8	7	4	11	7	8	9	9
	16	8	10	7	2	7	7	4	6	9	9	6	4	8	9	7	6	5	3	10	7	8	7	10	5	4	6	5	11	5	5
	17	6	7	5	3	4	8	4	8	4	9	5	10	8	6	3	8	5	5	7	11	5	9	5	3	5	5	3	8	11	3
	18	10	9	10	10	6	3	9	3	7	7	10	8	6	9	5	5	7	12	7	10	8	8	2	6	7	4	5	10	6	8
	19	5	6	6	9	9	11	2	8	10	8	7	12	4	7	4	9	7	5	6	6	7	10	9	4	3	8	9	3	9	5
	20	8	6	9	10	6	10	7	4	4	5	11	5	8	7	9	7	6	6	6	7	7	7	11	5	4	12	9	7	11	7
	21	4	6	11	10	8	4	9	10	5	9	7	5	4	6	5	5	5	7	6	3	6	8	3	8	7	6	11	9	8	2
	22	8	11	8	3	6	9	11	10	11	6	7	3	6	7	9	4	7	7	8	6	8	12	4	7	6	2	9	5	5	8
	23	8	4	8	9	5	6	6	7	6	7	4	11	9	8	6	7	7	9	5	4	12	5	9	4	6	11	7	2	6	10
	24	8	6	12	8	10	11	4	10	11	3	11	11	4	9	3	9	6	8	8	10	4	8	7	7	7	5	5	10	7	9
S	25	7	12	8	7	6	4	5	7	5	6	5	7	5	6	3	5	8	7	6	9	8	10	4	10	4	4	7	6	6	7
E	26	5	7	4	9	3	6	7	9	6	7	7	10	10	2	3	10	12	7	7	9	9	4	2	3	5	8	6	6	3	8
C	27	8	5	7	7	6	11	4	9	3	6	5	9	6	10	8	9	4	7	10	7	7	10	6	7	2	6	3	4	8	9
O	28	11	4	9	4	10	6	8	5	11	5	6	4	4	7	7	8	7	8	6	10	11	7	12	8	7	5	8	7	4	12
N	29	7	4	5	9	7	4	3	9	5	5	6	5	10	6	3	4	6	9	7	4	9	4	9	7	10	10	3	7	11	8
D	30	6	4	7	9	7	11	4	7	11	3	9	7	12	7	7	6	6	8	8	4	6	10	12	8	9	3	9	7	8	8
S	31	6	7	6	7	4	10	10	4	8	7	5	6	8	8	7	7	5	10	6	9	4	5	8	6	8	10	4	10	6	8
	32	9	6	8	7	9	8	5	4	3	6	10	4	7	9	11	5	9	10	7	3	6	9	7	8	9	12	11	10	11	3
	33	3	10	10	7	9	4	8	10	11	3	8	8	7	11	5	9	5	12	11	10	9	8	2	10	3	10	5	8	11	4
	34	7	5	6	2	10	10	12	4	10	6	7	7	8	7	5	5	4	8	11	7	3	6	10	7	4	6	5	6	9	11
	35	7	6	5	5	8	12	8	6	5	3	12	2	9	7	6	10	9	8	6	10	9	7	7	7	6	9	6	8	5	7
	36	6	4	8	11	7	4	5	5	6	10	8	8	8	4	7	4	3	10	7	4	3	7	7	12	6	7	7	9	6	11
	37	11	8	8	3	7	9	2	7	4	4	11	7	10	10	7	7	8	9	9	10	6	7	7	4	8	8	3	7	11	6
	38	8	11	7	3	6	10	6	10	9	6	2	5	8	7	6	4	2	7	8	7	5	7	9	9	2	7	8	10	9	7
	39	5	6	8	5	5	3	10	6	8	6	9	4	7	10	8	7	7	5	6	6	9	4	6	7	3	9	6	9	5	5
	40	9	8	12	7	5	5	4	10	4	5	3	5	6	7	6	8	12	6	5	8	4	7	7	10	7	8	5	8	6	8
	41	11	7	10	7	4	4	5	6	5	5	12	9	9	2	2	7	6	2	8	3	9	8	5	9	8	12	3	5	11	8
	42	2	6	3	8	5	7	7	12	6	5	6	6	8	4	7	8	5	9	7	7	8	10	12	7	7	6	7	4	9	10
	43	6	9	6	11	7	6	5	9	9	10	9	10	5	7	7	6	4	8	9	11	11	7	9	7	8	4	10	10	11	5
	44	10	8	6	8	3	6	7	3	4	8	8	2	4	7	3	10	7	4	10	8	4	8	7	10	6	9	9	12	9	7
	45	5	10	10	7	4	6	5	7	10	6	5	9	6	11	4	8	8	5	6	3	7	8	7	4	11	7	8	9	9	8
	46	10	7	2	7	7	4	6	9	9	6	4	8	9	7	6	5	3	10	7	8	7	10	5	4	6	5	11	5	5	4
	47	7	5	3	4	8	4	8	4	9	5	10	8	6	3	8	5	5	7	11	5	9	5	3	5	5	3	8	11	3	7
	48	9	10	10	6	3	9	3	7	7	10	8	6	9	5	5	7	12	7	10	8	8	2	6	7	4	5	10	6	8	11
	49	6	6	9	9	11	2	8	10	8	7	12	4	7	4	9	7	5	6	6	7	10	9	4	3	8	9	3	9	5	10
	50	6	9	10	6	10	7	4	4	5	11	5	8	7	9	7	6	6	6	7	7	7	11	5	4	12	9	7	11	7	10
	51	6	11	10	8	4	9	10	5	9	7	5	4	6	5	5	5	7	6	3	6	8	3	8	7	6	11	9	8	2	4
	52	11	8	3	6	9	11	10	11	6	7	3	6	7	9	4	7	7	8	6	8	12	4	7	6	2	9	5	5	8	6
	53	4	8	9	5	6	6	7	6	7	4	11	9	8	6	7	7	9	5	4	12	5	9	4	6	11	7	2	6	10	6
	54	6	12	8	10	11	4	10	11	3	11	11	4	9	3	9	6	8	8	10	4	8	7	7	7	5	5	10	7	9	10
	55	12	8	7	6	4	5	7	5	6	5	7	5	6	3	5	8	7	6	9	8	10	4	10	4	4	7	6	6	7	8
	56	7	4	9	3	6	7	9	6	7	7	10	10	2	3	10	12	7	7	9	9	4	2	3	5	8	6	6	3	8	9
	57	5	7	7	6	11	4	9	3	6	5	9	6	10	8	9	4	7	10	7	7	10	6	7	2	6	3	4	8	9	8
	58	4	9	4	10	6	8	5	11	5	6	4	4	7	7	8	7	8	6	10	11	7	12	8	7	5	8	7	4	12	4
	59	4	5	9	7	4	3	9	5	5	6	5	10	6	3	4	6	9	7	4	9	4	9	7	10	10	3	7	11	8	9

3D6

Minutes

		0	1	2	3	4	5	6	7	8	9	10	11	12	13	14	15	16	17	18	19	20	21	22	23	24	25	26	27	28	29
	0	10	12	5	14	8	9	13	11	13	13	8	6	9	13	11	11	13	13	14	13	11	10	6	15	8	10	9	11	7	8
	1	12	4	12	11	4	8	12	9	10	16	8	13	5	8	9	15	4	8	9	15	8	14	13	12	15	10	13	13	18	11
	2	9	6	8	11	12	16	10	10	7	8	11	6	9	15	9	9	13	11	10	8	8	12	11	6	6	12	9	6	12	15
	3	10	11	15	14	13	7	7	10	14	10	11	9	12	7	12	9	10	7	13	7	7	5	7	6	12	8	7	12	10	11
	4	9	13	11	11	8	6	11	12	7	11	11	12	15	14	13	9	7	10	11	15	10	12	6	7	9	10	10	14	10	9
	5	4	8	9	9	12	6	7	13	15	16	10	11	8	12	4	4	11	14	7	16	16	11	12	16	7	15	9	14	9	6
	6	11	10	17	11	14	6	11	12	10	16	6	6	6	9	16	9	12	9	13	8	10	10	10	9	10	15	11	4	13	9
	7	9	5	13	8	8	10	10	6	7	13	8	14	13	11	9	7	7	13	13	7	8	14	13	11	11	10	6	11	9	10
	8	11	11	13	7	10	10	14	13	8	16	15	17	16	8	10	14	7	11	13	13	7	10	6	10	12	14	10	13	8	10
	9	7	5	12	9	10	9	11	13	11	8	8	13	15	16	11	9	13	13	7	10	11	13	9	14	9	14	11	17	15	13
	10	11	10	14	12	15	7	5	10	15	9	10	9	10	12	7	11	9	10	8	11	10	11	17	14	13	9	12	16	10	10
	11	6	10	6	12	12	16	8	13	6	16	7	14	12	10	12	12	16	11	12	12	10	12	16	5	17	10	17	15	8	10
	12	10	12	12	17	14	9	11	4	10	10	15	13	11	13	14	8	12	7	9	15	9	7	12	11	15	13	8	9	10	8
	13	12	14	8	12	9	7	6	7	11	9	12	6	10	17	10	7	14	9	10	6	16	8	5	10	11	11	12	12	11	7
	14	9	8	5	10	8	10	14	10	10	7	13	9	12	13	12	12	17	4	10	11	10	9	8	11	12	6	11	15	12	15
	15	7	13	12	11	10	8	5	10	8	8	7	13	14	14	8	11	14	5	11	5	10	13	13	15	7	9	6	12	11	13
	16	9	16	11	12	13	12	10	10	10	7	10	13	10	3	7	14	9	11	15	15	9	18	5	10	9	9	7	10	13	12
	17	15	12	6	9	12	8	8	9	11	16	7	11	12	9	10	7	12	7	6	7	5	10	14	9	11	9	8	14	5	15
	18	15	10	13	12	17	3	13	6	7	16	11	10	9	14	11	8	8	17	12	10	11	9	9	7	9	10	14	16	15	10
	19	10	12	11	11	3	14	6	12	8	13	16	12	18	13	7	11	10	10	10	7	7	8	14	15	11	8	8	16	7	3
	20	14	11	6	16	9	11	14	8	10	14	11	10	14	11	14	13	16	13	8	10	9	11	10	10	14	13	13	7	8	5
	21	14	11	14	7	4	10	9	14	14	9	15	11	12	11	12	17	10	11	17	14	13	11	6	7	8	6	15	9	11	13
	22	14	7	10	11	5	4	7	16	9	9	8	18	16	12	10	8	14	16	12	7	11	7	12	8	13	12	9	8	5	6
	23	14	6	11	18	12	9	10	13	10	11	5	14	10	11	15	11	12	6	11	15	14	6	8	14	8	15	10	8	13	3
	24	12	9	7	11	6	15	9	9	10	14	9	14	15	10	11	14	5	17	13	15	13	11	14	9	12	7	11	8	9	6
S	25	13	9	6	7	11	11	11	6	7	10	5	10	11	14	5	13	11	11	14	9	9	13	11	10	11	8	8	15	7	13
E	26	12	11	10	13	8	12	13	7	11	12	12	9	6	9	13	11	10	3	6	8	15	8	14	6	9	11	11	9	11	7
C	27	10	4	14	10	10	12	9	6	10	14	7	9	9	12	16	9	11	14	12	12	6	11	15	10	12	8	9	18	15	10
O	28	9	13	13	10	13	13	11	10	15	8	16	14	9	11	16	14	9	8	16	9	6	12	15	9	12	11	9	6	12	13
N	29	12	8	10	15	15	10	9	11	7	10	6	8	8	10	10	12	10	8	14	14	10	5	8	8	11	12	11	5	12	14
D	30	12	5	14	8	9	13	11	13	13	8	6	9	13	11	11	13	13	14	13	11	10	6	15	8	10	9	11	7	8	14
S	31	4	12	11	4	8	12	9	10	16	8	13	5	8	9	15	4	8	9	15	8	14	13	12	15	10	13	13	18	11	8
	32	6	8	11	12	16	10	10	7	8	11	6	9	15	9	9	13	11	10	8	8	12	11	6	6	12	9	6	12	15	5
	33	11	15	14	13	7	7	10	14	10	11	9	12	7	12	9	10	7	13	7	7	5	7	6	12	8	7	12	10	11	9
	34	13	11	11	8	6	11	12	7	11	11	12	15	14	13	9	7	10	11	15	10	12	6	7	9	10	10	14	10	9	13
	35	8	9	9	12	6	7	13	15	16	10	11	8	12	4	4	11	14	7	16	16	11	12	16	7	15	9	14	9	6	9
	36	10	17	11	14	6	11	12	10	16	6	6	6	9	16	9	12	9	13	8	10	10	10	9	10	15	11	4	13	9	13
	37	5	13	8	8	10	10	6	7	13	8	14	13	11	9	7	7	13	13	7	8	14	13	11	11	10	6	11	9	10	9
	38	11	13	7	10	10	14	13	8	16	15	17	16	8	10	14	7	11	13	13	7	10	6	10	12	14	10	13	8	10	9
	39	5	12	9	10	9	11	13	11	8	8	13	15	16	11	9	13	13	7	10	11	13	9	14	9	14	11	17	15	13	15
	40	10	14	12	15	7	5	10	15	9	10	9	10	12	7	11	9	10	8	11	10	11	17	14	13	9	12	16	10	10	9
	41	10	6	12	12	16	8	13	6	16	7	14	12	10	12	12	16	11	12	12	10	12	16	5	17	10	17	15	8	10	12
	42	12	12	17	14	9	11	4	10	10	15	13	11	13	14	8	12	7	9	15	9	7	12	11	15	13	8	9	10	8	12
	43	14	8	12	9	7	6	7	11	9	12	6	10	17	10	7	14	9	10	6	16	8	5	10	11	11	12	12	11	7	10
	44	8	5	10	8	10	14	10	10	7	13	9	12	13	12	12	17	4	10	11	10	9	8	11	12	6	11	15	12	15	13
	45	13	12	11	10	8	5	10	8	8	7	13	14	14	8	11	14	5	11	5	10	13	13	15	7	9	6	12	11	13	9
	46	16	11	12	13	12	10	10	10	7	10	13	10	3	7	14	9	11	15	15	9	18	5	10	9	9	7	10	13	12	8
	47	12	6	9	12	8	8	9	11	16	7	11	12	9	10	7	12	7	6	7	5	10	14	9	11	9	8	14	5	15	10
	48	10	13	12	17	3	13	6	7	16	11	10	9	14	11	8	8	17	12	10	11	9	9	7	9	10	14	16	15	10	12
	49	12	11	11	3	14	6	12	8	13	16	12	18	13	7	11	10	10	10	7	7	8	14	15	11	8	8	16	7	3	15
	50	11	6	16	9	11	14	8	10	14	11	10	14	11	14	13	16	13	8	10	9	11	10	10	14	13	13	7	8	5	13
	51	11	14	7	4	10	9	14	14	9	15	11	12	11	12	17	10	11	17	14	13	11	6	7	8	6	15	9	11	13	8
	52	7	10	11	5	4	7	16	9	9	8	18	16	12	10	8	14	16	12	7	11	7	12	8	13	12	9	8	5	6	12
	53	6	11	18	12	9	10	13	10	11	5	14	10	11	15	11	12	6	11	15	14	6	8	14	8	15	10	8	13	3	6
	54	9	7	11	6	15	9	9	10	14	9	14	15	10	11	14	5	17	13	15	13	11	14	9	12	7	11	8	9	6	12
	55	9	6	7	11	11	11	6	7	10	5	10	11	14	5	13	11	11	14	9	9	13	11	10	11	8	8	15	7	13	10
	56	11	10	13	8	12	13	7	11	12	12	9	6	9	13	11	10	3	6	8	15	8	14	6	9	11	11	9	11	7	10
	57	4	14	10	10	12	9	6	10	14	7	9	9	12	16	9	11	14	12	12	6	11	15	10	12	8	9	18	15	10	7
	58	13	13	10	13	13	11	10	15	8	16	14	9	11	16	14	9	8	16	9	6	12	15	9	12	11	9	6	12	13	9
	59	8	10	15	15	10	9	11	7	10	6	8	8	10	10	12	10	8	14	14	10	5	8	8	11	12	11	5	12	14	6

	30	31	32	33	34	35	36	37	38	39	40	41	42	43	44	45	46	47	48	49	50	51	52	53	54	55	56	57	58	59
0	14	11	6	17	9	11	8	8	10	8	10	16	8	7	12	15	8	10	11	12	9	13	13	11	12	13	9	7	9	10
1	8	11	11	5	11	7	13	11	6	14	14	7	14	12	12	11	8	12	14	9	9	16	9	10	9	16	11	13	10	13
2	5	10	9	14	14	12	13	11	10	4	5	13	11	7	9	10	13	12	10	10	13	9	14	8	6	13	13	11	9	16
3	9	6	7	12	12	13	12	14	7	8	10	12	15	14	13	11	12	17	13	9	13	9	4	8	12	11	8	11	12	11
4	13	11	14	11	11	8	9	14	8	10	7	9	12	11	14	15	11	12	8	10	10	10	16	10	14	10	4	15	14	14
5	9	10	13	13	9	7	14	8	18	10	8	10	12	9	12	11	8	8	8	10	11	11	12	14	12	17	14	16	9	14
6	13	6	9	13	6	7	7	10	6	10	18	8	6	8	10	8	13	15	13	12	13	11	6	16	11	7	13	15	8	5
7	9	12	10	10	9	9	9	11	11	10	12	14	10	11	15	13	4	8	3	13	3	12	5	12	8	14	9	13	11	12
8	9	10	14	14	10	16	12	8	10	12	11	14	9	10	12	6	9	12	8	11	13	12	8	15	15	7	4	4	13	12
9	15	7	16	12	8	10	14	13	9	10	9	7	16	6	13	12	12	10	5	8	8	11	16	6	10	8	13	12	12	15
10	9	10	11	15	6	12	10	8	7	7	4	13	8	11	10	3	5	13	16	9	14	14	14	8	11	6	10	13	11	14
11	12	11	7	14	14	16	11	4	8	14	10	9	10	5	14	11	11	7	6	11	9	12	11	9	9	14	13	7	10	12
12	12	12	10	12	14	12	8	13	14	5	9	11	11	11	11	8	13	7	14	13	8	11	10	13	10	12	13	18	15	18
13	10	12	8	13	13	15	12	13	9	7	8	11	10	12	14	11	6	7	7	11	7	8	7	11	12	5	13	10	10	5
14	13	6	10	15	15	13	8	12	9	10	9	14	13	11	11	9	8	10	6	11	7	11	11	14	5	10	8	10	5	11
15	9	10	7	10	10	12	10	8	13	11	7	10	17	11	14	6	13	11	17	12	7	11	10	12	5	7	10	8	12	7
16	8	14	6	8	11	13	11	8	13	9	16	11	11	9	10	15	10	4	14	4	7	8	10	15	8	8	14	12	14	7
17	10	13	5	11	10	14	15	14	10	13	12	9	13	11	11	7	10	16	12	11	9	12	6	13	17	12	11	15	13	12
18	12	15	10	9	8	7	12	5	9	16	17	9	13	16	5	12	12	11	10	8	14	6	13	9	15	8	9	13	7	9
19	15	8	11	13	9	12	8	6	14	13	10	6	9	13	14	8	13	7	14	8	12	10	9	14	14	13	8	3	10	13
20	13	8	14	14	18	11	12	13	8	18	6	11	6	9	14	9	6	12	12	6	11	7	9	10	11	9	5	7	13	11
21	8	12	11	9	10	10	9	9	14	15	14	5	10	12	12	12	11	13	11	11	12	9	13	9	8	10	7	8	13	9
22	12	13	6	10	13	10	13	12	16	8	8	16	7	8	6	6	9	13	5	9	12	12	13	9	13	10	15	11	10	13
23	6	9	13	7	9	15	18	11	12	12	5	11	11	11	11	10	8	13	16	16	11	11	11	12	9	7	12	10	7	16
24	12	10	5	11	10	16	8	12	11	6	12	12	11	7	12	10	6	10	12	6	12	14	16	8	16	12	11	13	11	7
S 25	10	9	14	12	8	7	15	11	7	7	11	14	9	13	9	11	10	14	17	10	11	9	11	6	14	8	4	7	10	11
E 26	10	14	6	5	13	9	8	10	11	5	13	15	9	10	6	14	9	13	8	10	10	11	10	9	6	16	9	10	5	10
C 27	7	11	3	11	11	11	10	11	5	9	14	11	13	4	10	13	5	16	16	6	9	10	12	11	15	9	7	7	11	10
O 28	9	8	8	9	10	11	8	14	10	10	14	10	16	5	8	8	11	10	10	13	10	13	14	12	12	9	9	7	6	9
N 29	6	13	11	12	4	7	12	10	16	9	16	13	13	9	10	10	13	11	11	8	15	9	14	12	13	13	8	10	7	12
D 30	11	6	17	9	11	8	8	10	8	10	16	8	7	12	15	8	10	11	12	9	13	13	11	12	13	9	7	9	10	15
S 31	11	11	5	11	7	13	11	6	14	14	7	14	12	12	11	8	12	14	9	9	16	9	10	9	16	11	13	10	13	9
32	10	9	14	14	12	13	11	10	4	5	13	11	7	9	10	13	12	10	10	13	9	14	8	6	13	13	11	9	16	10
33	6	7	12	12	13	12	14	7	8	10	12	15	14	13	11	12	17	13	9	13	9	4	8	12	11	8	11	12	11	11
34	11	14	11	11	8	9	14	8	10	7	9	12	11	14	15	11	12	8	10	10	10	16	10	14	10	4	15	14	14	16
35	10	13	13	9	7	14	8	18	10	8	10	12	9	12	11	8	8	8	10	11	11	12	14	12	17	14	16	9	14	12
36	6	9	13	6	7	7	10	6	10	18	8	6	8	10	8	13	15	13	12	13	11	6	16	11	7	13	15	8	5	5
37	12	10	10	9	9	9	11	11	10	12	14	10	11	15	13	4	8	3	13	3	12	5	12	8	14	9	13	11	12	11
38	10	14	14	10	16	12	8	10	12	11	14	9	10	12	6	9	12	8	11	13	12	8	15	15	7	4	4	13	12	12
39	7	16	12	8	10	14	13	9	10	9	7	16	6	13	12	12	10	5	8	8	11	16	6	10	8	13	12	12	15	10
40	10	11	15	6	12	10	8	7	7	4	13	8	11	10	3	5	13	16	9	14	14	14	8	11	6	10	13	11	14	13
41	11	7	14	14	16	11	4	8	14	10	9	10	5	14	11	11	7	6	11	9	12	11	9	9	14	13	7	10	12	6
42	12	10	12	14	12	8	13	14	5	9	11	11	11	11	8	13	7	14	13	8	11	10	13	10	12	13	18	15	18	12
43	12	8	13	13	15	12	13	9	7	8	11	10	12	14	11	6	7	7	11	7	8	7	11	12	5	13	10	10	5	10
44	6	10	15	15	13	8	12	9	10	9	14	13	11	11	9	8	10	6	11	7	11	11	14	5	10	8	10	5	11	9
45	10	7	10	10	12	10	8	13	11	7	10	17	11	14	6	13	11	17	12	7	11	10	12	5	7	10	8	12	7	10
46	14	6	8	11	13	11	8	13	9	16	11	11	9	10	15	10	4	14	4	7	8	10	15	8	8	14	12	14	7	10
47	13	5	11	10	14	15	14	10	13	12	9	13	11	11	7	10	16	12	11	9	12	6	13	17	12	11	15	13	12	16
48	15	10	9	8	7	12	5	9	16	17	9	13	16	5	12	12	11	10	8	14	6	13	9	15	8	9	13	7	9	10
49	8	11	13	9	12	8	6	14	13	10	6	9	13	14	8	13	7	14	8	12	10	9	14	14	13	8	3	10	13	9
50	8	14	14	18	11	12	13	8	18	6	11	6	9	14	9	6	12	12	6	11	7	9	10	11	9	5	7	13	11	10
51	12	11	9	10	10	9	9	14	15	14	5	10	12	12	12	11	13	11	11	12	9	13	9	8	10	7	8	13	9	10
52	13	6	10	13	10	13	12	16	8	8	16	7	8	6	6	9	13	5	9	12	12	13	9	13	10	15	11	10	13	9
53	9	13	7	9	15	18	11	12	12	5	11	11	11	11	10	8	13	16	16	11	11	11	12	9	7	12	10	7	16	11
54	10	5	11	10	16	8	12	11	6	12	12	11	7	12	10	6	10	12	6	12	14	16	8	16	12	11	13	11	7	17
55	9	14	12	8	7	15	11	7	7	11	14	9	13	9	11	10	14	17	10	11	9	11	6	14	8	4	7	10	11	9
56	14	6	5	13	9	8	10	11	5	13	15	9	10	6	14	9	13	8	10	10	11	10	9	6	16	9	10	5	10	15
57	11	3	11	11	11	10	11	5	9	14	11	13	4	10	13	5	16	16	6	9	10	12	11	15	9	7	7	11	10	10
58	8	8	9	10	11	8	14	10	10	14	10	16	5	8	8	11	10	10	13	10	13	14	12	12	9	9	7	6	9	10
59	13	11	12	4	7	12	10	16	9	16	13	13	9	10	10	13	11	11	8	15	9	14	12	13	13	8	10	7	12	12

4D6

Seconds \ Minutes	0	1	2	3	4	5	6	7	8	9	10	11	12	13	14	15	16	17	18	19	20	21	22	23	24	25	26	27	28	29
0	8	14	15	18	14	6	21	13	13	14	11	13	8	17	13	14	9	12	17	8	10	7	14	11	15	8	17	16	16	9
1	14	15	12	8	16	15	14	8	17	20	11	17	16	14	17	13	17	16	18	15	14	11	8	13	14	11	9	8	14	12
2	13	12	15	13	11	8	13	11	17	11	16	15	18	9	9	16	18	9	12	12	15	20	15	11	10	22	13	16	12	14
3	12	10	11	11	12	13	17	13	15	7	15	16	9	14	17	9	11	13	13	13	12	13	12	17	8	13	17	8	13	12
4	15	15	11	18	12	14	18	13	18	16	17	9	9	13	13	7	10	14	16	12	9	11	13	16	10	20	14	8	16	12
5	10	17	13	15	10	11	11	17	19	14	9	15	11	20	15	16	15	12	12	12	17	9	19	12	15	19	9	6	13	14
6	15	17	13	13	16	16	16	12	9	7	11	18	16	15	20	15	10	16	12	14	10	13	16	11	19	17	15	4	16	14
7	18	15	16	11	9	15	15	17	11	4	16	8	13	20	15	12	21	8	7	8	13	9	12	11	14	9	10	7	12	15
8	18	11	9	21	15	14	13	14	10	13	16	14	17	13	12	12	12	14	11	11	14	14	13	19	9	20	17	12	12	15
9	18	13	18	15	20	16	17	10	18	8	16	8	11	15	5	19	13	9	9	10	12	16	15	13	9	13	15	20	8	12
10	10	14	11	13	13	7	23	13	17	17	20	11	15	16	17	17	18	16	13	17	12	13	9	14	7	17	16	17	15	13
11	18	19	18	17	14	16	19	15	13	14	6	15	13	14	12	18	14	18	13	18	11	11	7	20	13	17	15	10	13	18
12	16	14	12	20	13	20	19	16	10	18	12	17	13	14	14	16	11	16	14	14	20	16	11	15	14	19	12	4	12	8
13	11	19	11	15	17	13	12	13	14	19	15	9	16	18	12	16	17	15	11	18	15	14	12	20	13	9	15	20	11	10
14	20	22	19	11	15	13	13	11	17	8	15	14	15	18	15	18	10	14	14	15	15	17	12	14	11	11	17	11	15	18
15	12	15	13	12	22	16	11	14	9	8	17	11	16	14	18	21	15	19	18	18	11	14	14	16	14	8	13	13	17	19
16	16	9	17	17	14	11	8	17	20	13	17	20	13	9	14	13	8	12	15	14	14	10	16	15	11	16	15	18	16	15
17	17	11	14	10	12	15	16	17	14	13	16	14	16	15	8	13	13	16	10	13	14	13	16	21	17	16	16	17	13	16
18	11	19	14	10	8	10	14	16	10	16	14	9	14	13	14	16	15	13	16	18	13	15	14	8	12	16	18	11	13	18
19	12	13	8	12	19	11	8	13	16	11	12	18	12	10	18	18	16	6	18	7	11	17	13	11	18	14	7	18	14	20
20	19	11	17	14	9	15	16	6	16	10	11	15	16	11	9	21	17	16	16	14	4	16	14	8	17	10	13	19	16	12
21	14	8	9	13	15	16	11	17	17	17	12	14	14	13	15	16	16	15	15	10	11	14	17	20	13	10	9	14	10	8
22	17	14	11	11	15	13	18	18	9	19	12	14	17	14	17	16	14	14	9	15	21	17	14	13	11	14	13	10	15	16
23	13	10	14	16	13	18	18	13	17	19	14	23	8	17	13	15	11	11	19	6	12	16	15	14	17	14	21	16	14	17
24	17	14	16	18	16	13	14	19	14	7	9	14	11	9	19	18	18	12	16	14	14	16	12	12	17	13	18	14	19	17
25	14	15	12	19	13	13	15	18	13	17	14	12	10	12	12	12	14	17	18	9	18	12	16	15	23	11	12	11	14	12
26	15	13	13	15	11	8	15	14	9	11	16	21	18	17	17	17	18	5	11	13	15	14	9	14	7	14	14	14	17	15
27	11	16	18	9	19	9	14	6	16	17	10	8	15	10	12	9	14	16	12	15	10	10	13	15	8	12	5	14	12	12
28	13	19	14	16	16	18	13	15	15	12	16	8	12	11	16	13	15	14	15	16	7	15	20	13	18	13	17	15	16	17
29	13	15	15	18	16	14	19	16	9	8	19	9	20	18	14	15	16	19	10	15	14	14	18	10	14	17	11	16	14	15
30	14	15	18	14	6	21	13	13	14	11	13	8	17	13	14	9	12	17	8	10	7	14	11	15	8	17	16	16	9	13
31	15	12	8	16	15	14	8	17	20	11	17	16	14	17	13	17	16	18	15	14	11	8	13	14	11	9	8	14	12	22
32	12	15	13	11	8	13	11	17	11	16	15	18	9	9	16	18	9	12	12	15	20	15	11	10	22	13	16	12	14	14
33	10	11	11	12	13	17	13	15	7	15	16	9	14	17	9	11	13	13	13	12	13	12	17	8	13	17	8	13	12	15
34	15	11	18	12	14	18	13	18	16	17	9	9	13	13	7	10	14	16	12	9	11	13	16	10	20	14	8	16	12	14
35	17	13	15	10	11	11	17	19	14	9	15	11	20	15	16	15	12	12	12	17	9	19	12	15	19	9	6	13	14	14
36	17	13	13	16	16	16	12	9	7	11	18	16	15	20	15	10	16	12	14	10	13	16	11	19	17	15	4	16	14	16
37	15	16	11	9	15	15	17	11	4	16	8	13	20	15	12	21	8	7	8	13	9	12	11	14	9	10	7	12	15	14
38	11	9	21	15	14	13	14	10	13	16	14	17	13	12	12	12	14	11	11	14	14	13	19	9	20	17	12	12	15	15
39	13	18	15	20	16	17	10	18	8	16	8	11	15	5	19	13	9	9	10	12	16	15	13	9	13	15	20	8	12	17
40	14	11	13	13	7	23	13	17	17	20	11	15	16	17	17	18	16	13	17	12	13	9	14	7	17	16	17	15	13	13
41	19	18	17	14	16	19	15	13	14	6	15	13	14	12	18	14	18	13	18	11	11	7	20	13	17	15	10	13	18	11
42	14	12	20	13	20	19	16	10	18	12	17	13	14	14	16	11	16	14	14	20	16	11	15	14	19	12	4	12	8	13
43	19	11	15	17	13	12	13	14	19	15	9	16	18	12	16	17	15	11	18	15	14	12	20	13	9	15	20	11	10	14
44	22	19	11	15	13	13	11	17	8	15	14	15	18	15	18	10	14	14	15	15	17	12	14	11	11	17	11	15	18	19
45	15	13	12	22	16	11	14	9	8	17	11	16	14	18	21	15	19	18	18	11	14	14	16	14	8	13	13	17	19	10
46	9	17	17	14	11	8	17	20	13	17	20	13	9	14	13	8	12	15	14	14	10	16	15	11	16	15	18	16	15	15
47	11	14	10	12	15	16	17	14	13	16	14	16	15	8	13	13	16	10	13	14	13	16	21	17	16	16	17	13	16	15
48	19	14	10	8	10	14	16	10	16	14	9	14	13	14	16	15	13	16	18	13	15	14	8	12	16	18	11	13	18	18
49	13	8	12	19	11	8	13	16	11	12	18	12	10	18	18	16	6	18	7	11	17	13	11	18	14	7	18	14	20	9
50	11	17	14	9	15	16	6	16	10	11	15	16	11	9	21	17	16	16	14	4	16	14	8	17	10	13	19	16	12	20
51	8	9	13	15	16	11	17	17	17	12	14	14	13	15	16	16	15	15	10	11	14	17	20	13	10	9	14	10	8	14
52	14	11	11	15	13	18	18	9	19	12	14	17	14	17	16	14	14	9	15	21	17	14	13	11	14	13	10	15	16	13
53	10	14	16	13	18	18	13	17	19	14	23	8	17	13	15	11	11	19	6	12	16	15	14	17	14	21	16	14	17	12
54	14	16	18	16	13	14	19	14	7	9	14	11	9	19	18	18	12	16	14	14	16	12	12	17	13	18	14	19	17	14
55	15	12	19	13	13	15	18	13	17	14	12	10	12	12	12	14	17	18	9	18	12	16	15	23	11	12	11	14	12	14
56	13	13	15	11	8	15	14	9	11	16	21	18	17	17	17	18	5	11	13	15	14	9	14	7	14	14	14	17	15	13
57	16	18	9	19	9	14	6	16	17	10	8	15	10	12	9	14	16	12	15	10	10	13	15	8	12	5	14	12	12	18
58	19	14	16	16	18	13	15	15	12	16	8	12	11	16	13	15	14	15	16	7	15	20	13	18	13	17	15	16	17	8
59	15	15	18	16	14	19	16	9	8	19	9	20	18	14	15	16	19	10	15	14	14	18	10	14	17	11	16	14	15	16

Minutes

	30	31	32	33	34	35	36	37	38	39	40	41	42	43	44	45	46	47	48	49	50	51	52	53	54	55	56	57	58	59
0	13	18	17	14	11	16	8	12	12	12	12	13	15	19	16	13	9	11	15	12	15	8	10	14	19	12	16	16	19	18
1	22	18	14	18	16	21	14	10	18	18	6	8	17	20	6	10	13	11	13	13	11	17	15	12	10	14	11	15	14	17
2	14	10	19	15	14	15	18	13	17	13	19	18	13	15	17	13	12	17	15	24	19	10	12	19	9	7	12	15	18	17
3	15	12	13	13	20	10	16	15	13	11	12	10	10	19	15	13	18	15	16	14	7	16	14	13	17	17	11	17	13	15
4	14	9	7	17	12	16	11	14	18	19	6	16	15	16	16	18	18	8	16	14	19	8	13	17	14	9	14	13	20	10
5	14	15	16	14	16	10	19	19	17	12	14	18	12	19	10	10	13	13	15	14	13	13	12	16	16	14	13	15	6	11
6	16	15	13	18	15	17	7	21	15	15	17	13	15	18	18	9	16	10	15	7	12	11	11	16	15	18	17	17	7	11
7	14	19	12	10	21	14	14	14	14	10	10	19	12	15	13	9	9	6	12	16	20	17	19	15	11	17	11	21	9	13
8	15	14	14	14	9	11	17	17	15	12	20	11	16	15	15	18	12	21	9	15	10	14	9	10	18	16	13	10	12	13
9	17	18	20	15	11	9	15	16	15	14	14	7	12	12	12	12	21	14	7	13	16	16	18	13	13	10	10	14	20	15
10	13	17	12	10	20	14	17	16	16	14	12	13	16	10	18	14	17	12	16	15	9	12	11	12	18	13	16	14	14	12
11	11	11	8	15	14	18	20	12	18	16	14	21	12	13	19	15	14	15	15	16	16	15	11	12	13	11	15	17	10	15
12	13	6	8	14	10	13	16	7	14	19	10	10	9	10	13	17	15	17	17	11	10	17	10	16	14	14	13	16	12	13
13	14	10	14	12	12	16	16	16	8	20	15	16	14	14	17	14	17	13	13	18	20	10	17	19	13	19	23	13	14	14
14	19	20	12	9	17	15	11	10	15	15	13	15	14	10	16	16	14	12	14	20	13	9	16	10	14	16	10	15	21	11
15	10	12	14	15	8	16	17	17	12	12	12	11	14	16	14	12	13	17	19	8	19	18	19	14	19	17	10	21	10	11
16	15	12	10	15	11	13	17	15	16	16	14	19	10	11	15	11	16	10	20	19	18	12	20	15	17	13	13	22	12	11
17	15	16	12	14	13	18	15	15	12	11	16	12	11	10	8	13	14	9	12	18	11	14	15	16	14	8	13	17	18	12
18	18	18	12	13	18	13	16	9	14	16	12	10	14	14	11	16	20	19	16	18	11	13	21	17	20	10	12	16	14	7
19	9	6	11	14	19	14	18	14	14	20	14	14	19	16	16	12	15	20	17	14	10	16	12	17	14	5	13	15	12	12
20	20	10	18	9	11	15	15	14	16	16	19	8	16	12	13	15	9	11	9	17	15	16	12	7	11	12	10	13	12	7
21	14	15	13	16	6	10	15	10	12	8	18	19	14	14	8	11	16	10	14	17	9	14	15	18	14	9	12	8	18	18
22	13	9	20	14	13	18	14	12	16	15	14	9	15	10	14	7	12	11	13	16	10	16	12	13	13	11	6	16	16	19
23	12	19	18	13	16	17	14	13	9	16	14	15	7	16	12	6	12	18	17	19	14	14	14	12	12	11	13	19	14	14
24	14	19	17	13	17	14	17	11	11	21	12	17	11	10	10	8	16	15	15	19	20	8	14	13	14	11	9	16	18	22
25	14	12	8	10	19	9	16	14	11	11	9	11	13	14	10	13	10	19	9	10	15	13	15	17	14	12	14	12	11	15
26	13	17	18	18	16	15	15	14	12	16	12	10	15	6	11	20	13	17	10	21	15	13	12	12	10	16	15	15	18	15
27	18	15	13	14	18	18	15	12	11	9	13	14	22	8	16	20	11	9	15	16	11	11	18	12	15	9	12	17	10	15
28	8	6	10	16	12	8	17	10	18	15	17	10	16	10	14	17	10	9	14	10	20	13	8	16	15	7	9	17	14	9
29	16	15	13	13	12	9	16	11	12	18	17	19	12	12	17	14	12	12	10	16	15	11	16	13	14	15	12	15	18	17
30	18	17	14	11	16	8	12	12	12	12	13	15	19	16	13	9	11	15	12	15	8	10	14	19	12	16	16	19	18	14
31	18	14	18	16	21	14	10	18	18	6	8	17	20	6	10	13	11	13	13	11	17	15	12	10	14	11	15	14	17	13
32	10	19	15	14	15	18	13	17	13	19	18	13	15	17	13	12	17	15	24	19	10	12	19	9	7	12	15	18	17	14
33	12	13	13	20	10	16	15	13	11	12	10	10	19	15	13	18	15	16	14	7	16	14	13	17	17	11	17	13	15	17
34	9	7	17	12	16	11	14	18	19	6	16	15	16	16	18	18	8	16	14	19	8	13	17	14	9	14	13	20	10	12
35	15	16	14	16	10	19	19	17	12	14	18	12	19	10	10	13	13	15	14	13	13	12	16	16	14	13	15	6	11	16
36	15	13	18	15	17	7	21	15	15	17	13	15	18	18	9	16	10	15	7	12	11	11	16	15	18	17	17	7	11	10
37	19	12	10	21	14	14	14	14	10	10	19	12	15	13	9	9	6	12	16	20	17	19	15	11	17	11	21	9	13	15
38	14	14	14	9	11	17	17	15	12	20	11	16	15	15	18	12	21	9	15	10	14	9	10	18	16	13	10	12	13	14
39	18	20	15	11	9	15	16	15	14	14	7	12	12	12	12	21	14	7	13	16	16	18	13	13	10	10	14	20	15	14
40	17	12	10	20	14	17	16	16	14	12	13	16	10	18	14	17	12	16	15	9	12	11	12	18	13	16	14	14	12	12
41	11	8	15	14	18	20	12	18	16	14	21	12	13	19	15	14	15	15	16	16	15	11	12	13	11	15	17	10	15	11
42	6	8	14	10	13	16	7	14	19	10	10	9	10	13	17	15	17	17	11	10	17	10	16	14	14	13	16	12	13	21
43	10	14	12	12	16	16	16	8	20	15	16	14	14	17	14	17	13	13	18	20	10	17	19	13	19	23	13	14	14	11
44	20	12	9	17	15	11	10	15	15	13	15	14	10	16	16	14	12	14	20	13	9	16	10	14	16	10	15	21	11	14
45	12	14	15	8	16	17	17	12	12	12	11	14	16	14	12	13	17	19	8	19	18	19	14	19	17	10	21	10	11	21
46	12	10	15	11	13	17	15	16	16	14	19	10	11	15	11	16	10	20	19	18	12	20	15	17	13	13	22	12	11	11
47	16	12	14	13	18	15	15	12	11	16	12	11	10	8	13	14	9	12	18	11	14	15	16	14	8	13	17	18	12	9
48	18	12	13	18	13	16	9	14	16	12	10	14	14	11	16	20	19	16	18	11	13	21	17	20	10	12	16	14	7	19
49	6	11	14	19	14	18	14	14	20	14	14	19	16	16	12	15	20	17	14	10	16	12	17	14	5	13	15	12	12	11
50	10	18	9	11	15	15	14	16	16	19	8	16	12	13	15	9	11	9	17	15	16	12	7	11	12	10	13	12	7	12
51	15	13	16	6	10	15	10	12	8	18	19	14	14	8	11	16	10	14	17	9	14	15	18	14	9	12	8	18	18	16
52	9	20	14	13	18	14	12	16	15	14	9	15	10	14	7	12	11	13	16	10	16	12	13	13	11	6	16	16	19	13
53	19	18	13	16	17	14	13	9	16	14	15	7	16	12	6	12	18	17	19	14	14	14	12	12	11	13	19	14	14	14
54	19	17	13	17	14	17	11	11	21	12	17	11	10	10	8	16	15	15	19	20	8	14	13	14	11	9	16	18	22	22
55	12	8	10	19	9	16	14	11	11	9	11	13	14	10	13	10	19	9	10	15	13	15	17	14	12	14	12	11	15	16
56	17	18	18	16	15	15	14	12	16	12	10	15	6	11	20	13	17	10	21	15	13	12	12	10	16	15	15	18	15	15
57	15	13	14	18	18	15	12	11	9	13	14	22	8	16	20	11	9	15	16	11	11	18	12	15	9	12	17	10	15	12
58	6	10	16	12	8	17	10	18	15	17	10	16	10	14	17	10	9	14	10	20	13	8	16	15	7	9	17	14	9	20
59	15	13	13	12	9	16	11	12	18	17	19	12	12	17	14	12	12	10	16	15	11	16	13	14	15	12	15	18	17	12

S E C O N D S (label for rows 25–31)

5D6

Minutes

Seconds	0	1	2	3	4	5	6	7	8	9	10	11	12	13	14	15	16	17	18	19	20	21	22	23	24	25	26	27	28	29
0	19	17	20	13	18	24	20	23	19	15	16	7	16	20	21	16	18	17	10	27	17	14	20	17	21	16	23	20	14	23
1	20	15	18	20	15	21	17	24	15	18	14	16	23	16	15	21	19	19	23	17	20	9	9	13	15	20	18	8	18	18
2	17	22	17	15	26	17	18	17	13	20	18	15	17	16	16	22	16	18	20	20	23	22	15	16	19	20	17	15	17	14
3	17	20	13	16	13	14	21	21	14	19	12	23	23	10	12	13	14	15	22	16	10	16	13	16	23	15	27	17	21	12
4	14	13	16	11	20	24	18	18	16	16	17	20	26	16	16	20	15	12	12	17	20	19	22	23	19	17	21	13	18	27
5	12	17	16	22	14	18	10	18	11	14	15	15	15	20	20	13	23	25	12	19	12	12	23	18	17	16	20	14	13	17
6	19	19	21	19	16	12	22	13	26	27	23	13	22	11	11	19	23	14	16	23	21	15	14	12	19	17	20	19	23	18
7	17	19	18	26	13	18	18	17	20	23	13	27	10	22	20	21	16	16	21	15	16	23	20	22	23	20	14	12	16	17
8	25	20	11	15	16	19	15	14	18	17	15	14	16	22	18	15	23	22	18	18	16	13	13	23	20	12	15	20	17	16
9	9	18	17	23	17	19	14	21	15	12	15	15	21	21	16	14	14	13	15	17	19	15	25	20	21	17	14	26	16	11
10	18	14	17	19	19	18	16	17	24	22	18	17	21	20	16	19	15	19	26	16	11	17	13	14	21	12	24	15	18	20
11	21	17	24	12	25	22	21	19	23	19	22	25	13	20	13	19	15	17	16	19	15	19	20	21	21	25	19	21	22	18
12	17	19	18	24	16	20	19	15	19	14	14	14	22	12	19	21	18	17	13	14	18	14	14	19	24	15	24	17	19	21
13	20	16	14	24	17	17	18	24	18	26	11	16	19	17	26	21	18	18	17	19	17	7	14	14	20	23	16	14	15	17
14	16	15	18	18	18	15	17	16	15	16	18	21	13	21	24	19	14	18	19	24	16	15	22	14	15	15	15	13	17	21
15	17	20	20	13	18	18	18	17	13	28	22	9	17	22	16	15	18	23	17	22	21	19	21	23	20	14	19	17	22	16
16	17	19	15	23	25	20	19	15	27	10	12	11	14	19	16	21	16	20	13	21	14	19	18	16	19	13	17	15	14	21
17	18	17	22	21	12	16	23	21	18	19	19	15	14	11	19	17	15	22	24	21	24	13	14	18	17	17	15	16	10	15
18	22	23	17	17	11	13	20	19	14	23	7	20	14	15	22	16	22	22	19	21	15	23	14	19	19	19	17	12	19	15
19	19	13	18	16	26	18	25	15	20	18	19	22	18	17	21	15	23	21	17	21	18	22	15	16	20	16	21	17	17	20
20	15	18	17	23	13	21	16	19	14	21	28	16	12	14	15	21	21	16	22	16	21	17	24	18	14	13	16	17	17	10
21	19	15	17	16	22	17	17	11	18	24	12	12	10	14	24	16	18	19	11	19	16	29	25	10	13	18	18	12	16	13
22	18	22	18	19	14	13	19	15	18	15	14	19	13	16	18	17	16	15	17	25	17	11	10	19	24	15	18	13	21	24
23	17	11	19	25	18	14	23	18	15	13	14	16	23	19	22	23	15	16	26	18	19	16	20	17	12	18	14	11	13	16
24	14	18	20	13	11	20	14	12	15	19	18	22	26	13	22	19	9	17	13	20	15	19	11	15	20	13	8	16	17	20
25	16	18	18	19	19	14	15	25	11	18	16	22	17	15	20	18	22	18	15	23	15	20	19	25	17	15	14	22	21	15
26	20	16	26	8	13	25	17	13	21	14	16	18	24	19	18	12	15	19	19	25	22	26	16	14	23	18	16	18	13	17
27	23	16	18	20	15	14	13	19	22	16	18	20	18	12	12	22	13	16	15	12	16	24	18	23	17	12	12	17	24	17
28	20	14	16	14	17	22	13	19	16	16	18	19	24	16	21	18	15	8	21	21	17	23	22	19	23	20	20	20	19	20
29	14	17	15	14	15	11	23	21	17	21	23	11	22	16	21	20	23	14	19	14	17	19	22	23	13	14	22	21	23	22
30	17	20	13	18	24	20	23	19	15	16	7	16	20	21	16	18	17	10	27	17	14	20	17	21	16	23	20	14	23	19
31	15	18	20	15	21	17	24	15	18	14	16	23	16	15	21	19	19	23	17	20	9	9	13	15	20	18	8	18	18	20
32	22	17	15	26	17	18	17	13	20	18	15	17	16	16	22	16	18	20	20	23	22	15	16	19	20	17	15	17	14	12
33	20	13	16	13	14	21	21	14	19	12	23	23	10	12	13	14	15	22	16	10	16	13	16	23	15	27	17	21	12	20
34	13	16	11	20	24	18	18	16	16	17	20	26	16	16	20	15	12	12	17	20	19	22	23	19	17	21	13	18	27	20
35	17	16	22	14	18	10	18	11	14	15	15	15	20	20	13	23	25	12	19	12	12	23	18	17	16	20	14	13	17	11
36	19	21	19	16	12	22	13	26	27	23	13	22	11	11	19	23	14	16	23	21	15	14	12	19	17	20	19	23	18	21
37	19	18	26	13	18	18	17	20	23	13	27	10	22	20	21	16	16	21	15	16	23	20	22	23	20	14	12	16	17	14
38	20	11	15	16	19	15	14	18	17	15	14	16	22	18	15	23	22	18	18	16	13	13	23	20	12	15	20	17	16	16
39	18	17	23	17	19	14	21	15	12	15	15	21	21	16	14	14	13	15	17	19	15	25	20	21	17	14	26	16	11	18
40	14	17	19	19	18	16	17	24	22	18	17	21	20	16	19	15	19	26	16	11	17	13	14	21	12	24	15	18	20	19
41	17	24	12	25	22	21	19	23	19	22	25	13	20	13	19	15	17	16	19	15	19	20	21	21	25	19	21	22	18	15
42	19	18	24	16	20	19	15	19	14	14	14	22	12	19	21	18	17	13	14	18	14	14	19	24	15	24	17	19	21	24
43	16	14	24	17	17	18	24	18	26	11	16	19	17	26	21	18	18	17	19	17	7	14	14	20	23	16	14	15	17	16
44	15	18	18	18	15	17	16	15	16	18	21	13	21	24	19	14	18	19	24	16	15	22	14	15	15	15	13	17	21	18
45	20	20	13	18	18	18	17	13	28	22	9	17	22	16	15	18	23	17	22	21	19	21	23	20	14	19	17	22	16	15
46	19	15	23	25	20	19	15	27	10	12	11	14	19	16	21	16	20	13	21	14	19	18	16	19	13	17	15	14	21	21
47	17	22	21	12	16	23	21	18	19	19	15	14	11	19	17	15	22	24	21	24	13	14	18	17	17	15	16	10	15	16
48	23	17	17	11	13	20	19	14	23	7	20	14	15	22	16	22	22	19	21	15	23	14	19	19	19	17	12	19	15	14
49	13	18	16	26	18	25	15	20	18	19	22	18	17	21	15	23	21	17	21	18	22	15	16	20	16	21	17	17	20	10
50	18	17	23	13	21	16	19	14	21	28	16	12	14	15	21	21	16	22	16	21	17	24	18	14	13	16	17	17	10	19
51	15	17	16	22	17	17	11	18	24	12	12	10	14	24	16	18	19	11	19	16	29	25	10	13	18	18	12	16	13	17
52	22	18	19	14	13	19	15	18	15	14	19	13	16	18	17	16	15	17	25	17	11	10	19	24	15	18	13	21	24	21
53	11	19	25	18	14	23	18	15	13	14	16	23	19	22	23	15	16	26	18	19	16	20	17	12	18	14	11	13	16	17
54	18	20	13	11	20	14	12	15	19	18	22	26	13	22	19	9	17	13	20	15	19	11	15	20	13	8	16	17	20	16
55	18	18	19	19	14	15	25	11	18	16	22	17	15	20	18	22	18	15	23	15	20	19	25	17	15	14	22	21	15	19
56	16	26	8	13	25	17	13	21	14	16	18	24	19	18	12	15	19	19	25	22	26	16	14	23	18	16	18	13	17	13
57	16	18	20	15	14	13	19	22	16	18	20	18	12	12	22	13	16	15	12	16	24	18	23	17	12	12	17	24	17	19
58	14	16	14	17	22	13	19	16	16	18	19	24	16	21	18	15	8	21	21	17	23	22	19	23	20	20	20	19	20	19
59	17	15	14	15	11	23	21	17	21	23	11	22	16	21	20	23	14	19	14	17	19	22	23	13	14	22	21	23	22	22

Minutes

	30	31	32	33	34	35	36	37	38	39	40	41	42	43	44	45	46	47	48	49	50	51	52	53	54	55	56	57	58	59
0	19	16	17	22	12	15	18	17	21	25	18	17	18	17	16	20	22	23	17	12	14	16	10	15	17	17	23	22	17	12
1	20	15	14	21	22	16	9	16	18	11	11	17	19	25	20	21	17	17	20	24	17	21	18	19	18	10	19	14	15	14
2	12	16	17	13	19	14	22	15	14	24	26	13	18	17	19	9	13	16	21	27	18	15	22	18	20	20	22	17	19	14
3	20	20	19	22	16	12	20	12	18	19	19	22	19	21	25	18	17	18	19	19	12	28	13	18	22	13	21	21	18	18
4	20	17	18	14	19	21	14	12	11	13	12	15	17	19	15	23	19	18	14	22	24	17	18	12	22	28	19	12	17	14
5	11	12	22	22	16	18	20	18	23	21	17	11	15	23	19	14	9	12	11	25	13	13	12	19	22	18	13	13	18	23
6	21	12	20	22	17	17	20	23	20	22	17	19	21	24	15	17	20	14	24	20	18	11	15	16	15	19	22	22	20	18
7	14	17	18	29	20	14	18	23	20	15	20	21	20	13	18	21	20	20	18	17	13	12	19	17	23	17	18	10	24	19
8	16	16	17	18	14	22	23	19	19	26	18	19	17	13	15	22	18	27	20	17	17	21	18	22	12	21	13	19	26	13
9	18	17	16	18	15	13	9	24	14	14	27	12	18	15	11	12	21	14	19	20	23	19	14	16	19	20	14	7	17	24
10	19	15	14	17	13	13	13	12	20	16	13	16	20	15	17	18	17	15	12	18	18	11	24	15	13	21	18	14	15	23
11	15	17	13	19	25	20	20	19	19	14	11	15	17	13	16	16	11	19	25	22	20	22	16	19	18	11	18	23	12	14
12	24	23	13	25	13	19	24	14	14	19	16	20	23	20	18	20	10	17	13	18	16	19	22	15	16	23	18	9	16	20
13	16	18	10	12	18	23	21	15	25	26	12	20	22	19	16	15	19	21	15	15	16	26	15	18	18	24	15	21	14	8
14	18	22	18	18	8	20	14	20	15	14	17	15	17	20	10	10	26	17	22	20	14	23	22	16	14	14	8	13	19	15
15	15	17	21	14	15	16	14	15	20	19	16	16	14	24	10	19	17	13	18	21	15	17	18	23	17	19	16	18	23	13
16	21	11	11	21	21	16	13	14	13	23	12	14	14	21	20	24	18	15	22	11	13	21	13	17	15	20	20	15	12	17
17	16	18	14	16	6	20	15	19	24	14	13	15	13	12	19	10	20	20	16	20	19	17	18	18	17	10	15	10	21	19
18	14	16	19	17	14	19	17	17	19	17	17	25	19	15	17	13	12	17	20	15	17	11	14	15	12	20	18	19	22	13
19	10	12	19	20	23	16	20	14	15	22	19	18	25	15	18	21	16	27	19	18	21	23	14	19	21	14	13	17	24	23
20	19	13	19	14	6	21	19	12	15	18	16	16	19	16	20	19	13	22	18	20	21	11	16	15	20	13	18	15	18	23
21	17	20	18	22	17	20	14	19	15	18	17	14	26	22	19	17	14	16	20	15	15	23	18	13	21	13	19	23	17	23
22	21	20	18	13	17	21	22	9	16	15	22	17	14	13	14	20	17	26	15	17	14	18	18	15	21	21	21	18	21	12
23	17	19	18	12	15	15	20	12	11	10	16	18	22	18	22	11	21	20	14	22	16	19	22	24	24	11	16	24	17	13
24	16	19	15	23	15	21	15	19	22	16	10	10	26	15	16	21	13	18	12	16	19	22	19	20	24	18	28	22	26	17
S 25	19	12	14	23	14	16	18	13	19	16	13	17	15	22	21	21	15	12	18	24	12	20	18	19	19	12	13	20	17	20
E 26	13	12	12	17	19	15	17	19	17	13	22	22	19	20	17	15	14	19	15	15	15	21	14	21	20	14	9	20	11	
C 27	19	25	17	17	18	20	12	22	17	19	17	13	16	15	20	18	23	21	12	13	17	15	15	23	20	17	19	11	20	20
O 28	19	16	19	17	22	17	18	20	14	12	21	20	12	14	17	19	17	13	17	19	17	13	15	22	21	17	14	13	18	12
N 29	22	16	20	23	23	17	13	20	14	21	22	12	22	19	14	20	16	19	9	16	24	14	23	12	13	22	9	23	9	13
D 30	16	17	22	12	15	18	17	21	25	18	17	18	17	16	20	22	23	17	12	14	16	10	15	17	17	23	22	17	12	16
S 31	15	14	21	22	16	9	16	18	11	11	17	19	25	20	21	17	17	20	24	17	21	18	19	18	10	19	14	15	14	22
32	16	17	13	19	14	22	15	14	24	26	13	18	17	19	9	13	16	21	27	18	15	22	18	20	20	22	17	19	14	15
33	20	19	22	16	12	20	12	18	19	19	22	19	21	25	18	17	18	19	19	12	28	13	18	22	13	21	21	18	18	27
34	17	18	14	19	21	14	12	11	13	12	15	17	19	15	23	19	18	14	22	24	17	18	12	22	28	19	12	17	14	25
35	12	22	22	16	18	20	18	23	21	17	11	15	23	19	14	9	12	11	25	13	13	12	19	22	18	13	13	18	23	20
36	12	20	22	17	17	20	23	20	22	17	19	21	24	15	17	20	14	24	20	18	11	15	16	15	19	22	22	20	18	11
37	17	18	29	20	14	18	23	20	15	20	21	20	13	18	21	20	20	18	17	13	12	19	17	23	17	18	10	24	19	17
38	16	17	18	14	22	23	19	19	26	18	19	17	13	15	22	18	27	20	17	17	21	18	22	12	21	13	19	26	13	15
39	17	16	18	15	13	9	24	14	14	27	12	18	15	11	12	21	14	19	20	23	19	14	16	19	20	14	7	17	24	21
40	15	14	17	13	13	13	12	20	16	13	16	20	15	17	18	17	15	12	18	18	11	24	15	13	21	18	14	15	23	21
41	17	13	19	25	20	20	19	19	14	11	15	17	13	16	16	11	19	25	22	20	22	16	19	18	11	18	23	12	14	15
42	23	13	25	13	19	24	14	14	19	16	20	23	20	18	20	10	17	13	18	16	19	22	15	16	23	18	9	16	20	15
43	18	10	12	18	23	21	15	25	26	12	20	22	19	16	15	19	21	15	15	16	26	15	18	18	24	15	21	14	8	19
44	22	18	18	8	20	14	20	15	14	17	15	17	20	10	10	26	17	22	20	14	23	22	16	14	14	8	13	19	15	14
45	17	21	14	15	16	14	15	20	19	16	16	14	24	10	19	17	13	18	21	15	17	18	23	17	19	16	18	23	13	12
46	11	11	21	21	16	13	14	13	23	12	14	14	21	20	24	18	15	22	11	13	21	13	17	15	20	20	15	12	17	12
47	18	14	16	6	20	15	19	24	14	13	15	13	12	19	10	20	20	16	20	19	17	18	18	17	10	15	10	21	19	17
48	16	19	17	14	19	17	17	19	17	17	25	19	15	17	13	12	17	20	15	17	11	14	15	12	20	18	19	22	13	19
49	12	19	20	23	16	20	14	15	22	19	18	25	15	18	21	16	27	19	18	21	23	14	19	21	14	13	17	24	23	17
50	13	19	14	6	21	19	12	15	18	16	16	19	16	20	19	13	22	18	20	21	11	16	15	20	13	18	15	18	23	21
51	20	18	22	17	20	14	19	15	18	17	14	26	22	19	17	14	16	20	15	15	23	18	13	21	13	19	23	17	23	26
52	20	18	13	17	21	22	9	16	15	22	17	14	13	14	20	17	26	15	17	14	18	18	15	21	21	21	18	21	12	9
53	19	18	12	15	15	20	12	11	10	16	18	22	18	22	11	21	20	14	22	16	19	22	24	24	11	16	24	17	13	19
54	19	15	23	15	21	15	19	22	16	10	10	26	15	16	21	13	18	12	16	19	22	19	20	24	18	28	22	26	17	15
55	12	14	23	14	16	18	13	19	16	13	17	15	22	21	21	15	12	18	24	12	20	18	19	19	12	13	20	17	20	20
56	12	12	17	19	15	17	19	17	13	22	22	19	20	17	15	14	19	15	15	15	21	14	21	20	14	9	20	11	20	
57	25	17	17	18	20	12	22	17	19	17	13	16	15	20	18	23	21	12	13	17	15	15	23	20	17	19	11	20	20	20
58	16	19	17	22	17	18	20	14	12	21	20	12	14	17	19	17	13	17	19	17	13	15	22	21	17	14	13	18	12	13
59	16	20	23	23	17	13	20	14	21	22	12	22	19	14	20	16	19	9	16	24	14	23	12	13	22	9	23	9	13	17

6D6

	0	1	2	3	4	5	6	7	8	9	10	11	12	13	14	15	16	17	18	19	20	21	22	23	24	25	26	27	28	29
0	19	20	21	20	23	27	11	20	22	21	17	23	20	22	18	16	26	16	25	19	27	22	18	20	16	30	21	17	18	30
1	16	21	20	17	28	24	21	20	16	24	12	17	13	27	21	27	27	13	25	22	17	19	18	29	20	24	19	21	21	13
2	27	12	23	27	21	25	20	17	15	25	25	28	23	21	23	19	18	21	22	27	27	22	19	13	24	16	26	22	19	24
3	23	26	20	22	17	15	26	21	25	22	24	23	26	25	22	15	27	26	22	18	16	27	26	28	15	25	24	15	25	30
4	21	25	21	21	15	23	21	20	20	21	21	23	24	28	17	23	21	17	24	18	22	17	15	19	21	18	21	24	20	22
5	19	20	20	31	20	24	16	21	28	24	24	26	27	21	25	26	11	19	27	26	19	24	15	21	19	19	21	28	15	18
6	22	24	21	28	14	25	23	24	21	21	19	21	19	13	18	24	24	18	24	17	22	21	32	24	28	21	23	21	23	25
7	19	26	22	17	24	24	22	26	26	29	21	23	21	25	20	18	17	26	27	29	21	23	22	24	22	20	21	18	20	25
8	22	27	19	29	24	10	27	27	26	15	24	21	18	20	19	25	24	21	20	14	11	17	23	30	20	17	19	20	24	21
9	22	24	20	19	26	22	25	22	19	23	18	17	24	21	22	16	23	21	24	24	24	15	24	16	25	24	25	30	19	20
10	17	16	18	21	23	17	26	23	22	26	29	25	22	24	20	20	17	22	26	14	28	23	25	12	18	16	20	19	19	28
11	23	28	20	25	26	20	25	20	24	28	19	22	18	28	17	21	14	19	27	21	25	22	14	16	21	19	21	18	13	22
12	24	21	28	21	21	28	28	22	15	28	17	21	22	26	20	24	18	20	19	23	19	16	21	25	16	22	26	17	18	25
13	27	16	24	16	18	27	19	22	20	20	22	31	17	20	27	24	9	25	20	21	24	23	21	17	14	12	24	19	19	22
14	18	16	12	21	17	21	24	23	16	21	14	14	22	22	24	18	20	22	21	22	19	21	23	22	23	25	26	27	19	16
15	22	18	27	18	20	21	22	25	18	29	23	20	24	18	21	18	17	22	24	21	16	24	13	28	21	16	18	18	19	24
16	17	23	27	26	22	30	14	25	21	14	22	15	20	16	16	25	21	17	22	23	12	21	27	19	21	22	18	26	25	22
17	23	23	22	25	17	22	29	19	15	22	20	23	15	16	20	19	19	16	23	29	22	25	24	20	22	21	16	18	19	21
18	13	20	18	19	24	28	16	17	23	23	17	19	17	16	22	23	23	22	21	18	23	18	20	22	22	19	22	24	21	23
19	17	30	13	21	26	13	18	22	29	23	27	23	23	21	22	15	26	21	27	26	20	20	24	17	25	28	19	20	20	25
20	25	20	17	29	25	27	29	19	22	20	24	16	19	22	29	18	23	22	13	19	27	21	27	22	15	22	29	23	21	23
21	16	20	26	24	21	17	15	15	15	21	18	16	20	24	21	17	25	17	22	20	17	22	19	19	24	19	17	19	21	30
22	18	18	18	21	25	23	23	18	20	27	14	25	26	20	22	24	15	22	29	26	14	20	23	17	18	24	20	23	27	19
23	18	23	26	19	20	22	26	20	14	30	19	21	11	24	18	22	16	28	19	24	20	12	26	22	30	23	19	21	24	18
24	26	24	19	20	13	20	13	19	21	14	15	13	24	18	21	19	25	28	15	18	19	28	19	16	22	25	20	25	25	23
25	18	21	23	18	21	18	15	23	26	17	26	26	21	23	23	21	15	22	19	16	16	16	22	16	18	21	25	19	10	19
26	14	20	21	19	21	20	18	27	28	19	19	26	25	17	21	22	20	21	24	24	19	18	23	17	20	17	25	24	16	20
27	20	26	25	20	19	22	20	20	21	25	20	16	20	28	20	22	25	20	15	17	22	17	29	16	21	27	19	24	21	23
28	15	20	28	23	16	19	17	20	16	17	20	18	28	19	20	19	20	15	14	19	21	29	22	23	21	19	22	30	15	23
29	26	17	19	30	16	16	23	18	15	21	20	27	21	9	20	17	18	17	21	28	23	20	30	21	23	24	21	22	16	26
30	20	21	20	23	27	11	20	22	21	17	23	20	22	18	16	26	16	25	19	27	22	18	20	16	30	21	17	18	30	18
31	21	20	17	28	24	21	20	16	24	12	17	13	27	21	27	27	13	25	22	17	19	18	29	20	24	19	21	21	13	19
32	12	23	27	21	25	20	17	15	25	25	28	23	21	23	19	18	21	22	27	27	22	19	13	24	16	26	22	19	24	20
33	26	20	22	17	15	26	21	25	22	24	23	26	25	22	15	27	26	22	18	16	27	26	28	15	25	24	15	25	30	20
34	25	21	21	15	23	21	20	20	21	21	23	24	28	17	23	21	17	24	18	22	17	15	19	21	18	21	24	20	22	27
35	20	20	31	20	24	16	21	28	24	24	26	27	21	25	26	11	19	27	26	19	24	15	21	19	19	21	28	15	18	30
36	24	21	28	14	25	23	24	21	21	19	21	19	13	18	24	24	18	24	17	22	21	32	24	28	21	23	21	23	25	15
37	26	22	17	24	24	22	26	26	29	21	23	21	25	20	18	17	26	27	29	21	23	22	24	22	20	21	18	20	25	31
38	27	19	29	24	10	27	27	26	15	24	21	18	20	19	25	24	21	20	14	11	17	23	30	20	17	19	20	24	21	26
39	24	20	19	26	22	25	22	19	23	18	17	24	21	22	16	23	21	24	24	24	15	24	16	25	24	25	30	19	20	15
40	16	18	21	23	17	26	23	22	26	29	25	22	24	20	20	17	22	26	14	28	23	25	12	18	16	20	19	19	28	29
41	28	20	25	26	20	25	20	24	28	19	22	18	28	17	21	14	19	27	21	25	22	14	16	21	19	21	18	13	22	22
42	21	28	21	21	28	28	22	15	28	17	21	22	26	20	24	18	20	19	23	19	16	21	25	16	22	26	17	18	25	21
43	16	24	16	18	27	19	22	20	20	22	31	17	20	27	24	9	25	20	21	24	23	21	17	14	12	24	19	19	22	17
44	16	12	21	17	21	24	23	16	21	14	14	22	22	24	18	20	22	21	22	19	21	23	22	23	25	26	27	19	16	16
45	18	27	18	20	21	22	25	18	29	23	20	24	18	21	18	17	22	24	21	16	24	13	28	21	16	18	18	19	24	23
46	23	27	26	22	30	14	25	21	14	22	15	20	16	16	25	21	17	22	23	12	21	27	19	21	22	18	26	25	22	17
47	23	22	25	17	22	29	19	15	22	20	23	15	16	20	19	19	16	23	29	22	25	24	20	22	21	16	18	19	21	17
48	20	18	19	24	28	16	17	23	23	17	19	17	16	22	23	23	22	21	18	23	18	20	22	22	19	22	24	21	23	22
49	30	13	21	26	13	18	22	29	23	27	23	23	21	22	15	26	21	27	26	20	20	24	17	25	28	19	20	20	25	14
50	20	17	29	25	27	29	19	22	20	24	16	19	22	29	18	23	22	13	19	27	21	27	22	15	22	29	23	21	23	14
51	20	26	24	21	17	15	15	15	21	18	16	20	24	21	17	25	17	22	20	17	22	19	19	24	19	17	19	21	30	21
52	18	18	21	25	23	23	18	20	27	14	25	26	20	22	24	15	22	29	26	14	20	23	17	18	24	20	23	27	19	15
53	23	26	19	20	22	26	20	14	30	19	21	11	24	18	22	16	28	19	24	20	12	26	22	30	23	19	21	24	18	21
54	24	19	20	13	20	13	19	21	14	15	13	24	18	21	19	25	28	15	18	19	28	19	16	22	25	20	25	25	23	19
55	21	23	18	21	18	15	23	26	17	26	26	21	23	23	21	15	22	19	16	16	16	22	16	18	21	25	19	10	19	18
56	20	21	19	21	20	18	27	28	19	19	26	25	17	21	22	20	21	24	24	19	18	23	17	20	17	25	24	16	20	19
57	26	25	20	19	22	20	20	21	25	20	16	20	28	20	22	25	20	15	17	22	17	29	16	21	27	19	24	21	23	30
58	20	28	23	16	19	17	20	16	17	20	18	28	19	20	19	20	15	14	19	21	29	22	23	21	19	22	30	15	23	25
59	17	19	30	16	16	23	18	15	21	20	27	21	9	20	17	18	17	21	28	23	20	30	21	23	24	21	22	16	26	22

Seconds label (rows 25–31, left margin): S E C O N D S

Minutes

Seconds	30	31	32	33	34	35	36	37	38	39	40	41	42	43	44	45	46	47	48	49	50	51	52	53	54	55	56	57	58	59
0	18	16	23	17	12	15	25	26	15	29	23	24	21	22	19	20	20	24	25	16	19	23	23	20	15	27	20	16	15	24
1	19	17	15	21	14	17	29	21	29	27	31	13	18	18	17	30	13	18	24	19	15	18	25	23	20	21	18	24	22	18
2	20	25	27	10	26	20	10	16	24	18	19	17	27	20	24	15	13	28	23	20	20	12	25	20	26	26	21	17	24	25
3	20	26	23	21	16	20	18	20	17	19	17	14	23	21	25	17	24	24	17	16	17	29	24	23	20	26	25	13	24	17
4	27	17	17	19	13	26	23	19	27	22	24	24	23	13	18	28	26	20	16	23	24	25	17	13	17	23	27	20	24	12
5	30	24	15	20	25	15	21	18	23	21	23	15	28	19	21	26	23	14	21	19	17	24	20	19	12	22	17	11	20	23
6	15	21	23	19	25	17	29	22	16	24	21	25	15	16	17	22	15	16	22	24	16	26	22	21	24	14	16	22	21	26
7	31	24	20	22	14	26	23	20	21	13	20	25	26	16	20	16	20	31	21	24	13	13	15	19	20	24	26	22	23	19
8	26	25	16	18	20	29	22	25	15	19	12	21	20	21	19	20	18	26	24	26	18	22	24	22	21	20	22	21	15	20
9	15	20	25	11	23	15	28	28	22	24	15	17	14	19	21	21	26	13	30	17	23	28	20	19	25	26	24	20	25	26
10	29	20	20	25	24	23	19	22	23	22	20	18	21	20	20	24	19	23	20	17	19	24	20	17	19	24	22	16	17	11
11	22	24	16	15	18	21	18	25	18	22	14	18	18	29	25	14	22	15	16	17	15	25	27	26	21	13	25	19	25	28
12	21	13	26	16	22	26	15	19	21	18	15	17	22	21	25	29	21	19	21	19	25	18	19	23	21	18	24	20	28	18
13	17	21	28	24	22	30	31	27	22	26	14	22	25	23	23	24	17	18	23	21	22	28	14	22	25	19	19	23	25	24
14	16	23	29	26	22	30	18	25	14	21	27	18	17	26	22	22	23	28	11	21	18	18	28	19	28	21	14	27	21	28
15	23	12	25	14	22	16	22	22	25	26	23	27	23	20	17	16	25	17	17	22	20	10	14	15	14	18	24	25	16	27
16	20	23	26	26	25	26	22	22	16	22	26	19	24	31	24	22	18	13	16	23	21	22	17	21	19	16	14	13	23	21
17	17	16	27	20	18	19	17	25	23	27	28	21	25	26	15	14	24	23	18	17	18	15	18	24	25	23	21	26	22	20
18	22	9	18	18	23	21	27	22	24	22	23	25	15	23	17	12	25	24	21	25	21	21	30	21	27	22	19	15	22	26
19	14	30	25	23	18	22	17	23	27	22	16	14	17	23	10	19	21	21	23	18	21	24	23	16	24	21	28	25	21	26
20	14	26	23	21	19	20	21	21	22	19	23	24	22	18	20	24	18	12	25	23	17	21	21	14	18	24	27	26	24	21
21	21	15	24	17	22	23	16	20	23	21	24	24	26	25	20	27	24	16	24	22	27	22	17	18	23	13	20	24	17	25
22	15	20	12	13	18	22	14	22	25	24	27	13	20	24	22	19	22	22	25	20	22	22	13	17	26	21	15	21	19	15
23	21	24	15	23	15	19	25	23	27	23	24	18	26	24	27	18	11	19	25	17	23	19	27	20	21	27	19	31	20	17
24	19	20	25	27	20	16	16	18	16	18	26	23	19	22	24	21	25	20	22	24	16	17	25	21	20	14	25	21	28	
S 25	18	16	13	20	21	26	26	16	20	25	21	17	19	25	25	23	22	16	24	21	18	26	20	21	18	23	21	23	26	14
E 26	19	22	25	25	20	20	23	26	26	23	21	15	17	17	23	18	20	27	20	15	28	22	21	20	18	15	23	22	28	15
C 27	30	31	22	20	19	18	18	21	22	28	16	17	21	24	25	25	17	16	28	23	23	16	21	23	24	27	15	31	20	26
O 28	25	26	18	18	22	21	24	18	23	20	12	18	19	12	25	20	19	20	19	15	22	16	17	21	16	28	25	19	25	20
N 29	22	19	16	19	19	21	22	22	17	21	22	23	22	21	18	19	16	16	12	19	23	24	29	17	28	25	23	24	26	21
D 30	16	23	17	12	15	25	26	15	29	23	24	21	22	19	20	20	24	25	16	19	23	23	20	15	27	20	16	15	24	18
S 31	17	15	21	14	17	29	21	29	27	31	13	18	18	17	30	13	18	24	19	15	18	25	23	20	21	18	24	22	18	21
32	25	27	10	26	20	10	16	24	18	19	17	27	20	24	15	13	28	23	20	20	12	25	20	26	26	21	17	24	25	23
33	26	23	21	16	20	18	20	17	19	17	14	23	21	25	17	24	24	17	16	17	29	24	23	20	26	25	13	24	17	23
34	17	17	19	13	26	23	19	27	22	24	24	23	13	18	28	26	20	16	23	24	25	17	13	17	23	27	20	24	12	26
35	24	15	20	25	15	21	18	23	21	23	15	28	19	21	26	23	14	21	19	17	24	20	19	12	22	17	11	20	23	19
36	21	23	19	25	17	29	22	16	24	21	25	15	16	17	22	15	16	22	24	16	26	22	21	24	14	16	22	21	26	29
37	24	20	22	14	26	23	20	21	13	20	25	26	16	20	16	20	31	21	24	13	13	15	19	20	24	26	22	23	19	24
38	25	16	18	20	29	22	25	15	19	12	21	20	21	19	20	18	26	24	26	18	22	24	22	21	20	22	21	15	20	19
39	20	25	11	23	15	28	28	22	24	15	17	14	19	21	21	26	13	30	17	23	28	20	19	25	26	24	20	25	26	25
40	20	20	25	24	23	19	22	23	22	20	18	21	20	20	24	19	23	20	17	19	24	20	17	19	24	22	16	17	11	19
41	24	16	15	18	21	18	25	18	22	14	18	18	29	25	14	22	15	16	17	15	25	27	26	21	13	25	19	25	28	25
42	13	26	16	22	26	15	19	21	18	15	17	22	21	25	29	21	19	21	19	25	18	19	23	21	18	24	20	28	18	19
43	21	28	24	22	30	31	27	22	26	14	22	25	23	23	24	17	18	23	21	22	28	14	22	25	19	19	23	25	24	18
44	23	29	26	22	30	18	25	14	21	27	18	17	26	22	22	23	28	11	21	18	18	28	19	28	21	14	27	21	28	18
45	12	25	14	22	16	22	22	25	26	23	27	23	20	17	16	25	17	17	22	20	10	14	15	14	18	24	25	16	27	22
46	23	26	26	25	26	22	22	16	22	26	19	24	31	24	22	18	13	16	23	21	22	17	21	19	16	14	13	23	21	28
47	16	27	20	18	19	17	25	23	27	28	21	25	26	15	14	24	23	18	17	18	15	18	24	25	23	21	26	22	20	23
48	9	18	18	23	21	27	22	24	22	23	25	15	23	17	12	25	24	21	25	21	21	30	21	27	22	19	15	22	26	21
49	30	25	23	18	22	17	23	27	22	16	14	17	23	10	19	21	21	23	18	21	24	23	16	24	21	28	25	21	26	19
50	26	23	21	19	20	21	21	22	19	23	24	22	18	20	24	18	12	25	23	17	21	21	14	18	24	27	26	24	21	21
51	15	24	17	22	23	16	20	23	21	24	24	26	25	20	27	24	16	24	22	27	22	17	18	23	13	20	24	17	25	26
52	20	12	13	18	22	14	22	25	24	27	13	20	24	22	19	22	22	25	20	22	22	13	17	26	21	15	21	19	15	22
53	24	15	23	15	19	25	23	27	23	24	18	26	24	27	18	11	19	25	17	23	19	27	20	21	27	19	31	20	17	21
54	20	25	27	20	16	16	18	16	18	26	26	23	19	22	24	21	25	20	22	24	16	17	25	21	20	14	25	21	28	31
55	16	13	20	21	26	26	16	20	25	21	17	19	25	25	23	22	16	24	21	18	26	20	21	18	23	21	23	26	14	25
56	22	25	25	20	20	23	26	26	23	21	15	17	17	23	18	20	27	20	15	28	22	21	20	18	15	23	22	28	15	18
57	31	22	20	19	18	18	21	22	28	16	17	21	24	25	25	17	16	28	23	23	16	21	23	24	27	15	31	20	26	23
58	26	18	18	22	21	24	18	23	20	12	18	19	12	25	20	19	20	19	15	22	16	17	21	16	28	25	19	25	20	26
59	19	16	19	19	21	22	22	17	21	22	23	22	21	18	19	16	16	12	19	23	24	29	17	28	25	23	24	26	21	21

39

8-Sided Dice (0 – 7)

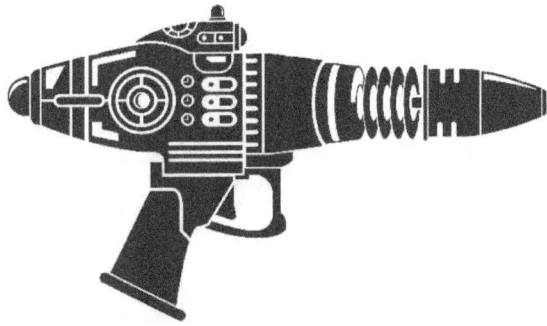

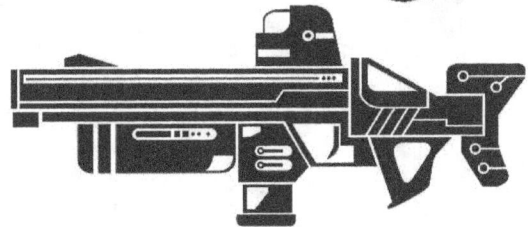

1D8

Minutes

The letters "SECONDS" appear vertically in the left margin beside rows 25–31 (S E C O N D S).

Sec	0	1	2	3	4	5	6	7	8	9	10	11	12	13	14	15	16	17	18	19	20	21	22	23	24	25	26	27	28	29
0	2	2	2	4	2	2	3	3	3	7	6	0	0	0	4	0	2	0	5	6	4	6	7	3	7	5	7	3	7	2
1	6	2	7	0	5	0	6	4	2	1	5	6	7	0	7	5	7	2	1	0	0	6	7	5	0	1	5	2	7	3
2	3	5	7	2	3	7	3	2	6	5	5	4	7	2	3	0	1	2	1	0	7	7	4	2	0	1	3	4	2	6
3	5	7	5	0	0	7	3	1	6	4	5	0	5	7	1	2	4	3	3	7	5	2	5	1	5	3	1	6	3	2
4	2	7	3	1	1	5	6	4	7	3	4	0	7	1	7	5	6	1	2	4	4	7	4	4	0	4	5	3	6	3
5	1	1	2	0	4	3	2	4	1	6	4	4	0	4	0	5	7	1	4	0	0	4	3	3	6	3	2	4	4	5
6	1	0	3	5	7	3	4	0	1	2	7	7	6	0	2	0	3	0	0	0	6	7	5	4	1	0	2	5	7	2
7	3	7	7	7	2	1	4	4	1	3	4	3	5	4	6	4	7	3	1	4	2	4	3	6	2	0	0	5	1	2
8	1	5	4	0	0	7	4	5	7	6	3	3	4	4	1	4	5	0	7	0	1	2	0	2	7	4	3	2	4	0
9	1	3	5	7	6	5	1	3	4	3	5	2	3	6	0	3	0	3	0	1	2	2	6	4	7	0	4	4	5	5
10	1	4	4	3	3	2	5	1	7	3	6	0	3	1	0	5	5	6	6	2	7	3	3	4	0	1	1	5	7	0
11	5	6	1	6	0	4	3	5	3	6	4	6	4	4	1	6	4	5	7	7	1	6	4	3	1	7	0	1	5	2
12	3	3	7	7	1	0	5	1	5	3	3	3	5	4	0	7	7	2	6	5	4	2	6	0	4	7	7	4	7	1
13	7	6	7	3	5	0	2	5	3	7	0	2	6	3	7	4	3	5	3	4	7	4	4	1	2	4	2	3	6	4
14	0	7	4	5	0	4	6	5	4	2	2	2	1	2	1	6	3	4	3	7	4	7	4	3	7	1	4	6	2	7
15	7	3	3	0	0	3	6	5	3	7	5	6	1	4	3	2	4	2	5	1	2	6	2	3	4	7	0	2	5	2
16	1	2	1	5	7	1	4	6	7	5	6	5	2	0	4	4	5	3	4	3	4	4	6	5	3	1	3	6	2	5
17	1	0	4	5	2	1	4	4	7	6	2	4	4	4	0	7	6	5	4	1	2	4	3	2	3	4	5	7	4	4
18	4	3	2	5	0	2	5	3	3	6	2	4	5	6	1	7	1	4	2	4	0	3	5	2	2	5	5	6	3	0
19	4	7	0	6	2	7	6	7	3	1	1	3	2	6	0	3	5	5	3	6	7	2	4	7	3	2	4	6	7	6
20	7	4	5	1	6	4	6	4	5	5	1	3	7	0	4	7	6	7	6	2	7	5	3	6	2	7	6	2	7	0
21	4	2	5	0	0	2	0	0	6	7	4	0	2	0	0	7	2	1	2	2	2	4	0	4	2	6	2	4	0	4
22	1	7	7	2	1	2	0	7	6	6	2	6	4	2	4	5	6	2	4	2	2	6	6	5	7	5	0	0	5	5
23	7	0	1	0	4	3	2	3	1	3	2	4	6	1	5	6	5	1	3	1	5	1	5	1	2	3	7	1	0	0
24	3	0	7	6	4	3	1	5	3	1	3	2	6	4	4	4	5	4	2	2	5	1	4	0	2	1	3	3	0	6
25	7	5	4	0	2	1	3	7	7	2	4	2	0	6	0	3	0	1	4	5	3	1	6	7	7	1	7	0	1	7
26	3	6	4	2	1	7	5	2	5	6	7	2	1	7	6	3	3	0	5	6	4	6	4	1	6	6	4	2	7	0
27	4	3	0	3	3	7	7	4	0	5	5	6	2	6	5	4	1	2	4	2	5	0	5	5	0	5	0	1	0	3
28	1	0	3	2	7	4	1	5	7	2	4	1	7	4	3	1	6	6	6	2	5	7	6	4	3	0	5	2	2	3
29	0	7	6	7	3	0	0	1	4	0	1	0	6	7	6	1	2	5	7	0	7	5	3	7	5	2	1	2	0	4
30	2	2	4	2	2	3	3	3	7	6	0	0	0	4	0	2	0	5	6	4	6	7	3	7	5	7	3	7	2	0
31	2	7	0	5	0	6	4	2	1	5	6	7	0	7	5	7	2	1	0	0	6	7	5	0	1	5	2	7	3	6
32	5	7	2	3	7	3	2	6	5	5	4	7	2	3	0	1	2	1	0	7	7	4	2	0	1	3	4	2	6	1
33	7	5	0	0	7	3	1	6	4	5	0	5	7	1	2	4	3	3	7	5	2	5	1	5	3	1	6	3	2	2
34	7	3	1	1	5	6	4	7	3	4	0	7	1	7	5	6	1	2	4	4	7	4	4	0	4	5	3	6	3	2
35	1	2	0	4	3	2	4	1	6	4	4	0	4	0	5	7	1	4	0	0	4	3	3	6	3	2	4	4	5	6
36	0	3	5	7	3	4	0	1	2	7	7	6	0	2	0	3	0	0	0	6	7	5	4	1	0	2	5	7	2	1
37	7	7	7	2	1	4	4	1	3	4	3	5	4	6	4	7	3	1	4	2	4	3	6	2	0	0	5	1	2	2
38	5	4	0	0	7	4	5	7	6	3	3	4	4	1	4	5	0	7	0	1	2	0	2	7	4	3	2	4	0	2
39	3	5	7	6	5	1	3	4	3	5	2	3	6	0	3	0	3	0	1	2	2	6	4	7	0	4	4	5	5	1
40	4	4	3	3	2	5	1	7	3	6	0	3	1	0	5	5	6	6	2	7	3	3	4	0	1	1	5	7	0	2
41	6	1	6	0	4	3	5	3	6	4	6	4	4	1	6	4	5	7	7	1	6	4	3	1	7	0	1	5	2	5
42	3	7	7	1	0	5	1	5	3	3	3	5	4	0	7	7	2	6	5	4	2	6	0	4	7	7	4	7	1	5
43	6	7	3	5	0	2	5	3	7	0	2	6	3	7	4	3	5	3	4	7	4	4	1	2	4	2	3	6	4	0
44	7	4	5	0	4	6	5	4	2	2	2	1	2	1	6	3	4	3	7	4	7	4	3	7	1	4	6	2	7	4
45	3	3	0	0	3	6	5	3	7	5	6	1	4	3	2	4	2	5	1	2	6	2	3	4	7	0	2	5	2	3
46	2	1	5	7	1	4	6	7	5	6	5	2	0	4	4	5	3	4	3	4	4	6	5	3	1	3	6	2	5	5
47	0	4	5	2	1	4	4	7	6	2	4	4	4	0	7	6	5	4	1	2	4	3	2	3	4	5	7	4	4	5
48	3	2	5	0	2	5	3	3	6	2	4	5	6	1	7	1	4	2	4	0	3	5	2	2	5	5	6	3	0	3
49	7	0	6	2	7	6	7	3	1	1	3	2	6	0	3	5	5	3	6	7	2	4	7	3	2	4	6	7	6	6
50	4	5	1	6	4	6	4	5	5	1	3	7	0	4	7	6	7	6	2	7	5	3	6	2	7	6	2	7	0	1
51	2	5	0	0	2	0	0	6	7	4	0	2	0	0	7	2	1	2	2	2	4	0	4	2	6	2	4	0	4	3
52	7	7	2	1	2	0	7	6	6	2	6	4	2	4	5	6	2	4	2	2	6	6	5	7	5	0	0	5	5	2
53	0	1	0	4	3	2	3	1	3	2	4	6	1	5	6	5	1	3	1	5	1	5	1	2	3	7	1	0	0	3
54	0	7	6	4	3	1	5	3	1	3	2	6	4	4	4	5	4	2	2	5	1	4	0	2	1	3	3	0	6	3
55	5	4	0	2	1	3	7	7	2	4	2	0	6	0	3	0	1	4	5	3	1	6	7	7	1	7	0	1	7	1
56	6	4	2	1	7	5	2	5	6	7	2	1	7	6	3	3	0	5	6	4	6	4	1	6	6	4	2	7	0	0
57	3	0	3	3	7	7	4	0	5	5	6	2	6	5	4	1	2	4	2	5	0	5	5	0	5	0	1	0	3	2
58	0	3	2	7	4	1	5	7	2	4	1	7	4	3	1	6	6	6	2	5	7	6	4	3	0	5	2	2	3	5
59	7	6	7	3	0	0	1	4	0	1	0	6	7	6	1	2	5	7	0	7	5	3	7	5	2	1	2	0	4	0

| | Minutes |||||||||||||||||||||||||||||| |
	30	31	32	33	34	35	36	37	38	39	40	41	42	43	44	45	46	47	48	49	50	51	52	53	54	55	56	57	58	59
0	0	1	7	6	4	5	5	7	0	7	2	2	2	7	7	3	3	4	5	6	7	4	3	6	7	6	1	5	1	5
1	6	7	4	4	3	6	4	7	2	3	2	3	6	0	3	7	3	6	2	4	7	7	5	0	0	2	5	7	4	1
2	1	5	6	6	3	0	2	2	6	6	2	4	6	6	5	6	3	3	4	7	6	7	6	7	7	6	6	3	7	3
3	2	5	6	1	1	0	0	0	1	6	0	6	2	6	5	1	5	2	1	7	0	3	6	4	0	0	5	2	7	6
4	2	7	0	1	3	5	0	7	6	4	5	7	4	0	6	5	0	7	1	6	7	6	7	4	0	6	1	2	5	3
5	6	0	4	0	4	6	6	7	3	3	3	3	4	0	7	1	4	0	1	3	2	4	3	1	1	4	1	3	1	5
6	1	5	1	0	4	5	0	2	5	6	0	0	1	2	0	6	2	4	2	2	0	6	7	7	2	7	3	5	0	4
7	2	2	5	5	2	6	7	1	2	7	0	4	1	7	1	5	1	6	7	3	3	7	1	4	1	2	5	1	1	0
8	2	2	4	1	0	4	6	4	1	4	7	2	7	7	6	2	7	3	1	5	7	0	7	4	0	6	6	2	5	5
9	1	3	3	7	5	0	0	4	5	1	3	1	4	6	4	2	2	5	2	7	2	4	3	1	0	0	1	7	6	7
10	2	7	0	2	3	6	0	1	1	0	5	0	6	5	3	1	3	5	7	0	6	1	4	5	5	3	0	2	6	2
11	5	2	4	7	1	6	4	0	2	1	4	0	0	0	7	4	4	2	1	2	5	4	2	5	0	0	0	7	5	1
12	5	4	4	3	0	4	3	7	5	0	5	4	1	3	4	0	2	2	5	7	7	7	5	0	3	6	5	7	4	7
13	0	3	6	7	2	6	2	3	0	1	2	1	7	3	2	5	6	4	4	6	5	7	1	3	4	0	7	7	3	0
14	4	4	0	3	1	4	3	5	0	6	3	4	7	2	3	5	7	4	0	5	4	2	1	1	2	4	7	1	1	2
15	3	5	2	5	1	4	6	6	5	4	0	0	0	7	5	3	1	0	5	2	0	7	1	1	6	7	2	4	6	1
16	5	3	3	1	3	0	0	2	6	0	3	2	4	4	3	0	5	5	4	1	1	1	7	3	6	4	4	1	0	1
17	5	2	0	2	4	7	1	0	1	1	7	1	7	7	1	2	0	4	6	5	2	3	6	6	5	6	1	2	6	5
18	3	0	6	3	7	5	2	2	5	4	2	5	5	5	6	6	3	4	6	7	6	1	6	1	4	5	2	3	6	0
19	6	3	7	1	1	2	7	5	2	0	1	7	4	1	5	2	3	0	3	1	2	7	5	3	7	1	1	1	3	2
20	1	7	7	5	7	1	2	7	6	4	1	6	3	3	0	2	0	4	2	6	6	0	4	2	4	5	2	3	5	1
21	3	3	6	0	6	1	7	4	1	2	4	3	4	3	3	6	2	2	3	5	2	4	4	1	1	4	0	4	7	3
22	2	4	7	6	5	0	4	4	6	0	0	7	7	7	7	3	2	2	4	3	4	6	4	6	0	2	5	6	5	6
23	3	4	6	7	1	1	7	3	1	6	2	1	1	3	5	1	6	3	3	2	0	0	5	1	4	4	4	7	0	7
24	3	5	0	1	5	4	1	3	0	0	3	5	2	3	2	4	7	2	0	6	1	7	0	6	4	1	4	6	5	4
25	1	6	1	3	1	0	4	5	6	4	7	0	0	2	0	4	3	3	4	2	1	6	1	4	1	6	3	3	7	0
26	0	6	2	2	5	6	0	3	5	2	6	6	7	3	6	3	6	3	3	0	0	4	3	2	7	5	4	3	4	7
27	2	5	7	7	6	0	3	5	2	0	2	3	5	5	2	1	0	5	3	1	1	1	2	0	6	6	3	4	5	2
28	5	5	5	4	1	1	4	7	4	4	6	0	1	6	6	4	4	0	1	7	1	3	2	1	7	0	1	1	1	1
29	0	4	5	0	5	0	5	7	0	1	1	1	1	4	6	2	4	4	4	5	1	3	0	3	1	5	4	3	3	4
30	1	7	6	4	5	5	7	0	7	2	2	2	7	7	3	3	4	5	6	7	4	3	6	7	6	1	5	1	5	5
31	7	4	4	3	6	4	7	2	3	2	3	6	0	3	7	3	6	2	4	7	7	5	0	0	2	5	7	4	1	2
32	5	6	6	3	0	2	2	6	6	2	4	6	6	5	6	3	3	4	7	6	7	6	7	7	6	6	3	7	3	4
33	5	6	1	1	0	0	0	1	6	0	6	2	6	5	1	5	2	1	7	0	3	6	4	0	0	5	2	7	6	5
34	7	0	1	3	5	0	7	6	4	5	7	4	0	6	5	0	7	1	6	7	6	7	4	0	6	1	2	5	3	0
35	0	4	0	4	6	6	7	3	3	3	3	4	0	7	1	4	0	1	3	2	4	3	1	1	4	1	3	1	5	2
36	5	1	0	4	5	0	2	5	6	0	0	1	2	0	6	2	4	2	2	0	6	7	7	2	7	3	5	0	4	6
37	2	5	5	2	6	7	1	2	7	0	4	1	7	1	5	1	6	7	3	3	7	1	4	1	2	5	1	1	0	5
38	2	4	1	0	4	6	4	1	4	7	2	7	7	6	2	7	3	1	5	7	0	7	4	0	6	6	2	5	5	4
39	3	3	7	5	0	0	4	5	1	3	1	4	6	4	2	2	5	2	7	2	4	3	1	0	0	1	7	6	7	1
40	7	0	2	3	6	0	1	1	0	5	0	6	5	3	1	3	5	7	0	6	1	4	5	5	3	0	2	6	2	7
41	2	4	7	1	6	4	0	2	1	4	0	0	0	7	4	4	2	1	2	5	4	2	5	0	0	0	7	5	1	4
42	4	4	3	0	4	3	7	5	0	5	4	1	3	4	0	2	2	5	7	7	7	5	0	3	6	5	7	4	7	7
43	3	6	7	2	6	2	3	0	1	2	1	7	3	2	5	6	4	4	6	5	7	1	3	4	0	7	7	3	0	0
44	4	0	3	1	4	3	5	0	6	3	4	7	2	3	5	7	4	0	5	4	2	1	1	2	4	7	1	1	2	1
45	5	2	5	1	4	6	6	5	4	0	0	0	7	5	3	1	0	5	2	0	7	1	1	6	7	2	4	6	1	3
46	3	3	1	3	0	0	2	6	0	3	2	4	4	3	0	5	5	4	1	1	1	7	3	6	4	4	1	0	1	7
47	2	0	2	4	7	1	0	1	1	7	1	7	7	1	2	0	4	6	5	2	3	6	6	5	6	1	2	6	5	4
48	0	6	3	7	5	2	2	5	4	2	5	5	5	6	6	3	4	6	7	6	1	6	1	4	5	2	3	6	0	7
49	3	7	1	1	2	7	5	2	0	1	7	4	1	5	2	3	0	3	1	2	7	5	3	7	1	1	1	3	2	4
50	7	7	5	7	1	2	7	6	4	1	6	3	3	0	2	0	4	2	6	6	0	4	2	4	5	2	3	5	1	4
51	3	6	0	6	1	7	4	1	2	4	3	4	3	3	6	2	2	3	5	2	4	4	1	1	4	0	4	7	3	7
52	4	7	6	5	0	4	4	6	0	0	7	7	7	7	3	2	2	4	3	4	6	4	6	0	2	5	6	5	6	3
53	4	6	7	1	1	7	3	1	6	2	1	1	3	5	1	6	3	3	2	0	0	5	1	4	4	4	7	0	7	5
54	5	0	1	5	4	1	3	0	0	3	5	2	3	2	4	7	2	0	6	1	7	0	6	4	1	4	6	5	4	6
55	6	1	3	1	0	4	5	6	4	7	0	0	2	0	4	3	3	4	2	1	6	1	4	1	6	3	3	7	0	0
56	6	2	2	5	6	0	3	5	2	6	6	7	3	6	3	6	3	3	0	0	4	3	2	7	5	4	3	4	7	4
57	5	7	7	6	0	3	5	2	0	2	3	5	5	2	1	0	5	3	1	1	1	2	0	6	6	3	4	5	2	4
58	5	5	4	1	1	4	7	4	4	6	0	1	6	6	4	4	0	1	7	1	3	2	1	7	0	1	1	1	1	3
59	4	5	0	5	0	5	7	0	1	1	1	1	4	6	2	4	4	4	5	1	3	0	3	1	5	4	3	3	4	1

(S E C O N D S — vertical label along left margin at rows 25–31)

2D8

Minutes

	0	1	2	3	4	5	6	7	8	9	10	11	12	13	14	15	16	17	18	19	20	21	22	23	24	25	26	27	28	29
0	8	8	6	6	7	12	2	2	1	6	7	2	7	5	13	14	11	8	9	10	9	6	5	8	5	10	7	6	5	8
1	11	9	5	11	3	12	2	3	9	8	7	11	8	2	4	8	5	8	9	3	1	7	8	11	7	12	8	6	4	4
2	2	5	4	6	6	7	5	5	9	12	6	10	13	7	4	1	7	4	6	7	2	7	4	8	6	5	3	8	9	6
3	6	12	8	13	1	8	8	7	6	3	12	13	6	4	9	5	3	8	9	5	10	6	12	3	5	11	10	14	9	5
4	11	12	9	6	10	2	5	8	6	11	7	12	10	11	2	7	8	11	9	7	13	6	14	6	6	10	13	9	4	10
5	3	2	2	4	3	8	4	2	11	8	11	7	12	11	7	7	3	8	5	10	5	4	2	5	14	4	2	8	10	7
6	8	3	8	12	8	5	7	8	9	7	4	4	12	10	7	13	2	8	3	2	10	6	6	3	2	5	8	11	9	5
7	8	7	8	8	2	2	9	12	12	7	3	8	6	8	10	7	7	4	6	4	11	11	9	7	4	7	10	12	10	10
8	7	11	9	1	9	12	6	2	7	8	9	1	4	4	3	13	12	7	7	10	6	8	9	6	3	10	5	1	4	12
9	5	9	10	4	8	9	10	5	8	6	6	7	3	4	11	10	10	9	6	5	8	7	7	7	6	5	13	8	7	12
10	13	9	9	7	7	6	3	8	6	7	13	8	2	7	4	12	13	13	9	7	10	9	12	7	6	7	12	4	3	5
11	2	6	9	6	1	6	6	8	1	8	4	6	7	1	7	5	9	0	3	9	8	4	3	3	5	6	10	3	7	10
12	5	2	9	7	9	6	7	2	7	12	12	0	9	12	2	7	12	1	5	11	6	6	4	3	5	13	3	10	5	6
13	7	8	11	4	14	5	9	5	7	7	5	11	6	10	5	6	5	14	1	8	8	1	8	10	7	5	6	6	11	6
14	10	10	9	2	3	10	4	10	3	12	4	6	5	6	7	5	3	10	5	5	0	4	6	8	5	10	10	10	9	6
15	8	8	3	1	7	3	6	4	2	1	8	12	5	7	2	11	4	5	5	2	10	7	7	5	11	7	13	3	13	11
16	12	13	7	12	5	9	3	2	12	4	13	3	7	11	7	7	6	1	7	14	6	4	9	6	10	4	7	14	4	3
17	5	13	5	5	7	4	0	7	12	11	7	3	12	11	1	8	4	9	7	9	10	8	13	8	10	10	8	7	11	11
18	5	3	4	1	6	8	8	1	13	6	7	8	10	8	6	11	6	6	10	11	6	8	9	4	1	3	6	8	6	3
19	8	10	6	6	4	2	4	2	8	10	6	9	3	6	7	1	7	6	2	10	8	10	6	5	11	7	8	3	9	4
20	7	10	9	9	9	4	8	5	8	9	5	13	7	3	5	9	9	9	4	7	7	3	12	7	4	5	7	8	4	10
21	6	1	12	10	6	4	10	8	14	10	8	1	7	12	9	4	8	4	11	10	8	11	8	12	7	6	7	1	3	11
22	10	2	12	2	5	5	7	7	3	14	12	2	6	1	4	7	8	9	8	2	7	7	1	5	2	10	11	10	3	8
23	10	5	7	14	12	3	5	4	2	8	10	5	10	11	7	3	8	1	7	11	6	1	12	3	7	5	0	5	9	4
24	8	11	10	8	4	5	12	5	3	10	9	8	13	3	8	11	5	4	0	7	7	8	11	6	1	8	2	6	8	10
S 25	9	10	2	5	6	14	13	12	0	10	10	6	14	0	7	11	8	12	9	5	10	5	5	10	6	10	9	2	4	10
E 26	10	10	7	7	10	7	12	7	6	9	2	5	1	4	10	6	12	2	4	8	7	7	2	9	5	6	3	10	7	0
C 27	5	6	11	13	3	13	6	5	6	6	7	9	12	7	10	8	10	5	5	7	0	6	8	9	10	4	9	1	8	3
O 28	12	4	6	7	7	4	10	0	10	12	11	6	5	4	7	6	2	7	2	3	5	13	8	7	4	7	6	5	4	13
N 29	11	5	8	2	8	7	10	8	13	8	0	4	10	8	11	6	9	10	6	1	14	6	11	5	10	2	8	1	7	1
D 30	8	6	6	7	12	2	2	1	6	7	2	7	5	13	14	11	8	9	10	9	6	5	8	5	10	7	6	5	8	7
S 31	9	5	11	3	12	2	3	9	8	7	11	8	2	4	8	5	8	9	3	1	7	8	11	7	12	8	6	4	4	4
32	5	4	6	6	7	5	5	9	12	6	10	13	7	4	1	7	4	6	7	2	7	4	8	6	5	3	8	9	6	4
33	12	8	13	1	8	8	7	6	3	12	13	6	4	9	5	3	8	9	5	10	6	12	3	5	11	10	14	9	5	7
34	12	9	6	10	2	5	8	6	11	7	12	10	11	2	7	8	11	9	7	13	6	14	6	6	10	13	9	4	10	10
35	2	2	4	3	8	4	2	11	8	11	7	12	11	7	7	3	8	5	10	5	4	2	5	14	4	2	8	10	7	5
36	3	8	12	8	5	7	8	9	7	4	4	12	10	7	13	2	8	3	2	10	6	6	3	2	5	8	11	9	5	7
37	7	8	8	2	2	9	12	12	7	3	8	6	8	10	7	7	4	6	4	11	11	9	7	4	7	10	12	10	10	3
38	11	9	1	9	12	6	2	7	8	9	1	4	4	3	13	12	7	7	10	6	8	9	6	3	10	5	1	4	12	9
39	9	10	4	8	9	10	5	8	6	6	7	3	4	11	10	10	9	6	5	8	7	7	7	6	5	13	8	7	12	12
40	9	9	7	7	6	3	8	6	7	13	8	2	7	4	12	13	13	9	7	10	9	12	7	6	7	12	4	3	5	2
41	6	9	6	1	6	6	8	1	8	4	6	7	1	7	5	9	0	3	9	8	4	3	3	5	6	10	3	7	10	2
42	2	9	7	9	6	7	2	7	12	12	0	9	12	2	7	12	1	5	11	6	6	4	3	5	13	3	10	5	6	6
43	8	11	4	14	5	9	5	7	7	5	11	6	10	5	6	5	14	1	8	8	1	8	10	7	5	6	6	11	6	7
44	10	9	2	3	10	4	10	3	12	4	6	5	6	7	5	3	10	5	5	0	4	6	8	5	10	10	10	9	6	11
45	8	3	1	7	3	6	4	2	1	8	12	5	7	2	11	4	5	5	2	10	7	7	5	11	7	13	3	13	11	3
46	13	7	12	5	9	3	2	12	4	13	3	7	11	7	7	6	1	7	14	6	4	9	6	10	4	7	14	4	3	13
47	13	5	5	7	4	0	7	12	11	7	3	12	11	1	8	4	9	7	9	10	8	13	8	10	10	8	7	11	11	4
48	3	4	1	6	8	8	1	13	6	7	8	10	8	6	11	6	6	10	11	6	8	9	4	1	3	6	8	6	3	0
49	10	6	6	4	2	4	2	8	10	6	9	3	6	7	1	7	6	2	10	8	10	6	5	11	7	8	3	9	4	8
50	10	9	9	9	4	8	5	8	9	5	13	7	3	5	9	9	9	4	7	7	3	12	7	4	5	7	8	4	10	8
51	1	12	10	6	4	10	8	14	10	8	1	7	12	9	4	8	4	11	10	8	11	8	12	7	6	7	1	3	11	6
52	2	12	2	5	5	7	7	3	14	12	2	6	1	4	7	8	9	8	2	7	7	1	5	2	10	11	10	3	8	13
53	5	7	14	12	3	5	4	2	8	10	5	10	11	7	3	8	1	7	11	6	1	12	3	7	5	0	5	9	4	4
54	11	10	8	4	5	12	5	3	10	9	8	13	3	8	11	5	4	0	7	7	8	11	6	1	8	2	6	8	10	9
55	10	2	5	6	14	13	12	0	10	10	6	14	0	7	11	8	12	9	5	10	5	5	10	6	10	9	2	4	10	5
56	10	7	7	10	7	12	7	6	9	2	5	1	4	10	6	12	2	4	8	7	7	2	9	5	6	3	10	7	0	13
57	6	11	13	3	13	6	5	6	6	7	9	12	7	10	8	10	5	5	7	0	6	8	9	10	4	9	1	8	3	7
58	4	6	7	7	4	10	0	10	12	11	6	5	4	7	6	2	7	2	3	5	13	8	7	4	7	6	5	4	13	3
59	5	8	2	8	7	10	8	13	8	0	4	10	8	11	6	9	10	6	1	14	6	11	5	10	2	8	1	7	1	1

Minutes

	30	31	32	33	34	35	36	37	38	39	40	41	42	43	44	45	46	47	48	49	50	51	52	53	54	55	56	57	58	59
0	7	6	6	12	11	7	8	2	6	6	11	5	8	4	6	7	9	10	1	2	7	7	9	4	7	10	7	5	9	2
1	4	10	9	8	5	6	11	13	8	11	11	10	4	13	13	7	3	5	6	12	8	6	8	12	8	2	7	8	10	10
2	4	4	12	0	12	11	10	11	8	6	4	7	8	2	1	8	10	4	10	5	7	6	3	13	2	9	6	12	7	8
3	7	8	4	3	1	4	8	10	12	10	4	4	6	12	11	2	11	8	7	6	5	8	0	5	7	9	12	12	11	5
4	10	0	4	10	3	2	6	7	6	10	1	6	14	7	2	5	3	10	6	12	10	7	8	3	2	7	8	4	7	10
5	5	2	7	7	11	11	3	4	11	9	1	3	6	12	9	7	6	6	8	10	6	0	4	11	6	9	2	6	5	6
6	7	4	12	7	10	5	13	2	10	9	5	4	5	3	6	2	9	6	3	10	4	10	8	13	4	7	11	4	3	8
7	3	4	8	11	4	4	11	12	10	11	13	3	9	8	8	1	7	11	10	8	2	10	5	7	10	8	9	11	5	8
8	9	8	6	7	6	2	3	11	1	9	7	7	10	12	11	9	12	11	12	11	6	7	4	5	2	6	14	3	7	13
9	12	6	3	9	10	0	5	6	5	11	6	10	1	7	6	8	2	10	8	5	8	9	3	9	7	11	11	12	14	5
10	2	6	7	13	1	9	8	6	5	10	4	10	8	5	6	9	7	14	9	4	7	3	7	2	9	5	5	6	9	7
11	2	2	3	7	12	7	5	13	7	9	3	14	4	12	13	7	2	6	7	8	12	8	6	7	8	3	3	3	7	12
12	6	8	0	2	9	7	3	10	10	3	7	2	8	8	7	8	8	11	4	4	7	7	7	4	5	8	7	7	8	0
13	7	10	3	7	8	9	11	2	8	6	13	6	3	9	8	3	0	1	7	8	9	13	5	3	5	2	3	0	8	8
14	11	8	4	7	8	5	6	7	5	8	0	12	4	7	2	10	7	9	4	2	6	5	11	5	2	12	13	13	6	14
15	3	3	8	12	10	11	6	13	5	6	3	12	5	10	7	14	2	2	8	7	8	7	12	9	9	3	6	12	2	6
16	13	9	8	8	3	8	6	5	5	6	10	11	12	10	7	11	5	8	8	7	0	12	7	11	11	3	6	11	9	3
17	4	12	3	8	9	5	9	7	2	7	5	7	1	12	4	7	8	6	8	4	8	7	10	6	11	8	10	12	4	8
18	0	5	8	8	9	5	7	12	3	11	8	4	9	6	6	6	13	9	5	10	4	12	2	8	13	4	3	2	5	13
19	8	11	13	6	2	4	12	7	13	9	11	10	4	14	4	11	5	10	4	4	6	2	4	10	8	6	8	11	5	4
20	8	5	11	1	9	13	12	2	4	10	6	4	12	7	9	2	7	12	4	2	10	2	8	0	12	4	2	13	11	11
21	6	6	9	5	5	8	6	9	5	10	12	5	10	7	4	8	6	10	7	9	1	7	0	6	4	10	11	1	5	9
22	13	6	11	9	6	6	12	8	3	8	8	4	5	4	2	6	8	6	3	11	14	3	7	10	11	5	3	3	11	5
23	4	5	4	5	3	1	7	10	4	12	12	6	6	7	4	5	9	13	6	7	9	5	9	9	11	12	1	12	8	5
24	9	9	13	5	5	3	3	6	6	6	2	9	5	8	7	7	9	10	4	2	12	5	14	13	6	8	4	7	10	7
25	5	13	3	7	11	5	7	1	8	5	6	2	11	14	7	12	10	3	5	5	13	9	10	0	8	9	7	11	3	4
26	13	13	7	3	7	4	6	10	7	5	8	4	7	7	5	7	8	7	12	14	10	12	12	9	8	12	2	2	9	4
27	7	6	11	0	12	12	11	10	7	8	6	8	8	6	12	7	7	4	5	9	6	6	8	7	9	9	3	1	12	5
28	3	6	7	11	14	11	11	11	5	5	9	3	4	5	6	4	7	4	13	7	4	7	4	10	4	3	5	7	5	3
29	1	3	3	11	3	6	9	9	7	7	11	13	4	7	13	4	6	12	4	7	5	12	11	9	5	13	7	7	5	0
30	6	6	12	11	7	8	2	6	6	11	5	8	4	6	7	9	10	1	2	7	7	9	4	7	10	7	5	9	2	9
31	10	9	8	5	6	11	13	8	11	11	10	4	13	13	7	3	5	6	12	8	6	8	12	8	2	7	8	10	10	6
32	4	12	0	12	11	10	11	8	6	4	7	8	2	1	8	10	4	10	5	7	6	3	13	2	9	6	12	7	8	9
33	8	4	3	1	4	8	10	12	10	4	4	6	12	11	2	11	8	7	6	5	8	0	5	7	9	12	12	11	5	9
34	0	4	10	3	2	6	7	6	10	1	6	14	7	2	5	3	10	6	12	10	7	8	3	2	7	8	4	7	10	7
35	2	7	7	11	11	3	4	11	9	1	3	6	12	9	7	6	6	8	10	6	0	4	11	6	9	2	6	5	6	9
36	4	12	7	10	5	13	2	10	9	5	4	5	3	6	2	9	6	3	10	4	10	8	13	4	7	11	4	3	8	11
37	4	8	11	4	4	11	12	10	11	13	3	9	8	8	1	7	11	10	8	2	10	5	7	10	8	9	11	5	8	5
38	8	6	7	6	2	3	11	1	9	7	7	10	12	11	9	12	11	12	11	6	7	4	5	2	6	14	3	7	13	6
39	6	3	9	10	0	5	6	5	11	6	10	1	7	6	8	2	10	8	5	8	9	3	9	7	11	11	12	14	5	1
40	6	7	13	1	9	8	6	5	10	4	10	8	5	6	9	7	14	9	4	7	3	7	2	9	5	5	6	9	7	9
41	2	3	7	12	7	5	13	7	9	3	14	4	12	13	7	2	6	7	8	12	8	6	7	8	3	3	3	7	12	7
42	8	0	2	9	7	3	10	10	3	7	2	8	8	7	8	8	11	4	4	7	7	7	4	5	8	7	7	8	0	6
43	10	3	7	8	9	11	2	8	6	13	6	3	9	8	3	0	1	7	8	9	13	5	3	5	2	3	0	8	8	9
44	8	4	7	8	5	6	7	5	8	0	12	4	7	2	10	7	9	4	2	6	5	11	5	2	12	13	13	6	14	9
45	3	8	12	10	11	6	13	5	6	3	12	5	10	7	14	2	2	8	7	8	7	12	9	9	3	6	12	2	6	5
46	9	8	8	3	8	6	5	5	6	10	11	12	10	7	11	5	8	8	7	0	12	7	11	11	3	6	11	9	3	3
47	12	3	8	9	5	9	7	2	7	5	7	1	12	4	7	8	6	8	4	8	7	10	6	11	8	10	12	4	8	10
48	5	8	8	9	5	7	12	3	11	8	4	9	6	6	6	13	9	5	10	4	12	2	8	13	4	3	2	5	13	4
49	11	13	6	2	4	12	7	13	9	11	10	4	14	4	11	5	10	4	4	6	2	4	10	8	6	8	11	5	4	14
50	5	11	1	9	13	12	2	4	10	6	4	12	7	9	2	7	12	4	2	10	2	8	0	12	4	2	13	11	11	0
51	6	9	5	5	8	6	9	5	10	12	5	10	7	4	8	6	10	7	9	1	7	0	6	4	10	11	1	5	9	6
52	6	11	9	6	6	12	8	3	8	8	4	5	4	2	6	8	6	3	11	14	3	7	10	11	5	3	3	11	5	10
53	5	4	5	3	1	7	10	4	12	12	6	6	7	4	5	9	13	6	7	9	5	9	9	11	12	1	12	8	5	12
54	9	13	5	5	3	3	6	6	6	2	9	5	8	7	7	9	10	4	2	12	5	14	13	6	8	4	7	10	7	10
55	13	3	7	11	5	7	1	8	5	6	2	11	14	7	12	10	3	5	5	13	9	10	0	8	9	7	11	3	4	6
56	13	7	3	7	4	6	10	7	5	8	4	7	7	5	7	8	7	12	14	10	12	12	9	8	12	2	2	9	4	5
57		6	11	0	12	12	11	10	7	8	6	8	8	6	12	7	7	4	5	9	6	6	8	7	9	9	3	1	12	5
58	6	7	11	14	11	11	11	5	5	9	3	4	5	6	4	7	4	13	7	4	7	4	10	4	3	5	7	5	3	8
59	3	3	11	3	6	9	9	7	7	11	13	4	7	13	4	6	12	4	7	5	12	11	9	5	13	7	7	5	0	4

3D8

Minutes

	0	1	2	3	4	5	6	7	8	9	10	11	12	13	14	15	16	17	18	19	20	21	22	23	24	25	26	27	28	29
0	11	8	14	19	9	18	14	10	16	9	15	7	15	10	13	13	12	8	5	9	12	6	9	6	9	8	12	0	13	8
1	8	6	15	11	9	10	10	4	12	2	7	12	5	17	16	15	10	8	7	13	9	5	11	9	11	9	15	13	12	7
2	8	18	12	17	15	8	13	16	3	10	17	5	9	16	18	9	18	11	15	12	9	5	16	17	10	14	13	9	12	13
3	4	13	10	11	20	10	6	14	18	15	16	12	11	13	8	14	16	19	15	12	10	10	16	12	15	16	14	13	8	6
4	11	12	13	10	11	13	13	17	15	9	16	4	16	9	8	11	9	11	17	8	8	9	15	11	14	14	16	17	17	14
5	12	8	15	18	9	16	10	13	20	14	13	13	13	19	15	16	12	13	4	4	14	6	10	2	8	4	14	7	9	15
6	12	15	19	9	10	3	4	12	9	16	10	8	8	16	11	13	14	9	10	7	5	7	19	17	10	6	11	18	7	10
7	17	13	12	11	9	8	13	13	13	8	11	3	18	6	7	10	9	18	8	8	8	8	12	13	6	6	14	14	9	14
8	17	9	8	14	12	7	8	9	5	13	3	11	6	11	15	12	14	13	17	12	10	15	4	19	15	7	13	9	13	13
9	11	15	10	14	3	15	11	10	6	15	10	12	3	6	10	15	10	7	7	12	15	16	11	8	13	12	19	5	8	7
10	12	14	9	8	13	15	5	17	11	7	10	15	12	11	12	6	11	11	5	17	15	18	9	5	11	5	8	4	12	10
11	4	16	7	14	15	11	5	13	14	14	6	6	10	9	20	7	20	11	16	15	12	12	17	15	6	11	11	4	12	11
12	10	17	10	11	11	12	2	15	15	16	11	11	8	6	8	12	11	9	8	14	9	7	19	6	12	5	8	15	4	
13	8	15	11	3	12	9	16	14	8	16	10	5	10	9	7	10	12	12	5	19	7	13	11	12	6	8	13	10	7	5
14	4	14	4	11	14	17	16	11	7	6	13	11	14	6	13	9	6	18	6	10	14	5	15	6	12	15	11	12	10	13
15	8	18	12	8	12	14	9	7	8	9	15	14	2	9	9	4	5	4	9	9	12	12	14	5	4	10	9	13	7	11
16	17	9	12	13	15	8	13	13	4	13	9	9	4	9	15	16	7	6	18	8	12	5	5	8	13	15	14	12	9	6
17	10	7	8	10	9	15	12	7	13	13	13	4	12	11	10	4	10	6	10	11	17	9	7	12	11	8	11	14	15	12
18	10	7	10	13	3	6	5	6	10	12	0	17	13	13	10	4	10	8	13	13	6	16	16	12	14	14	11	10	5	10
19	13	6	7	9	7	9	14	11	16	9	5	15	11	6	8	7	14	11	5	12	16	12	2	12	10	8	9	9	14	7
20	16	10	14	7	19	6	14	7	8	15	11	7	12	15	11	15	18	11	17	14	6	4	6	9	13	7	5	8	8	9
21	3	7	17	10	4	14	6	7	16	11	12	20	16	7	12	18	5	13	10	16	9	14	10	15	7	6	17	4	9	7
22	11	14	12	11	12	16	9	18	3	15	14	11	7	7	7	5	7	3	8	8	17	15	11	9	13	13	11	6	9	19
23	3	8	9	11	11	12	11	8	10	18	19	8	5	3	8	5	18	13	2	5	16	7	8	12	7	15	10	14	10	13
24	11	7	11	10	7	12	5	13	16	8	6	12	14	6	9	13	13	17	17	12	7	13	7	9	16	11	13	11	13	16
25	12	9	5	5	9	15	5	8	0	9	7	12	11	9	13	7	16	13	7	12	7	12	17	12	5	10	9	13	14	9
26	19	10	11	13	7	18	5	8	16	6	11	10	12	18	15	6	12	13	12	11	14	9	17	6	12	10	11	7	10	8
27	7	10	13	16	14	13	8	7	14	3	11	11	8	7	9	15	10	13	8	19	13	12	12	12	10	12	17	12	7	13
28	14	15	13	10	13	10	17	13	15	9	13	9	13	11	8	8	16	13	6	11	14	15	8	4	14	16	19	10	7	9
29	11	13	11	14	4	1	13	10	12	10	4	9	5	6	19	16	8	4	9	15	16	5	8	13	6	7	15	9	5	9
30	8	14	19	9	18	14	10	16	9	15	7	15	10	13	13	12	8	5	9	12	6	9	6	9	8	12	0	13	8	14
31	6	15	11	9	10	10	4	12	2	7	12	5	17	16	15	10	8	7	13	9	5	11	9	11	9	15	13	12	7	5
32	18	12	17	15	8	13	16	3	10	17	5	9	16	18	9	18	11	15	12	9	5	16	17	10	14	13	9	12	13	21
33	13	10	11	20	10	6	14	18	15	16	12	11	13	8	14	16	19	15	12	10	10	16	12	15	16	14	13	8	6	9
34	12	13	10	11	13	13	17	15	9	16	4	16	9	8	11	9	11	17	8	8	9	15	11	14	14	16	17	17	14	11
35	8	15	18	9	16	10	13	20	14	13	13	13	19	15	16	12	13	4	4	14	6	10	2	8	4	14	7	9	15	10
36	15	19	9	10	3	4	12	9	16	10	8	8	16	11	13	14	9	10	7	5	7	19	17	10	6	11	18	7	10	10
37	13	12	11	9	8	13	13	13	8	11	3	18	6	7	10	9	18	8	8	8	8	12	13	6	6	14	14	9	14	11
38	9	8	14	12	7	8	9	5	13	3	11	6	11	15	12	14	13	17	12	10	15	4	19	15	7	13	9	13	13	12
39	15	10	14	3	15	11	10	6	15	10	12	3	6	10	15	10	7	7	12	15	16	11	8	13	12	19	5	8	7	11
40	14	9	8	13	15	5	17	11	7	10	15	12	11	12	6	11	11	5	17	15	18	9	5	11	5	8	4	12	10	18
41	16	7	14	15	11	5	13	14	14	6	6	10	9	20	7	20	11	16	15	12	12	17	15	6	11	11	4	12	11	14
42	17	10	11	11	12	2	15	15	16	11	11	8	6	8	8	12	11	9	8	14	9	7	19	6	12	5	8	15	4	13
43	15	11	3	12	9	16	14	8	16	10	5	10	9	7	10	12	12	5	19	7	13	11	12	6	8	13	10	7	5	12
44	14	4	11	14	17	16	11	7	6	13	11	14	6	13	9	6	18	6	10	14	5	15	6	12	15	11	12	10	13	11
45	18	12	8	12	14	9	7	8	9	15	14	2	9	9	4	5	4	9	9	12	12	14	5	4	10	9	13	7	11	15
46	9	12	13	15	8	13	13	4	13	9	9	4	9	15	16	7	6	18	8	12	5	5	8	13	15	14	12	9	6	3
47	7	8	10	9	15	12	7	13	13	13	4	12	11	10	4	10	6	10	11	17	9	7	12	11	8	11	14	15	12	11
48	7	10	13	3	6	5	6	10	12	0	17	13	13	10	4	10	8	13	13	6	16	16	12	14	14	11	10	5	10	8
49	6	7	9	7	9	14	11	16	9	5	15	11	6	8	7	14	11	5	12	16	12	2	12	10	8	9	9	14	7	11
50	10	14	7	19	6	14	7	8	15	11	7	12	15	11	15	18	11	17	14	6	4	6	9	13	7	5	8	8	9	10
51	7	17	10	4	14	6	7	16	11	12	20	16	7	12	18	5	13	10	16	9	14	10	15	7	6	17	4	9	7	11
52	14	12	11	12	16	9	18	3	15	14	11	7	7	7	5	7	3	8	8	17	15	11	9	13	13	11	6	9	19	7
53	8	9	11	11	12	11	8	10	18	19	8	5	3	8	5	18	13	2	5	16	7	8	12	7	15	10	14	10	13	9
54	7	11	10	7	12	5	13	16	8	6	12	14	6	9	13	13	17	12	7	13	7	9	16	11	13	11	13	16	9	
55	9	5	5	9	15	5	8	0	9	7	12	11	9	13	7	16	13	7	12	7	12	17	12	5	10	9	13	14	9	8
56	10	11	13	7	18	5	8	16	6	11	10	12	18	15	6	12	13	12	11	14	9	17	6	12	10	11	7	10	8	10
57	10	13	16	14	13	8	7	14	3	11	11	8	7	9	15	10	13	8	19	13	12	12	12	10	12	17	12	7	13	7
58	15	13	10	13	10	17	13	15	9	13	9	13	11	8	8	16	13	6	11	14	15	8	4	14	16	19	10	7	9	10
59	13	11	14	4	1	13	10	12	10	4	9	5	6	19	16	8	4	9	15	16	5	8	13	6	7	15	9	5	9	5

S E C O N D S

		Minutes																											
		30	31	32	33	34	35	36	37	38	39	40	41	42	43	44	45	46	47	48	49	50	51	52	53	54	55	56	57	58	59
	0	14	14	17	10	9	5	19	17	12	14	10	12	12	12	7	13	15	11	10	9	6	17	8	14	12	12	8	16	9	13
	1	**5**	**11**	**12**	**0**	**5**	**7**	**20**	**14**	**11**	**7**	**7**	**14**	**6**	**16**	**8**	**13**	**9**	**15**	**14**	**5**	**15**	**11**	**4**	**8**	**12**	**6**	**13**	**15**	**8**	**9**
	2	21	8	12	11	6	14	13	5	15	7	9	10	7	13	8	6	17	16	13	9	13	5	6	11	14	12	11	14	4	8
	3	**9**	**7**	**8**	**9**	**3**	**13**	**15**	**10**	**9**	**8**	**8**	**10**	**5**	**7**	**10**	**10**	**13**	**7**	**9**	**4**	**12**	**9**	**13**	**13**	**9**	**10**	**13**	**19**	**18**	**11**
	4	11	15	10	16	7	7	7	20	8	8	11	8	4	10	12	7	11	8	8	10	7	10	3	13	9	11	13	8	16	8
	5	**10**	**6**	**13**	**9**	**18**	**11**	**17**	**4**	**9**	**12**	**17**	**10**	**8**	**2**	**18**	**12**	**10**	**2**	**5**	**17**	**10**	**10**	**13**	**2**	**7**	**4**	**9**	**11**	**5**	**12**
	6	10	12	14	3	12	13	13	5	5	12	11	15	11	15	15	8	19	10	7	17	11	13	14	6	11	4	12	12	9	13
	7	**11**	**7**	**6**	**10**	**1**	**14**	**13**	**14**	**12**	**16**	**11**	**19**	**11**	**7**	**14**	**12**	**13**	**6**	**13**	**16**	**9**	**13**	**7**	**6**	**12**	**9**	**9**	**13**	**7**	**12**
	8	12	11	9	5	13	18	12	6	18	1	7	15	8	9	12	9	13	10	11	13	12	9	13	11	11	12	4	5	12	10
	9	**11**	**7**	**0**	**8**	**7**	**9**	**14**	**5**	**2**	**10**	**8**	**4**	**7**	**10**	**10**	**6**	**4**	**14**	**10**	**16**	**11**	**7**	**16**	**15**	**5**	**11**	**13**	**9**	**3**	**4**
	10	18	3	16	19	16	6	19	10	18	9	14	15	8	11	9	7	10	11	3	10	5	11	11	12	13	19	9	4	19	9
	11	**14**	**17**	**13**	**8**	**16**	**7**	**11**	**13**	**16**	**9**	**3**	**4**	**14**	**8**	**19**	**6**	**11**	**9**	**11**	**13**	**10**	**11**	**7**	**14**	**7**	**5**	**17**	**12**	**18**	**3**
	12	13	13	11	9	13	13	12	13	9	11	13	8	7	8	7	7	15	13	13	15	9	16	14	17	10	9	10	8	5	7
	13	**12**	**15**	**13**	**14**	**4**	**11**	**14**	**7**	**6**	**13**	**13**	**4**	**11**	**17**	**15**	**4**	**10**	**13**	**9**	**13**	**11**	**16**	**7**	**10**	**14**	**16**	**14**	**18**	**9**	**15**
	14	11	5	13	8	10	10	6	9	6	7	10	15	6	8	9	13	11	14	7	7	7	9	8	15	8	9	6	11	9	10
	15	**15**	**17**	**17**	**9**	**14**	**12**	**18**	**7**	**13**	**11**	**8**	**14**	**16**	**8**	**17**	**11**	**9**	**11**	**12**	**11**	**7**	**12**	**7**	**8**	**11**	**17**	**11**	**14**	**7**	**10**
	16	3	13	9	13	15	9	8	4	13	8	12	19	16	7	10	10	6	13	6	12	1	15	18	13	11	13	13	14	14	8
	17	**11**	**11**	**12**	**2**	**10**	**9**	**8**	**15**	**9**	**4**	**6**	**9**	**12**	**10**	**8**	**8**	**9**	**7**	**6**	**7**	**9**	**11**	**8**	**14**	**15**	**15**	**9**	**10**	**8**	**16**
	18	8	11	15	7	11	11	9	12	9	6	11	15	8	8	9	14	5	13	14	12	11	12	9	5	8	9	11	13	5	8
	19	**11**	**9**	**15**	**8**	**16**	**12**	**5**	**17**	**9**	**10**	**6**	**13**	**7**	**15**	**11**	**12**	**20**	**12**	**10**	**8**	**10**	**8**	**14**	**12**	**16**	**8**	**7**	**6**	**11**	**6**
	20	10	9	8	5	12	10	14	8	14	11	8	7	13	9	8	8	6	15	18	4	12	4	14	9	12	15	9	18	11	12
	21	**11**	**11**	**15**	**18**	**11**	**12**	**14**	**13**	**6**	**10**	**4**	**9**	**15**	**20**	**14**	**8**	**15**	**17**	**12**	**15**	**10**	**10**	**6**	**10**	**7**	**8**	**8**	**8**	**13**	**13**
	22	7	10	6	7	12	9	8	11	13	12	19	12	12	14	9	12	8	16	5	14	14	3	10	12	11	8	9	7	14	9
	23	**9**	**9**	**8**	**13**	**8**	**16**	**12**	**1**	**8**	**8**	**16**	**9**	**2**	**11**	**6**	**12**	**7**	**6**	**15**	**10**	**18**	**13**	**9**	**9**	**13**	**9**	**8**	**14**	**9**	**11**
	24	9	11	12	8	10	13	4	10	17	6	12	13	8	6	8	10	19	8	5	7	7	6	20	8	13	11	7	6	10	6
S	**25**	**8**	**12**	**9**	**20**	**9**	**15**	**8**	**8**	**10**	**16**	**16**	**13**	**11**	**11**	**14**	**11**	**9**	**9**	**9**	**11**	**21**	**15**	**3**	**9**	**11**	**16**	**17**	**9**	**10**	**11**
E	26	10	13	17	2	15	15	15	10	17	6	11	9	11	11	14	8	14	15	13	9	9	10	6	12	8	8	11	4	16	10
C	**27**	**7**	**5**	**12**	**7**	**10**	**9**	**13**	**12**	**11**	**17**	**8**	**8**	**11**	**7**	**14**	**8**	**16**	**6**	**5**	**12**	**16**	**13**	**13**	**7**	**12**	**7**	**10**	**5**	**16**	**12**
O	28	10	4	6	6	17	13	10	15	13	11	2	10	13	10	12	12	12	16	10	8	2	15	9	15	12	13	7	13	17	12
N	**29**	**5**	**15**	**11**	**14**	**14**	**16**	**4**	**11**	**13**	**8**	**11**	**6**	**12**	**19**	**9**	**12**	**14**	**11**	**13**	**10**	**8**	**12**	**7**	**13**	**12**	**6**	**9**	**11**	**10**	**5**
D	30	14	17	10	9	5	19	17	12	14	10	12	12	12	7	13	15	11	10	9	6	17	8	14	12	12	8	16	9	13	3
S	**31**	**11**	**12**	**0**	**5**	**7**	**20**	**14**	**11**	**7**	**7**	**14**	**6**	**16**	**8**	**13**	**9**	**15**	**14**	**5**	**15**	**11**	**4**	**8**	**12**	**6**	**13**	**15**	**8**	**9**	**10**
	32	8	12	11	6	14	13	5	15	7	9	10	7	13	8	6	17	16	13	9	13	5	6	11	14	12	11	14	4	8	5
	33	**7**	**8**	**9**	**3**	**13**	**15**	**10**	**9**	**8**	**8**	**10**	**5**	**7**	**10**	**10**	**13**	**7**	**9**	**4**	**12**	**9**	**13**	**13**	**9**	**10**	**13**	**19**	**18**	**11**	**12**
	34	15	10	16	7	7	7	20	8	8	11	8	4	10	12	7	11	8	8	10	7	10	3	13	9	11	13	8	16	8	8
	35	**6**	**13**	**9**	**18**	**11**	**17**	**4**	**9**	**12**	**17**	**10**	**8**	**2**	**18**	**12**	**10**	**2**	**5**	**17**	**10**	**10**	**13**	**2**	**7**	**4**	**9**	**11**	**5**	**12**	**15**
	36	12	14	3	12	13	13	5	5	12	11	15	11	15	15	8	19	10	7	17	11	13	14	6	11	4	12	12	9	13	12
	37	**7**	**6**	**10**	**1**	**14**	**13**	**14**	**12**	**16**	**11**	**19**	**11**	**7**	**14**	**12**	**13**	**6**	**13**	**16**	**9**	**13**	**7**	**6**	**12**	**9**	**9**	**13**	**7**	**12**	**15**
	38	11	9	5	13	18	12	6	18	1	7	15	8	9	12	9	13	10	11	13	12	9	13	11	11	12	4	5	12	10	7
	39	**7**	**0**	**8**	**7**	**9**	**14**	**5**	**2**	**10**	**8**	**4**	**7**	**10**	**10**	**6**	**4**	**14**	**10**	**16**	**11**	**7**	**16**	**15**	**5**	**11**	**13**	**9**	**3**	**4**	**5**
	40	3	16	19	16	6	19	10	18	9	14	15	8	11	9	7	10	11	3	10	5	11	11	12	13	19	9	4	19	9	10
	41	**17**	**13**	**8**	**16**	**7**	**11**	**13**	**16**	**9**	**3**	**4**	**14**	**8**	**19**	**6**	**11**	**9**	**11**	**13**	**10**	**11**	**7**	**14**	**7**	**5**	**17**	**12**	**18**	**3**	**6**
	42	13	11	9	13	13	12	13	9	11	13	8	7	8	7	7	15	13	13	15	9	16	14	17	10	9	10	8	5	7	2
	43	**15**	**13**	**14**	**4**	**11**	**14**	**7**	**6**	**13**	**13**	**4**	**11**	**17**	**15**	**4**	**10**	**13**	**9**	**13**	**11**	**16**	**7**	**10**	**14**	**16**	**14**	**18**	**9**	**15**	**15**
	44	5	13	8	10	10	6	9	6	7	10	15	6	8	9	13	11	14	7	7	7	9	8	15	8	9	6	11	9	10	8
	45	**17**	**17**	**9**	**14**	**12**	**18**	**7**	**13**	**11**	**8**	**14**	**16**	**8**	**17**	**11**	**9**	**11**	**12**	**11**	**7**	**12**	**7**	**8**	**11**	**17**	**11**	**14**	**7**	**10**	**4**
	46	13	9	13	15	9	8	4	13	8	12	19	16	7	10	10	6	13	6	12	1	15	18	13	11	13	13	14	14	8	15
	47	**11**	**12**	**2**	**10**	**9**	**8**	**15**	**9**	**4**	**6**	**9**	**12**	**10**	**8**	**8**	**9**	**7**	**6**	**7**	**9**	**11**	**8**	**14**	**15**	**15**	**9**	**10**	**8**	**16**	**13**
	48	11	15	7	11	11	9	12	9	6	11	15	8	8	9	14	5	13	14	12	11	12	9	5	8	9	11	13	5	8	12
	49	**9**	**15**	**8**	**16**	**12**	**5**	**17**	**9**	**10**	**6**	**13**	**7**	**15**	**11**	**12**	**20**	**12**	**10**	**8**	**10**	**8**	**14**	**12**	**16**	**8**	**7**	**6**	**11**	**6**	**13**
	50	9	8	5	12	10	14	8	14	11	8	7	13	9	8	8	6	15	18	4	12	4	14	9	12	15	9	18	11	12	18
	51	**11**	**15**	**18**	**11**	**12**	**14**	**13**	**6**	**10**	**4**	**9**	**15**	**20**	**14**	**8**	**15**	**17**	**12**	**15**	**10**	**10**	**6**	**10**	**7**	**8**	**8**	**8**	**13**	**13**	**2**
	52	10	6	7	12	9	8	11	13	12	19	12	12	14	9	12	8	16	5	14	14	3	10	12	11	8	9	7	14	9	14
	53	**9**	**8**	**13**	**8**	**16**	**12**	**1**	**8**	**8**	**16**	**9**	**2**	**11**	**6**	**12**	**7**	**6**	**15**	**10**	**18**	**13**	**9**	**9**	**13**	**9**	**8**	**14**	**9**	**11**	**12**
	54	11	12	8	10	13	4	10	17	6	12	13	8	6	8	10	19	8	5	7	7	6	20	8	13	11	7	6	10	6	7
	55	**12**	**9**	**20**	**9**	**15**	**8**	**8**	**10**	**16**	**16**	**13**	**11**	**11**	**14**	**11**	**9**	**9**	**9**	**11**	**21**	**15**	**3**	**9**	**11**	**16**	**17**	**9**	**10**	**11**	**13**
	56	13	17	2	15	15	15	10	17	6	11	9	11	11	14	8	14	15	13	9	9	10	6	12	8	8	11	4	16	10	15
	57	**5**	**12**	**7**	**10**	**9**	**13**	**12**	**11**	**17**	**8**	**8**	**11**	**7**	**14**	**8**	**16**	**6**	**5**	**12**	**16**	**13**	**13**	**7**	**12**	**7**	**10**	**5**	**16**	**12**	**6**
	58	4	6	6	17	13	10	15	13	11	2	10	13	10	12	12	12	16	10	8	2	15	9	15	12	13	7	13	17	12	11
	59	**15**	**11**	**14**	**14**	**16**	**4**	**11**	**13**	**8**	**11**	**6**	**12**	**19**	**9**	**12**	**14**	**11**	**13**	**10**	**8**	**12**	**7**	**13**	**12**	**6**	**9**	**11**	**10**	**5**	**14**

4D8

Minutes

Seconds	0	1	2	3	4	5	6	7	8	9	10	11	12	13	14	15	16	17	18	19	20	21	22	23	24	25	26	27	28	29
0	15	15	15	9	15	12	19	13	18	21	4	20	14	10	24	14	11	7	11	15	15	21	10	8	14	19	19	13	11	9
1	10	17	11	13	13	14	16	12	14	16	17	5	11	13	17	26	8	17	19	10	10	23	18	19	18	18	3	18	10	17
2	13	7	9	11	18	13	12	21	23	17	18	16	20	18	12	16	13	17	17	16	22	6	18	13	12	15	15	12	7	13
3	13	7	12	6	16	6	4	15	20	8	8	13	8	20	14	14	15	20	10	17	23	23	12	16	16	7	13	12	15	15
4	18	10	13	19	7	12	12	9	12	7	15	13	9	17	6	17	6	13	16	16	12	13	10	15	10	14	10	15	12	15
5	11	12	10	15	9	17	19	9	5	18	14	14	8	17	7	14	22	14	17	9	8	16	15	9	18	9	14	10	18	8
6	16	17	17	17	16	16	22	10	14	14	11	17	10	18	19	20	21	12	14	15	20	1	13	13	13	7	13	25	9	11
7	10	11	20	11	19	22	17	16	13	24	18	13	5	16	11	8	12	9	17	10	7	14	10	17	17	15	12	21	11	8
8	14	12	18	15	18	16	18	16	16	20	23	8	16	14	12	16	10	13	11	13	19	14	15	12	15	21	15	13	15	14
9	16	15	17	11	9	19	10	11	19	15	10	17	8	8	13	11	15	20	14	18	13	27	19	13	6	14	10	13	15	8
10	18	12	13	10	11	24	10	6	15	19	16	21	20	12	12	10	18	17	15	15	1	17	18	13	11	14	9	10	12	12
11	15	12	15	18	17	14	6	15	20	15	7	20	15	13	11	18	10	25	27	7	9	12	18	12	2	20	14	9	9	12
12	17	11	10	21	14	14	14	8	9	16	10	21	19	9	17	16	13	14	12	14	4	13	7	14	17	16	8	7	20	18
13	12	16	11	12	15	11	15	5	15	18	9	19	16	12	20	11	15	11	16	15	6	11	9	12	12	16	23	19	12	17
14	16	10	13	18	18	14	12	10	25	20	17	14	8	11	22	7	13	12	19	13	16	4	16	16	19	6	4	12	12	11
15	16	17	13	10	13	5	10	17	9	8	14	23	15	10	9	12	22	4	9	12	17	15	13	8	8	13	7	16	14	17
16	12	26	12	14	4	4	20	14	8	10	13	16	15	17	17	9	10	16	16	8	13	14	12	18	12	15	9	21	17	16
17	10	16	10	13	18	11	8	10	15	21	18	13	16	5	8	12	15	20	12	9	14	8	17	10	18	9	6	17	14	16
18	22	17	13	17	14	15	8	19	19	12	17	18	10	11	12	17	20	23	12	4	18	17	12	11	12	15	12	21	7	14
19	10	14	13	8	2	11	13	13	9	15	15	20	10	11	13	13	11	20	11	20	15	23	15	14	11	10	9	22	25	9
20	13	14	11	16	18	18	26	13	9	17	9	23	12	7	10	12	12	13	16	18	12	7	8	13	6	14	11	16	9	8
21	9	22	18	14	17	9	9	15	16	10	21	11	11	11	8	17	13	8	21	19	10	15	20	8	7	16	13	10	11	5
22	15	13	16	6	14	18	16	11	18	8	7	13	11	18	12	10	15	18	20	20	18	13	9	9	11	17	14	13	13	17
23	12	14	16	13	5	15	19	14	17	15	13	15	21	7	19	20	10	12	8	11	20	17	12	11	14	21	12	12	1	17
24	15	18	15	10	3	14	4	14	20	8	19	21	8	10	10	13	9	17	18	20	20	6	15	14	10	8	11	15	19	12
25	15	6	4	14	20	14	9	9	24	13	11	6	21	11	5	19	12	17	14	17	11	12	20	13	9	8	13	14	12	11
26	17	14	15	18	7	16	15	11	17	18	19	20	21	5	12	18	16	8	11	11	10	22	22	8	23	6	20	22	12	4
27	16	11	10	12	20	6	12	8	15	8	20	15	12	18	20	16	14	11	15	4	16	9	17	19	15	20	15	13	20	9
28	10	7	23	10	16	11	15	19	9	12	17	17	12	19	11	16	21	23	22	12	6	13	13	6	18	24	13	17	7	7
29	18	12	10	16	13	24	12	16	13	20	14	12	15	16	4	20	12	21	13	12	9	20	13	13	11	15	10	14	12	17
30	15	15	9	15	12	19	13	18	21	4	20	14	10	24	14	11	7	11	15	15	21	10	8	14	19	19	13	11	9	9
31	17	11	13	13	14	16	12	14	16	17	5	11	13	17	26	8	17	19	10	10	23	18	19	18	18	3	18	10	17	14
32	7	9	11	18	13	12	21	23	17	18	16	20	18	12	16	13	17	17	16	22	6	18	13	12	15	15	12	7	13	8
33	7	12	6	16	6	4	15	20	8	8	13	8	20	14	14	15	20	10	17	23	23	12	16	16	7	13	12	15	15	8
34	10	13	19	7	12	12	9	12	7	15	13	9	17	6	17	6	13	16	16	12	13	10	15	10	14	10	15	12	15	14
35	12	10	15	9	17	19	9	5	18	14	14	8	17	7	14	22	14	17	9	8	16	15	9	18	9	14	10	18	8	11
36	17	17	17	16	16	22	10	14	14	11	17	10	18	19	20	21	12	14	15	20	1	13	13	13	7	13	25	9	11	13
37	11	20	11	19	22	17	16	13	24	18	13	5	16	11	8	12	9	17	10	7	14	10	17	17	15	12	21	11	8	9
38	12	18	15	18	16	18	16	16	20	23	8	16	14	12	16	10	13	11	13	19	14	15	12	15	21	15	13	15	14	20
39	15	17	11	9	19	10	11	19	15	10	17	8	8	13	11	15	20	14	18	13	27	19	13	6	14	10	13	15	8	13
40	12	13	10	11	24	10	6	15	19	16	21	20	12	12	10	18	17	15	15	1	17	18	13	11	14	9	10	12	12	8
41	12	15	18	17	14	6	15	20	15	7	20	15	13	11	18	10	25	27	7	9	12	18	12	2	20	14	9	9	12	11
42	11	10	21	14	14	14	8	9	16	10	21	19	9	17	16	13	14	12	14	4	13	7	14	17	16	8	7	20	18	17
43	16	11	12	15	11	15	5	15	18	9	19	16	12	20	11	15	11	16	15	6	11	9	12	12	16	23	19	12	17	14
44	10	13	18	18	14	12	10	25	20	17	14	8	11	22	7	13	12	19	13	16	4	16	16	19	6	4	12	12	11	11
45	17	13	10	13	5	10	17	9	8	14	23	15	10	9	12	22	4	9	12	17	15	13	8	8	13	7	16	14	17	16
46	26	12	14	4	4	20	14	8	10	13	16	15	17	17	9	10	16	16	8	13	14	12	18	12	15	9	21	17	16	8
47	16	10	13	18	11	8	10	15	21	18	13	16	5	8	12	15	20	12	9	14	8	17	10	18	9	6	17	14	16	13
48	17	13	17	14	15	8	19	19	12	17	18	10	11	12	17	20	23	12	4	18	17	12	11	12	15	12	21	7	14	13
49	14	13	8	2	11	13	13	9	15	15	20	10	11	13	13	11	20	11	20	15	23	15	14	11	10	9	22	25	9	16
50	14	11	16	18	18	26	13	9	17	9	23	12	7	10	12	12	13	16	18	12	7	8	13	6	14	11	16	9	8	17
51	22	18	14	17	9	9	15	16	10	21	11	11	11	8	17	13	8	21	19	10	15	20	8	7	16	13	10	11	5	16
52	13	16	6	14	18	16	11	18	8	7	13	11	18	12	10	15	18	20	20	18	13	9	9	11	17	14	13	13	17	11
53	14	16	13	5	15	19	14	17	15	13	15	21	7	19	20	10	12	8	11	20	17	12	11	14	21	12	12	1	17	15
54	18	15	10	3	14	4	14	20	8	19	21	8	10	10	13	9	17	18	20	20	6	15	14	10	8	11	15	19	12	16
55	6	4	14	20	14	9	9	24	13	11	6	21	11	5	19	12	17	14	17	11	12	20	13	9	8	13	14	12	11	20
56	14	15	18	7	16	15	11	17	18	19	20	21	5	12	18	16	8	11	11	10	22	22	8	23	6	20	22	12	4	10
57	11	10	12	20	6	12	8	15	8	20	15	12	18	20	16	14	11	15	4	16	9	17	19	15	20	15	13	20	9	17
58	7	23	10	16	11	15	19	9	12	17	17	12	19	11	16	21	23	22	12	6	13	13	6	18	24	13	17	7	7	12
59	12	10	16	13	24	12	16	13	20	14	12	15	16	4	20	12	21	13	12	9	20	13	13	11	15	10	14	12	17	7

(Left margin label spanning rows 25–31: SECONDS)

Minutes

	30	31	32	33	34	35	36	37	38	39	40	41	42	43	44	45	46	47	48	49	50	51	52	53	54	55	56	57	58	59
0	9	14	9	9	10	21	12	15	15	2	12	6	8	24	14	22	15	15	12	21	14	15	17	17	2	17	14	16	17	10
1	14	14	12	19	17	16	15	12	13	16	15	14	20	9	8	14	16	13	24	8	7	9	10	13	7	14	16	16	21	25
2	8	15	15	12	25	14	18	14	7	12	15	22	14	14	16	18	17	15	14	9	18	8	5	17	13	17	7	11	11	3
3	8	8	22	10	11	12	16	10	16	19	13	12	11	20	10	9	11	10	11	17	19	13	13	16	13	16	9	14	26	18
4	14	15	10	23	5	8	15	20	12	12	10	20	10	14	16	10	11	20	15	15	12	13	3	10	11	15	14	11	8	7
5	11	15	16	9	5	12	18	14	22	22	16	15	11	15	17	13	7	19	15	11	17	12	11	8	18	8	13	14	17	24
6	13	13	11	5	14	9	8	17	12	18	10	13	8	11	14	14	9	10	7	19	22	11	14	16	18	14	14	21	7	14
7	9	11	16	18	14	18	7	8	18	17	17	16	10	18	17	17	12	12	13	23	14	14	8	14	14	18	3	17	10	12
8	20	15	12	15	11	17	3	5	18	14	12	18	15	8	18	14	11	22	16	11	16	12	9	13	16	14	11	9	14	18
9	13	15	17	17	14	8	17	7	10	17	20	8	13	11	23	14	12	19	13	11	14	14	12	6	18	7	13	10	22	12
10	8	12	9	14	16	21	13	16	16	17	16	15	16	13	5	10	19	16	10	7	22	8	7	18	13	5	19	21	13	9
11	11	13	17	16	14	12	8	12	13	6	19	18	12	11	13	20	20	15	19	17	17	17	11	6	15	13	14	14	11	11
12	17	20	19	9	7	11	20	13	15	19	22	17	10	20	5	14	15	20	13	12	6	7	13	13	11	11	10	13	8	14
13	14	12	14	15	15	7	15	8	17	13	5	12	14	18	15	10	15	13	19	10	20	21	20	13	14	10	8	11	19	19
14	11	18	13	15	11	9	8	10	13	22	12	10	13	11	12	9	15	15	10	17	20	27	15	15	20	10	17	16	18	16
15	16	8	15	8	19	13	22	18	15	7	19	18	19	15	16	20	12	12	11	9	10	9	14	5	14	15	12	18	3	22
16	8	8	11	20	19	17	17	11	10	11	21	12	13	18	12	16	4	11	15	12	5	13	13	23	18	17	17	11	6	22
17	13	15	14	19	14	17	16	14	13	16	18	8	11	13	18	6	10	16	15	11	12	7	16	16	16	23	24	13	7	12
18	13	16	15	24	8	9	17	11	15	18	11	12	9	14	12	17	10	5	17	15	14	14	14	15	7	11	24	15	6	18
19	16	18	14	13	14	17	13	19	11	14	14	11	6	13	14	14	16	10	18	15	13	16	10	8	15	16	12	7	11	10
20	17	20	17	11	13	22	23	14	9	16	13	12	16	7	13	14	11	24	19	15	21	18	14	6	3	14	11	11	11	14
21	16	10	22	14	15	16	13	8	20	14	14	9	12	10	12	12	23	9	14	23	14	14	16	13	14	12	7	18	10	8
22	11	11	20	13	20	11	12	12	9	14	10	7	11	14	14	15	8	19	11	22	14	22	10	12	10	12	23	13	9	10
23	15	12	4	18	18	15	21	16	16	2	8	9	13	16	11	11	15	11	18	10	22	16	15	7	4	19	17	17	20	4
24	16	21	15	16	14	8	22	14	14	16	12	11	14	13	16	9	17	13	13	13	14	11	18	11	14	15	19	15	14	12
S 25	20	9	11	23	21	11	19	16	5	15	11	9	9	13	16	9	11	10	18	11	16	14	14	17	10	17	16	11	10	8
E 26	10	23	9	11	5	1	17	15	10	19	16	13	8	22	14	18	18	11	10	16	19	13	11	17	5	20	14	14	6	13
C 27	17	19	12	12	15	13	24	17	19	19	10	17	15	8	11	23	15	18	13	14	12	16	21	12	19	22	19	7	10	24
O 28	12	24	11	17	17	6	10	13	14	7	15	5	20	12	23	16	9	6	16	14	10	10	19	15	6	13	16	20	7	14
N 29	7	22	20	14	15	11	16	23	20	17	14	23	16	20	19	6	8	17	14	19	20	12	18	12	19	14	20	19	11	23
D 30	14	9	9	10	21	12	15	15	2	12	6	8	24	14	22	15	15	12	21	14	15	17	17	2	17	14	16	17	10	13
S 31	14	12	19	17	16	15	12	13	16	15	14	20	9	8	14	16	13	24	8	7	9	10	13	7	14	16	16	21	25	21
32	15	15	12	25	14	18	14	7	12	15	22	14	14	16	18	17	15	14	9	18	8	5	17	13	17	7	11	11	3	16
33	8	22	10	11	12	16	10	16	19	13	12	11	20	10	9	11	10	11	17	19	13	13	16	13	16	9	14	26	18	9
34	15	10	23	5	8	15	20	12	12	10	20	10	14	16	10	11	20	15	15	12	13	3	10	11	15	14	11	8	7	15
35	15	16	9	5	12	18	14	22	22	16	15	11	15	17	13	7	19	15	11	17	12	11	8	18	8	13	14	17	24	12
36	13	11	5	14	9	8	17	12	18	10	13	8	11	14	14	9	10	7	19	22	11	14	16	18	14	14	21	7	14	14
37	11	16	18	14	18	7	8	18	17	17	16	10	18	17	17	12	12	13	23	14	14	8	14	14	18	3	17	10	12	10
38	15	12	15	11	17	3	5	18	14	12	18	15	8	18	14	11	22	16	11	16	12	9	13	16	14	11	9	14	18	10
39	15	17	17	14	8	17	7	10	17	20	8	13	11	23	14	12	19	13	11	14	14	12	6	18	7	13	10	22	12	16
40	12	9	14	16	21	13	16	16	17	16	15	16	13	5	10	19	16	10	7	22	8	7	18	13	5	19	21	13	9	6
41	13	17	16	14	12	8	12	13	6	19	18	12	11	13	20	20	15	19	17	17	17	11	6	15	13	14	14	11	11	9
42	20	19	9	7	11	20	13	15	19	22	17	10	20	5	14	15	20	13	12	6	7	13	13	11	11	10	13	8	14	19
43	12	14	15	15	7	15	8	17	13	5	12	14	18	15	10	15	13	19	10	20	21	20	13	14	10	8	11	19	19	10
44	18	13	15	11	9	8	10	13	22	12	10	13	11	12	9	15	15	10	17	20	27	15	15	20	10	17	16	18	16	18
45	8	15	8	19	13	22	18	15	7	19	18	19	15	16	20	12	12	11	9	10	9	14	5	14	15	12	18	3	22	14
46	8	11	20	19	17	17	11	10	11	21	12	13	18	12	16	4	11	15	12	5	13	13	23	18	17	17	11	6	22	15
47	15	14	19	14	17	16	14	13	16	18	8	11	13	18	6	10	16	15	11	12	7	16	16	16	23	24	13	7	12	12
48	16	15	24	8	9	17	11	15	18	11	12	9	14	12	17	10	5	17	15	14	14	14	15	7	11	24	15	6	18	8
49	18	14	13	14	17	13	19	11	14	14	11	6	13	14	14	16	10	18	15	13	16	10	8	15	16	12	7	11	10	21
50	20	17	11	13	22	23	14	9	16	13	12	16	7	13	14	11	24	19	15	21	18	14	6	3	14	11	11	11	14	1
51	10	22	14	15	16	13	8	20	14	14	9	12	10	12	12	23	9	14	23	14	14	16	13	14	12	7	18	10	8	21
52	11	20	13	20	11	12	12	9	14	10	7	11	14	14	15	8	19	11	22	14	22	10	12	10	12	23	13	9	10	14
53	12	4	18	18	15	21	16	16	2	8	9	13	16	11	11	15	11	18	10	22	16	15	7	4	19	17	17	20	4	19
54	21	15	16	14	8	22	14	14	16	12	11	14	13	16	9	17	13	13	13	14	11	18	11	14	15	19	15	14	12	12
55	9	11	23	21	11	19	16	5	15	11	9	9	13	16	9	11	10	18	11	16	14	14	17	10	17	16	11	10	8	15
56	23	9	11	5	1	17	15	10	19	16	13	8	22	14	18	18	11	10	16	19	13	11	17	5	20	14	14	6	13	20
57	19	12	12	15	13	24	17	19	19	10	17	15	8	11	23	15	18	13	14	12	16	21	12	19	22	19	7	10	24	9
58	24	11	17	17	6	10	13	14	7	15	5	20	12	23	16	9	6	16	14	10	10	19	15	6	13	16	20	7	14	20
59	22	20	14	15	11	16	23	20	17	14	23	16	20	19	6	8	17	14	19	20	12	18	12	19	14	20	19	11	23	21

5D8

Minutes

Seconds	0	1	2	3	4	5	6	7	8	9	10	11	12	13	14	15	16	17	18	19	20	21	22	23	24	25	26	27	28	29
0	22	27	14	17	24	18	16	15	24	12	15	23	10	26	14	18	15	26	18	16	18	18	18	26	12	21	18	16	15	13
1	19	14	17	18	27	16	16	19	10	24	16	18	19	17	22	10	25	18	23	16	22	20	17	23	26	21	24	18	21	17
2	15	13	18	16	17	21	11	17	19	18	29	13	14	30	14	21	16	27	18	11	28	17	17	15	26	18	20	19	13	24
3	18	21	16	10	25	12	28	31	17	15	25	17	23	19	20	21	23	16	17	21	10	22	17	19	21	22	12	15	20	12
4	12	25	23	29	24	17	6	12	13	17	25	16	17	24	20	11	22	17	15	14	16	18	17	11	20	15	19	26	14	25
5	15	25	15	15	7	14	23	14	17	10	22	13	20	17	6	16	13	24	23	27	16	13	21	14	15	15	18	17	11	17
6	27	24	13	24	18	23	13	13	7	24	20	18	28	19	27	19	19	10	19	13	16	15	18	23	16	20	24	18	21	8
7	12	27	25	20	10	22	16	22	23	20	24	22	17	22	15	18	21	23	12	23	12	22	19	21	12	11	11	13	25	22
8	16	18	19	23	20	19	14	22	20	15	19	15	10	30	15	16	17	12	15	21	25	9	16	26	13	20	17	10	22	17
9	17	11	15	13	14	12	18	17	16	22	5	17	15	18	14	22	16	23	21	12	18	12	25	22	12	16	13	13	18	22
10	11	20	18	14	5	13	17	25	13	14	13	10	17	14	14	11	20	24	16	24	21	19	12	7	14	22	19	15	12	23
11	17	19	15	20	26	14	26	14	27	21	20	18	14	14	16	24	16	20	7	15	25	16	15	15	24	20	9	18	20	6
12	18	25	19	14	10	19	18	16	21	15	18	13	13	15	16	19	15	14	10	20	29	5	21	12	23	19	22	28	18	19
13	17	10	19	15	24	23	19	13	13	21	18	8	19	16	22	21	16	16	18	21	18	16	12	22	17	14	20	30	23	19
14	21	26	17	18	23	8	17	21	19	16	12	27	13	14	17	19	9	14	10	14	10	26	18	23	18	24	19	7	11	14
15	23	6	16	12	15	29	23	29	11	14	17	25	18	17	27	30	17	13	23	14	9	20	14	14	14	20	22	19	12	10
16	13	10	7	24	20	7	11	21	21	13	20	28	16	22	25	18	14	30	22	18	26	14	12	19	21	23	19	17	19	22
17	13	17	12	12	28	16	10	10	21	18	27	16	14	23	14	16	20	18	11	13	15	15	18	15	10	18	20	16	22	8
18	12	27	23	29	22	10	16	9	21	19	14	15	18	28	23	21	16	22	12	23	21	12	21	23	20	15	11	12	16	22
19	23	16	21	6	7	17	23	19	20	13	17	10	15	11	17	19	28	13	19	23	21	15	33	11	7	16	24	14	22	19
20	16	16	26	18	10	16	16	21	14	16	19	13	14	17	14	14	16	17	20	14	17	26	13	26	20	4	16	17	12	23
21	12	22	15	20	16	23	15	29	17	17	21	18	15	16	16	20	27	14	11	18	14	12	19	17	7	20	17	16	10	23
22	15	18	15	16	25	17	15	18	13	14	21	8	19	24	17	29	9	17	30	14	24	16	31	11	18	9	18	14	15	21
23	6	16	23	8	9	22	23	7	18	25	21	18	17	19	16	10	16	23	13	12	14	23	15	16	16	18	19	16	14	31
24	21	27	18	6	13	20	15	14	12	9	12	24	15	19	6	17	20	19	20	17	12	13	5	9	12	18	23	23	15	14
25	30	23	12	17	9	17	10	22	10	14	13	17	19	19	21	14	12	19	10	14	17	25	23	23	17	26	22	22	14	13
26	17	14	21	14	21	12	10	8	22	24	12	20	8	13	13	22	16	18	16	21	27	21	13	14	11	19	13	9	6	31
27	14	14	15	19	24	21	24	17	23	25	13	18	18	21	18	23	14	11	16	17	11	20	10	21	19	9	21	13	9	12
28	15	20	15	5	17	15	16	20	7	18	15	16	20	23	20	19	17	16	26	11	12	16	18	15	24	13	20	23	18	22
29	24	14	28	22	18	29	14	18	14	18	25	20	15	20	16	14	13	16	10	22	12	12	11	21	14	14	20	20	15	11
30	27	14	17	24	18	16	15	24	12	15	23	10	26	14	18	15	26	18	16	18	18	18	26	12	21	18	16	15	13	11
31	14	17	18	27	16	16	19	10	24	16	18	19	17	22	10	25	18	23	16	22	20	17	23	26	21	24	18	21	17	15
32	13	18	16	17	21	11	17	19	18	29	13	14	30	14	21	16	27	18	11	28	17	17	15	26	18	20	19	13	24	24
33	21	16	10	25	12	28	31	17	15	25	17	23	19	20	21	23	16	17	21	10	22	17	19	21	22	12	15	20	12	20
34	25	23	29	24	17	6	12	13	17	25	16	17	24	20	11	22	17	15	14	16	18	17	11	20	15	19	26	14	25	13
35	25	15	15	7	14	23	14	17	10	22	13	20	17	6	16	13	24	23	27	16	13	21	14	15	15	18	17	11	17	5
36	24	13	24	18	23	13	13	7	24	20	18	28	19	27	19	19	10	19	13	16	15	18	23	16	20	24	18	21	8	20
37	27	25	20	10	22	16	22	23	20	24	22	17	22	15	18	21	23	12	23	12	22	19	21	12	11	11	13	25	22	21
38	18	19	23	20	19	14	22	20	15	19	15	10	30	15	16	17	12	15	21	25	9	16	26	13	20	17	10	22	17	22
39	11	15	13	14	12	18	17	16	22	5	17	15	18	14	22	16	23	21	12	18	12	25	22	12	16	13	13	18	22	22
40	20	18	14	5	13	17	25	13	14	13	10	17	14	14	11	20	24	16	24	21	19	12	7	14	22	19	15	12	23	14
41	19	15	20	26	14	26	14	27	21	20	18	14	14	16	24	16	20	7	15	25	16	15	15	24	20	9	18	20	6	8
42	25	19	14	10	19	18	16	21	15	18	13	13	15	16	19	15	14	10	20	29	5	21	12	23	19	22	28	18	19	20
43	10	19	15	24	23	19	13	13	21	18	8	19	16	22	21	16	16	18	21	18	16	12	22	17	14	20	30	23	19	21
44	26	17	18	23	8	17	21	19	16	12	27	13	14	17	19	9	14	10	14	10	26	18	23	18	24	19	7	11	14	18
45	6	16	12	15	29	23	29	11	14	17	25	18	17	27	30	17	13	23	14	9	20	14	14	14	20	22	19	12	10	19
46	10	7	24	20	7	11	21	21	13	20	28	16	22	25	18	14	30	22	18	26	14	12	19	21	23	19	17	19	22	15
47	17	12	12	28	16	10	10	21	18	27	16	14	23	14	16	20	18	11	13	15	15	18	15	10	18	20	16	22	8	11
48	27	23	29	22	10	16	9	21	19	14	15	18	28	23	21	16	22	12	23	21	12	21	23	20	15	11	12	16	22	13
49	16	21	6	7	17	23	19	20	13	17	10	15	11	17	19	28	13	19	23	21	15	33	11	7	16	24	14	22	19	27
50	16	26	18	10	16	16	21	14	16	19	13	14	17	14	14	16	17	20	14	17	26	13	26	20	4	16	17	12	23	18
51	22	15	20	16	23	15	29	17	17	21	18	15	16	16	20	27	14	11	18	14	12	19	17	7	20	17	16	10	23	17
52	18	15	16	25	17	15	18	13	14	21	8	19	24	17	29	9	17	30	14	24	16	31	11	18	9	18	14	15	21	22
53	16	23	8	9	22	23	7	18	25	21	18	17	19	16	10	16	23	13	12	14	23	15	16	16	18	19	16	14	31	21
54	27	18	6	13	20	15	14	12	9	12	24	15	19	6	17	20	19	20	17	12	13	5	9	12	18	23	23	15	14	17
55	23	12	17	9	17	10	22	10	14	13	17	19	19	21	14	12	19	10	14	17	25	23	23	17	26	22	22	14	13	20
56	14	21	14	21	12	10	8	22	24	12	20	8	13	13	22	16	18	16	21	27	21	13	14	11	19	13	9	6	31	9
57	14	15	19	24	21	24	17	23	25	13	18	18	21	18	23	14	11	16	17	11	20	10	21	19	9	21	13	9	12	19
58	20	15	5	17	15	16	20	7	18	15	16	20	23	20	19	17	16	26	11	12	16	18	15	24	13	20	23	18	22	12
59	14	28	22	18	29	14	18	14	18	25	20	15	20	16	14	13	16	10	22	12	12	11	21	14	14	20	20	15	11	24

Minutes

SECONDS	30	31	32	33	34	35	36	37	38	39	40	41	42	43	44	45	46	47	48	49	50	51	52	53	54	55	56	57	58	59
0	11	25	19	20	10	25	18	20	12	22	17	11	23	17	18	19	13	14	26	7	18	16	13	19	24	22	19	17	14	17
1	15	18	18	21	16	28	24	19	24	9	18	23	26	15	30	16	27	13	20	18	27	17	27	10	15	14	24	29	17	22
2	24	18	24	7	14	20	22	11	17	21	11	28	16	15	22	17	24	12	19	15	15	13	9	25	10	18	11	19	16	18
3	20	20	26	22	22	20	14	21	8	22	16	7	14	18	25	15	21	6	11	22	12	24	20	15	22	27	16	23	24	23
4	13	24	18	14	13	18	29	15	28	25	21	12	11	18	23	25	21	17	18	21	21	17	21	22	19	16	14	23	25	18
5	5	27	15	11	16	17	10	12	21	21	20	19	22	20	27	24	23	13	18	18	9	9	17	22	11	11	13	4	13	24
6	20	21	18	14	16	21	19	18	16	9	6	12	22	19	16	18	18	14	18	15	17	17	20	16	18	23	16	20	11	24
7	21	23	8	13	18	16	14	17	10	17	16	19	19	14	26	17	19	19	12	18	13	20	19	19	23	10	21	24	11	11
8	22	17	18	14	10	13	14	13	14	16	21	5	12	23	21	7	20	9	17	22	23	15	18	22	10	16	12	20	16	19
9	22	15	19	21	25	24	15	17	25	11	9	22	14	18	15	15	12	22	9	20	15	7	25	15	8	20	19	16	16	17
10	14	23	12	24	17	22	11	16	14	13	9	16	14	13	18	16	24	16	11	17	11	11	13	14	15	15	18	19	19	18
11	8	28	19	24	20	19	22	16	12	8	10	11	25	13	23	16	23	19	15	15	17	24	18	23	18	25	15	28	21	14
12	20	26	21	11	10	18	19	27	17	30	13	22	12	20	13	15	11	20	22	10	17	20	7	10	17	25	25	12	15	22
13	21	24	23	20	18	12	17	9	10	14	22	17	16	18	19	21	17	18	26	18	17	17	13	18	11	19	17	18	18	13
14	18	17	10	18	14	17	13	23	16	19	18	15	27	19	12	24	16	20	25	10	22	24	15	15	22	26	12	16	15	23
15	19	10	25	17	18	25	20	22	24	6	17	12	17	20	17	17	19	20	25	19	8	14	20	22	12	19	15	21	16	12
16	15	14	10	18	18	20	17	18	13	15	23	16	12	24	12	14	18	5	8	19	16	11	12	17	22	11	21	17	20	25
17	11	19	15	19	21	12	13	12	18	18	21	30	20	11	16	21	10	24	8	13	19	22	13	25	13	24	17	27	20	18
18	13	27	25	14	18	18	15	23	14	28	10	15	9	11	23	20	11	10	16	23	16	7	20	16	16	19	21	18	18	16
19	27	20	7	17	15	27	8	19	22	22	10	10	16	24	20	15	14	23	16	23	23	11	18	28	14	22	12	14	23	20
20	18	4	17	23	15	25	15	10	22	27	28	16	14	22	27	21	13	19	20	12	22	22	16	21	17	18	19	15	24	19
21	17	29	21	19	19	15	20	17	21	15	8	25	15	15	21	7	16	13	19	22	20	10	23	23	15	12	13	20	14	12
22	22	26	10	18	22	22	13	16	20	9	7	11	11	27	14	20	16	15	14	20	14	18	21	27	16	14	8	23	19	23
23	21	18	17	26	8	18	26	12	11	22	21	16	23	17	16	15	21	13	20	18	19	16	18	13	26	5	24	21	15	10
24	17	15	19	11	19	18	16	16	17	24	16	14	15	14	13	16	13	25	22	13	19	9	20	15	17	17	17	27	20	12
25	20	18	14	14	14	10	19	10	21	19	17	17	11	13	13	20	20	15	18	17	20	15	25	21	25	18	15	21	7	22
26	9	17	12	28	17	21	17	23	18	18	18	15	9	10	17	11	25	16	19	20	17	10	22	9	14	23	18	22	16	12
27	19	22	24	19	21	6	11	23	21	11	22	16	21	7	21	12	14	24	13	15	10	23	13	21	10	24	19	8	29	25
28	12	29	12	18	17	24	16	27	19	14	15	19	7	13	17	14	18	15	20	24	23	12	19	17	27	7	20	27	22	15
29	24	18	14	16	23	23	13	14	17	22	15	24	7	20	26	21	21	13	22	22	22	26	16	23	12	22	16	13	14	16
30	25	19	20	10	25	18	20	12	22	17	11	23	17	18	19	13	14	26	7	18	16	13	19	24	22	19	17	14	17	20
31	18	18	21	16	28	24	19	24	9	18	23	26	15	30	16	27	13	20	18	27	17	27	10	15	14	24	29	17	22	24
32	18	24	7	14	20	22	11	17	21	11	28	16	15	22	17	24	12	19	15	15	13	9	25	10	18	11	19	16	18	22
33	20	26	22	22	20	14	21	8	22	16	7	14	18	25	15	21	6	11	22	12	24	20	15	22	27	16	23	24	23	18
34	24	18	14	13	18	29	15	28	25	21	12	11	18	23	25	21	17	18	21	21	17	21	22	19	16	14	23	25	18	13
35	27	15	11	16	17	10	12	21	21	20	19	22	20	27	24	23	13	18	18	9	9	17	22	11	11	13	4	13	24	18
36	21	18	14	16	21	19	18	16	9	6	12	22	19	16	18	18	14	18	15	17	17	20	16	18	23	16	20	11	24	20
37	23	8	13	18	16	14	17	10	17	16	19	19	14	26	17	19	19	12	18	13	20	19	19	23	10	21	24	11	11	11
38	17	18	14	10	13	14	13	14	16	21	5	12	23	21	7	20	9	17	22	23	15	18	22	10	16	12	20	16	19	15
39	15	19	21	25	24	15	17	25	11	9	22	14	18	15	15	12	22	9	20	15	7	25	15	8	20	19	16	16	17	24
40	23	12	24	17	22	11	16	14	13	9	16	14	13	18	16	24	16	11	17	11	11	13	14	15	15	18	19	19	18	12
41	28	19	24	20	19	22	16	12	8	10	11	25	13	23	16	23	19	15	15	17	24	18	23	18	25	15	28	21	14	16
42	26	21	11	10	18	19	27	17	30	13	22	12	20	13	15	11	20	22	10	17	20	7	10	17	25	25	12	15	22	17
43	24	23	20	18	12	17	9	10	14	22	17	16	18	19	21	17	18	26	18	17	17	13	18	11	19	17	18	18	13	17
44	17	10	18	14	17	13	23	16	19	18	15	27	19	12	24	16	20	25	10	22	24	15	15	22	26	12	16	15	23	16
45	10	25	17	18	25	20	22	24	6	17	12	17	20	17	17	19	20	25	19	8	14	20	22	12	19	15	21	16	12	24
46	14	10	18	18	20	17	18	13	15	23	16	12	24	12	14	18	5	8	19	16	11	12	17	22	11	21	17	20	25	13
47	19	15	19	21	12	13	12	18	18	21	30	20	11	16	21	10	24	8	13	19	22	13	25	13	24	17	27	20	18	14
48	27	25	14	18	18	15	23	14	28	10	15	9	11	23	20	11	10	16	23	16	7	20	16	16	19	21	18	18	16	19
49	20	7	17	15	27	8	19	22	22	10	10	16	24	20	15	14	23	16	23	23	11	18	28	14	22	12	14	23	20	19
50	4	17	23	15	25	15	10	22	27	28	16	14	22	27	21	13	19	20	12	22	22	16	21	17	18	19	15	24	19	13
51	29	21	19	19	15	20	17	21	15	8	25	15	15	21	7	16	13	19	22	20	10	23	23	15	12	13	20	14	12	18
52	26	10	18	22	22	13	16	20	9	7	11	11	27	14	20	16	15	14	20	14	18	21	27	16	14	8	23	19	23	24
53	18	17	26	8	18	26	12	11	22	21	16	23	17	16	15	21	13	20	18	19	16	18	13	26	5	24	21	15	10	7
54	15	19	11	19	18	16	16	17	24	16	14	15	14	13	16	13	25	22	13	19	9	20	15	17	17	17	27	20	12	20
55	18	14	14	14	10	19	10	21	19	17	17	11	13	13	20	20	15	18	17	20	15	25	21	25	18	15	21	7	22	15
56	17	12	28	17	21	17	23	18	18	18	15	9	10	17	11	25	16	19	20	17	10	22	9	14	23	18	22	16	12	16
57	22	24	19	21	6	11	23	21	11	22	16	21	7	21	12	14	24	13	15	10	23	13	21	10	24	19	8	29	25	21
58	29	12	18	17	24	16	27	19	14	15	19	7	13	17	14	18	15	20	24	23	12	19	17	27	7	20	27	22	15	13
59	18	14	16	23	23	13	14	17	22	15	24	7	20	26	21	21	13	22	22	22	26	16	23	12	22	16	13	14	16	11

6D8

Minutes

Sec	0	1	2	3	4	5	6	7	8	9	10	11	12	13	14	15	16	17	18	19	20	21	22	23	24	25	26	27	28	29
0	23	14	20	28	17	24	16	23	22	19	31	22	29	21	28	12	17	11	12	34	9	26	28	22	25	26	16	26	20	21
1	19	29	17	15	23	21	18	14	30	27	23	25	25	20	23	13	19	22	33	25	19	22	23	24	15	26	22	22	22	23
2	12	24	19	21	15	24	13	27	18	13	19	17	27	31	25	12	22	17	26	28	24	26	24	18	14	25	8	25	12	29
3	15	16	20	15	19	19	27	19	21	19	23	14	23	20	30	20	18	35	22	13	23	22	16	23	22	19	31	15	15	19
4	13	29	16	19	18	25	17	18	10	24	25	31	13	15	20	17	14	13	29	24	19	27	14	16	17	25	19	17	21	20
5	25	31	15	19	19	20	28	21	30	25	21	21	20	20	21	16	21	11	21	22	22	16	18	16	26	21	32	22	23	20
6	26	15	20	25	16	25	5	21	17	28	24	23	20	24	30	17	19	23	19	22	29	22	15	25	17	16	27	8	20	21
7	25	24	23	16	16	10	18	21	29	16	20	27	18	29	21	22	15	15	19	26	33	25	15	17	31	23	21	11	31	19
8	29	17	24	31	23	23	26	25	23	26	24	18	22	26	27	30	33	29	19	27	22	15	15	25	16	27	20	38	25	15
9	22	8	18	12	25	31	21	20	26	14	19	17	18	30	23	18	26	18	23	20	19	17	15	13	28	26	15	22	18	22
10	20	18	26	8	13	15	28	20	29	21	26	21	8	13	18	26	17	21	20	24	18	23	12	20	19	22	21	29	14	20
11	12	19	18	16	28	19	18	16	21	9	28	18	22	18	19	29	20	14	21	12	16	22	20	38	29	24	26	19	20	24
12	18	29	34	19	23	22	25	7	23	19	28	28	21	18	15	20	19	28	16	11	14	21	25	23	21	23	22	23	30	21
13	16	26	21	15	15	27	12	17	23	21	24	26	19	19	22	14	15	24	28	21	24	14	21	20	21	29	30	32	21	12
14	15	19	22	25	11	32	18	23	8	31	25	16	28	16	16	19	18	34	24	22	15	26	31	18	15	26	18	10	25	14
15	24	23	21	25	28	29	10	19	9	24	24	23	15	12	27	13	20	21	15	20	22	23	21	17	25	23	30	14	17	23
16	15	25	19	20	26	25	29	19	23	25	27	21	33	33	16	27	18	20	16	28	19	26	21	22	16	17	18	19	22	25
17	26	38	26	19	18	23	21	18	15	25	17	26	29	16	28	11	32	25	15	29	32	26	11	17	26	25	20	25	16	14
18	32	18	25	25	22	26	22	20	23	30	16	18	17	12	24	21	19	19	25	23	21	22	20	14	12	17	14	28	18	11
19	24	20	23	14	32	20	26	21	19	16	35	22	18	31	22	18	20	18	19	17	11	15	14	16	21	28	13	26	24	27
20	22	12	18	16	22	15	13	23	23	13	19	13	18	19	26	25	15	24	14	26	18	20	25	16	20	14	19	19	26	16
21	24	14	30	21	27	27	13	15	29	13	22	21	25	19	23	14	23	25	24	18	18	21	23	31	33	19	17	18	29	20
22	30	29	16	17	13	17	27	18	28	28	11	29	19	22	33	13	14	18	13	14	17	18	25	6	22	34	19	35	26	21
23	15	23	28	30	23	24	23	21	22	14	24	22	29	24	30	11	27	26	7	18	17	27	24	29	29	32	15	25	19	16
24	24	24	20	16	21	35	24	16	20	17	20	22	14	19	17	21	31	27	19	30	33	17	22	13	31	19	21	24	9	30
25	15	13	10	27	21	23	16	17	17	19	15	19	20	20	23	18	21	16	29	24	20	18	20	18	23	19	15	18	18	18
26	23	16	30	23	17	27	11	20	24	22	13	28	29	16	25	22	17	24	16	14	13	24	25	9	13	20	21	27	29	26
27	21	29	25	20	10	16	23	16	16	16	15	24	7	19	22	16	27	31	18	24	12	24	23	24	17	17	23	30	22	22
28	21	17	15	28	16	16	13	24	18	24	21	23	25	19	26	26	21	16	22	34	10	18	24	19	28	28	32	18	18	27
29	20	24	24	15	26	21	22	19	30	19	20	24	4	21	26	21	22	25	26	28	17	42	28	28	30	20	20	19	18	15
30	14	20	28	17	24	16	23	22	19	31	22	29	21	28	12	17	11	12	34	9	26	28	22	25	26	16	26	20	21	27
31	29	17	15	23	21	18	14	30	27	23	25	25	20	23	13	19	22	33	25	19	22	23	24	15	26	22	22	22	23	12
32	24	19	21	15	24	13	27	18	13	19	17	27	31	25	12	22	17	26	28	24	26	24	18	14	25	8	25	12	29	20
33	16	20	15	19	19	27	19	21	19	23	14	23	20	30	20	18	35	22	13	23	22	16	23	22	19	31	15	15	19	17
34	29	16	19	18	25	17	18	10	24	25	31	13	15	20	17	14	13	29	24	19	27	14	16	17	25	19	17	21	20	30
35	31	15	19	19	20	28	21	30	25	21	21	20	20	21	16	21	11	21	22	22	16	18	16	26	21	32	22	23	20	18
36	15	20	25	16	25	5	21	17	28	24	23	20	24	30	17	19	23	19	22	29	22	15	25	17	16	27	8	20	21	18
37	24	23	16	16	10	18	21	29	16	20	27	18	29	21	22	15	15	19	26	33	25	15	17	31	23	21	11	31	19	19
38	17	24	31	23	23	26	25	23	26	24	18	22	26	27	30	33	29	19	27	22	15	15	25	16	27	20	38	25	15	27
39	8	18	12	25	31	21	20	26	14	19	17	18	30	23	18	26	18	23	20	19	17	15	13	28	26	15	22	18	22	22
40	18	26	8	13	15	28	20	29	21	26	21	8	13	18	26	17	21	20	24	18	23	12	20	19	22	21	29	14	20	13
41	19	18	16	28	19	18	16	21	9	28	18	22	18	19	29	20	14	21	12	16	22	20	38	29	24	26	19	20	24	18
42	29	34	19	23	22	25	7	23	19	28	28	21	18	15	20	19	28	16	11	14	21	25	23	21	23	22	23	30	21	29
43	26	21	15	15	27	12	17	23	21	24	26	19	19	22	14	15	24	28	21	24	14	21	20	21	29	30	32	21	12	25
44	19	22	25	11	32	18	23	8	31	25	16	28	16	16	19	18	34	24	22	15	26	31	18	15	26	18	10	25	14	21
45	23	21	25	28	29	10	19	9	24	24	23	15	12	27	13	20	21	15	20	22	23	21	17	25	23	30	14	17	23	19
46	25	19	20	26	25	29	19	23	25	27	21	33	33	16	27	18	20	16	28	19	26	21	22	16	17	18	19	22	25	19
47	38	26	19	18	23	21	18	15	25	17	26	29	16	28	11	32	25	15	29	32	26	11	17	26	25	20	25	16	14	24
48	18	25	25	22	26	22	20	23	30	16	18	17	12	24	21	19	19	25	23	21	22	20	14	12	17	14	28	18	11	22
49	20	23	14	32	20	26	21	19	16	35	22	18	31	22	18	20	18	19	17	11	15	14	16	21	28	13	26	24	27	18
50	12	18	16	22	15	13	23	23	13	19	13	18	19	26	25	15	24	14	26	18	20	25	16	20	14	19	19	26	16	23
51	14	30	21	27	27	13	15	29	13	22	21	25	19	23	14	23	25	24	18	18	21	23	31	33	19	17	18	29	20	15
52	29	16	17	13	17	27	18	28	28	11	29	19	22	33	13	14	18	13	14	17	18	25	6	22	34	19	35	26	21	23
53	23	28	30	23	24	23	21	22	14	24	22	29	24	30	11	27	26	7	18	17	27	24	29	29	32	15	25	19	16	19
54	24	20	16	21	35	24	16	20	17	20	22	14	19	17	21	31	27	19	30	33	17	22	13	31	19	21	24	9	30	19
55	13	10	27	21	23	16	17	17	19	15	19	20	20	23	18	21	16	29	24	20	18	20	18	23	19	15	18	18	18	21
56	16	30	23	17	27	11	20	24	22	13	28	29	16	25	22	17	24	16	14	13	24	25	9	13	20	21	27	29	26	17
57	29	25	20	10	16	23	16	16	16	15	24	7	19	22	16	27	31	18	24	12	24	23	24	17	17	23	30	22	22	30
58	17	15	28	16	16	13	24	18	24	21	23	25	19	26	26	21	16	22	34	10	18	24	19	28	28	32	18	18	27	25
59	24	24	15	26	21	22	19	30	19	20	24	4	21	26	21	22	25	26	28	17	42	28	28	30	20	20	19	18	15	14

(Vertical label at left, rows 25–31: S E C O N D S)

Minutes

Seconds	30	31	32	33	34	35	36	37	38	39	40	41	42	43	44	45	46	47	48	49	50	51	52	53	54	55	56	57	58	59
0	27	23	23	31	19	15	15	32	12	31	28	19	23	29	18	20	14	26	22	13	24	21	23	12	27	31	14	19	16	15
1	12	25	20	23	18	18	23	17	16	24	22	16	13	20	12	21	16	30	22	25	30	29	26	22	19	20	14	18	16	28
2	20	12	20	17	20	29	21	20	17	10	17	27	30	22	21	22	23	29	20	19	23	19	21	28	22	24	16	18	15	23
3	17	24	14	18	17	20	26	24	15	12	23	29	22	29	27	35	22	22	15	21	24	26	18	26	21	25	29	25	21	15
4	30	19	25	30	19	25	24	23	19	16	18	34	15	27	19	20	12	28	23	21	23	20	37	28	30	21	28	25	24	26
5	18	24	22	24	21	22	15	15	26	12	21	16	21	28	22	16	17	23	27	27	25	25	19	20	22	20	19	25	30	28
6	18	22	23	23	30	15	17	19	16	21	39	22	20	17	13	29	20	23	18	15	27	22	27	21	25	22	14	26	31	19
7	19	12	18	12	20	23	15	26	16	22	17	27	28	26	17	18	10	19	22	26	15	13	31	23	19	16	27	25	30	20
8	27	16	13	23	20	26	17	16	21	19	8	18	35	22	20	30	9	22	22	17	22	24	20	25	30	14	14	13	13	21
9	22	22	14	21	25	12	21	31	25	27	21	12	15	18	25	28	13	17	20	23	33	27	28	27	15	18	21	19	9	10
10	13	20	14	16	23	24	17	29	26	21	18	18	24	26	16	21	19	18	12	28	29	24	21	27	21	19	15	23	22	22
11	18	18	22	27	26	18	19	24	15	18	26	18	35	12	18	18	14	25	20	27	26	25	31	20	14	28	20	25	26	21
12	29	25	22	28	18	25	16	14	21	20	27	15	29	17	24	24	27	22	10	25	27	16	23	20	25	23	25	27	16	14
13	25	17	24	10	13	19	12	26	25	16	17	23	19	20	15	18	25	24	17	17	21	19	24	29	23	22	16	27	19	19
14	21	15	21	25	28	20	19	15	32	16	17	23	28	22	13	24	26	11	29	19	26	17	19	24	26	17	22	25	21	19
15	19	18	14	19	23	19	26	15	15	21	19	22	9	26	12	15	33	27	23	24	22	16	15	22	23	22	17	18	13	26
16	19	21	17	34	18	25	18	23	18	19	17	23	14	22	24	20	24	21	24	16	28	26	23	19	24	19	29	17	16	17
17	24	22	24	14	15	25	21	22	23	12	26	25	23	27	21	18	24	20	15	29	19	22	26	24	24	26	18	19	22	20
18	22	21	13	25	25	27	25	20	18	24	22	19	31	17	11	22	32	15	23	24	18	21	18	14	34	21	20	13	20	21
19	18	30	20	20	18	17	17	19	24	25	13	26	29	24	13	9	20	16	19	18	16	11	20	18	11	18	19	16	24	22
20	23	25	22	26	21	25	20	18	21	15	22	19	19	25	16	23	15	20	12	17	23	16	17	22	20	31	22	19	29	23
21	15	25	23	20	19	16	18	26	11	9	25	20	25	25	13	15	34	15	18	26	29	28	17	20	21	21	12	26	12	17
22	23	12	26	17	28	19	17	23	9	35	11	11	14	10	23	32	26	20	11	16	27	29	22	26	22	24	12	10	20	13
23	19	23	18	27	16	19	22	13	20	16	27	22	26	9	15	28	18	27	28	19	20	8	27	25	25	26	17	18	18	11
24	19	21	22	10	20	19	26	18	21	13	13	18	21	21	18	24	19	20	15	18	32	28	8	25	16	22	25	15	16	15
25	21	24	22	27	18	24	20	31	10	20	15	18	18	15	16	19	26	25	19	19	23	10	15	18	35	23	13	26	18	27
26	17	22	18	24	24	11	16	27	23	17	24	24	22	19	18	34	17	21	20	18	14	21	11	21	12	20	20	13	9	13
27	30	18	24	23	30	11	25	26	23	18	14	28	23	11	26	8	17	25	22	21	13	18	20	23	27	25	23	22	21	27
28	25	24	19	20	23	17	18	18	19	12	14	15	29	24	27	15	16	24	12	28	10	24	14	18	23	22	20	16	14	29
29	14	25	22	24	15	17	27	16	19	21	25	22	17	23	23	16	21	20	29	29	28	22	20	29	19	16	17	24	10	11
30	23	23	31	19	15	15	32	12	31	28	19	23	29	18	20	14	26	22	13	24	21	23	12	27	31	14	19	16	15	16
31	25	20	23	18	18	23	17	16	24	22	16	13	20	12	21	16	30	22	25	30	29	26	22	19	20	14	18	16	28	16
32	12	20	17	20	29	21	20	17	10	17	27	30	22	21	22	23	29	20	19	23	19	21	28	22	24	16	18	15	23	18
33	24	14	18	17	20	26	24	15	12	23	29	22	29	27	35	22	22	15	21	24	26	18	26	21	25	29	25	21	15	21
34	19	25	30	19	25	24	23	19	16	18	34	15	27	19	20	12	28	23	21	23	20	37	28	30	21	28	25	24	26	23
35	24	22	24	21	22	15	15	26	12	21	16	21	28	22	16	17	23	27	27	25	25	19	20	22	20	19	25	30	28	15
36	22	23	23	30	15	17	19	16	21	39	22	20	17	13	29	20	23	18	15	27	22	27	21	25	22	14	26	31	19	24
37	12	18	12	20	23	15	26	16	22	17	27	28	26	17	18	10	19	22	26	15	13	31	23	19	16	27	25	30	20	26
38	16	13	23	20	26	17	16	21	19	8	18	35	22	20	30	9	22	22	17	22	24	20	25	30	14	14	13	13	21	21
39	22	14	21	25	12	21	31	25	27	21	12	15	18	25	28	13	17	20	23	33	27	28	27	15	18	21	19	9	10	23
40	20	14	16	23	24	17	29	26	21	18	18	24	26	16	21	19	18	12	28	29	24	21	27	21	19	15	23	22	22	28
41	18	22	27	26	18	19	24	15	18	26	18	35	12	18	18	14	25	20	27	26	25	31	20	14	28	20	25	26	21	22
42	25	22	28	18	25	16	14	21	20	27	15	29	17	24	24	27	22	10	25	27	16	23	20	25	23	25	27	16	14	9
43	17	24	10	13	19	12	26	25	16	17	23	19	20	15	18	25	24	17	17	21	19	24	29	23	22	16	27	19	19	22
44	15	21	25	28	20	19	15	32	16	17	23	28	22	13	24	26	11	29	19	26	17	19	24	26	17	22	25	21	19	15
45	18	14	19	23	19	26	15	15	21	19	22	9	26	12	15	33	27	23	24	22	16	15	22	23	22	17	18	13	26	20
46	21	17	34	18	25	18	23	18	19	17	23	14	22	24	20	24	21	24	16	28	26	23	19	24	19	29	17	16	17	18
47	22	24	14	15	25	21	22	23	12	26	25	23	27	21	18	24	20	15	29	19	22	26	24	24	26	18	19	22	20	19
48	21	13	25	25	27	25	20	18	24	22	19	31	17	11	22	32	15	23	24	18	21	18	14	34	21	20	13	20	21	21
49	30	20	20	18	17	17	19	24	25	13	26	29	24	13	9	20	16	19	18	16	11	20	18	11	18	19	16	24	22	18
50	25	22	26	21	25	20	18	21	15	22	19	19	25	16	23	15	20	12	17	23	16	17	22	20	31	22	19	29	23	13
51	25	23	20	19	16	18	26	11	9	25	20	25	25	13	15	34	15	18	26	29	28	17	20	21	21	12	26	12	17	24
52	12	26	17	28	19	17	23	9	35	11	11	14	10	23	32	26	20	11	16	27	29	22	26	22	24	12	10	20	13	28
53	23	18	27	16	19	22	13	20	16	27	22	26	9	15	28	18	27	28	19	20	8	27	25	25	26	17	18	18	11	20
54	21	22	10	20	19	26	18	21	13	13	18	21	21	18	24	19	20	15	18	32	28	8	25	16	22	25	15	16	15	14
55	24	22	27	18	24	20	31	10	20	15	18	18	15	16	19	26	25	19	19	23	10	15	18	35	23	13	26	18	27	26
56	22	18	24	24	11	16	27	23	17	24	24	22	19	18	34	17	21	20	18	14	21	11	21	12	20	20	13	9	13	26
57	18	24	23	30	11	25	26	23	18	14	28	23	11	26	8	17	25	22	21	13	18	20	23	27	25	23	22	21	27	21
58	24	19	20	23	17	18	18	19	12	14	15	29	24	27	15	16	24	12	28	10	24	14	18	23	22	20	16	14	29	18
59	25	22	24	15	17	27	16	19	21	25	22	17	23	23	16	21	20	29	29	28	22	20	29	19	16	17	24	10	11	23

8-Sided Dice (1 – 8)

1D8

Minutes

The left column gives **Seconds** (0–59); column headers give Minutes (0–29).

Sec	0	1	2	3	4	5	6	7	8	9	10	11	12	13	14	15	16	17	18	19	20	21	22	23	24	25	26	27	28	29
0	2	3	7	3	1	2	3	3	6	6	8	5	4	3	3	7	1	2	1	1	8	3	1	3	3	2	6	3	7	8
1	4	6	3	3	3	7	7	1	7	7	2	3	5	6	8	1	6	4	3	5	5	4	6	3	6	2	8	6	1	3
2	4	4	1	6	2	2	4	2	3	5	3	2	3	5	7	6	2	6	6	7	6	5	6	3	1	5	6	4	4	3
3	5	2	2	7	1	4	1	5	5	3	8	7	1	8	1	4	6	6	5	2	4	3	5	4	3	8	5	2	4	6
4	4	1	1	5	5	6	4	8	1	7	1	5	7	4	1	5	1	7	6	2	6	8	5	4	2	8	1	4	7	6
5	6	6	5	8	7	1	3	4	5	7	7	2	5	8	6	1	7	7	6	7	8	1	8	7	4	5	7	1	4	5
6	4	5	5	8	7	1	8	3	6	3	8	6	2	5	8	4	8	3	1	6	8	5	4	1	5	1	4	1	4	5
7	4	8	4	1	5	7	1	2	5	8	2	1	5	2	6	5	7	2	6	5	6	7	3	2	4	1	1	3	6	8
8	4	1	8	3	5	4	4	1	1	2	3	6	1	7	1	6	2	5	7	3	3	8	2	5	7	1	1	3	7	2
9	5	4	5	6	1	1	7	3	3	8	7	4	7	8	2	7	7	6	5	4	5	1	4	2	6	3	6	1	3	8
10	8	8	3	4	6	3	4	7	2	1	7	1	5	6	8	8	7	4	3	1	1	5	6	8	6	6	8	5	5	2
11	6	8	4	3	1	1	8	3	8	8	8	8	2	1	3	8	6	1	7	7	1	6	8	4	8	3	5	1	3	8
12	6	1	5	1	8	3	1	8	5	8	4	7	6	1	4	4	6	7	7	5	8	6	5	3	5	3	4	8	6	1
13	4	8	4	6	2	7	7	1	4	8	6	2	8	2	4	4	6	5	1	7	8	1	3	6	1	6	5	5	1	3
14	3	8	3	4	1	1	3	6	3	5	5	8	5	6	2	8	1	4	2	7	8	8	7	4	1	2	7	4	5	5
15	6	3	1	7	1	7	1	5	8	6	3	3	7	7	1	6	3	3	4	4	1	5	2	3	8	5	6	5	5	7
16	1	1	3	3	6	3	8	7	4	4	4	8	4	8	4	1	6	7	8	5	1	7	1	5	5	5	6	5	2	1
17	1	8	5	7	7	5	6	3	5	8	7	2	8	4	2	8	6	3	1	7	8	2	5	6	1	7	6	7	3	1
18	3	2	4	3	5	8	5	1	1	4	5	7	2	6	5	7	1	7	3	1	6	3	4	4	5	8	7	1	2	6
19	8	5	7	3	8	6	6	8	5	3	3	2	8	7	8	3	2	3	5	7	8	8	7	8	3	4	3	5	5	2
20	5	8	1	3	3	2	7	4	4	6	4	5	4	5	5	5	4	3	8	1	5	7	8	6	2	8	8	6	7	4
21	1	7	2	8	6	6	4	4	5	7	3	4	1	2	4	8	7	2	6	2	2	7	7	6	2	7	6	4	5	2
22	6	2	2	8	1	1	8	6	7	7	4	7	4	1	5	1	3	6	3	3	8	5	2	6	7	5	3	1	1	1
23	8	8	7	2	1	4	2	8	3	8	6	3	8	3	6	5	8	7	1	1	2	5	1	1	3	6	8	5	6	4
24	5	8	6	6	8	8	4	8	5	5	6	4	7	2	7	6	7	4	7	3	1	3	3	2	8	7	2	3	8	4
25	1	8	4	7	4	5	7	4	1	5	7	7	8	1	4	7	4	8	8	3	4	2	2	6	1	2	1	5	7	7
26	6	4	8	6	4	5	1	5	8	4	8	7	7	1	3	4	3	8	6	6	4	6	2	4	8	5	5	6	7	4
27	8	7	8	4	1	2	4	7	3	2	7	8	2	8	1	6	6	6	4	3	5	4	5	5	6	8	2	5	7	2
28	4	8	7	3	1	6	4	7	5	2	2	6	8	8	4	5	4	3	8	3	2	7	6	3	7	6	7	5	3	8
29	7	8	7	8	5	8	8	8	5	7	7	5	5	4	2	6	4	5	8	8	4	8	2	1	3	2	6	7	4	2
30	3	7	3	1	2	3	3	6	6	8	5	4	3	3	7	1	2	1	1	8	3	1	3	3	2	6	3	7	8	8
31	6	3	3	3	7	7	1	7	7	2	3	5	6	8	1	6	4	3	5	5	4	6	3	6	2	8	6	1	3	2
32	4	1	6	2	2	4	2	3	5	3	2	3	5	7	6	2	6	6	7	6	5	6	3	1	5	6	4	4	3	7
33	2	2	7	1	4	1	5	5	3	8	7	1	8	1	4	6	6	5	2	4	3	5	4	3	8	5	2	4	6	8
34	1	1	5	5	6	4	8	1	7	1	5	7	4	1	5	1	7	6	2	6	8	5	4	2	8	1	4	7	6	2
35	6	5	8	7	1	3	4	5	7	7	2	5	8	6	1	7	7	6	7	8	1	8	7	4	5	7	1	4	5	1
36	5	5	8	7	1	8	3	6	3	8	6	2	5	8	4	8	3	1	6	8	5	4	1	5	1	4	1	4	5	2
37	8	4	1	5	7	1	2	5	8	2	1	5	2	6	5	7	2	6	5	6	7	3	2	4	1	1	3	6	8	6
38	1	8	3	5	4	4	1	1	2	3	6	1	7	1	6	2	5	7	3	3	8	2	5	7	1	1	3	7	2	5
39	4	5	6	1	1	7	3	3	8	7	4	7	8	2	7	7	6	5	4	5	1	4	2	6	3	6	1	3	8	7
40	8	3	4	6	3	4	7	2	1	7	1	5	6	8	8	7	4	3	1	1	5	6	8	6	6	8	5	5	2	1
41	8	4	3	1	1	8	3	8	8	8	8	2	1	3	8	6	1	7	7	1	6	8	4	8	3	5	1	3	8	3
42	1	5	1	8	3	1	8	5	8	4	7	6	1	4	4	6	7	7	5	8	6	5	3	5	3	4	8	6	1	6
43	8	4	6	2	7	7	1	4	8	6	2	8	2	4	4	6	5	1	7	8	1	3	6	1	6	5	5	1	3	8
44	8	3	4	1	1	3	6	3	5	5	8	5	6	2	8	1	4	2	7	8	8	7	4	1	2	7	4	5	5	2
45	3	1	7	1	7	1	5	8	6	3	3	7	7	1	6	3	3	4	4	1	5	2	3	8	5	6	5	5	7	5
46	1	3	3	6	3	8	7	4	4	4	8	4	8	4	1	6	7	8	5	1	7	1	5	5	5	6	5	2	1	6
47	8	5	7	7	5	6	3	5	8	7	2	8	4	2	8	6	3	1	7	8	2	5	6	1	7	6	7	3	1	2
48	2	4	3	5	8	5	1	1	4	5	7	2	6	5	7	1	7	3	1	6	3	4	4	5	8	7	1	2	6	8
49	5	7	3	8	6	6	8	5	3	3	2	8	7	8	3	2	3	5	7	8	8	7	8	3	4	3	5	5	2	2
50	8	1	3	3	2	7	4	4	6	4	5	4	5	5	5	4	3	8	1	5	7	8	6	2	8	8	6	7	4	
51	7	2	8	6	6	4	4	5	7	3	4	1	2	4	8	7	2	6	2	2	7	7	6	2	7	6	4	5	2	6
52	2	2	8	1	1	8	6	7	7	4	7	4	1	5	1	3	6	3	3	8	5	2	6	7	5	3	1	1	1	5
53	8	7	2	1	4	2	8	3	8	6	3	8	3	6	5	8	7	1	1	2	5	1	1	3	6	8	5	6	4	8
54	8	6	6	8	8	4	8	5	5	6	4	7	2	7	6	7	4	7	3	1	3	3	2	8	7	2	3	8	4	6
55	8	4	7	4	5	7	4	1	5	7	7	8	1	4	7	4	8	8	3	4	2	2	6	1	2	1	5	7	7	7
56	4	8	6	4	5	1	5	8	4	8	7	7	1	3	4	3	8	6	6	4	6	2	4	8	5	5	6	7	4	6
57	7	8	4	1	2	4	7	3	2	7	8	2	8	1	6	6	6	4	3	5	4	5	5	6	8	2	5	7	2	4
58	8	7	3	1	6	4	7	5	2	2	6	8	8	4	5	4	3	8	3	2	7	6	3	7	6	7	5	3	8	6
59	8	7	8	5	8	8	8	5	7	7	5	5	4	2	6	4	5	8	8	4	8	2	1	3	2	6	7	4	2	7

Left margin label (vertical): SECONDS

Minutes

Seconds	30	31	32	33	34	35	36	37	38	39	40	41	42	43	44	45	46	47	48	49	50	51	52	53	54	55	56	57	58	59
0	8	2	7	6	6	7	7	4	6	3	5	4	2	7	2	2	3	6	8	6	2	5	2	1	1	4	2	2	1	5
1	2	3	1	7	2	8	2	7	1	5	1	1	8	8	8	2	5	8	6	8	7	5	7	8	5	3	8	2	3	1
2	7	1	3	6	5	4	6	3	8	5	5	8	8	5	1	7	3	5	2	1	6	3	6	3	7	1	5	2	8	1
3	8	4	8	3	8	3	8	5	8	3	1	1	1	6	4	6	8	8	7	1	5	7	1	3	6	4	5	3	5	3
4	2	5	7	7	6	6	7	5	5	4	5	3	2	5	2	7	8	6	8	6	5	1	2	7	7	6	8	5	4	6
5	1	8	4	8	8	5	1	7	7	3	5	1	5	7	3	1	7	3	3	2	2	8	7	8	8	4	2	2	8	3
6	2	7	3	6	3	6	8	2	3	4	3	8	2	5	6	6	8	6	8	8	7	1	6	2	2	4	3	2	7	8
7	6	8	7	3	1	6	1	6	7	2	8	1	5	7	1	4	1	6	6	2	3	5	2	5	1	5	4	4	8	7
8	5	6	5	5	8	2	8	6	7	7	2	6	5	7	7	7	3	2	7	6	2	2	1	6	8	5	2	1	1	4
9	7	2	6	7	3	7	4	5	5	5	4	6	8	1	5	7	3	2	7	4	5	8	3	7	8	7	5	3	6	8
10	1	2	5	7	4	8	3	3	7	7	4	1	5	2	5	8	8	3	7	8	1	6	3	1	5	4	5	6	3	6
11	3	4	8	3	8	8	7	8	5	1	3	4	6	6	8	5	7	3	6	7	7	8	8	8	2	7	6	1	2	1
12	6	6	5	5	7	6	6	1	3	3	5	8	8	5	5	7	1	6	7	4	1	2	3	8	3	6	5	2	2	5
13	8	1	7	7	1	3	7	2	8	6	3	1	8	5	7	6	5	7	6	6	6	6	1	5	3	4	4	4	7	1
14	2	7	8	5	8	5	2	1	1	7	3	5	4	6	5	2	4	5	4	6	1	7	1	7	2	4	6	3	8	1
15	5	1	3	8	3	7	6	2	3	8	2	1	1	3	6	5	7	8	5	6	2	6	2	3	7	6	7	5	4	7
16	6	4	2	1	5	3	2	2	1	8	5	2	2	5	8	8	7	2	3	6	3	1	8	8	2	2	2	4	8	4
17	2	4	1	7	7	4	3	8	1	6	1	2	4	8	6	7	2	6	2	4	6	4	4	2	3	3	3	6	2	6
18	8	6	7	3	7	1	6	3	7	8	7	8	6	7	1	1	6	4	5	8	4	7	2	6	5	4	5	7	7	1
19	2	3	3	5	8	3	3	6	2	6	2	3	7	1	3	5	6	1	8	8	7	6	6	5	4	1	5	2	8	6
20	4	8	1	8	1	1	6	3	8	1	6	1	8	1	3	8	8	4	1	5	4	3	8	6	6	7	8	1	1	6
21	6	8	4	2	7	6	4	6	2	2	5	8	8	2	1	5	6	5	4	2	2	2	7	6	1	2	4	7	2	2
22	5	7	3	3	3	1	6	1	4	2	8	8	5	4	5	1	1	4	6	7	8	1	8	1	6	6	2	4	6	5
23	8	8	7	4	6	5	5	3	8	6	3	6	4	8	8	8	2	1	8	7	2	5	1	4	1	7	2	5	6	1
24	6	6	7	4	7	2	5	7	5	1	1	3	7	7	5	6	1	4	7	1	1	1	4	7	1	4	7	3	8	5
25	7	7	1	3	7	5	6	3	6	3	6	6	4	7	4	3	6	4	4	2	3	1	7	3	6	8	5	6	3	2
26	6	6	2	2	3	7	8	8	8	1	8	2	8	7	7	2	8	2	7	3	8	7	6	2	5	4	6	3	2	7
27	4	2	7	2	2	7	1	3	8	2	3	8	1	4	4	7	5	8	3	7	4	5	3	7	6	1	4	3	6	3
28	6	4	8	5	4	7	2	2	7	7	5	3	5	7	2	2	6	2	4	5	7	5	3	6	8	6	1	4	3	1
29	7	2	4	3	5	2	4	1	6	5	2	4	2	5	1	6	5	3	7	7	6	3	7	6	2	2	4	3	1	3
30	2	7	6	6	7	7	4	6	3	5	4	2	7	2	2	3	6	8	6	2	5	2	1	1	4	2	2	1	5	5
31	3	1	7	2	8	2	7	1	5	1	1	8	8	8	2	5	8	6	8	7	5	7	8	5	3	8	2	3	1	5
32	1	3	6	5	4	6	3	8	5	5	8	8	5	1	7	3	5	2	1	6	3	6	3	7	1	5	2	8	1	8
33	4	8	3	8	3	8	5	8	3	1	1	1	6	4	6	8	8	7	1	5	7	1	3	6	4	5	3	5	3	5
34	5	7	7	6	6	7	5	5	4	5	3	2	5	2	7	8	6	8	6	5	1	2	7	7	6	8	5	4	6	1
35	8	4	8	8	5	1	7	7	3	5	1	5	7	3	1	7	3	3	2	2	8	7	8	8	4	2	2	8	3	4
36	7	3	6	3	6	8	2	3	4	3	8	2	5	6	6	8	6	8	8	7	1	6	2	2	4	3	2	7	8	6
37	8	7	3	1	6	1	6	7	2	8	1	5	7	1	4	1	6	6	2	3	5	2	5	1	5	4	4	8	7	3
38	6	5	5	8	2	8	6	7	7	2	6	5	7	7	7	3	2	7	6	2	2	1	6	8	5	2	1	1	4	2
39	2	6	7	3	7	4	5	5	5	4	6	8	1	5	7	3	2	7	4	5	8	3	7	8	7	5	3	6	8	8
40	2	5	7	4	8	3	3	7	7	4	1	5	2	5	8	8	3	7	8	1	6	3	1	5	4	5	6	3	6	7
41	4	8	3	8	8	7	8	5	1	3	4	6	6	8	5	7	3	6	7	7	8	8	8	2	7	6	1	2	1	5
42	6	5	5	7	6	6	1	3	3	5	8	8	5	5	7	1	6	7	4	1	2	3	8	3	6	5	2	2	5	7
43	1	7	7	1	3	7	2	8	6	3	1	8	5	7	6	5	7	6	6	6	6	1	5	3	4	4	4	7	1	2
44	7	8	5	8	5	2	1	1	7	3	5	4	6	5	2	4	5	4	6	1	7	1	7	2	4	6	3	8	1	7
45	1	3	8	3	7	6	2	3	8	2	1	1	3	6	5	7	8	5	6	2	6	2	3	7	6	7	5	4	7	2
46	4	2	1	5	3	2	2	1	8	5	2	2	5	8	8	7	2	3	6	3	1	8	8	2	2	2	4	8	4	6
47	4	1	7	7	4	3	8	1	6	1	2	4	8	6	7	2	6	2	4	6	4	4	2	3	3	3	6	2	6	4
48	6	7	3	7	1	6	3	7	8	7	8	6	7	1	1	6	4	5	8	4	7	2	6	5	4	5	7	7	1	2
49	3	3	5	8	3	3	6	2	6	2	3	7	1	3	5	6	1	8	8	7	6	6	5	4	1	5	2	8	6	4
50	8	1	8	1	1	6	3	8	1	6	1	8	1	3	8	8	4	1	5	4	3	8	6	6	7	8	1	1	6	5
51	8	4	2	7	6	4	6	2	2	5	8	8	2	1	5	6	5	4	2	2	2	7	6	1	2	4	7	2	2	4
52	7	3	3	3	1	6	1	4	2	8	8	5	4	5	1	1	4	6	7	8	1	8	1	6	6	2	4	6	5	2
53	8	7	4	6	5	5	3	8	6	3	6	4	8	8	8	2	1	8	7	2	5	1	4	1	7	2	5	6	1	2
54	6	7	4	7	2	5	7	5	1	1	3	7	7	5	6	1	4	7	1	1	1	4	7	1	4	7	3	8	5	2
55	7	1	3	7	5	6	3	6	3	6	6	4	7	4	3	6	4	4	2	3	1	7	3	6	8	5	6	3	2	7
56	6	2	2	3	7	8	8	8	1	8	2	8	7	7	2	8	2	7	3	8	7	6	2	5	4	6	3	2	7	7
57	2	7	2	2	7	1	3	8	2	3	8	1	4	4	7	5	8	3	7	4	5	3	7	6	1	4	3	6	3	6
58	4	8	5	4	7	2	2	7	7	5	3	5	7	2	2	6	2	4	5	7	5	3	6	8	6	1	4	3	1	7
59	2	4	3	5	2	4	1	6	5	2	4	2	5	1	6	5	3	7	7	6	3	7	6	2	2	4	3	1	3	4

(Left margin, rows 25–31: **SECONDS** printed vertically)

2D8

Minutes

	0	1	2	3	4	5	6	7	8	9	10	11	12	13	14	15	16	17	18	19	20	21	22	23	24	25	26	27	28	29
0	16	10	11	9	13	12	6	6	6	2	14	8	13	9	13	10	13	7	12	10	8	5	5	5	12	13	11	10	2	7
1	4	14	9	7	10	9	10	11	11	13	2	9	7	2	3	8	14	8	9	6	10	8	12	9	13	6	12	7	9	16
2	14	11	9	9	9	11	8	10	5	5	9	7	14	7	8	10	6	12	9	13	9	10	11	14	11	10	15	7	11	13
3	5	11	14	6	10	11	7	9	11	12	9	6	14	8	11	9	12	8	13	7	8	9	13	7	11	8	6	4	11	2
4	10	13	9	8	6	7	5	3	6	10	7	5	4	10	10	11	11	10	11	11	8	12	14	11	3	5	6	6	8	7
5	9	11	8	13	9	3	9	11	10	7	9	6	9	7	14	8	9	2	3	11	7	15	6	11	2	9	8	4	6	3
6	9	2	12	8	11	13	7	3	6	10	10	13	6	14	5	14	3	9	5	14	10	13	11	4	10	9	3	7	16	13
7	8	12	7	12	3	16	8	8	14	9	9	10	12	13	2	13	9	6	5	7	9	4	7	12	9	14	2	14	4	9
8	8	4	6	5	8	7	12	8	6	9	8	13	3	14	11	6	4	6	10	11	7	14	12	14	5	10	11	7	10	9
9	11	9	15	11	8	9	10	7	5	15	9	9	2	5	15	15	8	9	6	6	9	11	10	13	3	7	15	15	3	5
10	9	11	12	5	8	8	8	9	10	11	12	10	2	4	9	7	8	7	11	12	7	11	10	5	9	8	5	10	8	13
11	11	10	11	11	7	11	9	7	8	5	6	10	8	10	4	10	6	13	8	12	13	4	4	4	11	15	12	15	8	10
12	11	4	9	7	7	12	8	16	6	3	10	15	9	3	11	5	14	8	13	9	7	14	11	7	3	13	14	10	4	8
13	8	9	15	7	7	12	12	13	10	7	10	7	9	9	7	5	7	10	7	12	6	11	4	11	5	14	8	13	2	10
14	7	8	8	8	9	14	10	7	13	6	15	2	7	8	6	11	8	14	9	12	15	6	11	14	8	11	9	2	8	10
15	10	16	6	10	10	9	4	11	3	7	11	13	9	9	9	12	9	10	8	8	6	8	9	3	11	13	8	11	2	10
16	8	7	12	12	14	6	9	14	11	11	7	7	4	11	8	10	11	6	5	15	9	9	15	5	11	13	15	7	8	12
17	8	4	9	3	6	5	2	12	9	8	13	13	4	5	4	10	11	4	6	3	8	9	6	10	7	14	5	9	12	8
18	12	9	5	5	8	12	14	12	7	12	5	6	14	8	14	9	8	15	7	15	5	14	10	6	11	9	11	7	9	
19	10	13	5	5	4	13	9	4	14	11	11	7	6	5	8	5	12	6	4	13	5	7	11	10	12	8	10	5	10	6
20	11	11	9	8	9	3	10	2	6	5	14	9	8	12	7	10	12	7	7	4	15	11	9	12	13	15	3	9	16	13
21	7	10	7	9	12	4	11	2	9	4	9	9	8	7	6	5	12	5	6	8	3	7	5	11	9	12	10	11	8	5
22	8	7	15	5	11	5	5	10	11	9	15	7	7	9	10	8	12	14	10	10	14	6	11	6	16	7	8	6	5	4
23	10	7	12	8	7	5	9	11	11	5	8	12	15	13	6	5	6	12	7	14	8	7	7	7	9	12	10	11	10	11
24	11	9	8	11	7	2	5	5	9	14	14	7	11	6	13	5	3	9	6	12	12	5	6	7	7	8	13	12	5	7
25	11	10	4	10	13	9	11	6	10	15	14	3	8	12	2	11	5	9	12	7	14	7	4	9	4	5	3	13	5	8
26	9	15	3	4	7	9	7	10	5	3	5	9	6	11	6	9	10	9	4	12	10	10	7	16	6	5	12	7	14	9
27	10	8	4	3	12	9	14	3	8	13	9	13	8	8	8	2	13	8	11	8	12	2	8	7	12	9	11	4	9	9
28	5	8	3	7	4	7	16	8	5	9	10	14	5	11	10	10	6	12	12	12	9	6	13	7	12	10	12	10	12	3
29	3	9	9	8	11	10	8	12	5	15	5	8	8	10	3	8	3	6	11	8	8	8	9	4	10	12	13	7	12	11
30	10	11	9	13	12	6	6	6	2	14	8	13	9	13	10	13	7	12	10	8	5	5	5	12	13	11	10	2	7	6
31	14	9	7	10	9	10	11	11	13	2	9	7	2	3	8	14	8	9	6	10	8	12	9	13	6	12	7	9	16	10
32	11	9	9	9	11	8	10	5	5	9	7	14	7	8	10	6	12	9	13	9	10	11	14	11	10	15	7	11	13	11
33	11	14	6	10	11	7	9	11	12	9	6	14	8	11	9	12	8	13	7	8	9	13	7	11	8	6	4	11	2	7
34	13	9	8	6	7	5	3	6	10	7	5	4	10	10	11	11	10	11	11	8	12	14	11	3	5	6	6	8	7	11
35	11	8	13	9	3	9	11	10	7	9	6	9	7	14	8	9	2	3	11	7	15	6	11	2	9	8	4	6	3	10
36	2	12	8	11	13	7	3	6	10	10	13	6	14	5	14	3	9	5	14	10	13	11	4	10	9	3	7	16	13	9
37	12	7	12	3	16	8	8	14	9	9	10	12	13	2	13	9	6	5	7	9	4	7	12	9	14	2	14	4	9	10
38	4	6	5	8	7	12	8	6	9	8	13	3	14	11	6	4	6	10	11	7	14	12	14	5	10	11	7	10	9	7
39	9	15	11	8	9	10	7	5	15	9	9	2	5	15	15	8	9	6	6	9	11	10	13	3	7	15	15	3	5	9
40	11	12	5	8	8	8	9	10	11	12	10	2	4	9	7	8	7	11	12	7	11	10	5	9	8	5	10	8	13	6
41	10	11	11	7	11	9	7	8	5	6	10	8	10	4	10	6	13	8	12	13	4	4	4	11	15	12	15	8	10	9
42	4	9	7	7	12	8	16	6	3	10	15	9	3	11	5	14	8	13	9	7	14	11	7	3	13	14	10	4	8	12
43	9	15	7	7	12	12	13	10	7	10	7	9	9	7	5	7	10	7	12	6	11	4	11	5	14	8	13	2	10	10
44	8	8	8	9	14	10	7	13	6	15	2	7	8	6	11	8	14	9	12	15	6	11	14	8	11	9	2	8	10	12
45	16	6	10	10	9	4	11	3	7	11	13	9	9	9	12	9	10	8	8	6	8	9	3	11	13	8	11	2	10	8
46	7	12	12	14	6	9	14	11	11	7	7	4	11	8	10	11	6	5	15	9	9	15	5	11	13	15	7	8	12	7
47	4	9	3	6	5	2	12	9	8	13	13	4	5	4	10	11	4	6	3	8	9	6	10	7	14	5	9	12	8	16
48	9	5	5	8	12	14	12	7	12	5	6	14	8	8	14	9	8	15	7	15	5	14	10	6	11	9	11	7	9	11
49	13	5	5	4	13	9	4	14	11	11	7	6	5	8	5	12	6	4	13	5	7	11	10	12	8	10	5	10	6	11
50	11	9	8	9	3	10	2	6	5	14	9	8	12	7	10	12	7	7	4	15	11	9	12	13	15	3	9	16	13	3
51	10	7	9	12	4	11	2	9	4	9	9	8	7	6	5	12	5	6	8	3	7	5	11	9	12	10	11	8	5	11
52	7	15	5	11	5	5	10	11	9	15	7	7	9	10	8	12	14	10	10	14	6	11	6	16	7	8	6	5	4	9
53	7	12	8	7	5	9	11	11	5	8	12	15	13	6	5	6	12	7	14	8	7	7	7	9	12	10	11	10	11	13
54	9	8	11	7	2	5	5	9	14	14	7	11	6	13	5	3	9	6	12	12	5	6	7	7	8	13	12	5	7	3
55	10	4	10	13	9	11	6	10	15	14	3	8	12	2	11	5	9	12	7	14	7	4	9	4	5	3	13	5	8	10
56	15	3	4	7	9	7	10	5	3	5	9	6	11	6	9	10	9	4	12	10	10	7	16	6	5	12	7	14	9	11
57	8	4	3	12	9	14	3	8	13	9	13	8	8	8	2	13	8	11	8	12	2	8	7	12	9	11	4	9	9	8
58	8	3	7	4	7	16	8	5	9	10	14	5	11	10	10	6	12	12	12	9	6	13	7	12	10	12	10	12	3	8
59	9	9	8	11	10	8	12	5	15	5	8	8	10	3	8	3	6	11	8	8	8	9	4	10	12	13	7	12	11	8

(Rows 25–31 labelled **SECONDS** along the left margin.)

58

Minutes

	30	31	32	33	34	35	36	37	38	39	40	41	42	43	44	45	46	47	48	49	50	51	52	53	54	55	56	57	58	59
0	6	7	6	6	8	15	5	4	12	2	4	12	12	13	7	9	8	6	3	6	9	6	13	7	8	12	12	12	8	11
1	10	8	9	4	3	6	15	4	14	9	14	11	8	6	12	7	2	7	9	6	10	8	9	6	12	8	11	10	8	9
2	11	2	12	11	9	8	10	10	6	5	9	14	5	8	9	8	10	9	3	9	4	10	8	11	7	10	11	13	10	7
3	7	8	9	14	9	14	8	14	14	4	12	11	3	10	10	15	3	11	14	5	8	10	4	6	8	14	12	13	14	14
4	11	5	5	3	10	8	8	5	14	9	6	8	6	3	7	3	10	5	14	10	10	10	14	3	13	4	8	9	4	13
5	10	12	11	10	3	14	13	11	10	10	9	4	6	9	10	8	11	6	12	5	10	6	8	7	9	6	7	12	12	7
6	9	9	11	9	9	14	10	11	5	14	9	9	13	4	9	8	8	5	11	13	10	10	13	11	9	9	16	10	8	6
7	10	7	7	13	11	8	6	12	13	9	10	4	4	6	9	10	8	10	9	7	7	14	6	10	3	14	6	7	8	10
8	7	7	7	14	8	7	10	14	4	11	9	8	9	8	14	2	8	7	9	8	4	9	10	10	8	2	12	12	7	2
9	9	7	11	8	12	10	12	6	8	10	3	9	8	6	4	11	11	8	9	8	5	6	10	9	14	7	11	6	2	11
10	6	8	9	6	9	9	10	6	12	9	6	8	8	10	4	10	10	9	10	9	6	5	7	11	9	10	9	7	12	10
11	9	7	4	8	13	5	9	9	7	8	6	12	15	15	9	11	7	5	16	15	15	9	14	4	11	16	13	7	9	8
12	12	7	6	15	12	11	11	7	11	12	9	10	6	13	5	2	12	14	7	14	11	6	10	13	10	15	11	10	9	9
13	10	10	5	6	6	8	5	10	10	6	10	8	16	14	8	10	12	11	14	11	4	9	9	6	12	4	8	9	5	12
14	12	5	4	3	9	13	13	10	11	4	5	11	10	4	15	13	13	9	12	7	11	11	6	12	14	4	9	6	6	4
15	8	9	8	8	4	11	11	4	14	7	9	11	7	7	2	4	3	16	5	2	16	10	8	12	14	9	7	9	16	7
16	7	4	10	6	5	7	14	10	13	10	8	8	11	8	8	5	8	9	10	10	5	7	11	15	8	5	8	8	8	10
17	16	11	9	7	4	8	7	13	11	9	8	7	2	8	7	3	15	9	10	12	12	11	12	10	8	9	8	13	11	14
18	11	3	9	10	6	12	3	11	15	2	10	8	11	4	12	16	10	9	10	9	6	4	11	14	9	14	4	12	14	4
19	11	10	13	6	7	4	9	6	3	14	7	9	9	6	16	9	7	9	15	8	10	9	9	8	8	11	7	9	12	9
20	3	9	7	8	12	12	7	6	13	8	6	7	5	5	11	8	6	9	4	14	7	7	3	10	5	10	8	10	15	6
21	11	12	9	14	11	6	11	5	9	10	14	4	11	16	10	14	11	11	13	11	8	10	13	9	8	5	10	7	13	12
22	9	12	8	11	11	6	12	11	10	10	4	10	15	7	9	7	4	9	9	14	7	10	3	9	8	16	14	9	11	11
23	13	10	8	8	14	3	14	10	12	8	12	3	15	5	10	9	6	10	14	9	9	8	8	16	4	7	9	12	9	11
24	3	9	11	14	8	10	9	7	10	6	11	5	4	5	9	10	9	8	8	12	8	8	6	3	9	5	4	6	11	3
25	10	6	15	5	10	9	9	9	14	9	8	16	5	8	7	8	14	3	8	7	10	10	11	10	4	7	8	14	15	12
26	11	8	8	10	9	5	7	8	6	11	13	7	5	13	10	9	5	11	14	13	9	6	11	7	6	9	2	6	10	6
27	8	14	13	3	11	7	9	3	10	15	10	15	9	11	9	9	6	14	13	11	4	13	7	9	7	15	2	8	11	9
28	8	5	5	15	10	5	4	5	7	12	4	15	8	11	5	13	13	9	5	6	12	11	14	9	5	8	7	4	8	
29	8	7	14	10	5	11	6	6	14	13	7	2	3	9	12	13	7	13	9	7	7	6	13	8	6	8	8	12	6	11
30	7	6	6	8	15	5	4	12	2	4	12	12	13	7	9	8	6	3	6	9	6	13	7	8	12	12	12	8	11	5
31	8	9	4	3	6	15	4	14	9	14	11	8	6	12	7	2	7	9	6	10	8	9	6	12	8	11	10	8	9	8
32	2	12	11	9	8	10	10	6	5	9	14	5	8	9	8	10	9	3	9	4	10	8	11	7	10	11	13	10	7	8
33	8	9	14	9	14	8	14	14	4	12	11	3	10	10	15	3	11	14	5	8	10	4	6	8	14	12	13	14	14	11
34	5	5	3	10	8	8	5	14	9	6	8	6	3	7	3	10	5	14	10	10	10	14	3	13	4	8	9	4	13	4
35	12	11	10	3	14	13	11	10	10	9	4	6	9	10	8	11	6	12	5	10	6	8	7	9	6	7	12	12	7	10
36	9	11	9	9	14	10	11	5	14	9	9	13	4	9	8	8	5	11	13	10	10	13	11	9	9	16	10	8	6	10
37	7	7	13	11	8	6	12	13	9	10	4	4	6	9	10	8	10	9	7	7	14	6	10	3	14	6	7	8	10	11
38	7	7	14	8	7	10	14	4	11	9	8	9	8	14	2	8	7	9	8	4	9	10	10	8	2	12	12	7	2	4
39	7	11	8	12	10	12	6	8	10	3	9	8	6	4	11	11	8	9	8	5	6	10	9	14	7	11	6	2	11	12
40	8	9	6	9	9	10	6	12	9	6	8	8	10	4	10	10	9	10	9	6	5	7	11	9	10	9	7	12	10	9
41	7	4	8	13	5	9	9	7	8	6	12	15	15	9	11	7	5	16	15	15	9	14	4	11	16	13	7	9	8	10
42	7	6	15	12	11	11	7	11	12	9	10	6	13	5	2	12	14	7	14	11	6	10	13	10	15	11	10	9	9	11
43	10	5	6	6	8	5	10	10	6	10	8	16	14	8	10	12	11	14	11	4	9	9	6	12	4	8	9	5	12	8
44	5	4	3	9	13	13	10	11	4	5	11	10	4	15	13	13	9	12	7	11	11	6	12	14	4	9	6	6	4	11
45	9	8	8	4	11	11	4	14	7	9	11	7	7	2	4	3	16	5	2	16	10	8	12	14	9	7	9	16	7	10
46	4	10	6	5	7	14	10	13	10	8	8	11	8	8	5	8	9	10	10	5	7	11	15	8	5	8	8	8	10	3
47	11	9	7	4	8	7	13	11	9	8	7	2	8	7	3	15	9	10	12	12	11	12	10	8	9	8	13	11	14	9
48	3	9	10	6	12	3	11	15	2	10	8	11	4	12	16	10	9	10	9	6	4	11	14	9	14	4	12	14	4	5
49	10	13	6	7	4	9	6	3	14	7	9	9	6	16	9	7	9	15	8	10	9	9	8	8	11	7	9	12	9	7
50	9	7	8	12	12	7	6	13	8	6	7	5	5	11	8	6	9	4	14	7	7	3	10	5	10	8	10	15	6	9
51	12	9	14	11	6	11	5	9	10	14	4	11	16	10	14	11	11	13	11	8	10	13	9	8	5	10	7	13	12	10
52	12	8	11	11	6	12	11	10	10	4	10	15	7	9	7	4	9	9	14	7	10	3	9	8	16	14	9	11	11	12
53	10	8	8	14	3	14	10	12	8	12	3	15	5	10	9	6	10	14	9	9	8	8	16	4	7	9	12	9	11	5
54	9	11	14	8	10	9	7	10	6	11	5	4	5	9	10	9	8	8	12	8	8	6	3	9	5	4	6	11	3	10
55	6	15	5	10	9	9	9	14	9	8	16	5	8	7	8	14	3	8	7	10	10	11	10	4	7	8	14	15	12	4
56	8	8	10	9	5	7	8	6	11	13	7	5	13	10	9	5	11	14	13	9	6	11	7	6	9	2	6	10	6	12
57	14	13	3	11	7	9	3	10	15	10	15	9	11	9	9	6	14	13	11	4	13	7	9	7	15	2	8	11	9	13
58	5	5	15	10	5	4	5	8	7	12	4	15	8	11	5	13	13	9	5	6	12	11	14	9	5	8	7	4	8	15
59	7	14	10	5	11	6	6	14	13	7	2	3	9	12	13	7	13	9	7	7	6	13	8	6	8	8	12	6	11	13

(Left margin label for rows 25–31: S E C O N D S)

3D8

	0	1	2	3	4	5	6	7	8	9	10	11	12	13	14	15	16	17	18	19	20	21	22	23	24	25	26	27	28	29
0	19	16	11	17	14	11	12	14	4	13	5	10	15	12	18	8	13	12	10	16	12	9	14	8	12	17	10	16	11	11
1	19	17	17	15	12	16	13	11	15	7	6	7	11	17	17	13	18	5	10	11	9	11	19	16	15	20	18	13	10	17
2	16	14	4	8	10	15	13	17	14	11	15	13	17	18	21	4	9	6	15	11	11	10	16	11	12	17	17	16	23	10
3	15	17	22	11	7	11	9	13	17	11	15	7	19	9	9	15	9	6	12	13	14	18	14	11	11	17	12	19	10	18
4	14	11	14	14	8	14	8	7	12	8	15	15	6	9	14	18	14	12	13	8	18	19	12	10	12	10	19	19	14	14
5	23	17	19	7	14	21	5	16	9	15	8	9	23	17	19	6	11	13	13	12	19	10	16	17	12	9	12	13	14	8
6	12	17	10	16	15	7	15	13	14	12	15	15	13	7	9	11	10	19	10	8	6	14	19	8	14	17	8	9	14	11
7	7	16	12	8	15	13	15	14	15	10	9	11	15	15	15	21	11	10	8	7	16	10	7	15	8	14	14	13	5	7
8	15	9	14	13	15	15	11	14	18	11	12	17	9	15	20	14	16	10	11	13	14	17	14	12	11	17	21	9	21	14
9	11	7	11	14	13	15	11	18	23	7	13	10	14	12	17	14	14	12	13	13	17	10	14	15	14	14	16	18	10	13
10	14	11	14	12	17	16	11	16	13	3	13	20	8	9	14	20	6	16	11	5	7	13	17	14	20	7	13	6	11	16
11	15	14	8	20	18	13	13	14	15	17	8	9	6	10	12	6	19	13	20	15	15	11	23	19	9	21	8	13	15	8
12	23	14	14	18	15	22	7	11	15	18	11	19	14	17	9	11	16	22	14	9	13	21	19	13	15	14	16	10	10	13
13	16	19	6	14	14	9	13	12	21	7	18	11	17	11	18	11	13	7	17	12	10	10	14	17	12	11	13	7	16	13
14	12	10	16	15	11	9	9	15	16	20	13	14	11	7	15	20	19	14	14	17	20	15	21	12	14	8	10	7	14	13
15	18	12	12	14	15	16	20	12	16	13	13	19	6	13	15	16	12	18	15	16	16	9	5	13	19	11	15	20	17	17
16	6	6	15	16	12	10	21	21	10	12	16	15	15	8	20	11	14	14	12	17	13	13	17	15	12	19	20	7	15	16
17	10	18	12	13	22	14	16	10	16	11	10	12	11	17	8	14	8	9	14	13	15	17	5	12	11	14	12	14	12	11
18	14	14	13	17	13	15	14	9	13	16	7	11	19	11	20	15	7	17	10	13	9	18	7	15	12	16	10	10	18	11
19	18	9	17	15	8	8	9	9	12	10	13	17	8	12	15	9	8	6	6	12	14	11	14	7	15	12	10	14	10	16
20	11	10	5	12	12	8	17	14	15	13	17	15	15	15	17	9	7	10	4	8	15	12	9	17	17	6	11	5	11	10
21	5	13	12	19	9	18	16	19	21	9	16	8	17	13	14	9	14	15	13	8	8	7	6	4	9	18	12	15	14	7
22	12	16	17	10	13	19	20	15	14	13	10	8	4	11	15	10	16	20	15	7	13	19	12	15	15	21	13	19	5	11
23	13	14	10	13	7	15	18	16	17	9	15	11	18	11	23	18	19	13	13	10	8	18	11	12	14	9	10	9	20	16
24	13	14	11	21	15	19	11	15	11	7	9	18	12	12	10	17	16	16	10	16	15	11	12	16	16	15	21	15	11	14
25	18	9	16	15	11	13	14	18	10	16	11	9	13	12	8	13	12	15	11	18	15	9	11	21	8	15	16	22	11	9
26	11	13	11	19	16	19	13	11	24	15	12	8	10	16	15	17	12	15	16	14	12	14	8	17	16	14	18	16	12	12
27	19	14	8	15	8	20	12	15	16	13	16	20	18	12	19	5	10	10	16	14	8	14	17	11	9	7	14	16	14	15
28	14	12	14	13	16	12	11	20	17	15	17	4	12	14	21	11	10	17	16	18	15	9	17	17	12	16	17	11	19	6
29	14	12	8	13	14	19	14	14	18	12	13	10	18	16	17	17	18	17	15	10	13	14	19	16	11	15	18	14	14	4
30	16	11	17	14	11	12	14	4	13	5	10	15	12	18	8	13	12	10	16	12	9	14	8	12	17	10	16	11	11	18
31	17	17	15	12	16	13	11	15	7	6	7	11	17	17	13	18	5	10	11	9	11	19	16	15	20	18	13	10	17	16
32	14	4	8	10	15	13	17	14	11	15	13	17	18	21	4	9	6	15	11	11	10	16	11	12	17	17	16	23	10	17
33	17	22	11	7	11	9	13	17	11	15	7	19	9	9	15	9	6	12	13	14	18	14	11	11	17	12	19	10	18	9
34	11	14	14	8	14	8	7	12	8	15	15	6	9	14	18	14	12	13	8	18	19	12	10	12	10	19	19	14	14	17
35	17	19	7	14	21	5	16	9	15	8	9	23	17	19	6	11	13	13	12	19	10	16	17	12	9	12	13	14	8	16
36	17	10	16	15	7	15	13	14	12	15	15	13	7	9	11	10	19	10	8	6	14	19	8	14	17	8	9	14	11	9
37	16	12	8	15	13	15	14	15	10	9	11	15	15	15	21	11	10	8	7	16	10	7	15	8	14	14	13	5	7	9
38	9	14	13	15	15	11	14	18	11	12	17	9	15	20	14	16	10	11	13	14	17	14	12	11	17	21	9	21	14	13
39	7	11	14	13	15	11	18	23	7	13	10	14	12	17	14	14	12	13	13	17	10	14	15	14	14	16	18	10	13	15
40	11	14	12	17	16	11	16	13	3	13	20	8	9	14	20	6	16	11	5	7	13	17	14	20	7	13	6	11	16	11
41	14	8	20	18	13	13	14	15	17	8	9	6	10	12	6	19	13	20	15	15	11	23	19	9	21	8	13	15	8	21
42	14	14	18	15	22	7	11	15	18	11	19	14	17	9	11	16	22	14	9	13	21	19	13	15	14	16	10	10	13	15
43	19	6	14	14	9	13	12	21	7	18	11	17	11	18	11	13	7	17	12	10	10	14	17	12	11	13	7	16	13	11
44	10	16	15	11	9	9	15	16	20	13	14	11	7	15	20	19	14	14	17	20	15	21	12	14	8	10	7	14	13	11
45	12	12	14	15	16	20	12	16	13	13	19	6	13	15	16	12	18	15	16	16	9	5	13	19	11	15	20	17	17	15
46	6	15	16	12	10	21	21	10	12	16	15	15	8	20	11	14	14	12	17	13	13	17	15	12	19	20	7	15	16	15
47	18	12	13	22	14	16	10	16	11	10	12	11	17	8	14	8	9	14	13	15	17	5	12	11	14	12	14	12	11	13
48	14	13	17	13	15	14	9	13	16	7	11	19	11	20	15	7	17	10	13	9	18	7	15	12	16	10	10	18	11	17
49	9	17	15	8	8	9	9	12	10	13	17	8	12	15	9	8	6	6	12	14	11	14	7	15	12	10	14	10	16	13
50	10	5	12	12	8	17	14	15	13	17	15	15	15	17	9	7	10	4	8	15	12	9	17	17	6	11	5	11	10	5
51	13	12	19	9	18	16	19	21	9	16	8	17	13	14	9	14	15	13	8	8	7	6	4	9	18	12	15	14	7	14
52	16	17	10	13	19	20	15	14	13	10	8	4	11	15	10	16	20	15	7	13	19	12	15	15	21	13	19	5	11	14
53	14	10	13	7	15	18	16	17	9	15	11	18	11	23	18	19	13	13	10	8	18	11	12	14	9	10	9	20	16	11
54	14	11	21	15	19	11	15	11	7	9	18	12	12	10	17	16	16	10	16	15	11	12	16	16	15	21	15	11	14	7
55	9	16	15	11	13	14	18	10	16	11	9	13	12	8	13	12	15	11	18	15	9	11	21	8	15	16	22	11	9	12
56	13	11	19	16	19	13	11	24	15	12	8	10	16	15	17	12	15	16	14	12	14	8	17	16	14	18	16	12	12	14
57	14	8	15	8	20	12	15	16	13	16	20	18	12	19	5	10	10	16	14	8	14	17	11	9	7	14	16	14	15	15
58	12	14	13	16	12	11	20	17	15	17	4	12	14	21	11	10	17	16	18	15	9	17	17	12	16	17	11	19	6	9
59	12	8	13	14	19	14	14	18	12	13	10	18	16	17	17	18	17	15	10	13	14	19	16	11	15	18	14	14	4	14

(Left margin, spanning rows 25–31: SECONDS)

60

	30	31	32	33	34	35	36	37	38	39	40	41	42	43	44	45	46	47	48	49	50	51	52	53	54	55	56	57	58	59
0	18	13	17	8	15	15	12	13	12	17	6	10	11	14	13	18	15	13	8	17	13	7	15	12	13	5	15	19	7	17
1	16	12	14	10	6	12	9	19	12	14	8	10	21	22	11	14	6	9	18	10	17	23	12	7	21	16	10	11	18	17
2	17	13	9	9	5	16	8	11	11	17	16	13	11	18	14	14	12	20	20	11	9	15	21	11	23	14	8	15	17	13
3	9	12	13	12	17	18	12	16	13	16	9	10	20	11	19	16	15	14	18	9	8	13	22	19	14	12	19	3	15	9
4	17	9	10	15	19	14	20	16	14	11	15	11	7	7	18	11	15	12	10	16	18	15	16	17	12	18	8	4	22	8
5	16	17	13	5	13	16	13	10	14	10	12	7	12	12	13	16	11	16	14	13	17	17	11	15	11	13	13	12	17	17
6	9	10	14	19	16	12	19	12	18	7	15	13	18	15	19	18	21	6	17	16	7	12	11	21	17	13	12	9	13	4
7	9	7	10	21	20	18	11	10	8	8	18	16	19	17	12	16	19	16	10	16	14	11	19	16	17	16	15	11	13	16
8	13	3	13	16	11	16	19	10	19	23	8	13	15	14	6	13	8	9	20	13	13	17	7	14	13	17	15	10	15	10
9	15	8	14	8	16	15	12	16	10	17	8	17	15	23	8	7	14	12	8	19	5	13	10	12	10	10	12	13	9	13
10	11	19	11	11	23	12	18	11	18	8	10	15	20	20	16	11	16	9	14	11	11	10	17	7	9	17	14	10	13	10
11	21	10	11	9	14	10	13	7	9	12	10	6	18	7	9	17	14	12	16	7	18	7	11	7	15	13	24	15	7	13
12	15	17	16	20	16	11	7	10	13	9	14	16	20	15	20	12	14	17	11	7	11	18	17	14	10	12	18	17	9	15
13	11	16	8	17	13	9	8	12	13	13	19	14	16	17	16	10	5	17	15	17	8	15	16	18	13	20	18	15	6	9
14	11	11	7	11	17	11	15	12	17	19	11	15	17	14	16	13	11	13	11	11	14	15	18	13	6	10	15	13	14	19
15	15	16	14	16	12	15	17	16	17	17	20	8	15	17	7	12	19	13	13	15	17	15	16	15	13	18	22	15	21	7
16	15	15	19	8	7	8	11	20	13	13	11	14	8	12	14	16	11	12	10	12	18	11	15	15	16	4	16	17	13	19
17	13	13	7	11	16	12	21	16	18	16	12	18	13	17	9	16	13	11	8	13	18	6	16	13	18	13	17	11	17	19
18	17	17	10	10	19	12	15	10	10	14	15	17	18	10	10	18	9	19	10	17	12	20	19	18	17	14	17	12	11	13
19	13	16	13	9	14	16	22	14	7	9	10	11	13	14	16	18	18	16	11	9	11	15	12	21	13	11	9	7	15	9
20	5	6	15	14	15	18	12	16	6	20	15	14	17	17	10	11	11	9	9	9	12	8	11	14	15	18	20	19	22	11
21	14	8	19	11	20	12	20	17	8	7	13	23	7	12	8	16	12	21	14	12	12	13	16	8	17	10	22	14	13	18
22	18	10	17	17	17	14	13	15	18	10	11	17	18	8	11	11	10	12	18	11	9	13	10	15	18	14	15	11	10	11
23	11	12	9	15	12	9	18	16	19	16	16	16	14	4	9	10	15	17	14	10	16	14	19	17	17	16	15	11	16	14
24	7	10	15	11	13	16	14	7	14	16	13	8	13	14	8	10	15	19	17	17	15	13	6	18	8	15	16	12	15	13
25	12	18	8	7	16	7	12	14	19	18	9	14	14	19	11	13	16	12	5	9	15	11	5	18	8	13	10	19	9	8
26	14	11	13	12	11	16	16	14	10	17	9	16	13	16	11	5	18	15	12	13	21	15	5	14	17	8	13	14	14	11
27	15	14	19	15	18	10	13	18	15	10	10	19	5	14	15	17	10	21	16	18	17	14	12	17	11	9	11	12	14	13
28	9	14	13	15	14	7	15	16	13	21	9	19	6	12	15	20	14	13	13	12	8	18	15	6	15	5	9	11	19	17
29	14	7	14	12	14	13	15	13	7	9	11	14	14	18	8	21	19	19	14	10	12	12	14	20	10	14	7	16	9	20
30	13	17	8	15	15	12	13	12	17	6	10	11	14	13	18	15	13	8	17	13	7	15	12	13	5	15	19	7	17	16
31	12	14	10	6	12	9	19	12	14	8	10	21	22	11	14	6	9	18	10	17	23	12	7	21	16	10	11	18	17	10
32	13	9	9	5	16	8	11	11	17	16	13	11	18	14	14	12	20	20	11	9	15	21	11	23	14	8	15	17	13	13
33	12	13	12	17	18	12	16	13	16	9	10	20	11	19	16	15	14	18	9	8	13	22	19	14	12	19	3	15	9	22
34	9	10	15	19	14	20	16	14	11	15	11	7	7	18	11	15	12	10	16	18	15	16	17	12	18	8	4	22	8	17
35	17	13	5	13	16	13	10	14	10	12	7	12	12	13	16	11	16	14	13	17	17	11	15	11	13	13	12	17	17	8
36	10	14	19	16	12	19	12	18	7	15	13	18	15	19	18	21	6	17	16	7	12	11	21	17	13	12	9	13	4	17
37	7	10	21	20	18	11	10	8	8	18	16	19	17	12	16	19	16	10	16	14	11	19	16	17	16	15	11	13	16	12
38	3	13	16	11	16	19	10	19	23	8	13	15	14	6	13	8	9	20	13	13	17	7	14	13	17	15	10	15	10	7
39	8	14	8	16	15	12	16	10	17	8	17	15	23	8	7	14	12	8	19	5	13	10	12	10	10	12	13	9	13	8
40	19	11	11	23	12	18	11	18	8	10	15	20	20	16	11	16	9	14	11	11	10	17	7	9	17	14	10	13	10	7
41	10	11	9	14	10	13	7	9	12	10	6	18	7	9	17	14	12	16	7	18	7	11	7	15	13	24	15	7	13	13
42	17	16	20	16	11	7	10	13	9	14	16	20	15	20	12	14	17	11	7	11	18	17	14	10	12	18	17	9	15	10
43	16	8	17	13	9	8	12	13	13	19	14	16	17	16	10	5	17	15	17	8	15	16	18	13	20	18	15	6	9	11
44	11	7	11	17	11	15	12	17	19	11	15	17	14	16	13	11	13	11	11	14	15	18	13	6	10	15	13	14	19	8
45	16	14	16	12	15	17	16	17	17	20	8	15	17	7	12	19	13	13	15	17	15	16	15	13	18	22	15	21	7	9
46	15	19	8	7	8	11	20	13	13	11	14	8	12	14	16	11	12	10	12	18	11	15	15	16	4	16	17	13	19	13
47	13	7	11	16	12	21	16	18	16	12	18	13	17	9	16	13	11	8	13	18	6	16	13	18	13	17	11	17	19	14
48	17	10	10	19	12	15	10	10	14	15	17	18	10	10	18	9	19	10	17	12	20	19	18	17	14	17	12	11	13	17
49	16	13	9	14	16	22	14	7	9	10	11	13	14	16	18	18	16	11	9	11	15	12	21	13	11	9	7	15	9	20
50	6	15	14	15	18	12	16	6	20	15	14	17	17	10	11	11	9	9	9	12	8	11	14	15	18	20	19	22	11	12
51	8	19	11	20	12	20	17	8	7	13	23	7	12	8	16	12	21	14	12	12	13	16	8	17	10	22	14	13	18	12
52	10	17	17	17	14	13	15	18	10	11	17	18	8	11	11	10	12	18	11	9	13	10	15	18	14	15	11	10	11	22
53	12	9	15	12	9	18	16	19	16	16	16	14	4	9	10	15	17	14	10	16	14	19	17	17	16	15	11	16	14	18
54	10	15	11	13	16	14	7	14	16	13	8	13	14	8	10	15	19	17	17	15	13	6	18	8	15	16	12	15	13	18
55	18	8	7	16	7	12	14	19	18	9	14	14	19	11	13	16	12	5	9	15	11	5	18	8	13	10	19	9	8	20
56	11	13	12	11	16	16	14	10	17	9	16	13	16	11	5	18	15	12	13	21	15	5	14	17	8	13	14	14	11	15
57	14	19	15	18	10	13	18	15	10	10	19	5	14	15	17	10	21	16	18	17	14	12	17	11	9	11	12	14	13	6
58	14	13	15	14	7	15	16	13	21	9	19	6	12	15	20	14	13	13	12	8	18	15	6	16	5	9	11	19	17	16
59	7	14	12	14	13	15	13	7	9	11	14	14	18	8	21	19	19	14	10	12	12	14	20	10	14	7	16	9	20	15

SECONDS (row labels 25–31)

4D8

	0	1	2	3	4	5	6	7	8	9	10	11	12	13	14	15	16	17	18	19	20	21	22	23	24	25	26	27	28	29
0	19	19	13	21	13	18	14	18	28	18	19	23	15	24	16	17	20	18	25	13	13	18	17	8	17	19	22	11	19	7
1	16	13	14	13	21	11	23	25	11	9	22	9	20	17	16	12	15	8	24	21	17	21	12	16	23	14	21	22	15	18
2	19	14	20	22	9	14	25	17	10	21	17	22	22	29	8	19	23	14	17	7	17	13	18	22	20	21	12	24	17	21
3	8	16	19	14	18	21	18	18	22	9	12	15	16	18	15	15	19	16	19	20	13	22	18	17	21	17	25	23	27	15
4	21	12	19	14	15	17	24	12	20	17	14	21	17	22	16	21	19	15	22	18	27	22	18	20	17	20	15	22	21	16
5	17	12	17	14	20	23	15	11	12	18	13	31	7	18	15	14	20	13	23	19	22	17	18	20	10	15	15	26	8	18
6	24	17	12	22	17	17	16	22	19	19	30	18	15	25	13	18	10	18	20	24	14	26	18	19	14	12	27	20	14	21
7	15	24	22	20	22	25	12	18	9	18	14	23	23	13	19	9	23	14	12	20	28	13	17	16	24	27	14	21	11	
8	15	26	19	16	16	18	19	23	12	17	17	12	20	7	16	21	24	20	17	18	18	24	19	22	20	23	24	18	11	16
9	16	20	15	17	18	20	19	11	20	26	15	18	17	21	17	16	22	16	28	19	17	15	18	19	12	17	21	21	13	12
10	13	16	22	19	24	12	21	11	19	22	19	15	18	15	15	18	11	22	19	25	12	13	13	15	23	18	14	14	21	19
11	20	19	25	15	9	19	14	13	11	19	21	13	19	13	13	20	16	14	14	13	24	16	15	25	20	12	15	10	17	8
12	19	17	14	25	18	19	15	24	19	22	14	20	24	13	9	18	20	20	25	17	22	26	17	17	13	17	16	23	10	23
13	26	19	19	18	17	26	14	20	14	21	18	16	15	17	24	20	19	19	20	18	16	16	23	18	18	19	19	28	14	20
14	25	15	12	11	20	21	10	14	27	14	18	19	14	18	18	15	21	18	17	19	17	24	23	25	12	22	11	21	18	27
15	13	16	17	22	17	26	25	19	17	20	10	19	19	27	13	22	19	28	16	19	13	26	27	28	13	14	25	17	12	21
16	16	15	18	19	23	26	17	18	12	23	15	24	19	19	27	17	18	9	17	19	15	25	15	26	19	17	12	14	19	14
17	22	10	13	13	21	12	22	14	18	20	18	22	15	15	18	27	20	6	17	26	18	25	9	7	23	17	16	19	23	19
18	14	17	20	20	17	18	7	22	23	21	21	20	16	16	15	15	15	22	11	21	18	18	9	21	22	14	12	18	17	24
19	20	23	24	15	13	11	18	12	21	12	18	24	15	16	20	25	13	16	16	19	15	9	12	13	21	24	27	23	26	12
20	23	25	20	28	16	21	19	10	13	20	14	23	13	25	25	19	9	15	17	25	18	14	18	16	21	17	19	16	20	13
21	21	13	24	20	13	13	21	16	11	23	15	16	16	17	25	19	14	10	16	25	21	21	18	16	26	17	12	20	22	6
22	19	18	9	21	19	16	11	20	27	15	25	5	16	14	15	23	25	25	19	21	21	17	14	19	21	7	21	23	13	24
23	22	27	18	12	16	18	21	24	21	16	20	13	13	15	26	17	16	17	22	15	13	18	14	24	15	16	12	15	15	18
24	20	18	15	20	21	19	16	21	16	14	12	13	18	16	25	22	20	19	24	17	18	19	24	19	20	14	15	23	23	16
25	22	23	19	14	18	17	10	12	21	12	28	24	20	26	18	29	18	25	18	21	19	20	17	24	27	18	22	24	20	18
26	15	16	21	23	15	22	10	11	12	22	15	20	22	20	21	16	8	30	26	20	17	16	27	16	20	17	27	17	21	13
27	25	19	16	19	11	18	15	11	15	24	20	25	19	22	17	19	15	18	22	17	22	18	21	18	18	26	20	19	17	19
28	14	24	20	24	18	15	20	15	14	17	23	12	15	21	16	16	15	20	16	17	14	14	20	10	18	15	17	15	20	18
29	23	16	21	25	16	25	23	20	20	19	20	21	18	20	22	26	17	25	18	15	14	20	15	26	22	20	20	18	30	15
30	19	13	21	13	18	14	18	28	18	19	23	15	24	16	17	20	18	25	13	13	18	17	8	17	19	22	11	19	7	22
31	13	14	13	21	11	23	25	11	9	22	9	20	17	16	12	15	8	24	21	17	21	12	16	23	14	21	22	15	18	16
32	14	20	22	9	14	25	17	10	21	17	22	22	29	8	19	23	14	17	7	17	13	18	22	20	21	12	24	17	21	12
33	16	19	14	18	21	18	18	22	9	12	15	16	18	15	15	19	16	19	20	13	22	18	17	21	17	25	23	27	15	14
34	12	19	14	15	17	24	12	20	17	14	21	17	22	16	21	19	15	22	18	27	22	18	20	17	20	15	22	21	16	24
35	12	17	14	20	23	15	11	12	18	13	31	7	18	15	14	20	13	23	19	22	17	18	20	10	15	15	26	8	18	15
36	17	12	22	17	17	16	22	19	19	30	18	15	25	13	18	10	18	20	24	14	26	18	19	14	12	27	20	14	21	20
37	24	22	20	20	22	25	12	18	9	18	14	23	23	13	19	9	23	14	12	20	28	13	17	16	24	27	14	21	11	12
38	26	19	16	16	18	19	23	12	17	17	12	20	7	16	21	24	20	17	18	18	24	19	22	20	23	24	18	11	16	19
39	20	15	17	18	20	19	11	20	26	15	18	17	21	17	16	22	16	28	19	17	15	18	19	12	17	21	21	13	12	21
40	16	22	19	24	12	21	11	19	22	19	15	18	15	15	18	11	22	19	25	12	13	13	15	23	18	14	14	21	19	20
41	19	25	15	9	19	14	13	11	19	21	13	19	13	13	20	16	14	14	13	24	16	15	25	20	12	15	10	17	8	16
42	17	14	25	18	19	15	24	19	22	14	20	24	13	9	18	20	20	25	17	22	26	17	17	13	17	16	23	10	23	22
43	19	19	18	17	26	14	20	14	21	18	16	15	17	24	20	19	19	20	18	16	16	23	18	18	19	19	28	14	20	16
44	15	12	11	20	21	10	14	27	14	18	19	14	18	18	15	21	18	17	19	17	24	23	25	12	22	11	21	18	27	15
45	16	17	22	17	26	25	19	17	20	10	19	19	27	13	22	19	28	16	19	13	26	27	28	13	14	25	17	12	21	12
46	15	18	19	23	26	17	18	12	23	15	24	19	19	27	17	18	9	17	19	15	25	15	26	19	17	12	14	19	14	12
47	10	13	13	21	12	22	14	18	20	18	22	15	15	18	27	20	6	17	26	18	25	9	7	23	17	16	19	23	19	24
48	17	20	20	17	18	7	22	23	21	21	20	16	16	15	15	15	22	11	21	18	18	9	21	22	14	12	18	17	24	19
49	23	24	15	13	11	18	12	21	12	18	24	15	16	20	25	13	16	16	19	15	9	12	13	21	24	27	23	26	12	20
50	25	20	28	16	21	19	10	13	20	14	23	13	25	25	19	9	15	17	25	18	14	18	16	21	17	19	16	20	13	22
51	13	24	20	13	13	21	16	11	23	15	16	16	17	25	19	14	10	16	25	21	21	18	16	26	17	12	20	22	6	16
52	18	9	21	19	16	11	20	27	15	25	5	16	14	15	23	25	25	19	21	21	17	14	19	21	7	21	23	13	24	17
53	27	18	12	16	18	21	24	21	16	20	13	13	15	26	17	16	17	22	15	13	18	14	24	15	16	12	15	15	18	23
54	18	15	20	21	19	16	21	16	14	12	13	18	16	25	22	20	19	24	17	18	19	24	19	20	14	15	23	23	16	19
55	23	19	14	18	17	10	12	21	12	28	24	20	26	18	29	18	25	18	21	19	20	17	24	27	18	22	24	20	18	20
56	16	21	23	15	22	10	11	12	22	15	20	22	20	21	16	8	30	26	20	17	16	27	16	20	17	27	17	21	13	15
57	19	16	19	11	18	15	11	15	24	20	25	19	22	17	19	15	18	22	17	22	18	21	18	18	26	20	19	17	19	23
58	24	20	24	18	15	20	15	14	17	23	12	15	21	16	16	15	20	16	17	14	14	20	10	18	15	17	15	20	18	21
59	16	21	25	16	25	23	20	20	19	20	21	18	20	22	26	17	25	18	15	14	20	15	26	22	20	20	18	30	15	11

(Row labels 25–31 at left margin spell vertically: S E C O N D S)

Minutes

	30	31	32	33	34	35	36	37	38	39	40	41	42	43	44	45	46	47	48	49	50	51	52	53	54	55	56	57	58	59
0	22	14	20	16	25	19	14	15	21	11	13	10	21	14	16	15	23	19	19	21	18	15	12	23	13	23	25	15	22	13
1	16	19	14	17	16	19	13	19	18	19	23	13	21	22	13	13	24	15	8	14	19	16	17	17	26	13	14	19	13	27
2	12	15	17	14	10	20	19	13	20	18	17	14	12	17	22	24	24	22	22	15	24	17	7	21	15	16	21	17	19	15
3	14	23	13	28	11	14	21	10	13	19	19	18	27	17	13	21	15	19	16	14	24	16	19	15	23	12	12	20	27	29
4	24	13	17	23	9	20	17	14	9	17	21	20	20	23	8	18	19	10	17	19	19	21	19	24	16	23	17	16	21	17
5	15	13	17	14	17	22	28	9	24	12	18	19	21	20	12	18	18	21	12	15	20	16	15	18	17	15	7	21	8	20
6	20	16	18	18	21	17	17	11	22	20	18	18	19	14	16	26	10	18	26	10	13	21	15	13	16	17	22	15	24	9
7	12	17	15	16	15	18	17	11	15	25	18	21	27	19	17	14	27	15	12	25	25	15	19	15	17	18	18	23	23	16
8	19	20	16	16	18	20	15	19	21	12	18	23	20	19	9	22	20	22	21	24	27	13	20	15	7	21	16	23	30	16
9	21	9	24	21	17	27	17	25	13	18	20	24	25	15	24	17	18	12	19	16	17	24	18	21	19	17	21	17	15	15
10	20	16	11	12	21	21	19	23	11	23	22	28	16	18	27	16	24	21	16	10	16	11	20	11	18	14	8	26	17	16
11	16	20	14	20	22	20	15	20	21	12	19	17	21	11	12	19	15	20	23	16	21	26	25	13	21	29	18	19	21	20
12	22	18	15	21	15	20	20	19	13	20	26	19	16	11	19	13	19	23	18	21	17	28	15	13	14	22	17	19	26	15
13	16	11	17	20	19	15	22	23	17	19	16	13	15	22	20	17	19	15	17	20	21	23	23	18	22	11	18	22	23	21
14	15	22	22	21	20	20	17	13	21	17	25	18	23	15	16	9	22	15	17	15	18	14	19	22	21	17	14	16	21	25
15	12	20	19	20	24	17	19	12	14	30	13	13	26	26	24	22	25	16	19	22	12	18	18	20	8	19	27	12	20	15
16	12	18	21	25	18	20	17	17	23	15	19	16	12	13	20	19	27	21	26	19	12	13	19	18	13	17	20	27	16	14
17	24	12	16	18	20	22	24	13	20	18	20	23	13	12	24	17	10	21	16	13	19	19	23	13	24	11	18	20	16	24
18	19	19	23	28	20	6	15	13	21	18	20	17	20	13	19	13	21	23	15	10	31	15	7	17	19	18	20	24	16	21
19	20	17	19	25	14	16	18	13	17	12	19	18	13	25	25	13	22	23	13	21	12	17	15	16	15	29	17	12	23	19
20	22	15	18	23	20	17	15	18	24	17	29	28	13	10	24	21	26	14	15	25	23	16	21	14	13	24	11	9	12	25
21	16	25	20	23	15	16	15	15	9	24	13	16	17	14	22	15	10	16	14	11	20	15	24	19	19	20	24	18	20	25
22	17	26	14	23	17	24	13	25	23	22	9	17	24	20	13	18	20	14	20	22	29	30	18	13	21	14	17	26	24	17
23	23	16	29	17	18	25	18	26	15	22	23	25	15	24	15	22	20	22	11	16	15	22	16	19	16	22	28	11	16	22
24	19	14	23	22	17	21	13	9	18	25	18	10	15	10	20	15	21	19	22	24	18	17	9	28	15	26	14	14	17	20
25	20	14	19	12	18	21	15	9	15	18	22	12	19	22	15	17	18	19	20	21	19	17	23	15	25	12	17	11	21	22
26	15	20	19	13	20	12	14	22	10	18	16	19	16	14	24	21	23	19	24	23	23	16	23	18	18	25	25	14	19	17
27	23	23	23	13	14	22	20	17	30	23	16	13	13	26	21	13	15	19	16	22	14	14	27	22	16	27	11	22	23	15
28	21	26	10	18	17	24	13	11	23	17	22	19	28	18	22	10	18	23	19	24	11	18	11	17	21	14	19	17	17	23
29	11	12	14	18	17	19	19	27	22	18	22	23	12	21	16	9	18	11	17	18	18	8	13	18	18	26	9	18	15	22
30	14	20	16	25	19	14	15	21	11	13	10	21	14	16	15	23	19	19	21	18	15	12	23	13	23	25	15	22	13	10
31	19	14	17	16	19	13	19	18	19	23	13	21	22	13	13	24	15	8	14	19	16	17	17	26	13	14	19	13	27	22
32	15	17	14	10	20	19	13	20	18	17	14	12	17	22	24	24	22	22	15	24	17	7	21	15	16	21	17	19	15	30
33	23	13	28	11	14	21	10	13	19	19	18	27	17	13	21	15	19	16	14	24	16	19	15	23	12	12	20	27	29	20
34	13	17	23	9	20	17	14	9	17	21	20	20	23	8	18	19	10	17	19	19	21	19	24	16	23	17	16	21	17	20
35	13	17	14	17	22	28	9	24	12	18	19	21	20	12	18	18	21	12	15	20	16	15	18	17	15	7	21	8	20	16
36	16	18	18	21	17	17	11	22	20	18	18	19	14	16	26	10	18	26	10	13	21	15	13	16	17	22	15	24	9	12
37	17	15	16	15	18	17	11	15	25	18	21	27	19	17	14	27	15	12	25	25	15	19	15	17	18	18	23	23	16	17
38	20	16	16	18	20	15	19	21	12	18	23	20	19	9	22	20	22	21	24	27	13	20	15	7	21	16	23	30	16	19
39	9	24	21	17	27	17	25	13	18	20	24	25	15	24	17	18	12	19	16	17	24	18	21	19	17	21	17	15	15	18
40	16	11	12	21	21	19	23	11	23	22	28	16	18	27	16	24	21	16	10	16	11	20	11	18	14	8	26	17	16	16
41	20	14	20	22	20	15	20	21	12	19	17	21	11	12	19	15	20	23	16	21	26	25	13	21	29	18	19	21	20	10
42	18	15	21	15	20	20	19	13	20	26	19	16	11	19	13	19	23	18	21	17	28	15	13	14	22	17	19	26	15	30
43	11	17	20	19	15	22	23	17	19	16	13	15	22	20	17	19	15	17	20	21	23	23	18	22	11	18	22	23	21	19
44	22	22	21	20	20	17	13	21	17	25	18	23	15	16	9	22	15	17	15	18	14	19	22	21	17	14	16	21	25	13
45	20	19	20	24	17	19	12	14	30	13	13	26	26	24	22	25	16	19	22	12	18	18	20	8	19	27	12	20	15	17
46	18	21	25	18	20	17	17	23	15	19	16	12	13	20	19	27	21	26	19	12	13	19	18	13	17	20	27	16	14	16
47	12	16	18	20	22	24	13	20	18	20	23	13	12	24	17	10	21	16	13	19	19	23	13	24	11	18	20	16	24	16
48	19	23	28	20	6	15	13	21	18	20	17	20	13	19	13	21	23	15	10	31	15	7	17	19	18	20	24	16	21	25
49	17	19	25	14	16	18	13	17	12	19	18	13	25	25	13	22	23	13	21	12	17	15	16	15	29	17	12	23	19	22
50	15	18	23	20	17	15	18	24	17	29	28	13	10	24	21	26	14	15	25	23	16	21	14	13	24	11	9	12	25	23
51	25	20	23	15	16	15	15	9	24	13	16	17	14	22	15	10	16	14	11	20	15	24	19	19	20	24	18	20	25	23
52	26	14	23	17	24	13	25	23	22	9	17	24	20	13	18	20	14	20	22	29	30	18	13	21	14	17	26	24	17	13
53	16	29	17	18	25	18	26	15	22	23	25	15	24	15	22	20	22	11	16	15	22	16	19	16	22	28	11	16	22	21
54	14	23	22	17	21	13	9	18	25	18	10	15	10	20	15	21	19	22	24	18	17	9	28	15	26	14	14	17	20	19
55	14	19	12	18	21	15	9	15	18	22	12	19	22	15	17	18	19	20	21	19	17	23	15	25	12	17	11	21	22	18
56	20	19	13	20	12	14	22	10	18	16	19	16	14	24	21	23	19	24	23	23	16	16	23	18	18	25	25	14	19	17
57	23	23	13	14	22	20	17	30	23	16	13	13	26	21	13	15	19	16	22	14	14	27	22	16	27	11	22	23	15	18
58	26	10	18	17	24	13	11	23	17	22	19	28	18	22	10	18	23	19	24	11	18	11	17	21	14	19	17	17	23	21
59	12	14	18	17	19	19	27	22	18	22	23	12	21	16	9	18	11	17	18	18	8	13	18	18	26	9	18	15	22	15

(Left margin label beside rows 25–31: S E C O N D S)

63

5D8

	0	1	2	3	4	5	6	7	8	9	10	11	12	13	14	15	16	17	18	19	20	21	22	23	24	25	26	27	28	29
0	23	17	23	17	18	13	21	21	29	27	25	17	28	11	21	22	28	17	22	16	20	23	14	22	23	22	21	22	26	14
1	16	11	26	18	24	7	13	21	25	20	23	24	21	20	23	19	24	17	24	27	19	30	24	21	13	25	29	16	19	28
2	21	24	28	32	23	16	13	33	30	21	25	14	24	24	19	25	20	22	16	31	19	16	26	31	25	15	31	26	19	19
3	21	26	25	37	17	15	25	28	22	17	29	20	27	26	24	28	24	23	20	23	26	17	22	22	25	27	26	17	22	31
4	30	23	21	18	30	24	22	25	23	26	23	26	24	18	28	25	21	17	19	19	27	25	27	27	25	17	30	24	23	9
5	24	26	16	10	20	25	19	16	33	20	23	18	25	20	31	24	28	20	17	34	19	25	27	30	23	22	25	24	28	16
6	15	17	25	26	22	33	25	38	17	24	29	25	22	26	25	22	17	23	15	22	31	27	25	17	21	18	22	19	24	25
7	22	26	17	27	22	29	22	25	31	24	30	35	18	27	33	25	22	15	13	33	21	18	23	18	27	20	14	25	27	28
8	20	25	25	21	21	26	23	26	29	26	14	18	29	20	30	21	32	29	23	23	19	16	25	22	15	21	28	27	26	19
9	14	17	25	20	20	26	24	20	22	25	16	22	24	20	14	20	18	29	18	31	20	28	25	18	21	21	12	19	15	19
10	23	24	22	23	18	26	20	15	23	23	15	22	32	24	28	15	23	16	22	19	26	24	31	30	28	28	27	20	25	19
11	23	25	30	12	20	22	24	22	23	23	23	24	19	19	15	22	24	18	13	18	19	25	26	16	28	21	16	14	29	32
12	28	28	18	16	21	24	22	30	26	9	24	21	29	34	10	18	22	25	28	28	29	29	17	15	18	27	19	22	19	17
13	18	30	23	28	26	26	21	33	26	28	25	23	20	23	36	22	28	21	24	20	34	23	15	21	30	21	23	31	28	23
14	27	18	14	24	37	20	19	20	30	19	21	24	18	32	24	20	25	22	21	32	15	29	27	27	19	24	14	21	26	19
15	20	29	27	26	11	25	25	27	27	23	15	24	25	12	20	21	14	18	32	18	16	22	16	22	29	23	18	22	25	25
16	29	19	15	18	18	20	21	29	28	21	25	28	29	24	18	20	22	28	11	28	26	25	32	22	19	16	24	23	34	23
17	25	24	30	22	21	21	24	18	16	24	16	31	27	22	14	24	25	19	22	23	21	27	28	23	26	13	21	18	20	25
18	22	18	18	23	22	20	32	27	29	20	15	24	15	24	19	26	27	32	20	21	16	31	26	23	21	17	21	30	12	26
19	10	18	18	23	22	23	15	28	22	24	24	28	24	20	14	22	17	32	24	25	24	19	29	20	27	26	17	22	24	24
20	15	25	32	9	23	29	28	13	21	30	31	13	25	14	32	17	25	23	23	22	22	24	21	18	17	13	20	25	28	25
21	32	22	21	26	20	19	28	18	16	25	15	29	22	23	18	20	16	33	24	24	34	16	24	23	34	25	30	18	16	17
22	30	21	22	33	26	25	25	21	21	34	15	25	15	19	29	13	26	24	23	19	21	28	23	17	29	21	18	22	25	20
23	18	15	23	22	24	21	21	16	14	25	25	25	26	26	24	21	22	26	29	27	17	26	20	28	25	23	18	25	19	21
24	28	24	26	23	22	24	24	24	25	19	18	17	16	13	18	27	37	25	25	28	23	31	14	28	26	18	24	20	23	31
25	19	23	20	15	22	25	21	22	24	24	21	26	28	13	15	18	21	20	17	12	25	24	30	23	22	25	26	21	26	26
26	24	17	19	28	14	17	30	23	26	21	25	32	32	18	27	31	22	16	17	19	21	31	27	20	15	18	24	33	22	21
27	27	19	21	25	26	20	30	18	17	26	18	25	25	15	16	32	27	20	20	27	27	21	14	21	17	23	25	30	18	27
28	24	20	28	21	24	16	21	26	16	17	17	21	27	21	29	20	24	23	24	19	30	29	17	22	20	12	29	26	29	22
29	23	17	15	18	27	29	27	26	16	20	19	20	24	19	18	25	27	25	26	34	22	26	22	20	30	27	12	21	33	22
30	17	23	17	18	13	21	21	29	27	25	17	28	11	21	22	28	17	22	16	20	23	14	22	23	22	21	22	26	14	27
31	11	26	18	24	7	13	21	25	20	23	24	21	20	23	19	24	17	24	27	19	30	24	21	13	25	29	16	19	28	21
32	24	28	32	23	16	13	33	30	21	25	14	24	24	19	25	20	22	16	31	19	16	26	31	25	15	31	26	19	19	24
33	26	25	37	17	15	25	28	22	17	29	20	27	26	24	28	24	23	20	23	26	17	22	22	25	27	26	17	22	31	12
34	23	21	18	30	24	22	25	23	26	23	26	24	18	28	25	21	17	19	19	27	25	27	27	25	17	30	24	23	9	24
35	26	16	10	20	25	19	16	33	20	23	18	25	20	31	24	28	20	17	34	19	25	27	30	23	22	25	24	28	16	26
36	17	25	26	22	33	25	38	17	24	29	25	22	26	25	22	17	23	15	22	31	27	25	17	21	18	22	19	24	25	29
37	26	17	27	22	29	22	25	31	24	30	35	18	27	33	25	22	15	13	33	21	18	23	18	27	20	14	25	27	28	26
38	25	25	21	21	26	23	26	29	26	14	18	29	20	30	21	32	29	23	23	19	16	25	22	15	21	28	27	26	19	10
39	17	25	20	20	26	24	20	22	25	16	22	24	20	14	20	18	29	18	31	20	28	25	18	21	21	12	19	15	19	19
40	24	22	23	18	26	20	15	23	23	15	22	32	24	28	15	23	16	22	19	26	24	31	30	28	28	27	20	25	19	21
41	25	30	12	20	22	24	22	23	23	23	24	19	19	15	22	24	18	13	18	19	25	26	16	28	21	16	14	29	32	25
42	28	18	16	21	24	22	30	26	9	24	21	29	34	10	18	22	25	28	28	29	29	17	15	18	27	19	22	19	17	15
43	30	23	28	26	26	21	33	26	28	25	23	20	23	36	22	28	21	24	20	34	23	15	21	30	21	23	31	28	23	25
44	18	14	24	37	20	19	20	30	19	21	24	18	32	24	20	25	22	21	32	15	29	27	27	19	24	14	21	26	19	22
45	29	27	26	11	25	25	27	27	23	15	24	25	12	20	21	14	18	32	18	16	22	16	22	29	23	18	22	25	25	12
46	19	15	18	18	20	21	29	28	21	25	28	29	24	18	20	22	28	11	28	26	25	32	22	19	16	24	23	34	23	25
47	24	30	22	21	21	24	18	16	24	16	31	27	22	14	24	25	19	22	23	21	27	28	23	26	13	21	18	20	25	15
48	18	18	23	22	20	32	27	29	20	15	24	15	24	19	26	27	32	20	21	16	31	26	23	21	17	21	30	12	26	26
49	18	18	23	22	23	15	28	22	24	24	28	24	20	14	22	17	32	24	25	24	19	29	20	27	26	17	22	24	24	23
50	25	32	9	23	29	28	13	21	30	31	13	25	14	32	17	25	23	23	22	22	24	21	18	17	13	20	25	28	25	18
51	22	21	26	20	19	28	18	16	25	15	29	22	23	18	20	16	33	24	24	34	16	24	23	34	25	30	18	16	17	18
52	21	22	33	26	25	25	21	21	34	15	25	15	19	29	13	26	24	23	19	21	28	23	17	29	21	18	22	25	20	27
53	15	23	22	24	21	21	16	14	25	25	25	26	26	24	21	22	26	29	27	17	26	20	28	25	23	18	25	19	21	15
54	24	26	23	22	24	24	24	25	19	18	17	16	13	18	27	37	25	25	28	23	31	14	28	26	18	24	20	23	31	30
55	23	20	15	22	25	21	22	24	24	21	26	28	13	15	18	21	20	17	12	25	24	30	23	22	25	26	21	26	26	12
56	17	19	28	14	17	30	23	26	21	25	32	32	18	27	31	22	16	17	19	21	31	27	20	15	18	24	33	22	21	21
57	19	21	25	26	20	30	18	17	26	18	25	25	15	16	32	27	20	20	27	27	21	14	21	17	23	25	30	18	27	23
58	20	28	21	24	16	21	26	16	17	17	21	27	21	29	20	24	23	24	19	30	29	17	22	20	12	29	26	29	22	17
59	17	15	18	27	29	27	26	16	20	19	20	24	19	18	25	27	25	26	34	22	26	22	20	30	27	12	21	33	22	21

SECONDS (rows 25–31)

Minutes

	30	31	32	33	34	35	36	37	38	39	40	41	42	43	44	45	46	47	48	49	50	51	52	53	54	55	56	57	58	59
0	27	22	23	17	21	20	29	12	25	29	18	26	29	21	27	17	31	25	19	23	22	30	25	25	27	14	26	29	16	14
1	21	24	16	26	27	13	27	27	27	28	23	32	24	11	22	18	29	29	25	20	17	26	21	16	18	30	23	15	19	30
2	24	23	19	26	23	18	26	22	21	29	18	20	22	18	17	20	22	29	16	25	19	29	15	28	26	24	27	23	24	20
3	12	25	28	30	28	14	19	20	23	23	22	33	17	22	32	26	19	20	15	21	17	17	18	17	21	23	26	14	29	23
4	24	19	20	22	18	27	25	22	19	16	24	27	16	29	23	24	29	13	18	27	23	23	20	18	24	23	18	22	30	25
5	26	26	19	30	18	35	26	29	25	19	25	23	22	27	22	22	25	12	21	24	24	18	19	17	30	18	26	26	17	32
6	29	29	19	26	25	11	22	28	23	17	25	28	26	28	20	20	26	21	26	22	13	17	25	22	21	26	23	14	20	23
7	26	20	18	32	23	15	29	37	27	23	22	23	18	22	25	24	15	14	18	23	29	25	32	19	24	19	18	23	19	23
8	10	18	21	24	15	16	13	24	30	23	32	23	20	22	19	26	17	24	31	14	19	25	22	21	19	25	24	25	28	27
9	19	14	26	35	15	32	27	18	28	26	19	17	23	25	20	15	31	24	24	26	31	22	18	26	20	16	23	21	20	18
10	21	25	28	25	25	16	22	17	21	27	21	21	19	29	30	16	27	20	14	38	30	11	11	22	25	20	34	16	22	21
11	25	21	23	32	19	19	22	31	22	16	28	28	27	33	26	16	26	18	35	26	19	27	16	9	23	23	23	27	20	29
12	15	20	15	27	26	21	30	29	31	19	25	16	19	17	21	22	22	19	29	32	17	27	28	27	20	26	20	17	30	22
13	25	23	23	19	20	18	11	22	17	22	23	20	21	19	30	26	32	32	16	24	23	30	20	16	21	22	23	24	29	17
14	22	14	25	29	15	16	21	25	12	25	29	27	12	24	30	21	9	32	27	30	29	33	24	25	24	21	24	25	18	32
15	12	26	18	25	24	23	20	25	19	27	21	22	30	22	31	26	23	28	19	23	30	24	21	20	23	21	22	29	10	24
16	25	20	25	18	16	13	27	31	28	20	26	22	21	17	12	23	23	22	23	23	28	11	20	23	23	24	28	27	16	26
17	15	26	21	28	17	13	26	15	19	17	30	19	24	20	21	22	20	30	17	19	19	16	28	27	23	24	25	20	29	24
18	26	26	23	22	30	29	19	36	34	18	23	13	16	18	13	32	16	27	16	16	18	21	21	24	31	24	22	20	13	17
19	23	23	33	18	27	14	23	25	25	19	17	25	14	24	13	30	19	17	23	27	22	24	29	25	25	28	29	33	30	21
20	18	28	16	27	27	15	32	25	26	21	16	27	17	24	19	17	31	26	15	16	27	27	20	28	21	36	22	21	19	28
21	18	14	25	19	28	25	35	12	31	26	26	22	23	25	19	29	26	25	20	18	24	14	28	19	30	19	21	27	26	22
22	27	21	24	21	25	23	22	35	19	27	28	18	23	20	30	21	21	27	24	17	10	26	18	30	19	16	30	26	16	21
23	15	28	14	19	23	18	17	17	11	21	25	29	22	27	26	32	20	24	32	27	33	17	16	14	34	18	25	25	17	24
24	30	22	27	25	20	30	22	20	27	19	26	30	28	19	27	10	13	27	21	20	16	14	28	12	31	18	24	20	24	26
25	12	21	13	16	19	27	21	19	22	28	28	24	15	25	19	17	28	31	27	29	23	27	17	23	19	23	23	22	22	23
26	21	35	20	17	22	31	22	32	28	31	27	32	19	34	21	18	21	22	17	29	20	26	21	23	15	24	20	16	16	30
27	23	29	20	11	20	27	18	12	22	20	24	20	29	23	23	24	29	20	14	22	26	21	28	25	22	13	29	16	17	23
28	17	19	22	25	24	27	12	25	24	31	26	23	23	24	12	26	26	20	22	13	18	27	19	21	30	19	14	23	17	
29	21	18	17	22	18	20	26	21	23	21	22	25	16	24	24	16	20	16	24	24	21	22	16	23	11	17	19	24	25	20
30	22	23	17	21	20	29	12	25	29	18	26	29	21	27	17	31	25	19	23	22	30	25	25	27	14	26	29	16	14	18
31	24	16	26	27	13	27	27	27	28	23	32	24	11	22	18	29	29	25	20	17	26	21	16	18	30	23	15	19	30	20
32	23	19	26	23	18	26	22	21	29	18	20	22	18	17	20	22	29	16	25	19	29	15	28	26	24	27	23	24	20	31
33	25	28	30	28	14	19	20	23	23	22	33	17	22	32	26	19	20	15	21	17	17	18	17	21	23	26	14	29	23	20
34	19	20	22	18	27	25	22	19	16	24	27	16	29	23	24	29	13	18	27	23	23	20	18	24	23	18	22	30	25	22
35	26	19	30	18	35	26	29	25	19	25	23	22	27	22	22	25	12	21	24	24	18	19	17	30	18	26	26	17	32	19
36	29	19	26	25	11	22	28	23	17	25	28	26	28	20	20	26	21	26	22	13	17	25	22	21	26	23	14	20	23	24
37	20	18	32	23	15	29	37	27	23	22	23	18	22	25	24	15	14	18	23	29	25	32	19	24	19	18	23	19	23	27
38	18	21	24	15	16	13	24	30	23	32	23	20	22	19	26	17	24	31	14	19	25	22	21	19	25	24	25	28	27	17
39	14	26	35	15	32	27	18	28	26	19	17	23	25	20	15	31	24	24	26	31	22	18	26	20	16	23	21	20	18	25
40	25	28	25	25	16	22	17	21	27	21	21	19	29	30	16	27	20	14	38	30	11	11	22	25	20	34	16	22	21	22
41	21	23	32	19	19	22	31	22	16	28	28	27	33	26	16	26	18	35	26	19	27	16	9	23	23	23	27	20	29	26
42	20	15	27	26	21	30	29	31	19	25	16	19	17	21	22	22	19	29	32	17	27	28	27	20	26	20	17	30	22	25
43	23	23	19	20	18	11	22	17	22	23	20	21	19	30	26	32	32	16	24	23	30	20	16	21	22	23	24	29	17	19
44	14	25	29	15	16	21	25	12	25	29	27	12	24	30	21	9	32	27	30	29	33	24	25	24	21	24	25	18	32	27
45	26	18	25	24	23	20	25	19	27	21	22	30	22	31	26	23	28	19	23	30	24	21	20	23	21	22	29	10	24	11
46	20	25	18	16	13	27	31	28	20	26	22	21	17	12	23	23	22	23	23	28	11	20	23	23	24	28	27	16	26	23
47	26	21	28	17	13	26	15	19	17	30	19	24	20	21	22	20	30	17	19	19	16	28	27	23	24	25	20	29	24	20
48	26	23	22	30	29	19	36	34	18	23	13	16	18	13	32	16	27	16	16	18	21	21	24	31	24	22	20	13	17	31
49	23	33	18	27	14	23	25	25	19	17	25	14	24	13	30	19	17	23	27	22	24	29	25	25	28	29	33	30	21	29
50	28	16	27	27	15	32	25	26	21	16	27	17	24	19	17	31	26	15	16	27	27	20	28	21	36	22	21	19	28	32
51	14	25	19	28	25	35	12	31	26	26	22	23	25	19	29	26	25	20	18	24	14	28	19	30	19	21	27	26	22	23
52	21	24	21	25	23	22	35	19	27	28	18	23	20	30	21	21	27	24	17	10	26	18	30	19	16	30	26	16	21	21
53	28	14	19	23	18	17	17	11	21	25	29	22	27	26	32	20	24	32	27	33	17	16	14	34	18	25	25	17	24	23
54	22	27	25	20	30	22	20	27	19	26	30	28	19	27	10	13	27	21	20	16	14	28	12	31	18	24	20	24	26	20
55	21	13	16	19	27	21	19	22	28	28	24	15	25	19	17	28	31	27	29	23	27	17	23	19	23	23	22	22	23	28
56	35	20	17	22	31	22	32	28	31	27	32	19	34	21	18	21	22	17	29	20	26	21	23	15	24	20	16	16	30	24
57	29	20	11	20	27	18	12	22	20	24	20	29	23	23	24	29	20	14	22	26	21	28	25	22	13	29	16	17	23	13
58	19	22	25	24	27	12	25	24	31	26	23	23	24	12	26	26	20	22	22	13	18	27	19	21	30	19	14	23	17	19
59	18	17	22	18	20	26	21	23	21	22	25	16	24	24	16	20	16	24	24	21	22	16	23	11	17	19	24	25	20	25

(Left margin vertical label for rows 25–31: S E C O N D S)

6D8

Minutes

	0	1	2	3	4	5	6	7	8	9	10	11	12	13	14	15	16	17	18	19	20	21	22	23	24	25	26	27	28	29
0	28	20	23	29	28	20	27	32	29	16	37	31	27	28	23	34	22	32	26	23	34	26	26	23	35	22	30	21	18	26
1	18	36	33	33	27	30	29	16	28	30	32	23	24	19	22	29	28	31	37	15	34	19	24	23	21	27	26	23	30	32
2	18	26	33	17	28	22	29	21	26	29	33	31	22	33	32	22	27	26	26	31	30	33	27	29	30	30	23	25	31	29
3	32	35	33	31	16	28	33	27	36	26	20	25	20	33	28	14	40	28	26	32	20	37	31	25	30	30	29	26	22	19
4	33	29	25	24	23	28	20	34	24	27	31	23	20	28	26	23	31	32	24	29	37	31	25	38	24	36	30	29	23	20
5	19	21	34	27	26	22	31	25	21	22	18	21	27	31	26	23	29	27	34	22	37	29	23	18	27	29	19	31	16	24
6	25	22	27	25	28	17	21	42	26	30	33	28	25	30	27	27	25	26	23	35	22	29	33	27	29	29	18	29	35	31
7	26	32	26	21	26	20	34	32	27	28	24	31	34	24	19	21	37	33	13	30	34	35	20	24	27	17	26	28	29	20
8	35	24	20	23	22	22	27	30	29	30	29	32	38	24	23	18	30	24	34	26	24	28	24	21	23	21	31	25	28	25
9	23	23	38	23	36	28	39	24	20	18	32	16	36	27	17	33	25	33	12	35	31	26	26	13	26	25	26	20	32	29
10	25	32	24	19	26	30	22	16	29	25	28	21	34	34	31	28	26	25	23	26	25	26	30	24	28	27	23	24	23	37
11	22	29	25	36	25	27	25	18	23	29	27	23	29	23	35	38	31	35	20	41	26	19	20	29	26	24	21	15	27	19
12	28	28	20	25	30	23	21	27	32	24	20	24	39	29	34	33	23	22	26	34	26	27	27	30	26	31	23	21	20	15
13	21	31	32	32	25	29	34	26	28	37	28	24	31	24	25	32	27	35	32	25	28	29	25	28	28	28	34	33	20	22
14	29	29	33	22	28	30	25	23	29	28	20	16	29	19	29	28	19	33	21	36	26	32	32	36	26	30	27	30	29	26
15	17	32	19	31	16	26	26	27	23	26	27	30	27	27	43	24	19	35	13	18	35	30	41	20	31	27	16	20	29	27
16	36	33	19	22	22	37	25	34	40	26	26	26	21	32	25	22	22	26	29	32	28	35	27	32	23	23	22	14	22	30
17	25	23	17	20	31	13	33	31	22	23	27	33	28	27	22	29	24	28	21	20	21	28	27	29	26	25	31	22	32	22
18	32	28	19	34	20	35	33	31	29	28	17	26	34	27	31	29	34	28	25	25	25	25	26	27	38	23	23	32	22	26
19	23	34	19	35	30	25	24	27	27	21	30	17	32	20	35	21	30	36	28	28	35	15	25	26	27	33	37	19	27	31
20	32	28	35	31	24	23	30	29	24	23	28	24	27	34	27	28	31	22	19	24	10	33	24	30	23	33	39	31	28	31
21	29	28	27	35	24	29	36	38	18	34	29	23	30	23	30	22	33	29	31	26	17	31	29	25	22	21	24	20	26	22
22	38	14	35	29	35	30	31	24	30	23	22	27	18	26	27	24	34	35	20	19	31	35	20	22	27	25	28	28	27	22
23	29	21	19	30	21	25	31	25	26	29	28	25	17	22	27	28	30	26	15	28	32	20	29	24	20	29	38	38	28	32
24	35	25	23	35	23	24	26	24	25	27	34	28	32	22	35	33	24	25	32	31	19	28	28	29	29	29	28	25	25	29
25	23	19	26	33	19	34	22	25	31	25	29	20	25	21	14	28	25	29	27	35	28	24	27	18	32	29	31	28	17	27
26	24	26	24	34	29	35	31	30	22	29	25	30	30	37	28	17	33	31	34	16	30	19	26	25	32	20	23	35	20	27
27	29	23	29	27	36	29	32	28	27	29	29	17	31	29	30	24	31	22	22	27	33	23	28	24	30	37	29	30	24	
28	29	33	29	29	27	23	28	35	25	25	25	28	25	24	28	32	31	34	23	23	28	35	27	31	24	27	30	28	39	21
29	35	21	22	18	29	38	30	26	22	17	33	25	29	25	16	27	18	36	24	36	19	32	35	27	26	26	28	16	19	24
30	20	23	29	28	20	27	32	29	16	37	31	27	28	23	34	22	32	26	23	34	26	26	23	35	22	30	21	18	26	29
31	36	33	33	27	30	29	16	28	30	32	23	24	19	22	29	28	31	37	15	34	19	24	23	21	27	26	23	30	32	26
32	26	33	17	28	22	29	21	26	29	33	31	22	33	32	22	27	26	26	31	30	33	27	29	30	30	23	25	31	29	24
33	35	33	31	16	28	33	27	36	26	20	25	20	33	28	14	40	28	26	32	20	37	31	25	30	30	29	26	22	19	28
34	29	25	24	23	28	20	34	24	27	31	23	20	28	26	23	31	32	24	29	37	31	25	38	24	36	30	29	23	20	23
35	21	34	27	26	22	31	25	21	22	18	21	27	31	26	23	29	27	34	22	37	29	23	18	27	29	19	31	16	24	29
36	22	27	25	28	17	21	42	26	30	33	28	25	30	27	27	25	26	23	35	22	29	33	27	29	29	18	29	35	31	23
37	32	26	21	26	20	34	32	27	28	24	31	34	24	19	21	37	33	13	30	34	35	20	24	27	17	26	28	29	20	24
38	24	20	23	22	22	27	30	29	30	29	32	38	24	23	18	30	24	34	26	24	28	24	21	23	21	31	25	28	25	22
39	23	38	23	36	28	39	24	20	18	32	16	36	27	17	33	25	33	12	35	31	26	26	13	26	25	26	20	32	29	32
40	32	24	19	26	30	22	16	29	25	28	21	34	34	31	28	26	25	23	26	25	26	30	24	28	27	23	24	23	37	33
41	29	25	36	25	27	25	18	23	29	27	23	29	23	35	38	31	35	20	41	26	19	20	29	26	24	21	15	27	19	29
42	28	20	25	30	23	21	27	32	24	20	24	39	29	34	33	23	22	26	34	26	27	27	30	26	31	23	21	20	15	32
43	31	32	32	25	29	34	26	28	37	28	24	31	24	25	32	27	35	32	25	28	29	25	28	28	28	34	33	20	22	31
44	29	33	22	28	30	25	23	29	28	20	16	29	19	29	28	19	33	21	36	26	32	32	36	26	30	27	30	29	26	18
45	32	19	31	16	26	26	27	23	26	27	30	27	27	43	24	19	35	13	18	35	30	41	20	31	27	16	20	29	27	23
46	33	19	22	22	37	25	34	40	26	26	26	21	32	25	22	22	26	29	32	28	35	27	32	23	23	22	14	22	30	24
47	23	17	20	31	13	33	31	22	23	27	33	28	27	22	29	24	28	21	20	21	28	27	29	26	25	31	22	32	22	27
48	28	19	34	20	35	33	31	29	28	17	26	34	27	31	29	34	28	25	25	25	25	26	27	38	23	23	32	22	26	27
49	34	19	35	30	25	24	27	27	21	30	17	32	20	35	21	30	36	28	28	35	15	25	26	27	33	37	19	27	31	21
50	28	35	31	24	23	30	29	24	23	28	24	27	34	27	28	31	22	19	24	10	33	24	30	23	33	39	31	28	31	22
51	28	27	35	24	29	36	38	18	34	29	23	30	23	30	22	33	29	31	26	17	31	29	25	22	21	24	20	26	22	35
52	14	35	29	35	30	31	24	30	23	22	27	18	26	27	24	34	35	20	19	31	35	20	22	27	25	28	28	27	22	24
53	21	19	30	21	25	31	25	26	29	28	25	17	22	27	28	30	26	15	28	32	20	29	24	20	29	38	38	28	32	13
54	25	23	35	23	24	26	24	25	27	34	28	32	22	35	33	24	25	32	31	19	28	28	29	29	29	28	25	25	29	34
55	19	26	33	19	34	22	25	31	25	29	20	25	21	14	28	25	29	27	35	28	24	27	18	32	29	31	28	17	27	19
56	26	24	34	29	35	31	30	22	29	25	30	30	37	28	17	33	31	34	16	30	19	26	25	32	20	23	35	20	27	32
57	23	29	27	36	29	32	28	27	29	29	17	31	29	30	24	31	22	22	27	27	33	23	28	24	30	37	29	30	24	31
58	33	29	29	27	23	28	35	25	25	25	28	25	24	28	32	31	34	23	23	28	35	27	31	24	27	30	28	39	21	28
59	21	22	18	29	38	30	26	22	17	33	25	29	25	16	27	18	36	24	36	19	32	35	27	26	26	28	16	19	24	24

(Left margin label, reading vertically alongside rows 25–31: S E C O N D S)

Minutes

Seconds	30	31	32	33	34	35	36	37	38	39	40	41	42	43	44	45	46	47	48	49	50	51	52	53	54	55	56	57	58	59
0	29	24	38	34	26	28	27	26	22	32	31	23	22	37	39	23	24	23	36	28	32	22	25	23	33	28	29	40	23	23
1	26	31	27	37	28	33	34	34	42	29	37	32	39	19	29	24	36	27	34	17	20	29	27	22	29	20	29	27	33	30
2	24	24	28	27	33	21	35	21	39	22	27	19	28	27	33	28	29	31	26	18	28	30	34	30	28	33	21	26	26	25
3	28	29	16	27	22	33	15	38	26	35	24	27	19	24	17	32	25	24	23	29	15	13	26	32	24	21	33	32	35	37
4	23	24	34	20	37	28	27	17	18	30	32	31	31	26	27	32	27	26	29	22	40	32	16	34	22	28	32	31	23	26
5	29	32	29	24	27	19	25	34	28	29	36	21	28	28	26	14	17	19	26	20	21	25	32	24	20	25	19	27	31	20
6	23	26	25	40	30	27	35	30	21	33	36	13	27	23	22	28	31	21	37	24	27	30	31	31	30	16	25	25	38	28
7	24	22	35	40	23	29	33	25	25	18	23	23	38	25	26	29	27	20	32	16	31	31	21	31	40	29	35	28	23	35
8	22	29	33	34	27	31	30	31	17	20	30	34	27	24	26	24	27	34	17	29	27	23	28	30	25	28	16	23	24	37
9	32	28	25	16	24	28	17	24	27	27	21	14	21	25	25	33	21	29	30	28	33	33	35	24	24	25	17	35	33	27
10	33	15	34	26	35	31	25	22	24	25	26	33	29	27	23	28	25	19	23	36	29	33	26	34	38	32	28	27	25	29
11	29	21	18	19	32	22	30	27	36	32	22	31	37	34	27	23	33	30	19	30	23	26	32	34	22	31	24	29	32	31
12	32	24	22	21	26	28	26	28	33	28	31	32	28	19	28	22	24	26	32	32	27	36	19	33	25	32	29	28	25	26
13	31	17	27	29	36	28	30	37	30	29	19	22	30	28	22	26	36	32	18	33	31	29	25	38	25	25	19	23	27	31
14	18	22	31	37	34	20	24	31	28	16	25	19	19	24	24	22	25	27	33	34	22	33	19	31	33	26	33	25	25	35
15	23	16	23	22	22	28	30	20	32	28	29	15	33	29	30	34	31	28	32	26	31	27	24	26	21	20	28	22	29	32
16	24	37	30	33	22	35	21	22	31	26	25	37	28	25	29	31	28	27	34	29	29	35	34	29	30	29	29	32	30	31
17	29	34	26	22	29	29	36	35	27	31	31	33	22	26	25	20	23	14	32	27	25	22	26	26	23	22	18	31	20	18
18	27	26	22	23	34	34	26	24	41	31	30	29	32	18	28	28	20	32	36	28	23	27	28	27	35	24	19	36	22	32
19	21	22	24	32	32	32	31	26	27	26	22	29	27	28	29	14	32	22	29	17	36	30	25	18	26	26	17	31	22	28
20	22	26	24	33	27	35	17	23	28	36	25	17	20	26	27	28	27	26	21	35	19	22	21	26	34	34	28	24	19	23
21	35	27	28	25	32	21	18	25	36	32	31	22	34	32	28	24	27	18	32	28	33	29	22	30	23	18	17	33	29	28
22	24	14	20	32	24	19	19	29	17	32	31	32	26	26	19	39	25	32	36	33	28	28	29	32	32	30	24	25	21	16
23	13	25	23	37	37	29	22	40	23	25	26	38	14	37	31	23	27	19	27	30	25	21	25	16	25	26	22	28	28	30
24	34	24	23	22	30	35	19	10	27	25	21	25	38	33	27	33	31	29	28	22	20	17	35	25	35	27	29	20	21	30
25	19	34	36	23	27	25	32	16	27	27	31	32	25	26	18	35	19	24	29	16	40	30	19	24	11	18	28	30	24	35
26	32	27	35	28	19	24	18	31	18	24	25	18	28	16	33	37	25	30	21	28	31	21	29	20	35	13	17	39	25	22
27	31	27	33	43	38	24	29	20	35	23	29	35	29	18	28	26	32	23	27	32	33	33	25	30	39	30	15	37	40	24
28	28	21	24	23	23	29	25	26	24	30	35	23	25	21	21	26	28	20	22	27	36	35	28	35	22	33	32	31	20	13
29	24	22	21	32	32	21	32	30	33	18	25	23	29	24	27	25	30	33	27	26	19	28	17	22	31	31	21	28	25	24
30	24	38	34	26	28	27	26	22	32	31	23	22	37	39	23	24	23	36	28	32	22	25	23	33	28	29	40	23	23	20
31	31	27	37	28	33	34	34	42	29	37	32	39	19	29	24	36	27	34	17	20	29	27	22	29	20	29	27	33	30	23
32	24	28	27	33	21	35	21	39	22	27	19	28	27	33	28	29	31	26	18	28	30	34	30	28	33	21	26	26	25	23
33	29	16	27	22	33	15	38	26	35	24	27	19	24	17	32	25	24	23	29	15	13	26	32	24	21	33	32	35	37	17
34	24	34	20	37	28	27	17	18	30	32	31	31	26	27	32	27	26	29	22	40	32	16	34	22	28	32	31	23	26	25
35	32	29	24	27	19	25	34	28	29	36	21	28	28	26	14	17	19	26	20	21	25	32	24	20	25	19	27	31	20	23
36	26	25	40	30	27	35	30	21	33	36	13	27	23	22	28	31	21	37	24	27	30	31	31	30	16	25	25	38	28	23
37	22	35	40	23	29	33	25	25	18	23	23	38	25	26	29	27	20	32	16	31	31	21	31	40	29	35	28	23	35	26
38	29	33	34	27	31	30	31	17	20	30	34	27	24	26	24	27	34	17	29	27	23	28	30	25	28	16	23	24	37	19
39	28	25	16	24	28	17	24	27	27	21	14	21	25	25	33	21	29	30	28	33	33	35	24	24	25	17	35	33	27	25
40	15	34	26	35	31	25	22	24	25	26	33	29	27	23	28	25	19	23	36	29	33	26	34	38	32	28	27	25	29	33
41	21	18	19	32	22	30	27	36	32	22	31	37	34	27	23	33	30	19	30	23	26	32	34	22	31	24	29	32	31	24
42	24	22	21	26	28	26	28	33	28	31	32	28	19	28	22	24	26	32	32	27	36	19	33	25	32	29	28	25	26	25
43	17	27	29	36	28	30	37	30	29	19	22	30	28	22	26	36	32	18	33	31	29	25	38	25	25	19	23	27	31	31
44	22	31	37	34	20	24	31	28	16	25	19	19	24	24	22	25	27	33	34	22	33	19	31	33	26	33	25	25	35	32
45	16	23	22	22	28	30	20	32	28	29	15	33	29	30	34	31	28	32	26	31	27	24	26	21	20	28	22	29	32	20
46	37	30	33	22	35	21	22	31	26	25	37	28	25	29	31	28	27	34	29	29	35	34	29	30	29	29	32	30	31	26
47	34	26	22	29	29	36	35	27	31	31	33	22	26	25	20	23	14	32	27	25	22	26	26	23	22	18	31	20	18	19
48	26	22	23	34	34	26	24	41	31	30	29	32	18	28	28	20	32	36	28	23	27	28	27	35	24	19	36	22	32	33
49	22	24	32	32	32	31	26	27	26	22	29	27	28	29	14	32	22	29	17	36	30	25	18	26	26	17	31	22	28	24
50	26	24	33	27	35	17	23	28	36	25	17	20	26	27	28	27	26	21	35	19	22	21	26	34	34	28	24	19	23	21
51	27	28	25	32	21	18	25	36	32	31	22	34	32	28	24	27	18	32	28	33	29	22	30	23	18	17	33	29	28	23
52	14	20	32	24	19	19	29	17	32	31	32	26	26	19	39	25	32	36	33	28	28	29	32	32	30	24	25	21	16	24
53	25	23	37	37	29	22	40	23	25	26	38	14	37	31	23	27	19	27	30	25	21	25	16	25	26	22	28	28	30	35
54	24	23	22	30	35	19	10	27	25	21	25	38	33	27	33	31	29	28	22	20	17	35	25	35	27	29	20	21	30	31
55	34	36	23	27	25	32	16	27	27	31	32	25	26	18	35	19	24	29	16	40	30	19	24	11	18	28	30	24	35	26
56	27	35	28	19	24	18	31	18	24	25	18	28	16	33	37	25	30	21	28	31	21	29	20	35	13	17	39	25	22	25
57	27	33	43	38	24	29	20	35	23	29	35	29	18	28	26	32	23	27	32	33	33	25	30	39	30	15	37	40	24	25
58	21	24	23	23	29	25	26	24	30	35	23	25	21	21	26	28	20	22	27	36	35	28	35	22	33	32	31	20	13	29
59	22	21	32	32	21	32	30	33	18	25	23	29	24	27	25	30	33	27	26	19	28	17	22	31	31	21	28	25	24	35

10-Sided Dice (0 – 9)

1D10

Minutes

	0	1	2	3	4	5	6	7	8	9	10	11	12	13	14	15	16	17	18	19	20	21	22	23	24	25	26	27	28	29
0	1	4	7	0	6	8	4	6	7	7	3	2	6	3	0	3	4	7	8	2	0	1	6	7	9	5	8	0	7	2
1	2	2	1	7	5	6	5	6	4	2	9	9	4	9	9	7	5	7	0	6	3	0	4	8	1	3	4	5	6	6
2	1	7	4	8	4	7	5	3	7	0	5	3	0	9	9	6	3	3	2	7	8	7	8	6	4	6	4	5	1	4
3	5	8	3	4	6	0	5	9	6	7	8	7	6	7	0	2	4	4	7	4	6	8	8	4	4	0	6	3	3	7
4	1	4	5	2	9	6	3	7	3	0	4	5	6	4	2	2	7	0	2	6	1	7	9	5	9	6	8	3	2	1
5	0	6	0	7	8	5	7	3	9	7	9	9	9	5	2	2	0	4	9	9	8	7	6	5	5	9	1	2	1	4
6	1	3	0	7	7	7	3	5	9	0	9	5	6	3	3	5	5	2	0	7	1	3	7	2	8	1	0	6	8	5
7	2	3	1	1	5	5	9	4	1	8	7	7	0	2	2	9	7	0	1	1	1	9	3	2	8	7	0	6	8	0
8	0	3	6	3	2	1	1	4	7	3	1	1	8	1	3	1	5	9	8	4	9	8	6	2	5	3	9	5	7	5
9	0	5	1	2	0	0	5	6	4	2	0	3	8	0	7	9	4	6	8	5	3	0	7	6	8	7	0	2	3	1
10	3	9	1	9	7	1	9	7	4	2	0	6	4	4	2	5	5	5	6	2	8	9	6	5	6	6	5	3	9	7
11	4	1	2	7	6	0	6	3	8	0	5	9	3	2	2	5	6	7	4	4	3	7	4	7	7	6	5	5	0	8
12	7	6	3	9	8	6	6	8	2	9	0	0	7	8	1	6	4	7	2	9	2	3	2	0	0	8	8	0	5	4
13	9	3	0	3	2	5	4	6	2	0	3	9	2	9	0	7	1	0	9	5	0	7	5	3	1	1	7	5	7	3
14	4	9	2	6	6	5	2	1	0	4	8	2	4	5	2	4	6	6	6	2	3	4	3	6	0	6	1	9	1	1
15	8	6	3	9	8	9	0	9	0	3	9	0	7	4	6	0	8	3	0	5	0	1	9	7	1	0	4	6	0	9
16	1	4	8	5	6	0	8	6	6	7	1	7	3	8	0	8	1	7	9	0	0	1	4	8	0	4	6	0	8	7
17	8	2	2	5	0	2	5	8	2	7	6	8	1	8	7	7	3	5	9	4	0	2	6	4	0	3	0	2	3	1
18	3	2	2	2	4	6	9	0	8	7	5	0	5	6	9	2	9	9	3	2	7	5	9	9	9	0	6	6	5	3
19	6	9	2	8	9	6	5	4	7	8	4	2	5	0	1	7	9	8	1	5	0	7	7	9	3	1	3	5	6	0
20	0	0	8	8	1	3	7	2	7	9	3	1	9	9	8	7	5	0	8	5	3	6	1	8	6	7	6	3	1	2
21	2	1	2	6	3	3	3	2	5	6	3	0	9	4	2	0	7	4	0	5	3	1	2	7	9	6	7	6	4	6
22	1	5	1	4	3	9	8	2	3	6	4	9	8	1	4	0	8	5	6	4	9	0	5	1	9	9	2	2	8	4
23	1	1	6	8	5	2	3	7	0	1	9	0	3	8	8	8	8	8	1	6	4	0	7	5	0	7	7	1	0	7
24	8	2	5	4	4	3	0	2	2	1	1	4	0	7	9	4	2	1	8	5	7	1	9	9	7	6	4	5	4	2
S 25	1	8	1	7	8	6	6	6	7	2	8	4	2	2	6	4	3	6	9	0	0	8	2	2	1	7	5	4	1	9
E 26	3	0	7	0	0	3	6	1	5	5	0	1	9	5	1	2	5	8	9	3	9	9	7	4	2	8	3	9	8	3
C 27	7	7	4	6	1	8	8	1	7	1	3	0	5	0	4	6	3	2	8	2	3	5	2	4	7	1	6	6	6	4
O 28	8	0	9	7	0	5	9	1	8	8	5	1	3	4	9	7	8	6	9	7	5	3	6	7	5	8	9	2	5	8
N 29	5	6	8	1	6	2	1	0	0	3	9	9	9	9	0	1	1	1	9	1	1	0	2	9	7	0	3	3	1	7
D 30	4	7	0	6	8	4	6	7	7	3	2	6	3	0	3	4	7	8	2	0	1	6	7	9	5	8	0	7	2	8
S 31	2	1	7	5	6	5	6	4	2	9	9	4	9	9	7	5	7	0	6	3	0	4	8	1	3	4	5	6	6	9
32	7	4	8	4	7	5	3	7	0	5	3	0	9	9	6	3	3	2	7	8	7	8	6	4	6	4	5	1	4	8
33	8	3	4	6	0	5	9	6	7	8	7	6	7	0	2	4	4	7	4	6	8	8	4	4	0	6	3	3	7	8
34	4	5	2	9	6	3	7	3	0	4	5	6	4	2	2	7	0	2	6	1	7	9	5	9	6	8	3	2	1	4
35	6	0	7	8	5	7	3	9	7	9	9	9	5	2	2	0	4	9	9	8	7	6	5	5	9	1	2	1	4	4
36	3	0	7	7	7	3	5	9	0	9	5	6	3	3	5	5	2	0	7	1	3	7	2	8	1	0	6	8	5	0
37	3	1	1	5	5	9	4	1	8	7	7	0	2	2	9	7	0	1	1	1	9	3	2	8	7	0	6	8	0	5
38	3	6	3	2	1	1	4	7	3	1	1	8	1	3	1	5	9	8	4	9	8	6	2	5	3	9	5	7	5	7
39	5	1	2	0	0	5	6	4	2	0	3	8	0	7	9	4	6	8	5	3	0	7	6	8	7	0	2	3	1	7
40	9	1	9	7	1	9	7	4	2	0	6	4	4	2	5	5	5	6	2	8	9	6	5	6	6	5	3	9	7	1
41	1	2	7	6	0	6	3	8	0	5	9	3	2	2	5	6	7	4	4	3	7	4	7	7	6	5	5	0	8	7
42	6	3	9	8	6	6	8	2	9	0	0	7	8	1	6	4	7	2	9	2	3	2	0	0	8	8	0	5	4	8
43	3	0	3	2	5	4	6	2	0	3	9	2	9	0	7	1	0	9	5	0	7	5	3	1	1	7	5	7	3	2
44	9	2	6	6	5	2	1	0	4	8	2	4	5	2	4	6	6	6	2	3	4	3	6	0	6	1	9	1	1	6
45	6	3	9	8	9	0	9	0	3	9	0	7	4	6	0	8	3	0	5	0	1	9	7	1	0	4	6	0	9	8
46	4	8	5	6	0	8	6	6	7	1	7	3	8	0	8	1	7	9	0	0	1	4	8	0	4	6	0	8	7	6
47	2	2	5	0	2	5	8	2	7	6	8	1	8	7	7	3	5	9	4	0	2	6	4	0	3	0	2	3	1	2
48	2	2	2	4	6	9	0	8	7	5	0	5	6	9	2	9	9	3	2	7	5	9	9	9	0	6	6	5	3	8
49	9	2	8	9	6	5	4	7	8	4	2	5	0	1	7	9	8	1	5	0	7	7	9	3	1	3	5	6	0	3
50	0	8	8	1	3	7	2	7	9	3	1	9	9	8	7	5	0	8	5	3	6	1	8	6	7	6	3	1	2	7
51	1	2	6	3	3	3	2	5	6	3	0	9	4	2	0	7	4	0	5	3	1	2	7	9	6	7	6	4	6	2
52	5	1	4	3	9	8	2	3	6	4	9	8	1	4	0	8	5	6	4	9	0	5	1	9	9	2	2	8	4	7
53	1	6	8	5	2	3	7	0	1	9	0	3	8	8	8	8	8	1	6	4	0	7	5	0	7	7	1	0	7	8
54	2	5	4	4	3	0	2	2	1	1	4	0	7	9	4	2	1	8	5	7	1	9	9	7	6	4	5	4	2	1
55	8	1	7	8	6	6	6	7	2	8	4	2	2	6	4	3	6	9	0	0	8	2	2	1	7	5	4	1	9	3
56	0	7	0	0	3	6	1	5	5	0	1	9	5	1	2	5	8	9	3	9	9	7	4	2	8	3	9	8	3	9
57	7	4	6	1	8	8	1	7	1	3	0	5	0	4	6	3	2	8	2	3	5	2	4	7	1	6	6	6	4	8
58	0	9	7	0	5	9	1	8	8	5	1	3	4	9	7	8	6	9	7	5	3	6	7	5	8	9	2	5	8	3
59	6	8	1	6	2	1	0	0	3	9	9	9	9	0	1	1	1	9	1	1	0	2	9	7	0	3	3	1	7	4

| Minutes |||||||||||||||||||||||||||||||
Seconds	30	31	32	33	34	35	36	37	38	39	40	41	42	43	44	45	46	47	48	49	50	51	52	53	54	55	56	57	58	59
0	8	8	6	4	1	7	6	3	0	1	7	6	0	8	2	9	4	9	6	6	0	8	3	3	6	4	8	6	7	7
1	9	8	0	1	2	0	1	7	4	1	1	5	2	0	6	8	6	8	6	9	0	4	9	5	2	6	3	4	0	4
2	8	4	9	7	0	8	8	7	7	3	6	1	8	6	8	3	5	8	9	0	7	4	4	0	6	1	7	8	8	8
3	8	9	9	4	2	2	8	8	2	8	3	8	3	2	6	2	1	2	3	2	2	4	1	8	7	2	6	7	7	0
4	4	0	6	7	3	3	9	6	7	4	5	0	1	9	9	8	7	5	4	7	8	3	0	6	8	1	6	8	9	8
5	6	4	7	7	9	2	3	8	0	6	0	5	3	2	7	7	4	1	5	5	7	5	3	6	3	2	9	4	3	2
6	0	1	9	8	4	8	7	7	2	0	0	7	7	0	9	3	1	6	1	3	1	6	4	9	6	9	2	8	9	2
7	5	6	5	0	3	6	3	0	1	7	4	2	3	9	0	5	2	4	7	4	1	3	8	9	7	1	8	9	8	4
8	7	4	8	4	1	1	4	7	5	6	4	1	1	0	1	2	5	7	1	7	6	3	0	8	9	8	3	2	2	6
9	7	4	7	1	9	7	1	1	1	4	7	1	9	3	8	1	2	1	6	0	8	4	5	9	9	1	5	3	2	5
10	1	9	9	1	0	2	1	5	4	8	6	7	1	5	4	0	5	3	7	4	2	8	2	5	1	3	8	5	8	2
11	7	2	9	7	0	6	8	1	0	9	5	6	6	9	6	2	5	3	8	6	1	1	8	3	1	2	3	7	5	3
12	8	9	8	1	0	3	0	9	3	6	6	1	4	1	6	6	7	0	9	0	6	0	5	2	0	9	7	1	1	4
13	2	0	0	8	2	6	9	3	2	7	7	7	1	5	4	7	6	8	9	4	8	7	2	6	3	0	4	9	7	2
14	6	4	3	3	9	3	2	4	8	6	1	8	1	8	1	2	1	0	6	3	1	6	7	3	6	3	1	5	1	1
15	8	8	4	7	3	4	5	7	3	8	9	4	5	1	9	0	6	7	3	4	9	5	5	1	6	2	6	4	8	4
16	6	4	6	0	9	7	6	1	2	2	2	3	2	9	4	8	9	1	4	1	8	4	9	0	2	5	6	7	3	2
17	2	0	6	7	4	7	8	3	2	1	7	4	7	9	2	9	7	9	2	3	0	8	2	5	9	6	3	0	0	1
18	8	3	0	0	7	3	8	7	0	7	7	9	9	9	7	7	0	0	5	4	5	1	5	6	2	1	3	4	0	6
19	3	0	7	6	6	2	7	3	9	9	4	8	1	9	5	2	8	4	4	3	6	7	5	6	0	1	1	4	6	7
20	7	3	8	4	6	6	4	3	7	3	1	4	4	7	7	4	9	7	8	8	4	0	6	9	0	6	6	5	1	6
21	2	5	6	0	0	3	1	0	6	6	9	8	6	6	6	4	3	9	9	0	1	1	1	2	7	4	1	6	8	2
22	7	9	4	8	1	1	5	2	2	1	6	8	0	0	2	8	7	0	7	9	4	9	5	6	9	2	2	0	2	8
23	8	5	2	6	3	4	5	9	8	2	8	5	1	0	0	0	8	8	5	3	0	5	0	1	9	1	8	0	6	3
24	1	9	9	2	2	2	0	7	0	7	5	6	5	1	4	0	1	0	9	1	6	4	6	1	3	3	7	4	3	1
25	3	2	9	0	1	5	6	6	8	2	2	1	7	8	0	2	0	9	7	8	1	3	3	5	0	9	6	0	4	2
26	9	8	3	9	2	2	7	3	3	5	3	2	6	1	0	6	5	3	5	3	9	7	4	9	9	9	4	4	9	1
27	8	0	8	6	1	4	6	4	9	2	0	1	4	1	4	8	3	1	5	0	9	0	0	9	3	0	6	1	1	6
28	3	5	0	7	2	0	7	0	8	8	3	6	4	2	0	2	1	0	4	5	7	9	3	6	6	2	0	0	8	7
29	9	2	2	6	6	0	5	5	3	9	4	8	4	5	7	8	8	4	0	8	6	8	1	9	5	2	1	6	2	7
30	8	6	4	1	7	6	3	0	1	7	6	0	8	2	9	4	9	6	6	0	8	3	3	6	4	8	6	7	7	2
31	8	0	1	2	0	1	7	4	1	1	5	2	0	6	8	6	8	6	9	0	4	9	5	2	6	3	4	0	4	2
32	4	9	7	0	8	8	7	7	3	6	1	8	6	8	3	5	8	9	0	7	4	4	0	6	1	7	8	8	8	2
33	9	9	4	2	2	8	8	2	8	3	8	3	2	6	2	1	2	3	2	2	4	1	8	7	2	6	7	7	0	6
34	0	6	7	3	3	9	6	7	4	5	0	1	9	9	9	8	7	5	4	7	8	3	0	6	8	1	6	8	9	8
35	4	7	7	9	2	3	8	0	6	0	5	3	2	7	7	4	1	5	5	7	5	3	6	3	2	9	4	3	2	9
36	1	9	8	4	8	7	7	2	0	0	7	7	0	9	3	1	6	1	3	1	6	4	9	6	9	2	8	9	2	2
37	6	5	0	3	6	3	0	1	7	4	2	3	9	0	5	2	4	7	4	1	3	8	9	7	1	8	9	8	4	4
38	4	8	4	1	1	4	7	5	6	4	1	1	0	1	2	5	7	1	7	6	3	0	8	9	8	3	2	2	6	8
39	4	7	1	9	7	1	1	1	4	7	1	9	3	8	1	2	1	6	0	8	4	5	9	9	1	5	3	2	5	5
40	9	9	1	0	2	1	5	4	8	6	7	1	5	4	0	5	3	7	4	2	8	2	5	1	3	8	5	8	2	2
41	2	9	7	0	6	8	1	0	9	5	6	6	9	6	2	5	3	8	6	1	1	8	3	1	2	3	7	5	3	6
42	9	8	1	0	3	0	9	3	6	6	1	4	1	6	6	7	0	9	0	6	0	5	2	0	9	7	1	1	4	1
43	0	0	8	2	6	9	3	2	7	7	7	1	5	4	7	6	8	9	4	8	7	2	6	3	0	4	9	7	2	3
44	4	3	3	9	3	2	4	8	6	1	8	1	8	1	2	1	0	6	3	1	6	7	3	6	3	1	5	1	1	9
45	8	4	7	3	4	5	7	3	8	9	4	5	1	9	0	6	7	3	4	9	5	5	1	6	2	6	4	8	4	7
46	4	6	0	9	7	6	1	2	2	2	3	2	9	4	8	9	1	4	1	8	4	9	0	2	5	6	7	3	2	4
47	0	6	7	4	7	8	3	2	1	7	4	7	9	2	9	7	9	2	3	0	8	2	5	9	6	3	0	0	1	3
48	3	0	0	7	3	8	7	0	7	7	9	9	9	7	7	0	0	5	4	5	1	5	6	2	1	3	4	0	6	6
49	0	7	6	6	2	7	3	9	9	4	8	1	9	5	2	8	4	4	3	6	7	5	6	0	1	1	4	6	7	7
50	3	8	4	6	6	4	3	7	3	1	4	4	7	7	4	9	7	8	8	4	0	6	9	0	6	6	5	1	6	9
51	5	6	0	0	3	1	0	6	6	9	8	6	6	6	4	3	9	9	0	1	1	1	2	7	4	1	6	8	2	3
52	9	4	8	1	1	5	2	2	1	6	8	0	0	2	8	7	0	7	9	4	9	5	6	9	2	2	0	2	8	1
53	5	2	6	3	4	5	9	8	2	8	5	1	0	0	0	8	8	5	3	0	5	0	1	9	1	8	0	6	3	8
54	9	9	2	2	2	0	7	0	7	5	6	5	1	4	0	1	0	9	1	6	4	6	1	3	3	7	4	3	1	2
55	2	9	0	1	5	6	6	8	2	2	1	7	8	0	2	0	9	7	8	1	3	3	5	0	9	6	0	4	2	7
56	8	3	9	2	2	7	3	3	5	3	2	6	1	0	6	5	3	5	3	9	7	4	9	9	9	4	4	9	1	5
57	0	8	6	1	4	6	4	9	2	0	1	4	1	4	8	3	1	5	0	9	0	0	9	3	0	6	1	1	6	7
58	5	0	7	2	0	7	0	8	8	3	6	4	2	0	2	1	0	4	5	7	9	3	6	6	2	0	0	8	7	5
59	2	2	6	6	0	5	5	3	9	4	8	4	5	7	8	8	4	0	8	6	8	1	9	5	2	1	6	2	7	5

71

2D10

Seconds \ Minutes	0	1	2	3	4	5	6	7	8	9	10	11	12	13	14	15	16	17	18	19	20	21	22	23	24	25	26	27	28	29
0	11	12	11	1	13	13	4	1	10	5	9	6	12	14	8	9	4	13	17	9	17	15	5	14	7	10	7	8	6	9
1	4	5	13	13	3	17	14	6	12	0	8	10	4	11	17	6	2	14	10	15	11	8	8	14	10	8	0	6	8	16
2	16	11	4	8	7	1	14	5	15	11	10	13	17	5	4	15	13	7	9	7	11	2	17	10	9	10	11	10	11	6
3	11	11	8	8	9	7	1	9	5	3	16	11	10	7	5	4	10	7	8	9	1	7	12	10	12	16	13	9	8	6
4	3	2	5	11	8	6	8	3	6	14	8	7	7	5	12	13	9	9	6	11	6	13	5	15	10	8	9	7	4	8
5	11	12	9	6	10	12	8	12	7	14	13	8	9	12	11	12	12	6	5	8	7	9	12	8	8	4	5	9	8	4
6	3	9	9	5	7	13	7	7	11	5	11	11	2	4	15	14	12	3	13	13	10	5	6	2	10	9	5	6	12	14
7	12	6	8	3	14	11	7	4	4	12	10	9	8	10	7	9	2	11	16	6	11	4	8	11	3	9	13	16	11	8
8	8	4	1	10	10	8	8	2	16	4	6	0	8	3	2	7	7	12	16	14	17	6	7	14	14	6	4	4	4	10
9	5	15	14	18	7	17	14	10	11	17	7	10	14	7	10	11	11	10	9	3	3	8	16	10	9	14	9	8	6	0
10	7	4	14	13	13	12	9	18	6	14	10	4	5	10	9	13	4	3	9	12	9	9	10	7	8	12	9	13	13	9
11	7	10	13	14	6	9	3	5	3	6	1	7	7	7	11	6	10	7	4	10	2	15	7	10	9	6	7	5	5	3
12	13	2	11	13	7	16	9	5	5	13	12	9	11	9	12	12	10	9	11	10	0	14	6	8	7	13	15	6	10	0
13	7	15	8	13	3	9	17	9	14	11	11	4	2	3	6	2	9	9	10	8	5	5	3	6	11	11	4	9	16	7
14	6	8	12	10	5	11	14	13	11	5	4	10	7	9	8	15	7	8	4	5	17	6	16	9	8	6	11	16	6	13
15	3	10	7	16	13	3	10	2	13	17	12	10	3	5	11	16	14	12	6	9	16	13	0	9	7	7	3	10	15	5
16	10	7	9	11	3	0	4	12	11	7	8	3	11	12	9	3	0	14	4	10	5	9	6	10	1	3	12	4	8	10
17	7	13	9	14	4	3	7	16	13	4	10	10	16	2	9	9	11	0	9	13	4	12	11	11	1	7	3	9	5	11
18	15	9	10	8	6	4	6	14	14	4	8	7	0	10	5	13	4	11	3	5	2	12	15	13	15	5	4	10	8	9
19	13	13	8	3	10	9	2	6	7	12	14	6	15	14	3	11	7	13	9	6	6	16	6	4	16	8	17	14	10	14
20	9	6	8	4	6	13	4	8	6	2	5	13	10	8	12	9	3	11	7	1	15	6	6	11	9	12	9	6	10	10
21	7	9	7	7	8	14	0	11	9	10	17	18	10	9	7	14	15	11	9	12	6	6	6	13	7	8	12	11	11	5
22	9	4	9	3	7	9	11	9	13	9	17	1	9	5	4	5	3	9	6	13	7	8	7	6	3	6	14	2	16	10
23	7	9	15	9	15	13	10	0	9	5	15	6	16	10	4	5	11	12	2	8	1	11	15	4	9	5	13	15	9	4
24	4	9	5	7	15	8	9	8	10	7	4	15	6	9	15	11	10	2	10	5	0	15	14	4	11	4	14	14	7	3
25	12	6	9	7	16	12	8	6	11	15	11	8	14	16	2	16	9	10	5	10	8	8	10	17	7	4	10	12	9	16
26	6	14	11	11	12	9	10	6	8	15	13	15	7	8	14	8	14	5	9	10	0	7	8	2	11	12	10	14	5	10
27	5	12	11	16	9	10	2	14	9	8	3	9	2	2	9	13	6	5	10	5	4	14	16	15	10	15	5	6	9	7
28	8	11	6	9	8	9	9	3	13	11	6	15	6	12	13	11	11	16	16	6	8	12	12	17	10	9	11	2	11	9
29	9	16	11	3	9	3	11	4	14	12	16	2	8	15	9	11	9	2	8	11	7	2	4	4	9	2	9	7	15	16
30	12	11	1	13	13	4	1	10	5	9	6	12	14	8	9	4	13	17	9	17	15	5	14	7	10	7	8	6	9	7
31	5	13	13	3	17	14	6	12	0	8	10	4	11	17	6	2	14	10	15	11	8	8	14	10	8	0	6	8	16	10
32	11	4	8	7	1	14	5	15	11	10	13	17	5	4	15	13	7	9	7	11	2	17	10	9	10	11	10	11	6	7
33	11	8	8	9	7	1	9	5	3	16	11	10	7	5	4	10	7	8	9	1	7	12	10	12	16	13	9	8	6	6
34	2	5	11	8	6	8	3	6	14	8	7	7	5	12	13	9	9	6	11	6	13	5	15	10	8	9	7	4	8	14
35	12	9	6	10	12	8	12	7	14	13	8	9	12	11	12	12	6	5	8	7	9	12	8	8	4	5	9	8	4	6
36	9	9	5	7	13	7	7	11	5	11	11	2	4	15	14	12	3	13	13	10	5	6	2	10	9	5	6	12	14	6
37	6	8	3	14	11	7	4	4	12	10	9	8	10	7	9	2	11	16	6	11	4	8	11	3	9	13	16	11	8	11
38	4	1	10	10	8	8	2	16	4	6	0	8	3	2	7	7	12	16	14	17	6	7	14	14	6	4	4	4	10	9
39	15	14	18	7	17	14	10	11	17	7	10	14	7	10	11	11	10	9	3	3	8	16	10	9	14	9	8	6	0	14
40	4	14	13	13	12	9	18	6	14	10	4	5	10	9	13	4	3	9	12	9	9	10	7	8	12	9	13	13	9	12
41	10	13	14	6	9	3	5	3	6	1	7	7	7	11	6	10	7	4	10	2	15	7	10	9	6	7	5	5	3	8
42	2	11	13	7	16	9	5	5	13	12	9	11	9	12	12	10	9	11	10	0	14	6	8	7	13	15	6	10	0	8
43	15	8	13	3	9	17	9	14	11	11	4	2	3	6	2	9	9	10	8	5	5	3	6	11	11	4	9	16	7	7
44	8	12	10	5	11	14	13	11	5	4	10	7	9	8	15	7	8	4	5	17	6	16	9	8	6	11	16	6	13	13
45	10	7	16	13	3	10	2	13	17	12	10	3	5	11	16	14	12	6	9	16	13	0	9	7	7	3	10	15	5	12
46	7	9	11	3	0	4	12	11	7	8	3	11	12	9	3	0	14	4	10	5	9	6	10	1	3	12	4	8	10	7
47	13	9	14	4	3	7	16	13	4	10	10	16	2	9	9	11	0	9	13	4	12	11	11	1	7	3	9	5	11	6
48	9	10	8	6	4	6	14	14	4	8	7	0	10	5	13	4	11	3	5	2	12	15	13	15	5	4	10	8	9	13
49	13	8	3	10	9	2	6	7	12	14	6	15	14	3	11	7	13	9	6	6	16	6	4	16	8	17	14	10	14	15
50	6	8	4	6	13	4	8	6	2	5	13	10	8	12	9	3	11	7	1	15	6	6	11	9	12	9	6	10	10	16
51	9	7	7	8	14	0	11	9	10	17	18	10	9	7	14	15	11	9	12	6	6	6	13	7	8	12	11	11	5	9
52	4	9	3	7	9	11	9	13	9	17	1	9	5	4	5	3	9	6	13	7	8	7	6	3	6	14	2	16	10	11
53	9	15	9	15	13	10	0	9	5	15	6	16	10	4	5	11	12	2	8	1	11	15	4	9	5	13	15	9	4	10
54	9	5	7	15	8	9	8	10	7	4	15	6	9	15	11	10	2	10	5	0	15	14	4	11	4	14	14	7	3	1
55	6	9	7	16	12	8	6	11	15	11	8	14	16	2	16	9	10	5	10	8	8	10	17	7	4	10	12	9	16	11
56	14	11	11	12	9	10	6	8	15	13	15	7	8	14	8	14	5	9	10	0	7	8	2	11	12	10	14	5	10	10
57	12	11	16	9	10	2	14	9	8	3	9	2	2	9	13	6	5	10	5	4	14	16	15	10	15	5	6	9	7	3
58	11	6	9	8	9	9	3	13	11	6	15	6	12	13	11	11	16	16	6	8	12	12	17	10	9	11	2	11	9	6
59	16	11	3	9	3	11	4	14	12	16	2	8	15	9	11	9	2	8	11	7	2	4	4	9	2	9	7	15	16	7

Minutes

		30	31	32	33	34	35	36	37	38	39	40	41	42	43	44	45	46	47	48	49	50	51	52	53	54	55	56	57	58	59
	0	7	14	12	8	10	8	9	13	8	6	14	12	10	11	8	8	14	9	14	5	11	6	9	5	9	6	2	9	9	9
	1	10	14	5	4	10	4	11	9	4	6	6	8	14	11	9	4	12	0	3	16	9	6	6	10	10	3	6	12	6	7
	2	7	10	10	6	13	4	4	0	10	16	7	5	9	4	10	10	13	10	15	2	12	6	11	12	11	4	12	6	7	15
	3	6	12	9	6	10	0	6	12	10	5	6	2	8	6	6	9	10	14	15	7	11	12	16	10	3	17	12	8	13	6
	4	14	8	5	5	8	12	4	15	8	13	2	8	10	6	12	13	9	5	9	7	16	12	3	6	2	5	17	13	9	10
	5	6	10	9	12	10	5	4	9	12	7	9	13	7	7	9	17	11	8	11	11	6	11	16	7	11	9	3	8	8	13
	6	6	12	8	10	8	11	15	16	6	8	14	10	11	3	6	18	8	15	11	14	11	16	17	1	17	13	8	10	12	5
	7	11	16	13	9	12	10	9	13	10	16	5	14	9	9	14	12	9	6	7	6	6	12	9	11	15	11	3	12	5	11
	8	9	11	4	9	10	2	18	8	5	7	11	6	7	9	18	5	13	13	15	9	1	1	6	13	10	6	6	6	10	8
	9	14	9	7	9	4	17	2	13	8	11	6	6	6	5	4	1	8	9	9	12	11	6	14	9	7	15	11	16	8	11
	10	12	14	16	11	9	6	7	9	8	4	10	14	10	8	5	9	14	11	12	9	12	9	10	18	16	12	7	12	15	14
	11	8	7	17	15	16	11	5	10	16	1	15	13	9	8	5	5	5	9	9	7	7	11	9	10	13	16	10	6	13	11
	12	8	15	4	11	11	6	16	6	12	10	2	13	18	2	5	6	11	11	5	3	16	9	9	16	13	14	8	10	18	16
	13	7	12	9	12	14	0	10	14	11	8	1	8	6	4	3	11	11	7	10	12	12	5	15	5	6	15	4	14	7	9
	14	13	10	8	12	7	17	7	8	12	9	10	8	7	8	11	13	6	12	7	11	11	7	10	8	6	15	5	17	16	16
	15	12	4	11	5	9	10	11	18	12	5	1	7	10	6	13	5	13	13	7	6	4	7	13	10	11	7	8	6	15	7
	16	7	6	4	8	4	11	6	8	9	9	7	10	13	4	4	14	14	4	9	5	5	12	15	9	11	18	11	16	14	7
	17	6	5	10	5	9	10	4	8	4	7	8	4	14	8	6	4	9	11	9	12	11	11	13	14	10	13	11	7	11	8
	18	13	18	6	8	14	10	14	12	10	9	9	5	15	12	15	12	9	2	17	6	10	2	5	15	5	8	8	4	5	9
	19	15	11	11	4	13	6	13	7	14	9	5	10	12	8	3	12	10	14	13	4	14	12	8	8	7	12	10	9	7	10
	20	16	14	18	16	7	3	12	10	14	11	10	12	10	7	13	5	11	8	15	11	11	6	10	8	9	8	12	7	4	10
	21	9	18	2	9	8	0	6	8	10	13	14	3	16	11	13	14	13	5	9	7	17	3	17	3	7	9	10	10	11	4
	22	11	10	7	10	12	12	10	16	8	6	11	11	5	6	13	6	0	2	6	15	3	12	3	7	5	4	10	9	6	2
	23	10	1	9	6	6	9	10	6	8	1	15	9	4	12	3	6	1	1	10	14	10	16	9	11	10	14	3	7	5	6
	24	1	3	11	6	4	9	9	14	10	6	16	7	10	9	10	14	8	9	9	8	4	8	5	13	7	6	12	6	11	10
S	25	11	16	14	7	10	11	1	10	9	9	5	5	10	10	6	8	17	8	9	10	16	10	9	11	11	11	6	3	9	9
E	26	10	3	5	3	9	8	8	10	11	8	16	0	8	5	5	2	6	4	12	12	9	15	4	3	18	14	11	5	2	10
C	27	3	10	14	7	3	9	9	13	5	18	5	9	15	8	8	11	12	9	7	1	4	12	9	3	14	4	10	14	7	8
O	28	6	10	8	11	9	7	13	6	3	10	9	15	12	9	5	7	4	10	13	17	9	1	6	3	12	4	6	10	12	12
N	29	7	10	5	2	18	6	9	4	9	5	4	10	8	7	12	12	9	5	13	11	9	14	14	5	12	5	10	6	6	3
D	30	14	12	8	10	8	9	13	8	6	14	12	10	11	8	8	14	9	14	5	11	6	9	5	9	6	2	9	9	9	10
S	31	14	5	4	10	4	11	9	4	6	6	8	14	11	9	4	12	0	3	16	9	6	6	10	10	3	6	12	6	7	5
	32	10	10	6	13	4	4	0	10	16	7	5	9	4	10	10	13	10	15	2	12	6	11	12	11	4	12	6	7	15	8
	33	12	9	6	10	0	6	12	10	5	6	2	8	6	6	9	10	14	15	7	11	12	16	10	3	17	12	8	13	6	10
	34	8	5	5	8	12	4	15	8	13	2	8	10	6	12	13	9	5	9	7	16	12	3	6	2	5	17	13	9	10	6
	35	10	9	12	10	5	4	9	12	7	9	13	7	7	9	17	11	8	11	11	6	11	16	7	11	9	3	8	8	13	8
	36	12	8	10	8	11	15	16	6	8	14	10	11	3	6	18	8	15	11	14	11	16	17	1	17	13	8	10	12	5	6
	37	16	13	9	12	10	9	13	10	16	5	14	9	9	14	12	9	6	7	6	6	12	9	11	15	11	3	12	5	11	4
	38	11	4	9	10	2	18	8	5	7	11	6	7	9	18	5	13	13	15	9	1	1	6	13	10	6	6	6	10	8	8
	39	9	7	9	4	17	2	13	8	11	6	6	6	5	4	1	8	9	9	12	11	6	14	9	7	15	11	16	8	11	8
	40	14	16	11	9	6	7	9	8	4	10	14	10	8	5	9	14	11	12	9	12	9	10	18	16	12	7	12	15	14	14
	41	7	17	15	16	11	5	10	16	1	15	13	9	8	5	5	5	9	9	7	7	11	9	10	13	16	10	6	13	11	7
	42	15	4	11	11	6	16	6	12	10	2	13	18	2	5	6	11	11	5	3	16	9	9	16	13	14	8	10	18	16	9
	43	12	9	12	14	0	10	14	11	8	1	8	6	4	3	11	11	7	10	12	12	5	15	5	6	15	4	14	7	9	15
	44	10	8	12	7	17	7	8	12	9	10	8	7	8	11	13	6	12	7	11	11	7	10	8	6	15	5	17	16	16	0
	45	4	11	5	9	10	11	18	12	5	1	7	10	6	13	5	13	13	7	6	4	7	13	10	11	7	8	6	15	7	3
	46	6	4	8	4	11	6	8	9	9	7	10	13	4	4	14	14	4	9	5	5	12	15	9	11	18	11	16	14	7	7
	47	5	10	5	9	10	4	8	4	7	8	4	14	8	6	4	9	11	9	12	11	11	13	14	10	13	11	7	11	8	12
	48	18	6	8	14	10	14	12	10	9	9	5	15	12	15	12	9	2	17	6	10	2	5	15	5	8	8	4	5	9	14
	49	11	11	4	13	6	13	7	14	9	5	10	12	8	3	12	10	14	13	4	14	12	8	8	7	12	10	9	7	10	10
	50	14	18	16	7	3	12	10	14	11	10	12	10	7	13	5	11	8	15	11	11	6	10	8	9	8	12	7	4	10	11
	51	18	2	9	8	0	6	8	10	13	14	3	16	11	13	14	13	5	9	7	17	3	17	3	7	9	10	10	11	4	14
	52	10	7	10	12	12	10	16	8	6	11	11	5	6	13	6	0	2	6	15	3	12	3	7	5	4	10	9	6	2	8
	53	1	9	6	6	9	10	6	8	1	15	9	4	12	3	6	1	1	10	14	10	16	9	11	10	14	3	7	5	6	12
	54	3	11	6	4	9	9	14	10	6	16	7	10	9	10	14	8	9	9	8	4	8	5	13	7	6	12	6	11	10	6
	55	16	14	7	10	11	1	10	9	9	5	5	10	10	6	8	17	8	9	10	16	10	9	11	11	11	6	3	9	9	0
	56	3	5	3	9	8	8	10	11	8	16	0	8	5	5	2	6	4	12	12	9	15	4	3	18	14	11	5	2	10	4
	57	10	14	7	3	9	9	13	5	18	5	9	15	8	8	11	12	9	7	1	4	12	9	3	14	4	10	14	7	8	7
	58	10	8	11	9	7	13	6	3	10	9	15	12	9	5	7	4	10	13	17	9	1	6	3	12	4	6	10	12	12	11
	59	10	5	2	18	6	9	4	9	5	4	10	8	7	12	12	9	5	13	11	9	14	14	5	12	5	10	6	6	3	5

3D10

Minutes

	0	1	2	3	4	5	6	7	8	9	10	11	12	13	14	15	16	17	18	19	20	21	22	23	24	25	26	27	28	29
0	16	14	13	13	11	11	16	19	20	14	17	15	20	7	11	15	10	5	4	8	16	15	7	26	7	14	11	14	7	15
1	13	13	19	14	15	12	17	3	19	9	7	13	25	14	21	5	9	12	6	19	19	11	5	19	20	24	17	23	15	7
2	9	10	14	10	13	18	6	18	18	17	9	13	12	10	14	9	20	9	10	11	15	11	24	20	6	11	18	13	14	16
3	12	14	8	13	14	14	13	20	13	5	11	20	0	15	12	10	18	10	10	10	10	25	25	12	15	18	15	15	20	12
4	10	19	15	10	6	17	24	16	10	6	11	14	9	10	14	9	7	14	11	10	15	22	18	23	11	12	6	21	21	16
5	8	9	8	13	13	8	13	16	9	11	17	20	13	9	16	16	24	6	14	13	22	11	12	8	13	15	7	18	0	11
6	16	4	13	13	21	5	8	14	13	13	17	17	14	22	18	19	15	12	13	17	13	11	9	15	21	14	11	3	8	12
7	16	17	12	13	20	13	16	19	25	13	18	4	17	10	20	15	4	12	16	2	13	26	3	12	7	13	7	10	11	14
8	14	18	13	13	11	16	10	16	18	12	17	11	12	10	13	11	11	14	17	6	19	13	9	19	3	10	23	24	17	21
9	19	13	20	8	10	18	20	3	10	16	20	15	12	20	8	12	5	10	15	9	7	14	12	20	7	9	20	22	8	18
10	12	16	14	8	12	12	13	21	16	5	18	7	18	17	19	9	14	17	7	6	11	16	11	6	4	14	18	9	19	7
11	16	11	15	14	15	15	20	18	16	15	5	16	19	7	24	9	13	18	13	13	16	17	13	19	18	14	12	16	13	6
12	13	10	19	20	13	12	10	23	5	13	19	24	24	12	14	20	13	10	13	8	7	7	21	10	14	15	12	11	17	16
13	22	13	19	11	24	2	9	11	11	12	12	16	15	12	17	21	23	18	19	10	19	13	21	8	16	9	23	20	17	8
14	18	11	6	9	18	19	10	12	21	11	10	16	24	15	19	19	2	11	11	21	8	14	11	18	21	6	7	7	12	15
15	14	7	21	17	4	15	7	14	18	20	18	12	15	16	18	1	4	11	8	15	22	18	9	18	19	16	11	12	18	19
16	15	1	16	17	8	14	15	7	8	18	17	12	11	12	23	8	10	15	19	11	15	20	18	17	12	19	17	8	15	3
17	9	9	16	4	13	9	15	10	14	12	10	19	17	14	10	6	11	19	11	6	12	8	23	9	14	10	21	13	10	8
18	23	11	15	19	10	23	15	11	15	12	15	22	15	10	18	14	14	10	10	17	14	18	12	21	12	16	12	22	9	12
19	5	21	19	16	14	21	20	11	14	8	16	3	12	13	12	12	10	9	20	10	12	12	10	16	15	4	18	15	13	17
20	14	10	12	12	10	22	14	16	17	17	16	10	14	16	17	23	18	12	14	4	8	7	10	21	8	3	12	14	9	13
21	14	14	10	14	14	15	22	13	17	11	17	14	15	14	17	3	18	6	14	16	9	16	14	16	18	14	8	14	11	17
22	22	14	5	16	10	19	8	9	5	17	8	4	8	14	18	9	22	10	10	14	10	5	14	10	14	14	22	16	7	9
23	20	15	25	18	21	2	8	16	10	10	16	16	12	13	13	12	7	18	10	14	1	8	25	17	12	16	14	5	18	21
24	17	16	7	11	10	26	9	16	13	13	11	19	16	9	7	11	8	18	9	22	12	8	10	16	10	11	18	9	7	11
25	9	12	5	13	9	14	4	19	15	14	16	21	13	7	13	16	9	13	9	16	22	11	10	13	23	22	20	15	17	6
26	16	17	10	10	10	14	5	17	17	7	19	6	7	21	17	11	17	18	5	8	21	6	15	17	15	20	15	8	12	15
27	10	23	14	18	16	6	3	10	11	20	22	18	10	14	17	16	4	9	12	15	11	12	16	12	12	13	14	15	5	0
28	22	18	17	6	11	11	16	11	22	11	7	14	16	7	20	13	3	9	10	9	16	7	25	11	14	11	4	9	8	9
29	15	18	15	20	6	13	15	5	14	5	11	13	17	13	1	12	18	20	7	13	11	11	18	18	17	12	15	27	19	7
30	14	13	13	11	11	16	19	20	14	17	15	20	7	11	15	10	5	4	8	16	15	7	26	7	14	11	14	7	15	8
31	13	19	14	15	12	17	3	19	9	7	13	25	14	21	5	9	12	6	19	19	11	5	19	20	24	17	23	15	7	18
32	10	14	10	13	18	6	18	18	17	9	13	12	10	14	9	20	9	10	11	15	11	24	20	6	11	18	13	14	16	17
33	14	8	13	14	14	13	20	13	5	11	20	0	15	12	10	18	10	10	10	10	25	25	12	15	18	15	15	20	12	4
34	19	15	10	6	17	24	16	10	6	11	14	9	10	14	9	7	14	11	10	15	22	18	23	11	12	6	21	21	16	18
35	9	8	13	13	8	13	16	9	11	17	20	13	9	16	16	24	6	14	13	22	11	12	8	13	15	7	18	0	11	8
36	4	13	13	21	5	8	14	13	13	17	17	14	22	18	19	15	12	13	17	13	11	9	15	21	14	11	3	8	12	12
37	17	12	13	20	13	16	19	25	13	18	4	17	10	20	15	4	12	16	2	13	26	3	12	7	13	7	10	11	14	19
38	18	13	13	11	16	10	16	18	12	17	11	12	10	13	11	11	14	17	6	19	13	9	19	3	10	23	24	17	21	18
39	13	20	8	10	18	20	3	10	16	20	15	12	20	8	12	5	10	15	9	7	14	12	20	7	9	20	22	8	18	15
40	16	14	8	12	12	13	21	16	5	18	7	18	17	19	9	14	17	7	6	11	16	11	6	4	14	18	9	19	7	19
41	11	15	14	15	15	20	18	16	15	5	16	19	7	24	9	13	18	13	13	16	17	13	19	18	14	12	16	13	6	13
42	10	19	20	13	12	10	23	5	13	19	24	24	12	14	20	13	10	13	8	7	7	21	10	14	15	12	11	17	16	10
43	13	19	11	24	2	9	11	11	12	12	16	15	12	17	21	23	18	19	10	19	13	21	8	16	9	23	20	17	8	6
44	11	6	9	18	19	10	12	21	11	10	16	24	15	19	19	2	11	11	21	8	14	11	18	21	6	7	7	12	15	11
45	7	21	17	4	15	7	14	18	20	18	12	15	16	18	1	4	11	8	15	22	18	9	18	19	16	11	12	18	19	13
46	1	16	17	8	14	15	7	8	18	17	12	11	12	23	8	10	15	19	11	15	20	18	17	12	19	17	8	15	3	19
47	9	16	4	13	9	15	10	14	12	10	19	17	14	10	6	11	19	11	6	12	8	23	9	14	10	21	13	10	8	18
48	11	15	19	10	23	15	11	15	12	15	22	15	10	18	14	14	10	10	17	14	18	12	21	12	16	12	22	9	12	19
49	21	19	16	14	21	20	11	14	8	16	3	12	13	12	12	10	9	20	10	12	12	10	16	15	4	18	15	13	17	15
50	10	12	12	10	22	14	16	17	17	16	10	14	16	17	23	18	12	14	4	8	7	10	21	8	3	12	14	9	13	13
51	14	10	14	14	15	22	13	17	11	17	14	15	14	17	3	18	6	14	16	9	16	14	16	18	14	8	14	11	17	10
52	14	5	16	10	19	8	9	5	17	8	4	8	14	18	9	22	10	10	14	10	5	14	10	14	14	22	16	7	9	22
53	15	25	18	21	2	8	16	10	10	16	16	12	13	13	12	7	18	10	14	1	8	25	17	12	16	14	5	18	21	24
54	16	7	11	10	26	9	16	13	13	11	19	16	9	7	11	8	18	9	22	12	8	10	16	10	11	18	9	7	11	13
55	12	5	13	9	14	4	19	15	14	16	21	13	7	13	16	9	13	9	16	22	11	10	13	23	22	20	15	17	6	12
56	17	10	10	10	14	5	17	17	7	19	6	7	21	17	11	17	18	5	8	21	6	15	17	15	20	15	8	12	15	10
57	23	14	18	16	6	3	10	11	20	22	18	10	14	17	16	4	9	12	15	11	12	16	12	12	13	14	15	5	0	13
58	18	17	6	11	11	16	11	22	11	7	14	16	7	20	13	3	9	10	9	16	7	25	11	14	11	4	9	8	9	23
59	18	15	20	6	13	15	5	14	5	11	13	17	13	1	12	18	20	7	13	11	11	18	18	17	12	15	27	19	7	8

SECONDS (rows 25–31)

Minutes

Seconds	30	31	32	33	34	35	36	37	38	39	40	41	42	43	44	45	46	47	48	49	50	51	52	53	54	55	56	57	58	59
0	8	5	5	7	6	9	10	14	18	10	7	8	14	8	9	12	24	18	10	8	10	24	19	7	13	10	18	11	19	17
1	18	8	21	10	15	11	23	4	15	8	17	15	21	22	18	15	12	12	8	17	9	10	17	17	9	17	8	15	16	11
2	17	1	10	8	18	13	17	14	15	15	9	20	2	13	16	19	13	4	20	17	23	9	17	11	11	17	9	19	17	20
3	4	12	24	5	15	16	15	15	12	7	9	21	13	15	12	13	16	16	16	20	6	14	14	10	11	9	9	7	17	8
4	18	19	16	20	23	17	20	16	17	21	11	17	12	21	18	11	22	12	14	17	13	5	14	21	9	10	14	14	17	18
5	8	7	14	9	19	4	3	17	9	18	12	22	9	13	16	4	18	12	13	20	17	15	19	15	15	14	23	8	6	12
6	12	10	11	8	19	14	9	15	12	18	6	18	12	19	9	17	12	7	16	26	16	15	9	12	17	9	13	13	8	22
7	19	13	18	25	20	9	12	20	14	20	22	13	21	15	14	15	11	13	10	9	18	15	9	2	9	5	14	14	11	7
8	18	7	15	15	10	15	11	13	4	14	10	9	15	3	14	5	10	11	10	9	9	11	7	15	13	18	18	16	8	15
9	15	20	18	10	23	19	10	20	22	23	15	14	13	14	9	11	11	9	21	7	6	7	19	18	10	15	19	14	19	24
10	19	13	11	17	19	16	21	14	13	5	17	12	13	9	20	9	20	17	16	8	10	10	13	14	22	18	21	20	18	24
11	13	15	7	14	8	6	17	15	15	13	22	9	23	14	17	17	18	2	11	17	21	0	5	25	16	22	9	5	9	18
12	10	13	15	7	13	13	13	12	8	15	14	14	19	14	21	9	11	14	20	12	13	8	16	10	12	16	10	7	14	4
13	6	8	10	9	12	7	17	21	21	11	8	15	6	15	19	13	21	19	10	14	25	23	15	13	17	20	22	26	12	6
14	11	23	19	10	8	10	15	7	10	19	6	6	21	17	15	7	19	13	9	9	12	13	10	6	8	6	13	18	10	7
15	13	17	19	14	20	8	14	5	9	21	12	9	11	19	20	22	15	10	6	11	17	13	18	17	18	15	6	13	20	11
16	19	17	9	4	12	18	8	18	8	20	21	22	12	20	14	12	10	8	9	19	13	2	15	15	21	12	17	8	20	20
17	18	9	13	4	19	13	9	18	17	16	10	16	11	18	10	6	14	18	9	14	11	25	20	16	10	9	19	8	10	9
18	19	17	14	15	8	12	14	17	7	18	10	10	9	8	4	6	11	14	16	15	13	17	11	8	2	10	23	13	6	7
19	15	11	16	9	16	8	8	4	7	12	11	15	15	20	7	11	19	11	7	9	21	17	10	12	14	14	11	22	2	12
20	13	12	12	18	4	9	10	9	18	18	15	13	13	8	21	6	10	15	9	11	7	19	20	17	6	17	12	18	12	11
21	10	17	11	14	12	9	10	19	15	14	12	19	22	11	10	11	17	7	14	14	19	14	19	10	17	7	8	11	20	11
22	22	8	8	12	12	8	8	13	19	9	11	16	20	12	12	19	12	11	2	10	14	25	20	13	10	15	11	21	19	11
23	24	6	3	16	15	12	7	7	16	6	4	16	11	17	19	17	15	17	11	16	14	20	2	17	16	0	2	13	18	6
24	13	11	16	12	21	19	10	11	9	16	19	17	14	24	7	11	10	7	22	15	14	15	20	17	15	16	14	9	8	14
25	12	16	11	13	17	21	11	19	12	7	10	19	18	19	13	10	8	2	6	15	22	14	6	16	15	15	8	24	15	18
26	10	23	20	11	13	17	12	18	10	4	12	13	10	12	22	14	17	16	12	16	19	19	8	17	15	14	20	8	14	15
27	13	10	17	13	16	13	11	17	17	14	13	18	6	3	16	25	23	25	11	12	21	19	3	23	12	3	12	11	11	5
28	23	14	12	7	20	11	12	12	11	16	19	20	17	16	9	15	11	17	20	9	20	11	16	21	15	16	12	18	17	11
29	8	17	5	15	16	20	3	14	15	16	13	12	9	14	15	11	13	11	20	12	18	13	9	10	11	19	12	17	14	12
30	5	5	7	6	9	10	14	18	10	7	8	14	8	9	12	24	18	10	8	10	24	19	7	13	10	18	11	19	17	17
31	8	21	10	15	11	23	4	15	8	17	15	21	22	18	15	12	12	8	17	9	10	17	17	9	17	8	15	16	11	7
32	1	10	8	18	13	17	14	15	15	9	20	2	13	16	19	13	4	20	17	23	9	17	11	11	17	9	19	17	20	20
33	12	24	5	15	16	15	15	12	7	9	21	13	15	12	13	16	16	16	20	6	14	14	10	11	9	9	7	17	8	9
34	19	16	20	23	17	20	16	17	21	11	17	12	21	18	11	22	12	14	17	13	5	14	21	9	10	14	14	17	18	19
35	7	14	9	19	4	3	17	9	18	12	22	9	13	16	4	18	12	13	20	17	15	19	15	15	14	23	8	6	12	9
36	10	11	8	19	14	9	15	12	18	6	18	12	19	9	17	12	7	16	26	16	15	9	12	17	9	13	13	8	22	16
37	13	18	25	20	9	12	20	14	20	22	13	21	15	14	15	11	13	10	9	18	15	9	2	9	5	14	14	11	7	11
38	7	15	15	10	15	11	13	4	14	10	9	15	3	14	5	10	11	10	9	9	11	7	15	13	18	18	16	8	15	18
39	20	18	10	23	19	10	20	22	23	15	14	13	14	9	11	11	9	21	7	6	7	19	18	10	15	19	14	19	24	14
40	13	11	17	19	16	21	14	13	5	17	12	13	9	20	9	20	17	16	8	10	10	13	14	22	18	21	20	18	24	16
41	15	7	14	8	6	17	15	15	13	22	9	23	14	17	17	18	2	11	17	21	0	5	25	16	22	9	5	9	18	22
42	13	15	7	13	13	13	12	8	15	14	14	19	14	21	9	11	14	20	12	13	8	16	10	12	16	10	7	14	4	11
43	8	10	9	12	7	17	21	21	11	8	15	6	15	19	13	21	19	10	14	25	23	15	13	17	20	22	26	12	6	14
44	23	19	10	8	10	15	7	10	19	6	6	21	17	15	7	19	13	9	9	12	13	10	6	8	6	13	18	10	7	8
45	17	19	14	20	8	14	5	9	21	12	9	11	19	20	22	15	10	6	11	17	13	18	17	18	15	6	13	20	11	11
46	17	9	4	12	18	8	18	8	20	21	22	12	20	14	12	10	8	9	19	13	2	15	15	21	12	17	8	20	20	13
47	9	13	4	19	13	9	18	17	16	10	16	11	18	10	6	14	18	9	14	11	25	20	16	10	9	19	8	10	9	19
48	17	14	15	8	12	14	17	7	18	10	10	9	8	4	6	11	14	16	15	13	17	11	8	2	10	23	13	6	7	15
49	11	16	9	16	8	8	4	7	12	11	15	15	20	7	11	19	11	7	9	21	17	10	12	14	14	11	22	2	12	24
50	12	12	18	4	9	10	9	18	18	15	13	13	8	21	6	10	15	9	11	7	19	20	17	6	17	12	18	12	11	12
51	17	11	14	12	9	10	19	15	14	12	19	22	11	10	11	17	7	14	14	19	14	19	10	17	7	8	11	20	11	15
52	8	8	12	12	8	8	13	19	9	11	16	20	12	12	19	12	11	2	10	14	25	20	13	10	15	11	21	19	11	15
53	6	3	16	15	12	7	7	16	6	4	16	11	17	19	17	15	17	11	16	14	20	2	17	16	0	2	13	18	6	6
54	11	16	12	21	19	10	11	9	16	19	17	14	24	7	11	10	7	22	15	14	15	20	17	15	16	14	9	8	14	5
55	16	11	13	17	21	11	19	12	7	10	19	18	19	13	10	8	2	6	15	22	14	6	16	15	15	8	24	15	18	18
56	23	20	11	13	17	12	18	10	4	12	13	10	12	22	14	17	16	12	16	19	19	8	17	15	14	20	8	14	15	16
57	10	17	13	16	13	11	17	17	14	13	18	6	3	16	25	23	25	11	12	21	19	3	23	12	3	12	11	11	5	21
58	14	12	7	20	11	12	12	11	16	19	20	17	16	9	15	11	17	20	9	20	11	16	21	15	16	12	18	17	11	21
59	17	5	15	16	20	3	14	15	16	13	12	9	14	15	11	13	11	20	12	18	13	9	10	11	19	12	17	14	12	20

4D10

	0	1	2	3	4	5	6	7	8	9	10	11	12	13	14	15	16	17	18	19	20	21	22	23	24	25	26	27	28	29
0	21	27	23	23	10	17	24	20	22	13	18	22	16	19	18	14	17	26	25	23	21	18	13	23	25	12	21	25	19	17
1	19	23	28	9	15	18	15	11	15	21	20	16	27	28	18	22	13	12	14	20	20	32	22	19	21	17	10	9	9	20
2	21	28	19	24	24	11	20	20	20	19	17	11	22	23	17	14	11	22	25	17	19	16	20	18	16	21	14	16	19	28
3	22	20	21	19	23	26	25	22	10	11	19	12	15	22	21	15	16	13	15	19	23	15	13	15	9	20	20	15	17	6
4	10	24	7	18	23	17	17	11	13	17	25	20	15	15	11	20	24	17	25	19	19	28	31	23	21	19	11	16	22	7
5	18	16	20	15	24	26	22	23	23	27	20	26	20	23	17	8	22	11	22	20	24	23	11	19	11	13	12	29	14	22
6	17	15	28	20	15	26	14	11	20	9	16	9	23	17	24	17	24	15	13	19	12	24	13	15	23	23	21	13	19	19
7	22	10	14	18	13	17	16	24	20	13	16	28	15	22	21	26	21	17	16	17	15	10	23	16	17	26	18	17	19	21
8	13	11	20	12	14	16	26	16	26	25	23	12	23	19	24	25	17	5	19	18	25	20	14	21	18	25	24	12	34	28
9	19	16	23	19	9	22	14	11	14	11	19	27	22	16	20	14	15	19	17	20	21	10	13	14	23	21	17	12	25	12
10	28	22	22	24	22	30	14	16	5	26	27	18	10	17	19	22	9	25	23	10	34	21	16	27	24	22	24	27	13	13
11	22	22	16	26	11	20	20	24	25	17	21	31	25	16	14	21	8	25	11	30	14	19	18	12	10	21	20	10	18	18
12	13	26	11	28	8	25	8	22	17	27	12	20	22	10	19	11	20	23	22	25	20	16	20	21	21	20	16	16	22	11
13	16	10	16	9	25	12	26	14	11	24	16	16	12	5	15	18	21	15	16	24	20	22	16	28	22	19	29	15	30	10
14	16	30	11	18	11	5	19	18	30	14	19	25	18	12	18	25	12	16	24	25	12	20	24	7	24	25	26	21	15	14
15	21	12	15	22	10	22	9	16	12	11	12	17	19	19	10	9	26	12	27	16	10	22	23	12	21	31	17	20	15	24
16	22	21	15	11	17	21	17	18	19	13	8	26	9	26	19	11	18	24	24	9	22	24	19	13	11	10	9	24	17	4
17	14	15	6	18	12	19	24	13	21	17	21	15	9	28	10	9	16	35	14	20	13	19	19	13	16	18	13	26	22	23
18	19	23	27	14	29	24	17	34	17	17	27	23	28	21	29	21	14	15	21	22	14	25	15	27	19	19	21	21	13	10
19	15	19	15	17	22	9	15	23	19	29	21	12	15	24	9	20	17	11	18	26	9	23	17	6	8	12	28	6	18	11
20	21	15	11	13	12	14	17	13	18	18	11	26	18	11	10	27	19	25	25	16	18	17	17	14	8	14	22	12	17	25
21	26	12	16	8	19	14	17	24	25	20	22	10	8	23	21	20	17	29	27	23	18	30	20	11	25	21	24	18	23	26
22	25	21	9	21	18	19	18	17	18	33	23	5	18	16	12	24	16	13	28	20	8	17	26	24	34	18	4	13	19	15
23	16	13	24	23	7	15	22	19	7	17	23	23	25	18	15	27	17	13	16	20	14	24	11	11	18	25	25	12	17	17
24	18	13	24	19	14	9	23	11	25	22	19	10	11	17	22	18	26	24	19	10	19	25	12	15	18	21	14	16	22	20
25	8	15	8	12	21	19	24	16	28	12	23	19	13	18	23	21	8	22	21	14	13	26	20	21	15	8	14	26	22	10
26	18	15	14	19	24	13	17	21	19	24	24	10	22	13	15	31	17	22	21	23	27	21	20	17	20	16	17	11	22	22
27	23	34	16	14	8	15	15	17	19	6	15	12	24	27	17	25	24	18	10	11	16	9	25	13	16	20	21	18	17	16
28	15	23	23	21	18	20	20	17	23	19	15	10	18	20	14	22	28	17	15	18	15	11	19	17	17	27	13	22	18	18
29	10	17	29	11	9	15	13	16	18	18	26	21	11	13	22	12	13	10	15	9	16	14	10	12	21	17	28	20	29	21
30	27	23	23	10	17	24	20	22	13	18	22	16	19	18	14	17	26	25	23	21	18	13	23	25	12	21	25	19	17	17
31	23	28	9	15	18	15	11	15	21	20	16	27	28	18	22	13	12	14	20	20	32	22	19	21	17	10	9	9	20	26
32	28	19	24	24	11	20	20	20	19	17	11	22	23	17	14	11	22	25	17	19	16	20	18	16	21	14	16	19	28	14
33	20	21	19	23	26	25	22	10	11	19	12	15	22	21	15	16	13	15	19	23	15	13	15	9	20	20	15	17	6	25
34	24	7	18	23	17	17	11	13	17	25	20	15	15	11	20	24	17	25	19	19	28	31	23	21	19	11	16	22	7	22
35	16	20	15	24	26	22	23	23	27	20	26	20	23	17	8	22	11	22	20	24	23	11	19	11	13	12	29	14	22	20
36	15	28	20	15	26	14	11	20	9	16	9	23	17	24	17	24	15	13	19	12	24	13	15	23	23	21	13	19	19	24
37	10	14	18	13	17	16	24	20	13	16	28	15	22	21	26	21	17	16	17	15	10	23	16	17	26	18	17	19	21	22
38	11	20	12	14	16	26	16	26	25	23	12	23	19	24	25	17	5	19	18	25	20	14	21	18	25	24	12	34	28	30
39	16	23	19	9	22	14	11	14	11	19	27	22	16	20	14	15	19	17	20	21	10	13	14	23	21	17	12	25	12	16
40	22	22	24	22	30	14	16	5	26	27	18	10	17	19	22	9	25	23	10	34	21	16	27	24	22	24	27	13	13	23
41	22	16	26	11	20	20	24	25	17	21	31	25	16	14	21	8	25	11	30	14	19	18	12	10	21	20	10	18	18	18
42	26	11	28	8	25	8	22	17	27	12	20	22	10	19	11	20	23	22	25	20	16	20	21	21	20	16	16	22	11	10
43	10	16	9	25	12	26	14	11	24	16	16	12	5	15	18	21	15	16	24	20	22	16	28	22	19	29	15	30	10	19
44	30	11	18	11	5	19	18	30	14	19	25	18	12	18	25	12	16	24	25	12	20	24	7	24	25	26	21	15	14	22
45	12	15	22	10	22	9	16	12	11	12	17	19	19	10	9	26	12	27	16	10	22	23	12	21	31	17	20	15	24	14
46	21	15	11	17	21	17	18	19	13	8	26	9	26	19	11	18	24	24	9	22	24	19	13	11	10	9	24	17	4	24
47	15	6	18	12	19	24	13	21	17	21	15	9	28	10	9	16	35	14	20	13	19	19	13	16	18	13	26	22	23	11
48	23	27	14	29	24	17	34	17	17	27	23	28	21	29	21	14	15	21	22	14	25	15	27	19	19	21	21	13	10	14
49	19	15	17	22	9	15	23	19	29	21	12	15	24	9	20	17	11	18	26	9	23	17	6	8	12	28	6	18	11	18
50	15	11	13	12	14	17	13	18	18	11	26	18	11	10	27	19	25	25	16	18	17	17	14	8	14	22	12	17	25	2
51	12	16	8	19	14	17	24	25	20	22	10	8	23	21	20	17	29	27	23	18	30	20	11	25	21	24	18	23	26	27
52	21	9	21	18	19	18	17	18	33	23	5	18	16	12	24	16	13	28	20	8	17	26	24	34	18	4	13	19	15	15
53	13	24	23	7	15	22	19	7	17	23	23	25	18	15	27	17	13	16	20	14	24	11	11	18	25	25	12	17	17	35
54	13	24	19	14	9	23	11	25	22	19	10	11	17	22	18	26	24	19	10	19	25	12	15	18	21	14	16	22	20	18
55	15	8	12	21	19	24	16	28	12	23	19	13	18	23	21	8	22	21	14	13	26	20	21	15	8	14	26	22	10	13
56	15	14	19	24	13	17	21	19	24	24	10	22	13	15	31	17	22	21	23	27	21	20	17	20	16	17	11	22	22	14
57	34	16	14	8	15	15	17	19	6	15	12	24	27	17	25	24	18	10	11	16	9	25	13	16	20	21	18	17	16	21
58	23	23	21	18	20	20	17	23	19	15	10	18	20	14	22	28	17	15	18	15	11	19	17	17	27	13	22	18	18	19
59	17	29	11	9	15	13	16	18	18	26	21	11	13	22	12	13	10	15	9	16	14	10	12	21	17	28	20	29	21	23

(Left margin label, rows 25–31: SECONDS)

76

	30	31	32	33	34	35	36	37	38	39	40	41	42	43	44	45	46	47	48	49	50	51	52	53	54	55	56	57	58	59
0	17	27	22	19	21	24	21	12	10	15	20	31	10	22	9	21	20	20	0	16	22	21	18	26	28	16	22	26	20	18
1	26	11	21	11	20	30	22	9	9	14	20	27	16	13	24	25	28	23	26	25	16	19	19	12	20	24	16	17	17	17
2	14	22	19	8	11	15	19	15	10	4	14	12	25	14	9	15	22	14	19	21	18	22	19	27	13	10	20	14	7	19
3	25	16	11	16	20	11	24	20	18	11	11	16	13	14	11	22	18	15	16	19	7	12	14	19	13	26	17	15	9	20
4	22	21	12	20	15	18	17	11	32	24	11	29	11	21	16	15	15	14	15	24	26	24	24	14	17	9	12	23	11	19
5	20	13	12	16	24	22	21	27	7	27	12	29	21	15	21	6	22	8	13	19	21	4	18	27	26	17	23	22	19	17
6	24	21	13	15	29	19	17	12	16	22	21	18	17	23	29	17	14	9	22	22	17	24	22	25	25	17	17	25	26	22
7	22	21	12	13	26	12	14	15	22	24	22	5	18	22	22	11	22	17	18	19	19	15	25	16	16	20	22	19	26	14
8	30	21	17	23	20	20	29	24	24	27	21	13	28	26	17	20	14	24	11	13	28	22	31	12	11	24	23	17	21	18
9	16	16	7	12	17	14	9	12	8	21	11	21	5	23	12	31	20	8	21	14	17	20	7	13	12	18	16	14	7	17
10	23	26	28	25	10	16	19	15	13	14	10	25	25	26	21	17	20	21	11	14	11	20	21	16	14	18	23	22	23	25
11	18	19	15	26	26	12	28	10	17	26	28	13	17	15	17	21	19	12	23	23	19	23	24	19	18	14	30	18	18	6
12	10	27	19	13	23	23	20	20	16	16	20	20	28	20	17	14	15	16	22	15	7	25	22	13	17	16	16	21	12	24
13	19	20	21	20	17	15	22	11	24	23	14	8	9	22	23	8	17	24	14	12	18	16	11	15	15	23	19	23	29	17
14	22	20	18	19	19	17	29	17	25	25	17	21	27	20	24	10	28	19	14	30	17	31	34	22	21	12	24	13	21	8
15	14	13	31	17	18	21	25	18	22	14	20	25	11	22	28	12	22	22	10	24	19	24	22	23	18	18	19	10	23	15
16	24	23	27	20	15	24	20	15	12	16	16	27	8	11	16	24	14	24	28	15	16	27	20	20	13	22	9	27	25	26
17	11	12	17	21	21	14	19	16	30	15	14	24	13	13	15	19	8	17	16	19	17	13	19	24	23	18	17	7	12	14
18	14	14	11	21	7	18	23	18	21	28	21	21	11	12	23	23	19	18	23	10	22	13	6	24	10	21	16	15	14	21
19	18	18	19	24	19	9	17	35	24	22	14	20	25	20	12	12	21	28	21	19	16	24	16	6	16	6	16	22	25	23
20	2	24	25	26	17	18	17	9	20	15	30	17	15	35	9	18	3	26	14	17	22	16	12	11	14	23	21	12	23	27
21	27	18	17	7	16	19	16	18	23	10	14	20	17	25	14	20	17	20	19	19	12	22	23	14	16	23	20	22	14	13
22	15	13	18	14	17	19	12	28	17	23	13	20	17	19	15	21	13	27	10	13	11	20	8	30	21	14	30	19	16	16
23	35	24	10	19	21	9	21	15	10	11	17	29	22	10	20	11	18	23	15	17	23	14	27	17	22	12	12	30	25	21
24	18	8	15	23	26	13	10	25	28	21	20	32	15	19	26	15	2	23	19	12	16	22	12	22	12	9	12	15	20	19
25	13	21	19	16	11	9	17	24	19	16	22	28	24	15	18	24	17	9	29	25	19	7	23	10	20	15	17	26	15	3
26	14	24	27	17	18	30	17	17	20	17	19	14	22	16	21	22	17	24	12	12	17	7	15	22	20	24	18	17	16	16
27	21	17	12	21	16	14	16	23	17	18	22	18	19	19	17	15	13	24	17	14	21	24	26	23	19	18	19	24	17	32
28	19	20	15	18	22	16	28	17	10	17	11	19	22	22	8	24	17	16	13	11	13	29	17	12	10	17	25	15	24	13
29	23	22	21	17	23	22	32	11	21	7	14	20	23	21	15	29	20	25	23	21	19	17	26	20	24	13	26	21	17	26
30	27	22	19	21	24	21	12	10	15	20	31	10	22	9	21	20	20	0	16	22	21	18	26	28	16	22	26	20	18	13
31	11	21	11	20	30	22	9	9	14	20	27	16	13	24	25	28	23	26	25	16	19	19	12	20	24	16	17	17	17	18
32	22	19	8	11	15	19	15	10	4	14	12	25	14	9	15	22	14	19	21	18	22	19	27	13	10	20	14	7	19	24
33	16	11	16	20	11	24	20	18	11	11	16	13	14	11	22	18	15	16	19	7	12	14	19	13	26	17	15	9	20	30
34	21	12	20	15	18	17	11	32	24	11	29	11	21	16	15	15	14	15	24	26	24	24	14	17	9	12	23	11	19	24
35	13	12	16	24	22	21	27	7	27	12	29	21	15	21	6	22	8	13	19	21	4	18	27	26	17	23	22	19	17	19
36	21	13	15	29	19	17	12	16	22	21	18	17	23	29	17	14	9	22	22	17	24	22	25	25	17	17	25	26	22	17
37	21	12	13	26	12	14	15	22	24	22	5	18	22	22	11	22	17	18	19	19	15	25	16	16	20	22	19	26	14	4
38	21	17	23	20	20	29	24	24	27	21	13	28	26	17	20	14	24	11	13	28	22	31	12	11	24	23	17	21	18	14
39	16	7	12	17	14	9	12	8	21	11	21	5	23	12	31	20	8	21	14	17	20	7	13	12	18	16	14	7	17	22
40	26	28	25	10	16	19	15	13	14	10	25	25	26	21	17	20	21	11	14	11	20	21	16	14	18	23	22	23	25	24
41	19	15	26	26	12	28	10	17	26	28	13	17	15	17	21	19	12	23	23	19	23	24	19	18	14	30	18	18	6	25
42	27	19	13	23	23	20	20	16	16	20	20	28	20	17	14	15	16	22	15	7	25	22	13	17	16	16	21	12	24	15
43	20	21	20	17	15	22	11	24	23	14	8	9	22	23	8	17	24	14	12	18	16	11	15	15	23	19	23	29	17	18
44	20	18	19	19	17	29	17	25	25	17	21	27	20	24	10	28	19	14	30	17	31	34	22	21	12	24	13	21	8	27
45	13	31	17	18	21	25	18	22	14	20	25	11	22	28	12	22	22	10	24	19	24	22	23	18	18	19	10	23	15	14
46	23	27	20	15	24	20	15	12	16	16	27	8	11	16	24	14	24	28	15	16	27	20	20	13	22	9	27	25	26	5
47	12	17	21	21	14	19	16	30	15	14	24	13	13	15	19	8	17	16	19	17	13	19	24	23	18	17	7	12	14	21
48	14	11	21	7	18	23	18	21	28	21	21	11	12	23	23	19	18	23	10	22	13	6	24	10	21	16	15	14	21	12
49	18	19	24	19	9	17	35	24	22	14	20	25	20	12	12	21	28	21	19	16	24	16	6	16	6	16	22	25	23	16
50	24	25	26	17	18	17	9	20	15	30	17	15	35	9	18	3	26	14	17	22	16	12	11	14	23	21	12	23	27	23
51	18	17	7	16	19	16	18	23	10	14	20	17	25	14	20	17	20	19	19	12	22	23	14	16	23	20	22	14	13	15
52	13	18	14	17	19	12	28	17	23	13	20	17	19	15	21	13	27	10	13	11	20	8	30	21	14	30	19	16	16	6
53	24	10	19	21	9	21	15	10	11	17	29	22	10	20	11	18	23	15	17	23	14	27	17	22	12	12	30	25	21	21
54	8	15	23	26	13	10	25	28	21	20	32	15	19	26	15	2	23	19	12	16	22	12	22	12	9	12	15	20	19	19
55	21	19	16	11	9	17	24	19	16	22	28	24	15	18	24	17	9	29	25	19	7	23	10	20	15	17	26	15	3	19
56	24	27	17	18	30	17	17	20	17	19	14	22	16	21	22	17	24	12	12	17	7	15	22	20	24	18	17	16	16	10
57	17	12	21	16	14	16	23	17	18	22	18	19	19	17	15	13	24	17	14	21	24	26	23	19	18	19	24	17	32	22
58	20	15	18	22	16	28	17	10	17	11	19	22	22	8	24	17	16	13	11	13	29	17	12	10	17	25	15	24	13	19
59	22	21	17	23	22	32	11	21	7	14	20	23	21	15	29	20	25	23	21	19	17	26	20	24	13	26	21	17	26	16

SECONDS

5D10

Minutes

SECONDS

	0	1	2	3	4	5	6	7	8	9	10	11	12	13	14	15	16	17	18	19	20	21	22	23	24	25	26	27	28	29
0	22	23	12	37	13	25	24	17	19	21	7	10	28	29	21	27	25	23	22	21	20	27	7	20	22	22	17	15	20	18
1	20	19	18	20	16	18	18	30	30	12	11	21	10	18	23	29	16	16	14	11	28	15	28	14	14	29	25	22	28	22
2	20	18	17	15	25	33	25	35	25	25	18	15	27	27	29	32	25	18	29	29	13	26	29	13	22	30	22	20	18	28
3	21	13	24	33	20	24	20	29	15	32	27	27	17	22	19	27	14	33	24	15	14	13	23	20	22	27	26	18	17	17
4	24	27	23	34	21	29	21	21	22	22	27	21	28	20	22	27	19	14	31	37	17	18	26	29	28	22	21	23	30	32
5	26	34	24	26	22	22	34	22	34	29	19	23	18	13	18	18	32	11	24	25	28	20	21	17	30	24	30	27	24	11
6	28	26	26	21	21	24	26	27	26	29	33	20	18	16	27	14	23	18	24	22	16	14	14	41	27	22	14	19	24	23
7	34	27	23	22	8	24	18	17	32	37	35	15	22	17	25	21	15	20	27	20	23	14	14	17	21	32	20	26	14	24
8	27	11	23	7	23	14	10	28	32	33	29	16	27	24	27	31	26	7	25	12	8	30	23	17	22	21	10	25	26	28
9	25	25	9	21	21	21	23	19	26	19	27	22	7	17	27	23	26	30	10	22	21	25	34	24	16	24	22	19	20	25
10	17	29	27	14	17	16	26	33	25	9	12	23	19	21	28	28	25	33	15	19	27	21	19	27	19	21	30	33	26	28
11	26	21	27	24	25	22	21	19	28	14	22	15	24	21	23	27	7	23	24	20	24	28	16	31	14	30	17	24	25	24
12	23	30	21	30	25	20	33	20	24	19	10	29	28	23	22	26	23	20	23	21	28	15	16	22	21	22	14	10	27	28
13	26	23	23	18	18	25	26	15	31	15	22	21	30	20	21	27	27	28	23	29	17	18	36	18	21	24	20	24	28	16
14	30	26	23	16	26	21	33	27	35	22	23	27	20	19	30	23	15	24	19	13	19	13	24	26	28	27	24	36	18	21
15	30	11	15	36	35	24	18	27	26	18	27	27	25	11	31	24	25	18	32	16	14	31	15	24	35	30	17	20	15	20
16	19	19	24	24	28	22	27	26	34	29	31	20	33	32	21	18	21	25	24	13	36	30	16	22	14	26	28	23	25	25
17	19	13	15	15	37	18	25	22	15	21	17	30	19	21	25	16	13	24	23	18	30	15	21	19	29	28	17	23	32	21
18	26	39	31	16	14	14	27	16	27	10	25	24	22	23	21	12	28	28	23	22	21	17	22	24	14	14	14	18	29	23
19	23	25	21	24	22	22	25	23	28	18	35	27	15	27	21	18	16	20	22	31	25	29	15	20	19	24	27	20	23	16
20	28	22	25	19	30	15	24	18	12	21	26	22	23	21	17	33	18	25	16	15	31	28	25	14	40	27	14	18	24	24
21	29	22	22	36	8	14	18	29	21	25	12	16	36	16	19	20	14	19	32	26	28	29	20	26	21	28	24	17	23	14
22	25	16	19	29	31	16	25	26	32	22	21	28	24	26	21	31	27	23	20	22	22	24	21	22	15	15	22	15	27	14
23	28	33	19	14	22	19	10	16	21	37	20	26	18	19	9	31	35	36	23	19	24	18	25	25	26	20	9	19	32	32
24	20	17	29	16	38	19	17	20	31	7	33	17	29	15	34	17	23	22	26	28	22	10	30	12	29	31	23	21	15	16
25	31	26	14	12	20	18	16	25	8	9	30	18	23	11	26	18	8	5	22	26	25	17	19	18	29	16	23	23	21	22
26	24	20	24	27	12	28	29	13	15	21	26	22	26	20	20	15	33	20	27	21	32	32	14	29	18	24	23	10	29	24
27	28	22	26	21	20	24	15	20	19	26	36	27	20	19	22	22	16	37	16	18	26	17	20	23	17	30	29	23	24	33
28	25	13	17	15	18	28	20	31	22	30	23	21	18	29	8	13	18	24	15	18	25	30	27	25	25	20	33	16	33	30
29	26	17	11	10	27	23	26	24	17	20	24	13	21	14	30	26	26	31	18	26	25	27	19	27	21	24	19	15	19	24
30	23	12	37	13	25	24	17	19	21	7	10	28	29	21	27	25	23	22	21	20	27	7	20	22	22	17	15	20	18	20
31	19	18	20	16	18	18	30	30	12	11	21	10	18	23	29	16	16	14	11	28	15	28	14	14	29	25	22	28	22	26
32	18	17	15	25	33	25	35	25	25	18	15	27	27	29	32	25	18	29	29	13	26	29	13	22	30	22	20	18	28	29
33	13	24	33	20	24	20	29	15	32	27	27	17	22	19	27	14	33	24	15	14	13	23	20	22	27	26	18	17	17	17
34	27	23	34	21	29	21	21	22	22	27	21	28	20	22	27	19	14	31	37	17	18	26	29	28	22	21	23	30	32	26
35	34	24	26	22	22	34	22	34	29	19	23	18	13	18	18	32	11	24	25	28	20	21	17	30	24	30	27	24	11	14
36	26	26	21	21	24	26	27	26	29	33	20	18	16	27	14	23	18	24	22	16	14	14	41	27	22	14	19	24	23	26
37	27	23	22	8	24	18	17	32	37	35	15	22	17	25	21	15	20	27	20	23	14	14	17	21	32	20	26	14	24	26
38	11	23	7	23	14	10	28	32	33	29	16	27	24	27	31	26	7	25	12	8	30	23	17	22	21	10	25	26	28	20
39	25	9	21	21	21	23	19	26	19	27	22	7	17	27	23	26	30	10	22	21	25	34	24	16	24	22	19	20	25	30
40	29	27	14	17	16	26	33	25	9	12	23	19	21	28	28	25	33	15	19	27	21	19	27	19	21	30	33	26	28	14
41	21	27	24	25	22	21	19	28	14	22	15	24	21	23	27	7	23	24	20	24	28	16	31	14	30	17	24	25	24	25
42	30	21	30	25	20	33	20	24	19	10	29	28	23	22	26	23	20	23	21	28	15	16	22	21	22	14	10	27	28	24
43	23	23	18	18	25	26	15	31	15	22	21	30	20	21	27	27	28	23	29	17	18	36	18	21	24	20	24	28	16	25
44	26	23	16	26	21	33	27	35	22	23	27	20	19	30	23	15	24	19	13	19	13	24	26	28	27	24	36	18	21	32
45	11	15	36	35	24	18	27	26	18	27	27	25	11	31	24	25	18	32	16	14	31	15	24	35	30	17	20	15	20	22
46	19	24	24	28	22	27	26	34	29	31	20	33	32	21	18	21	25	24	13	36	30	16	22	14	26	28	23	25	25	15
47	13	15	15	37	18	25	22	15	21	17	30	19	21	25	16	13	24	23	18	30	15	21	19	29	28	17	23	32	21	18
48	39	31	16	14	14	27	16	27	10	25	24	22	23	21	12	28	28	23	22	21	17	22	24	14	14	14	18	29	23	18
49	25	21	24	22	22	25	23	28	18	35	27	15	27	21	18	16	20	22	31	25	29	15	20	19	24	27	20	23	16	26
50	22	25	19	30	15	24	18	12	21	26	22	23	21	17	33	18	25	16	15	31	28	25	14	40	27	14	18	24	24	28
51	22	22	36	8	14	18	29	21	25	12	16	36	16	19	20	14	19	32	26	28	29	20	26	21	28	24	17	23	14	31
52	16	19	29	31	16	25	26	32	22	21	28	24	26	21	31	27	23	20	22	22	24	21	22	15	15	22	15	27	14	19
53	33	19	14	22	19	10	16	21	37	20	26	18	19	9	31	35	36	23	19	24	18	25	25	26	20	9	19	32	32	25
54	17	29	16	38	19	17	20	31	7	33	17	29	15	34	17	23	22	26	28	22	10	30	12	29	31	23	21	15	16	25
55	26	14	12	20	18	16	25	8	9	30	18	23	11	26	18	8	5	22	26	25	17	19	18	29	16	23	23	21	22	15
56	20	24	27	12	28	29	13	15	21	26	22	26	20	20	15	33	20	27	21	32	32	14	29	18	24	23	10	29	24	16
57	22	26	21	20	24	15	20	19	26	36	27	20	19	22	22	16	37	16	18	26	17	20	23	17	30	29	23	24	33	29
58	13	17	15	18	28	20	31	22	30	23	21	18	29	8	13	18	24	15	18	25	30	27	25	25	20	33	16	33	30	19
59	17	11	10	27	23	26	24	17	20	24	13	21	14	30	26	26	31	18	26	25	27	19	27	21	24	19	15	19	24	22

Minutes

	30	31	32	33	34	35	36	37	38	39	40	41	42	43	44	45	46	47	48	49	50	51	52	53	54	55	56	57	58	59
0	20	19	16	25	13	25	24	20	28	19	15	24	24	20	13	8	19	26	19	14	29	23	25	26	13	27	29	23	21	25
1	26	19	17	21	12	26	12	34	11	31	16	10	22	23	18	20	15	25	19	27	15	15	19	25	12	13	19	40	7	23
2	29	19	23	30	24	27	13	26	26	22	16	19	19	15	31	15	26	20	19	29	16	18	9	27	21	24	12	29	11	31
3	17	8	26	11	36	22	22	16	31	8	5	13	17	19	15	40	30	19	21	26	26	25	34	28	21	13	24	20	37	18
4	26	23	24	27	31	20	17	27	18	30	18	21	28	25	33	19	6	30	21	26	19	25	24	16	22	19	16	20	24	30
5	14	25	29	28	24	23	16	35	20	24	31	22	26	24	34	21	35	37	25	15	16	20	7	28	31	35	33	30	17	19
6	26	18	29	15	25	20	21	23	29	27	16	24	33	23	34	31	26	23	9	8	25	17	23	24	27	32	19	30	22	33
7	26	21	20	18	24	27	36	15	35	27	17	35	29	13	18	15	15	18	23	18	13	15	24	14	27	29	18	16	20	28
8	20	24	19	30	27	30	19	25	27	19	22	20	22	29	30	24	33	19	35	11	24	29	25	30	23	28	22	27	21	34
9	30	25	22	17	25	11	22	23	27	16	23	20	18	27	21	21	15	20	19	19	30	23	17	21	16	15	21	27	8	12
10	14	25	19	17	26	12	15	24	16	20	23	22	27	19	29	24	23	28	15	18	25	25	30	25	27	25	30	16	25	30
11	25	22	15	24	16	25	26	21	28	32	16	23	15	17	33	20	20	21	15	38	10	21	19	15	9	27	22	22	21	22
12	24	29	24	21	14	31	25	37	25	33	21	29	25	16	27	25	18	23	22	30	27	13	22	31	23	20	19	27	16	16
13	25	19	33	16	28	28	22	19	15	19	16	16	22	21	14	28	32	27	25	21	13	25	24	15	29	22	21	16	22	22
14	32	15	30	25	19	21	29	26	22	34	22	18	30	26	20	26	23	22	23	19	29	24	19	20	14	34	25	28	26	26
15	22	26	30	16	13	25	27	24	28	24	27	21	29	15	14	26	35	34	31	22	12	14	18	9	28	22	26	36	25	22
16	15	17	13	32	31	21	27	31	28	19	21	24	16	20	15	31	23	20	8	26	18	14	19	23	19	21	26	21	21	16
17	18	20	27	24	20	12	25	28	15	21	23	24	26	23	23	17	26	18	27	21	23	18	27	16	24	26	24	12	22	24
18	18	27	26	20	24	10	31	30	34	18	22	27	21	16	27	17	26	25	15	25	25	21	33	24	9	22	25	26	27	19
19	26	9	29	29	23	21	24	19	19	30	25	24	29	17	18	20	12	30	21	25	34	19	33	20	20	26	29	21	32	31
20	28	21	29	33	39	18	16	19	26	12	28	11	34	18	17	19	27	18	20	21	24	11	22	14	20	14	31	24	31	15
21	31	25	12	34	38	13	26	17	29	29	23	25	31	20	27	16	28	23	22	22	11	15	21	19	32	27	21	26	14	24
22	19	27	28	34	37	20	23	15	19	20	17	27	23	24	20	31	28	7	14	23	32	24	17	21	26	14	12	35	28	24
23	25	13	19	23	31	6	17	28	27	28	28	25	31	26	13	34	22	9	18	18	18	14	19	19	22	22	19	29	22	34
24	25	16	18	27	27	36	26	22	22	12	15	29	31	19	22	21	25	15	23	19	18	24	33	30	27	9	22	22	27	30
S 25	15	29	26	24	29	14	17	30	24	23	32	32	27	18	16	29	17	17	20	24	34	27	20	21	22	21	25	30	23	18
E 26	16	17	22	34	18	20	25	15	26	14	12	27	15	5	21	15	17	26	27	36	26	26	28	10	27	22	35	23	22	26
C 27	29	20	20	24	30	18	29	24	26	24	22	27	26	13	23	35	28	14	35	34	13	26	30	22	13	19	18	25	27	29
O 28	19	20	14	28	20	24	14	12	23	22	15	24	28	28	22	28	26	24	28	23	15	27	16	20	16	29	16	29	19	26
N 29	22	26	24	36	12	18	25	25	22	24	21	20	19	25	26	33	20	15	28	27	24	16	11	19	28	24	24	17	11	29
D 30	19	16	25	13	25	24	20	28	19	15	24	24	20	13	8	19	26	19	14	29	23	25	26	13	27	29	23	21	25	28
S 31	19	17	21	12	26	12	34	11	31	16	10	22	23	18	20	15	25	19	27	15	15	19	25	12	13	19	40	7	23	30
32	19	23	30	24	27	13	26	26	22	16	19	19	15	31	15	26	20	19	29	16	18	9	27	21	24	12	29	11	31	29
33	8	26	11	36	22	22	16	31	8	5	13	17	19	15	40	30	19	21	26	26	25	34	28	21	13	24	20	37	18	26
34	23	24	27	31	20	17	27	18	30	18	21	28	25	33	19	6	30	21	26	19	25	24	16	22	19	16	20	24	30	24
35	25	29	28	24	23	16	35	20	24	31	22	26	24	34	21	35	37	25	15	16	20	7	28	31	35	33	30	17	19	22
36	18	29	15	25	20	21	23	29	27	16	24	33	23	34	31	26	23	9	8	25	17	23	24	27	32	19	30	22	33	16
37	21	20	18	24	27	36	15	35	27	17	35	29	13	18	15	15	18	23	18	13	15	24	14	27	29	18	16	20	28	27
38	24	19	30	27	30	19	25	27	19	22	20	22	29	30	24	33	19	35	11	24	29	25	30	23	28	22	27	21	34	18
39	25	22	17	25	11	22	23	27	16	23	20	18	27	21	21	15	20	19	19	30	23	17	21	16	15	21	27	8	12	24
40	25	19	17	26	12	15	24	16	20	23	22	27	19	29	24	23	28	15	18	25	25	30	25	27	25	30	16	25	30	21
41	22	15	24	16	25	26	21	28	32	16	23	15	17	33	20	20	21	15	38	10	21	19	15	9	27	22	22	21	22	12
42	29	24	21	14	31	25	37	25	33	21	29	25	16	27	25	18	23	22	30	27	13	22	31	23	20	19	27	16	16	24
43	19	33	16	28	28	22	19	15	19	16	16	22	21	14	28	32	27	25	21	13	25	24	15	29	22	21	16	22	22	19
44	15	30	25	19	21	29	26	22	34	22	18	30	26	20	26	23	22	23	19	29	24	19	20	14	34	25	28	26	26	29
45	26	30	16	13	25	27	24	28	24	27	21	29	15	14	26	35	34	31	22	12	14	18	9	28	22	26	36	25	22	30
46	17	13	32	31	21	27	31	28	19	21	24	16	20	15	31	23	20	8	26	18	14	19	23	19	21	26	21	21	16	23
47	20	27	24	20	12	25	28	15	21	23	24	26	23	23	17	26	18	27	21	23	18	27	16	24	26	24	12	22	24	14
48	27	26	20	24	10	31	30	34	18	22	27	21	16	27	17	26	25	15	25	25	21	33	24	9	22	25	26	27	19	20
49	9	29	29	23	21	24	19	19	30	25	24	29	17	18	20	12	30	21	25	34	19	33	20	20	26	29	21	32	31	25
50	21	29	33	39	18	16	19	26	12	28	11	34	18	17	19	27	18	20	21	24	11	22	14	20	14	31	24	31	15	28
51	25	12	34	38	13	26	17	29	29	23	25	31	20	27	16	28	23	22	22	11	15	21	19	32	27	21	26	14	24	28
52	27	28	34	37	20	23	15	19	20	17	27	23	24	20	31	28	7	14	23	32	24	17	21	26	14	12	35	28	24	24
53	13	19	23	31	6	17	28	27	28	28	25	31	26	13	34	22	9	18	18	18	14	19	19	22	22	19	29	22	34	31
54	16	18	27	27	36	26	22	22	12	15	29	31	19	22	21	25	15	23	19	18	24	33	30	27	9	22	22	27	30	18
55	29	26	24	29	14	17	30	24	23	32	32	27	18	16	29	17	17	20	24	34	27	20	21	22	21	25	30	23	18	23
56	17	22	34	18	20	25	15	26	14	12	27	15	5	21	15	17	26	27	36	26	26	28	10	27	22	35	23	22	26	34
57	20	20	24	30	18	29	24	26	24	22	27	26	13	23	35	28	14	35	34	13	26	30	22	13	19	18	25	27	29	15
58	20	14	28	20	24	14	12	23	22	15	24	28	28	22	28	26	24	28	23	15	27	16	20	16	29	16	29	19	26	21
59	26	24	36	12	18	25	25	22	24	21	20	19	25	26	33	20	15	28	27	24	16	11	19	28	24	24	17	11	29	24

6D10

	0	1	2	3	4	5	6	7	8	9	10	11	12	13	14	15	16	17	18	19	20	21	22	23	24	25	26	27	28	29
0	33	24	26	31	27	18	22	15	33	12	29	35	10	27	35	34	17	20	20	20	18	19	30	28	34	38	25	24	29	37
1	31	23	33	21	32	37	40	36	22	29	24	31	32	38	24	18	22	10	26	24	14	25	30	22	38	33	27	17	27	28
2	26	30	29	35	28	18	17	22	40	25	26	32	17	24	29	32	25	30	18	36	19	24	36	25	32	23	41	19	21	34
3	45	27	23	26	15	42	26	37	19	23	25	28	20	26	37	41	16	40	30	25	33	43	15	20	19	27	29	31	18	14
4	39	33	39	29	38	16	24	34	23	24	21	22	20	36	23	17	23	18	29	26	16	14	24	29	19	26	36	31	13	24
5	19	27	36	16	31	25	20	25	25	32	26	25	21	30	35	33	29	25	39	34	26	35	35	21	24	22	27	24	35	30
6	36	29	21	20	21	35	27	22	32	17	32	39	32	33	20	33	23	26	29	17	29	27	21	29	27	23	16	26	31	27
7	37	17	26	24	22	35	27	26	33	29	35	38	22	22	32	22	40	23	26	30	34	42	32	24	22	28	32	35	28	38
8	15	33	25	36	10	24	17	28	18	36	28	13	28	22	24	33	22	32	23	24	48	30	32	28	23	14	21	38	26	33
9	25	23	17	32	32	37	27	35	29	36	29	28	20	24	22	20	34	27	24	21	33	25	35	20	23	33	20	27	28	21
10	6	22	13	30	28	26	31	28	35	28	38	31	27	28	24	29	36	21	27	26	13	21	36	25	30	25	40	28	28	22
11	20	17	25	26	22	32	32	43	24	18	26	23	32	28	36	28	19	26	25	20	11	25	23	39	42	30	36	26	23	22
12	34	41	20	29	30	11	32	31	42	36	28	29	18	34	20	21	22	30	34	33	24	34	16	36	24	29	29	8	23	21
13	44	23	27	23	24	36	26	19	41	31	29	25	21	23	39	35	31	26	28	28	31	29	29	27	13	35	26	26	20	39
14	21	22	22	27	36	25	24	26	26	42	23	28	15	13	35	38	32	27	38	19	28	30	29	26	20	34	23	45	26	23
15	17	24	25	36	24	29	25	23	21	16	25	30	19	33	25	35	21	41	31	30	36	36	39	29	31	26	31	29	32	28
16	25	41	22	15	31	32	26	21	20	28	23	19	34	23	16	32	25	21	29	36	29	23	23	23	16	30	37	19	19	31
17	29	27	29	20	24	19	30	31	19	24	23	20	24	32	25	23	25	7	18	38	34	17	29	32	33	18	29	23	13	27
18	22	29	31	28	22	29	29	35	20	27	26	21	32	25	31	25	21	26	44	33	11	32	31	23	26	32	23	37	32	23
19	19	11	35	39	10	27	21	29	23	28	26	26	36	38	24	13	25	41	34	31	24	35	36	22	25	25	27	30	25	28
20	25	35	24	29	16	24	19	28	29	31	25	36	36	27	27	28	32	23	25	35	32	24	23	28	28	25	26	38	16	25
21	33	28	31	20	29	29	35	21	30	30	21	32	37	21	21	26	34	28	27	33	26	28	22	28	33	28	23	32	23	33
22	14	36	27	27	18	24	19	24	31	28	31	20	27	33	22	29	18	19	30	18	43	31	28	24	26	33	21	34	18	39
23	23	23	36	32	26	29	36	39	34	34	22	21	13	34	25	25	23	26	28	20	27	17	19	24	23	29	29	20	13	19
24	22	29	27	31	21	27	19	22	30	11	23	28	20	21	22	26	36	30	27	14	23	25	27	18	35	30	20	40	31	18
25	27	25	19	26	20	24	19	39	17	27	41	15	27	29	21	31	37	41	31	33	37	32	30	30	27	34	32	26	30	30
26	29	29	31	15	33	30	22	21	16	20	44	32	28	28	31	27	32	7	37	22	19	20	29	24	30	17	22	32	43	39
27	26	26	36	39	26	18	32	28	27	30	24	27	15	31	32	28	35	28	38	28	23	24	40	19	31	26	25	26	26	34
28	34	21	25	28	42	10	23	21	29	17	30	35	32	24	27	15	32	21	32	27	23	23	34	20	29	35	27	23	29	34
29	23	42	31	11	20	37	30	32	17	31	21	32	24	30	29	11	30	22	16	29	28	23	36	32	25	31	37	27	27	29
30	24	26	31	27	18	22	15	33	12	29	35	10	27	35	34	17	20	20	20	18	19	30	28	34	38	25	24	29	37	23
31	23	33	21	32	37	40	36	22	29	24	31	32	38	24	18	22	10	26	24	14	25	30	22	38	33	27	17	27	28	26
32	30	29	35	28	18	17	22	40	25	26	32	17	24	29	32	25	30	18	36	19	24	36	25	32	23	41	19	21	34	30
33	27	23	26	15	42	26	37	19	23	25	28	20	26	37	41	16	40	30	25	33	43	15	20	19	27	29	31	18	14	27
34	33	39	29	38	16	24	34	23	24	21	22	20	36	23	17	23	18	29	26	16	14	24	29	19	26	36	31	13	24	31
35	27	36	16	31	25	20	25	25	32	26	25	21	30	35	33	29	25	39	34	26	35	35	21	24	22	27	24	35	30	27
36	29	21	20	21	35	27	22	32	17	32	39	32	33	20	33	23	26	29	17	29	27	21	29	27	23	16	26	31	27	21
37	17	26	24	22	35	27	26	33	29	35	38	22	22	32	22	40	23	26	30	34	42	32	24	22	28	32	35	28	38	17
38	33	25	36	10	24	17	28	18	36	28	13	28	22	24	33	22	32	23	24	48	30	32	28	23	14	21	38	26	33	29
39	23	17	32	32	37	27	35	29	36	29	28	20	24	22	20	34	27	24	21	33	25	35	20	23	33	20	27	28	21	43
40	22	13	30	28	26	31	28	35	28	38	31	27	28	24	29	36	21	27	26	13	21	36	25	30	25	40	28	28	22	30
41	17	25	26	22	32	32	43	24	18	26	23	32	28	36	28	19	26	25	20	11	25	23	39	42	30	36	26	23	22	14
42	41	20	29	30	11	32	31	42	36	28	29	18	34	20	21	22	30	34	33	24	34	16	36	24	29	29	8	23	21	30
43	23	27	23	24	36	26	19	41	31	29	25	21	23	39	35	31	26	28	28	31	29	29	27	13	35	26	26	20	39	20
44	22	22	27	36	25	24	26	26	42	23	28	15	13	35	38	32	27	38	19	28	30	29	26	20	34	23	45	26	23	28
45	24	25	36	24	29	25	23	21	16	25	30	19	33	25	35	21	41	31	30	36	36	39	29	31	26	31	29	32	28	20
46	41	22	15	31	32	26	21	20	28	23	19	34	23	16	32	25	21	29	36	29	23	23	23	16	30	37	19	19	31	28
47	27	29	20	24	19	30	31	19	24	23	20	24	32	25	23	25	7	18	38	34	17	29	32	33	18	29	23	13	27	33
48	29	31	28	22	29	29	35	20	27	26	21	32	25	31	25	21	26	44	33	11	32	31	23	26	32	23	37	32	23	26
49	11	35	39	10	27	21	29	23	28	26	26	36	38	24	13	25	41	34	31	24	35	36	22	25	25	27	30	25	28	30
50	35	24	29	16	24	19	28	29	31	25	36	36	27	27	28	32	23	25	35	32	24	23	28	28	25	26	38	16	25	19
51	28	31	20	29	29	35	21	30	30	21	32	37	21	21	26	34	28	27	33	26	28	22	28	33	28	23	32	23	33	21
52	36	27	27	18	24	19	24	31	28	31	20	27	33	22	29	18	19	30	18	43	31	28	24	26	33	21	34	18	39	41
53	23	36	32	26	29	36	39	34	34	22	21	13	34	25	25	23	26	28	20	27	17	19	24	23	29	29	20	13	19	17
54	29	27	31	21	27	19	22	30	11	23	28	20	21	22	26	36	30	27	14	23	25	27	18	35	30	20	40	31	18	28
55	25	19	26	20	24	19	39	17	27	41	15	27	29	21	31	37	41	31	33	37	32	30	30	27	34	32	26	30	30	14
56	29	31	15	33	30	22	21	16	20	44	32	28	28	31	27	32	7	37	22	19	20	29	24	30	17	22	32	43	39	18
57	26	36	39	26	18	32	28	27	30	24	27	15	31	32	28	35	28	38	28	23	24	40	19	31	26	25	26	26	34	29
58	21	25	28	42	10	23	21	29	17	30	35	32	24	27	15	32	21	32	27	23	23	34	20	29	35	27	23	29	34	25
59	42	31	11	20	37	30	32	17	31	21	32	24	30	29	11	30	22	16	29	28	23	36	32	25	31	37	27	27	29	23

SECONDS

Minutes

SECONDS	30	31	32	33	34	35	36	37	38	39	40	41	42	43	44	45	46	47	48	49	50	51	52	53	54	55	56	57	58	59
0	23	24	20	25	33	32	24	27	28	28	19	31	30	26	38	33	28	23	14	21	42	31	23	24	17	44	26	40	33	21
1	26	22	22	19	31	36	23	24	19	28	35	15	39	31	20	20	20	40	32	31	29	30	38	24	28	32	39	26	15	17
2	30	24	22	16	20	33	22	16	24	25	23	22	27	44	24	25	17	21	17	23	21	25	34	31	25	43	38	30	36	40
3	27	22	31	23	35	25	22	35	27	28	35	22	35	35	20	27	30	38	39	15	21	24	26	23	29	29	35	27	37	36
4	31	28	10	16	34	29	29	16	22	20	23	34	31	29	25	27	33	13	35	27	23	28	22	38	33	25	39	31	28	30
5	27	23	26	39	33	39	26	37	27	18	43	33	26	17	41	25	37	25	34	15	26	43	33	32	28	22	32	31	17	38
6	21	26	22	15	24	26	12	22	18	35	31	36	30	14	23	29	27	31	41	41	28	26	32	19	16	21	22	34	32	22
7	17	35	14	7	33	32	42	20	29	25	19	20	19	20	24	25	25	26	38	24	34	27	42	25	35	29	26	26	12	18
8	29	39	30	9	30	30	46	39	21	26	22	30	18	15	25	27	29	20	25	19	33	32	17	27	27	18	36	22	24	30
9	43	31	25	18	21	24	15	23	28	31	32	13	19	19	29	23	24	21	38	20	30	29	23	18	15	31	29	32	25	29
10	30	23	35	20	30	17	23	15	21	45	19	27	30	21	23	23	36	24	33	33	38	25	29	29	25	21	28	33	34	34
11	14	25	41	32	27	14	28	32	22	25	46	18	32	30	24	23	31	41	24	21	24	31	24	24	33	30	31	32	24	33
12	30	31	17	24	16	30	39	25	29	23	25	19	33	15	24	24	14	25	32	33	22	43	29	19	38	36	42	34	42	32
13	20	45	34	27	27	40	24	31	28	20	41	23	35	27	15	28	35	35	44	23	20	40	37	24	35	16	28	38	31	11
14	28	20	24	26	31	24	22	13	35	20	16	34	34	23	28	39	27	29	38	26	28	22	35	30	24	36	39	41	32	36
15	20	17	30	31	24	30	25	33	19	18	40	38	15	32	14	25	21	24	35	20	27	36	42	28	37	22	15	18	38	20
16	28	39	26	28	37	39	32	23	17	33	33	16	41	28	26	29	30	23	22	22	35	16	34	21	21	27	16	32	21	18
17	33	17	36	29	29	30	24	25	33	31	32	26	20	26	21	30	34	26	40	15	33	22	26	29	23	23	29	20	27	27
18	26	26	30	25	14	25	19	35	38	26	26	11	30	25	34	29	26	23	28	28	35	26	24	19	27	31	23	19	32	16
19	30	34	19	32	19	25	33	26	28	28	25	27	34	31	23	27	5	31	26	19	29	17	14	34	18	24	35	26	19	19
20	19	25	16	25	34	17	30	20	35	37	30	31	27	26	25	30	25	30	16	23	33	16	30	22	14	29	28	30	24	36
21	21	34	41	32	25	30	20	23	20	31	21	22	38	43	39	21	32	26	36	33	26	19	21	27	26	38	39	18	31	29
22	41	30	16	24	23	22	26	20	26	28	26	25	34	35	24	30	21	27	25	21	26	37	21	27	20	14	18	32	35	20
23	17	34	18	28	36	33	30	35	40	30	26	26	31	24	20	19	36	25	19	36	11	21	30	29	40	25	30	33	21	32
24	28	19	28	30	18	33	34	25	25	20	32	34	18	33	17	36	14	22	29	26	18	27	15	29	42	33	18	26	40	25
25	14	22	27	29	26	36	20	19	22	31	26	26	33	31	33	26	22	28	39	26	31	33	13	29	29	23	43	9	16	25
26	18	21	24	32	23	30	17	20	31	26	36	33	32	34	16	30	27	27	25	22	18	24	16	30	15	18	24	40	30	30
27	29	32	28	26	29	24	25	27	23	26	18	25	17	33	45	36	18	18	23	23	30	25	22	28	28	34	40	27	26	40
28	25	33	24	40	25	22	28	24	27	21	18	35	24	24	35	23	29	15	28	24	23	26	34	27	30	30	33	34	35	35
29	23	37	37	32	31	29	39	26	24	25	24	21	17	26	38	24	25	19	13	17	18	19	34	20	38	30	14	31	27	36
30	24	20	25	33	32	24	27	28	28	19	31	30	26	38	33	28	23	14	21	42	31	23	24	17	44	26	40	33	21	34
31	22	22	19	31	36	23	24	19	28	35	15	39	31	20	20	20	40	32	31	29	30	38	24	28	32	39	26	15	17	21
32	24	22	16	20	33	22	16	24	25	23	22	27	44	24	25	17	21	17	23	21	25	34	31	25	43	38	30	36	40	31
33	22	31	23	35	25	22	35	27	28	35	22	35	35	20	27	30	38	39	15	21	24	26	23	29	29	35	27	37	36	15
34	28	10	16	34	29	29	16	22	20	23	34	31	29	25	27	33	13	35	27	23	28	22	38	33	25	39	31	28	30	31
35	23	26	39	33	39	26	37	27	18	43	33	26	17	41	25	37	25	34	15	26	43	33	32	28	22	32	31	17	38	38
36	26	22	15	24	26	12	22	18	35	31	36	30	14	23	29	27	31	41	41	28	26	32	19	16	21	22	34	32	22	18
37	35	14	7	33	32	42	20	29	25	19	20	19	20	24	25	25	26	38	24	34	27	42	25	35	29	26	26	12	18	23
38	39	30	9	30	30	46	39	21	26	22	30	18	15	25	27	29	20	25	19	33	32	17	27	27	18	36	22	24	30	30
39	31	25	18	21	24	15	23	28	31	32	13	19	19	29	23	24	21	38	20	30	29	23	18	15	31	29	32	25	29	20
40	23	35	20	30	17	23	15	21	45	19	27	30	21	23	23	36	24	33	33	38	25	29	29	25	21	28	33	34	34	28
41	25	41	32	27	14	28	32	22	25	46	18	32	30	24	23	31	41	24	21	24	31	24	24	33	30	31	32	24	33	17
42	31	17	24	16	30	39	25	29	23	25	19	33	15	24	24	14	25	32	33	22	43	29	19	38	36	42	34	42	32	18
43	45	34	27	27	40	24	31	28	20	41	23	35	27	15	28	35	35	44	23	20	40	37	24	35	16	28	38	31	11	28
44	20	24	26	31	24	22	13	35	20	16	34	34	23	28	39	27	29	38	26	28	22	35	30	24	36	39	41	32	36	16
45	17	30	31	24	30	25	33	19	18	40	38	15	32	14	25	21	24	35	20	27	36	42	28	37	22	15	18	38	20	14
46	39	26	28	37	39	32	23	17	33	33	16	41	28	26	29	30	23	22	22	35	16	34	21	21	27	16	32	21	18	17
47	17	36	29	29	30	24	25	33	31	32	26	20	26	21	30	34	26	40	15	33	22	26	29	23	23	29	20	27	27	30
48	26	30	25	14	25	19	35	38	26	26	11	30	25	34	29	26	23	28	28	35	26	24	19	27	31	23	19	32	16	14
49	34	19	32	19	25	33	26	28	28	25	27	34	31	23	27	5	31	26	19	29	17	14	34	18	24	35	26	19	19	33
50	25	16	25	34	17	30	20	35	37	30	31	27	26	25	30	25	30	16	23	33	16	30	22	14	29	28	30	24	36	22
51	34	41	32	25	30	20	23	20	31	21	22	38	43	39	21	32	26	36	33	26	19	21	27	26	38	39	18	31	29	26
52	30	16	24	23	22	26	20	26	28	26	25	34	35	24	30	21	27	25	21	26	37	21	27	20	14	18	32	35	20	32
53	34	18	28	36	33	30	35	40	30	26	26	31	24	20	19	36	25	19	36	11	21	30	29	40	25	30	33	21	32	18
54	19	28	30	18	33	34	25	25	20	32	34	18	33	17	36	14	22	29	26	18	27	15	29	42	33	18	26	40	25	27
55	22	27	29	26	36	20	19	22	31	26	26	33	31	33	26	22	28	39	26	31	33	13	29	29	23	43	9	16	25	31
56	21	24	32	23	30	17	20	31	26	36	33	32	34	16	30	27	27	25	22	18	24	16	30	15	18	24	40	30	30	26
57	32	28	26	29	24	25	27	23	26	18	25	17	33	45	36	18	18	23	23	30	25	22	28	28	34	40	27	26	40	23
58	33	24	40	25	22	28	24	27	21	18	35	24	24	35	23	29	15	28	24	23	26	34	27	30	30	33	34	35	35	24
59	37	37	32	31	29	39	26	24	25	24	21	17	26	38	24	25	19	13	17	18	19	34	20	38	30	14	31	27	36	17

10-Sided Dice (1 – 10)

1D10

Minutes

	0	1	2	3	4	5	6	7	8	9	10	11	12	13	14	15	16	17	18	19	20	21	22	23	24	25	26	27	28	29
0	2	5	3	2	5	5	5	10	1	10	10	4	6	5	5	2	6	7	6	10	6	9	2	8	5	9	4	4	4	6
1	10	4	5	8	5	8	10	5	7	6	7	7	5	3	6	10	8	6	6	9	5	9	3	2	4	5	10	5	7	3
2	9	1	3	4	7	3	6	8	7	4	3	1	7	6	7	9	5	7	2	2	2	9	8	4	5	9	5	3	5	9
3	7	1	6	8	4	6	1	1	10	2	1	10	7	9	1	6	3	9	1	7	6	10	10	3	9	1	9	4	2	9
4	7	8	3	6	7	5	6	7	6	2	2	8	2	7	9	6	9	3	8	3	3	9	3	8	4	9	2	7	8	5
5	4	8	1	3	7	4	10	6	7	1	6	9	7	10	1	8	6	3	8	2	1	9	5	2	9	7	3	5	4	10
6	6	3	6	9	4	6	8	10	8	5	6	8	4	9	10	1	10	6	6	9	5	2	8	8	9	2	5	8	1	1
7	3	9	4	2	2	5	5	10	6	8	10	1	8	5	3	6	9	8	8	5	6	4	10	5	2	8	5	9	6	8
8	10	10	7	5	3	10	6	1	6	4	8	8	10	7	1	6	9	8	4	2	2	6	5	4	10	8	8	7	5	2
9	7	9	4	7	4	3	1	5	10	6	1	10	7	8	8	7	8	10	5	8	3	7	10	3	4	5	7	3	9	1
10	3	10	10	5	2	5	2	6	5	4	9	2	6	6	9	5	4	2	1	2	7	3	6	9	6	3	4	4	1	5
11	9	1	9	5	10	8	6	4	1	10	3	6	1	2	9	6	3	6	9	10	10	1	6	2	6	7	4	5	6	2
12	6	2	9	7	9	8	8	9	10	9	2	3	7	5	5	8	10	4	10	1	5	4	7	2	1	4	1	9	8	7
13	8	6	7	4	6	8	2	8	6	4	7	5	2	8	2	4	1	3	10	9	4	5	8	3	3	10	9	1	1	1
14	3	7	1	8	10	3	9	9	7	4	4	5	6	8	7	6	8	5	10	6	6	6	9	10	4	10	4	1	6	1
15	7	3	10	6	8	5	8	5	7	7	7	3	2	5	1	6	1	2	2	3	9	5	2	4	1	3	6	4	8	4
16	9	6	5	9	1	9	7	2	6	1	2	7	9	9	4	2	10	3	9	6	2	8	8	10	5	9	9	4	1	9
17	5	10	6	7	4	3	5	1	7	6	8	7	9	4	9	6	8	8	1	5	3	7	5	10	2	9	4	5	4	10
18	8	9	8	5	2	1	10	4	8	9	7	4	6	1	1	4	1	6	1	1	4	10	4	4	3	10	3	2	1	3
19	5	9	8	9	4	9	6	3	5	8	7	1	3	2	6	10	10	6	9	8	5	7	5	6	2	6	5	9	2	4
20	10	4	1	4	9	5	3	9	2	1	5	6	10	3	7	7	1	5	5	4	9	7	7	5	10	5	5	8	2	1
21	9	4	5	2	8	3	8	10	1	2	7	10	8	2	5	9	2	6	10	7	10	3	7	10	2	8	3	10	1	6
22	8	2	10	9	2	5	6	9	6	10	2	6	4	2	5	9	4	8	7	6	6	5	7	3	8	1	2	4	4	9
23	9	10	1	4	5	6	2	1	5	3	2	10	2	4	6	7	10	3	8	7	2	3	9	5	8	6	4	9	10	4
24	2	7	4	9	10	2	5	10	3	6	5	3	6	3	8	2	3	5	5	7	10	9	2	5	9	4	4	1	5	2
S 25	9	4	6	10	3	9	2	10	7	7	4	7	9	6	9	3	6	6	7	10	3	6	6	9	8	3	3	8	4	10
E 26	3	2	1	4	3	5	8	8	5	4	8	10	10	9	6	7	9	3	1	2	1	10	8	7	8	1	6	3	5	3
C 27	10	9	6	1	8	10	3	4	5	2	9	4	6	4	7	7	4	2	2	6	6	6	6	10	3	7	10	3	8	5
O 28	6	8	1	5	3	3	3	7	2	2	5	6	4	9	10	5	7	1	6	4	3	4	5	8	4	1	3	9	10	7
N 29	9	9	9	2	7	3	2	4	6	10	2	8	3	9	4	1	7	6	7	1	9	8	9	6	3	1	9	5	1	6
D 30	5	3	2	5	5	5	10	1	10	10	4	6	5	5	2	6	7	6	10	6	9	2	8	5	9	4	4	4	6	8
S 31	4	5	8	5	8	10	5	7	6	7	7	5	3	6	10	8	6	6	9	5	9	3	2	4	5	10	5	7	3	4
32	1	3	4	7	3	6	8	7	4	3	1	7	6	7	9	5	7	2	2	2	9	8	4	5	9	5	3	5	9	9
33	1	6	8	4	6	1	1	10	2	1	10	7	9	1	6	3	9	1	7	6	10	10	3	9	1	9	4	2	9	6
34	8	3	6	7	5	6	7	6	2	2	8	2	7	9	6	9	3	8	3	3	9	3	8	4	9	2	7	8	5	4
35	8	1	3	7	4	10	6	7	1	6	9	7	10	1	8	6	3	8	2	1	9	5	2	9	7	3	5	4	10	5
36	3	6	9	4	6	8	10	8	5	6	8	4	9	10	1	10	6	6	9	5	2	8	8	9	2	5	8	1	1	5
37	9	4	2	2	5	5	10	6	8	10	1	8	5	3	6	9	8	8	5	6	4	10	5	2	8	5	9	6	8	5
38	10	7	5	3	10	6	1	6	4	8	8	10	7	1	6	9	8	4	2	2	6	5	4	10	8	8	7	5	2	10
39	9	4	7	4	3	1	5	10	6	1	10	7	8	8	7	8	10	5	8	3	7	10	3	4	5	7	3	9	1	10
40	10	10	5	2	5	2	6	5	4	9	2	6	6	9	5	4	2	1	2	7	3	6	9	6	3	4	4	1	5	9
41	1	9	5	10	8	6	4	1	10	3	6	1	2	9	6	3	6	9	10	10	1	6	2	6	7	4	5	6	2	1
42	2	9	7	9	8	8	9	10	9	2	3	7	5	5	8	10	4	10	1	5	4	7	2	1	4	1	9	8	7	9
43	6	7	4	6	8	2	8	6	4	7	5	2	8	2	4	1	3	10	9	4	5	8	3	3	10	9	1	1	1	4
44	7	1	8	10	3	9	9	7	4	4	5	6	8	7	6	8	5	10	6	6	6	9	10	4	10	4	1	6	1	5
45	3	10	6	8	5	8	5	7	7	7	3	2	5	1	6	1	2	2	3	9	5	2	4	1	3	6	4	8	4	7
46	6	5	9	1	9	7	2	6	1	2	7	9	9	4	2	10	3	9	6	2	8	8	10	5	9	9	4	1	9	5
47	10	6	7	4	3	5	1	7	6	8	7	9	4	9	6	8	8	1	5	3	7	5	10	2	9	4	5	4	10	9
48	9	8	5	2	1	10	4	8	9	7	4	6	1	1	4	1	6	1	1	4	10	4	4	3	10	3	2	1	3	4
49	9	8	9	4	9	6	3	5	8	7	1	3	2	6	10	10	6	9	8	5	7	5	6	2	6	5	9	2	4	1
50	4	1	4	9	5	3	9	2	1	5	6	10	3	7	7	1	5	5	4	9	7	7	5	10	5	5	8	2	1	6
51	4	5	2	8	3	8	10	1	2	7	10	8	2	5	9	2	6	10	7	10	3	7	10	2	8	3	10	1	6	8
52	2	10	9	2	5	6	9	6	10	2	6	4	2	5	9	4	8	7	6	6	5	7	3	8	1	2	4	4	9	7
53	10	1	4	5	6	2	1	5	3	2	10	2	4	6	7	10	3	8	7	2	3	9	5	8	6	4	9	10	4	2
54	7	4	9	10	2	5	10	3	6	5	3	6	3	8	2	3	5	5	7	10	9	2	5	9	4	4	1	5	2	8
55	4	6	10	3	9	2	10	7	7	4	7	9	6	9	3	6	6	7	10	3	6	6	9	8	3	3	8	4	10	8
56	2	1	4	3	5	8	8	5	4	8	10	10	9	6	7	9	3	1	2	1	10	8	7	8	1	6	3	5	3	9
57	9	6	1	8	10	3	4	5	2	9	4	6	4	7	7	4	2	2	6	6	6	6	10	3	7	10	3	8	5	10
58	8	1	5	3	3	3	7	2	2	5	6	4	9	10	5	7	1	6	4	3	4	5	8	4	1	3	9	10	7	7
59	9	9	2	7	3	2	4	6	10	2	8	3	9	4	1	7	6	7	1	9	8	9	6	3	1	9	5	1	6	5

Minutes

SECONDS	30	31	32	33	34	35	36	37	38	39	40	41	42	43	44	45	46	47	48	49	50	51	52	53	54	55	56	57	58	59
0	8	5	1	3	4	5	2	10	5	4	9	3	3	1	5	9	6	2	6	1	10	3	2	8	4	9	10	8	7	5
1	4	4	4	7	6	6	10	8	10	5	5	9	5	2	5	2	8	3	10	10	9	9	6	2	1	1	3	9	1	5
2	9	1	5	9	5	7	7	1	2	5	3	1	4	3	10	2	4	9	2	5	5	6	2	2	2	6	4	7	7	2
3	6	4	4	10	1	4	3	3	5	4	3	5	7	1	3	7	6	3	3	10	7	5	1	7	6	1	8	7	10	2
4	4	4	5	6	2	5	4	4	2	4	9	8	8	3	3	6	6	6	10	5	3	8	10	4	2	3	3	4	4	10
5	5	8	2	2	10	3	3	8	5	8	4	2	1	1	1	8	3	3	3	4	6	3	10	2	1	6	9	9	2	8
6	5	7	9	2	6	10	7	4	6	10	5	6	10	2	9	2	7	8	7	9	7	8	3	8	10	7	4	2	1	10
7	5	3	8	10	2	4	8	10	8	7	8	6	8	3	5	8	3	4	4	3	1	7	9	8	7	2	5	3	7	3
8	10	3	9	7	9	9	3	1	10	6	2	8	10	9	6	6	2	3	1	5	8	5	4	8	8	4	4	8	1	2
9	10	5	6	9	9	9	1	1	7	7	2	3	9	9	3	2	4	5	10	7	9	7	2	1	1	4	3	5	7	4
10	9	8	9	2	2	1	8	2	3	4	7	10	1	3	7	8	4	6	5	2	9	3	8	10	5	9	4	3	10	8
11	1	3	10	8	6	8	6	6	1	6	7	9	9	6	3	1	9	4	2	4	9	7	7	2	9	3	1	1	2	3
12	9	2	7	2	8	9	3	8	10	4	5	4	4	9	6	7	4	1	6	8	4	10	8	1	9	1	7	3	8	6
13	4	3	3	8	2	7	7	10	4	10	9	5	8	8	6	2	9	7	6	9	10	9	9	8	1	4	10	5	3	3
14	5	2	5	2	9	5	8	5	10	3	3	5	5	5	10	6	6	8	8	2	8	4	1	1	1	3	1	9	10	10
15	7	5	3	5	8	5	5	6	8	5	5	6	9	4	9	10	2	5	3	5	6	10	1	8	7	3	8	1	2	2
16	5	1	8	9	7	5	7	9	10	3	8	10	7	4	7	9	9	7	8	3	2	2	6	6	9	8	3	5	1	10
17	9	3	2	8	7	6	8	8	4	1	10	6	9	10	4	6	1	4	8	10	6	2	9	8	1	1	7	8	3	8
18	4	6	9	8	4	3	1	8	4	10	2	9	6	2	9	5	4	8	6	10	5	8	5	1	6	5	8	1	1	10
19	1	2	9	3	2	3	10	6	3	1	10	8	1	9	8	3	6	1	10	1	2	5	9	10	9	2	4	1	5	8
20	6	7	4	8	2	8	4	9	1	6	2	10	3	6	1	3	1	9	6	7	10	3	10	5	6	3	7	3	3	3
21	8	7	10	7	6	9	3	8	4	7	6	5	6	5	9	2	5	3	4	7	2	7	9	3	4	5	9	8	7	4
22	7	5	3	6	6	10	6	5	10	1	2	4	8	10	2	9	8	1	10	10	9	1	2	3	1	7	3	5	5	1
23	2	2	1	5	1	7	10	5	10	2	2	8	3	9	3	4	3	6	10	10	8	9	3	9	7	6	2	8	10	5
24	8	4	4	2	1	7	1	7	10	7	9	3	3	7	5	1	6	7	6	8	2	6	6	6	6	1	7	3	7	4
25	8	9	4	4	9	2	4	5	6	4	9	4	5	3	5	1	5	4	7	1	1	2	5	1	6	6	3	7	7	2
26	9	2	5	4	9	6	8	3	5	1	4	8	8	1	9	6	6	2	7	5	7	5	1	8	4	1	7	5	9	2
27	10	6	7	3	2	7	9	2	10	9	6	6	8	9	10	6	10	8	7	9	4	7	9	4	8	2	3	7	4	8
28	7	6	8	10	7	6	4	4	3	4	9	2	1	6	2	3	5	8	5	6	1	7	4	6	5	7	10	3	4	2
29	5	6	5	4	2	1	7	2	1	10	8	8	9	5	1	3	7	10	8	10	4	3	9	4	3	6	8	4	5	1
30	5	1	3	4	5	2	10	5	4	9	3	3	1	5	9	6	2	6	1	10	3	2	8	4	9	10	8	7	5	7
31	4	4	7	6	6	10	8	10	5	5	9	5	2	5	2	8	3	10	10	9	9	6	2	1	1	3	9	1	5	8
32	1	5	9	5	7	7	1	2	5	3	1	4	3	10	2	4	9	2	5	5	6	2	2	2	6	4	7	7	2	2
33	4	4	10	1	4	3	3	5	4	3	5	7	1	3	7	6	3	3	10	7	5	1	7	6	1	8	7	10	2	7
34	4	5	6	2	5	4	4	2	4	9	8	8	3	3	6	6	6	10	5	3	8	10	4	2	3	3	4	4	10	8
35	8	2	2	10	3	3	8	5	8	4	2	1	1	1	8	3	3	3	4	6	3	10	2	1	6	9	9	2	8	9
36	7	9	2	6	10	7	4	6	10	5	6	10	2	9	2	7	8	7	9	7	8	3	8	10	7	4	2	1	10	2
37	3	8	10	2	4	8	10	8	7	8	6	8	3	5	8	3	4	4	3	1	7	9	8	7	2	5	3	7	3	1
38	3	9	7	9	9	3	1	10	6	2	8	10	9	6	6	2	3	1	5	8	5	4	8	8	4	4	8	1	2	2
39	5	6	9	9	9	1	1	7	7	2	3	9	9	3	2	4	5	10	7	9	7	2	1	1	4	3	5	7	4	9
40	8	9	2	2	1	8	2	3	4	7	10	1	3	7	8	4	6	5	2	9	3	8	10	5	9	4	3	10	8	7
41	3	10	8	6	8	6	6	1	6	7	9	9	6	3	1	9	4	2	4	9	7	7	2	9	3	1	1	2	3	5
42	2	7	2	8	9	3	8	10	4	5	4	4	9	6	7	4	1	6	8	4	10	8	1	9	1	7	3	8	6	1
43	3	3	8	2	7	7	10	4	10	9	5	8	8	6	2	9	7	6	9	10	9	9	8	1	4	10	5	3	3	5
44	2	5	2	9	5	8	5	10	3	3	5	5	5	10	6	6	8	8	2	8	4	1	1	1	3	1	9	10	10	9
45	5	3	5	8	5	5	6	8	5	5	6	9	4	9	10	2	5	3	5	6	10	1	8	7	3	8	1	2	2	3
46	1	8	9	7	5	7	9	10	3	8	10	7	4	7	9	9	7	8	3	2	2	6	6	9	8	3	5	1	10	4
47	3	2	8	7	6	8	8	4	1	10	6	9	10	4	6	1	4	8	10	6	2	9	8	1	1	7	8	3	8	10
48	6	9	8	4	3	1	8	4	10	2	9	6	2	9	5	4	8	6	10	5	8	5	1	6	5	8	1	1	10	5
49	2	9	3	2	3	10	6	3	1	10	8	1	9	8	3	6	1	10	1	2	5	9	10	9	2	4	1	5	8	5
50	7	4	8	2	8	4	9	1	6	2	10	3	6	1	3	1	9	6	7	10	3	10	5	6	3	7	3	3	3	8
51	7	10	7	6	9	3	8	4	7	6	5	6	5	9	2	5	3	4	7	2	7	9	3	4	5	9	8	7	4	6
52	5	3	6	6	10	6	5	10	1	2	4	8	10	2	9	8	1	10	10	9	1	2	3	1	7	3	5	5	1	8
53	2	1	5	1	7	10	5	10	2	2	8	3	9	3	4	3	6	10	10	8	9	3	9	7	6	2	8	10	5	3
54	4	4	2	1	7	1	7	10	7	9	3	3	7	5	1	6	7	6	8	2	6	6	6	6	1	7	3	7	4	6
55	9	4	4	9	2	4	5	6	4	9	4	5	3	5	1	5	4	7	1	1	2	5	1	6	6	3	7	7	2	5
56	2	5	4	9	6	8	3	5	1	4	8	8	1	9	6	6	2	7	5	7	5	1	8	4	1	7	5	9	2	4
57	6	7	3	2	7	9	2	10	9	6	6	8	9	10	6	10	8	7	9	4	7	9	4	8	2	3	7	4	8	8
58	6	8	10	7	6	4	4	3	4	9	2	1	6	2	3	5	8	5	6	1	7	4	6	5	7	10	3	4	2	2
59	6	5	4	2	1	7	2	1	10	8	8	9	5	1	3	7	10	8	10	4	3	9	4	3	6	8	4	5	1	5

2D10

Sec	0	1	2	3	4	5	6	7	8	9	10	11	12	13	14	15	16	17	18	19	20	21	22	23	24	25	26	27	28	29
0	10	7	14	7	13	17	6	8	13	14	15	9	19	9	8	7	10	13	9	4	11	16	15	17	12	8	5	15	9	10
1	5	17	14	9	12	16	6	17	11	7	13	13	11	8	18	10	13	7	8	7	9	15	16	11	13	8	17	11	12	12
2	5	12	11	16	11	13	11	11	9	15	7	10	9	12	14	10	16	2	16	11	12	17	11	11	13	5	18	10	8	9
3	14	9	7	7	11	14	11	4	9	18	17	12	3	17	20	9	7	10	17	7	13	14	12	9	6	14	13	11	14	10
4	7	9	16	8	13	7	11	4	19	4	12	10	10	9	11	16	13	9	20	4	17	8	15	10	10	9	7	12	12	11
5	9	20	8	13	12	6	4	13	15	6	17	18	13	9	11	12	13	7	13	11	14	9	11	7	11	12	11	7	5	5
6	9	9	18	10	14	7	17	16	13	12	10	14	9	17	10	4	10	15	5	4	9	14	7	5	9	9	6	8	16	12
7	15	5	9	14	16	12	10	16	5	7	10	12	4	9	9	7	16	11	14	9	6	13	8	7	7	18	16	8	8	7
8	14	12	11	17	14	13	15	13	4	13	11	6	8	15	16	18	11	3	11	19	11	13	6	9	20	10	10	8	2	14
9	11	14	11	9	17	11	15	10	5	10	12	6	12	6	11	13	10	17	13	13	8	10	10	14	7	6	9	14	11	9
10	20	18	4	12	11	10	14	4	9	5	16	12	11	15	12	14	15	8	9	12	11	11	7	16	11	10	8	5	3	12
11	10	13	9	9	17	11	6	16	8	14	10	6	19	18	17	13	3	15	17	13	19	16	19	20	14	17	12	11	4	14
12	15	5	14	5	10	12	12	12	15	9	16	8	9	8	14	16	10	17	16	14	15	12	16	14	5	12	5	17	6	13
13	10	10	13	10	7	11	12	10	14	11	6	6	7	11	11	10	14	4	17	4	8	5	12	4	6	5	10	9	15	19
14	6	12	11	17	13	12	12	13	13	18	5	11	8	8	8	4	13	18	6	16	12	9	6	9	6	10	10	20	12	9
15	13	13	9	9	5	3	12	8	9	9	14	20	16	6	10	17	10	6	8	9	11	6	10	11	10	14	16	9	13	12
16	15	8	8	18	11	12	4	12	13	16	4	2	11	9	6	10	15	4	14	12	7	16	10	10	8	11	14	10	11	10
17	9	13	20	8	14	10	10	5	13	11	19	11	11	6	14	12	7	7	12	12	3	11	8	15	12	17	12	12	17	2
18	17	14	8	9	10	14	11	9	11	8	4	17	10	6	10	12	7	5	13	9	13	8	19	11	11	2	15	11	13	19
19	13	3	6	11	15	10	11	11	18	10	19	15	13	9	9	14	15	12	13	17	10	14	11	12	9	19	19	18	18	15
20	8	5	13	9	4	9	9	12	8	8	13	6	11	11	12	16	17	7	5	12	16	3	6	7	12	14	10	15	16	11
21	9	8	17	16	12	15	12	5	12	10	4	14	10	11	5	12	9	14	10	12	15	8	7	11	7	10	17	11	8	12
22	12	10	11	18	5	8	16	9	15	17	10	14	15	18	13	20	15	8	4	6	4	12	14	13	3	18	12	20	14	7
23	9	15	18	13	11	9	10	16	15	12	11	17	6	14	7	18	14	15	10	8	12	12	12	5	10	7	8	10	10	8
24	7	10	4	5	8	17	10	5	16	3	6	14	3	8	16	13	12	16	12	5	4	9	8	7	6	7	12	4	6	17
25	6	11	20	14	4	13	20	16	11	7	11	19	13	7	13	8	11	12	8	12	16	13	9	14	17	12	12	16	9	9
26	17	15	4	9	9	15	9	6	12	16	6	16	14	11	17	4	12	10	13	9	19	6	12	15	19	16	11	11	20	4
27	14	12	14	17	16	17	13	7	14	12	12	10	11	11	16	9	15	9	10	13	14	11	8	11	9	10	19	10	10	19
28	13	16	12	9	15	10	13	13	14	15	5	5	12	6	11	11	10	13	9	6	12	20	16	16	10	12	5	10	6	10
29	2	10	19	18	7	13	9	13	13	16	14	7	2	10	14	5	11	10	11	18	9	7	11	2	2	16	15	14	16	14
30	7	14	7	13	17	6	8	13	14	15	9	19	9	8	7	10	13	9	4	11	16	15	17	12	8	5	15	9	10	12
31	17	14	9	12	16	6	17	11	7	13	13	11	8	18	10	13	7	8	7	9	15	16	11	13	8	17	11	12	12	9
32	12	11	16	11	13	11	11	9	15	7	10	9	12	14	10	16	2	16	11	12	17	11	11	13	5	18	10	8	9	17
33	9	7	7	11	14	11	4	9	18	17	12	3	17	20	9	7	10	17	7	13	14	12	9	6	14	13	11	14	10	19
34	9	16	8	13	7	11	4	19	4	12	10	10	9	11	16	13	9	20	4	17	8	15	10	10	9	7	12	12	11	6
35	20	8	13	12	6	4	13	15	6	17	18	13	9	11	12	13	7	13	11	14	9	11	7	11	12	11	7	5	5	12
36	9	18	10	14	7	17	16	13	12	10	14	9	17	10	4	10	15	5	4	9	14	7	5	9	9	6	8	16	12	6
37	5	9	14	16	12	10	16	5	7	10	12	4	9	9	7	16	11	14	9	6	13	8	7	7	18	16	8	8	7	6
38	12	11	17	14	13	15	13	4	13	11	6	8	15	16	18	11	3	11	19	11	13	6	9	20	10	10	8	2	14	6
39	14	11	9	17	11	15	10	5	10	12	6	12	6	11	13	10	17	13	13	8	10	10	14	7	6	9	14	11	9	11
40	18	4	12	11	10	14	4	9	5	16	12	11	15	12	14	15	8	9	12	11	11	7	16	11	10	8	5	3	12	9
41	13	9	9	17	11	6	16	8	14	10	6	19	18	17	13	3	15	17	13	19	16	19	20	14	17	12	11	4	14	6
42	5	14	5	10	12	12	12	15	9	16	8	9	8	14	16	10	17	16	14	15	12	16	14	5	12	5	17	6	13	7
43	10	13	10	7	11	12	10	14	11	6	6	7	11	11	10	14	4	17	4	8	5	12	4	6	5	10	9	15	19	12
44	12	11	17	13	12	12	13	13	18	5	11	8	8	8	4	13	18	6	16	12	9	6	9	6	10	10	20	12	9	14
45	13	9	9	5	3	12	8	9	9	14	20	16	6	10	17	10	6	8	9	11	6	10	11	10	14	16	9	13	12	14
46	8	8	18	11	12	4	12	13	16	4	2	11	9	6	10	15	4	14	12	7	16	10	10	8	11	14	10	11	10	10
47	13	20	8	14	10	10	5	13	11	19	11	11	6	14	12	7	7	12	12	3	11	8	15	12	17	12	12	17	2	14
48	14	8	9	10	14	11	9	11	8	4	17	10	6	10	12	7	5	13	9	13	8	19	11	11	2	15	11	13	19	9
49	3	6	11	15	10	11	11	18	10	19	15	13	9	9	14	15	12	13	17	10	14	11	12	9	19	19	18	18	15	10
50	5	13	9	4	9	9	12	8	8	13	6	11	11	12	16	17	7	5	12	16	3	6	7	12	14	10	15	16	11	8
51	8	17	16	12	15	12	5	12	10	4	14	10	11	5	12	9	14	10	12	15	8	7	11	7	10	17	11	8	12	13
52	10	11	18	5	8	16	9	15	17	10	14	15	18	13	20	15	8	4	6	4	12	14	13	3	18	12	20	14	7	18
53	15	18	13	11	9	10	16	15	12	11	17	6	14	7	18	14	15	10	8	12	12	12	5	10	7	8	10	10	8	13
54	10	4	5	8	17	10	5	16	3	6	14	3	8	16	13	12	16	12	5	4	9	8	7	6	7	12	4	6	17	6
55	11	20	14	4	13	20	16	11	7	11	19	13	7	13	8	11	12	8	12	16	13	9	14	17	12	12	16	9	9	6
56	15	4	9	9	15	9	6	12	16	6	16	14	11	17	4	12	10	13	9	19	6	12	15	19	16	11	11	20	4	13
57	12	14	17	16	17	13	7	14	12	12	10	11	11	16	9	15	9	10	13	14	11	8	11	9	10	19	10	10	19	16
58	16	12	9	15	10	13	13	14	15	5	5	12	6	11	11	10	13	9	6	12	20	16	16	10	12	5	10	6	10	15
59	10	19	18	7	13	9	13	13	16	14	7	2	10	14	5	11	10	11	18	9	7	11	2	2	16	15	14	16	14	17

(Left row label, read vertically: SECONDS)

Minutes

SECONDS

	30	31	32	33	34	35	36	37	38	39	40	41	42	43	44	45	46	47	48	49	50	51	52	53	54	55	56	57	58	59
0	12	9	11	12	11	5	9	17	19	7	12	16	5	3	20	15	11	11	12	17	11	8	16	8	12	10	16	18	11	8
1	9	18	13	18	11	14	9	12	19	7	11	7	5	9	4	8	11	7	12	8	15	7	13	15	5	13	20	8	11	15
2	17	13	15	15	19	12	12	10	14	9	16	15	13	3	6	11	5	10	18	16	14	10	7	14	11	15	12	11	4	9
3	19	3	19	19	7	14	14	12	8	9	14	16	14	9	12	18	3	13	12	7	12	12	13	8	13	5	9	12	17	15
4	6	17	7	10	7	12	18	4	8	11	12	12	9	11	9	6	12	14	6	14	17	7	8	11	9	10	9	13	14	13
5	12	11	15	17	6	10	6	13	8	7	8	8	3	13	4	15	19	17	6	5	12	11	6	10	20	15	13	13	8	18
6	6	9	14	4	5	13	11	13	16	16	12	11	8	7	18	11	16	12	20	7	9	6	11	10	3	10	13	13	11	15
7	6	2	3	8	13	19	14	9	2	8	10	12	8	9	18	13	7	10	6	14	9	19	10	6	13	10	14	9	4	16
8	6	15	8	10	3	9	12	12	10	8	11	3	13	17	16	9	8	19	4	16	8	11	14	16	14	9	12	9	14	17
9	11	17	10	11	6	9	8	3	11	11	20	12	18	9	16	13	8	9	10	10	16	15	13	17	13	12	3	15	12	11
10	9	15	8	10	14	8	15	6	11	13	4	16	13	15	7	9	5	18	11	4	14	12	16	10	3	15	11	12	14	8
11	6	4	10	14	10	13	13	13	10	14	11	6	12	4	17	4	14	10	16	16	14	12	13	12	10	18	6	19	11	12
12	7	8	10	15	9	19	9	8	20	16	12	3	9	11	8	3	10	11	12	9	7	11	12	12	17	10	11	5	10	15
13	12	11	4	13	12	13	4	3	7	3	18	7	17	11	8	14	11	11	11	18	7	9	10	16	13	7	12	11	3	12
14	14	10	12	12	13	12	7	15	6	12	5	6	10	9	3	17	9	10	11	19	13	9	9	16	8	6	17	10	10	11
15	14	5	8	10	15	7	19	11	4	9	12	12	7	3	11	13	4	7	8	12	9	5	6	17	7	9	8	9	14	12
16	10	10	13	14	19	10	5	7	12	14	15	7	15	11	15	7	15	12	17	9	9	7	6	11	10	14	14	13	11	5
17	14	16	6	15	11	20	14	10	4	7	12	5	13	11	11	15	12	6	8	11	16	10	9	8	3	7	15	6	5	4
18	9	9	11	15	14	13	7	6	13	10	4	11	9	15	16	8	12	6	11	11	10	18	9	14	10	7	12	16	6	4
19	10	11	18	10	10	7	16	14	14	11	17	9	11	9	7	11	16	8	6	10	11	17	11	12	10	7	11	6	11	14
20	8	7	16	12	7	7	10	12	9	15	15	8	14	10	16	9	8	14	17	12	16	12	11	19	13	7	4	5	8	15
21	13	16	12	8	11	5	16	9	13	10	16	17	6	12	20	4	16	11	14	4	18	15	10	13	11	12	9	14	15	9
22	18	15	13	13	20	6	3	14	11	14	3	8	11	19	10	6	8	5	5	4	10	9	10	11	18	14	15	17	11	15
23	13	6	4	12	12	10	17	5	16	14	4	11	16	9	3	16	12	12	15	16	4	14	12	12	17	10	14	10	14	6
24	6	4	9	11	8	16	18	17	13	16	13	11	4	19	13	9	2	16	12	15	16	6	16	10	10	20	15	12	9	12
25	6	9	10	13	18	15	15	6	10	15	7	12	20	11	7	12	2	12	10	16	10	13	11	12	3	7	5	9	17	10
26	13	11	6	8	8	5	12	7	14	15	8	4	11	12	10	17	11	16	5	13	16	4	7	8	4	14	16	12	14	14
27	16	11	9	11	17	18	11	16	12	8	13	12	12	4	14	15	10	15	13	11	11	10	13	7	11	7	4	11	10	3
28	15	11	13	6	17	17	9	15	16	8	10	12	7	20	11	13	17	8	7	9	9	14	15	10	7	8	3	15	7	13
29	17	18	9	11	11	3	9	14	15	17	10	6	7	9	5	12	2	13	4	13	17	14	12	17	8	8	10	10	8	5
30	9	11	12	11	5	9	17	19	7	12	16	5	3	20	15	11	11	12	17	11	8	16	8	12	10	16	18	11	8	11
31	18	13	18	11	14	9	12	19	7	11	7	5	9	4	8	11	7	12	8	15	7	13	15	5	13	20	8	11	15	9
32	13	15	15	19	12	12	10	14	9	16	15	13	3	6	11	5	10	18	16	14	10	7	14	11	15	12	11	4	9	15
33	3	19	19	7	14	14	12	8	9	14	16	14	9	12	18	3	13	12	7	12	12	13	8	13	5	9	12	17	15	11
34	17	7	10	7	12	18	4	8	11	12	12	9	11	9	6	12	14	6	14	17	7	8	11	9	10	9	13	14	13	14
35	11	15	17	6	10	6	13	8	7	8	8	3	13	4	15	19	17	6	5	12	11	6	10	20	15	13	13	8	18	9
36	9	14	4	5	13	11	13	16	16	12	11	8	7	18	11	16	12	20	7	9	6	11	10	3	10	13	13	11	15	12
37	2	3	8	13	19	14	9	2	8	10	12	8	9	18	13	7	10	6	14	9	19	10	6	13	10	14	9	4	16	8
38	15	8	10	3	9	12	12	10	8	11	3	13	17	16	9	8	19	4	16	8	11	14	16	14	9	12	9	14	17	12
39	17	10	11	6	9	8	3	11	11	20	12	18	9	16	13	8	9	10	10	16	15	13	17	13	12	3	15	12	11	9
40	15	8	10	14	8	15	6	11	13	4	16	13	15	7	9	5	18	11	4	14	12	16	10	3	15	11	12	14	8	8
41	4	10	14	10	13	13	13	10	14	11	6	12	4	17	4	14	10	16	16	14	12	13	12	10	18	6	19	11	12	10
42	8	10	15	9	19	9	8	20	16	12	3	9	11	8	3	10	11	12	9	7	11	12	12	17	10	11	5	10	15	4
43	11	4	13	12	13	4	3	7	3	18	7	17	11	8	14	11	11	11	18	7	9	10	16	13	7	12	11	3	12	8
44	10	12	12	13	12	7	15	6	12	5	6	10	9	3	17	9	10	11	19	13	9	9	16	8	6	17	10	10	11	8
45	5	8	10	15	7	19	11	4	9	12	12	7	3	11	13	4	7	8	12	9	5	6	17	7	9	8	9	14	12	18
46	10	13	14	19	10	5	7	12	14	15	7	15	11	15	7	15	12	17	9	9	7	6	11	10	14	14	13	11	5	15
47	16	6	15	11	20	14	10	4	7	12	5	13	11	11	15	12	6	8	11	16	10	9	8	3	7	15	6	5	4	9
48	9	11	15	14	13	7	6	13	10	4	11	9	15	16	8	12	6	11	11	10	18	9	14	10	7	12	16	6	4	11
49	11	18	10	10	7	16	14	14	11	17	9	11	9	7	11	16	8	6	10	11	17	11	12	10	7	11	6	11	14	9
50	7	16	12	7	7	10	12	9	15	15	8	14	10	16	9	8	14	17	12	16	12	11	19	13	7	4	5	8	15	14
51	16	12	8	11	5	16	9	13	10	16	17	6	12	20	4	16	11	14	4	18	15	10	13	11	12	9	14	15	9	2
52	15	13	13	20	6	3	14	11	14	3	8	11	19	10	6	8	5	5	4	10	9	10	11	18	14	15	17	11	15	7
53	6	4	12	12	10	17	5	16	14	4	11	16	9	3	16	12	12	15	16	4	14	12	12	17	10	14	10	14	6	15
54	4	9	11	8	16	18	17	13	16	13	11	4	19	13	9	2	16	12	15	16	6	16	10	10	20	15	12	9	12	9
55	9	10	13	18	15	15	6	10	15	7	12	20	11	7	12	2	12	10	16	10	13	11	12	3	7	5	9	17	10	6
56	11	6	8	8	5	12	7	14	15	8	4	11	12	10	17	11	16	5	13	16	4	7	8	4	14	16	12	14	14	14
57	11	9	11	17	18	11	16	12	8	13	12	12	4	14	15	10	15	13	11	11	10	13	7	11	7	4	11	10	3	17
58	11	13	6	17	17	9	15	16	8	10	12	7	20	11	13	17	8	7	9	9	14	15	10	7	8	3	15	7	13	10
59	18	9	11	11	3	9	14	15	17	10	6	7	9	5	12	2	13	4	13	17	14	12	17	8	8	10	10	8	5	14

87

3D10

	0	1	2	3	4	5	6	7	8	9	10	11	12	13	14	15	16	17	18	19	20	21	22	23	24	25	26	27	28	29
0	10	13	9	20	11	9	26	18	13	21	14	25	13	15	12	12	19	8	21	9	19	13	14	18	15	21	18	17	19	25
1	15	16	24	18	26	21	15	12	27	9	18	18	19	21	7	18	14	16	12	14	20	10	15	16	11	13	8	13	10	14
2	8	15	23	10	17	13	17	25	16	14	12	12	14	17	12	29	24	14	12	13	16	18	11	21	15	21	18	12	14	12
3	16	19	22	5	8	22	8	14	17	9	21	17	15	10	20	11	26	24	12	5	11	22	19	19	21	17	17	9	21	16
4	20	20	18	28	17	19	19	20	16	23	15	12	17	23	17	17	26	21	17	12	22	20	14	13	15	18	22	15	17	16
5	18	15	17	10	23	20	9	22	16	11	16	14	20	19	21	10	21	12	14	20	26	9	19	28	17	11	10	14	13	13
6	18	21	19	16	17	13	20	16	15	16	7	7	22	14	21	13	15	19	9	16	9	22	11	11	9	24	18	19	26	15
7	21	19	11	24	19	15	14	19	14	14	23	17	21	11	17	27	20	23	4	23	17	21	17	13	26	19	24	14	16	18
8	9	19	23	8	17	8	17	16	11	13	12	14	13	18	8	9	10	18	12	22	21	14	7	18	20	21	14	12	19	19
9	17	17	10	10	21	24	20	13	11	12	14	23	15	14	11	17	20	5	18	22	14	14	22	8	19	13	20	14	15	26
10	14	17	16	13	16	30	18	20	11	14	8	25	15	13	13	16	17	17	18	14	14	15	15	21	10	6	15	21	19	14
11	24	18	14	6	24	20	18	15	14	23	23	9	13	10	15	18	16	11	15	13	18	19	9	8	17	15	17	18	13	23
12	19	18	11	21	18	18	16	24	5	25	18	27	19	12	16	26	13	21	17	24	16	22	14	10	10	8	12	7	24	14
13	24	17	20	12	16	16	17	13	16	13	26	21	13	21	17	15	22	17	20	6	15	13	9	13	21	11	25	14	7	9
14	20	13	18	21	17	18	24	15	9	11	22	17	28	18	19	18	19	12	12	27	16	17	11	20	16	14	23	11	15	21
15	14	10	14	22	7	17	16	15	15	23	21	17	20	19	6	9	16	17	20	10	19	16	20	10	17	15	27	17	11	14
16	14	10	13	15	22	19	19	18	23	14	17	16	13	13	20	15	15	14	15	21	12	22	17	11	17	25	26	18	20	18
17	11	5	19	24	14	19	16	17	18	27	20	7	19	13	13	19	15	17	13	15	14	10	12	20	18	13	17	16	22	16
18	19	19	16	21	17	23	9	20	23	21	14	22	12	15	17	5	8	10	25	14	14	9	13	18	16	19	29	13	23	11
19	15	11	11	11	15	22	12	14	21	16	19	5	12	13	19	19	12	28	20	13	15	6	20	17	13	21	19	16	20	13
20	14	26	22	12	5	13	11	20	15	13	18	20	13	19	27	19	16	6	16	27	26	9	16	22	15	24	10	13	21	23
21	18	21	16	18	22	16	21	18	13	14	19	18	22	17	14	13	16	24	11	18	11	20	24	9	18	14	8	14	23	12
22	18	27	14	19	15	13	25	21	12	17	10	19	19	14	15	17	13	24	20	20	15	19	27	16	15	20	12	10	24	12
23	13	11	16	18	14	20	16	5	18	19	10	13	22	15	6	7	8	23	9	22	9	12	19	15	26	17	15	14	18	9
24	7	17	15	14	17	13	20	21	22	16	20	18	24	14	13	17	21	19	13	18	17	21	20	19	18	14	11	15	4	13
S 25	17	10	17	13	12	16	19	24	9	19	15	13	16	16	11	9	16	20	17	18	19	12	11	24	14	14	8	21	22	17
E 26	24	13	14	12	15	11	19	5	10	16	19	11	13	17	16	13	11	20	16	17	19	12	12	20	11	18	22	18	19	17
C 27	21	16	16	22	23	21	22	20	9	21	24	23	16	21	26	22	12	23	14	14	14	19	15	10	13	14	17	8	19	16
O 28	10	13	15	10	22	20	20	11	22	18	23	15	16	24	20	20	11	15	20	20	10	17	12	13	22	24	15	22	19	24
N 29	18	6	14	11	11	16	23	26	15	14	26	15	15	16	25	16	26	24	29	27	15	15	17	23	14	16	13	10	12	18
D 30	13	9	20	11	9	26	18	13	21	14	25	13	15	12	12	19	8	21	9	19	13	14	18	15	21	18	17	19	25	13
S 31	16	24	18	26	21	15	12	27	9	18	18	19	21	7	18	14	16	12	14	20	10	15	16	11	13	8	13	10	14	14
32	15	23	10	17	13	17	25	16	14	12	12	14	17	12	29	24	14	12	13	16	18	11	21	15	21	18	12	14	12	12
33	19	22	5	8	22	8	14	17	9	21	17	15	10	20	11	26	24	12	5	11	22	19	19	21	17	17	9	21	16	16
34	20	18	28	17	19	19	20	16	23	15	12	17	23	17	17	26	21	17	12	22	20	14	13	15	18	22	15	17	16	3
35	15	17	10	23	20	9	22	16	11	16	14	20	19	21	10	21	12	14	20	26	9	19	28	17	11	10	14	13	13	9
36	21	19	16	17	13	20	16	15	16	7	7	22	14	21	13	15	19	9	16	9	22	11	11	9	24	18	19	26	15	15
37	19	11	24	19	15	14	19	14	14	23	17	21	11	17	27	20	23	4	23	17	21	17	13	26	19	24	14	16	18	17
38	19	23	8	17	8	17	16	11	13	12	14	13	18	8	9	10	18	12	22	21	14	7	18	20	21	14	12	19	19	8
39	17	10	10	21	24	20	13	11	12	14	23	15	14	11	17	20	5	18	22	14	14	22	8	19	13	20	14	15	26	10
40	17	16	13	16	30	18	20	11	14	8	25	15	13	13	16	17	17	18	14	14	15	15	21	10	6	15	21	19	14	25
41	18	14	6	24	20	18	15	14	23	23	9	13	10	15	18	16	11	15	13	18	19	9	8	17	15	17	18	13	23	21
42	18	11	21	18	18	16	24	5	25	18	27	19	12	16	26	13	21	17	24	16	22	14	10	10	8	12	7	24	14	12
43	17	20	12	16	16	17	13	16	13	26	21	13	21	17	15	22	17	20	6	15	13	9	13	21	11	25	14	7	9	21
44	13	18	21	17	18	24	15	9	11	22	17	28	18	19	18	19	12	12	27	16	17	11	20	16	14	23	11	15	21	19
45	10	14	22	7	17	16	15	15	23	21	17	20	19	6	9	16	17	20	10	19	16	20	10	17	15	27	17	11	14	12
46	10	13	15	22	19	19	18	23	14	17	16	13	13	20	15	15	14	15	21	12	22	17	11	17	25	26	18	20	18	17
47	5	19	24	14	19	16	17	18	27	20	7	19	13	13	19	15	17	13	15	14	10	12	20	18	13	17	16	22	16	24
48	19	16	21	17	23	9	20	23	21	14	22	12	15	17	5	8	10	25	14	14	9	13	18	16	19	29	13	23	11	12
49	11	11	11	15	22	12	14	21	16	19	5	12	13	19	19	12	28	20	13	15	6	20	17	13	21	19	16	20	13	16
50	26	22	12	5	13	11	20	15	13	18	20	13	19	27	19	16	6	16	27	26	9	16	22	15	24	10	13	21	23	20
51	21	16	18	22	16	21	18	13	14	19	18	22	17	14	13	16	24	11	18	11	20	24	9	18	14	8	14	23	12	14
52	27	14	19	15	13	25	21	12	17	10	19	19	14	15	17	13	24	20	20	15	19	27	16	15	20	12	10	24	12	13
53	11	16	18	14	20	16	5	18	19	10	13	22	15	6	7	8	23	9	22	9	12	19	15	26	17	15	14	18	9	21
54	17	15	14	17	13	20	21	22	16	20	18	24	14	13	17	21	19	13	18	17	21	20	19	18	14	11	15	4	13	8
55	10	17	13	12	16	19	24	9	19	15	13	16	16	11	9	16	20	17	18	19	12	11	24	14	14	8	21	22	17	19
56	13	14	12	15	11	19	5	10	16	19	11	13	17	16	13	11	20	16	17	19	12	12	20	11	18	22	18	19	17	10
57	16	16	22	23	21	22	20	9	21	24	23	16	21	26	22	12	23	14	14	14	19	15	10	13	14	17	8	19	16	13
58	13	15	10	22	20	20	11	22	18	23	15	16	24	20	20	11	15	20	20	10	17	12	13	22	24	15	22	19	24	17
59	6	14	11	11	16	23	26	15	14	26	15	15	16	25	16	26	24	29	27	15	15	17	23	14	16	13	10	12	18	20

Minutes

	Seconds	30	31	32	33	34	35	36	37	38	39	40	41	42	43	44	45	46	47	48	49	50	51	52	53	54	55	56	57	58	59
	0	13	16	7	21	19	11	12	27	16	23	22	21	21	9	21	11	19	7	13	15	23	15	18	23	14	22	10	21	23	17
	1	**14**	**17**	**8**	**25**	**14**	**11**	**17**	**15**	**13**	**16**	**8**	**10**	**15**	**10**	**15**	**13**	**14**	**14**	**13**	**13**	**17**	**12**	**15**	**16**	**26**	**16**	**19**	**13**	**18**	**21**
	2	12	9	10	11	13	16	15	12	12	22	25	25	24	17	19	11	24	12	11	9	12	11	21	10	20	19	20	11	17	15
	3	**16**	**9**	**15**	**26**	**18**	**16**	**11**	**20**	**10**	**18**	**14**	**15**	**14**	**11**	**9**	**21**	**12**	**6**	**17**	**15**	**8**	**14**	**12**	**8**	**25**	**15**	**20**	**17**	**9**	**7**
	4	3	6	15	13	20	10	21	11	10	27	10	15	20	15	9	14	22	15	22	10	17	14	22	27	14	27	12	14	21	14
	5	**9**	**17**	**11**	**22**	**11**	**19**	**10**	**16**	**5**	**16**	**15**	**22**	**14**	**20**	**9**	**11**	**20**	**15**	**27**	**15**	**12**	**15**	**20**	**22**	**21**	**16**	**25**	**5**	**20**	**25**
	6	15	19	20	9	17	20	18	14	12	10	24	26	18	16	9	16	13	14	19	14	16	16	17	23	11	12	17	21	22	9
	7	**17**	**26**	**19**	**15**	**18**	**10**	**16**	**13**	**6**	**22**	**22**	**15**	**14**	**22**	**17**	**10**	**21**	**8**	**14**	**14**	**16**	**14**	**23**	**12**	**21**	**13**	**12**	**10**	**20**	**12**
	8	8	19	15	22	10	16	12	24	18	16	21	15	23	22	25	14	26	15	25	19	8	17	10	15	12	15	12	20	14	19
	9	**10**	**15**	**14**	**24**	**12**	**17**	**14**	**19**	**23**	**18**	**13**	**12**	**20**	**14**	**17**	**12**	**12**	**17**	**22**	**27**	**24**	**18**	**19**	**12**	**20**	**16**	**16**	**20**	**26**	**8**
	10	25	27	6	16	17	17	16	19	12	10	20	15	21	12	22	16	19	17	22	25	20	5	12	22	18	22	22	16	19	17
	11	**21**	**17**	**21**	**16**	**19**	**18**	**12**	**18**	**14**	**13**	**21**	**16**	**10**	**18**	**16**	**16**	**28**	**17**	**15**	**14**	**19**	**26**	**9**	**23**	**20**	**8**	**16**	**15**	**22**	**21**
	12	12	19	23	26	19	12	18	14	22	17	17	13	15	21	23	17	15	15	20	21	13	20	10	16	23	18	17	11	15	16
	13	**21**	**16**	**16**	**21**	**10**	**22**	**19**	**17**	**11**	**12**	**7**	**14**	**12**	**17**	**13**	**17**	**19**	**19**	**19**	**18**	**21**	**15**	**30**	**12**	**13**	**23**	**15**	**16**	**14**	**6**
	14	19	22	15	19	15	17	22	20	20	21	18	17	15	18	18	23	11	7	12	18	19	15	14	12	15	20	15	14	14	13
	15	**12**	**27**	**15**	**7**	**11**	**21**	**13**	**12**	**19**	**16**	**14**	**12**	**16**	**12**	**16**	**9**	**20**	**16**	**14**	**14**	**11**	**23**	**17**	**17**	**24**	**15**	**24**	**20**	**15**	**14**
	16	17	10	26	23	19	19	18	8	16	16	11	12	11	19	13	26	21	22	17	11	11	25	12	12	16	14	19	19	24	18
	17	**24**	**13**	**20**	**13**	**18**	**8**	**18**	**18**	**13**	**23**	**10**	**18**	**12**	**18**	**21**	**15**	**20**	**15**	**22**	**13**	**16**	**17**	**12**	**17**	**17**	**12**	**24**	**16**	**22**	**17**
	18	12	20	13	24	6	20	18	10	11	20	20	18	23	17	22	11	24	8	15	17	21	17	16	5	20	12	18	19	16	22
	19	**16**	**16**	**13**	**10**	**18**	**14**	**16**	**13**	**19**	**24**	**12**	**11**	**15**	**9**	**16**	**13**	**17**	**10**	**19**	**17**	**9**	**24**	**22**	**19**	**18**	**15**	**21**	**25**	**15**	**15**
	20	20	24	12	18	15	13	15	10	19	8	17	14	17	22	23	10	19	16	21	11	11	24	15	23	14	14	24	18	14	20
	21	**14**	**18**	**14**	**10**	**19**	**13**	**10**	**20**	**17**	**18**	**8**	**15**	**23**	**19**	**16**	**15**	**13**	**18**	**24**	**9**	**13**	**17**	**17**	**14**	**17**	**17**	**9**	**21**	**19**	**8**
	22	13	21	22	23	18	16	13	19	15	10	23	15	18	23	15	19	17	21	17	19	13	16	20	13	17	14	17	21	12	17
	23	**21**	**27**	**7**	**23**	**9**	**6**	**23**	**19**	**21**	**15**	**17**	**16**	**11**	**14**	**14**	**24**	**19**	**19**	**20**	**10**	**16**	**14**	**11**	**19**	**18**	**19**	**10**	**21**	**23**	**8**
	24	8	17	19	20	12	27	8	10	14	15	13	20	21	15	17	12	19	13	9	5	22	19	10	21	20	16	19	17	19	20
S	**25**	**19**	**11**	**19**	**15**	**21**	**14**	**7**	**21**	**16**	**12**	**20**	**13**	**18**	**15**	**17**	**28**	**25**	**21**	**15**	**17**	**13**	**22**	**17**	**19**	**14**	**18**	**15**	**11**	**18**	**16**
E	26	10	14	10	24	18	9	26	13	20	14	16	16	19	9	16	11	16	16	13	16	20	25	19	20	22	13	12	13	20	26
C	**27**	**13**	**16**	**18**	**22**	**19**	**17**	**10**	**18**	**11**	**13**	**23**	**15**	**13**	**24**	**16**	**15**	**15**	**18**	**14**	**25**	**15**	**9**	**11**	**27**	**14**	**11**	**20**	**22**	**3**	**17**
O	28	17	14	18	16	24	17	19	13	12	15	16	14	12	19	22	17	23	18	19	13	17	8	21	14	16	23	14	15	7	16
N	**29**	**20**	**19**	**18**	**16**	**14**	**11**	**17**	**21**	**15**	**23**	**18**	**17**	**11**	**15**	**17**	**9**	**24**	**19**	**15**	**16**	**17**	**11**	**12**	**19**	**22**	**12**	**13**	**21**	**13**	**14**
D	30	16	7	21	19	11	12	27	16	23	22	21	21	9	21	11	19	7	13	15	23	15	18	23	14	22	10	21	23	17	10
S	**31**	**17**	**8**	**25**	**14**	**11**	**17**	**15**	**13**	**16**	**8**	**10**	**15**	**10**	**15**	**13**	**14**	**14**	**13**	**13**	**17**	**12**	**15**	**16**	**26**	**16**	**19**	**13**	**18**	**21**	**19**
	32	9	10	11	13	16	15	12	12	22	25	25	24	17	19	11	24	12	11	9	12	11	21	10	20	19	20	11	17	15	15
	33	**9**	**15**	**26**	**18**	**16**	**11**	**20**	**10**	**18**	**14**	**15**	**14**	**11**	**9**	**21**	**12**	**6**	**17**	**15**	**8**	**14**	**12**	**8**	**25**	**15**	**20**	**17**	**9**	**7**	**9**
	34	6	15	13	20	10	21	11	10	27	10	15	20	15	9	14	22	15	22	10	17	14	22	27	14	27	12	14	21	14	19
	35	**17**	**11**	**22**	**11**	**19**	**10**	**16**	**5**	**16**	**15**	**22**	**14**	**20**	**9**	**11**	**20**	**15**	**27**	**15**	**12**	**15**	**20**	**22**	**21**	**16**	**25**	**5**	**20**	**25**	**12**
	36	19	20	9	17	20	18	14	12	10	24	26	18	16	9	16	13	14	19	14	16	16	17	23	11	12	17	21	22	9	20
	37	**26**	**19**	**15**	**18**	**10**	**16**	**13**	**6**	**22**	**22**	**15**	**14**	**22**	**17**	**10**	**21**	**8**	**14**	**14**	**16**	**14**	**23**	**12**	**21**	**13**	**12**	**10**	**20**	**12**	**20**
	38	19	15	22	10	16	12	24	18	16	21	15	23	22	25	14	26	15	25	19	8	17	10	15	12	15	12	20	14	19	16
	39	**15**	**14**	**24**	**12**	**17**	**14**	**19**	**23**	**18**	**13**	**12**	**20**	**14**	**17**	**12**	**12**	**17**	**22**	**27**	**24**	**18**	**19**	**12**	**20**	**16**	**16**	**20**	**26**	**8**	**14**
	40	27	6	16	17	17	16	19	12	10	20	15	21	12	22	16	19	17	22	25	20	5	12	22	18	22	22	16	19	17	22
	41	**17**	**21**	**16**	**19**	**18**	**12**	**18**	**14**	**13**	**21**	**16**	**10**	**18**	**16**	**16**	**28**	**17**	**15**	**14**	**19**	**26**	**9**	**23**	**20**	**8**	**16**	**15**	**22**	**21**	**20**
	42	19	23	26	19	12	18	14	22	17	17	13	15	21	23	17	15	15	20	21	13	20	10	16	23	18	17	11	15	16	17
	43	**16**	**16**	**21**	**10**	**22**	**19**	**17**	**11**	**12**	**7**	**14**	**12**	**17**	**13**	**17**	**19**	**19**	**19**	**18**	**21**	**15**	**30**	**12**	**13**	**23**	**15**	**16**	**14**	**6**	**13**
	44	22	15	19	15	17	22	20	20	21	18	17	15	18	18	23	11	7	12	18	19	15	14	12	15	20	15	14	14	13	8
	45	**27**	**15**	**7**	**11**	**21**	**13**	**12**	**19**	**16**	**14**	**12**	**16**	**12**	**16**	**9**	**20**	**16**	**14**	**14**	**11**	**23**	**17**	**17**	**24**	**15**	**24**	**20**	**15**	**14**	**15**
	46	10	26	23	19	19	18	8	16	16	11	12	11	19	13	26	21	22	17	11	11	25	12	12	16	14	19	19	24	18	22
	47	**13**	**20**	**13**	**18**	**8**	**18**	**18**	**13**	**23**	**10**	**18**	**12**	**18**	**21**	**15**	**20**	**15**	**22**	**13**	**16**	**17**	**12**	**17**	**17**	**12**	**24**	**16**	**22**	**17**	**14**
	48	20	13	24	6	20	18	10	11	20	20	18	23	17	22	11	24	8	15	17	21	17	16	5	20	12	18	19	16	22	7
	49	**16**	**13**	**10**	**18**	**14**	**16**	**13**	**19**	**24**	**12**	**11**	**15**	**9**	**16**	**13**	**17**	**10**	**19**	**17**	**9**	**24**	**22**	**19**	**18**	**15**	**21**	**25**	**15**	**15**	**20**
	50	24	12	18	15	13	15	10	19	8	17	14	17	22	23	10	19	16	21	11	11	24	15	23	14	14	24	18	14	20	12
	51	**18**	**14**	**10**	**19**	**13**	**10**	**20**	**17**	**18**	**8**	**15**	**23**	**19**	**16**	**15**	**13**	**18**	**24**	**9**	**13**	**17**	**17**	**14**	**17**	**17**	**9**	**21**	**19**	**8**	**26**
	52	21	22	23	18	16	13	19	15	10	23	15	18	23	15	19	17	21	17	19	13	16	20	13	17	14	17	21	12	17	17
	53	**27**	**7**	**23**	**9**	**6**	**23**	**19**	**21**	**15**	**17**	**16**	**11**	**14**	**14**	**24**	**19**	**19**	**20**	**10**	**16**	**14**	**11**	**19**	**18**	**19**	**10**	**21**	**23**	**8**	**21**
	54	17	19	20	12	27	8	10	14	15	13	20	21	15	17	12	19	13	9	5	22	19	10	21	20	16	19	17	19	20	23
	55	**11**	**19**	**15**	**21**	**14**	**7**	**21**	**16**	**12**	**20**	**13**	**18**	**15**	**17**	**28**	**25**	**21**	**15**	**17**	**13**	**22**	**17**	**19**	**14**	**18**	**15**	**11**	**18**	**16**	**19**
	56	14	10	24	18	9	26	13	20	14	16	16	19	9	16	11	16	16	13	16	20	25	19	20	22	13	12	13	20	26	13
	57	**16**	**18**	**22**	**19**	**17**	**10**	**18**	**11**	**13**	**23**	**15**	**13**	**24**	**16**	**15**	**15**	**18**	**14**	**25**	**15**	**9**	**11**	**27**	**14**	**11**	**20**	**22**	**3**	**17**	**18**
	58	14	18	16	24	17	19	13	12	15	16	14	12	19	22	17	23	18	19	13	17	8	21	14	16	23	14	15	7	16	22
	59	**19**	**18**	**16**	**14**	**11**	**17**	**21**	**15**	**23**	**18**	**17**	**11**	**15**	**17**	**9**	**24**	**19**	**15**	**16**	**17**	**11**	**12**	**19**	**22**	**12**	**13**	**21**	**13**	**14**	**20**

4D10

Minutes

	0	1	2	3	4	5	6	7	8	9	10	11	12	13	14	15	16	17	18	19	20	21	22	23	24	25	26	27	28	29
0	27	35	18	27	23	35	29	32	18	23	27	16	26	21	23	24	9	25	21	31	17	17	32	20	15	23	27	30	20	25
1	20	27	7	26	24	15	21	26	17	20	11	25	27	29	26	20	15	17	21	20	21	14	14	23	28	20	8	17	29	21
2	29	19	23	19	19	12	27	29	12	17	18	19	22	21	20	17	20	6	23	19	28	15	17	18	18	10	30	26	29	24
3	20	18	23	18	35	18	28	18	27	22	11	24	23	29	25	18	25	29	24	26	27	19	19	33	24	19	19	18	21	15
4	14	32	14	17	31	30	25	21	19	20	25	8	25	21	18	18	21	22	24	19	17	11	24	11	24	28	15	20	26	23
5	18	21	21	34	18	31	37	21	25	31	17	26	32	26	22	17	17	33	17	25	18	19	19	28	13	28	29	21	15	17
6	27	21	24	29	23	13	11	15	29	13	17	17	23	29	26	20	23	24	14	21	18	30	30	31	23	13	7	32	30	29
7	14	28	33	15	9	26	27	29	23	18	35	24	18	27	20	22	16	27	16	17	16	23	23	19	14	20	17	27	22	29
8	24	12	18	37	17	16	22	20	22	15	18	21	19	31	27	25	30	19	19	27	34	27	17	27	22	34	24	16	25	24
9	19	21	20	20	19	21	20	15	24	19	32	26	17	23	16	21	22	27	15	29	13	22	16	29	22	18	21	10	30	27
10	20	14	30	28	18	22	23	11	28	13	24	19	25	26	19	24	30	31	23	21	31	31	25	32	31	26	27	19	25	19
11	17	17	18	19	26	21	26	28	16	27	22	32	18	22	23	20	27	16	26	28	20	16	18	23	33	23	12	20	17	23
12	24	29	23	26	21	28	14	24	16	25	21	25	25	19	24	31	20	25	29	17	10	23	26	27	20	25	30	18	19	16
13	18	31	18	24	35	23	29	18	21	22	15	27	26	16	19	20	30	29	28	24	21	13	14	29	25	19	18	10	21	18
14	26	21	18	19	19	18	25	23	16	16	7	27	16	9	20	21	25	21	15	17	26	17	26	25	21	15	22	27	14	25
15	33	15	23	19	21	26	23	27	18	27	32	14	18	25	23	28	36	29	22	26	33	22	27	14	35	31	20	20	30	17
16	8	26	14	30	21	24	39	24	16	24	18	28	26	31	19	24	32	18	24	37	32	32	11	17	17	24	18	23	24	21
17	34	14	21	28	22	18	30	12	22	22	8	15	29	37	21	23	35	37	34	23	16	29	21	18	19	29	18	14	27	17
18	20	25	21	30	23	22	14	26	23	23	32	10	22	17	25	31	33	30	22	12	17	31	24	27	16	21	19	29	22	22
19	23	27	26	26	25	26	21	17	18	22	27	18	21	18	27	24	20	15	19	28	18	23	28	20	24	19	13	24	17	
20	16	20	30	24	18	34	29	31	20	15	29	28	24	18	27	29	27	25	10	32	26	15	27	19	21	24	29	27	23	16
21	24	20	17	20	21	24	26	28	19	23	19	23	35	19	21	21	30	26	20	21	19	23	16	25	15	30	15	13	32	20
22	12	27	11	31	27	13	12	17	26	28	28	29	24	16	10	21	26	24	29	20	15	28	24	32	16	22	24	22	21	20
23	18	25	11	26	17	23	32	27	13	23	20	31	16	17	16	5	22	26	5	28	21	20	26	22	16	30	19	24	18	26
24	9	20	20	30	22	35	18	23	25	17	21	16	24	20	21	28	26	26	24	20	27	23	23	18	21	12	15	25	16	21
S 25	17	29	24	21	8	16	18	10	25	32	25	14	19	24	17	28	25	29	20	29	24	24	21	26	27	21	27	12	21	8
E 26	29	30	18	32	19	23	18	15	30	26	13	11	15	15	26	37	19	27	18	19	25	16	14	23	27	8	14	27	23	30
C 27	20	17	13	24	22	18	29	18	23	15	26	24	22	17	16	27	29	21	19	19	12	30	35	27	20	32	26	25	23	25
O 28	15	15	21	32	29	21	27	16	34	16	21	23	30	16	13	20	21	21	20	23	14	27	23	13	18	35	21	20	17	19
N 29	15	24	23	30	21	23	18	19	24	15	20	20	18	16	22	27	26	24	23	28	21	22	22	21	28	22	17	23	17	17
D 30	35	18	27	23	35	29	32	18	23	27	16	26	21	23	24	9	25	21	31	17	17	32	20	15	23	27	30	20	25	12
S 31	27	7	26	24	15	21	26	17	20	11	25	27	29	26	20	15	17	21	20	21	14	14	23	28	20	8	17	29	21	19
32	19	23	19	19	12	27	29	12	17	18	19	22	21	20	17	20	6	23	19	28	15	17	18	18	10	30	26	29	24	32
33	18	23	18	35	18	28	18	27	22	11	24	23	29	25	18	25	29	24	26	27	19	19	33	24	19	19	18	21	15	13
34	32	14	17	31	30	25	21	19	20	25	8	25	21	18	18	21	22	24	19	17	11	24	11	24	28	15	20	26	23	21
35	21	21	34	18	31	37	21	25	31	17	26	32	26	22	17	17	33	17	25	18	19	19	28	13	28	29	21	15	17	25
36	21	24	29	23	13	11	15	29	13	17	17	23	29	26	20	23	24	14	21	18	30	30	31	23	13	7	32	30	29	18
37	28	33	15	9	26	27	29	23	18	35	24	18	27	20	22	16	27	16	17	16	23	23	19	14	20	17	27	22	29	27
38	12	18	37	17	16	22	20	22	15	18	21	19	31	27	25	30	19	19	27	34	27	17	27	22	34	24	16	25	24	19
39	21	20	20	19	21	20	15	24	19	32	26	17	23	16	21	22	27	15	29	13	22	16	29	22	18	21	10	30	27	25
40	14	30	28	18	22	23	11	28	13	24	19	25	26	19	24	30	31	23	21	31	31	25	32	31	26	27	19	25	19	20
41	17	18	19	26	21	26	28	16	27	22	32	18	22	23	20	27	16	26	28	20	16	18	23	33	23	12	20	17	23	18
42	29	23	26	21	28	14	24	16	25	21	25	25	19	24	31	20	25	29	17	10	23	26	27	20	25	30	18	19	16	28
43	31	18	24	35	23	29	18	21	22	15	27	26	16	19	20	30	29	28	24	21	13	14	29	25	19	18	10	21	18	27
44	21	18	19	19	18	25	23	16	16	7	27	16	9	20	21	25	21	15	17	26	17	26	25	21	15	22	27	14	25	19
45	15	23	19	21	26	23	27	18	27	32	14	18	25	23	28	36	29	22	26	33	22	27	14	35	31	20	20	30	17	22
46	26	14	30	21	24	39	24	16	24	18	28	26	31	19	24	32	18	24	37	32	32	11	17	17	24	18	23	24	21	25
47	14	21	28	22	18	30	12	22	22	8	15	29	37	21	23	35	37	34	23	16	29	21	18	19	29	18	14	27	17	26
48	25	21	30	23	22	14	26	23	23	32	10	22	17	25	31	33	30	22	12	17	31	24	27	16	21	19	29	22	22	30
49	27	26	26	25	26	21	17	18	22	27	18	21	18	27	24	20	15	19	28	18	28	23	28	20	24	19	13	24	17	13
50	20	30	24	18	34	29	31	20	15	29	28	24	18	27	29	27	25	10	32	26	15	27	19	21	24	29	27	23	16	24
51	20	17	20	21	24	26	28	19	23	19	23	35	19	21	21	30	26	20	21	19	23	16	25	15	30	15	13	32	20	25
52	27	11	31	27	13	12	17	26	28	28	29	24	16	10	21	26	24	29	20	15	28	24	32	16	22	24	22	21	20	21
53	25	11	26	17	23	32	27	13	23	20	31	16	17	16	5	22	26	5	28	21	20	26	22	16	30	19	24	18	26	20
54	20	20	30	22	35	18	23	25	17	21	16	24	20	21	28	26	26	24	20	27	23	23	18	21	12	15	25	16	21	19
55	29	24	21	8	16	18	10	25	32	25	14	19	24	17	28	25	29	20	29	24	24	21	26	27	21	27	12	21	8	22
56	30	18	32	19	23	18	15	30	26	13	11	15	15	26	37	19	27	18	19	25	16	14	23	27	8	14	27	23	30	27
57	17	13	24	22	18	29	18	23	15	26	24	22	17	16	27	29	21	19	19	12	30	35	27	20	32	26	25	23	25	25
58	15	21	32	29	21	27	16	34	16	21	23	30	16	13	20	21	21	20	23	14	27	23	13	18	35	21	20	17	19	22
59	24	23	30	21	23	18	19	24	15	20	20	18	16	22	27	26	24	23	28	21	22	22	21	28	22	17	23	17	17	10

Minutes

SECONDS	30	31	32	33	34	35	36	37	38	39	40	41	42	43	44	45	46	47	48	49	50	51	52	53	54	55	56	57	58	59
0	12	23	22	18	18	25	23	27	21	19	19	33	28	25	22	33	30	17	17	18	26	15	28	30	10	22	33	18	27	30
1	**19**	**28**	**24**	**22**	**30**	**12**	**26**	**20**	**29**	**29**	**18**	**22**	**19**	**27**	**26**	**23**	**34**	**24**	**23**	**28**	**34**	**17**	**18**	**20**	**27**	**25**	**24**	**31**	**21**	**10**
2	32	24	22	25	14	28	16	20	31	20	14	21	22	10	15	31	25	22	25	19	26	28	27	26	23	21	20	14	18	11
3	**13**	**14**	**32**	**10**	**14**	**20**	**19**	**16**	**19**	**19**	**24**	**30**	**29**	**22**	**20**	**16**	**24**	**23**	**19**	**19**	**24**	**34**	**29**	**28**	**32**	**21**	**21**	**13**	**36**	**16**
4	21	16	28	15	16	17	21	22	24	25	27	12	24	17	14	25	24	31	30	28	26	19	17	8	13	23	21	22	27	21
5	**25**	**25**	**26**	**28**	**24**	**24**	**17**	**27**	**25**	**27**	**19**	**31**	**16**	**21**	**11**	**13**	**19**	**33**	**19**	**21**	**24**	**13**	**11**	**19**	**23**	**28**	**18**	**28**	**20**	**32**
6	18	23	11	30	19	24	24	13	27	23	21	13	28	23	19	25	27	20	26	26	20	12	30	23	18	28	20	22	19	12
7	**27**	**20**	**6**	**27**	**17**	**21**	**17**	**16**	**21**	**14**	**32**	**31**	**23**	**24**	**20**	**15**	**21**	**23**	**11**	**15**	**21**	**14**	**28**	**24**	**25**	**16**	**15**	**14**	**21**	**26**
8	19	26	18	23	30	25	13	22	21	25	29	20	22	26	29	24	14	23	18	16	25	29	23	19	17	20	17	16	23	23
9	**25**	**30**	**18**	**21**	**14**	**20**	**23**	**22**	**13**	**34**	**15**	**15**	**19**	**22**	**17**	**21**	**19**	**21**	**22**	**23**	**20**	**30**	**31**	**27**	**19**	**13**	**27**	**23**	**33**	**20**
10	20	15	17	25	22	24	15	14	15	15	23	26	26	16	20	29	23	22	33	25	23	15	10	20	22	26	21	27	18	27
11	**18**	**25**	**30**	**27**	**18**	**26**	**26**	**22**	**24**	**23**	**18**	**20**	**23**	**19**	**21**	**15**	**23**	**22**	**25**	**9**	**21**	**27**	**20**	**15**	**22**	**31**	**24**	**25**	**18**	**17**
12	28	28	30	20	25	14	23	31	29	21	21	18	23	8	27	15	19	31	17	30	32	27	24	17	23	11	20	21	21	22
13	**27**	**19**	**21**	**18**	**21**	**14**	**15**	**20**	**24**	**18**	**19**	**15**	**24**	**30**	**19**	**27**	**28**	**16**	**17**	**8**	**24**	**27**	**26**	**21**	**36**	**24**	**29**	**24**	**24**	**26**
14	19	32	12	14	24	25	15	18	18	28	19	24	15	29	17	18	17	17	28	18	19	18	14	28	17	24	23	12	19	16
15	**22**	**20**	**29**	**23**	**22**	**20**	**18**	**9**	**25**	**28**	**31**	**22**	**22**	**26**	**19**	**19**	**20**	**30**	**25**	**24**	**24**	**20**	**25**	**23**	**25**	**31**	**22**	**25**	**16**	**22**
16	25	26	28	17	27	11	19	15	21	14	26	9	33	23	28	28	23	27	24	19	27	25	19	31	15	25	30	30	30	23
17	**26**	**21**	**21**	**18**	**20**	**27**	**22**	**25**	**28**	**20**	**18**	**20**	**29**	**19**	**16**	**31**	**29**	**26**	**21**	**35**	**25**	**18**	**19**	**26**	**19**	**19**	**23**	**19**	**23**	**22**
18	30	17	22	21	21	20	23	19	21	26	27	18	28	26	30	28	28	21	19	28	32	19	22	31	28	19	36	20	15	20
19	**13**	**8**	**20**	**9**	**27**	**31**	**27**	**18**	**25**	**14**	**29**	**26**	**23**	**24**	**22**	**20**	**30**	**25**	**14**	**18**	**15**	**20**	**30**	**27**	**19**	**22**	**18**	**29**	**35**	**24**
20	24	24	31	25	26	17	24	20	20	19	13	12	27	18	18	26	18	27	18	24	17	30	27	24	16	33	17	17	31	22
21	**25**	**20**	**25**	**20**	**35**	**24**	**27**	**24**	**20**	**28**	**18**	**19**	**21**	**14**	**19**	**22**	**24**	**28**	**19**	**22**	**23**	**23**	**27**	**23**	**22**	**28**	**19**	**16**	**17**	**21**
22	21	23	20	28	18	23	20	24	28	20	11	17	22	26	16	25	17	20	22	37	25	23	21	32	18	17	24	24	23	16
23	**20**	**14**	**30**	**17**	**25**	**16**	**22**	**31**	**23**	**26**	**21**	**24**	**25**	**15**	**12**	**20**	**18**	**18**	**29**	**14**	**18**	**29**	**15**	**23**	**10**	**19**	**9**	**26**	**21**	**27**
24	19	22	27	22	15	15	15	17	16	29	20	18	20	22	13	23	19	13	22	22	21	20	24	26	13	30	24	20	25	19
25	**22**	**29**	**25**	**27**	**32**	**20**	**13**	**24**	**22**	**26**	**24**	**8**	**23**	**16**	**22**	**23**	**28**	**26**	**23**	**20**	**16**	**25**	**24**	**23**	**25**	**31**	**29**	**25**	**21**	**21**
26	27	32	28	23	20	23	9	28	19	20	21	23	22	17	12	26	20	20	24	24	17	32	23	21	29	38	6	18	23	25
27	**25**	**25**	**25**	**15**	**17**	**16**	**15**	**20**	**17**	**20**	**29**	**13**	**22**	**23**	**22**	**27**	**20**	**20**	**15**	**30**	**14**	**23**	**24**	**22**	**18**	**16**	**26**	**26**	**17**	**17**
28	22	28	22	17	26	27	21	20	20	25	22	29	15	30	24	18	28	16	22	20	25	15	14	22	26	24	17	19	19	11
29	**10**	**21**	**17**	**15**	**30**	**23**	**23**	**21**	**22**	**29**	**33**	**27**	**19**	**25**	**17**	**20**	**22**	**20**	**21**	**20**	**26**	**31**	**16**	**18**	**26**	**19**	**30**	**16**	**24**	**18**
30	23	22	18	18	25	23	27	21	19	19	33	28	25	22	33	30	17	17	18	26	15	28	30	10	22	33	18	27	30	17
31	**28**	**24**	**22**	**30**	**12**	**26**	**20**	**29**	**29**	**18**	**22**	**19**	**27**	**26**	**23**	**34**	**24**	**23**	**28**	**34**	**17**	**18**	**20**	**27**	**25**	**24**	**31**	**21**	**10**	**15**
32	24	22	25	14	28	16	20	31	20	14	21	22	10	15	31	25	22	25	19	26	28	27	26	23	21	20	14	18	11	25
33	**14**	**32**	**10**	**14**	**20**	**19**	**16**	**19**	**19**	**24**	**30**	**29**	**22**	**20**	**16**	**24**	**23**	**19**	**19**	**24**	**34**	**29**	**28**	**32**	**21**	**21**	**13**	**36**	**16**	**21**
34	16	28	15	16	17	21	22	24	25	27	12	24	17	14	25	24	31	30	28	26	19	17	8	13	23	21	22	27	21	19
35	**25**	**26**	**28**	**24**	**24**	**17**	**27**	**25**	**27**	**19**	**31**	**16**	**21**	**11**	**13**	**19**	**33**	**19**	**21**	**24**	**13**	**11**	**19**	**23**	**28**	**18**	**28**	**20**	**32**	**30**
36	23	11	30	19	24	24	13	27	23	21	13	28	23	19	25	27	20	26	26	20	12	30	23	18	28	20	22	19	12	28
37	**20**	**6**	**27**	**17**	**21**	**17**	**16**	**21**	**14**	**32**	**31**	**23**	**24**	**20**	**15**	**21**	**23**	**11**	**15**	**21**	**14**	**28**	**24**	**25**	**16**	**15**	**14**	**21**	**26**	**16**
38	26	18	23	30	25	13	22	21	25	29	20	22	26	29	24	14	23	18	16	25	29	23	19	17	20	17	16	23	23	19
39	**30**	**18**	**21**	**14**	**20**	**23**	**22**	**13**	**34**	**15**	**15**	**19**	**22**	**17**	**21**	**19**	**21**	**22**	**23**	**20**	**30**	**31**	**27**	**19**	**13**	**27**	**23**	**33**	**20**	**27**
40	15	17	25	22	24	15	14	15	15	23	26	26	16	20	29	23	22	33	25	23	15	10	20	22	26	21	27	18	27	28
41	**25**	**30**	**27**	**18**	**26**	**26**	**22**	**24**	**23**	**18**	**20**	**23**	**19**	**21**	**15**	**23**	**22**	**25**	**9**	**21**	**27**	**20**	**15**	**22**	**31**	**24**	**25**	**18**	**17**	**21**
42	28	30	20	25	14	23	31	29	21	21	18	23	8	27	15	19	31	17	30	32	27	24	17	23	11	20	21	21	22	23
43	**19**	**21**	**18**	**21**	**14**	**15**	**20**	**24**	**18**	**19**	**15**	**24**	**30**	**19**	**27**	**28**	**16**	**17**	**8**	**24**	**27**	**26**	**21**	**36**	**24**	**29**	**24**	**24**	**26**	**13**
44	32	12	14	24	25	15	18	18	28	19	24	15	29	17	18	17	17	28	18	19	18	14	28	17	24	23	12	19	16	32
45	**20**	**29**	**23**	**22**	**20**	**18**	**9**	**25**	**28**	**31**	**22**	**22**	**26**	**19**	**19**	**20**	**30**	**25**	**24**	**24**	**20**	**25**	**23**	**25**	**31**	**22**	**25**	**16**	**22**	**32**
46	26	28	17	27	11	19	15	21	14	26	9	33	23	28	28	23	27	24	19	27	25	19	31	15	25	30	30	30	23	20
47	**21**	**21**	**18**	**20**	**27**	**22**	**25**	**28**	**20**	**18**	**20**	**29**	**19**	**16**	**31**	**29**	**26**	**21**	**35**	**25**	**18**	**19**	**26**	**19**	**19**	**23**	**19**	**23**	**22**	**15**
48	17	22	21	21	20	23	19	21	26	27	18	28	26	30	28	28	21	19	28	32	19	22	31	28	19	36	20	15	20	31
49	**8**	**20**	**9**	**27**	**31**	**27**	**18**	**25**	**14**	**29**	**26**	**23**	**24**	**22**	**20**	**30**	**25**	**14**	**18**	**15**	**20**	**30**	**27**	**19**	**22**	**18**	**29**	**35**	**24**	**33**
50	24	31	25	26	17	24	20	20	19	13	12	27	18	18	26	18	27	18	24	17	30	27	24	16	33	17	17	31	22	26
51	**20**	**25**	**20**	**35**	**24**	**27**	**24**	**20**	**28**	**18**	**19**	**21**	**14**	**19**	**22**	**24**	**28**	**19**	**22**	**23**	**23**	**27**	**23**	**22**	**28**	**19**	**16**	**17**	**21**	**25**
52	23	20	28	18	23	20	24	28	20	11	17	22	26	16	25	17	20	22	37	25	23	21	32	18	17	24	24	23	16	26
53	**14**	**30**	**17**	**25**	**16**	**22**	**31**	**23**	**26**	**21**	**24**	**25**	**15**	**12**	**20**	**18**	**18**	**29**	**14**	**18**	**29**	**15**	**23**	**10**	**19**	**9**	**26**	**21**	**27**	**11**
54	22	27	22	15	15	15	17	16	29	20	18	20	22	13	23	19	13	22	22	21	20	24	26	13	30	24	20	25	19	27
55	**29**	**25**	**27**	**32**	**20**	**13**	**24**	**22**	**26**	**24**	**8**	**23**	**16**	**22**	**23**	**28**	**26**	**23**	**20**	**16**	**25**	**24**	**23**	**25**	**31**	**29**	**25**	**21**	**21**	**20**
56	32	28	23	20	23	9	28	19	20	21	23	22	17	12	26	20	20	24	24	17	32	23	21	29	38	6	18	23	25	19
57	**25**	**25**	**15**	**17**	**16**	**15**	**20**	**17**	**20**	**29**	**13**	**22**	**23**	**22**	**27**	**20**	**20**	**15**	**30**	**14**	**23**	**24**	**22**	**18**	**16**	**26**	**26**	**17**	**17**	**25**
58	28	22	17	26	27	21	20	20	25	22	29	15	30	24	18	28	16	22	20	25	15	14	22	26	24	17	19	19	11	29
59	**21**	**17**	**15**	**30**	**23**	**23**	**21**	**22**	**29**	**33**	**27**	**19**	**25**	**17**	**20**	**22**	**20**	**21**	**20**	**26**	**31**	**16**	**18**	**26**	**19**	**30**	**16**	**24**	**18**	**27**

5D10

	0	1	2	3	4	5	6	7	8	9	10	11	12	13	14	15	16	17	18	19	20	21	22	23	24	25	26	27	28	29
0	29	20	20	15	40	36	26	19	33	35	29	31	29	30	31	18	25	24	28	30	24	18	33	13	28	30	34	33	31	29
1	28	34	22	35	25	37	35	26	33	16	27	31	24	26	20	18	36	27	25	28	39	27	20	28	24	26	17	21	29	21
2	27	22	29	29	33	25	27	25	23	13	28	30	32	25	29	33	19	18	28	33	23	29	25	22	27	38	20	28	30	36
3	29	25	28	34	23	16	33	25	31	31	24	28	41	31	33	32	39	23	23	39	27	28	30	30	24	15	14	19	22	34
4	25	22	36	25	13	20	29	27	18	27	35	22	33	31	32	28	26	25	26	21	21	15	35	34	26	28	25	27	35	30
5	15	21	32	20	26	30	27	11	36	31	30	33	26	28	25	30	27	25	33	37	19	13	19	17	40	36	31	34	18	31
6	29	24	32	35	26	25	26	45	27	28	32	16	29	39	30	28	21	32	36	39	14	24	25	28	22	43	10	19	24	33
7	30	34	18	32	29	25	27	36	28	16	17	32	32	37	30	23	31	30	30	29	23	26	34	28	31	25	21	30	38	37
8	23	41	31	28	26	38	22	26	18	39	32	26	25	25	44	19	26	30	30	29	21	30	29	31	41	18	33	15	33	38
9	17	39	27	33	30	16	34	27	29	15	27	27	20	38	24	22	28	21	26	22	20	25	26	34	21	20	20	29	35	25
10	25	29	43	38	25	34	16	15	27	20	30	39	39	38	17	22	31	24	33	29	34	27	26	36	24	31	31	42	26	33
11	26	29	26	27	33	29	20	25	30	28	25	25	34	27	31	25	15	32	37	28	32	37	23	42	31	30	33	18	25	22
12	16	36	29	37	29	34	18	21	31	31	15	15	34	29	44	24	34	15	34	25	32	31	26	20	31	18	30	20	41	23
13	31	32	29	31	30	33	25	32	28	19	20	17	32	23	31	34	38	15	40	17	12	26	28	35	28	18	42	35	34	23
14	30	32	31	31	26	36	19	34	34	21	31	26	34	28	33	34	22	28	34	27	23	20	25	29	30	26	28	26	36	20
15	35	28	28	23	34	35	29	20	23	22	23	34	27	18	26	23	29	35	21	30	21	23	31	26	31	23	17	26	26	22
16	33	22	29	16	30	21	23	25	30	16	36	32	15	22	40	33	22	20	27	33	30	37	32	35	32	23	25	35	26	31
17	26	36	30	21	28	36	24	25	30	24	30	31	23	30	31	23	30	17	30	22	22	31	33	28	22	36	28	31	26	32
18	27	27	28	23	35	15	29	25	32	35	14	27	26	23	31	31	35	30	42	19	19	28	29	16	24	23	15	21	17	23
19	24	24	29	26	26	23	30	34	25	34	33	32	27	26	37	22	28	26	20	37	24	25	30	28	21	33	26	24	19	19
20	20	30	26	22	30	31	32	23	31	29	15	26	34	45	24	38	21	21	20	37	31	26	25	26	19	27	21	25	38	31
21	24	25	25	18	21	36	16	22	29	38	18	21	26	10	14	33	36	35	26	21	32	20	32	26	27	35	26	28	22	30
22	42	30	22	26	38	32	29	27	25	29	36	38	21	17	21	15	31	35	19	27	39	19	14	23	26	23	29	30	26	30
23	25	22	26	35	35	29	27	17	25	23	21	22	18	20	29	34	34	36	20	25	22	32	14	21	28	28	34	32	28	23
24	23	14	21	24	24	29	32	35	29	20	27	27	32	25	34	15	30	39	32	32	26	20	16	30	23	27	23	25	27	32
S 25	27	21	37	24	31	24	21	27	31	31	29	30	28	22	28	20	31	34	25	11	29	25	24	26	19	24	28	27	15	19
E 26	32	23	28	35	15	28	27	30	26	29	27	26	16	33	17	35	23	28	32	19	22	34	22	19	19	23	32	24	30	24
C 27	30	30	36	21	38	24	22	24	30	34	36	31	34	38	30	27	40	38	42	24	21	24	15	23	22	32	32	36	32	20
O 28	33	28	29	33	28	33	28	39	26	27	22	24	22	27	23	29	38	36	33	32	27	29	28	28	24	32	26	36	25	38
N 29	31	28	36	12	31	20	33	21	41	24	31	22	25	24	35	38	27	25	23	42	27	35	20	27	33	40	33	31	30	32
D 30	20	20	15	40	36	26	19	33	35	29	31	29	30	31	18	25	24	28	30	24	18	33	13	28	30	34	33	31	29	27
S 31	34	22	35	25	37	35	26	33	16	27	31	24	26	20	18	36	27	25	28	39	27	20	28	24	26	17	21	29	21	19
32	22	29	29	33	25	27	25	23	13	28	30	32	25	29	33	19	18	28	33	23	29	25	22	27	38	20	28	30	36	36
33	25	28	34	23	16	33	25	31	31	24	28	41	31	33	32	39	23	23	39	27	28	30	30	24	15	14	19	22	34	34
34	22	36	25	13	20	29	27	18	27	35	22	33	31	32	28	26	25	26	21	21	15	35	34	26	28	25	27	35	30	25
35	21	32	20	26	30	27	11	36	31	30	33	26	28	25	30	27	25	33	37	19	13	19	17	40	36	31	34	18	31	34
36	24	32	35	26	25	26	45	27	28	32	16	29	39	30	28	21	32	36	39	14	24	25	28	22	43	10	19	24	33	23
37	34	18	32	29	25	27	36	28	16	17	32	32	37	30	23	31	30	30	29	23	26	34	28	31	25	21	30	38	37	34
38	41	31	28	26	38	22	26	18	39	32	26	25	25	44	19	26	30	30	29	21	30	29	31	41	18	33	15	33	38	20
39	39	27	33	30	16	34	27	29	15	27	27	20	38	24	22	28	21	26	22	20	25	26	34	21	20	20	29	35	25	22
40	29	43	38	25	34	16	15	27	20	30	39	39	38	17	22	31	24	33	29	34	27	26	36	24	31	31	42	26	33	36
41	29	26	27	33	29	20	25	30	28	25	25	34	27	31	25	15	32	37	28	32	37	23	42	31	30	33	18	25	22	21
42	36	29	37	29	34	18	21	31	31	15	15	34	29	44	24	34	15	34	25	32	31	26	20	31	18	30	20	41	23	31
43	32	29	31	30	33	25	32	28	19	20	17	32	23	31	34	38	15	40	17	12	26	28	35	28	18	42	35	34	23	34
44	32	31	31	26	36	19	34	34	21	31	26	34	28	33	34	22	28	34	27	23	20	25	29	30	26	28	26	36	20	16
45	28	28	23	34	35	29	20	23	22	23	34	27	18	26	23	29	35	21	30	21	23	31	26	31	23	17	26	26	22	21
46	22	29	16	30	21	23	25	30	16	36	32	15	22	40	33	22	20	27	33	30	37	32	35	32	23	25	35	26	31	23
47	36	30	21	28	36	24	25	30	24	30	31	23	30	31	23	30	17	30	22	22	31	33	28	22	36	28	31	26	32	26
48	27	28	23	35	15	29	25	32	35	14	27	26	23	31	31	35	30	42	19	19	28	29	16	24	23	15	21	17	23	30
49	24	29	26	26	23	30	34	25	34	33	32	27	26	37	22	28	26	20	37	24	25	30	28	21	33	26	24	19	19	31
50	30	26	22	30	31	32	23	31	29	15	26	34	45	24	38	21	21	20	37	31	26	25	26	19	27	21	25	38	31	29
51	25	25	18	21	36	16	22	29	38	18	21	26	10	14	33	36	35	26	21	32	20	32	26	27	35	26	28	22	33	30
52	30	22	26	38	32	29	27	25	29	36	38	21	17	21	15	31	35	19	27	39	19	14	23	26	23	29	30	26	30	39
53	22	26	35	35	29	27	17	25	23	21	22	18	20	29	34	34	36	20	25	22	32	14	21	28	28	34	32	28	23	26
54	14	21	24	24	29	32	35	29	20	27	27	32	25	34	15	30	39	32	32	26	20	16	30	23	27	23	25	27	32	34
55	21	37	24	31	24	21	27	31	31	29	30	28	22	28	20	31	34	25	11	29	25	24	26	19	24	28	27	15	19	37
56	23	28	35	15	28	27	30	26	29	27	26	16	33	17	35	23	28	32	19	22	34	22	19	19	23	32	24	30	24	32
57	30	36	21	38	24	22	24	30	34	36	31	34	38	30	27	40	38	42	24	21	24	15	23	22	32	32	36	32	20	27
58	28	29	33	28	33	28	39	26	27	22	24	22	27	23	29	38	36	33	32	27	29	28	28	24	32	26	36	25	38	39
59	28	36	12	31	20	33	21	41	24	31	22	25	24	35	38	27	25	23	42	27	35	20	27	33	40	33	31	30	32	20

Minutes

	30	31	32	33	34	35	36	37	38	39	40	41	42	43	44	45	46	47	48	49	50	51	52	53	54	55	56	57	58	59
0	27	14	34	13	30	32	24	39	24	26	26	38	28	31	30	20	30	28	34	22	20	33	30	23	25	20	28	23	24	23
1	19	32	30	17	24	10	14	28	34	20	21	46	26	21	26	25	21	25	26	20	32	20	27	39	35	18	30	29	22	32
2	36	25	29	18	35	39	34	24	24	32	26	30	31	21	25	22	20	27	35	26	30	37	26	18	31	25	32	28	17	35
3	34	27	33	23	24	24	37	27	36	17	31	24	26	29	15	46	27	34	19	19	26	17	18	32	39	26	13	12	33	22
4	25	24	27	30	36	22	22	29	31	28	30	39	29	23	38	19	23	24	20	30	28	44	33	35	22	31	27	24	24	32
5	34	23	33	29	12	17	16	28	25	28	33	31	31	24	19	25	23	29	20	28	27	15	21	36	21	25	29	25	30	32
6	23	33	17	26	32	38	35	26	23	29	37	21	25	21	26	22	22	20	30	29	23	26	33	39	31	22	36	27	26	24
7	34	35	22	33	33	38	27	41	34	30	26	42	28	34	40	28	31	22	24	21	37	36	18	26	18	28	32	21	25	27
8	20	30	22	20	29	21	23	22	24	31	23	16	30	25	23	34	31	21	33	33	25	28	30	22	15	32	21	29	27	21
9	22	24	19	24	27	28	31	23	30	33	32	25	30	26	16	26	22	19	14	26	16	16	38	25	22	28	30	42	22	32
10	36	27	34	23	28	18	28	28	24	34	16	20	28	31	22	36	25	27	21	36	29	31	21	28	28	13	29	35	34	34
11	28	30	37	28	27	33	31	24	24	18	23	31	24	28	25	39	32	36	23	11	43	34	34	27	31	26	35	27	25	30
12	31	19	24	29	40	15	24	21	36	36	30	28	33	26	19	40	32	34	29	26	28	33	18	34	13	25	25	30	36	27
13	34	37	25	36	38	45	34	25	28	22	35	30	24	36	24	37	21	25	25	25	32	19	30	23	24	24	29	34	30	30
14	16	23	23	26	26	25	27	28	32	22	32	39	35	26	19	29	35	24	17	17	24	32	31	28	36	36	30	28	27	33
15	21	27	31	33	25	28	28	29	38	29	32	27	22	23	22	19	28	24	26	36	26	27	18	25	24	35	35	16	31	33
16	23	23	27	39	28	35	20	33	33	24	19	27	29	25	11	15	23	31	26	25	42	27	24	15	32	27	25	26	24	18
17	26	20	20	28	27	18	31	26	15	25	31	30	22	36	34	21	22	35	34	24	30	16	28	27	33	36	33	29	14	41
18	30	17	37	22	19	31	14	26	34	32	25	39	22	33	37	30	24	24	11	34	29	30	19	30	32	32	26	27	20	35
19	31	39	30	26	28	30	30	17	25	26	24	26	28	30	30	36	30	39	27	24	28	33	36	27	38	26	38	34	29	40
20	29	16	23	25	27	30	21	31	42	31	22	27	19	23	27	28	24	29	25	38	37	26	31	30	34	26	35	36	21	30
21	30	32	38	42	39	26	22	21	34	24	26	29	30	24	26	35	27	31	37	22	21	30	22	20	23	26	21	38	19	14
22	39	23	27	30	23	27	26	29	16	32	16	29	33	22	23	28	33	27	22	14	36	25	20	34	36	21	25	22	20	20
23	26	25	19	35	29	21	29	43	35	24	23	30	24	27	30	25	34	20	24	41	27	32	28	28	35	30	30	31	24	41
24	34	38	35	14	31	36	29	16	26	27	27	37	30	28	32	31	38	29	24	42	35	27	16	31	16	23	22	28	22	29
S 25	37	18	41	22	25	14	28	30	27	18	26	21	26	27	27	25	27	30	20	28	34	37	26	29	21	22	22	14	30	33
E 26	32	36	31	31	25	23	43	39	24	30	32	28	24	26	25	26	36	37	20	26	28	23	27	30	23	20	28	29	24	23
C 27	27	25	34	17	25	34	17	38	19	24	33	23	25	20	19	40	19	36	33	27	16	27	35	22	29	30	20	27	45	24
O 28	39	30	20	33	24	24	29	27	29	30	31	30	35	38	20	31	20	35	35	32	37	24	34	27	27	30	32	31	18	28
N 29	20	25	23	22	26	30	34	42	38	39	22	23	34	29	19	14	25	33	27	37	28	25	21	28	21	27	25	28	28	38
D 30	14	34	13	30	32	24	39	24	26	26	38	28	31	30	20	30	28	34	22	20	33	30	23	25	20	28	23	24	23	25
S 31	32	30	17	24	10	14	28	34	20	21	46	26	21	26	25	21	25	26	20	32	20	27	39	35	18	30	29	22	32	26
32	25	29	18	35	39	34	24	24	32	26	30	31	21	25	22	20	27	35	26	30	37	26	18	31	25	32	28	17	35	18
33	27	33	23	24	24	37	27	36	17	31	24	26	29	15	46	27	34	19	19	26	17	18	32	39	26	13	12	33	22	27
34	24	27	30	36	22	22	29	31	28	30	39	29	23	38	19	23	24	20	30	28	44	33	35	22	31	27	24	24	32	27
35	23	33	29	12	17	16	28	25	28	33	31	31	24	19	25	23	29	20	28	27	15	21	36	21	25	29	25	30	32	38
36	33	17	26	32	38	35	26	23	29	37	21	25	21	26	22	22	20	30	29	23	26	33	39	31	22	36	27	26	24	25
37	35	22	33	33	38	27	41	34	30	26	42	28	34	40	28	31	22	24	21	37	36	18	26	18	28	32	21	25	27	30
38	30	22	20	29	21	23	22	24	31	23	16	30	25	23	34	31	21	33	33	25	28	30	22	15	32	21	29	27	21	20
39	24	19	24	27	28	31	23	30	33	32	25	30	26	16	26	22	19	14	26	16	16	38	25	22	28	30	42	22	32	32
40	27	34	23	28	18	28	28	24	34	16	20	28	31	22	36	25	27	21	36	29	31	21	28	28	13	29	35	34	34	20
41	30	37	28	27	33	31	24	24	18	23	31	24	28	25	39	32	36	23	11	43	34	34	27	31	26	35	27	25	30	38
42	19	24	29	40	15	24	21	36	36	30	28	33	26	19	40	32	34	29	26	28	33	18	34	13	25	25	30	36	27	23
43	37	25	36	38	45	34	25	28	22	35	30	24	36	24	37	21	25	25	25	32	19	30	23	24	24	29	34	30	30	41
44	23	23	26	26	25	27	28	32	22	32	39	35	26	19	29	35	24	17	17	24	32	31	28	36	36	30	28	27	33	28
45	27	31	33	25	28	28	29	38	29	32	27	22	23	22	19	28	24	26	36	26	27	18	25	24	35	35	16	31	33	25
46	23	27	39	28	35	20	33	33	24	19	27	29	25	11	15	23	31	26	25	42	27	24	15	32	27	25	26	24	18	24
47	20	20	28	27	18	31	26	15	25	31	30	22	36	34	21	22	35	34	24	30	16	28	27	33	36	33	29	14	41	22
48	17	37	22	19	31	14	26	34	32	25	39	22	33	37	30	24	24	11	34	29	30	19	30	32	32	26	27	20	35	37
49	39	30	26	28	30	30	17	25	26	24	26	28	30	30	36	30	39	27	24	28	33	36	27	38	26	38	34	29	40	26
50	16	23	25	27	30	21	31	42	31	22	27	19	23	27	28	24	29	25	38	37	26	31	30	34	26	35	36	21	30	16
51	32	38	42	39	26	22	21	34	24	26	29	30	24	26	35	27	31	37	22	21	30	22	20	23	26	21	38	19	14	20
52	23	27	30	23	27	26	29	16	32	16	29	33	22	23	28	33	27	22	14	36	25	20	34	36	21	25	22	20	20	20
53	25	19	35	29	21	29	43	35	24	23	30	24	27	30	25	34	20	24	41	27	32	28	28	35	30	30	31	24	41	35
54	38	35	14	31	36	29	16	26	27	27	37	30	28	32	31	38	29	24	42	35	27	16	31	16	23	22	28	22	29	28
55	18	41	22	25	14	28	30	27	18	26	21	26	27	27	25	27	30	20	28	34	37	26	29	21	22	22	14	30	33	24
56	36	31	31	25	23	43	39	24	30	32	28	24	26	25	26	36	37	20	26	28	23	27	30	23	20	28	29	24	23	25
57	25	34	17	25	34	17	38	19	24	33	23	25	20	19	40	19	36	33	27	16	27	35	22	29	30	20	27	45	24	32
58	30	20	33	24	24	29	27	29	30	31	30	35	38	20	31	20	35	35	32	37	24	34	27	27	30	32	31	18	28	29
59	25	23	22	26	30	34	42	38	39	22	23	34	29	19	14	25	33	27	37	28	25	21	28	21	27	25	28	28	38	38

6D10

Minutes (columns) / SECONDS (rows)

SECONDS	0	1	2	3	4	5	6	7	8	9	10	11	12	13	14	15	16	17	18	19	20	21	22	23	24	25	26	27	28	29
0	35	28	29	25	33	38	36	27	41	21	34	32	12	26	43	46	37	32	31	27	27	46	37	45	34	34	50	30	36	43
1	30	27	32	41	31	29	34	40	24	23	35	38	46	30	26	22	29	38	39	27	30	31	33	33	21	23	25	32	34	22
2	27	35	27	40	38	35	24	35	21	30	29	35	48	26	22	26	36	26	34	34	37	35	34	30	42	44	46	31	19	25
3	23	25	19	43	48	27	40	33	32	36	26	37	29	28	30	38	30	29	31	29	35	44	36	28	36	27	33	27	33	38
4	23	39	24	33	33	48	39	27	31	39	24	34	40	40	37	34	29	20	48	32	37	27	38	27	40	31	45	22	25	34
5	43	36	31	41	22	43	32	20	35	32	28	33	48	35	42	28	35	45	44	33	35	32	34	19	23	28	32	36	38	42
6	41	22	29	33	34	27	34	34	37	31	22	30	30	28	18	27	41	35	24	17	44	39	27	33	25	22	40	25	20	35
7	34	27	37	44	36	32	39	28	35	26	35	37	41	37	30	37	25	30	33	27	36	26	33	45	28	36	32	27	34	28
8	30	41	27	38	28	29	27	44	39	41	25	33	32	36	39	34	36	41	33	28	28	37	28	40	47	31	23	32	40	25
9	29	32	32	38	23	33	24	22	32	36	25	25	20	29	35	28	27	41	40	38	39	26	34	42	32	34	35	34	24	30
10	44	37	38	32	32	30	32	35	29	35	36	42	36	21	29	25	32	27	26	35	34	41	34	28	31	32	27	32	42	38
11	39	42	30	49	25	37	31	40	31	25	35	43	30	24	46	36	34	40	27	28	33	42	49	37	43	31	23	37	30	32
12	29	29	32	37	38	24	31	30	26	32	32	30	36	34	27	31	37	23	42	40	26	35	34	26	33	20	34	38	25	39
13	37	35	27	49	42	47	39	34	26	37	23	27	24	41	25	34	38	29	42	40	40	36	28	31	29	22	27	21	22	26
14	45	32	37	29	34	20	34	49	31	31	28	27	27	30	28	36	42	40	32	47	46	29	39	44	35	18	27	32	25	37
15	25	34	32	34	32	34	31	43	41	46	29	32	48	35	29	30	48	34	39	22	39	28	28	37	47	26	31	38	15	35
16	36	37	26	22	45	44	28	41	42	26	33	34	21	41	29	27	20	41	44	40	28	23	38	33	45	29	36	37	41	28
17	48	35	43	35	14	38	30	31	42	29	23	22	36	28	39	38	41	35	36	33	35	34	16	33	24	20	26	35	41	40
18	18	25	37	25	33	28	43	41	29	41	19	41	32	36	32	27	24	28	17	29	43	25	23	44	40	26	40	24	25	35
19	33	33	38	28	33	27	27	28	30	22	45	48	35	39	28	36	40	37	36	36	42	23	30	28	31	46	35	25	37	30
20	23	32	42	30	34	29	30	30	20	38	39	46	26	48	39	41	42	32	22	40	34	38	28	31	38	20	30	32	33	26
21	37	28	39	36	33	24	30	22	23	34	33	30	24	28	21	43	42	45	40	35	27	23	29	37	27	23	33	28	34	33
22	24	33	38	42	34	33	33	24	28	38	38	48	22	33	22	26	29	30	35	39	35	33	18	25	42	22	40	31	26	35
23	27	23	35	36	42	19	45	39	38	32	39	36	42	47	33	26	28	28	31	33	25	35	27	24	28	31	27	37	21	30
24	42	33	39	31	35	42	32	49	36	29	28	42	32	23	32	33	36	37	30	30	28	23	37	33	29	30	35	20	32	28
25	44	38	42	35	39	44	20	43	38	37	27	43	38	22	27	29	48	30	41	37	24	43	43	38	24	33	36	44	38	21
26	32	35	24	43	36	31	19	18	33	29	32	39	36	35	24	45	36	24	34	24	31	38	32	22	24	27	42	24	36	42
27	21	37	42	34	48	49	29	30	25	42	25	19	37	33	31	35	38	44	44	38	45	30	30	32	38	30	37	36	19	34
28	38	46	39	40	40	32	35	32	25	20	15	34	38	31	42	37	27	35	32	36	32	25	24	41	40	33	32	35	30	30
29	43	31	32	18	25	23	41	43	36	33	30	29	40	39	36	41	35	32	48	30	44	31	28	29	46	27	26	38	30	44
30	28	29	25	33	38	36	27	41	21	34	32	12	26	43	46	37	32	31	27	27	46	37	45	34	34	50	30	36	43	16
31	27	32	41	31	29	34	40	24	23	35	38	46	30	26	22	29	38	39	27	30	31	33	33	21	23	25	32	34	22	37
32	35	27	40	38	35	24	35	21	30	29	35	48	26	22	26	36	26	34	34	37	35	34	30	42	44	46	31	19	25	33
33	25	19	43	48	27	40	33	32	36	26	37	29	28	30	38	30	29	31	29	35	44	36	28	36	27	33	27	33	38	20
34	39	24	33	33	48	39	27	31	39	24	34	40	40	37	34	29	20	48	32	37	27	38	27	40	31	45	22	25	34	36
35	36	31	41	22	43	32	20	35	32	28	33	48	35	42	28	35	45	44	33	35	32	34	19	23	28	32	36	38	42	35
36	22	29	33	34	27	34	34	37	31	22	30	30	28	18	27	41	35	24	17	44	39	27	33	25	22	40	25	20	35	38
37	27	37	44	36	32	39	28	35	26	35	37	41	37	30	37	25	30	33	27	36	26	33	45	28	36	32	27	34	28	41
38	41	27	38	28	29	27	44	39	41	25	33	32	36	39	34	36	41	33	28	28	37	28	40	47	31	23	32	40	25	46
39	32	32	38	23	33	24	22	32	36	25	25	20	29	35	28	27	41	40	38	39	26	34	42	32	34	35	34	24	30	31
40	37	38	32	32	30	32	35	29	35	36	42	36	21	29	25	32	27	26	35	34	41	34	28	31	32	27	32	42	38	44
41	42	30	49	25	37	31	40	31	25	35	43	30	24	46	36	34	40	27	28	33	42	49	37	43	31	23	37	30	32	21
42	29	32	37	38	24	31	30	26	32	32	30	36	34	27	31	37	23	42	40	26	35	34	26	33	20	34	38	25	39	33
43	35	27	49	42	47	39	34	26	37	23	27	24	41	25	34	38	29	42	40	40	36	28	31	29	22	27	21	22	26	27
44	32	37	29	34	20	34	49	31	31	28	27	27	30	28	36	42	40	32	47	46	29	39	44	35	18	27	32	25	37	36
45	34	32	34	32	34	31	43	41	46	29	32	48	35	29	30	48	34	39	22	39	28	28	37	47	26	31	38	15	35	38
46	37	26	22	45	44	28	41	42	26	33	34	21	41	29	27	20	41	44	40	28	23	38	33	45	29	36	37	41	28	28
47	35	43	35	14	38	30	31	42	29	23	22	36	28	39	38	41	35	36	33	35	34	16	33	24	20	26	35	41	40	30
48	25	37	25	33	28	43	41	29	41	19	41	32	36	32	27	24	28	17	29	43	25	23	44	40	26	40	24	25	35	36
49	33	38	28	33	27	27	28	30	22	45	48	35	39	28	36	40	37	36	36	42	23	30	28	31	46	35	25	37	30	29
50	32	42	30	34	29	30	30	20	38	39	46	26	48	39	41	42	32	22	40	34	38	28	31	38	20	30	32	33	26	35
51	28	39	36	33	24	30	22	23	34	33	30	24	28	21	43	42	45	40	35	27	23	29	37	27	23	33	28	34	33	27
52	33	38	42	34	33	33	24	28	38	38	48	22	33	22	26	29	30	35	39	35	33	18	25	42	22	40	31	26	35	28
53	23	35	36	42	19	45	39	38	32	39	36	42	47	33	26	28	28	31	33	25	35	27	24	28	31	27	37	21	30	28
54	33	39	31	35	42	32	49	36	29	28	42	32	23	32	33	36	37	30	30	28	23	37	33	29	30	35	20	32	28	46
55	38	42	35	39	44	20	43	38	37	27	43	38	22	27	29	48	30	41	37	24	43	43	38	24	33	36	44	38	21	27
56	35	24	43	36	31	19	18	33	29	32	39	36	35	24	45	36	24	34	24	31	38	32	22	24	27	42	24	36	42	37
57	37	42	34	48	49	29	30	25	42	25	19	37	33	31	35	38	44	44	38	45	30	30	32	38	30	37	36	19	34	42
58	46	39	40	40	32	35	32	25	20	15	34	38	31	42	37	27	35	32	36	32	25	24	41	40	33	32	35	30	30	42
59	31	32	18	25	23	41	43	36	33	30	29	40	39	36	41	35	32	48	30	44	31	28	29	46	27	26	38	30	44	27

Minutes

	Seconds	30	31	32	33	34	35	36	37	38	39	40	41	42	43	44	45	46	47	48	49	50	51	52	53	54	55	56	57	58	59
	0	16	27	31	44	32	28	42	24	41	37	27	22	30	31	25	30	30	40	32	27	51	15	39	39	41	46	35	34	38	29
	1	37	31	29	37	29	47	39	32	30	32	43	28	33	29	36	33	29	37	37	47	33	34	34	24	35	38	33	21	41	35
	2	33	45	30	36	37	26	31	17	43	40	36	46	35	41	46	34	30	18	30	29	32	32	28	22	31	33	37	29	36	38
	3	20	26	34	28	25	34	31	30	38	31	21	25	30	43	33	26	21	36	34	43	39	31	49	32	36	23	23	39	34	20
	4	36	28	38	29	24	20	44	21	34	29	33	36	40	39	27	23	29	45	31	26	38	28	40	33	36	27	30	22	40	26
	5	35	39	39	38	27	48	49	30	32	38	39	21	44	41	38	41	28	31	39	18	31	43	37	32	42	28	33	35	28	33
	6	38	34	43	33	32	35	40	32	36	42	38	22	46	28	34	27	35	36	25	31	26	36	42	31	36	47	39	44	40	41
	7	41	33	49	25	44	30	26	43	36	36	28	36	26	27	55	31	37	39	33	45	29	33	33	25	47	40	38	27	48	34
	8	46	32	25	26	32	30	28	37	34	24	42	30	31	46	27	30	38	28	21	43	29	29	43	35	36	28	31	23	17	38
	9	31	42	29	30	22	34	39	24	19	38	36	34	36	30	19	16	32	27	19	20	26	28	50	28	36	27	31	45	46	38
	10	44	30	37	36	42	35	36	37	47	27	21	37	36	34	22	37	40	40	24	35	28	17	29	35	37	42	31	33	38	19
	11	21	20	41	41	32	25	37	46	29	22	41	22	31	49	34	35	35	24	19	40	44	29	36	32	35	32	21	30	27	24
	12	33	37	30	34	20	49	25	33	35	35	28	37	36	20	30	25	30	26	32	25	27	35	42	19	29	24	32	33	34	23
	13	27	30	20	30	19	31	28	44	33	34	34	23	22	31	32	33	29	24	34	32	25	36	19	34	43	32	21	41	30	39
	14	36	26	35	34	38	43	31	40	26	39	34	30	37	28	37	31	37	30	31	35	36	42	25	21	37	29	27	24	25	33
	15	38	23	34	26	36	25	23	24	34	42	52	41	31	28	37	31	34	33	43	18	35	37	39	24	40	38	31	39	40	32
	16	28	41	33	31	37	30	34	38	31	34	49	42	30	41	35	37	23	32	32	21	25	27	44	31	32	25	28	31	23	21
	17	30	31	35	41	23	35	41	37	29	23	32	35	24	37	27	38	30	41	29	17	28	36	31	45	39	26	33	30	36	42
	18	36	40	33	23	26	23	28	33	27	20	25	30	31	36	33	36	26	25	37	35	27	24	49	30	24	33	29	35	29	20
	19	29	40	34	26	38	37	41	47	16	40	36	39	40	32	36	26	32	27	42	17	37	37	26	35	28	41	49	25	26	37
	20	35	36	40	40	38	37	22	32	30	33	27	36	28	35	39	24	34	26	34	32	21	30	20	42	30	41	31	23	26	39
	21	27	30	37	39	36	33	42	26	41	29	30	31	26	25	26	31	27	33	36	43	31	33	30	37	27	38	28	30	37	41
	22	28	41	32	45	25	30	29	23	26	26	26	40	45	28	49	30	31	35	35	36	24	26	41	32	37	31	33	32	18	38
	23	28	27	31	39	25	31	31	31	40	32	27	42	36	48	27	35	30	36	45	23	28	32	52	33	30	27	26	23	43	27
	24	46	42	27	41	45	41	26	32	34	48	31	30	36	31	37	41	17	43	28	27	23	33	46	26	39	21	31	36	40	43
S	25	27	38	32	38	30	37	26	40	30	38	34	31	14	16	27	25	33	27	22	40	30	22	37	36	33	32	26	33	30	21
E	26	37	22	34	35	26	30	30	40	34	27	38	34	27	35	27	26	45	45	42	30	30	26	24	26	32	39	33	33	28	46
C	27	42	42	32	22	29	36	25	34	37	40	40	29	52	36	37	29	26	32	25	36	32	31	35	36	21	32	36	40	36	42
O	28	42	30	36	29	37	37	33	38	40	29	32	47	31	29	37	31	30	46	35	28	43	24	24	24	27	25	34	38	35	34
N	29	27	27	30	33	39	41	30	36	35	40	28	39	25	29	36	33	40	34	40	43	26	35	47	33	34	30	33	33	34	25
D	30	27	31	44	32	28	42	24	41	37	27	22	30	31	25	30	30	40	32	27	51	15	39	39	41	46	35	34	38	29	19
S	31	31	29	37	29	47	39	32	30	32	43	28	33	29	36	33	29	37	37	47	33	34	34	24	35	38	33	21	41	35	20
	32	45	30	36	37	26	31	17	43	40	36	46	35	41	46	34	30	18	30	29	32	32	28	22	31	33	37	29	36	38	33
	33	26	34	28	25	34	31	30	38	31	21	25	30	43	33	26	21	36	34	43	39	31	49	32	36	23	23	39	34	20	32
	34	28	38	29	24	20	44	21	34	29	33	36	40	39	27	23	29	45	31	26	38	28	40	33	36	27	30	22	40	26	35
	35	39	39	38	27	48	49	30	32	38	39	21	44	41	38	41	28	31	39	18	31	43	37	32	42	28	33	35	28	33	41
	36	34	43	33	32	35	40	32	36	42	38	22	46	28	34	27	35	36	25	31	26	36	42	31	36	47	39	44	40	41	23
	37	33	49	25	44	30	26	43	36	36	28	36	26	27	55	31	37	39	33	45	29	33	33	25	47	40	38	27	48	34	23
	38	32	25	26	32	30	28	37	34	24	42	30	31	46	27	30	38	28	21	43	29	29	43	35	36	28	31	23	17	38	52
	39	42	29	30	22	34	39	24	19	38	36	34	36	30	19	16	32	27	19	20	26	28	50	28	36	27	31	45	46	38	25
	40	30	37	36	42	35	36	37	47	27	21	37	36	34	22	37	40	40	24	35	28	17	29	35	37	42	31	33	38	19	34
	41	20	41	41	32	25	37	46	29	22	41	22	31	49	34	35	35	24	19	40	44	29	36	32	35	32	21	30	27	24	24
	42	37	30	34	20	49	25	33	35	35	28	37	36	20	30	25	30	26	32	25	27	35	42	19	29	24	32	33	34	23	34
	43	30	20	30	19	31	28	44	33	34	34	23	22	31	32	33	29	24	34	32	25	36	19	34	43	32	21	41	30	39	40
	44	26	35	34	38	43	31	40	26	39	34	30	37	28	37	31	37	30	31	35	36	42	25	21	37	29	27	24	25	33	30
	45	23	34	26	36	25	23	24	34	42	52	41	31	28	37	31	34	33	43	18	35	37	39	24	40	38	31	39	40	32	33
	46	41	33	31	37	30	34	38	31	34	49	42	30	41	35	37	23	32	32	21	25	27	44	31	32	25	28	31	23	21	30
	47	31	35	41	23	35	41	37	29	23	32	35	24	37	27	38	30	41	29	17	28	36	31	45	39	26	33	30	36	42	39
	48	40	33	23	26	23	28	33	27	20	25	30	31	36	33	36	26	25	37	35	27	24	49	30	24	33	29	35	29	20	36
	49	40	34	26	38	37	41	47	16	40	36	39	40	32	36	26	32	27	42	17	37	37	26	35	28	41	49	25	26	37	34
	50	36	40	40	38	37	22	32	30	33	27	36	28	35	39	24	34	26	34	32	21	30	20	42	30	41	31	23	26	39	41
	51	30	37	39	36	33	42	26	41	29	30	31	26	25	26	31	27	33	36	43	31	33	30	37	27	38	28	30	37	41	36
	52	41	32	45	25	30	29	23	26	26	26	40	45	28	49	30	31	35	35	36	24	26	41	32	37	31	33	32	18	38	32
	53	27	31	39	25	31	31	31	40	32	27	42	36	48	27	35	30	36	45	23	28	32	52	33	30	27	26	23	43	27	22
	54	42	27	41	45	41	26	32	34	48	31	30	36	31	37	41	17	43	28	27	23	33	46	26	39	21	31	36	40	43	32
	55	38	32	38	30	37	26	40	30	38	34	31	14	16	27	25	33	27	22	40	30	22	37	36	33	32	26	33	30	21	39
	56	22	34	35	26	30	30	40	34	27	38	34	27	35	27	26	45	45	42	30	30	26	24	26	32	39	33	33	28	46	27
	57	42	32	22	29	36	25	34	37	40	40	29	52	36	37	29	26	32	25	36	32	31	35	36	21	32	36	40	36	42	36
	58	30	36	29	37	37	33	38	40	29	32	47	31	29	37	31	30	46	35	28	43	24	24	24	27	25	34	38	35	34	25
	59	27	30	33	39	41	30	36	35	40	28	39	25	29	36	33	40	34	40	43	26	35	47	33	34	30	33	33	34	25	28

12-Sided Dice (1 – 12)

1D12

	0	1	2	3	4	5	6	7	8	9	10	11	12	13	14	15	16	17	18	19	20	21	22	23	24	25	26	27	28	29
0	1	4	1	2	3	12	9	5	5	5	6	2	1	3	9	12	1	5	4	3	5	9	5	2	8	12	9	2	12	10
1	11	2	11	4	7	7	5	11	1	8	3	5	7	5	11	8	1	1	9	3	9	6	11	5	5	7	3	11	12	7
2	8	10	2	3	6	1	5	8	1	2	6	2	12	4	10	5	4	12	1	3	7	6	6	3	4	7	8	8	11	6
3	9	11	5	11	5	2	7	6	11	6	7	6	10	12	11	9	9	9	4	4	12	10	6	7	9	11	2	5	8	10
4	1	5	10	9	11	12	11	11	3	7	4	1	1	7	11	3	11	3	3	11	4	11	4	4	7	5	6	6	3	5
5	8	12	8	4	8	9	8	2	10	8	6	10	1	12	5	6	7	8	2	11	10	3	10	5	1	8	5	12	5	5
6	6	1	1	3	5	11	4	12	7	4	3	8	10	8	1	4	4	4	11	4	6	5	7	8	5	3	7	4	1	5
7	7	12	8	4	10	7	7	7	3	5	1	6	6	4	6	2	8	8	4	6	9	7	5	2	10	10	8	6	9	11
8	5	8	8	4	1	8	6	3	3	4	5	2	3	6	1	3	9	2	2	6	7	3	11	3	10	2	8	5	1	12
9	3	11	9	9	2	10	12	7	12	11	10	8	9	1	7	1	8	9	1	1	7	1	4	12	7	5	1	3	11	4
10	10	5	12	8	11	5	1	10	5	3	8	2	11	4	5	7	11	12	11	8	2	1	6	9	6	11	9	9	4	2
11	6	8	3	6	6	5	3	4	12	9	10	1	11	7	3	9	8	2	1	9	3	10	5	10	5	9	5	10	6	2
12	11	6	1	4	4	2	4	1	11	9	7	3	11	1	11	8	1	6	6	11	7	1	2	4	4	8	2	9	3	11
13	10	8	12	11	4	2	8	6	4	9	11	9	12	5	2	8	7	4	7	5	8	2	1	1	9	2	11	9	12	1
14	8	5	3	7	4	5	2	3	10	2	5	7	11	8	12	8	6	8	9	7	2	7	6	3	9	4	5	8	6	1
15	7	5	12	11	8	2	5	6	4	6	2	2	3	5	11	5	1	2	4	10	12	1	7	8	5	4	6	3	3	4
16	3	11	12	3	9	1	1	11	3	5	9	2	11	2	1	3	10	9	6	4	7	4	10	5	8	11	4	2	11	2
17	1	7	2	7	12	9	5	2	4	10	2	3	10	11	5	2	7	3	5	11	5	2	9	9	8	8	12	1	2	7
18	1	10	5	11	5	9	11	9	12	9	1	3	4	5	3	11	7	12	2	8	6	7	7	5	12	8	10	11	8	5
19	1	5	10	3	4	9	6	12	3	6	6	3	8	5	3	2	3	6	1	6	8	11	6	9	8	4	8	11	3	7
20	12	3	5	9	9	11	4	7	2	11	1	3	3	8	3	6	4	7	3	11	4	3	3	9	5	9	10	9	9	7
21	5	12	4	6	12	8	2	1	6	7	3	4	5	9	6	9	2	4	1	10	7	2	5	9	6	8	6	12	1	5
22	4	10	3	2	6	9	7	9	4	5	8	5	4	3	4	4	6	2	8	4	7	12	10	4	1	6	4	9	11	6
23	4	4	4	2	9	2	5	4	9	10	7	5	4	7	11	4	3	3	3	2	1	7	8	9	6	5	4	6	9	4
24	10	9	1	4	1	2	2	5	11	4	7	12	12	2	4	9	2	12	10	7	9	2	7	10	2	4	10	11	10	7
25	11	3	2	7	9	11	9	9	9	10	7	4	8	6	11	6	11	4	10	1	7	5	3	12	10	6	6	12	8	1
26	4	7	5	6	4	2	6	8	4	6	5	3	4	7	12	5	4	2	3	3	1	7	8	12	11	11	3	2	2	9
27	10	5	3	2	6	6	6	12	12	6	3	5	7	7	11	11	7	4	11	7	6	6	1	3	12	7	12	5	2	5
28	6	12	4	11	4	7	8	3	5	8	12	3	4	7	8	9	5	12	1	5	10	3	4	10	10	10	7	12	12	2
29	2	11	3	2	2	3	12	2	10	8	5	11	2	1	7	10	8	4	1	7	7	2	9	4	9	8	10	6	1	9
30	4	1	2	3	12	9	5	5	5	6	2	1	3	9	12	1	5	4	3	5	9	5	2	8	12	9	2	12	10	7
31	2	11	4	7	7	5	11	1	8	3	5	7	5	11	8	1	1	9	3	9	6	11	5	5	7	3	11	12	7	5
32	10	2	3	6	1	5	8	1	2	6	2	12	4	10	5	4	12	1	3	7	6	6	3	4	7	8	8	11	6	10
33	11	5	11	5	2	7	6	11	6	7	6	10	12	11	9	9	9	4	4	12	10	6	7	9	11	2	5	8	10	10
34	5	10	9	11	12	11	11	3	7	4	1	1	7	11	3	11	3	3	11	4	11	4	4	7	5	6	6	3	5	3
35	12	8	4	8	9	8	2	10	8	6	10	1	12	5	6	7	8	2	11	10	3	10	5	1	8	5	12	5	5	2
36	1	1	3	5	11	4	12	7	4	3	8	10	8	1	4	4	4	11	4	6	5	7	8	5	3	7	4	1	5	1
37	12	8	4	10	7	7	7	3	5	1	6	6	4	6	2	8	8	4	6	9	7	5	2	10	10	8	6	9	11	10
38	8	8	4	1	8	6	3	3	4	5	2	3	6	1	3	9	2	2	6	7	3	11	3	10	2	8	5	1	12	11
39	11	9	9	2	10	12	7	12	11	10	8	9	1	7	1	8	9	1	1	7	1	4	12	7	5	1	3	11	4	8
40	5	12	8	11	5	1	10	5	3	8	2	11	4	5	7	11	12	11	8	2	1	6	9	6	11	9	9	4	2	2
41	8	3	6	6	5	3	4	12	9	10	1	11	7	3	9	8	2	1	9	3	10	5	10	5	9	5	10	6	2	3
42	6	1	4	4	2	4	1	11	9	7	3	11	1	11	8	1	6	6	11	7	1	2	4	4	8	2	9	3	11	11
43	8	12	11	4	2	8	6	4	9	11	9	12	5	2	8	7	4	7	5	8	2	1	1	9	2	11	9	12	1	4
44	5	3	7	4	5	2	3	10	2	5	7	11	8	12	8	6	8	9	7	2	7	6	3	9	4	5	8	6	1	4
45	5	12	11	8	2	5	6	4	6	2	2	3	5	11	5	1	2	4	10	12	1	7	8	5	4	6	3	3	4	2
46	11	12	3	9	1	1	11	3	5	9	2	11	2	1	3	10	9	6	4	7	4	10	5	8	11	4	2	11	2	6
47	7	2	7	12	9	5	2	4	10	2	3	10	11	5	2	7	3	5	11	5	2	9	9	8	8	12	1	2	7	8
48	10	5	11	5	9	11	9	12	9	1	3	4	5	3	11	7	12	2	8	6	7	7	5	12	8	10	11	8	5	7
49	5	10	3	4	9	6	12	3	6	6	3	8	5	3	2	3	6	1	6	8	11	6	9	8	4	8	11	3	7	5
50	3	5	9	9	11	4	7	2	11	1	3	3	8	3	6	4	7	3	11	4	3	3	9	5	9	10	9	9	7	5
51	12	4	6	12	8	2	1	6	7	3	4	5	9	6	9	2	4	1	10	7	2	5	9	6	8	6	12	1	5	2
52	10	3	2	6	9	7	9	4	5	8	5	4	3	4	4	6	2	8	4	7	12	10	4	1	6	4	9	11	6	9
53	4	4	2	9	2	5	4	9	10	7	5	4	7	11	4	3	3	3	2	1	7	8	9	6	5	4	6	9	4	6
54	9	1	4	1	2	2	5	11	4	7	12	12	2	4	9	2	12	10	7	9	2	7	10	2	4	10	11	10	7	7
55	3	2	7	9	11	9	9	9	10	7	4	8	6	11	6	11	4	10	1	7	5	3	12	10	6	6	12	8	1	5
56	7	5	6	4	2	6	8	4	6	5	3	4	7	12	5	4	2	3	3	1	7	8	12	11	11	3	2	2	9	4
57	5	3	2	6	6	6	12	12	6	3	5	7	7	11	11	7	4	11	7	6	6	1	3	12	7	12	5	2	5	10
58	12	4	11	4	7	8	3	5	8	12	3	4	7	8	9	5	12	1	5	10	3	4	10	10	10	7	12	12	2	8
59	11	3	2	2	3	12	2	10	8	5	11	2	1	7	10	8	4	1	7	7	2	9	4	9	8	10	6	1	9	12

S E C O N D S (rows 25–31)

	30	31	32	33	34	35	36	37	38	39	40	41	42	43	44	45	46	47	48	49	50	51	52	53	54	55	56	57	58	59
0	7	8	3	6	11	2	7	9	3	9	9	9	5	9	11	11	11	9	4	12	3	10	7	2	12	5	6	3	11	2
1	5	10	1	11	4	10	7	8	4	4	3	9	9	11	4	3	2	10	2	4	9	8	11	8	3	10	12	4	5	10
2	10	6	3	6	12	11	5	1	5	10	6	5	1	8	6	2	8	7	9	3	9	7	2	9	2	11	7	8	6	12
3	10	10	1	5	7	4	4	8	1	4	4	3	9	9	9	5	5	7	8	6	9	2	12	12	1	1	1	2	3	3
4	3	1	11	9	7	10	4	4	10	11	6	11	4	4	3	3	6	6	1	5	8	4	10	1	9	4	1	8	4	12
5	2	3	1	5	11	2	12	2	4	12	10	1	4	1	4	4	10	4	5	11	8	3	6	10	10	10	11	12	11	3
6	1	10	4	1	11	8	10	11	10	6	3	4	9	6	5	6	2	12	5	3	1	2	8	11	2	4	1	10	3	1
7	10	6	8	11	12	5	8	12	6	7	3	9	5	8	11	11	5	4	1	12	7	9	10	1	4	2	5	12	4	7
8	11	3	11	5	12	5	9	4	5	11	12	12	6	8	5	6	2	6	6	11	4	10	8	5	5	7	8	3	10	2
9	8	10	5	2	4	12	8	5	5	9	1	10	8	10	2	6	12	10	2	9	6	8	10	5	4	1	8	3	6	3
10	2	3	1	1	9	7	10	7	6	4	4	9	10	11	7	7	9	10	10	10	9	3	6	7	7	1	12	5	1	8
11	3	5	3	8	3	2	12	1	6	1	8	1	1	4	5	12	1	11	4	8	10	8	4	7	3	2	2	5	5	10
12	11	12	12	12	9	12	6	12	1	8	6	12	6	1	11	10	8	3	5	2	8	11	9	5	5	8	11	8	6	3
13	4	7	10	12	12	10	11	11	12	6	2	2	9	12	9	2	3	6	4	11	9	5	12	10	11	5	3	7	10	6
14	4	8	9	3	12	6	12	10	9	7	5	9	5	1	4	1	1	10	1	4	7	10	6	1	8	1	10	9	8	8
15	2	4	10	10	2	12	2	5	4	6	4	3	3	8	1	12	8	12	9	2	9	12	11	3	6	8	5	9	8	8
16	6	4	12	8	4	7	6	7	8	1	4	7	12	5	7	6	3	5	6	11	10	1	3	10	5	9	11	10	1	5
17	8	10	12	8	5	11	4	9	12	11	2	9	3	12	1	3	7	5	8	12	12	5	4	1	2	1	12	6	9	12
18	7	6	11	10	8	8	9	6	1	4	12	5	5	3	9	1	1	6	3	2	1	8	4	12	6	10	8	2	10	4
19	5	2	1	4	10	4	3	1	10	6	11	2	2	1	7	4	2	1	11	4	3	6	11	4	4	1	11	1	6	7
20	5	8	4	12	1	9	12	12	6	6	8	7	9	1	1	8	10	2	9	11	4	4	1	4	5	12	11	2	9	4
21	2	8	8	12	11	3	11	7	4	6	2	9	3	6	2	10	4	9	11	11	5	2	11	3	3	10	3	2	5	6
22	9	1	9	2	6	12	6	12	9	6	1	8	1	10	5	10	7	2	10	2	12	12	9	11	8	2	7	10	1	1
23	6	12	3	5	10	1	1	12	8	4	2	8	7	7	4	12	4	8	12	9	3	11	12	6	2	7	1	6	2	11
24	7	7	11	12	8	2	11	8	4	7	1	3	2	6	8	11	9	3	11	6	3	3	4	1	4	11	10	12	9	12
S 25	5	8	3	9	3	11	6	9	6	11	2	2	5	7	6	3	5	8	8	3	11	5	4	5	3	5	11	9	11	8
E 26	4	1	6	5	5	5	10	10	11	9	9	4	3	9	4	8	3	4	10	6	8	3	5	6	8	8	7	4	3	11
C 27	10	7	6	12	10	11	4	4	11	12	3	4	10	8	4	10	3	11	6	6	2	5	12	11	11	3	11	5	1	8
O 28	8	4	4	4	8	10	12	6	7	7	5	3	1	9	10	3	6	6	2	6	6	7	9	3	2	11	2	12	11	7
N 29	12	6	11	3	8	6	12	2	6	9	6	5	8	9	8	10	2	11	2	9	9	8	1	7	10	5	12	2	9	3
D 30	8	3	6	11	2	7	9	3	9	9	9	5	9	11	11	11	9	4	12	3	10	7	2	12	5	6	3	11	2	1
S 31	10	1	11	4	10	7	8	4	4	3	9	9	11	4	3	2	10	2	4	9	8	11	8	3	10	12	4	5	10	12
32	6	3	6	12	11	5	1	5	10	6	5	1	8	6	2	8	7	9	3	9	7	2	9	2	11	7	8	6	12	10
33	10	1	5	7	4	4	8	1	4	4	3	9	9	9	5	5	7	8	6	9	2	12	12	1	1	1	2	3	3	8
34	1	11	9	7	10	4	4	10	11	6	11	4	4	3	3	6	6	1	5	8	4	10	1	9	4	1	8	4	12	10
35	3	1	5	11	2	12	2	4	12	10	1	4	1	4	4	10	4	5	11	8	3	6	10	10	10	11	12	11	3	3
36	10	4	1	11	8	10	11	10	6	3	4	9	6	5	6	2	12	5	3	1	2	8	11	2	4	1	10	3	1	1
37	6	8	11	12	5	8	12	6	7	3	9	5	8	11	11	5	4	1	12	7	9	10	1	4	2	5	12	4	7	5
38	3	11	5	12	5	9	4	5	11	12	12	6	8	5	6	2	6	6	11	4	10	8	5	5	7	8	3	10	2	11
39	10	5	2	4	12	8	5	5	9	1	10	8	10	2	6	12	10	2	9	6	8	10	5	4	1	8	3	6	3	4
40	3	1	1	9	7	10	7	6	4	4	9	10	11	7	7	9	10	10	10	9	3	6	7	7	1	12	5	1	8	6
41	5	3	8	3	2	12	1	6	1	8	1	1	4	5	12	1	11	4	8	10	8	4	7	3	2	2	5	5	10	6
42	12	12	12	9	12	6	12	1	8	6	12	6	1	11	10	8	3	5	2	8	11	9	5	5	8	11	8	6	3	10
43	7	10	12	12	10	11	11	12	6	2	2	9	12	9	2	3	6	4	11	9	5	12	10	11	5	3	7	10	6	1
44	8	9	3	12	6	12	10	9	7	5	9	5	1	4	1	1	10	1	4	7	10	6	1	8	1	10	9	8	8	12
45	4	10	10	2	12	2	5	4	6	4	3	3	8	1	12	8	12	9	2	9	12	11	3	6	8	5	9	8	8	4
46	4	12	8	4	7	6	7	8	1	4	7	12	5	7	6	3	5	6	11	10	1	3	10	5	9	11	10	1	5	3
47	10	12	8	5	11	4	9	12	11	2	9	3	12	1	3	7	5	8	12	12	5	4	1	2	1	12	6	9	12	3
48	6	11	10	8	8	9	6	1	4	12	5	5	3	9	1	1	6	3	2	1	8	4	12	6	10	8	2	10	4	4
49	2	1	4	10	4	3	1	10	6	11	2	2	1	7	4	2	1	11	4	3	6	11	4	4	1	11	1	6	7	2
50	8	4	12	1	9	12	12	6	6	8	7	9	1	1	8	10	2	9	11	4	4	1	4	5	12	11	2	9	4	9
51	8	8	12	11	3	11	7	4	6	2	9	3	6	2	10	4	9	11	11	5	2	11	3	3	10	3	2	5	6	4
52	1	9	2	6	12	6	12	9	6	1	8	1	10	5	10	7	2	10	2	12	12	9	11	8	2	7	10	1	1	8
53	12	3	5	10	1	1	12	8	4	2	8	7	7	4	12	4	8	12	9	3	11	12	6	2	7	1	6	2	11	9
54	7	11	12	8	2	11	8	4	7	1	3	2	6	8	11	9	3	11	6	3	3	4	1	4	11	10	12	9	12	8
55	8	3	9	3	11	6	9	6	11	2	2	5	7	6	3	5	8	8	3	11	5	4	5	3	5	11	9	11	8	8
56	1	6	5	5	5	10	10	11	9	9	4	3	9	4	8	3	4	10	6	8	3	5	6	8	8	7	4	3	11	4
57	7	6	12	10	11	4	4	11	12	3	4	10	8	4	10	3	11	6	6	2	5	12	11	11	3	11	5	1	8	9
58	4	4	4	8	10	12	6	7	7	5	3	1	9	10	3	6	6	2	6	6	7	9	3	2	11	2	12	11	7	11
59	6	11	3	8	6	12	2	6	9	6	5	8	9	8	10	2	11	2	9	9	8	1	7	10	5	12	2	9	3	8

2D12

	0	1	2	3	4	5	6	7	8	9	10	11	12	13	14	15	16	17	18	19	20	21	22	23	24	25	26	27	28	29
0	17	24	8	13	12	11	12	7	16	9	3	2	21	15	16	8	8	9	12	8	15	16	23	13	19	11	6	16	22	20
1	18	12	23	17	10	3	23	13	10	20	12	19	16	13	8	12	23	19	5	9	9	11	21	22	23	16	16	8	17	14
2	13	13	6	14	14	15	17	17	5	11	15	5	9	8	8	14	13	18	9	17	12	12	21	10	19	10	12	18	14	11
3	15	18	13	10	15	10	14	10	14	12	14	19	8	15	11	13	13	8	14	6	11	10	23	24	3	13	15	5	15	17
4	3	7	10	16	16	24	21	23	12	22	5	13	17	11	13	14	15	14	12	18	23	19	10	14	12	10	23	7	8	16
5	7	8	21	3	11	18	8	12	17	8	13	18	17	9	19	14	15	9	10	11	20	22	22	15	4	16	8	16	17	8
6	9	2	16	8	17	15	13	13	14	15	8	12	14	4	18	3	21	19	14	16	17	4	18	9	12	21	11	2	17	13
7	20	4	17	8	13	10	20	10	12	6	9	21	23	17	8	9	3	13	14	16	21	9	19	19	20	13	19	14	24	14
8	13	2	3	14	6	13	10	14	9	8	14	8	7	10	17	10	7	15	12	5	17	21	19	2	8	8	20	7	16	10
9	11	21	16	4	9	14	23	12	20	16	18	14	17	20	6	14	19	16	8	13	10	18	12	14	8	11	7	6	13	16
10	18	8	10	10	15	21	11	7	12	10	22	22	8	10	13	13	10	14	11	2	3	7	23	6	19	7	16	16	18	4
11	11	6	3	13	13	12	9	16	10	18	8	20	13	17	4	11	21	13	22	5	10	4	21	14	17	13	8	10	18	12
12	5	20	7	20	3	12	11	16	10	14	10	13	14	9	22	23	11	13	14	16	19	14	22	8	3	20	19	13	12	15
13	13	13	9	16	9	18	7	13	12	22	18	16	6	18	14	18	16	17	13	18	20	5	16	21	8	3	22	7	5	21
14	15	12	16	10	24	18	9	18	15	18	16	13	9	11	13	15	6	13	7	13	9	13	14	13	12	12	13	20	22	16
15	11	11	12	19	20	12	15	19	21	2	14	17	16	22	9	7	19	11	23	13	12	10	15	17	24	13	15	17	10	15
16	18	19	14	13	8	12	17	13	12	8	15	11	16	9	5	16	10	12	13	15	23	16	18	20	16	11	11	10	10	10
17	17	15	5	24	10	16	13	8	13	17	13	22	9	14	12	10	21	13	22	18	15	14	19	15	5	15	15	18	18	10
18	9	20	19	15	8	18	17	22	7	16	2	8	21	11	6	16	19	20	24	19	20	7	15	12	10	13	16	6	14	16
19	21	3	13	14	19	16	16	12	20	19	15	13	17	12	23	24	10	15	10	3	12	10	9	21	10	11	20	8	16	7
20	14	17	10	16	22	16	9	20	16	13	10	8	15	18	15	18	13	18	9	4	17	9	13	9	14	15	16	8	10	12
21	8	21	6	13	18	12	19	4	19	17	18	9	21	18	10	7	12	14	7	19	13	14	7	11	3	8	9	6	19	6
22	14	9	11	13	11	14	15	3	13	16	13	4	16	20	18	6	17	18	20	11	19	13	18	9	19	12	3	14	23	13
23	18	10	11	13	16	2	7	19	12	18	18	10	13	17	18	15	19	19	8	17	5	10	8	9	6	14	17	17	10	15
24	12	14	19	12	20	4	13	11	10	19	18	18	9	17	12	9	10	22	15	10	8	12	11	10	10	9	14	4	15	14
S 25	14	17	6	18	8	16	15	15	12	11	17	17	16	10	18	12	23	13	4	11	8	12	10	10	4	14	16	12	13	14
E 26	13	12	16	16	12	9	8	16	7	20	10	14	16	11	16	18	13	4	21	18	19	13	7	11	11	15	13	11	15	13
C 27	22	13	9	5	19	6	7	16	18	13	14	11	22	12	17	16	17	13	7	6	17	13	12	5	16	12	23	3	19	19
O 28	13	12	17	15	16	12	21	12	17	8	7	18	13	4	9	7	5	12	9	17	7	20	11	9	17	13	20	4	17	7
N 29	7	9	15	18	11	12	13	12	20	14	5	19	14	12	9	23	22	6	15	16	13	15	8	14	20	15	4	15	18	11
D 30	24	8	13	12	11	12	7	16	9	3	2	21	15	16	8	8	9	12	8	15	16	23	13	19	11	6	16	22	20	18
S 31	12	23	17	10	3	23	13	10	20	12	19	16	13	8	12	23	19	5	9	9	11	21	22	23	16	16	8	17	14	8
32	13	6	14	14	15	17	17	5	11	15	5	9	8	8	14	13	18	9	17	12	12	21	10	19	10	12	18	14	11	12
33	18	13	10	15	10	14	10	14	12	14	19	8	15	11	13	13	8	14	6	11	10	23	24	3	13	15	5	15	17	2
34	7	10	16	16	24	21	23	12	22	5	13	17	11	13	14	15	14	12	18	23	19	10	14	12	10	23	7	8	16	8
35	8	21	3	11	18	8	12	17	8	13	18	17	9	19	14	15	9	10	11	20	22	22	15	4	16	8	16	17	8	11
36	2	16	8	17	15	13	13	14	15	8	12	14	4	18	3	21	19	14	16	17	4	18	9	12	21	11	2	17	13	5
37	4	17	8	13	10	20	10	12	6	9	21	23	17	8	9	3	13	14	16	21	9	19	19	20	13	19	14	24	14	8
38	2	3	14	6	13	10	14	9	8	14	8	7	10	17	10	7	15	12	5	17	21	19	2	8	8	20	7	16	10	4
39	21	16	4	9	14	23	12	20	16	18	14	17	20	6	14	19	16	8	13	10	18	12	14	8	11	7	6	13	16	24
40	8	10	10	15	21	11	7	12	10	22	22	8	10	13	13	10	14	11	2	3	7	23	6	19	7	16	16	18	4	14
41	6	3	13	13	12	9	16	10	18	8	20	13	17	4	11	21	13	22	5	10	4	21	14	17	13	8	10	18	12	13
42	20	7	20	3	12	11	16	10	14	10	13	14	9	22	23	11	13	14	16	19	14	22	8	3	20	19	13	12	15	10
43	13	9	16	9	18	7	13	12	22	18	16	6	18	14	18	16	17	13	18	20	5	16	21	8	3	22	7	5	21	14
44	12	16	10	24	18	9	18	15	18	16	13	9	11	13	15	6	13	7	13	9	13	14	13	12	12	13	20	22	16	15
45	11	12	19	20	12	15	19	21	2	14	17	16	22	9	7	19	11	23	13	12	10	15	17	24	13	15	17	10	15	16
46	19	14	13	8	12	17	13	12	8	15	11	16	9	5	16	10	12	13	15	23	16	18	20	16	11	11	10	10	10	15
47	15	5	24	10	16	13	8	13	17	13	22	9	14	12	10	21	13	22	18	15	14	19	15	5	15	15	18	18	10	10
48	20	19	15	8	18	17	22	7	16	2	8	21	11	6	16	19	20	24	19	20	7	15	12	10	13	16	6	14	16	8
49	3	13	14	19	16	16	12	20	19	15	13	17	12	23	24	10	15	10	3	12	10	9	21	10	11	20	8	16	7	15
50	17	10	16	22	16	9	20	16	13	10	8	15	18	15	18	13	18	9	4	17	9	13	9	14	15	16	8	10	12	12
51	21	6	13	18	12	19	4	19	17	18	9	21	18	10	7	12	14	7	19	13	14	7	11	3	8	9	6	19	6	13
52	9	11	13	11	14	15	3	13	16	13	4	16	20	18	6	17	18	20	11	19	13	18	9	19	12	3	14	23	13	8
53	10	11	13	16	2	7	19	12	18	18	10	13	17	18	15	19	19	8	17	5	10	8	9	6	14	17	17	10	15	10
54	14	19	12	20	4	13	11	10	19	18	18	9	17	12	9	10	22	15	10	8	12	11	10	10	9	14	4	15	14	19
55	17	6	18	8	16	15	15	12	11	17	17	16	10	18	12	23	13	4	11	8	12	10	10	4	14	16	12	13	14	13
56	12	16	16	12	9	8	16	7	20	10	14	16	11	16	18	13	4	21	18	19	13	7	11	11	15	13	11	15	13	10
57	13	9	5	19	6	7	16	18	13	14	11	22	12	17	16	17	13	7	6	17	13	12	5	16	12	23	3	19	19	16
58	12	17	15	16	12	21	12	17	8	7	18	13	4	9	7	5	12	9	17	7	20	11	9	17	13	20	4	17	7	22
59	9	15	18	11	12	13	12	20	14	5	19	14	12	9	23	22	6	15	16	13	15	8	14	20	15	4	15	18	11	11

	30	31	32	33	34	35	36	37	38	39	40	41	42	43	44	45	46	47	48	49	50	51	52	53	54	55	56	57	58	59
0	18	6	12	21	21	15	7	14	18	16	11	18	12	17	3	22	12	16	6	8	19	21	8	10	17	16	11	17	9	9
1	8	7	17	11	12	3	18	19	16	23	12	9	5	12	22	12	6	21	14	9	16	12	10	19	21	14	17	15	18	19
2	12	8	13	11	15	12	16	20	14	7	6	12	4	13	4	13	10	19	12	8	22	9	16	17	9	9	21	17	10	14
3	2	11	10	9	20	20	12	4	19	15	18	5	11	9	6	18	11	4	19	8	12	20	18	10	10	14	18	12	20	11
4	8	9	12	11	18	18	9	9	12	2	11	24	5	11	12	12	14	16	13	12	5	10	9	13	13	14	17	17	20	7
5	11	14	14	14	16	12	15	16	13	12	22	10	15	14	7	16	11	4	16	16	4	10	7	16	13	20	10	13	8	13
6	5	19	15	19	15	11	18	10	11	12	9	8	17	15	10	7	13	6	3	24	16	9	19	20	9	9	16	8	16	21
7	8	13	6	10	10	17	14	4	9	14	5	11	11	14	7	9	7	18	17	12	6	7	12	10	16	13	12	9	17	15
8	4	11	13	22	13	4	9	11	11	11	21	18	18	18	15	24	13	16	7	6	13	18	14	12	7	7	10	13	18	12
9	24	15	15	9	10	9	22	21	12	5	15	11	7	15	7	12	5	11	20	16	15	18	14	17	10	21	12	23	16	11
10	14	16	15	8	19	15	11	14	5	11	9	14	20	21	9	15	12	7	13	10	15	19	11	23	20	8	14	10	14	19
11	13	14	15	12	14	15	16	16	10	15	8	7	13	5	11	3	10	17	12	18	13	19	13	16	13	6	16	6	20	11
12	10	9	4	12	10	15	22	19	4	15	9	13	19	17	12	11	14	17	18	10	14	16	9	14	16	19	3	8	19	10
13	14	14	18	20	16	11	12	10	6	17	17	16	14	14	18	11	19	13	14	6	16	14	21	21	20	13	10	6	18	13
14	15	18	18	16	13	8	9	21	20	18	11	14	15	16	18	12	13	13	11	7	15	20	14	13	12	10	15	10	6	9
15	16	4	12	13	21	20	8	15	5	12	14	16	14	20	6	3	14	15	7	23	13	21	7	16	12	5	19	7	14	8
16	15	7	13	17	8	13	15	16	13	9	13	4	9	10	22	16	8	13	11	13	8	11	12	15	9	8	10	3	17	11
17	10	20	12	8	23	15	15	21	8	17	17	9	17	6	13	11	22	23	8	6	8	12	9	17	18	11	16	3	16	13
18	8	8	17	11	4	13	11	6	16	10	5	11	17	17	4	16	11	23	11	15	17	9	4	14	12	16	4	10	15	20
19	15	21	6	13	8	10	10	7	15	14	15	20	4	10	3	20	17	14	18	15	15	12	21	16	21	5	12	4	13	10
20	12	8	14	8	7	7	15	15	13	10	8	15	22	17	19	21	15	13	6	17	15	14	3	20	15	21	13	15	10	12
21	13	18	12	13	20	17	5	16	13	12	16	10	14	6	11	4	6	21	22	20	7	9	9	9	18	12	10	12	10	21
22	8	13	21	21	22	12	18	12	13	6	10	16	3	11	6	15	10	14	13	3	14	9	10	15	21	9	18	19	21	9
23	10	18	12	4	11	14	6	9	17	10	12	22	16	15	13	10	13	14	18	16	10	17	12	7	13	23	11	18	22	13
24	19	13	15	15	23	4	14	13	6	8	13	12	11	5	20	13	18	13	13	3	11	17	9	14	4	5	7	10	11	9
S 25	13	11	19	13	12	12	16	3	15	9	12	3	9	11	14	3	17	15	14	17	14	12	17	15	16	21	6	13	21	10
E 26	10	8	5	6	8	19	12	15	9	9	11	11	19	7	19	4	10	8	15	5	18	10	19	19	5	19	16	13	16	18
C 27	16	9	21	15	4	4	9	6	19	5	16	17	18	12	13	8	9	13	11	19	11	22	7	8	16	14	14	16	5	14
O 28	22	15	14	18	15	21	14	15	10	15	18	19	8	17	12	22	16	19	15	14	14	8	11	14	21	4	10	9	11	12
N 29	11	14	23	18	18	9	10	12	15	12	9	17	21	16	12	10	13	23	8	21	6	13	14	16	19	9	13	7	7	11
D 30	6	12	21	21	15	7	14	18	16	11	18	12	17	3	22	12	16	6	8	19	21	8	10	17	16	11	17	9	9	19
S 31	7	17	11	12	3	18	19	16	23	12	9	5	12	22	12	6	21	14	9	16	12	10	19	21	14	17	15	18	19	13
32	8	13	11	15	12	16	20	14	7	6	12	4	13	4	13	10	19	12	8	22	9	16	17	9	9	21	17	10	14	6
33	11	10	9	20	20	12	4	19	15	18	5	11	9	6	18	11	4	19	8	12	20	18	10	10	14	18	12	20	11	11
34	9	12	11	18	18	9	9	12	2	11	24	5	11	12	12	14	16	13	12	5	10	9	13	13	14	17	17	20	7	22
35	14	14	14	16	12	15	16	13	12	22	10	15	14	7	16	11	4	16	16	4	10	7	16	13	20	10	13	8	13	6
36	19	15	19	15	11	18	10	11	12	9	8	17	15	10	7	13	6	3	24	16	9	19	20	9	9	16	8	16	21	11
37	13	6	10	10	17	14	4	9	14	5	11	11	14	7	9	7	18	17	12	6	7	12	10	16	13	12	9	17	15	10
38	11	13	22	13	4	9	11	11	11	21	18	18	18	15	24	13	16	7	6	13	18	14	12	7	7	10	13	18	12	6
39	15	15	9	10	9	22	21	12	5	15	11	7	15	7	12	5	11	20	16	15	18	14	17	10	21	12	23	16	11	8
40	16	15	8	19	15	11	14	5	11	9	14	20	21	9	15	12	7	13	10	15	19	11	23	20	8	14	10	14	19	20
41	14	15	12	14	15	16	16	10	15	8	7	13	5	11	3	10	17	12	18	13	19	13	16	13	6	16	6	20	11	7
42	9	4	12	10	15	22	19	4	15	9	13	19	17	12	11	14	17	18	10	14	16	9	14	16	19	3	8	19	10	14
43	14	18	20	16	11	12	10	6	17	17	16	14	14	18	11	19	13	14	6	16	14	21	21	20	13	10	6	18	13	13
44	18	18	16	13	8	9	21	20	18	11	14	15	16	18	12	13	13	11	7	15	20	14	13	12	10	15	10	6	9	17
45	4	12	13	21	20	8	15	5	12	14	16	14	20	6	3	14	15	7	23	13	21	7	16	12	5	19	7	14	8	8
46	7	13	17	8	13	15	16	13	9	13	4	9	10	22	16	8	13	11	13	8	11	12	15	9	8	10	3	17	11	9
47	20	12	8	23	15	15	21	8	17	17	9	17	6	13	11	22	23	8	6	8	12	9	17	18	11	16	3	16	13	21
48	8	17	11	4	13	11	6	16	10	5	11	17	17	4	16	11	23	11	15	17	9	4	14	12	16	4	10	15	20	6
49	21	6	13	8	10	10	7	15	14	15	20	4	10	3	20	17	14	18	15	15	12	21	16	21	5	12	4	13	10	8
50	8	14	8	7	7	15	15	13	10	8	15	22	17	19	21	15	13	6	17	15	14	3	20	15	21	13	15	10	12	8
51	18	12	13	20	17	5	16	13	12	16	10	14	6	11	4	6	21	22	20	7	9	9	9	18	12	10	12	10	21	9
52	13	21	21	22	12	18	12	13	6	10	16	3	11	6	15	10	14	13	3	14	9	10	15	21	9	18	19	21	9	15
53	18	12	4	11	14	6	9	17	10	12	22	16	15	13	10	13	14	18	16	10	17	12	7	13	23	11	18	22	13	12
54	13	15	15	23	4	14	13	6	8	13	12	11	5	20	13	18	13	13	3	11	17	9	14	4	5	7	10	11	9	4
55	11	19	13	12	12	16	3	15	9	12	3	9	11	14	3	17	15	14	17	14	12	17	15	16	21	6	13	21	10	18
56	8	5	6	8	19	12	15	9	9	11	11	19	7	19	4	10	8	15	5	18	10	19	19	5	19	16	13	16	18	4
57	9	21	15	4	4	9	6	19	5	16	17	18	12	13	8	9	13	11	19	11	22	7	8	16	14	14	16	5	14	21
58	15	14	18	15	21	14	15	10	15	18	19	8	17	12	22	16	19	15	14	14	8	11	14	21	4	10	9	11	12	16
59	14	23	18	18	9	10	12	15	12	9	17	21	16	12	10	13	23	8	21	6	13	14	16	19	9	13	7	7	11	4

3D12

	0	1	2	3	4	5	6	7	8	9	10	11	12	13	14	15	16	17	18	19	20	21	22	23	24	25	26	27	28	29
0	20	21	18	16	29	22	24	10	19	25	20	16	28	23	3	18	7	27	10	25	14	8	24	26	16	26	16	26	24	20
1	21	29	19	26	17	18	13	9	15	13	29	23	20	22	11	18	25	15	16	17	16	21	19	14	25	26	29	14	18	18
2	17	11	21	18	23	24	25	21	33	15	9	23	20	13	22	15	30	10	11	13	11	21	20	20	15	12	6	33	30	17
3	28	26	21	26	21	20	26	25	14	11	17	17	17	16	17	33	22	18	27	18	25	22	17	20	22	33	21	9	22	15
4	25	17	19	20	24	33	19	17	19	26	6	26	21	28	20	18	26	18	14	22	30	29	10	30	19	6	13	22	8	28
5	16	15	10	17	17	20	21	24	20	11	16	10	15	14	6	30	19	20	9	18	15	26	20	24	15	28	21	28	23	14
6	14	22	24	23	20	21	20	12	22	18	9	19	27	22	27	23	24	18	20	24	21	15	23	15	20	19	16	6	15	32
7	21	25	20	24	18	17	15	18	25	10	15	18	20	19	22	21	20	23	21	22	19	12	28	21	14	25	28	12	13	18
8	14	16	10	25	18	12	20	24	25	19	16	15	21	20	26	18	28	20	7	28	21	21	27	13	17	25	25	21	22	18
9	28	12	16	9	19	30	10	18	18	16	25	27	24	21	14	7	17	7	33	22	16	27	26	20	21	15	17	18	12	28
10	8	13	22	23	26	20	24	11	29	14	20	18	28	28	21	15	20	11	22	19	16	28	19	8	16	28	21	10	28	25
11	17	17	15	18	27	19	28	10	10	21	9	17	24	11	17	9	19	19	16	27	20	12	25	14	8	25	28	16	25	30
12	12	21	25	8	7	13	23	16	23	17	21	25	21	27	27	26	18	12	23	20	9	28	11	19	18	17	13	14	31	23
13	23	22	18	18	17	11	33	14	29	22	20	21	20	16	25	17	28	19	30	21	27	21	18	26	23	19	11	11	15	21
14	27	27	19	28	23	18	29	18	10	23	36	25	24	26	10	22	24	17	16	22	29	16	7	34	20	20	19	13	14	29
15	29	17	30	18	25	22	25	28	28	23	11	17	21	16	21	18	29	22	24	8	18	14	15	30	23	31	21	22	14	19
16	27	16	13	17	7	21	31	26	12	24	20	21	14	15	14	24	28	21	23	33	19	17	14	15	16	22	12	17	19	6
17	19	13	16	24	18	15	19	14	25	13	18	15	28	12	19	16	18	29	25	19	31	12	21	22	21	16	31	25	7	26
18	9	16	26	14	15	10	20	21	35	5	31	7	26	19	10	16	20	18	19	21	22	25	19	21	19	17	15	21	16	22
19	25	20	20	18	20	22	9	31	20	12	18	26	23	24	25	22	26	22	21	14	26	11	21	32	25	12	14	19	17	24
20	12	27	16	20	8	20	17	18	9	35	14	25	14	28	28	15	9	12	18	16	18	18	20	26	23	19	17	12	21	10
21	23	21	20	18	15	16	24	20	23	19	16	12	18	23	14	26	28	5	23	18	24	27	25	21	18	14	24	21	26	17
22	33	22	15	15	13	11	17	26	6	17	25	4	31	13	19	17	22	17	20	22	22	28	19	14	16	15	12	17	23	13
23	6	20	16	19	15	15	21	5	18	20	10	17	9	10	31	25	17	10	9	16	16	20	10	25	17	24	27	16	20	13
24	22	28	22	19	20	24	12	18	23	26	28	24	16	18	15	14	18	22	27	23	11	28	25	9	16	20	25	11	13	26
25	10	12	10	30	17	24	25	14	12	23	15	15	22	16	21	19	18	15	24	22	10	25	23	12	18	10	25	20	25	17
26	29	21	28	16	20	8	14	11	23	20	8	17	9	22	14	26	24	20	21	16	23	17	8	16	25	14	18	5	13	20
27	22	17	25	16	23	10	25	9	21	25	19	10	16	6	24	17	22	20	21	13	21	30	22	21	10	23	24	18	24	25
28	13	23	20	10	27	23	27	19	22	21	13	11	34	18	29	22	23	18	19	21	15	13	29	7	20	21	7	14	25	21
29	20	29	15	28	19	15	19	15	27	17	21	22	21	4	26	21	33	23	13	24	21	22	11	25	15	14	20	19	14	26
30	21	18	16	29	22	24	10	19	25	20	16	28	23	3	18	7	27	10	25	14	8	24	26	16	26	16	26	24	20	29
31	29	19	26	17	18	13	9	15	13	29	23	20	22	11	18	25	15	16	17	16	21	19	14	25	26	29	14	18	18	21
32	11	21	18	23	24	25	21	33	15	9	23	20	13	22	15	30	10	11	13	11	21	20	20	15	12	6	33	30	17	9
33	26	21	26	21	20	26	25	14	11	17	17	17	16	17	33	22	18	27	18	25	22	17	20	22	33	21	9	22	15	24
34	17	19	20	24	33	19	17	19	26	6	26	21	28	20	18	26	18	14	22	30	29	10	30	19	6	13	22	8	28	14
35	15	10	17	17	20	21	24	20	11	16	10	15	14	6	30	19	20	9	18	15	26	20	24	15	28	21	28	23	14	30
36	22	24	23	20	21	20	12	22	18	9	19	27	22	27	23	24	18	20	24	21	15	23	15	20	19	16	6	15	32	29
37	25	20	24	18	17	15	18	25	10	15	18	20	19	22	21	20	23	21	22	19	12	28	21	14	25	28	12	13	18	20
38	16	10	25	18	12	20	24	25	19	16	15	21	20	26	18	28	20	7	28	21	21	27	13	17	25	25	21	22	18	19
39	12	16	9	19	30	10	18	18	16	25	27	24	21	14	7	17	7	33	22	16	27	26	20	21	15	17	18	12	28	12
40	13	22	23	26	20	24	11	29	14	20	18	28	28	21	15	20	11	22	19	16	28	19	8	16	28	21	10	28	25	23
41	17	15	18	27	19	28	10	10	21	9	17	24	11	17	9	19	19	16	27	20	12	25	14	8	25	28	16	25	30	13
42	21	25	8	7	13	23	16	23	17	21	25	21	27	27	26	18	12	23	20	9	28	11	19	18	17	13	14	31	23	12
43	22	18	18	17	11	33	14	29	22	20	21	20	16	25	17	28	19	30	21	27	21	18	26	23	19	11	11	15	21	18
44	27	19	28	23	18	29	18	10	23	36	25	24	26	10	22	24	17	16	22	29	16	7	34	20	20	19	13	14	29	6
45	17	30	18	25	22	25	28	28	23	11	17	21	16	21	18	29	22	24	8	18	14	15	30	23	31	21	22	14	19	24
46	16	13	17	7	21	31	26	12	24	20	21	14	15	14	24	28	21	23	33	19	17	14	15	16	22	12	17	19	6	18
47	13	16	24	18	15	19	14	25	13	18	15	28	12	19	16	18	29	25	19	31	12	21	22	21	16	31	25	7	26	6
48	16	26	14	15	10	20	21	35	5	31	7	26	19	10	16	20	18	19	21	22	25	19	21	19	17	15	21	16	22	9
49	20	20	18	20	22	9	31	20	12	18	26	23	24	25	22	26	22	21	14	26	11	21	32	25	12	14	19	17	24	21
50	27	16	20	8	20	17	18	9	35	14	25	14	28	28	15	9	12	18	16	18	18	20	26	23	19	17	12	21	10	10
51	21	20	18	15	16	24	20	23	19	16	12	18	23	14	26	28	5	23	18	24	27	25	21	18	14	24	21	26	17	22
52	22	15	15	13	11	17	26	6	17	25	4	31	13	19	17	22	17	20	22	22	28	19	14	16	15	12	17	23	13	15
53	20	16	19	15	15	21	5	18	20	10	17	9	10	31	25	17	10	9	16	16	20	10	25	17	24	27	16	20	13	14
54	28	22	19	20	24	12	18	23	26	28	24	16	18	15	14	18	22	27	23	11	28	25	9	16	20	25	11	13	26	26
55	12	10	30	17	24	25	14	12	23	15	15	22	16	21	19	18	15	24	22	10	25	23	12	18	10	25	20	25	17	27
56	21	28	16	20	8	14	11	23	20	8	17	9	22	14	26	24	20	21	16	23	17	8	16	25	14	18	5	13	20	11
57	17	25	16	23	10	25	9	21	25	19	10	16	6	24	17	22	20	21	13	21	30	22	21	10	23	24	18	24	25	24
58	23	20	10	27	23	27	19	22	21	13	11	34	18	29	22	23	18	19	21	15	13	29	7	20	21	7	14	25	21	17
59	29	15	28	19	15	19	15	27	17	21	22	21	4	26	21	33	23	13	24	21	22	11	25	15	14	20	19	14	26	12

Row label (vertical, left margin, rows 25–31): S E C O N D S

Minutes

	30	31	32	33	34	35	36	37	38	39	40	41	42	43	44	45	46	47	48	49	50	51	52	53	54	55	56	57	58	59
0	29	17	27	19	18	26	26	23	27	21	16	17	8	27	26	27	22	29	20	28	16	18	18	26	25	27	27	18	21	22
1	21	18	20	24	18	14	11	29	21	28	13	20	27	5	19	14	31	19	23	18	21	15	23	9	20	17	27	19	16	17
2	9	18	18	20	10	28	23	24	15	18	21	16	4	9	23	27	14	20	9	15	13	24	24	27	25	20	11	22	18	17
3	24	20	15	19	27	21	7	13	11	26	22	19	14	16	16	20	26	18	21	19	24	20	16	23	15	13	22	20	21	17
4	14	20	18	23	13	17	27	20	23	18	10	21	15	20	24	18	23	8	11	19	23	25	23	15	13	24	32	21	21	23
5	30	28	23	19	28	20	15	13	21	12	13	20	19	16	32	13	22	15	32	9	30	21	32	22	9	27	24	26	16	29
6	29	21	17	21	23	26	13	14	17	14	11	25	17	25	24	13	10	18	30	17	21	26	19	7	16	27	16	26	22	28
7	20	20	13	13	19	11	20	24	36	15	16	30	19	9	18	18	26	22	27	19	31	28	21	16	21	26	19	27	19	10
8	19	15	13	25	24	19	8	24	13	8	21	18	23	21	17	23	11	20	30	25	31	24	25	16	31	15	14	10	24	16
9	12	16	27	14	14	17	17	11	13	20	24	7	20	28	11	15	15	18	11	20	18	33	21	22	30	10	14	30	27	21
10	23	17	5	26	25	30	17	11	23	22	13	26	19	23	22	18	14	15	16	23	21	28	13	19	21	19	11	17	14	23
11	13	8	22	24	15	33	12	12	24	21	23	10	19	16	12	16	23	18	21	22	13	22	18	17	19	18	17	23	31	24
12	12	19	19	25	15	26	28	24	25	19	27	17	15	16	14	30	16	23	18	18	17	7	17	18	24	18	27	21	21	19
13	18	22	32	24	19	16	20	13	21	18	17	27	26	10	21	22	20	21	17	13	18	24	21	24	17	16	22	22	19	35
14	6	18	11	15	15	17	16	25	19	6	22	13	21	16	9	8	13	15	16	20	25	30	22	18	15	28	26	18	36	16
15	24	16	30	28	19	12	21	7	27	16	15	22	17	23	21	15	25	18	24	24	12	26	20	18	20	17	34	12	16	21
16	18	16	26	31	9	9	19	28	14	18	23	6	18	17	14	23	15	22	17	23	18	20	23	18	15	25	30	22	17	18
17	6	17	24	17	16	21	28	22	27	10	13	25	11	20	29	17	21	25	31	20	27	16	14	10	12	19	19	19	17	16
18	9	18	22	25	21	19	23	28	22	24	23	23	19	17	23	22	8	7	9	14	16	14	25	17	20	25	19	16	27	26
19	21	23	19	28	30	22	14	24	20	17	11	12	17	18	4	19	23	19	13	21	20	27	30	13	21	11	26	18	19	19
20	10	26	12	19	13	21	9	21	17	18	21	8	22	22	10	14	23	26	17	16	12	25	13	16	25	10	16	23	23	24
21	22	25	21	17	21	16	12	19	27	20	25	14	15	6	26	31	16	27	30	16	22	28	13	25	16	22	20	23	19	9
22	15	22	18	19	11	25	13	22	17	28	23	16	15	24	19	29	17	24	13	27	19	23	31	21	20	18	27	18	10	24
23	14	13	12	29	18	22	19	19	22	5	23	17	13	13	19	15	19	21	13	33	29	25	16	9	8	9	7	13	18	12
24	26	15	16	18	28	21	13	20	17	16	22	22	21	21	24	13	19	18	19	15	16	29	23	26	27	14	16	10	19	12
S 25	27	18	20	25	17	17	13	17	18	12	21	27	24	8	16	24	9	8	22	32	16	23	15	13	19	13	15	22	10	22
E 26	11	21	28	27	24	17	7	30	19	25	22	17	17	21	6	15	26	17	23	19	7	25	20	30	21	13	21	18	13	22
C 27	24	25	25	10	18	23	22	14	18	27	11	28	17	14	13	20	20	24	19	24	31	23	20	10	26	31	17	20	23	19
O 28	17	27	11	25	15	19	22	23	10	5	16	22	21	25	19	19	13	20	7	18	32	19	18	15	18	19	21	13	25	18
N 29	12	21	17	18	21	16	25	21	12	22	16	20	24	25	22	14	24	20	9	7	28	33	24	26	11	22	16	14	22	14
D 30	17	27	19	18	26	26	23	27	21	16	17	8	27	26	27	22	29	20	28	16	18	18	26	25	27	27	18	21	22	19
S 31	18	20	24	18	14	11	29	21	28	13	20	27	5	19	14	31	19	23	18	21	15	23	9	20	17	27	19	16	17	26
32	18	18	20	10	28	23	24	15	18	21	16	4	9	23	27	14	20	9	15	13	24	24	27	25	20	11	22	18	17	23
33	20	15	19	27	21	7	13	11	26	22	19	14	16	16	20	26	18	21	19	24	20	16	23	15	13	22	20	21	17	23
34	20	18	23	13	17	27	20	23	18	10	21	15	20	24	18	23	8	11	19	23	25	23	15	13	24	32	21	21	23	24
35	28	23	19	28	20	15	13	21	12	13	20	19	16	32	13	22	15	32	9	30	21	32	22	9	27	24	26	16	29	25
36	21	17	21	23	26	13	14	17	14	11	25	17	25	24	13	10	18	30	17	21	26	19	7	16	27	16	26	22	28	22
37	20	13	13	19	11	20	24	36	15	16	30	19	9	18	18	26	22	27	19	31	28	21	16	21	26	19	27	19	10	22
38	15	13	25	24	19	8	24	13	8	21	18	23	21	17	23	11	20	30	25	31	24	25	16	31	15	14	10	24	16	26
39	16	27	14	14	17	17	11	13	20	24	7	20	28	11	15	15	18	11	20	18	33	21	22	30	10	14	30	27	21	23
40	17	5	26	25	30	17	11	23	22	13	26	19	23	22	18	14	15	16	23	21	28	13	19	21	19	11	17	14	23	29
41	8	22	24	15	33	12	12	24	21	23	10	19	16	12	16	23	18	21	22	13	22	18	17	19	18	17	23	31	24	28
42	19	19	25	15	26	28	24	25	19	27	17	15	16	14	30	16	23	18	18	17	7	17	18	24	18	27	21	21	19	8
43	22	32	24	19	16	20	13	21	18	17	27	26	10	21	22	20	21	17	13	18	24	21	24	17	16	22	22	19	35	19
44	18	11	15	15	17	16	25	19	6	22	13	21	16	9	8	13	15	16	20	25	30	22	18	15	28	26	18	36	16	24
45	16	30	28	19	12	21	7	27	16	15	22	17	23	21	15	25	18	24	24	12	26	20	18	20	17	34	12	16	21	24
46	16	26	31	9	9	19	28	14	18	23	6	18	17	14	23	15	22	17	23	18	20	23	18	15	25	30	22	17	18	22
47	17	24	17	16	21	28	22	27	10	13	25	11	20	29	17	21	25	31	20	27	16	14	10	12	19	19	19	17	16	21
48	18	22	25	21	19	23	28	22	24	23	23	19	17	23	22	8	7	9	14	16	14	25	17	20	25	19	16	27	26	16
49	23	19	28	30	22	14	24	20	17	11	12	17	18	4	19	23	19	13	21	20	27	30	13	21	11	26	18	19	19	16
50	26	12	19	13	21	9	21	17	18	21	8	22	22	10	14	23	26	17	16	12	25	13	16	25	10	16	23	23	24	31
51	25	21	17	21	16	12	19	27	20	25	14	15	6	26	31	16	27	30	16	22	28	13	25	16	22	20	23	19	9	28
52	22	18	19	11	25	13	22	17	28	23	16	15	24	19	29	17	24	13	27	19	23	31	21	20	18	27	18	10	24	25
53	13	12	29	18	22	19	19	22	5	23	17	13	13	19	15	19	21	13	33	29	25	16	9	8	9	7	13	18	12	21
54	15	16	18	28	21	13	20	17	16	22	22	21	21	24	13	19	18	19	15	16	29	23	26	27	14	16	10	19	12	33
55	18	20	25	17	17	13	17	18	12	21	27	24	8	16	24	9	8	22	32	16	23	15	13	19	13	15	22	10	22	31
56	21	28	27	24	17	7	30	19	25	22	17	17	21	6	15	26	17	23	19	7	25	20	30	21	13	21	18	13	22	30
57	25	25	10	18	23	22	14	18	27	11	28	17	14	13	20	20	24	19	24	31	23	20	10	26	31	17	20	23	19	13
58	27	11	25	15	19	22	23	10	5	16	22	21	25	19	19	13	20	7	18	32	19	18	15	18	19	21	13	25	18	31
59	21	17	18	21	16	25	21	12	22	16	20	24	25	22	14	24	20	9	7	28	33	24	26	11	22	16	14	22	14	21

4D12

	0	1	2	3	4	5	6	7	8	9	10	11	12	13	14	15	16	17	18	19	20	21	22	23	24	25	26	27	28	29
0	28	39	28	22	33	25	32	34	21	26	28	17	45	31	25	19	23	31	27	26	32	19	26	24	16	21	22	30	32	21
1	37	13	21	30	27	26	32	35	22	32	39	26	37	22	33	20	28	31	18	29	17	36	27	31	23	23	23	28	35	23
2	27	30	36	26	40	21	11	14	25	23	24	26	29	28	32	36	24	15	25	23	27	35	24	24	18	26	33	27	26	36
3	24	21	37	22	25	40	24	29	33	24	29	21	22	31	33	22	33	30	22	18	20	21	24	24	16	25	27	25	18	17
4	25	30	36	26	23	12	16	34	24	38	18	36	27	32	27	36	15	26	18	21	15	28	26	13	32	33	40	21	23	26
5	30	24	21	20	29	34	32	31	17	37	16	32	36	32	30	20	12	34	26	17	25	26	14	29	35	15	28	22	23	31
6	31	37	23	32	27	27	17	22	19	27	15	16	34	34	20	31	28	35	28	34	26	30	22	32	28	21	16	25	30	27
7	39	21	36	30	34	26	28	24	27	32	21	18	34	20	15	26	19	30	23	32	22	20	32	30	29	32	15	25	18	42
8	29	28	22	36	28	33	26	25	19	23	33	22	23	26	22	25	16	37	24	28	28	30	17	26	23	40	23	32	30	18
9	26	41	25	35	20	22	22	22	27	26	35	26	31	22	23	25	35	36	37	22	39	36	31	29	35	27	22	38	24	35
10	32	24	23	15	34	16	29	13	40	26	27	39	23	23	20	33	24	17	27	31	23	28	14	26	21	25	24	16	24	32
11	28	18	34	23	16	28	31	27	23	28	11	31	19	33	10	27	31	35	31	35	37	24	23	26	39	28	32	30	22	34
12	30	40	34	12	22	38	27	15	20	19	36	35	19	34	18	32	23	22	27	21	25	20	18	24	15	15	40	30	29	28
13	16	22	18	23	33	34	25	20	16	29	35	19	20	16	12	31	31	12	15	14	18	22	23	25	34	27	21	31	17	23
14	20	24	33	25	22	30	30	21	23	22	27	24	21	15	28	30	19	40	20	19	24	32	15	27	20	20	23	26	19	22
15	29	22	13	27	31	24	22	29	24	29	24	22	34	24	26	9	26	33	29	13	32	32	21	28	28	11	17	28	23	25
16	28	39	17	35	27	15	18	32	30	29	18	30	20	20	23	25	28	20	16	30	17	22	34	31	20	25	27	31	23	26
17	23	27	25	20	21	19	21	26	26	22	25	32	24	21	35	34	21	24	39	33	19	19	19	31	26	16	16	20	25	32
18	18	38	34	39	27	27	27	33	32	32	16	27	18	34	21	16	26	34	31	19	33	20	23	24	17	16	35	25	24	40
19	20	30	16	32	11	31	27	31	11	22	31	15	13	21	23	23	28	27	18	23	22	25	25	30	31	16	31	21	37	26
20	23	38	29	12	30	24	23	40	15	17	31	35	23	22	33	17	24	24	38	22	13	20	19	28	33	22	22	34	26	26
21	18	14	30	15	10	21	33	12	22	20	40	20	18	24	31	24	19	28	33	24	33	23	23	19	26	32	30	31	14	29
22	24	31	21	31	39	25	30	20	30	22	26	29	18	34	26	36	31	30	38	27	18	34	31	14	21	28	38	41	23	39
23	31	21	26	30	44	15	36	22	31	30	20	19	18	22	18	28	20	25	27	33	17	28	38	32	23	30	16	41	30	30
24	23	22	15	35	19	25	18	11	18	32	24	8	26	32	31	23	29	35	21	44	23	24	16	18	26	26	35	19	37	26
25	17	29	39	22	30	31	37	29	24	27	19	38	19	26	25	19	26	24	29	35	21	19	35	26	20	29	29	32	25	24
26	27	22	25	18	35	30	28	21	24	24	32	18	22	32	31	27	37	18	24	33	31	20	30	22	15	35	25	26	13	32
27	18	37	16	17	26	11	23	28	35	17	35	32	19	18	21	22	11	25	19	19	38	19	16	22	13	39	20	29	22	16
28	30	34	24	32	20	15	31	18	24	15	20	23	35	24	36	31	20	21	32	17	16	18	14	20	10	40	40	22	12	25
29	29	25	23	24	30	15	24	24	25	17	28	25	18	12	30	33	24	27	20	25	24	31	34	31	27	22	21	23	29	23
30	39	28	22	33	25	32	34	21	26	28	17	45	31	25	19	23	31	27	26	32	19	26	24	16	21	22	30	32	21	33
31	13	21	30	27	26	32	35	22	32	39	26	37	22	33	20	28	31	18	29	17	36	27	31	23	23	23	28	35	23	21
32	30	36	26	40	21	11	14	25	23	24	26	29	28	32	36	24	15	25	23	27	35	24	24	18	26	33	27	26	36	33
33	21	37	22	25	40	24	29	33	24	29	21	22	31	33	22	33	30	22	18	20	21	24	24	16	25	27	25	18	17	29
34	30	36	26	23	12	16	34	24	38	18	36	27	32	27	36	15	26	18	21	15	28	26	13	32	33	40	21	23	26	25
35	24	21	20	29	34	32	31	17	37	16	32	36	32	30	20	12	34	26	17	25	26	14	29	35	15	28	22	23	31	29
36	37	23	32	27	27	17	22	19	27	15	16	34	34	20	31	28	35	28	34	26	30	22	32	28	21	16	25	30	27	35
37	21	36	30	34	26	28	24	27	32	21	18	34	20	15	26	19	30	23	32	22	20	32	30	29	32	15	25	18	42	23
38	28	22	36	28	33	26	25	19	23	33	22	23	26	22	25	16	37	24	28	28	30	17	26	23	40	23	32	30	18	26
39	41	25	35	20	22	22	22	27	26	35	26	31	22	23	25	35	36	37	22	39	36	31	29	35	27	22	38	24	35	33
40	24	23	15	34	16	29	13	40	26	27	39	23	23	20	33	24	17	27	31	23	28	14	26	21	25	24	16	24	32	24
41	18	34	23	16	28	31	27	23	28	11	31	19	33	10	27	31	35	31	35	37	24	23	26	39	28	32	30	22	34	27
42	40	34	12	22	38	27	15	20	19	36	35	19	34	18	32	23	22	27	21	25	20	18	24	15	15	40	30	29	28	17
43	22	18	23	33	34	25	20	16	29	35	19	20	16	12	31	31	12	15	14	18	22	23	25	34	27	21	31	17	23	19
44	24	33	25	22	30	30	21	23	22	27	24	21	15	28	30	19	40	20	19	24	32	15	27	20	20	23	26	19	22	25
45	22	13	27	31	24	22	29	24	29	24	22	34	24	26	9	26	33	29	13	32	32	21	28	28	11	17	28	23	25	17
46	39	17	35	27	15	18	32	30	29	18	30	20	20	23	25	28	20	16	30	17	22	34	31	20	25	27	31	23	26	27
47	27	25	20	21	19	21	26	26	22	25	32	24	21	35	34	21	24	39	33	19	19	19	31	26	16	16	20	25	32	29
48	38	34	39	27	27	27	33	32	32	16	27	18	34	21	16	26	34	31	19	33	20	23	24	17	16	35	25	24	40	27
49	30	16	32	11	31	27	31	11	22	31	15	13	21	23	23	28	27	18	23	22	25	25	30	31	16	31	21	37	26	32
50	38	29	12	30	24	23	40	15	17	31	35	23	22	33	17	24	24	38	22	13	20	19	28	33	22	22	34	26	26	26
51	14	30	15	10	21	33	12	22	20	40	20	18	24	31	24	19	28	33	24	33	23	23	19	26	32	30	31	14	29	21
52	31	21	31	39	25	30	20	30	22	26	29	18	34	26	36	31	30	38	27	18	34	31	14	21	28	38	41	23	39	29
53	21	26	30	44	15	36	22	31	30	20	19	18	22	18	28	20	25	27	33	17	28	38	32	23	30	16	41	30	30	30
54	22	15	35	19	25	18	11	18	32	24	8	26	32	31	23	29	35	21	44	23	24	16	18	26	26	35	19	37	26	25
55	29	39	22	30	31	37	29	24	27	19	38	19	26	25	19	26	24	29	35	21	19	35	26	20	29	29	32	25	24	25
56	22	25	18	35	30	28	21	24	24	32	18	22	32	31	27	37	18	24	33	31	20	30	22	15	35	25	26	13	32	31
57	37	16	17	26	11	23	28	35	17	35	32	19	18	21	22	11	25	19	19	38	19	16	22	13	39	20	29	22	16	24
58	34	24	32	20	15	31	18	24	15	20	23	35	24	36	31	20	21	32	17	16	18	14	20	10	40	40	22	12	25	17
59	25	23	24	30	15	24	24	25	17	28	25	18	12	30	33	24	27	20	25	24	31	34	31	27	22	21	23	29	23	32

S E C O N D S

Minutes

Sec	30	31	32	33	34	35	36	37	38	39	40	41	42	43	44	45	46	47	48	49	50	51	52	53	54	55	56	57	58	59
0	33	25	21	20	25	34	22	36	34	30	21	15	17	37	18	20	29	27	28	27	34	34	25	35	33	26	11	24	13	10
1	21	11	10	32	14	30	32	28	26	19	19	25	19	25	34	26	26	36	20	22	18	27	14	32	31	29	21	27	31	20
2	33	27	24	22	30	17	28	37	40	30	31	28	23	24	32	17	28	25	25	26	26	34	25	35	26	34	28	45	38	15
3	29	30	28	40	34	18	19	21	18	33	39	36	21	29	27	33	29	20	26	31	28	27	24	27	26	16	23	40	23	27
4	25	22	21	31	28	21	21	17	17	20	22	11	28	25	31	24	31	24	20	25	21	30	22	41	29	29	26	19	18	24
5	29	19	28	24	31	33	25	32	20	35	24	21	19	23	32	34	26	38	28	22	20	35	27	30	16	34	21	10	11	16
6	35	21	25	29	26	29	32	30	22	27	17	32	25	21	25	24	15	22	24	23	21	21	26	31	32	23	23	27	34	15
7	23	32	27	34	24	20	27	44	26	31	31	25	23	28	17	28	33	28	25	32	21	23	22	20	34	31	36	23	16	22
8	26	21	20	22	31	19	14	22	20	18	37	27	39	29	16	16	21	33	23	40	21	23	31	29	30	34	25	26	25	24
9	33	24	16	30	33	24	14	30	27	27	31	22	26	26	23	32	20	32	24	31	27	19	38	28	25	25	31	19	15	14
10	24	29	32	31	27	21	30	38	24	28	17	27	32	21	26	27	21	27	33	38	10	26	20	20	19	25	22	19	19	21
11	27	30	36	34	24	20	32	30	20	36	41	33	27	39	28	20	22	36	24	30	24	19	16	31	25	31	28	16	32	17
12	17	29	41	40	33	23	22	25	45	20	25	32	19	28	32	23	27	31	21	24	23	31	25	24	31	32	43	18	21	21
13	19	35	20	19	28	25	19	21	30	14	26	24	16	23	31	16	23	22	22	18	33	21	27	26	36	21	23	21	25	26
14	25	33	14	36	18	28	20	21	29	23	20	24	27	31	27	30	24	30	38	30	24	20	24	20	29	27	30	33	31	8
15	17	22	31	29	25	26	25	24	41	32	22	31	31	27	16	19	30	18	25	31	15	18	27	20	20	35	23	39	29	25
16	27	25	24	20	22	16	17	32	33	33	19	27	32	26	29	32	40	19	22	33	24	27	20	22	19	37	25	36	37	20
17	29	24	29	19	19	35	26	26	32	15	29	34	19	26	33	39	30	29	26	28	37	24	18	20	31	36	28	17	31	17
18	27	33	19	22	17	16	39	28	34	23	14	29	17	22	26	31	29	24	24	31	34	23	34	20	24	17	17	39	25	25
19	32	41	10	22	33	36	23	17	33	25	21	38	36	23	13	34	22	21	20	27	28	17	25	30	11	21	21	32	16	32
20	26	34	28	39	18	30	17	23	31	38	16	27	22	38	37	25	34	34	41	27	29	25	38	26	35	25	17	37	32	30
21	21	30	26	38	11	26	23	32	18	23	31	30	23	23	18	33	25	28	27	27	20	30	28	20	32	31	28	18	39	36
22	29	27	33	31	18	18	25	33	28	25	36	19	28	20	44	34	30	31	22	39	22	26	28	26	30	19	30	36	24	30
23	30	30	34	33	26	32	34	23	31	22	17	21	28	14	36	25	21	39	22	25	40	28	25	24	17	22	24	29	27	25
24	25	26	26	27	31	27	30	26	33	16	24	31	12	27	25	35	38	19	27	20	26	31	38	12	26	22	30	29	14	37
S 25	25	17	20	39	34	20	33	26	20	24	25	26	35	24	20	14	18	26	18	29	25	16	32	16	13	22	30	16	14	28
E 26	31	27	33	16	21	36	30	29	26	21	27	24	25	26	36	17	20	34	21	30	33	38	27	27	26	38	13	31	21	26
C 27	24	24	25	23	21	25	28	18	37	20	30	20	26	11	25	23	23	31	40	24	15	23	23	13	28	21	42	16	19	24
O 28	17	33	23	38	15	32	11	27	25	26	20	26	36	21	32	30	39	14	32	11	29	34	28	34	26	36	37	28	37	31
N 29	32	39	28	26	36	28	26	22	26	14	25	13	32	21	36	26	22	14	27	33	22	31	13	35	32	36	32	18	22	24
D 30	25	21	20	25	34	22	36	34	30	21	15	17	37	18	20	29	27	28	27	34	34	25	35	33	26	11	24	13	10	19
S 31	11	10	32	14	30	32	28	26	19	19	25	19	25	34	26	26	36	20	22	18	27	14	32	31	29	21	27	31	20	17
32	27	24	22	30	17	28	37	40	30	31	28	23	24	32	17	28	25	25	26	26	34	25	35	26	34	28	45	38	15	36
33	30	28	40	34	18	19	21	18	33	39	36	21	29	27	33	29	20	26	31	28	27	24	27	26	16	23	40	23	27	28
34	22	21	31	28	21	21	17	17	20	22	11	28	25	31	24	31	24	20	25	21	30	22	41	29	29	26	19	18	24	21
35	19	28	24	31	33	25	32	20	35	24	21	19	23	32	34	26	38	28	22	20	35	27	30	16	34	21	10	11	16	27
36	21	25	29	26	29	32	30	22	27	17	32	25	21	25	24	15	22	24	23	21	21	26	31	32	23	23	27	34	15	22
37	32	27	34	24	20	27	44	26	31	31	25	23	28	17	28	33	28	25	32	21	23	22	20	34	31	36	23	16	22	25
38	21	20	22	31	19	14	22	20	18	37	27	39	29	16	16	21	33	23	40	21	23	31	29	30	34	25	26	25	24	24
39	24	16	30	33	24	14	30	27	27	31	22	26	26	23	32	20	32	24	31	27	19	38	28	25	25	31	19	15	14	24
40	29	32	31	27	21	30	38	24	28	17	27	32	21	26	27	21	27	33	38	10	26	20	20	19	25	22	19	19	21	23
41	30	36	34	24	20	32	30	20	36	41	33	27	39	28	20	22	36	24	30	24	19	16	31	25	31	28	16	32	17	41
42	29	41	40	33	23	22	25	45	20	25	32	19	28	32	23	27	31	21	24	23	31	25	24	31	32	43	18	21	21	29
43	35	20	19	28	25	19	21	30	14	26	24	16	23	31	16	23	22	22	18	33	21	27	26	36	21	23	21	25	26	30
44	33	14	36	18	28	20	21	29	23	20	24	27	31	27	30	24	30	38	30	24	20	24	20	29	27	30	33	31	8	30
45	22	31	29	25	26	25	24	41	32	22	31	31	27	16	19	30	18	25	31	15	18	27	20	20	35	23	39	29	25	33
46	25	24	20	22	16	17	32	33	33	19	27	32	26	29	32	40	19	22	33	24	27	20	22	19	37	25	36	37	20	28
47	24	29	19	19	35	26	26	32	15	29	34	19	26	33	39	30	29	26	28	37	24	18	20	31	36	28	17	31	17	27
48	33	19	22	17	16	39	28	34	23	14	29	17	22	26	31	29	24	24	31	34	23	34	20	24	17	17	39	25	25	33
49	41	10	22	33	36	23	17	33	25	21	38	36	23	13	34	22	21	20	27	28	17	25	30	11	21	21	32	16	32	31
50	34	28	39	18	30	17	23	31	38	16	27	22	38	37	25	34	34	41	27	29	25	38	26	35	25	17	37	32	30	32
51	30	26	38	11	26	23	32	18	23	31	30	23	23	18	33	25	28	27	27	20	30	28	20	32	31	28	18	39	36	27
52	27	33	31	18	18	25	33	28	25	36	19	28	20	44	34	30	31	22	39	22	26	28	26	30	19	30	36	24	30	25
53	30	34	33	26	32	34	23	31	22	17	21	28	14	36	25	21	39	22	25	40	28	25	24	17	22	24	29	27	25	28
54	26	26	27	31	27	30	26	33	16	24	31	12	27	25	35	38	19	27	20	26	31	38	12	26	22	30	29	14	37	30
55	17	20	39	34	20	33	26	20	24	25	26	35	24	20	14	18	26	18	29	25	16	32	16	13	22	30	16	14	28	22
56	27	33	16	21	36	30	29	26	21	27	24	25	26	36	17	20	34	21	30	33	38	27	27	26	38	13	31	21	26	22
57	24	25	23	21	25	28	18	37	20	30	20	26	11	25	23	23	31	40	24	15	23	23	13	28	21	42	16	19	24	27
58	33	23	38	15	32	11	27	25	26	20	26	36	21	32	30	39	14	32	11	29	34	28	34	26	36	37	28	37	31	28
59	39	28	26	36	28	26	22	26	14	25	13	32	21	36	26	22	14	27	33	22	31	13	35	32	36	32	18	22	24	14

105

5D12

Minutes

	Seconds	0	1	2	3	4	5	6	7	8	9	10	11	12	13	14	15	16	17	18	19	20	21	22	23	24	25	26	27	28	29
	0	31	36	42	45	44	27	36	37	43	30	30	28	31	30	39	23	43	33	26	40	27	32	39	40	33	31	38	23	25	38
	1	50	42	27	35	36	29	43	24	21	41	28	37	37	26	24	31	37	36	27	36	39	21	42	38	37	24	39	43	30	37
	2	44	29	24	26	31	37	48	26	35	32	28	25	17	49	42	36	53	22	35	34	39	17	29	29	27	24	30	45	30	24
	3	34	32	29	30	21	26	36	35	30	36	33	38	38	33	35	31	43	44	38	30	26	20	44	32	37	28	27	25	38	25
	4	29	35	29	22	36	37	31	30	45	32	51	32	41	32	24	47	37	33	29	38	36	20	21	22	28	22	31	27	36	25
	5	23	25	31	25	28	36	29	28	31	47	19	32	38	36	40	29	23	22	49	43	31	34	29	36	30	32	26	24	33	40
	6	35	39	25	15	32	34	30	45	23	35	35	48	28	26	32	36	29	37	40	43	33	23	28	28	38	30	40	25	35	35
	7	26	26	22	16	28	35	45	40	42	39	48	32	26	31	25	15	44	45	29	32	34	22	40	37	27	40	40	28	44	40
	8	42	32	39	25	34	31	32	39	37	19	31	25	41	30	36	31	37	42	30	43	24	36	24	36	28	33	33	47	31	32
	9	27	32	43	37	29	36	38	35	30	40	38	42	13	28	25	34	37	34	42	18	34	27	47	25	39	29	39	31	44	32
	10	34	27	42	37	27	26	37	35	34	30	33	24	31	47	34	42	38	48	23	41	39	23	17	41	42	33	28	25	39	48
	11	35	37	36	44	28	35	34	36	41	30	40	19	44	30	29	38	30	38	41	26	28	30	29	39	20	29	35	34	35	25
	12	33	32	27	26	45	25	28	30	26	17	34	27	19	31	46	39	50	25	33	44	31	32	22	42	38	49	37	25	32	27
	13	23	36	38	30	50	37	32	38	44	29	41	35	32	26	38	43	29	44	23	29	34	25	27	26	43	27	38	19	34	44
	14	18	21	32	23	24	30	29	20	19	33	35	14	46	21	43	29	34	31	42	18	32	24	29	23	27	33	30	18	36	33
	15	29	27	37	43	42	38	41	36	35	18	26	33	36	34	29	37	19	15	52	28	25	50	22	33	37	36	30	33	30	26
	16	14	29	27	27	35	27	36	43	26	23	40	33	51	37	38	37	28	14	38	35	39	35	26	28	15	39	32	33	28	39
	17	36	33	30	49	32	28	24	37	18	36	16	26	33	33	35	27	42	23	15	19	51	35	31	43	32	30	30	27	39	38
	18	31	51	34	25	38	24	42	29	11	35	41	32	27	26	25	46	43	37	37	39	49	39	36	51	30	46	33	25	41	42
	19	35	34	31	37	30	31	34	30	50	35	23	27	21	32	36	27	29	33	33	33	31	38	36	36	31	30	19	48	44	30
	20	33	27	40	20	27	34	38	37	46	29	40	22	35	37	30	45	36	45	40	40	26	23	27	41	49	37	38	31	35	32
	21	35	33	33	43	39	29	26	27	40	34	29	23	45	50	39	26	33	34	37	42	27	34	23	25	28	24	25	48	26	29
	22	41	29	30	43	39	24	41	35	30	42	25	19	34	40	37	39	25	46	34	46	27	44	22	41	46	37	35	39	36	37
	23	30	31	39	27	36	20	33	28	45	24	30	22	30	25	21	47	36	35	36	34	35	37	30	17	31	17	19	23	33	30
	24	38	48	26	30	33	52	41	44	33	37	30	28	43	40	31	22	47	25	32	35	47	42	54	42	37	36	38	20	30	38
S	25	15	25	28	36	43	32	36	38	16	38	43	30	28	30	31	19	27	37	22	39	29	35	43	19	35	21	37	24	26	20
E	26	43	41	41	34	43	22	34	36	12	39	25	31	28	38	32	23	34	30	25	28	35	32	32	23	21	29	31	32	34	38
C	27	34	25	35	43	32	17	44	18	20	25	40	32	30	35	19	33	31	32	26	36	39	32	34	50	30	28	20	45	27	30
O	28	33	15	39	28	30	19	34	30	24	45	19	23	44	25	30	33	46	42	29	28	38	34	29	40	27	38	36	26	32	23
N	29	12	34	32	32	43	32	40	33	48	35	34	37	25	24	28	36	33	42	37	28	37	34	22	36	26	31	37	24	33	51
D	30	36	42	45	44	27	36	37	43	30	30	28	31	30	39	23	43	33	26	40	27	32	39	40	33	31	38	23	25	38	45
S	31	42	27	35	36	29	43	24	21	41	28	37	37	26	24	31	37	36	27	36	39	21	42	38	37	24	39	43	30	37	23
	32	29	24	26	31	37	48	26	35	32	28	25	17	49	42	36	53	22	35	34	39	17	29	29	27	24	30	45	30	24	44
	33	32	29	30	21	26	36	35	30	36	33	38	38	33	35	31	43	44	38	30	26	20	44	32	37	28	27	25	38	25	29
	34	35	29	22	36	37	31	30	45	32	51	32	41	32	24	47	37	33	29	38	36	20	21	22	28	22	31	27	36	25	30
	35	25	31	25	28	36	29	28	31	47	19	32	38	36	40	29	23	22	49	43	31	34	29	36	30	32	26	24	33	40	30
	36	39	25	15	32	34	30	45	23	35	35	48	28	26	32	36	29	37	40	43	33	23	28	28	38	30	40	25	35	35	34
	37	26	22	16	28	35	45	40	42	39	48	32	26	31	25	15	44	45	29	32	34	22	40	37	27	40	40	28	44	40	29
	38	32	39	25	34	31	32	39	37	19	31	25	41	30	36	31	37	42	30	43	24	36	24	36	28	33	33	47	31	32	20
	39	32	43	37	29	36	38	35	30	40	38	42	13	28	25	34	37	34	42	18	34	27	47	25	39	29	39	31	44	32	40
	40	27	42	37	27	26	37	35	34	30	33	24	31	47	34	42	38	48	23	41	39	23	17	41	42	33	28	25	39	48	26
	41	37	36	44	28	35	34	36	41	30	40	19	44	30	29	38	30	38	41	26	28	30	29	39	20	29	35	34	35	25	27
	42	32	27	26	45	25	28	30	26	17	34	27	19	31	46	39	50	25	33	44	31	32	22	42	38	49	37	25	32	27	45
	43	36	38	30	50	37	32	38	44	29	41	35	32	26	38	43	29	44	23	29	34	25	27	26	43	27	38	19	34	44	20
	44	21	32	23	24	30	29	20	19	33	35	14	46	21	43	29	34	31	42	18	32	24	29	23	27	33	30	18	36	33	30
	45	27	37	43	42	38	41	36	35	18	26	33	36	34	29	37	19	15	52	28	25	50	22	33	37	36	30	33	30	26	41
	46	29	27	27	35	27	36	43	26	23	40	33	51	37	38	37	28	14	38	35	39	35	26	28	15	39	32	33	28	39	26
	47	33	30	49	32	28	24	37	18	36	16	26	33	33	35	27	42	23	15	19	51	35	31	43	32	30	30	27	39	38	37
	48	51	34	25	38	24	42	29	11	35	41	32	27	26	25	46	43	37	37	39	49	39	36	51	30	46	33	25	41	42	11
	49	34	31	37	30	31	34	30	50	35	23	27	21	32	36	27	29	33	33	33	31	38	36	36	31	30	19	48	44	30	34
	50	27	40	20	27	34	38	37	46	29	40	22	35	37	30	45	36	45	40	40	26	23	27	41	49	37	38	31	35	32	28
	51	33	33	43	39	29	26	27	40	34	29	23	45	50	39	26	33	34	37	42	27	34	23	25	28	24	25	48	26	29	29
	52	29	30	43	39	24	41	35	30	42	25	19	34	40	37	39	25	46	34	46	27	44	22	41	46	37	35	39	36	37	40
	53	31	39	27	36	20	33	28	45	24	30	22	30	25	21	47	36	35	36	34	35	37	30	17	31	17	19	23	33	30	23
	54	48	26	30	33	52	41	44	33	37	30	28	43	40	31	22	47	25	32	35	47	42	54	42	37	36	38	20	30	38	33
	55	25	28	36	43	32	36	38	16	38	43	30	28	30	31	19	27	37	22	39	29	35	43	19	35	21	37	24	26	20	31
	56	41	41	34	43	22	34	36	12	39	25	31	28	38	32	23	34	30	25	28	35	32	32	23	21	29	31	32	34	38	44
	57	25	35	43	32	17	44	18	20	25	40	32	30	35	19	33	31	32	26	36	39	32	34	50	30	28	20	45	27	30	41
	58	15	39	28	30	19	34	30	24	45	19	23	44	25	30	33	46	42	29	28	38	34	29	40	27	38	36	26	32	23	24
	59	34	32	32	43	32	40	33	48	35	34	37	25	24	28	36	33	42	37	28	37	34	22	36	26	31	37	24	33	51	22

	30	31	32	33	34	35	36	37	38	39	40	41	42	43	44	45	46	47	48	49	50	51	52	53	54	55	56	57	58	59
0	45	29	28	46	22	31	29	24	22	25	45	35	32	27	32	28	38	31	37	26	36	43	39	34	29	37	37	36	34	23
1	23	24	30	25	28	38	41	34	44	22	42	24	34	23	36	31	24	19	35	28	43	46	26	29	20	29	34	32	31	31
2	44	19	30	39	28	29	36	37	18	38	21	29	27	32	41	40	36	36	27	18	38	30	29	29	31	21	32	43	38	32
3	29	31	37	23	38	34	29	27	34	34	21	30	30	35	40	36	24	45	37	40	28	21	22	22	38	25	29	34	43	33
4	30	32	27	33	33	28	44	33	34	43	17	31	30	22	25	27	40	33	39	30	28	36	37	24	33	43	37	37	33	29
5	30	34	23	37	35	35	34	37	33	32	30	34	40	35	26	28	27	29	40	33	38	18	31	36	34	37	21	30	33	28
6	34	38	30	31	36	35	21	30	32	40	34	40	22	47	36	17	22	37	31	29	32	36	25	45	31	39	35	37	45	29
7	29	19	32	27	32	28	32	21	32	42	37	35	36	38	32	40	33	37	22	34	39	13	28	26	31	31	29	43	36	45
8	20	44	44	43	30	43	36	39	40	30	25	45	29	18	40	45	47	30	28	22	18	27	26	30	32	34	32	21	28	32
9	40	27	21	48	26	36	33	31	32	36	29	25	32	29	31	28	34	30	32	33	16	35	39	38	32	26	37	38	33	31
10	26	27	35	35	24	40	31	30	22	32	45	46	41	39	37	38	44	26	24	35	31	42	28	37	42	31	30	34	25	24
11	27	46	22	32	45	31	19	26	32	34	27	41	35	11	33	34	38	33	27	39	44	35	50	29	44	29	24	44	32	39
12	45	43	41	32	40	44	40	30	31	30	26	37	27	24	32	29	20	28	45	37	16	31	34	34	44	34	31	26	41	37
13	20	24	25	41	31	33	33	20	29	41	34	42	25	44	24	35	37	29	36	43	19	32	32	40	29	21	35	19	34	32
14	30	35	32	36	35	29	43	30	27	46	42	32	22	28	26	35	43	40	32	37	39	34	26	36	29	32	33	34	38	36
15	41	27	38	41	35	32	35	23	36	46	48	32	36	35	47	22	40	33	45	22	39	35	35	47	29	41	32	26	29	36
16	26	37	26	28	29	21	44	31	42	17	41	32	31	21	31	38	31	35	14	29	28	28	35	27	19	51	38	41	25	35
17	37	29	23	23	46	39	36	40	31	46	27	20	37	19	31	38	31	33	39	42	24	40	38	31	33	37	24	47	31	24
18	11	32	40	20	36	44	33	30	31	34	29	33	25	25	23	37	36	27	21	21	37	23	39	38	38	15	36	23	28	27
19	34	27	42	42	27	43	35	38	38	29	31	40	43	32	47	48	41	22	25	38	29	26	32	31	27	35	43	35	29	29
20	28	33	40	26	33	28	21	29	43	33	42	26	36	31	25	29	30	41	37	21	20	41	40	32	30	34	30	29	38	22
21	29	23	36	31	37	37	21	42	32	25	20	36	41	44	39	30	38	13	18	32	34	38	31	34	38	25	38	27	33	32
22	40	32	38	36	49	35	28	36	25	40	24	42	35	26	25	28	25	31	33	33	32	30	45	45	34	39	32	36	35	29
23	23	27	36	33	31	29	30	34	20	44	26	32	48	30	27	32	34	35	34	30	16	34	34	35	27	29	32	38	19	37
24	33	32	43	28	23	27	16	22	34	25	25	14	27	15	35	39	25	28	30	27	14	23	35	24	30	43	39	42	21	22
S 25	31	11	37	49	45	25	29	35	40	33	28	33	47	38	45	35	42	37	36	45	35	42	25	26	37	44	44	30	26	36
E 26	44	44	46	34	39	29	35	34	33	31	37	27	30	45	37	46	34	35	27	24	32	22	24	33	32	23	29	39	37	39
C 27	41	35	41	37	49	44	25	28	28	28	37	30	34	35	28	35	29	29	24	27	37	37	34	38	43	37	24	36	31	38
O 28	24	33	26	43	12	36	43	24	24	30	41	30	21	25	36	34	40	31	25	32	43	33	35	39	40	18	33	36	35	29
N 29	22	36	40	36	18	32	34	39	29	30	26	25	26	28	17	29	28	40	42	36	42	41	38	23	32	39	45	37	37	37
D 30	29	28	46	22	31	29	24	22	25	45	35	32	27	32	28	38	31	37	26	36	43	39	34	29	37	37	36	34	23	43
S 31	24	30	25	28	38	41	34	44	22	42	24	34	23	36	31	24	19	35	28	43	46	26	29	20	29	34	32	31	31	32
32	19	30	39	28	29	36	37	18	38	21	29	27	32	41	40	36	36	27	18	38	30	29	29	31	21	32	43	38	32	49
33	31	37	23	38	34	29	27	34	34	21	30	30	35	40	36	24	45	37	40	28	21	22	22	38	25	29	34	43	33	43
34	32	27	33	33	28	44	33	34	43	17	31	30	22	25	27	40	33	39	30	28	36	37	24	33	43	37	37	33	29	46
35	34	23	37	35	35	34	37	33	32	30	34	40	35	26	28	27	29	40	33	38	18	31	36	34	37	21	30	33	28	30
36	38	30	31	36	35	21	30	32	40	34	40	22	47	36	17	22	37	31	29	32	36	25	45	31	39	35	37	45	29	31
37	19	32	27	32	28	32	21	32	42	37	35	36	38	32	40	33	37	22	34	39	13	28	26	31	31	29	43	36	45	24
38	44	44	43	30	43	36	39	40	30	25	45	29	18	40	45	47	30	28	22	18	27	26	30	32	34	32	21	28	32	24
39	27	21	48	26	36	33	31	32	36	29	25	32	29	31	28	34	30	32	33	16	35	39	38	32	26	37	38	33	31	21
40	27	35	35	24	40	31	30	22	32	45	46	41	39	37	38	44	26	24	35	31	42	28	37	42	31	30	34	25	24	23
41	46	22	32	45	31	19	26	32	34	27	41	35	11	33	34	38	33	27	39	44	35	50	29	44	29	24	44	32	39	35
42	43	41	32	40	44	40	30	31	30	26	37	27	24	32	29	20	28	45	37	16	31	34	34	44	34	31	26	41	37	15
43	24	25	41	31	33	33	20	29	41	34	42	25	44	24	35	37	29	36	43	19	32	32	40	29	21	35	19	34	32	35
44	35	32	36	35	29	43	30	27	46	42	32	22	28	26	35	43	40	32	37	39	34	26	36	29	32	33	34	38	36	31
45	27	38	41	35	32	35	23	36	46	48	32	36	35	47	22	40	33	45	22	39	35	35	47	29	41	32	26	29	36	34
46	37	26	28	29	21	44	31	42	17	41	32	31	21	31	38	31	35	14	29	28	28	35	27	19	51	38	41	25	35	31
47	29	23	23	46	39	36	40	31	46	27	20	37	19	31	38	31	33	39	42	24	40	38	31	33	37	24	47	31	24	42
48	32	40	20	36	44	33	30	31	34	29	33	25	25	23	37	36	27	21	21	37	23	39	38	38	15	36	23	28	27	23
49	27	42	42	27	43	35	38	38	29	31	40	43	32	47	48	41	22	25	38	29	26	32	31	27	35	43	35	29	29	30
50	33	40	26	33	28	21	29	43	33	42	26	36	31	25	29	30	41	37	21	20	41	40	32	30	34	30	29	38	22	17
51	23	36	31	37	37	21	42	32	25	20	36	41	44	39	30	38	13	18	32	34	38	31	34	38	25	38	27	33	32	27
52	32	38	36	49	35	28	36	25	40	24	42	35	26	25	28	25	31	33	33	32	30	45	45	34	39	32	36	35	29	31
53	27	36	33	31	29	30	34	20	44	26	32	48	30	27	32	34	35	34	30	16	34	34	35	27	29	32	38	19	37	38
54	32	43	28	23	27	16	22	34	25	25	14	27	15	35	39	25	28	30	27	14	23	35	24	30	43	39	42	21	22	30
55	11	37	49	45	25	29	35	40	33	28	33	47	38	45	35	42	37	36	45	35	42	25	26	37	44	44	30	26	36	48
56	44	46	34	39	29	35	34	33	31	37	27	30	45	37	46	34	35	27	24	32	22	24	33	32	23	29	39	37	39	40
57	35	41	37	49	44	25	28	28	28	37	30	34	35	28	35	29	29	24	27	37	37	34	38	43	37	24	36	31	38	42
58	33	26	43	12	36	43	24	24	30	41	30	21	25	36	34	40	31	25	32	43	33	35	39	40	18	33	36	35	29	12
59	36	40	36	18	32	34	39	29	30	26	25	26	28	17	29	28	40	42	36	42	41	38	23	32	39	45	37	37	37	37

6D12

	0	1	2	3	4	5	6	7	8	9	10	11	12	13	14	15	16	17	18	19	20	21	22	23	24	25	26	27	28	29
0	23	52	49	41	49	39	35	38	32	50	37	39	30	36	43	38	49	36	38	44	44	40	38	39	47	34	51	48	39	35
1	36	43	37	46	36	36	41	37	34	38	36	35	50	34	46	49	41	50	31	25	36	35	36	39	41	31	37	45	43	52
2	44	42	57	32	36	35	32	41	48	33	51	24	41	55	29	45	47	47	44	43	25	33	35	29	56	46	36	51	38	43
3	19	44	52	32	43	28	44	40	35	26	35	37	38	41	46	45	38	53	32	45	39	39	38	34	29	38	44	21	41	40
4	43	35	30	37	53	34	50	34	35	27	47	37	36	56	51	46	45	38	36	26	46	43	36	47	31	27	42	48	22	39
5	37	30	29	41	36	41	40	51	39	44	33	43	30	45	25	30	37	41	44	45	42	41	46	54	27	38	18	36	45	42
6	36	32	37	23	47	41	44	37	38	43	41	48	38	35	19	40	15	60	39	34	60	46	37	46	48	32	24	36	45	40
7	41	54	51	35	38	34	45	36	33	32	31	33	43	30	24	55	36	46	26	38	24	42	37	37	34	32	53	48	32	55
8	43	44	37	28	57	35	35	48	42	40	37	34	43	42	24	47	30	23	38	42	50	44	25	31	47	46	39	30	33	42
9	31	45	58	47	56	33	31	27	26	33	45	38	46	52	22	38	42	34	41	40	52	46	39	43	45	47	27	29	37	32
10	38	38	36	19	45	30	44	42	21	42	44	29	34	33	46	48	42	40	34	36	32	31	37	30	39	50	48	38	41	50
11	56	37	32	43	29	43	29	46	35	43	41	25	50	49	41	40	49	47	47	32	48	43	43	50	23	49	41	27	37	52
12	29	44	48	29	38	28	37	33	28	36	45	51	41	43	52	25	33	42	45	36	29	28	43	28	30	44	41	38	39	34
13	52	46	32	45	47	38	47	49	36	33	54	45	55	41	33	27	46	35	33	36	24	19	30	47	33	36	35	37	44	36
14	39	27	38	45	36	26	51	35	44	28	46	35	37	38	48	48	32	50	38	49	52	39	59	46	35	28	24	39	34	47
15	39	40	53	29	29	40	46	39	39	27	27	52	41	54	36	52	36	34	42	37	54	41	34	42	37	37	56	38	40	50
16	44	41	42	35	35	35	33	39	37	16	32	43	55	36	32	34	44	52	44	56	32	33	43	36	28	29	54	51	29	31
17	35	48	34	53	40	38	38	42	43	42	61	41	32	44	27	42	58	26	30	51	50	47	27	27	33	50	30	24	44	39
18	52	40	42	26	43	40	45	40	26	28	41	41	34	54	29	31	46	42	30	48	23	38	49	39	43	36	25	38	39	48
19	47	25	46	36	52	39	30	29	27	45	33	42	32	27	29	37	38	42	40	38	42	19	30	37	36	28	35	30	48	56
20	21	41	31	34	42	38	23	38	42	47	44	50	36	41	51	19	31	43	38	38	26	49	56	31	44	34	34	27	26	48
21	45	53	32	27	51	61	44	53	42	38	39	53	35	40	46	23	29	55	30	39	38	45	51	40	54	30	41	40	38	51
22	38	43	33	42	39	51	40	27	46	35	47	21	42	60	47	24	43	44	40	40	32	40	41	44	30	43	43	23	46	28
23	54	37	32	48	33	52	30	52	44	29	35	31	29	39	31	36	43	59	61	31	51	31	41	39	38	37	46	43	33	55
24	45	45	36	38	36	36	37	42	38	27	49	30	43	50	41	41	40	52	19	38	45	54	36	35	54	49	36	27	27	39
25	51	37	42	48	32	33	35	32	35	22	21	33	29	35	25	45	26	40	48	35	49	33	40	39	35	49	51	43	31	42
26	31	24	30	33	30	40	40	47	41	39	40	45	47	37	41	37	32	31	46	37	43	35	41	42	42	45	18	45	40	22
27	52	25	49	28	47	62	43	40	30	25	34	37	46	46	41	31	43	32	36	39	48	39	53	39	47	42	34	46	48	43
28	28	33	42	45	51	37	37	23	46	37	39	44	36	41	38	33	31	21	31	15	49	38	38	41	36	32	55	44	46	34
29	29	45	50	26	46	33	38	42	50	45	43	56	36	37	42	40	39	30	33	38	39	44	52	37	38	48	54	45	39	29
30	52	49	41	49	39	35	38	32	50	37	39	30	36	43	38	49	36	38	44	44	40	38	39	47	34	51	48	39	35	39
31	43	37	46	36	36	41	37	34	38	36	35	50	34	46	49	41	50	31	25	36	35	36	39	41	31	37	45	43	52	38
32	42	57	32	36	35	32	41	48	33	51	24	41	55	29	45	47	47	44	43	25	33	35	29	56	46	36	51	38	43	26
33	44	52	32	43	28	44	40	35	26	35	37	38	41	46	45	38	53	32	45	39	39	38	34	29	38	44	21	41	40	55
34	35	30	37	53	34	50	34	35	27	47	37	36	56	51	46	45	38	36	26	46	43	36	47	31	27	42	48	22	39	31
35	30	29	41	36	41	40	51	39	44	33	43	30	45	25	30	37	41	44	45	42	41	46	54	27	38	18	36	45	42	40
36	32	37	23	47	41	44	37	38	43	41	48	38	35	19	40	15	60	39	34	60	46	37	46	48	32	24	36	45	40	36
37	54	51	35	38	34	45	36	33	32	31	33	43	30	24	55	36	46	26	38	24	42	37	37	34	32	53	48	32	55	34
38	44	37	28	57	35	35	48	42	40	37	34	43	42	24	47	30	23	38	42	50	44	25	31	47	46	39	30	33	42	39
39	45	58	47	56	33	31	27	26	33	45	38	46	52	22	38	42	34	41	40	52	46	39	43	45	47	27	29	37	32	40
40	38	36	19	45	30	44	42	21	42	44	29	34	33	46	48	42	40	34	36	32	31	37	30	39	50	48	38	41	50	33
41	37	32	43	29	43	29	46	35	43	41	25	50	49	41	40	49	47	47	32	48	43	43	50	23	49	41	27	37	52	42
42	44	48	29	38	28	37	33	28	36	45	51	41	43	52	25	33	42	45	36	29	28	43	28	30	44	41	38	39	34	44
43	46	32	45	47	38	47	49	36	33	54	45	55	41	33	27	46	35	33	36	24	19	30	47	33	36	35	37	44	36	46
44	27	38	45	36	26	51	35	44	28	46	35	37	38	48	48	32	50	38	49	52	39	59	46	35	28	24	39	34	47	43
45	40	53	29	29	40	46	39	39	27	27	52	41	54	36	52	36	34	42	37	54	41	34	42	37	37	56	38	40	50	53
46	41	42	35	35	35	33	39	37	16	32	43	55	36	32	34	44	52	44	56	32	33	43	36	28	29	54	51	29	31	29
47	48	34	53	40	38	38	42	43	42	61	41	32	44	27	42	58	26	30	51	50	47	27	27	33	50	30	24	44	39	50
48	40	42	26	43	40	45	40	26	28	41	41	34	54	29	31	46	42	30	48	23	38	49	39	43	36	25	38	39	48	53
49	25	46	36	52	39	30	29	27	45	33	42	32	27	29	37	38	42	40	38	42	19	30	37	36	28	35	30	48	56	43
50	41	31	34	42	38	23	38	42	47	44	50	36	41	51	19	31	43	38	38	26	49	56	31	44	34	34	27	26	48	40
51	53	32	27	51	61	44	53	42	38	39	53	35	40	46	23	29	55	30	39	38	45	51	40	54	30	41	40	38	51	43
52	43	33	42	39	51	40	27	46	35	47	21	42	60	47	24	43	44	40	40	32	40	41	44	30	43	43	23	46	28	35
53	37	32	48	33	52	30	52	44	29	35	31	29	39	31	36	43	59	61	31	51	31	41	39	38	37	46	43	33	55	41
54	45	36	38	36	36	37	42	38	27	49	30	43	50	41	41	40	52	19	38	45	54	36	35	54	49	36	27	27	39	48
55	37	42	48	32	33	35	32	35	22	21	33	29	35	25	45	26	40	48	35	49	33	40	39	35	49	51	43	31	42	37
56	24	30	33	30	40	40	47	41	39	40	45	47	37	41	37	32	31	46	37	43	35	41	42	42	45	18	45	40	22	52
57	25	49	28	47	62	43	40	30	25	34	37	46	46	41	31	43	32	36	39	48	39	53	39	47	42	34	46	48	43	34
58	33	42	45	51	37	37	23	46	37	39	44	36	41	38	33	31	21	31	15	49	38	38	41	36	32	55	44	46	34	46
59	45	50	26	46	33	38	42	50	45	43	56	36	37	42	40	39	30	33	38	39	44	52	37	38	48	54	45	39	29	39

(Left margin, rows 25–31: S E C O N D S)

Minutes

Sec	30	31	32	33	34	35	36	37	38	39	40	41	42	43	44	45	46	47	48	49	50	51	52	53	54	55	56	57	58	59
0	39	41	35	43	39	42	46	42	44	18	43	9	25	37	29	19	51	59	38	44	42	29	46	46	33	48	37	48	37	37
1	38	41	41	49	49	49	45	37	39	33	62	46	31	31	41	20	47	30	39	42	36	50	53	46	29	50	47	33	33	40
2	26	47	32	31	37	44	34	36	53	27	41	39	52	43	30	43	54	37	40	28	36	52	45	44	42	54	30	27	38	30
3	55	46	33	42	46	42	38	34	33	32	44	52	37	27	42	42	29	44	33	39	42	36	36	23	52	32	36	42	19	40
4	31	34	43	41	35	41	53	36	42	32	60	37	27	44	44	37	28	37	35	47	50	24	48	35	37	55	38	46	36	46
5	40	43	51	39	30	43	45	31	51	26	40	34	29	36	55	48	29	28	26	50	58	45	55	32	44	38	50	34	40	47
6	36	47	45	50	47	42	39	50	35	29	53	42	34	48	28	43	31	34	47	45	24	34	33	18	38	27	40	53	37	28
7	34	36	45	34	48	25	24	38	39	53	37	40	48	40	48	33	40	34	26	42	42	44	39	49	41	27	29	32	39	50
8	39	35	49	27	37	43	43	34	41	37	37	38	36	52	41	45	52	38	37	35	43	44	61	37	51	40	42	34	35	50
9	40	50	50	33	51	31	39	43	24	32	46	34	45	29	36	25	36	54	36	35	36	44	43	26	42	29	27	45	33	44
10	33	31	46	52	54	37	55	60	39	40	32	39	25	52	54	33	54	46	26	45	52	36	39	37	47	43	40	31	43	27
11	42	39	31	43	29	35	43	33	38	44	28	46	29	23	49	29	30	52	39	44	45	50	26	44	34	33	35	22	43	27
12	44	50	50	46	38	35	43	45	36	38	34	46	44	51	41	48	40	37	43	37	41	37	43	48	38	36	32	32	46	44
13	46	26	28	27	35	46	41	40	34	45	54	37	36	26	15	28	37	33	34	37	40	38	33	44	39	35	54	40	42	38
14	43	49	47	55	28	36	47	22	35	38	29	52	54	45	40	40	39	52	32	38	47	39	49	34	43	30	57	45	30	45
15	53	42	40	34	42	39	28	43	44	47	35	42	42	49	49	37	39	37	36	35	42	38	15	53	46	45	47	49	38	58
16	29	21	49	25	37	27	25	26	40	34	50	27	46	38	25	41	32	44	32	49	36	48	57	44	39	53	33	41	25	38
17	50	42	48	38	25	37	48	40	37	42	37	39	28	43	32	36	33	33	34	42	62	41	34	43	42	62	48	43	20	29
18	53	38	38	40	31	49	38	47	47	54	39	35	39	32	34	32	28	48	29	54	37	46	40	34	50	44	34	54	54	40
19	43	25	33	37	56	42	45	30	41	23	54	46	33	47	32	47	39	31	16	37	50	39	55	27	43	27	38	40	34	35
20	40	39	29	39	38	36	48	24	50	28	60	43	37	28	42	22	47	32	47	43	42	34	47	33	36	41	53	40	34	53
21	43	43	46	37	39	31	41	43	39	25	47	45	53	46	23	43	34	28	39	28	34	34	49	40	32	48	41	31	42	34
22	35	29	52	28	40	31	35	54	19	46	49	40	41	51	45	43	64	19	46	34	35	38	36	29	24	36	36	24	51	40
23	41	41	38	42	53	27	32	53	35	30	42	27	17	44	44	45	38	45	41	44	41	43	35	39	42	50	38	36	46	30
24	48	38	53	39	47	48	36	31	44	30	41	52	55	42	34	48	40	24	30	43	43	38	42	34	51	33	34	36	53	37
S 25	37	43	39	29	47	55	35	44	40	29	30	31	41	52	33	51	40	34	35	27	33	50	44	37	41	47	31	30	47	55
E 26	52	39	52	53	40	43	50	39	31	48	42	36	32	36	35	35	22	45	34	33	57	49	35	39	31	35	47	52	37	36
C 27	34	29	51	32	45	28	25	30	38	43	35	43	42	39	43	41	36	46	42	36	51	39	44	28	38	45	34	30	38	51
O 28	46	41	31	46	37	32	32	25	40	34	36	52	52	47	40	45	39	34	42	54	44	45	53	51	31	32	52	46	30	47
N 29	39	41	37	31	41	47	40	39	40	35	44	37	30	33	46	48	29	37	54	53	40	38	40	33	40	48	30	28	36	23
D 30	41	35	43	39	42	46	42	44	18	43	9	25	37	29	19	51	59	38	44	42	29	46	46	33	48	37	48	37	37	44
S 31	41	41	49	49	49	45	37	39	33	62	46	31	31	41	20	47	30	39	42	36	50	53	46	29	50	47	33	33	40	33
32	47	32	31	37	44	34	36	53	27	41	39	52	43	30	43	54	37	40	28	36	52	45	44	42	54	30	27	38	30	35
33	46	33	42	46	42	38	34	33	32	44	52	37	27	42	42	29	44	33	39	42	36	36	23	52	32	36	42	19	40	59
34	34	43	41	35	41	53	36	42	32	60	37	27	44	44	37	28	37	35	47	50	24	48	35	37	55	38	46	36	46	21
35	43	51	39	30	43	45	31	51	26	40	34	29	36	55	48	29	28	26	50	58	45	55	32	44	38	50	34	40	47	32
36	47	45	50	47	42	39	50	35	29	53	42	34	48	28	43	31	34	47	45	24	34	33	18	38	27	40	53	37	28	22
37	36	45	34	48	25	24	38	39	53	37	40	48	40	48	33	40	34	26	42	42	44	39	49	41	27	29	32	39	50	49
38	35	49	27	37	43	43	34	41	37	37	38	36	52	41	45	52	38	37	35	43	44	61	37	51	40	42	34	35	50	46
39	50	50	33	51	31	39	43	24	32	46	34	45	29	36	25	36	54	36	35	36	44	43	26	42	29	27	45	33	44	45
40	31	46	52	54	37	55	60	39	40	32	39	25	52	54	33	54	46	26	45	52	36	39	37	47	43	40	31	43	27	42
41	39	31	43	29	35	43	33	38	44	28	46	29	23	49	29	30	52	39	44	45	50	26	44	34	33	35	22	43	27	46
42	50	50	46	38	35	43	45	36	38	34	46	44	51	41	48	40	37	43	37	41	37	43	48	38	36	32	32	46	44	33
43	26	28	27	35	46	41	40	34	45	54	37	36	26	15	28	37	33	34	37	40	38	33	44	39	35	54	40	42	38	36
44	49	47	55	28	36	47	22	35	38	29	52	54	45	40	40	39	52	32	38	47	39	49	34	43	30	57	45	30	45	38
45	42	40	34	42	39	28	43	44	47	35	42	42	49	49	37	39	37	36	35	42	38	15	53	46	45	47	49	38	58	39
46	21	49	25	37	27	25	26	40	34	50	27	46	38	25	41	32	44	32	49	36	48	57	44	39	53	33	41	25	38	41
47	42	48	38	25	37	48	40	37	42	37	39	28	43	32	36	33	33	34	42	62	41	34	43	42	62	48	43	20	29	43
48	38	38	40	31	49	38	47	47	54	39	35	39	32	34	32	28	48	29	54	37	46	40	34	50	44	34	54	54	40	51
49	25	33	37	56	42	45	30	41	23	54	46	33	47	32	47	39	31	16	37	50	39	55	27	43	27	38	40	34	35	51
50	39	29	39	38	36	48	24	50	28	60	43	37	28	42	22	47	32	47	43	42	34	47	33	36	41	53	40	34	53	34
51	43	46	37	39	31	41	43	39	25	47	45	53	46	23	43	34	28	39	28	34	34	49	40	32	48	41	31	42	34	34
52	29	52	28	40	31	35	54	19	46	49	40	41	51	45	43	64	19	46	34	35	38	36	29	24	36	36	24	51	40	40
53	41	38	42	53	27	32	53	35	30	42	27	17	44	44	45	38	45	41	44	41	43	35	39	42	50	38	36	46	30	41
54	38	53	39	47	48	36	31	44	30	41	52	55	42	34	48	40	24	30	43	43	38	42	34	51	33	34	36	53	37	50
55	43	39	29	47	55	35	44	40	29	30	31	41	52	33	51	40	34	35	27	33	50	44	37	41	47	31	30	47	55	30
56	39	52	53	40	43	50	39	31	48	42	36	32	36	35	35	22	45	34	33	57	49	35	39	31	35	47	52	37	36	40
57	29	51	32	45	28	25	30	38	43	35	43	42	39	43	41	36	46	42	36	51	39	44	28	38	45	34	30	38	51	36
58	41	31	46	37	32	32	25	40	34	36	52	52	47	40	45	39	34	42	54	44	45	53	51	31	32	52	46	30	47	33
59	41	37	31	41	47	40	39	40	35	44	37	30	33	46	48	29	37	54	53	40	38	40	33	40	48	30	28	36	23	31

109

16-Sided Dice (1 – 16)

1D16

	Minutes																													
	0	1	2	3	4	5	6	7	8	9	10	11	12	13	14	15	16	17	18	19	20	21	22	23	24	25	26	27	28	29
0	3	1	9	4	14	5	10	1	6	14	5	3	5	5	10	1	13	8	12	1	15	8	9	2	10	12	1	6	9	7
1	6	13	2	2	6	14	8	3	6	12	3	12	16	16	12	6	1	14	13	3	10	10	16	9	10	10	16	15	12	4
2	2	11	10	13	11	14	2	13	8	11	8	10	11	9	8	14	15	8	12	2	7	14	2	3	4	1	14	8	5	4
3	3	13	16	4	10	3	6	10	8	12	3	10	6	6	2	2	4	3	15	12	14	9	11	12	2	16	1	11	3	4
4	9	6	3	8	9	7	14	2	10	4	10	12	15	5	12	16	3	1	6	16	11	10	1	9	4	8	11	8	1	16
5	1	9	9	3	5	10	3	14	5	13	5	1	5	4	10	9	8	9	15	7	11	12	12	6	4	2	5	7	4	8
6	11	13	5	7	16	1	7	4	13	15	11	2	15	2	15	1	7	6	6	5	10	2	11	10	6	9	3	13	13	1
7	10	4	7	15	8	8	6	12	10	2	2	1	1	3	13	3	16	5	1	12	7	8	1	13	11	5	5	12	12	3
8	12	15	6	2	5	16	9	11	10	12	11	13	8	9	8	12	5	10	13	7	9	9	11	10	14	15	12	16	6	9
9	4	6	9	2	7	5	3	15	16	11	11	14	16	16	12	14	4	1	10	6	1	3	2	9	9	13	13	3	8	12
10	4	3	2	12	1	10	8	2	3	1	9	12	16	3	15	11	2	11	9	8	2	15	4	4	9	13	13	15	6	7
11	11	3	15	11	3	7	4	4	8	6	7	5	11	16	6	8	11	10	10	9	7	7	12	11	10	12	8	4	1	1
12	13	13	7	5	2	9	8	3	10	1	4	6	1	3	7	13	13	1	7	5	2	7	16	2	9	16	16	7	10	3
13	6	15	6	9	16	4	5	14	9	3	14	2	1	7	7	13	4	8	6	8	5	4	6	13	12	13	8	11	1	9
14	14	3	11	2	9	7	10	1	2	2	1	15	4	7	2	6	12	3	7	16	4	5	5	16	16	4	12	6	13	9
15	8	16	1	9	10	4	14	5	1	1	16	12	11	11	11	10	14	6	6	2	11	14	9	14	10	9	9	2	3	12
16	3	16	14	11	9	16	2	12	16	5	8	12	10	7	2	2	5	3	10	10	3	2	2	15	1	8	2	13	16	1
17	6	9	9	11	14	6	6	2	16	4	16	1	3	4	13	5	7	7	3	10	8	4	11	13	12	3	5	9	13	7
18	8	9	4	5	13	10	8	6	8	1	12	2	5	11	8	12	16	9	5	5	14	5	16	13	8	2	12	2	9	8
19	12	14	12	9	2	13	4	1	1	15	6	15	16	1	3	8	15	14	4	6	2	1	2	15	7	11	16	11	16	4
20	1	9	13	4	6	9	12	12	5	15	11	10	5	3	11	9	10	16	8	15	5	4	4	12	15	6	5	16	7	6
21	12	4	4	16	2	16	7	12	11	13	13	11	7	12	7	13	11	8	6	8	11	5	13	4	4	5	5	10	6	10
22	7	12	2	6	9	8	8	10	16	14	11	1	12	7	14	6	7	12	13	9	10	10	2	2	16	11	1	5	9	4
23	16	5	3	11	9	6	3	2	8	6	2	15	2	12	13	6	8	4	15	14	5	12	3	16	2	5	11	13	2	7
24	7	7	3	7	3	10	4	6	7	10	7	10	5	14	8	7	13	5	13	12	5	5	6	3	7	2	1	6	10	12
25	4	12	5	6	6	3	5	6	8	12	14	7	3	7	5	14	9	9	13	10	11	14	11	9	13	12	4	8	7	6
26	11	9	12	11	14	2	2	12	16	7	4	14	5	15	8	3	5	3	2	2	13	5	3	1	2	4	13	11	9	2
27	3	3	7	12	6	9	13	5	9	14	7	10	8	1	4	15	15	15	16	9	8	14	6	10	10	13	9	7	7	11
28	13	10	10	1	3	11	5	8	9	5	9	9	7	3	4	8	13	2	14	8	12	16	14	9	13	8	13	5	4	12
29	4	13	2	6	9	13	15	5	5	1	9	14	4	10	12	10	12	10	10	3	4	6	2	1	11	3	6	15	2	11
30	1	9	4	14	5	10	1	6	14	5	3	5	5	10	1	13	8	12	1	15	8	9	2	10	12	1	6	9	7	11
31	13	2	2	6	14	8	3	6	12	3	12	16	16	12	6	1	14	13	3	10	10	16	9	10	10	16	15	12	4	2
32	11	10	13	11	14	2	13	8	11	8	10	11	9	8	14	15	8	12	2	7	14	2	3	4	1	14	8	5	4	15
33	13	16	4	10	3	6	10	8	12	3	10	6	6	2	2	4	3	15	12	14	9	11	12	2	16	1	11	3	4	10
34	6	3	8	9	7	14	2	10	4	10	12	15	5	12	16	3	1	6	16	11	10	1	9	4	8	11	8	1	16	2
35	9	9	3	5	10	3	14	5	13	5	1	5	4	10	9	8	9	15	7	11	12	12	6	4	2	5	7	4	8	2
36	13	5	7	16	1	7	4	13	15	11	2	15	2	15	1	7	6	6	5	10	2	11	10	6	9	3	13	13	1	7
37	4	7	15	8	8	6	12	10	2	2	1	1	3	13	3	16	5	1	12	7	8	1	13	11	5	5	12	12	3	10
38	15	6	2	5	16	9	11	10	12	11	13	8	9	8	12	5	10	13	7	9	9	11	10	14	15	12	16	6	9	8
39	6	9	2	7	5	3	15	16	11	11	14	16	16	12	14	4	1	10	6	1	3	2	9	9	13	13	3	8	12	16
40	3	2	12	1	10	8	2	3	1	9	12	16	3	15	11	2	11	9	8	2	15	4	4	9	13	13	15	6	7	6
41	3	15	11	3	7	4	4	8	6	7	5	11	16	6	8	11	10	10	9	7	7	12	11	10	12	8	4	1	1	8
42	13	7	5	2	9	8	3	10	1	4	6	1	3	7	13	13	1	7	5	2	7	16	2	9	16	16	7	10	3	3
43	15	6	9	16	4	5	14	9	3	14	2	1	7	7	13	4	8	6	8	5	4	6	13	12	13	8	11	1	9	4
44	3	11	2	9	7	10	1	2	2	1	15	4	7	2	6	12	3	7	16	4	5	5	16	16	4	12	6	13	9	5
45	16	1	9	10	4	14	5	1	1	16	12	11	11	11	10	14	6	6	2	11	14	9	14	10	9	9	2	3	12	10
46	16	14	11	9	16	2	12	16	5	8	12	10	7	2	2	5	3	10	10	3	2	2	15	1	8	2	13	16	1	9
47	9	9	11	14	6	6	2	16	4	16	1	3	4	13	5	7	7	3	10	8	4	11	13	12	3	5	9	13	7	11
48	9	4	5	13	10	8	6	8	1	12	2	5	11	8	12	16	9	5	5	14	5	16	13	8	2	12	2	9	8	1
49	14	12	9	2	13	4	1	1	15	6	15	16	1	3	8	15	14	4	6	2	1	2	15	7	11	16	11	16	4	12
50	9	13	4	6	9	12	12	5	15	11	10	5	3	11	9	10	16	8	15	5	4	4	12	15	6	5	16	7	6	15
51	4	4	16	2	16	7	12	11	13	13	11	7	12	7	13	11	8	6	8	11	5	13	4	4	5	5	10	6	10	9
52	12	2	6	9	8	8	10	16	14	11	1	12	7	14	6	7	12	13	9	10	10	2	2	16	11	1	5	9	4	12
53	5	3	11	9	6	3	2	8	6	2	15	2	12	13	6	8	4	15	14	5	12	3	16	2	5	11	13	2	7	4
54	7	3	7	3	10	4	6	7	10	7	10	5	14	8	7	13	5	13	12	5	5	6	3	7	2	1	6	10	12	13
55	12	5	6	6	3	5	6	8	12	14	7	3	7	5	14	9	9	13	10	11	14	11	9	13	12	4	8	7	6	16
56	9	12	11	14	2	2	12	16	7	4	14	5	15	8	3	5	3	2	2	13	5	3	1	2	4	13	11	9	2	16
57	3	7	12	6	9	13	5	9	14	7	10	8	1	4	15	15	15	16	9	8	14	6	10	10	13	9	7	7	11	12
58	10	10	1	3	11	5	8	9	5	9	9	7	3	4	8	13	2	14	8	12	16	14	9	13	8	13	5	4	12	5
59	13	2	6	9	13	15	5	5	1	9	14	4	10	12	10	12	10	10	3	4	6	2	1	11	3	6	15	2	11	6

SECONDS

112

Minutes

Sec	30	31	32	33	34	35	36	37	38	39	40	41	42	43	44	45	46	47	48	49	50	51	52	53	54	55	56	57	58	59
0	11	9	1	5	6	4	13	3	14	13	14	16	3	10	10	2	13	1	5	6	11	14	9	5	6	13	7	11	12	4
1	2	12	2	11	5	4	14	6	1	12	6	10	9	14	7	11	13	3	16	10	12	6	14	6	15	12	5	13	5	1
2	15	7	6	7	5	14	6	8	16	3	15	10	1	4	14	10	16	9	2	16	12	6	9	16	4	7	8	2	1	3
3	10	10	10	16	1	7	8	3	16	10	4	14	12	7	12	12	11	10	14	8	16	15	6	10	4	2	10	14	8	10
4	2	12	5	1	2	3	1	15	15	13	15	2	13	16	3	1	11	11	5	8	2	10	13	14	14	12	3	6	13	14
5	2	4	11	2	9	4	1	5	16	9	4	8	15	8	1	7	7	5	5	6	2	1	7	3	14	2	11	5	3	2
6	7	5	6	4	11	3	15	2	2	7	13	11	5	10	14	15	13	15	12	10	8	2	7	2	6	1	1	11	13	13
7	10	4	6	16	5	1	13	10	5	10	15	3	13	5	12	16	2	13	13	1	10	8	4	5	1	16	1	2	7	11
8	8	3	14	11	7	4	1	2	1	16	3	5	13	11	4	7	3	15	15	6	12	13	3	11	16	2	6	7	10	2
9	16	5	14	2	13	9	10	3	4	12	9	2	7	1	3	3	8	1	15	13	4	11	1	10	4	14	12	2	10	1
10	6	10	7	8	2	7	13	10	10	14	11	1	3	13	5	10	7	6	4	12	7	10	5	7	4	16	12	12	7	12
11	8	4	3	8	12	7	14	16	4	6	15	11	3	9	3	16	4	14	9	14	1	4	13	5	4	9	12	15	6	2
12	3	13	5	13	5	14	11	5	7	4	6	10	9	12	8	1	8	5	15	12	10	1	12	16	3	12	7	15	1	16
13	4	9	12	13	10	5	13	7	7	15	11	13	1	4	1	11	9	13	13	16	6	4	15	15	8	4	1	16	5	1
14	5	2	15	15	10	7	8	13	5	1	6	1	4	6	1	12	4	2	9	10	2	6	4	14	3	8	5	5	3	10
15	10	14	5	6	14	4	15	3	14	14	15	4	12	13	1	5	4	14	3	1	8	12	7	4	9	15	12	16	2	3
16	9	14	10	4	10	2	7	4	16	12	14	8	7	9	2	15	7	11	15	11	10	16	6	8	5	8	4	13	16	11
17	11	13	6	12	1	1	9	14	4	12	4	6	10	12	3	3	13	15	6	12	10	8	16	11	5	11	13	5	12	3
18	1	5	14	8	11	6	12	12	11	11	4	16	16	9	14	7	6	7	7	6	5	5	5	14	11	6	3	16	9	16
19	12	16	9	9	3	11	2	13	11	10	15	1	7	10	2	9	11	6	16	1	13	14	12	1	15	2	3	13	11	9
20	15	5	14	14	7	3	1	11	2	2	11	15	8	16	3	8	6	15	8	14	16	15	11	14	12	1	3	1	8	10
21	9	5	16	1	13	5	16	6	16	14	1	13	13	12	12	7	13	6	16	11	10	12	6	7	2	15	6	2	3	14
22	12	5	10	16	15	7	3	14	5	12	9	5	12	11	14	4	14	12	3	15	8	16	6	6	14	3	15	2	14	13
23	4	7	3	8	14	11	8	8	11	9	15	13	13	11	15	13	15	4	15	16	7	1	1	4	5	11	16	15	14	1
24	13	12	8	6	2	2	3	14	3	8	15	5	7	3	6	3	5	9	12	11	4	5	13	5	3	11	9	9	16	4
25	16	3	6	3	13	11	2	9	4	3	4	10	16	13	12	4	7	11	5	15	13	15	5	7	1	9	1	1	7	13
26	16	1	8	7	3	1	4	1	7	15	14	2	2	12	2	16	4	3	8	16	12	9	15	13	11	8	10	14	2	12
27	12	13	16	11	2	16	6	5	2	10	14	15	5	9	15	3	8	16	1	5	11	14	10	7	1	5	10	8	7	14
28	5	3	9	14	8	9	8	10	12	6	3	11	7	13	8	8	15	8	8	15	2	5	7	15	9	6	8	5	12	5
29	6	2	9	14	14	11	13	14	14	8	3	8	10	4	10	2	15	2	13	15	2	10	4	9	2	1	3	1	8	1
30	9	1	5	6	4	13	3	14	13	14	16	3	10	10	2	13	1	5	6	11	14	9	5	6	13	7	11	12	4	1
31	12	2	11	5	4	14	6	1	12	6	10	9	14	7	11	13	3	16	10	12	6	14	6	15	12	5	13	5	1	15
32	7	6	7	5	14	6	8	16	3	15	10	1	4	14	10	16	9	2	16	12	6	9	16	4	7	8	2	1	3	1
33	10	10	16	1	7	8	3	16	10	4	14	12	7	12	12	11	10	14	8	16	15	6	10	4	2	10	14	8	10	3
34	12	5	1	2	3	1	15	15	13	15	2	13	16	3	1	11	11	5	8	2	10	13	14	14	12	3	6	13	14	9
35	4	11	2	9	4	1	5	16	9	4	8	15	8	1	7	7	5	5	6	2	1	7	3	14	2	11	5	3	2	9
36	5	6	4	11	3	15	2	2	7	13	11	5	10	14	15	13	15	12	10	8	2	7	2	6	1	1	11	13	13	16
37	4	6	16	5	1	13	10	5	10	15	3	13	5	12	16	2	13	13	1	10	8	4	5	1	16	1	2	7	11	3
38	3	14	11	7	4	1	2	1	16	3	5	13	11	4	7	3	15	15	6	12	13	3	11	16	2	6	7	10	2	14
39	5	14	2	13	9	10	3	4	12	9	2	7	1	3	3	8	1	15	13	4	11	1	10	4	14	12	2	10	1	7
40	10	7	8	2	7	13	10	10	14	11	1	3	13	5	10	7	6	4	12	7	10	5	7	4	16	12	12	7	12	15
41	4	3	8	12	7	14	16	4	6	15	11	3	9	3	16	4	14	9	14	1	4	13	5	4	9	12	15	6	2	9
42	13	5	13	5	14	11	5	7	4	6	10	9	12	8	1	8	5	15	12	10	1	12	16	3	12	7	15	1	16	12
43	9	12	13	10	5	13	7	7	15	11	13	1	4	1	11	9	13	13	16	6	4	15	15	8	4	1	16	5	1	10
44	2	15	15	10	7	8	13	5	1	6	1	4	6	1	12	4	2	9	10	2	6	4	14	3	8	5	5	3	10	3
45	14	5	6	14	4	15	3	14	14	15	4	12	13	1	5	4	14	3	1	8	12	7	4	9	15	12	16	2	3	12
46	14	10	4	10	2	7	4	16	12	14	8	7	9	2	15	7	11	15	11	10	16	6	8	5	8	4	13	16	11	13
47	13	6	12	1	1	9	14	4	12	4	6	10	12	3	3	13	15	6	12	10	8	16	11	5	11	13	5	12	3	10
48	5	14	8	11	6	12	12	11	11	4	16	16	9	14	7	6	7	7	6	5	5	5	14	11	6	3	16	9	16	11
49	16	9	9	3	11	2	13	11	10	15	1	7	10	2	9	11	6	16	1	13	14	12	1	15	2	3	13	11	9	3
50	5	14	14	7	3	1	11	2	2	11	15	8	16	3	8	6	15	8	14	16	15	11	14	12	1	3	1	8	10	9
51	5	16	1	13	5	16	6	16	14	1	13	13	12	12	7	13	6	16	11	10	12	6	7	2	15	6	2	3	14	6
52	5	10	16	15	7	3	14	5	12	9	5	12	11	14	4	14	12	3	15	8	16	6	6	14	3	15	2	14	13	4
53	7	3	8	14	11	8	8	11	9	15	13	13	11	15	13	15	4	15	16	7	1	1	4	5	11	16	15	14	1	16
54	12	8	6	2	2	3	14	3	8	15	5	7	3	6	3	5	9	12	11	4	5	13	5	3	11	9	9	16	4	14
55	3	6	3	13	11	2	9	4	3	4	10	16	13	12	4	7	11	5	15	13	15	5	7	1	9	1	1	7	13	11
56	1	8	7	3	1	4	1	7	15	14	2	2	12	2	16	4	3	8	16	12	9	15	13	11	8	10	14	2	12	3
57	13	16	11	2	16	6	5	2	10	14	15	5	9	15	3	8	16	1	5	11	14	10	7	1	5	10	8	7	14	9
58	3	9	14	8	9	8	10	12	6	3	11	7	13	8	8	15	8	8	15	2	5	7	15	9	6	8	5	12	5	6
59	2	9	14	14	11	13	14	14	8	3	8	10	4	10	2	15	2	13	15	2	10	4	9	2	1	3	1	8	1	12

(Left margin label, rows 25–31: S E C O N D S)

2D16

Minutes

	0	1	2	3	4	5	6	7	8	9	10	11	12	13	14	15	16	17	18	19	20	21	22	23	24	25	26	27	28	29
0	5	20	19	25	12	19	13	16	6	23	21	21	11	9	10	20	15	10	26	9	17	3	9	5	23	25	18	27	22	10
1	23	30	8	23	14	14	14	17	14	28	18	26	22	22	20	13	24	20	16	18	17	21	29	27	18	20	10	15	30	16
2	18	21	15	28	12	19	7	8	23	28	24	15	14	11	24	23	17	18	11	7	9	25	6	8	22	23	15	30	6	14
3	16	26	15	14	10	19	28	10	28	17	17	16	5	24	25	19	26	10	21	12	20	7	17	4	4	14	9	15	30	15
4	20	20	26	28	17	25	17	12	31	21	21	6	24	12	19	15	10	24	20	13	6	11	18	23	20	18	18	9	25	16
5	17	14	9	12	19	9	21	18	11	8	19	20	6	26	20	14	20	30	20	23	27	16	12	14	15	28	8	7	22	22
6	14	16	5	16	20	25	7	27	17	20	18	14	18	6	30	15	15	12	11	17	15	18	7	17	26	18	18	16	20	18
7	24	14	16	16	7	18	3	15	19	19	25	13	29	21	25	16	24	12	11	17	4	13	11	18	16	18	17	17	14	10
8	13	8	9	20	21	25	30	15	17	26	21	27	6	16	8	18	21	12	4	18	21	9	18	11	2	26	23	19	19	23
9	21	24	25	11	17	17	20	14	21	7	18	20	17	2	7	9	11	14	12	15	10	25	10	10	17	23	26	26	22	24
10	18	9	16	15	12	13	7	8	14	14	18	17	16	22	18	22	12	29	16	13	20	18	8	18	29	17	12	28	28	18
11	24	14	7	19	9	18	16	19	19	18	26	12	6	10	16	15	14	6	27	14	15	24	15	6	24	14	6	20	20	22
12	14	15	14	14	20	18	16	7	14	13	14	30	28	5	10	19	16	16	19	15	25	4	26	23	16	19	15	4	4	26
13	9	4	11	23	16	18	22	15	18	14	12	27	5	19	11	21	11	8	18	21	16	11	31	18	25	15	16	13	14	25
14	12	28	24	18	9	16	2	13	11	8	19	5	12	7	9	19	15	21	15	13	20	17	14	26	15	21	23	17	10	11
15	29	4	20	17	21	12	23	16	2	17	17	16	28	27	18	18	19	24	8	12	10	7	26	23	14	21	13	6	19	10
16	19	18	20	30	22	15	21	17	14	11	19	14	15	30	6	12	12	14	10	22	19	15	13	30	20	15	12	12	15	13
17	17	25	20	17	21	19	22	15	18	12	24	9	21	20	16	15	14	12	11	7	19	15	7	5	14	4	16	18	26	9
18	21	20	10	19	16	17	24	25	16	19	16	28	23	12	16	6	17	4	11	13	17	30	26	17	4	11	26	10	20	9
19	18	11	24	22	12	13	26	9	17	6	21	22	16	19	20	21	16	13	15	6	7	16	14	15	28	19	25	31	16	16
20	20	10	27	10	7	12	9	20	11	12	25	4	16	15	10	8	16	9	16	20	23	16	7	24	4	15	25	21	21	21
21	8	5	7	16	23	17	23	20	21	25	14	9	10	10	16	22	25	24	11	15	12	17	11	18	15	25	14	13	14	22
22	15	24	22	17	25	10	15	15	5	25	27	21	17	19	23	24	21	29	17	13	17	15	13	23	9	8	21	7	16	16
23	7	6	22	25	6	13	13	26	16	9	10	13	18	20	9	26	18	31	6	12	18	24	15	12	23	17	18	16	20	10
24	27	10	5	13	15	13	27	13	9	19	22	15	13	22	10	24	19	18	14	23	16	9	15	30	22	17	20	19	25	23
25	10	18	11	17	14	11	22	24	23	21	27	13	10	16	13	17	20	9	12	16	8	18	17	18	22	26	16	26	23	23
26	11	11	19	17	18	15	20	27	15	18	32	10	19	13	10	19	21	27	17	20	24	16	29	11	25	6	22	18	26	28
27	24	20	20	7	16	11	22	7	19	20	27	19	5	4	3	22	11	15	15	31	16	15	6	27	17	15	17	19	20	12
28	24	17	5	23	10	21	19	5	14	21	16	8	10	17	13	25	23	14	8	18	15	27	16	14	16	13	13	23	26	4
29	26	13	16	21	7	26	18	16	21	27	14	12	14	22	28	26	22	13	17	11	18	7	22	18	11	22	17	16	14	9
30	20	19	25	12	19	13	16	6	23	21	21	11	9	10	20	15	10	26	9	17	3	9	5	23	25	18	27	22	10	21
31	30	8	23	14	14	14	17	14	28	18	26	22	22	20	13	24	20	16	18	17	21	29	27	18	20	10	15	30	16	6
32	21	15	28	12	19	7	8	23	28	24	15	14	11	24	23	17	18	11	7	9	25	6	8	22	23	15	30	6	14	16
33	26	15	14	10	19	28	10	28	17	17	16	5	24	25	19	26	10	21	12	20	7	17	4	4	14	9	15	30	15	19
34	20	26	28	17	25	17	12	31	21	21	6	24	12	19	15	10	24	20	13	6	11	18	23	20	18	18	9	25	16	14
35	14	9	12	19	9	21	18	11	8	19	20	6	26	20	14	20	30	20	23	27	16	12	14	15	28	8	7	22	22	2
36	16	5	16	20	25	7	27	17	20	18	14	18	6	30	15	15	12	11	17	15	18	7	17	26	18	18	16	20	18	15
37	14	16	16	7	18	3	15	19	19	25	13	29	21	25	16	24	12	11	17	4	13	11	18	16	18	17	17	14	10	12
38	8	9	20	21	25	30	15	17	26	21	27	6	16	8	18	21	12	4	18	21	9	18	11	2	26	23	19	19	23	14
39	24	25	11	17	17	20	14	21	7	18	20	17	2	7	9	11	14	12	15	10	25	10	10	17	23	26	26	22	24	14
40	9	16	15	12	13	7	8	14	14	18	17	16	22	18	22	12	29	16	13	20	18	8	18	29	17	12	28	28	18	22
41	14	7	19	9	18	16	19	19	18	26	12	6	10	16	15	14	6	27	14	15	24	15	6	24	14	6	20	20	22	14
42	15	14	14	20	18	16	7	14	13	14	30	28	5	10	19	16	16	19	15	25	4	26	23	16	19	15	4	4	26	27
43	4	11	23	16	18	22	15	18	14	12	27	5	19	11	21	11	8	18	21	16	11	31	18	25	15	16	13	14	25	15
44	28	24	18	9	16	2	13	11	8	19	5	12	7	9	19	15	21	15	13	20	17	14	26	15	21	23	17	10	11	4
45	4	20	17	21	12	23	16	2	17	17	16	28	27	18	18	19	24	8	12	10	7	26	23	14	21	13	6	19	10	11
46	18	20	30	22	15	21	17	14	11	19	14	15	30	6	12	12	14	10	22	19	15	13	30	20	15	12	12	15	13	26
47	25	20	17	21	19	22	15	18	12	24	9	21	20	16	15	14	12	11	7	19	15	7	5	14	4	16	18	26	9	24
48	20	10	19	16	17	24	25	16	19	16	28	23	12	16	6	17	4	11	13	17	30	26	17	4	11	26	10	20	9	22
49	11	24	22	12	13	26	9	17	6	21	22	16	19	20	21	16	13	15	6	7	16	14	15	28	19	25	31	16	16	23
50	10	27	10	7	12	9	20	11	12	25	4	16	15	10	8	16	9	16	20	23	16	7	24	4	15	25	21	21	21	17
51	5	7	16	23	17	23	20	21	25	14	9	10	10	16	22	25	24	11	15	12	17	11	18	15	25	14	13	14	22	15
52	24	22	17	25	10	15	15	5	25	27	21	17	19	23	24	21	29	17	13	17	15	13	23	9	8	21	7	16	16	13
53	6	22	25	6	13	13	26	16	9	10	13	18	20	9	26	18	31	6	12	18	24	15	12	23	17	18	16	20	10	29
54	10	5	13	15	13	27	13	9	19	22	15	13	22	10	24	19	18	14	23	16	9	15	30	22	17	20	19	25	23	27
55	18	11	17	14	11	22	24	23	21	27	13	10	16	13	17	20	9	12	16	8	18	17	18	22	26	16	26	23	23	28
56	11	19	17	18	15	20	27	15	18	32	10	19	13	10	19	21	27	17	20	24	16	29	11	25	6	22	18	26	28	16
57	20	20	7	16	11	22	7	19	20	27	19	5	4	3	22	11	15	15	31	16	15	6	27	17	15	17	19	20	12	16
58	17	5	23	10	21	19	5	14	21	16	8	10	17	13	25	23	14	8	18	15	27	16	14	16	13	13	23	26	4	21
59	13	16	21	7	26	18	16	21	27	14	12	14	22	28	26	22	13	17	11	18	7	22	18	11	22	17	16	14	9	19

(Rows labelled vertically at left, opposite rows 25–31: **SECONDS**)

	30	31	32	33	34	35	36	37	38	39	40	41	42	43	44	45	46	47	48	49	50	51	52	53	54	55	56	57	58	59
0	21	21	11	18	23	15	14	3	8	16	22	17	6	27	9	17	8	19	22	30	28	23	16	19	13	9	28	24	16	20
1	6	25	19	21	19	4	15	24	17	6	18	9	10	7	16	23	7	17	10	20	26	18	15	26	14	10	16	14	17	17
2	16	21	7	17	18	30	14	17	9	15	7	10	21	18	14	7	13	16	28	9	23	5	14	17	9	26	23	11	6	28
3	19	9	12	22	27	25	17	9	2	6	24	21	26	16	18	20	12	12	11	15	23	18	20	13	12	17	25	17	2	15
4	14	17	7	24	25	7	13	9	21	8	20	27	3	15	6	11	23	13	13	14	13	11	15	20	15	5	22	11	22	26
5	2	16	22	21	5	15	16	30	18	16	22	18	19	6	25	20	24	14	11	27	17	8	5	19	19	7	7	12	6	12
6	15	15	15	17	17	19	28	4	19	13	6	25	18	13	21	17	18	15	4	18	24	18	7	9	8	12	28	19	11	9
7	12	10	11	26	21	24	19	12	27	21	17	27	16	11	24	18	13	23	26	14	15	16	12	14	10	21	10	24	9	7
8	14	21	20	28	17	6	15	16	9	8	23	23	18	17	26	9	8	27	4	9	18	20	28	9	26	26	21	12	24	26
9	14	2	18	20	13	22	11	5	14	14	16	13	16	19	27	10	4	23	11	20	9	5	16	17	25	21	21	25	17	10
10	22	16	22	16	18	23	5	12	24	15	25	23	16	21	15	18	31	18	23	16	21	24	12	24	17	23	19	22	10	
11	14	12	20	9	15	5	24	26	19	22	14	12	19	12	19	23	8	14	21	18	29	15	32	17	12	22	16	12	24	5
12	27	22	27	20	16	11	5	23	23	12	19	16	11	8	24	13	31	14	11	23	17	25	22	16	13	7	19	14	21	24
13	15	23	20	6	27	18	21	12	7	20	12	18	18	20	14	27	18	16	21	10	10	5	25	15	12	24	23	12	18	17
14	4	17	8	12	7	16	9	19	9	3	15	19	20	2	5	13	28	22	13	22	28	9	21	10	13	23	24	5	20	25
15	11	6	3	15	9	17	26	20	19	12	16	19	8	23	14	19	5	21	19	20	21	14	24	15	13	22	15	18	13	7
16	26	11	11	12	18	11	14	7	15	17	8	12	22	11	20	31	21	17	14	17	18	17	18	20	21	9	19	11	3	11
17	24	21	20	19	25	26	17	9	26	18	24	8	9	26	22	25	7	13	22	7	19	27	24	28	9	21	12	15	20	13
18	22	18	17	9	19	19	17	2	16	16	15	11	25	6	6	19	12	26	19	15	20	12	14	16	10	18	10	28	14	13
19	23	16	12	16	18	16	20	26	11	17	27	17	10	22	24	9	21	16	19	20	21	23	21	19	26	20	23	31	8	17
20	17	18	8	25	10	17	19	27	13	18	25	17	23	23	18	23	22	29	12	15	12	13	23	10	16	8	18	11	22	14
21	15	14	27	26	12	9	10	14	16	14	14	13	19	23	16	28	15	16	16	10	17	7	15	15	17	21	13	14	12	23
22	13	7	21	23	21	13	5	15	14	21	27	18	10	12	16	28	20	22	18	18	12	3	17	19	14	6	15	19	12	6
23	29	20	23	16	8	12	10	25	31	17	25	23	14	16	5	10	19	21	22	13	19	7	16	13	20	21	18	16	23	28
24	27	15	23	13	22	14	24	14	16	18	8	10	17	18	15	16	15	17	11	20	20	13	9	14	21	10	28	13	11	14
S 25	28	16	23	9	23	8	14	18	12	23	15	3	19	10	23	6	16	6	24	9	13	18	29	19	16	21	5	6	18	22
E 26	16	14	7	13	14	14	16	14	23	15	8	23	19	28	16	5	8	21	13	18	14	21	14	19	12	29	25	17	19	14
C 27	16	9	14	20	11	16	8	20	20	15	18	7	18	22	13	20	25	16	16	24	14	15	12	18	18	17	9	11	18	8
O 28	21	11	15	12	23	16	24	19	7	6	16	17	11	15	20	29	12	24	5	26	26	23	3	11	20	17	10	26	22	30
N 29	19	10	22	12	28	20	16	27	11	16	17	18	20	18	13	15	30	7	6	22	15	15	23	28	18	24	23	8	25	8
D 30	21	11	18	23	15	14	3	8	16	22	17	6	27	9	17	8	19	22	30	28	23	16	19	13	9	28	24	16	20	9
S 31	25	19	21	19	4	15	24	17	6	18	9	10	7	16	23	7	17	10	20	26	18	15	26	14	10	16	14	17	17	10
32	21	7	17	18	30	14	17	9	15	7	10	21	18	14	7	13	16	28	9	23	5	14	17	9	26	23	11	6	28	14
33	9	12	22	27	25	17	9	2	6	24	21	26	16	18	20	12	12	11	15	23	18	20	13	12	17	25	17	2	15	15
34	17	7	24	25	7	13	9	21	8	20	27	3	15	6	11	23	13	13	14	13	11	15	20	15	5	22	11	22	26	16
35	16	22	21	5	15	16	30	18	16	22	18	19	6	25	20	24	14	11	27	17	8	5	19	19	7	7	12	6	12	29
36	15	15	17	17	19	28	4	19	13	6	25	18	13	21	17	18	15	4	18	24	18	7	9	8	12	28	19	11	9	12
37	10	11	26	21	24	19	12	27	21	17	27	16	11	24	18	13	23	26	14	15	16	12	14	10	21	10	24	9	7	7
38	21	20	28	17	6	15	16	9	8	23	23	18	17	26	9	8	27	4	9	18	20	28	9	26	26	21	12	24	26	23
39	2	18	20	13	22	11	5	14	14	16	13	16	19	27	10	4	23	11	20	9	5	16	17	25	21	21	25	17	10	27
40	16	22	16	18	18	23	5	12	24	15	25	23	16	21	15	18	31	18	23	16	21	24	12	24	17	23	19	22	10	13
41	12	20	9	15	5	24	26	19	22	14	12	19	12	19	23	8	14	21	18	29	15	32	17	12	22	16	12	24	5	18
42	22	27	20	16	11	5	23	23	12	19	16	11	8	24	13	31	14	11	23	17	25	22	16	13	7	19	14	21	24	18
43	23	20	6	27	18	21	12	7	20	12	18	18	20	14	27	18	16	21	10	10	5	25	15	12	24	23	12	18	17	23
44	17	8	12	7	16	9	19	9	3	15	19	20	2	5	13	28	22	13	22	28	9	21	10	13	23	24	5	20	25	22
45	6	3	15	9	17	26	20	19	12	16	19	8	23	14	19	5	21	19	20	21	14	24	15	13	22	15	18	13	7	24
46	11	11	12	18	11	14	7	15	17	8	12	22	11	20	31	21	17	14	17	18	17	18	20	21	9	19	11	3	11	18
47	21	20	19	25	26	17	9	26	18	24	8	9	26	22	25	7	13	22	7	19	27	24	28	9	21	12	15	20	13	23
48	18	17	9	19	19	17	2	16	16	15	11	25	6	6	19	12	26	19	15	20	12	14	16	10	18	10	28	14	13	26
49	16	12	16	18	16	20	26	11	17	27	17	10	22	24	9	21	16	19	20	21	23	21	19	26	20	23	31	8	17	9
50	18	8	25	10	17	19	27	13	18	25	17	23	23	18	23	22	29	12	15	12	13	23	10	16	8	18	11	22	14	2
51	14	27	26	12	9	10	14	16	14	14	13	19	23	16	28	15	16	16	10	17	7	15	15	17	21	13	14	12	23	6
52	7	21	23	21	13	5	15	14	21	27	18	10	12	16	28	20	22	18	18	12	3	17	19	14	6	15	19	12	6	17
53	20	23	16	8	12	10	25	31	17	25	23	14	16	5	10	19	21	22	13	19	7	16	13	20	21	18	16	23	28	15
54	15	23	13	22	14	24	14	16	18	8	10	17	18	15	16	15	17	11	20	20	13	9	14	21	10	28	13	11	14	13
55	16	23	9	23	8	14	18	12	23	15	3	19	10	23	6	16	6	24	9	13	18	29	19	16	21	5	6	18	22	9
56	14	7	13	14	14	16	14	23	15	8	23	19	28	16	5	8	21	13	18	14	21	14	19	12	29	25	17	19	14	7
57	9	14	20	11	16	8	20	20	15	18	7	18	22	13	20	25	16	16	24	14	15	12	18	18	17	9	11	18	8	11
58	11	15	12	23	16	24	19	7	6	16	17	11	15	20	29	12	24	5	26	26	23	3	11	20	17	10	26	22	30	5
59	10	22	12	28	20	16	27	11	16	17	18	20	18	13	15	30	7	6	22	15	15	23	28	18	24	23	8	25	8	3

3D16

	0	1	2	3	4	5	6	7	8	9	10	11	12	13	14	15	16	17	18	19	20	21	22	23	24	25	26	27	28	29
0	30	24	33	23	28	30	37	27	28	20	30	24	35	19	37	45	42	19	21	24	21	20	29	23	23	26	17	25	28	14
1	33	31	24	28	38	30	35	13	33	32	29	28	36	10	18	17	27	21	36	12	16	32	16	22	29	28	26	36	34	35
2	30	22	29	26	22	10	34	26	19	13	35	33	27	23	23	25	13	40	40	30	31	29	29	15	35	19	35	37	12	13
3	32	21	34	7	28	32	15	24	26	19	12	44	28	18	28	23	12	27	41	18	21	29	16	18	31	10	26	28	20	10
4	11	21	28	33	18	27	38	19	13	23	20	22	36	19	38	21	24	11	31	30	20	25	21	20	18	30	22	25	24	24
5	18	30	35	28	18	18	18	25	22	14	16	35	22	20	20	23	25	32	10	28	23	26	40	28	13	26	28	14	37	29
6	23	28	25	27	28	26	35	9	30	15	27	23	17	31	36	24	27	21	25	29	34	33	16	24	20	30	30	25	34	25
7	29	16	17	11	26	31	24	24	37	28	14	26	10	24	15	36	29	17	26	32	20	29	34	20	28	23	15	20	18	28
8	36	34	12	13	30	19	18	35	30	25	20	36	19	22	29	27	41	23	33	13	14	19	30	31	32	24	32	34	33	19
9	14	37	31	23	37	31	34	37	36	11	29	30	41	30	37	20	32	20	22	33	39	19	10	15	31	30	30	22	22	30
10	30	28	26	20	26	21	16	23	24	11	38	38	25	22	43	19	23	33	13	24	27	17	36	37	28	28	18	29	40	34
11	25	23	23	24	33	34	38	28	27	28	23	32	21	34	34	43	22	15	32	29	31	31	26	47	30	37	29	37	26	30
12	37	17	24	17	20	30	33	21	11	10	27	36	26	9	29	32	43	22	17	25	17	14	33	32	20	30	22	40	23	25
13	13	36	11	40	24	47	31	29	34	18	19	41	43	19	13	25	12	10	19	22	16	26	17	19	29	21	12	22	24	42
14	19	15	28	32	18	23	21	27	14	32	24	36	27	12	18	25	22	19	21	24	12	23	16	34	26	31	30	34	19	28
15	36	19	41	36	26	27	43	26	22	28	14	33	15	21	26	31	31	32	23	22	23	32	18	25	33	31	30	33	36	34
16	29	19	46	31	26	20	32	15	32	22	31	25	27	38	34	12	20	31	37	34	25	21	30	38	17	36	16	32	44	34
17	6	10	31	23	30	35	28	28	13	32	34	35	29	34	19	26	19	27	30	26	29	15	35	15	23	21	23	16	44	31
18	22	19	34	20	14	30	24	34	20	16	25	26	34	20	21	32	34	39	23	36	12	26	11	19	10	23	28	19	28	25
19	21	22	21	19	26	19	12	22	22	37	23	36	34	31	26	18	31	39	30	28	23	23	18	32	37	28	42	35	25	20
20	33	22	24	14	30	14	36	21	39	35	41	22	31	35	12	35	12	28	31	21	18	29	21	43	23	38	29	23	13	32
21	20	20	37	20	19	22	29	21	27	24	27	19	21	16	20	24	26	16	35	24	24	8	21	35	36	19	32	12	21	25
22	29	29	13	22	21	31	38	16	21	18	21	19	29	22	25	27	26	26	10	47	17	16	25	28	33	26	22	12	29	23
23	29	21	18	35	27	30	31	32	10	17	31	17	26	13	31	25	31	30	31	35	34	23	40	22	26	13	22	43	23	15
24	25	22	10	35	12	22	17	16	39	22	25	20	42	11	27	31	27	30	21	39	27	37	20	34	31	40	32	23	25	12
25	33	35	35	35	21	33	29	29	18	37	19	19	39	22	9	30	32	27	22	32	24	31	35	30	13	40	33	37	20	24
26	18	27	28	38	39	7	40	27	21	21	33	21	23	32	27	38	13	37	35	20	22	16	15	27	12	11	12	28	19	33
27	18	31	24	33	12	31	12	22	25	13	37	40	45	21	21	21	19	22	16	16	19	31	34	17	26	34	32	33	18	14
28	20	28	39	21	28	27	11	37	32	18	14	26	26	27	31	28	23	23	26	36	23	36	17	28	22	39	32	25	11	22
29	38	27	12	24	32	17	29	12	21	35	21	17	31	27	8	32	36	34	18	15	14	30	39	24	16	20	44	26	10	17
30	24	33	23	28	30	37	27	28	20	30	24	35	19	37	45	42	19	21	24	21	20	29	23	23	26	17	25	28	14	16
31	31	24	28	38	30	35	13	33	32	29	28	36	10	18	17	27	21	36	12	16	32	16	22	29	28	26	36	34	35	35
32	22	29	26	22	10	34	26	19	13	35	33	27	23	23	25	13	40	40	30	31	29	29	15	35	19	35	37	12	13	32
33	21	34	7	28	32	15	24	26	19	12	44	28	18	28	23	12	27	41	18	21	29	16	18	31	10	26	28	20	10	36
34	21	28	33	18	27	38	19	13	23	20	22	36	19	38	21	24	11	31	30	20	25	21	20	18	30	22	25	24	24	31
35	30	35	28	18	18	18	25	22	14	16	35	22	20	20	23	25	32	10	28	23	26	40	28	13	26	28	14	37	29	27
36	28	25	27	28	26	35	9	30	15	27	23	17	31	36	24	27	21	25	29	34	33	16	24	20	30	30	25	34	25	39
37	16	17	11	26	31	24	24	37	28	14	26	10	24	15	36	29	17	26	32	20	29	34	20	28	23	15	20	18	28	30
38	34	12	13	30	19	18	35	30	25	20	36	19	22	29	27	41	23	33	13	14	19	30	31	32	24	32	34	33	19	39
39	37	31	23	37	31	34	37	36	11	29	30	41	30	37	20	32	20	22	33	39	19	10	15	31	30	30	22	22	30	18
40	28	26	20	26	21	16	23	24	11	38	38	25	22	43	19	23	33	13	24	27	17	36	37	28	28	18	29	40	34	25
41	23	23	24	33	34	38	28	27	28	23	32	21	34	34	43	22	15	32	29	31	31	26	47	30	37	29	37	26	30	24
42	17	24	17	20	30	33	21	11	10	27	36	26	9	29	32	43	22	17	25	17	14	33	32	20	30	22	40	23	25	23
43	36	11	40	24	47	31	29	34	18	19	41	43	19	13	25	12	10	19	22	16	26	17	19	29	21	12	22	24	42	24
44	15	28	32	18	23	21	27	14	32	24	36	27	12	18	25	22	19	21	24	12	23	16	34	26	31	30	34	19	28	27
45	19	41	36	26	27	43	26	22	28	14	33	15	21	26	31	31	32	23	22	23	32	18	25	33	31	30	33	36	34	18
46	19	46	31	26	20	32	15	32	22	31	25	27	38	34	12	20	31	37	34	25	21	30	38	17	36	16	32	44	34	23
47	10	31	23	30	35	28	28	13	32	34	35	29	34	19	26	19	27	30	26	29	15	35	15	23	21	23	16	44	31	26
48	19	34	20	14	30	24	34	20	16	25	26	34	20	21	32	34	39	23	36	12	26	11	19	10	23	28	19	28	25	28
49	22	21	19	26	19	12	22	22	37	23	36	34	31	26	18	31	39	30	28	23	23	18	32	37	28	42	35	25	20	24
50	22	24	14	30	14	36	21	39	35	41	22	31	35	12	35	12	28	31	21	18	29	21	43	23	38	29	23	13	32	19
51	20	37	20	19	22	29	21	27	24	27	19	21	16	20	24	26	16	35	24	24	8	21	35	36	19	32	12	21	25	26
52	29	13	22	21	31	38	16	21	18	21	19	29	22	25	27	26	26	10	47	17	16	25	28	33	26	22	12	29	23	26
53	21	18	35	27	30	31	32	10	17	31	17	26	13	31	25	31	30	31	35	34	23	40	22	26	13	22	43	23	15	26
54	22	10	35	12	22	17	16	39	22	25	20	42	11	27	31	27	30	21	39	27	37	20	34	31	40	32	23	25	12	34
55	35	35	35	21	33	29	29	18	37	19	19	39	22	9	30	32	27	22	32	24	31	35	30	13	40	33	37	20	24	12
56	27	28	38	39	7	40	27	21	21	33	21	23	32	27	38	13	37	35	20	22	16	15	27	12	11	12	28	19	33	21
57	31	24	33	12	31	12	22	25	13	37	40	45	21	21	21	19	22	16	16	19	31	34	17	26	34	32	33	18	14	17
58	28	39	21	28	27	11	37	32	18	14	26	26	27	31	28	23	23	26	36	23	36	17	28	22	39	32	25	11	22	29
59	27	12	24	32	17	29	12	21	35	21	17	31	27	8	32	36	34	18	15	14	30	39	24	16	20	44	26	10	17	26

SECONDS

Minutes

		30	31	32	33	34	35	36	37	38	39	40	41	42	43	44	45	46	47	48	49	50	51	52	53	54	55	56	57	58	59
	0	16	42	25	24	18	30	26	27	13	26	21	26	24	6	19	23	46	32	29	30	32	32	36	23	15	20	26	29	31	27
	1	35	24	25	18	30	18	23	28	38	39	29	29	25	18	37	38	31	26	19	25	25	28	19	34	18	14	35	19	38	25
	2	32	35	42	23	23	19	19	15	30	9	21	37	36	17	20	28	17	23	20	33	40	14	39	19	20	17	29	25	21	24
	3	36	25	15	19	19	12	30	30	32	34	21	33	16	20	16	35	26	16	37	28	10	22	12	10	25	33	16	20	24	24
	4	31	18	14	29	23	14	35	30	17	22	32	45	30	24	30	19	19	29	28	36	23	27	36	16	25	25	32	17	39	38
	5	27	29	30	37	24	19	30	10	21	32	26	17	37	20	19	22	36	29	29	30	36	13	16	20	41	28	29	15	22	26
	6	39	23	29	23	14	22	29	25	19	23	18	12	15	26	27	28	18	26	39	30	23	32	18	34	36	32	27	31	31	17
	7	30	18	31	4	27	7	17	25	19	24	24	9	30	28	31	20	14	33	14	19	23	12	16	30	35	29	19	22	25	28
	8	39	9	31	25	28	31	30	18	31	20	31	34	32	16	26	7	29	36	15	28	27	20	30	37	44	17	41	21	31	11
	9	18	30	26	11	25	26	29	34	22	13	12	20	27	22	27	33	26	27	18	16	16	41	23	28	30	35	38	38	25	27
	10	25	38	22	18	17	18	28	30	12	18	22	13	21	27	32	26	15	28	21	24	24	36	18	42	25	18	19	16	39	36
	11	24	19	21	35	37	31	21	12	27	15	32	21	36	30	29	24	17	23	28	12	28	26	32	23	22	18	37	30	29	21
	12	23	23	9	30	15	26	31	30	40	33	24	34	21	20	26	13	30	13	28	29	40	27	35	28	15	34	31	26	34	30
	13	24	39	32	30	18	31	21	22	21	21	21	18	27	26	21	21	38	12	21	14	32	36	35	35	29	27	27	28	32	7
	14	27	12	30	16	36	22	31	36	25	37	18	23	28	33	25	25	44	14	24	26	33	29	34	31	27	12	28	35	24	23
	15	18	31	31	26	18	20	30	14	22	41	25	29	29	15	26	39	43	19	33	21	39	21	39	27	19	18	26	35	25	26
	16	23	22	13	35	24	10	26	18	25	14	33	33	29	10	32	35	14	16	23	21	38	9	33	30	22	16	27	40	31	13
	17	26	21	12	26	20	14	22	21	43	15	19	23	39	23	25	22	31	28	27	22	34	22	39	18	30	13	10	22	15	32
	18	28	31	11	28	22	23	31	21	25	32	23	15	10	22	35	25	29	22	20	19	32	25	13	11	25	12	32	30	40	14
	19	24	24	17	22	34	34	33	17	30	15	23	22	18	23	33	34	17	19	21	36	15	16	27	22	33	29	31	22	21	29
	20	19	31	29	29	29	31	36	25	27	18	31	35	41	20	23	29	29	38	36	27	15	20	23	13	15	11	19	34	22	30
	21	26	24	33	39	28	26	25	33	23	25	36	29	38	22	32	32	26	31	17	27	31	34	16	18	24	31	18	31	32	14
	22	26	26	17	15	30	29	15	21	20	24	11	23	17	23	18	26	23	33	31	10	13	18	27	28	35	33	26	21	21	17
	23	26	18	19	30	22	27	33	38	26	28	20	30	20	12	23	24	28	18	7	31	21	22	26	21	30	11	16	15	36	13
	24	34	28	12	13	38	31	14	36	24	28	40	25	25	8	20	34	23	16	33	37	22	34	17	20	33	38	29	24	22	26
S	25	12	15	20	32	26	24	21	32	15	32	28	30	31	24	31	21	36	22	36	23	19	29	25	22	27	27	40	32	22	12
E	26	21	22	7	33	23	39	18	11	25	36	23	32	30	37	8	4	22	30	23	13	37	19	17	38	40	20	36	26	22	30
C	27	17	20	20	29	27	32	34	26	24	10	26	11	31	36	39	13	23	37	25	23	24	20	27	12	20	22	25	29	25	26
O	28	29	5	29	27	30	38	33	24	23	24	29	35	27	17	34	25	26	32	20	15	33	26	33	22	10	37	16	22	20	38
N	29	26	26	15	27	25	18	18	22	9	14	33	21	16	40	12	33	37	37	22	18	35	38	24	20	40	25	32	32	31	20
D	30	42	25	24	18	30	26	27	13	26	21	26	24	6	19	23	46	32	29	30	32	32	36	23	15	20	26	29	31	27	33
S	31	24	25	18	30	18	23	28	38	39	29	29	25	18	37	38	31	26	19	25	25	28	19	34	18	14	35	19	38	25	14
	32	35	42	23	23	19	19	15	30	9	21	37	36	17	20	28	17	23	20	33	40	14	39	19	20	17	29	25	21	24	37
	33	25	15	19	19	12	30	30	32	34	21	33	16	20	16	35	26	16	37	28	10	22	12	10	25	33	16	20	24	24	28
	34	18	14	29	23	14	35	30	17	22	32	45	30	24	30	19	19	29	28	36	23	27	36	16	25	25	32	17	39	38	26
	35	29	30	37	24	19	30	10	21	32	26	17	37	20	19	22	36	29	29	30	36	13	16	20	41	28	29	15	22	26	28
	36	23	29	23	14	22	29	25	19	23	18	12	15	26	27	28	18	26	39	30	23	32	18	34	36	32	27	31	31	17	25
	37	18	31	4	27	7	17	25	19	24	24	9	30	28	31	20	14	33	14	19	23	12	16	30	35	29	19	22	25	28	16
	38	9	31	25	28	31	30	18	31	20	31	34	32	16	26	7	29	36	15	28	27	20	30	37	44	17	41	21	31	11	37
	39	30	26	11	25	26	29	34	22	13	12	20	27	22	27	33	26	27	18	16	16	41	23	28	30	35	38	38	25	27	30
	40	38	22	18	17	18	28	30	12	18	22	13	21	27	32	26	15	28	21	24	24	36	18	42	25	18	19	16	39	36	28
	41	19	21	35	37	31	21	12	27	15	32	21	36	30	29	24	17	23	28	12	28	26	32	23	22	18	37	30	29	21	16
	42	23	9	30	15	26	31	30	40	33	24	34	21	20	26	13	30	13	28	29	40	27	35	28	15	34	31	26	34	30	23
	43	39	32	30	18	31	21	22	21	21	21	18	27	26	21	21	38	12	21	14	32	36	35	35	29	27	27	28	32	7	11
	44	12	30	16	36	22	31	36	25	37	18	23	28	33	25	25	44	14	24	26	33	29	34	31	27	12	28	35	24	23	15
	45	31	31	26	18	20	30	14	22	41	25	29	29	15	26	39	43	19	33	21	39	21	39	27	19	18	26	35	25	26	19
	46	22	13	35	24	10	26	18	25	14	33	33	29	10	32	35	14	16	23	21	38	9	33	30	22	16	27	40	31	13	39
	47	21	12	26	20	14	22	21	43	15	19	23	39	23	25	22	31	28	27	22	34	22	39	18	30	13	10	22	15	32	16
	48	31	11	28	22	23	31	21	25	32	23	15	10	22	35	25	29	22	20	19	32	25	13	11	25	12	32	30	40	14	33
	49	24	17	22	34	34	33	17	30	15	23	22	18	23	33	34	17	19	21	36	15	16	27	22	33	29	31	22	21	29	32
	50	31	29	29	29	31	36	25	27	18	31	35	41	20	23	29	29	38	36	27	15	20	23	13	15	11	19	34	22	30	27
	51	24	33	39	28	26	25	33	23	25	36	29	38	22	32	32	26	31	17	27	31	34	16	18	24	31	18	31	32	14	30
	52	26	17	15	30	29	15	21	20	24	11	23	17	23	18	26	23	33	31	10	13	18	27	28	35	33	26	21	21	17	25
	53	18	19	30	22	27	33	38	26	28	20	30	20	12	23	24	28	18	7	31	21	22	26	21	30	11	16	15	36	13	7
	54	28	12	13	38	31	14	36	24	28	40	25	25	8	20	34	23	16	33	37	22	34	17	20	33	38	29	24	22	26	21
	55	15	20	32	26	24	21	32	15	32	28	30	31	24	31	21	36	22	36	23	19	29	25	22	27	27	40	32	22	12	19
	56	22	7	33	23	39	18	11	25	36	23	32	30	37	8	4	22	30	23	13	37	19	17	38	40	20	36	26	22	30	18
	57	20	20	29	27	32	34	26	24	10	26	11	31	36	39	13	23	37	25	23	24	20	27	12	20	22	25	29	25	26	22
	58	5	29	27	30	38	33	24	23	24	29	35	27	17	34	25	26	32	20	15	33	26	33	22	10	37	16	22	20	38	12
	59	26	15	27	25	18	18	22	9	14	33	21	16	40	12	33	37	37	22	18	35	38	24	20	40	25	32	32	31	20	36

4D16

Minutes

	0	1	2	3	4	5	6	7	8	9	10	11	12	13	14	15	16	17	18	19	20	21	22	23	24	25	26	27	28	29
0	32	33	28	35	40	37	35	33	35	27	34	31	32	39	29	23	34	31	28	24	30	34	25	28	13	40	30	30	39	32
1	41	45	48	27	31	36	34	40	34	53	41	26	42	42	26	38	40	18	41	29	27	32	16	37	35	31	39	28	6	26
2	54	19	44	29	39	27	45	27	34	21	24	31	22	40	26	22	35	39	41	54	28	36	38	27	32	52	33	26	33	21
3	37	49	35	22	23	34	31	37	26	35	36	36	23	40	29	26	30	48	32	34	53	33	28	54	50	46	38	38	38	14
4	32	42	32	29	15	22	44	32	37	39	43	35	29	31	29	25	20	46	46	39	53	32	40	30	20	22	51	23	15	33
5	27	29	8	43	41	26	42	38	26	32	38	26	38	24	34	40	43	36	44	32	36	26	38	44	34	25	32	14	44	29
6	31	34	21	42	20	36	44	24	43	27	29	26	22	20	36	39	42	49	38	42	45	35	46	36	24	41	42	24	12	21
7	31	28	50	45	45	37	38	33	32	35	39	27	34	28	28	19	28	49	25	40	29	41	30	22	44	35	41	32	36	26
8	49	35	41	27	39	44	30	13	44	39	16	32	30	35	41	40	36	35	53	39	27	38	43	34	36	41	38	23	34	25
9	37	27	38	38	29	26	31	35	38	16	16	29	33	20	37	49	35	26	46	29	37	48	30	32	53	27	30	41	24	31
10	25	40	33	32	25	53	45	45	12	51	34	44	27	40	17	15	51	23	30	41	37	22	37	32	28	32	28	24	46	57
11	23	38	38	26	32	39	13	20	38	21	13	38	38	20	27	41	47	21	18	45	28	48	40	42	35	30	61	33	22	34
12	38	36	26	39	46	26	32	30	28	33	44	24	39	52	47	32	46	34	9	37	20	33	35	31	49	42	39	41	24	33
13	33	31	33	26	33	45	32	31	33	26	47	39	36	48	41	26	49	30	23	51	31	43	37	44	18	45	35	35	29	45
14	24	29	34	26	34	37	32	30	32	29	25	35	39	34	27	59	20	33	33	53	51	35	27	23	38	48	46	22	48	28
15	44	50	46	34	33	34	28	26	38	47	25	16	28	40	35	38	31	40	46	44	34	29	30	38	33	33	41	18	27	30
16	24	38	32	33	22	33	28	26	32	18	34	32	56	26	36	30	20	28	22	28	13	21	40	29	30	37	53	35	32	14
17	30	36	28	30	31	46	27	37	27	33	52	29	17	28	21	22	31	36	28	44	24	42	33	43	29	31	36	27	20	30
18	42	29	31	28	36	37	34	20	25	38	37	29	45	50	23	24	31	48	30	17	31	28	46	29	53	41	22	29	36	17
19	34	39	44	25	28	18	38	35	43	41	33	27	41	38	40	28	27	37	30	39	34	38	40	31	31	36	47	44	39	37
20	43	22	41	42	31	26	30	30	34	46	49	31	23	42	47	28	46	31	33	44	44	35	38	34	37	42	44	37	29	33
21	17	36	25	33	15	18	36	35	40	27	27	28	29	24	54	24	41	55	25	29	46	37	38	39	36	34	32	41	16	20
22	35	30	30	29	25	36	30	25	45	45	12	45	24	39	37	30	26	29	30	17	33	34	47	25	33	43	39	39	24	35
23	26	22	38	38	35	35	21	27	34	47	29	32	47	33	31	28	39	41	29	31	34	52	36	13	27	36	36	32	59	32
24	23	32	41	29	40	24	22	40	16	57	26	27	25	35	33	45	32	9	42	30	42	32	28	15	44	39	34	50	23	40
S 25	40	51	31	42	27	20	29	37	19	24	24	40	25	18	22	30	37	30	14	39	32	22	24	33	37	36	31	40	38	41
E 26	35	52	27	37	38	17	26	30	47	35	50	48	41	42	47	40	35	26	45	29	29	28	44	50	47	38	18	42	30	24
C 27	34	38	50	45	29	46	26	47	34	43	33	36	34	26	26	27	54	34	25	39	33	49	43	41	29	38	27	38	22	12
O 28	26	30	40	25	33	30	51	51	41	39	27	48	30	28	20	43	31	53	42	42	31	31	26	38	21	28	14	23	40	31
N 29	45	41	35	30	37	24	27	33	37	14	21	20	36	27	36	45	23	52	24	53	46	45	25	43	47	37	20	51	44	14
D 30	33	28	35	40	37	35	33	35	27	34	31	32	39	29	23	34	31	28	24	30	34	25	28	13	40	30	30	39	32	31
S 31	45	48	27	31	36	34	40	34	53	41	26	42	42	26	38	40	18	41	29	27	32	16	37	35	31	39	28	6	26	26
32	19	44	29	39	27	45	27	34	21	24	31	22	40	26	22	35	39	41	54	28	36	38	27	32	52	33	26	33	21	48
33	49	35	22	23	34	31	37	26	35	36	36	23	40	29	26	30	48	32	34	53	33	28	54	50	46	38	38	38	14	27
34	42	32	29	15	22	44	32	37	39	43	35	29	31	29	25	20	46	46	39	53	32	40	30	20	22	51	23	15	33	17
35	29	8	43	41	26	42	38	26	32	38	26	38	24	34	40	43	36	44	32	36	26	38	44	34	25	32	14	44	29	27
36	34	21	42	20	36	44	24	43	27	29	26	22	20	36	39	42	49	38	42	45	35	46	36	24	41	42	24	12	21	34
37	28	50	45	45	37	38	33	32	35	39	27	34	28	28	19	28	49	25	40	29	41	30	22	44	35	41	32	36	26	31
38	35	41	27	39	44	30	13	44	39	16	32	30	35	41	40	36	35	53	39	27	38	43	34	36	41	38	23	34	25	26
39	27	38	38	29	26	31	35	38	16	16	29	33	20	37	49	35	26	46	29	37	48	30	32	53	27	30	41	24	31	46
40	40	33	32	25	53	45	45	12	51	34	44	27	40	17	15	51	23	30	41	37	22	37	32	28	32	28	24	46	57	40
41	38	38	26	32	39	13	20	38	21	13	38	38	20	27	41	47	21	18	45	28	48	40	42	35	30	61	33	22	34	27
42	36	26	39	46	26	32	30	28	33	44	24	39	52	47	32	46	34	9	37	20	33	35	31	49	42	39	41	24	33	39
43	31	33	26	33	45	32	31	33	26	47	39	36	48	41	26	49	30	23	51	31	43	37	44	18	45	35	35	29	45	31
44	29	34	26	34	37	32	30	32	29	25	35	39	34	27	59	20	33	33	53	51	35	27	23	38	48	46	22	48	28	39
45	50	46	34	33	34	28	26	38	47	25	16	28	40	35	38	31	40	46	44	34	29	30	38	33	33	41	18	27	30	32
46	38	32	33	22	33	28	26	32	18	34	32	56	26	36	30	20	28	22	28	13	21	40	29	30	37	53	35	32	14	42
47	36	28	30	31	46	27	37	27	33	52	29	17	28	21	22	31	36	28	44	24	42	33	43	29	31	36	27	20	30	26
48	29	31	28	36	37	34	20	25	38	37	29	45	50	23	24	31	48	30	17	31	28	46	29	53	41	22	29	36	17	29
49	39	44	25	28	18	38	35	43	41	33	27	41	38	40	28	27	37	30	39	34	38	40	31	31	36	47	44	39	37	47
50	22	41	42	31	26	30	30	34	46	49	31	23	42	47	28	46	31	33	44	44	35	38	34	37	42	44	37	29	33	24
51	36	25	33	15	18	36	35	40	27	27	28	29	24	54	24	41	55	25	29	46	37	38	39	36	34	32	41	16	20	36
52	30	30	29	25	36	30	25	45	45	12	45	24	39	37	30	26	29	30	17	33	34	47	25	33	43	39	39	24	35	22
53	22	38	38	35	35	21	27	34	47	29	32	47	33	31	28	39	41	29	31	34	52	36	13	27	36	36	32	59	32	29
54	32	41	29	40	24	22	40	16	57	26	27	25	35	33	45	32	9	42	30	42	32	28	15	44	39	34	50	23	40	36
55	51	31	42	27	20	29	37	19	24	24	40	25	18	22	30	37	30	14	39	32	22	24	33	37	36	31	40	38	41	30
56	52	27	37	38	17	26	30	47	35	50	48	41	42	47	40	35	26	45	29	29	28	44	50	47	38	18	42	30	24	14
57	38	50	45	29	46	26	47	34	43	33	36	34	26	26	27	54	34	25	39	33	49	43	41	29	38	27	38	22	12	39
58	30	40	25	33	30	51	51	41	39	27	48	30	28	20	43	31	53	42	42	31	31	26	38	21	28	14	23	40	31	44
59	41	35	30	37	24	27	33	37	14	21	20	36	27	36	45	23	52	24	53	46	45	25	43	47	37	20	51	44	14	33

Minutes

	30	31	32	33	34	35	36	37	38	39	40	41	42	43	44	45	46	47	48	49	50	51	52	53	54	55	56	57	58	59
0	31	25	41	23	38	36	22	32	47	21	33	40	32	39	33	30	51	42	36	24	29	30	28	37	23	28	39	48	18	24
1	26	24	40	40	41	29	37	27	38	28	43	31	32	29	44	36	47	31	27	38	40	45	13	37	18	34	34	31	18	46
2	48	23	27	39	38	39	37	20	38	28	37	52	39	26	50	37	39	33	11	40	32	35	17	37	39	21	42	35	28	50
3	27	31	33	39	26	27	33	22	35	44	39	33	41	17	31	43	34	39	46	28	31	43	21	17	31	36	42	51	44	20
4	17	43	38	43	41	34	30	42	34	43	40	25	45	36	34	29	43	42	34	39	27	29	24	36	24	35	28	43	27	37
5	27	47	28	34	38	27	23	35	39	22	40	42	41	41	37	48	48	23	31	22	34	43	40	31	30	24	27	27	41	31
6	34	45	31	29	31	35	53	45	38	33	29	35	36	35	28	18	54	28	52	36	48	41	39	29	41	27	43	40	9	33
7	31	35	29	40	29	40	25	28	33	36	40	14	23	44	53	33	20	24	17	25	25	35	49	38	35	33	38	27	33	25
8	26	40	51	28	50	24	47	40	11	36	50	29	21	39	22	33	40	24	29	31	33	24	35	37	18	16	37	29	35	39
9	46	36	42	25	45	25	19	28	44	41	22	35	52	37	27	40	15	37	36	41	38	36	39	40	23	37	38	31	23	36
10	40	41	48	30	27	28	37	33	36	36	49	33	30	33	19	47	31	26	25	33	42	23	29	36	30	40	34	28	34	28
11	27	36	38	32	33	39	40	31	41	32	10	32	41	28	41	34	13	35	26	46	40	25	39	30	19	46	37	28	42	26
12	39	42	27	40	27	27	25	49	29	24	40	46	29	39	45	48	42	29	46	41	32	26	47	29	23	25	27	37	22	37
13	31	46	30	25	22	44	16	38	40	54	49	37	25	36	52	19	34	41	37	31	35	29	26	29	38	26	35	14	50	53
14	39	29	41	33	15	14	41	24	14	30	33	41	30	39	49	47	36	30	51	33	41	32	22	25	29	36	36	28	45	21
15	32	20	24	22	31	40	26	45	17	28	42	18	39	31	21	35	52	33	46	34	39	38	38	26	48	19	43	40	37	35
16	42	27	30	33	39	36	42	30	13	36	30	34	42	29	27	38	43	16	19	23	46	44	30	56	33	23	28	30	49	25
17	26	20	19	38	26	31	47	26	33	53	24	45	43	35	38	30	9	29	32	45	15	36	21	21	42	29	32	42	24	48
18	29	28	28	47	45	49	40	33	33	40	39	26	40	31	26	42	56	31	34	20	29	35	42	23	25	34	23	22	31	31
19	47	30	32	37	29	45	38	41	56	26	36	29	26	32	47	42	44	33	28	38	33	45	45	29	27	34	35	51	28	26
20	24	20	52	29	43	36	42	29	35	33	40	35	35	37	13	30	29	31	45	42	43	49	51	39	25	41	48	51	28	35
21	36	27	46	35	30	31	33	23	16	10	19	22	17	31	29	28	31	33	36	15	32	40	40	35	31	34	33	37	39	23
22	22	36	32	31	28	24	14	41	46	25	32	30	29	38	28	30	47	21	42	24	46	36	42	40	39	34	49	38	45	24
23	29	31	25	35	31	32	33	35	49	33	12	27	29	32	41	36	35	17	32	24	32	39	35	49	32	34	40	42	18	38
24	36	31	19	25	31	39	26	42	26	29	29	37	36	23	18	44	38	44	39	40	37	52	37	31	31	33	23	29	29	41
S 25	30	18	21	24	27	36	18	37	37	34	18	17	46	41	42	21	41	21	25	19	18	35	41	44	36	30	28	30	7	35
E 26	14	17	29	51	39	39	38	32	35	47	41	32	33	26	52	23	47	53	31	37	46	30	48	30	26	30	30	34	29	37
C 27	39	33	21	51	21	32	37	44	31	45	28	34	45	38	34	27	28	34	47	40	30	24	27	42	26	34	26	27	33	24
O 28	44	28	34	34	31	36	40	43	34	43	29	35	40	30	38	51	42	44	33	39	46	50	31	30	35	29	32	38	35	31
N 29	33	37	45	39	23	28	37	46	44	38	26	24	44	27	44	51	46	33	43	37	27	43	38	39	52	53	25	38	40	21
D 30	25	41	23	38	36	22	32	47	21	33	40	32	39	33	30	51	42	36	24	29	30	28	37	23	28	39	48	18	24	37
S 31	24	40	40	41	29	37	27	38	28	43	31	32	29	44	36	47	31	27	38	40	45	13	37	18	34	34	31	18	46	37
32	23	27	39	38	39	37	20	38	28	37	52	39	26	50	37	39	33	11	40	32	35	17	37	39	21	42	35	28	50	14
33	31	33	39	26	27	33	22	35	44	39	33	41	17	31	43	34	39	46	28	31	43	21	17	31	36	42	51	44	20	36
34	43	38	43	41	34	30	42	34	43	40	25	45	36	34	29	43	42	34	39	27	29	24	36	24	35	28	43	27	37	38
35	47	28	34	38	27	23	35	39	22	40	42	41	41	37	48	48	23	31	22	34	43	40	31	30	24	27	27	41	31	33
36	45	31	29	31	35	53	45	38	33	29	35	36	35	28	18	54	28	52	36	48	41	39	29	41	27	43	40	9	33	41
37	35	29	40	29	40	25	28	33	36	40	14	23	44	53	33	20	24	17	25	25	35	49	38	35	33	38	27	33	25	40
38	40	51	28	50	24	47	40	11	36	50	29	21	39	22	33	40	24	29	31	33	24	35	37	18	16	37	29	35	39	46
39	36	42	25	45	25	19	28	44	41	22	35	52	37	27	40	15	37	36	41	38	36	39	40	23	37	38	31	23	36	28
40	41	48	30	27	28	37	33	36	36	49	33	30	33	19	47	31	26	25	33	42	23	29	36	30	40	34	28	34	28	31
41	36	38	32	33	39	40	31	41	32	10	32	41	28	41	34	13	35	26	46	40	25	39	30	19	46	37	28	42	26	37
42	42	27	40	27	27	25	49	29	24	40	46	29	39	45	48	42	29	46	41	32	26	47	29	23	25	27	37	22	37	36
43	46	30	25	22	44	16	38	40	54	49	37	25	36	52	19	34	41	37	31	35	29	26	29	38	26	35	14	50	53	50
44	29	41	33	15	14	41	24	14	30	33	41	30	39	49	47	36	30	51	33	41	32	22	25	29	36	36	28	45	21	24
45	20	24	22	31	40	26	45	17	28	42	18	39	31	21	35	52	33	46	34	39	38	38	26	48	19	43	40	37	35	29
46	27	30	33	39	36	42	30	13	36	30	34	42	29	27	38	43	16	19	23	46	44	30	56	33	23	28	30	49	25	30
47	20	19	38	26	31	47	26	33	53	24	45	43	35	38	30	9	29	32	45	15	36	21	21	42	29	32	42	24	48	15
48	28	28	47	45	49	40	33	33	40	39	26	40	31	26	42	56	31	34	20	29	35	42	23	25	34	23	22	31	31	39
49	30	32	37	29	45	38	41	56	26	36	29	26	32	47	42	44	33	28	38	33	45	45	29	27	34	35	51	28	26	42
50	20	52	29	43	36	42	29	35	33	40	35	35	37	13	30	29	31	45	42	43	49	51	39	25	41	48	51	28	35	26
51	27	46	35	30	31	33	23	16	10	19	22	17	31	29	28	31	33	36	15	32	40	40	35	31	34	33	37	39	23	42
52	36	32	31	28	24	14	41	46	25	32	30	29	38	28	30	47	21	42	24	46	36	42	40	39	34	49	38	45	24	41
53	31	25	35	31	32	33	35	49	33	12	27	29	32	41	36	35	17	32	24	32	39	35	49	32	34	40	42	18	38	23
54	31	19	25	31	39	26	42	26	29	29	37	36	23	18	44	38	44	39	40	37	52	37	31	31	33	23	29	29	41	45
55	18	21	24	27	36	18	37	37	34	18	17	46	41	42	21	41	21	25	19	18	35	41	44	36	30	28	30	7	35	8
56	17	29	51	39	39	38	32	35	47	41	32	33	26	52	23	47	53	31	37	46	30	48	30	26	30	30	34	29	37	25
57	33	21	51	21	32	37	44	31	45	28	34	45	38	34	27	28	34	47	40	30	24	27	42	26	34	26	27	33	24	30
58	28	34	34	31	36	40	43	34	43	29	35	40	30	38	51	42	44	33	39	46	50	31	30	35	29	32	38	35	31	27
59	37	45	39	23	28	37	46	44	38	26	24	44	27	44	51	46	33	43	37	27	43	38	39	52	53	25	38	40	21	45

5D16

Minutes

SECONDS	0	1	2	3	4	5	6	7	8	9	10	11	12	13	14	15	16	17	18	19	20	21	22	23	24	25	26	27	28	29
0	14	23	30	60	35	59	31	62	39	52	36	32	46	61	61	44	54	34	48	40	50	42	22	40	34	40	43	52	47	55
1	**35**	**33**	**39**	**28**	**36**	**42**	**44**	**59**	**41**	**43**	**29**	**38**	**44**	**26**	**33**	**38**	**48**	**39**	**37**	**39**	**44**	**62**	**33**	**42**	**36**	**60**	**35**	**29**	**47**	**40**
2	47	44	45	54	55	34	46	57	38	51	49	32	46	39	39	44	54	48	54	50	49	28	63	57	47	49	30	27	47	25
3	**33**	**51**	**44**	**40**	**44**	**63**	**44**	**41**	**52**	**36**	**43**	**50**	**51**	**46**	**46**	**48**	**42**	**25**	**38**	**38**	**54**	**45**	**15**	**47**	**44**	**59**	**64**	**43**	**34**	**44**
4	65	22	46	43	48	50	37	59	43	29	60	50	29	18	36	49	42	36	58	41	45	39	43	40	23	41	53	64	29	27
5	**43**	**36**	**43**	**58**	**44**	**60**	**44**	**44**	**46**	**58**	**31**	**65**	**46**	**39**	**60**	**36**	**59**	**36**	**31**	**51**	**46**	**25**	**58**	**63**	**52**	**59**	**39**	**54**	**58**	**59**
6	51	62	43	48	50	56	34	56	33	54	35	62	39	23	49	43	40	37	25	45	54	47	36	35	29	38	50	29	43	58
7	**49**	**49**	**68**	**45**	**45**	**29**	**52**	**55**	**39**	**34**	**55**	**28**	**40**	**53**	**36**	**36**	**56**	**34**	**50**	**46**	**27**	**44**	**38**	**28**	**39**	**44**	**36**	**38**	**42**	**38**
8	43	47	36	39	41	40	48	49	52	45	51	33	59	42	43	45	41	61	59	27	33	43	40	42	59	53	41	42	46	50
9	**33**	**46**	**55**	**40**	**58**	**40**	**42**	**32**	**34**	**30**	**38**	**43**	**46**	**40**	**36**	**50**	**56**	**47**	**34**	**48**	**37**	**39**	**34**	**26**	**37**	**50**	**36**	**44**	**51**	**51**
10	65	43	37	37	40	34	41	39	39	24	48	39	46	40	30	40	23	49	46	51	41	28	39	45	50	54	51	53	40	55
11	**29**	**34**	**52**	**34**	**27**	**51**	**35**	**30**	**36**	**38**	**53**	**46**	**29**	**38**	**21**	**30**	**33**	**33**	**40**	**48**	**36**	**62**	**41**	**57**	**49**	**43**	**51**	**36**	**52**	**58**
12	40	43	37	43	27	37	46	72	33	69	47	35	39	53	58	27	30	38	34	36	53	39	39	38	17	53	58	41	50	47
13	**42**	**48**	**55**	**54**	**31**	**29**	**31**	**38**	**44**	**39**	**44**	**32**	**34**	**31**	**50**	**33**	**43**	**45**	**28**	**39**	**55**	**41**	**24**	**54**	**47**	**41**	**36**	**47**	**38**	**58**
14	47	49	45	58	52	21	33	34	36	54	47	41	32	58	34	58	50	55	41	30	36	38	43	49	60	54	52	44	34	40
15	**48**	**31**	**47**	**52**	**34**	**53**	**67**	**31**	**59**	**43**	**45**	**47**	**41**	**46**	**30**	**12**	**38**	**51**	**51**	**42**	**46**	**34**	**41**	**53**	**43**	**34**	**57**	**46**	**55**	**57**
16	51	51	41	34	42	46	36	48	59	54	35	34	32	51	45	44	40	37	39	45	46	30	30	51	43	50	27	40	49	46
17	**38**	**37**	**65**	**31**	**54**	**66**	**49**	**44**	**37**	**30**	**38**	**57**	**31**	**50**	**57**	**47**	**34**	**41**	**42**	**57**	**23**	**36**	**37**	**55**	**61**	**43**	**55**	**52**	**54**	**40**
18	49	26	41	37	22	59	26	33	35	35	41	29	51	48	55	46	53	37	34	53	54	40	51	39	24	46	38	44	57	41
19	**33**	**48**	**66**	**18**	**34**	**40**	**48**	**57**	**25**	**48**	**21**	**33**	**32**	**51**	**44**	**39**	**52**	**33**	**55**	**33**	**54**	**31**	**26**	**56**	**41**	**49**	**50**	**51**	**31**	**23**
20	44	29	61	40	44	30	57	33	59	31	41	42	39	38	39	49	39	34	47	61	49	50	38	23	42	55	52	42	48	54
21	**37**	**66**	**25**	**30**	**37**	**33**	**51**	**48**	**38**	**50**	**46**	**39**	**47**	**42**	**57**	**39**	**59**	**59**	**45**	**35**	**36**	**48**	**41**	**58**	**43**	**50**	**33**	**34**	**47**	**28**
22	32	64	49	47	51	40	39	24	54	35	40	19	65	51	26	52	55	57	60	40	40	53	46	23	41	44	48	31	41	48
23	**56**	**40**	**34**	**37**	**30**	**48**	**51**	**49**	**41**	**49**	**40**	**45**	**29**	**58**	**47**	**41**	**31**	**55**	**30**	**34**	**51**	**51**	**45**	**37**	**31**	**42**	**47**	**36**	**68**	**27**
24	39	50	35	39	41	42	30	45	41	48	31	27	42	55	61	40	30	50	36	45	43	58	40	60	65	38	50	55	30	51
25	**22**	**58**	**38**	**43**	**19**	**32**	**34**	**41**	**24**	**44**	**50**	**30**	**28**	**50**	**44**	**31**	**39**	**38**	**38**	**53**	**41**	**48**	**40**	**49**	**41**	**51**	**59**	**20**	**27**	**45**
26	37	46	55	49	42	52	59	42	46	37	32	44	43	46	39	49	51	47	47	29	51	55	16	44	40	34	26	28	54	47
27	**46**	**68**	**35**	**24**	**44**	**52**	**56**	**34**	**50**	**36**	**47**	**40**	**37**	**60**	**60**	**41**	**56**	**51**	**37**	**44**	**48**	**40**	**39**	**41**	**33**	**66**	**42**	**55**	**63**	**31**
28	44	45	55	28	33	58	48	44	49	59	30	50	46	42	43	48	40	44	32	46	68	58	47	44	33	37	47	43	56	28
29	**52**	**59**	**37**	**47**	**41**	**54**	**50**	**46**	**37**	**28**	**43**	**29**	**53**	**35**	**54**	**50**	**36**	**38**	**26**	**57**	**30**	**46**	**34**	**43**	**39**	**55**	**28**	**52**	**42**	**25**
30	23	30	60	35	59	31	62	39	52	36	32	46	61	61	44	54	34	48	40	50	42	22	40	34	40	43	52	47	55	39
31	**33**	**39**	**28**	**36**	**42**	**44**	**59**	**41**	**43**	**29**	**38**	**44**	**26**	**33**	**38**	**48**	**39**	**37**	**39**	**44**	**62**	**33**	**42**	**36**	**60**	**35**	**29**	**47**	**40**	**48**
32	44	45	54	55	34	46	57	38	51	49	32	46	39	39	44	54	48	54	50	49	28	63	57	47	49	30	27	47	25	55
33	**51**	**44**	**40**	**44**	**63**	**44**	**41**	**52**	**36**	**43**	**50**	**51**	**46**	**46**	**48**	**42**	**25**	**38**	**38**	**54**	**45**	**15**	**47**	**44**	**59**	**64**	**43**	**34**	**44**	**25**
34	22	46	43	48	50	37	59	43	29	60	50	29	18	36	49	42	36	58	41	45	39	43	40	23	41	53	64	29	27	64
35	**36**	**43**	**58**	**44**	**60**	**44**	**44**	**46**	**58**	**31**	**65**	**46**	**39**	**60**	**36**	**59**	**36**	**31**	**51**	**46**	**25**	**58**	**63**	**52**	**59**	**39**	**54**	**58**	**59**	**45**
36	62	43	48	50	56	34	56	33	54	35	62	39	23	49	43	40	37	25	45	54	47	36	35	29	38	50	29	43	58	34
37	**49**	**68**	**45**	**45**	**29**	**52**	**55**	**39**	**34**	**55**	**28**	**40**	**53**	**36**	**36**	**56**	**34**	**50**	**46**	**27**	**44**	**38**	**28**	**39**	**44**	**36**	**38**	**42**	**38**	**50**
38	47	36	39	41	40	48	49	52	45	51	33	59	42	43	45	41	61	59	27	33	43	40	42	59	53	41	42	46	50	27
39	**46**	**55**	**40**	**58**	**40**	**42**	**32**	**34**	**30**	**38**	**43**	**46**	**40**	**36**	**50**	**56**	**47**	**34**	**48**	**37**	**39**	**34**	**26**	**37**	**50**	**36**	**44**	**51**	**51**	**18**
40	43	37	37	40	34	41	39	39	24	48	39	46	40	30	40	23	49	46	51	41	28	39	45	50	54	51	53	40	55	47
41	**34**	**52**	**34**	**27**	**51**	**35**	**30**	**36**	**38**	**53**	**46**	**29**	**38**	**21**	**30**	**33**	**33**	**40**	**48**	**36**	**62**	**41**	**57**	**49**	**43**	**51**	**36**	**52**	**58**	**41**
42	43	37	43	27	37	46	72	33	69	47	35	39	53	58	27	30	38	34	36	53	39	39	38	17	53	58	41	50	47	45
43	**48**	**55**	**54**	**31**	**29**	**31**	**38**	**44**	**39**	**44**	**32**	**34**	**31**	**50**	**33**	**43**	**45**	**28**	**39**	**55**	**41**	**24**	**54**	**47**	**41**	**36**	**47**	**38**	**58**	**47**
44	49	45	58	52	21	33	34	36	54	47	41	32	58	34	58	50	55	41	30	36	38	43	49	60	54	52	44	34	40	42
45	**31**	**47**	**52**	**34**	**53**	**67**	**31**	**59**	**43**	**45**	**47**	**41**	**46**	**30**	**12**	**38**	**51**	**51**	**42**	**46**	**34**	**41**	**53**	**43**	**34**	**57**	**46**	**55**	**57**	**37**
46	51	41	34	42	46	36	48	59	54	35	34	32	51	45	44	40	37	39	45	46	30	30	51	43	50	27	40	49	46	48
47	**37**	**65**	**31**	**54**	**66**	**49**	**44**	**37**	**30**	**38**	**57**	**31**	**50**	**57**	**47**	**34**	**41**	**42**	**57**	**23**	**36**	**37**	**55**	**61**	**43**	**55**	**52**	**54**	**40**	**39**
48	26	41	37	22	59	26	33	35	35	41	29	51	48	55	46	53	37	34	53	54	40	51	39	24	46	38	44	57	41	32
49	**48**	**66**	**18**	**34**	**40**	**48**	**57**	**25**	**48**	**21**	**33**	**32**	**51**	**44**	**39**	**52**	**33**	**55**	**33**	**54**	**31**	**26**	**56**	**41**	**49**	**50**	**51**	**31**	**23**	**40**
50	29	61	40	44	30	57	33	59	31	41	42	39	38	39	49	39	34	47	61	49	50	38	23	42	55	52	42	48	54	43
51	**66**	**25**	**30**	**37**	**33**	**51**	**48**	**38**	**50**	**46**	**39**	**47**	**42**	**57**	**39**	**59**	**59**	**45**	**35**	**36**	**48**	**41**	**58**	**43**	**50**	**33**	**34**	**47**	**28**	**67**
52	64	49	47	51	40	39	24	54	35	40	19	65	51	26	52	55	57	60	40	40	53	46	23	41	44	48	31	41	48	39
53	**40**	**34**	**37**	**30**	**48**	**51**	**49**	**41**	**49**	**40**	**45**	**29**	**58**	**47**	**41**	**31**	**55**	**30**	**34**	**51**	**51**	**45**	**37**	**31**	**42**	**47**	**36**	**68**	**27**	**55**
54	50	35	39	41	42	30	45	41	48	31	27	42	55	61	40	30	50	36	45	43	58	40	60	65	38	50	55	30	51	29
55	**58**	**38**	**43**	**19**	**32**	**34**	**41**	**24**	**44**	**50**	**30**	**28**	**50**	**44**	**31**	**39**	**38**	**38**	**53**	**41**	**48**	**40**	**49**	**41**	**51**	**59**	**20**	**27**	**45**	**41**
56	46	55	49	42	52	59	42	46	37	32	44	43	46	39	49	51	47	47	29	51	55	16	44	40	34	26	28	54	47	49
57	**68**	**35**	**24**	**44**	**52**	**56**	**34**	**50**	**36**	**47**	**40**	**37**	**60**	**60**	**41**	**56**	**51**	**37**	**44**	**48**	**40**	**39**	**41**	**33**	**66**	**42**	**55**	**63**	**31**	**57**
58	45	55	28	33	58	48	44	49	59	30	50	46	42	43	48	40	44	32	46	68	58	47	44	33	37	47	43	56	28	38
59	**59**	**37**	**47**	**41**	**54**	**50**	**46**	**37**	**28**	**43**	**29**	**53**	**35**	**54**	**50**	**36**	**38**	**26**	**57**	**30**	**46**	**34**	**43**	**39**	**55**	**28**	**52**	**42**	**25**	**55**

Minutes

	30	31	32	33	34	35	36	37	38	39	40	41	42	43	44	45	46	47	48	49	50	51	52	53	54	55	56	57	58	59
0	39	52	39	42	42	47	35	23	60	30	39	40	41	58	53	45	36	40	33	38	30	40	43	54	64	51	20	30	30	40
1	48	38	28	49	49	28	36	53	46	29	34	59	31	30	31	39	39	40	61	22	60	34	27	45	38	20	27	44	54	52
2	55	24	55	36	42	44	54	50	47	52	68	44	47	43	50	28	40	50	62	52	36	19	43	33	60	50	41	30	40	29
3	25	48	56	34	52	57	44	52	31	40	51	43	32	28	47	46	16	51	60	41	23	52	42	55	49	47	44	30	38	53
4	64	26	48	42	52	36	48	44	53	48	33	44	59	29	39	46	56	27	42	35	37	49	56	43	56	53	30	32	38	41
5	45	55	36	46	45	34	54	50	32	63	24	43	29	51	28	37	50	34	51	51	51	43	50	36	42	55	40	45	44	32
6	34	45	57	40	51	44	58	58	31	37	27	45	48	42	49	38	54	53	57	44	36	41	48	43	49	27	24	36	51	55
7	50	51	63	41	48	50	42	37	54	32	30	42	55	49	43	33	14	31	52	47	30	18	37	45	52	39	36	37	23	42
8	27	57	49	56	45	37	29	40	65	25	40	43	33	36	31	30	35	51	33	56	38	32	32	44	44	21	37	57	41	35
9	18	52	41	54	53	49	65	58	53	35	32	45	42	47	52	25	48	35	42	47	41	51	25	24	46	52	41	32	39	42
10	47	51	51	46	33	34	40	41	54	48	17	63	32	43	45	31	52	50	47	21	49	33	40	41	46	56	54	39	32	43
11	41	35	42	45	29	30	33	30	31	54	41	43	44	40	43	62	47	48	33	44	66	40	39	46	26	49	53	57	31	57
12	45	17	53	39	40	26	40	51	37	32	36	66	63	42	25	34	37	48	40	59	30	58	42	39	43	40	46	34	49	58
13	47	42	43	33	35	42	48	47	72	37	44	29	51	53	35	45	42	51	34	31	24	59	48	45	58	39	42	53	50	29
14	42	41	41	47	61	43	49	39	65	38	47	49	35	39	38	50	40	57	35	56	41	36	34	40	41	36	36	33	38	29
15	37	63	53	26	38	26	57	45	46	41	29	34	40	46	44	41	35	51	30	29	52	34	20	52	45	46	49	32	44	42
16	48	38	48	41	46	42	36	48	30	29	35	43	47	26	45	44	36	26	25	42	47	46	47	37	61	48	45	56	47	37
17	39	50	50	43	36	15	58	40	36	40	39	36	43	48	32	59	56	48	38	49	53	38	24	48	56	42	36	41	27	18
18	32	59	25	51	27	32	59	22	41	48	56	65	42	62	32	63	48	45	30	52	24	35	47	30	47	55	53	44	36	33
19	40	43	61	47	40	31	38	33	40	48	48	45	47	49	38	41	30	37	48	49	41	58	58	56	47	40	43	39	47	42
20	43	59	56	35	46	44	48	45	37	45	44	24	42	61	26	54	37	42	39	44	53	34	47	39	30	28	45	32	37	29
21	67	45	49	49	53	37	41	55	32	42	50	34	42	44	59	26	33	55	39	48	49	46	30	56	38	30	45	40	51	44
22	39	48	31	58	41	35	21	54	33	40	34	52	53	52	44	60	56	24	40	38	47	41	47	66	53	38	63	45	48	41
23	55	43	38	35	53	29	49	37	27	19	54	43	23	57	59	26	35	32	41	36	34	23	38	44	19	59	39	37	39	43
24	29	35	58	41	50	52	29	34	35	39	53	40	26	56	40	53	42	35	32	47	34	46	35	37	44	51	45	49	43	45
S 25	41	27	33	42	47	54	54	61	36	38	30	48	29	54	31	27	42	45	39	48	31	54	30	40	39	52	39	38	37	47
E 26	49	61	53	53	42	38	40	43	52	48	33	27	41	21	28	29	50	70	49	43	37	29	30	40	53	32	44	44	39	45
C 27	57	62	32	65	49	32	41	35	37	62	36	46	43	53	58	60	45	33	53	57	56	43	58	28	42	40	44	59	53	48
O 28	38	40	35	39	48	34	41	48	30	27	48	56	30	28	49	50	34	38	61	34	35	40	36	35	55	47	31	38	48	59
N 29	55	40	37	45	34	46	49	47	40	55	28	42	37	45	49	31	35	38	29	34	48	34	30	47	49	42	26	26	42	53
D 30	52	39	42	42	47	35	23	60	30	39	40	41	58	53	45	36	40	33	38	30	40	43	54	64	51	20	30	30	40	66
S 31	38	28	49	49	28	36	53	46	29	34	59	31	30	31	39	39	40	61	22	60	34	27	45	38	20	27	44	54	52	38
32	24	55	36	42	44	54	50	47	52	68	44	47	43	50	28	40	50	62	52	36	19	43	33	60	50	41	30	40	29	42
33	48	56	34	52	57	44	52	31	40	51	43	32	28	47	46	16	51	60	41	23	52	42	55	49	47	44	30	38	53	42
34	26	48	42	52	36	48	44	53	48	33	44	59	29	39	46	56	27	42	35	37	49	56	43	56	53	30	32	38	41	46
35	55	36	46	45	34	54	50	32	63	24	43	29	51	28	37	50	34	51	51	51	43	50	36	42	55	40	45	44	32	60
36	45	57	40	51	44	58	58	31	37	27	45	48	42	49	38	54	53	57	44	36	41	48	43	49	27	24	36	51	55	40
37	51	63	41	48	50	42	37	54	32	30	42	55	49	43	33	14	31	52	47	30	18	37	45	52	39	36	37	23	42	47
38	57	49	56	45	37	29	40	65	25	40	43	33	36	31	30	35	51	33	56	38	32	32	44	44	21	37	57	41	35	49
39	52	41	54	53	49	65	58	53	35	32	45	42	47	52	25	48	35	42	47	41	51	25	24	46	52	41	32	39	42	43
40	51	51	46	33	34	40	41	54	48	17	63	32	43	45	31	52	50	47	21	49	33	40	41	46	56	54	39	32	43	27
41	35	42	45	29	30	33	30	31	54	41	43	44	40	43	62	47	48	33	44	66	40	39	46	26	49	53	57	31	57	48
42	17	53	39	40	26	40	51	37	32	36	66	63	42	25	34	37	48	40	59	30	58	42	39	43	40	46	34	49	58	53
43	42	43	33	35	42	48	47	72	37	44	29	51	53	35	45	42	51	34	31	24	59	48	45	58	39	42	53	50	29	41
44	41	41	47	61	43	49	39	65	38	47	49	35	39	38	50	40	57	35	56	41	36	34	40	41	36	36	33	38	29	35
45	63	53	26	38	26	57	45	46	41	29	34	40	46	44	41	35	51	30	29	52	34	20	52	45	46	49	32	44	42	48
46	38	48	41	46	42	36	48	30	29	35	43	47	26	45	44	36	26	25	42	47	46	47	37	61	48	45	56	47	37	42
47	50	50	43	36	15	58	40	36	40	39	36	43	48	32	59	56	48	38	49	53	38	24	48	56	42	36	41	27	18	26
48	59	25	51	27	32	59	22	41	48	56	65	42	62	32	63	48	45	30	52	24	35	47	30	47	55	53	44	36	33	52
49	43	61	47	40	31	38	33	40	48	48	45	47	49	38	41	30	37	48	49	41	58	58	56	47	40	43	39	47	42	27
50	59	56	35	46	44	48	45	37	45	44	24	42	61	26	54	37	42	39	44	53	34	47	39	30	28	45	32	37	29	51
51	45	49	49	53	37	41	55	32	42	50	34	42	44	59	26	33	55	39	48	49	46	30	56	38	30	45	40	51	44	33
52	48	31	58	41	35	21	54	33	40	34	52	53	52	44	60	56	24	40	38	47	41	47	66	53	38	63	45	48	41	27
53	43	38	35	53	29	49	37	27	19	54	43	23	57	59	26	35	32	41	36	34	23	38	44	19	59	39	37	39	43	53
54	35	58	41	50	52	29	34	35	39	53	40	26	56	40	53	42	35	32	47	34	46	35	37	44	51	45	49	43	45	55
55	27	33	42	47	54	54	61	36	38	30	48	29	54	31	27	42	45	39	48	31	54	30	40	39	52	39	38	37	47	58
56	61	53	53	42	38	40	43	52	48	33	27	41	21	28	29	50	70	49	43	37	29	30	40	53	32	44	44	39	45	37
57	62	32	65	49	32	41	35	37	62	36	46	43	53	58	60	45	33	53	57	56	43	58	28	42	40	44	59	53	48	34
58	40	35	39	48	34	41	48	30	27	48	56	30	28	49	50	34	38	61	34	35	40	36	35	55	47	31	38	48	59	59
59	40	37	45	34	46	49	47	40	55	28	42	37	45	49	31	35	38	29	34	48	34	30	47	49	42	26	26	42	53	37

6D16

Minutes

		0	1	2	3	4	5	6	7	8	9	10	11	12	13	14	15	16	17	18	19	20	21	22	23	24	25	26	27	28	29
	0	55	57	47	57	50	39	52	64	42	56	30	52	47	71	55	58	65	48	47	62	56	56	57	44	48	46	52	39	45	67
	1	49	49	43	63	39	40	42	63	51	68	53	40	49	58	70	77	55	53	42	48	47	51	53	73	30	61	70	45	75	42
	2	51	39	42	51	50	54	43	39	59	51	67	54	48	52	37	61	57	54	45	53	45	44	40	25	61	40	42	62	51	46
	3	52	37	59	57	67	36	45	59	47	56	42	66	49	40	57	47	58	56	45	50	44	48	34	36	32	45	63	57	46	48
	4	41	53	49	29	61	46	47	72	62	56	54	53	76	69	72	41	64	58	65	34	52	54	55	52	39	35	72	35	77	54
	5	65	54	46	61	61	58	63	67	42	29	35	31	62	52	56	51	60	57	45	56	68	40	63	51	53	44	48	54	38	44
	6	46	36	53	37	60	66	51	49	55	71	62	56	39	53	65	42	45	71	44	35	57	41	52	67	54	45	39	61	54	53
	7	51	59	60	38	42	58	58	58	57	58	40	65	54	33	59	43	70	42	58	62	49	66	41	38	75	38	55	54	50	57
	8	64	50	37	37	38	46	58	77	48	66	43	71	36	35	57	59	29	53	59	48	77	47	55	39	51	44	65	53	56	63
	9	72	69	58	46	32	50	44	39	58	46	74	37	60	55	62	64	84	59	57	68	59	33	68	69	33	52	33	77	54	59
	10	60	53	41	58	60	55	52	70	63	65	50	40	47	47	42	43	46	36	53	64	55	71	42	60	47	64	42	33	36	29
	11	54	57	59	33	67	59	61	60	48	36	54	35	46	59	47	61	64	50	58	54	36	41	53	46	55	54	48	49	41	55
	12	56	63	36	63	43	45	53	78	57	50	47	72	62	56	36	35	38	66	47	48	46	51	70	54	53	43	55	56	65	62
	13	39	57	58	60	67	55	34	59	68	40	54	49	57	50	58	40	56	42	54	50	42	60	66	56	31	45	52	61	44	27
	14	54	44	43	48	55	30	53	45	48	54	41	56	56	60	58	58	52	38	34	59	38	45	53	25	43	44	42	51	57	61
	15	47	37	82	46	53	40	61	38	30	44	50	55	22	36	59	52	41	48	46	44	40	59	44	49	46	55	68	67	46	42
	16	60	38	70	50	53	24	41	41	50	71	41	40	51	46	40	49	61	71	43	76	43	43	45	43	45	47	53	44	27	33
	17	48	38	31	37	57	50	60	54	30	40	25	45	52	67	32	59	47	46	47	42	40	62	28	35	64	45	35	45	56	56
	18	44	76	42	67	43	54	60	42	53	71	53	48	68	50	60	39	60	58	34	45	50	59	60	55	47	83	37	28	65	56
	19	63	63	75	54	59	64	57	52	58	34	47	42	66	46	34	47	49	33	62	64	57	62	65	57	75	55	66	55	55	50
	20	39	50	31	43	44	46	70	64	58	60	62	53	60	55	65	48	59	74	33	48	51	57	45	71	74	66	60	66	40	52
	21	46	40	44	50	35	45	63	71	50	44	50	70	46	55	59	59	68	42	44	59	43	32	54	29	34	46	29	53	51	50
	22	36	51	36	47	46	44	45	40	55	58	65	50	58	49	41	59	29	60	57	60	71	46	75	49	69	61	46	72	29	64
	23	32	48	60	43	60	38	60	49	42	57	45	43	63	63	57	52	40	37	71	53	43	64	52	50	35	43	71	48	51	46
	24	44	51	29	60	52	57	55	54	66	43	55	54	43	66	57	59	44	35	56	48	63	39	63	33	58	62	51	73	51	54
S	25	45	43	46	65	23	65	35	46	40	50	70	61	36	42	62	66	37	55	35	73	49	81	58	43	50	42	50	45	16	68
E	26	42	50	57	50	61	59	58	65	51	66	53	40	52	59	57	73	56	35	50	65	52	42	42	46	63	64	61	54	75	55
C	27	70	41	59	61	46	32	49	51	56	50	59	75	42	49	43	28	60	52	47	40	51	48	49	44	52	38	60	48	60	57
O	28	68	63	35	62	36	55	32	60	60	46	51	48	39	61	68	49	36	38	39	73	74	68	22	53	39	57	60	54	31	46
N	29	60	49	42	59	54	28	64	43	48	42	31	32	40	50	71	38	57	47	58	62	40	73	50	46	68	50	40	48	47	64
D	30	57	47	57	50	39	52	64	42	56	30	52	47	71	55	58	65	48	47	62	56	56	57	44	48	46	52	39	45	67	47
S	31	49	43	63	39	40	42	63	51	68	53	40	49	58	70	77	55	53	42	48	47	51	53	73	30	61	70	45	75	42	34
	32	39	42	51	50	54	43	39	59	51	67	54	48	52	37	61	57	54	45	53	45	44	40	25	61	40	42	62	51	46	58
	33	37	59	57	67	36	45	59	47	56	42	66	49	40	57	47	58	56	45	50	44	48	34	36	32	45	63	57	46	48	67
	34	53	49	29	61	46	47	72	62	56	54	53	76	69	72	41	64	58	65	34	52	54	55	52	39	35	72	35	77	54	61
	35	54	46	61	61	58	63	67	42	29	35	31	62	52	56	51	60	57	45	56	68	40	63	51	53	44	48	54	38	44	66
	36	36	53	37	60	66	51	49	55	71	62	56	39	53	65	42	45	71	44	35	57	41	52	67	54	45	39	61	54	53	41
	37	59	60	38	42	58	58	58	57	58	40	65	54	33	59	43	70	42	58	62	49	66	41	38	75	38	55	54	50	57	44
	38	50	37	37	38	46	58	77	48	66	43	71	36	35	57	59	29	53	59	48	77	47	55	39	51	44	65	53	56	63	58
	39	69	58	46	32	50	44	39	58	46	74	37	60	55	62	64	84	59	57	68	59	33	68	69	33	52	33	77	54	59	54
	40	53	41	58	60	55	52	70	63	65	50	40	47	47	42	43	46	36	53	64	55	71	42	60	47	64	42	33	36	29	60
	41	57	59	33	67	59	61	60	48	36	54	35	46	59	47	61	64	50	58	54	36	41	53	46	55	54	48	49	41	55	57
	42	63	36	63	43	45	53	78	57	50	47	72	62	56	36	35	38	66	47	48	46	51	70	54	53	43	55	56	65	62	40
	43	57	58	60	67	55	34	59	68	40	54	49	57	50	58	40	56	42	54	50	42	60	66	56	31	45	52	61	44	27	49
	44	44	43	48	55	30	53	45	48	54	41	56	56	60	58	58	52	38	34	59	38	45	53	25	43	44	42	51	57	61	58
	45	37	82	46	53	40	61	38	30	44	50	55	22	36	59	52	41	48	46	44	40	59	44	49	46	55	68	67	46	42	50
	46	38	70	50	53	24	41	41	50	71	41	40	51	46	40	49	61	71	43	76	43	43	45	43	45	47	53	44	27	33	63
	47	38	31	37	57	50	60	54	30	40	25	45	52	67	32	59	47	46	47	42	40	62	28	35	64	45	35	45	56	56	55
	48	76	42	67	43	54	60	42	53	71	53	48	68	50	60	39	60	58	34	45	50	59	60	55	47	83	37	28	65	56	44
	49	63	75	54	59	64	57	52	58	34	47	42	66	46	34	47	49	33	62	64	57	62	65	57	75	55	66	55	55	50	35
	50	50	31	43	44	46	70	64	58	60	62	53	60	55	65	48	59	74	33	48	51	57	45	71	74	66	60	66	40	52	66
	51	40	44	50	35	45	63	71	50	44	50	70	46	55	59	59	68	42	44	59	43	32	54	29	34	46	29	53	51	50	41
	52	51	36	47	46	44	45	40	55	58	65	50	58	49	41	59	29	60	57	60	71	46	75	49	69	61	46	72	29	64	42
	53	48	60	43	60	38	60	49	42	57	45	43	63	63	57	52	40	37	71	53	43	64	52	50	35	43	71	48	51	46	48
	54	51	29	60	52	57	55	54	66	43	55	54	43	66	57	59	44	35	56	48	63	39	63	33	58	62	51	73	51	54	45
	55	43	46	65	23	65	35	46	40	50	70	61	36	42	62	66	37	55	35	73	49	81	58	43	50	42	50	45	16	68	49
	56	50	57	50	61	59	58	65	51	66	53	40	52	59	57	73	56	35	50	65	52	42	42	46	63	64	61	54	75	55	40
	57	41	59	61	46	32	49	51	56	50	59	75	42	49	43	28	60	52	47	40	51	48	49	44	52	38	60	48	60	57	42
	58	63	35	62	36	55	32	60	60	46	51	48	39	61	68	49	36	38	39	73	74	68	22	53	39	57	60	54	31	46	39
	59	49	42	59	54	28	64	43	48	42	31	32	40	50	71	38	57	47	58	62	40	73	50	46	68	50	40	48	47	64	61

Minutes

SECONDS

	30	31	32	33	34	35	36	37	38	39	40	41	42	43	44	45	46	47	48	49	50	51	52	53	54	55	56	57	58	59
0	47	62	51	49	60	37	60	64	32	42	53	72	50	52	32	41	49	47	43	47	46	47	35	60	39	40	37	49	50	47
1	34	36	40	58	61	35	39	64	60	47	65	40	56	52	55	60	40	47	60	60	43	58	46	55	64	52	34	36	43	46
2	58	48	39	36	60	50	68	63	50	47	60	30	46	63	55	56	52	72	38	58	71	50	78	62	63	59	49	48	42	49
3	67	55	48	41	37	46	43	31	55	47	34	43	55	54	72	55	53	60	54	46	48	57	43	50	65	49	49	56	48	41
4	61	42	60	53	56	48	44	45	64	53	57	54	52	86	35	36	62	44	41	59	68	26	51	54	56	62	35	47	55	51
5	66	48	35	48	32	37	53	55	52	56	48	42	42	70	58	47	51	49	40	43	51	66	62	72	69	34	58	47	46	65
6	41	58	42	54	41	52	74	41	38	46	60	59	14	41	71	29	44	43	36	52	57	39	34	58	44	56	53	56	56	37
7	44	39	47	51	54	42	53	49	45	43	63	56	59	45	64	63	41	48	41	65	47	43	50	38	67	74	56	50	47	36
8	58	48	32	65	40	41	51	53	42	61	42	61	43	57	50	34	62	56	54	46	50	51	35	46	60	62	42	60	55	48
9	54	52	27	50	43	35	56	44	38	56	43	62	51	56	45	55	49	66	32	24	34	36	52	42	69	43	41	51	40	43
10	60	35	47	62	61	60	45	53	32	41	65	45	55	38	25	48	61	69	39	47	22	76	42	51	65	39	50	62	56	47
11	57	50	47	42	48	71	76	50	64	57	51	47	71	40	39	42	55	66	33	63	52	57	44	55	33	59	67	69	48	37
12	40	53	47	58	47	71	63	51	34	36	39	60	49	46	38	49	39	41	53	35	64	62	69	50	44	56	60	73	66	47
13	49	55	47	41	48	47	74	44	32	62	28	74	38	47	64	35	51	69	42	63	37	73	73	53	35	71	44	50	59	60
14	58	66	43	29	48	61	40	43	53	31	50	45	46	50	55	56	43	51	56	50	55	43	30	56	45	55	49	60	57	60
15	50	35	43	59	48	60	55	40	50	53	47	46	63	33	42	36	62	66	37	65	66	64	39	35	37	53	43	55	49	48
16	63	60	36	59	36	42	52	53	79	59	34	44	47	48	47	53	67	51	55	57	53	32	52	53	51	56	52	39	37	49
17	55	38	47	54	30	50	56	40	74	37	54	66	42	47	56	60	41	40	53	70	35	59	54	22	63	87	51	69	53	55
18	44	55	51	25	62	55	68	45	48	49	21	33	48	46	57	41	67	43	30	69	57	61	57	39	43	54	49	52	45	31
19	35	64	77	57	54	69	47	55	67	66	62	40	46	20	61	66	56	49	61	62	54	44	36	62	60	49	70	49	49	66
20	66	60	56	38	34	53	35	44	62	57	56	69	62	41	39	57	63	52	67	68	38	44	44	38	35	57	61	50	59	42
21	41	48	76	57	41	35	64	63	45	37	70	59	45	54	76	62	61	45	53	32	34	64	54	60	59	26	45	58	38	53
22	42	40	63	48	61	44	39	76	56	27	52	41	32	28	74	47	36	41	34	46	62	50	46	48	54	50	53	53	68	54
23	48	31	43	42	58	60	43	41	42	62	47	55	72	43	52	66	46	50	46	73	49	48	45	55	57	22	64	71	40	40
24	45	74	42	43	54	51	52	40	61	59	49	80	49	37	47	50	52	33	64	52	51	48	38	56	65	57	27	78	60	61
25	49	62	43	53	51	48	45	57	49	52	71	40	69	60	43	37	57	53	43	61	49	53	39	47	49	55	55	67	39	65
26	40	52	48	40	45	45	40	45	50	58	49	46	32	46	47	71	43	55	41	46	35	51	48	59	41	50	48	47	44	64
27	42	48	32	43	51	39	41	61	83	33	49	53	80	44	60	59	53	43	61	43	39	49	74	63	59	48	50	46	44	50
28	39	59	55	59	34	46	61	40	42	60	35	39	44	49	48	58	71	47	59	27	53	49	76	44	28	50	45	73	54	42
29	61	50	30	45	57	60	41	50	49	59	42	38	64	55	59	46	42	74	46	75	54	62	67	45	27	64	52	52	60	55
30	62	51	49	60	37	60	64	32	42	53	72	50	52	32	41	49	47	43	47	46	47	35	60	39	40	37	49	50	47	49
31	36	40	58	61	35	39	64	60	47	65	40	56	52	55	60	40	47	60	60	43	58	46	55	64	52	34	36	43	46	45
32	48	39	36	60	50	68	63	50	47	60	30	46	63	55	56	52	72	38	58	71	50	78	62	63	59	49	48	42	49	65
33	55	48	41	37	46	43	31	55	47	34	43	55	54	72	55	53	60	54	46	48	57	43	50	65	49	49	56	48	41	35
34	42	60	53	56	48	44	45	64	53	57	54	52	86	35	36	62	44	41	59	68	26	51	54	56	62	35	47	55	51	44
35	48	35	48	32	37	53	55	52	56	48	42	42	70	58	47	51	49	40	43	51	66	62	72	69	34	58	47	46	65	56
36	58	42	54	41	52	74	41	38	46	60	59	14	41	71	29	44	43	36	52	57	39	34	58	44	56	53	56	56	37	71
37	39	47	51	54	42	53	49	45	43	63	56	59	45	64	63	41	48	41	65	47	43	50	38	67	74	56	50	47	36	63
38	48	32	65	40	41	51	53	42	61	42	61	43	57	50	34	62	56	54	46	50	51	35	46	60	62	42	60	55	48	46
39	52	27	50	43	35	56	44	38	56	43	62	51	56	45	55	49	66	32	24	34	36	52	42	69	43	41	51	40	43	62
40	35	47	62	61	60	45	53	32	41	65	45	55	38	25	48	61	69	39	47	22	76	42	51	65	39	50	62	56	47	21
41	50	47	42	48	71	76	50	64	57	51	47	71	40	39	42	55	66	33	63	52	57	44	55	33	59	67	69	48	37	61
42	53	47	58	47	71	63	51	34	36	39	60	49	46	38	49	39	41	53	35	64	62	69	50	44	56	60	73	66	47	44
43	55	47	41	48	47	74	44	32	62	28	74	38	47	64	35	51	69	42	63	37	73	73	53	35	71	44	50	59	60	46
44	66	43	29	48	61	40	43	53	31	50	45	46	50	55	56	43	51	56	50	55	43	30	56	45	55	49	60	57	60	47
45	35	43	59	48	60	55	40	50	53	47	46	63	33	42	36	62	66	37	65	66	64	39	35	37	53	43	55	49	48	48
46	60	36	59	36	42	52	53	79	59	34	44	47	48	47	53	67	51	55	57	53	32	52	53	51	56	52	39	37	49	52
47	38	47	54	30	50	56	40	74	37	54	66	42	47	56	60	41	40	53	70	35	59	54	22	63	87	51	69	53	55	48
48	55	51	25	62	55	68	45	48	49	21	33	48	46	57	41	67	43	30	69	57	61	57	39	43	54	49	52	45	31	54
49	64	77	57	54	69	47	55	67	66	62	40	46	20	61	66	56	49	61	62	54	44	36	62	60	49	70	49	49	66	50
50	60	56	38	34	53	35	44	62	57	56	69	62	41	39	57	63	52	67	68	38	44	44	38	35	57	61	50	59	42	50
51	48	76	57	41	35	64	63	45	37	70	59	45	54	76	62	61	45	53	32	34	64	54	60	59	26	45	58	38	53	67
52	40	63	48	61	44	39	76	56	27	52	41	32	28	74	47	36	41	34	46	62	50	46	48	54	50	53	53	68	54	57
53	31	43	42	58	60	43	41	42	62	47	55	72	43	52	66	46	50	46	73	49	48	45	55	57	22	64	71	40	40	55
54	74	42	43	54	51	52	40	61	59	49	80	49	37	47	50	52	33	64	52	51	48	38	56	65	57	27	78	60	61	46
55	62	43	53	51	48	45	57	49	52	71	40	69	60	43	37	57	53	43	61	49	53	39	47	49	55	55	67	39	65	37
56	52	48	40	45	45	40	45	50	58	49	46	32	46	47	71	43	55	41	46	35	51	48	59	41	50	48	47	44	64	37
57	48	32	43	51	39	41	61	83	33	49	53	80	44	60	59	53	43	61	43	39	49	74	63	59	48	50	46	44	50	43
58	59	55	59	34	46	61	40	42	60	35	39	44	49	48	58	71	47	59	27	53	49	76	44	28	50	45	73	54	42	81
59	50	30	45	57	60	41	50	49	59	42	38	64	55	59	46	42	74	46	75	54	62	67	45	27	64	52	52	60	55	63

20-Sided Dice (1 – 20)

1D20

	0	1	2	3	4	5	6	7	8	9	10	11	12	13	14	15	16	17	18	19	20	21	22	23	24	25	26	27	28	29
0	8	1	16	6	20	19	20	4	6	8	15	5	14	3	3	1	11	2	15	13	19	14	7	13	15	2	8	9	14	20
1	12	14	1	8	10	10	12	9	6	9	16	19	14	13	3	4	10	17	11	13	2	11	6	17	15	5	7	19	5	1
2	11	12	20	17	11	20	2	9	3	3	2	2	11	1	12	3	3	11	11	3	20	16	6	15	12	15	3	13	1	12
3	9	7	12	10	8	10	2	12	20	12	2	20	17	2	3	7	11	17	3	12	6	19	19	10	12	18	6	14	8	20
4	17	16	11	2	6	17	10	11	5	4	3	12	2	9	2	1	16	13	14	3	3	12	16	20	3	19	12	15	18	5
5	15	7	5	20	14	12	19	8	15	7	3	19	13	7	18	16	20	7	15	17	18	4	3	19	13	18	6	13	12	10
6	2	1	9	17	20	18	5	4	10	15	9	14	18	7	15	1	20	16	18	2	8	1	10	5	17	4	14	4	20	12
7	1	3	5	17	18	17	5	7	10	4	17	11	2	8	6	7	2	15	9	9	19	19	13	3	8	6	8	14	13	3
8	12	12	20	3	13	7	16	16	6	9	8	4	2	14	5	7	8	14	16	3	4	7	12	2	10	6	19	15	12	5
9	2	8	5	13	19	10	15	11	10	12	5	20	4	20	14	12	11	5	1	18	3	18	14	9	5	1	15	9	13	6
10	11	5	8	15	10	16	2	14	9	13	10	10	14	17	18	3	8	9	14	1	8	1	10	18	18	16	7	18	18	8
11	16	12	17	2	2	1	14	18	17	13	4	7	9	19	7	19	2	13	11	14	20	4	11	18	15	13	13	6	5	17
12	14	15	6	4	10	14	14	10	18	11	11	18	11	5	6	20	5	1	11	19	16	2	11	11	4	8	5	11	16	6
13	9	18	12	14	7	1	3	14	2	15	12	19	9	2	12	9	16	11	12	7	8	10	11	8	15	17	5	12	17	9
14	16	13	10	9	2	15	3	19	16	7	5	18	9	11	2	19	14	3	20	12	16	1	9	7	9	3	12	12	14	18
15	19	2	11	7	7	12	16	2	12	15	18	11	4	19	13	5	17	13	3	13	14	9	7	18	8	9	7	9	10	15
16	17	17	12	6	6	2	1	1	8	6	12	17	8	3	8	12	16	9	19	8	2	17	19	4	4	8	6	16	15	8
17	7	6	5	18	15	14	8	20	6	15	13	9	15	5	6	15	8	12	15	6	15	18	12	10	18	17	4	15	20	19
18	11	7	16	10	4	20	1	9	9	7	12	13	17	11	15	2	1	4	13	11	18	13	15	10	5	17	15	1	5	14
19	14	11	8	16	3	7	12	11	6	15	2	14	18	13	9	19	17	19	12	7	14	8	11	13	16	6	10	9	20	17
20	9	13	4	11	10	9	19	17	19	8	6	18	14	4	2	17	14	3	9	15	16	15	11	8	5	3	20	16	4	7
21	15	12	12	5	11	1	17	17	16	13	7	18	17	18	20	13	13	12	13	5	14	2	14	16	10	13	14	12	18	6
22	14	20	16	10	14	15	12	7	20	5	6	18	12	9	10	19	20	9	18	11	12	7	14	17	11	2	3	20	14	17
23	19	15	19	8	3	13	18	10	1	4	20	15	18	6	14	2	12	6	17	8	8	14	6	13	17	8	10	12	11	19
24	12	17	9	2	3	15	13	15	1	5	3	2	11	6	8	2	18	19	2	4	14	13	3	20	16	9	10	11	1	8
25	15	9	13	19	6	17	4	11	11	16	9	20	1	8	3	20	2	16	15	8	11	15	19	18	15	19	5	16	19	17
26	15	9	1	17	5	9	1	4	15	13	7	16	17	4	8	13	3	15	7	3	6	4	19	4	4	9	7	7	9	6
27	14	20	3	14	18	18	1	17	13	9	8	12	12	2	19	19	8	10	16	1	10	20	5	19	6	11	17	13	16	9
28	4	4	3	17	9	2	17	6	5	18	9	2	18	19	1	6	7	4	19	2	17	13	1	17	5	3	2	8	10	1
29	2	15	13	3	8	8	16	2	10	3	6	20	20	13	17	4	4	10	12	18	10	1	2	9	10	4	1	4	15	9
30	1	16	6	20	19	20	4	6	8	15	5	14	3	3	1	11	2	15	13	19	14	7	13	15	2	8	9	14	20	4
31	14	1	8	10	10	12	9	6	9	16	19	14	13	3	4	10	17	11	13	2	11	6	17	15	5	7	19	5	1	13
32	12	20	17	11	20	2	9	3	3	2	2	11	1	12	3	3	11	11	3	20	16	6	15	12	15	3	13	1	12	20
33	7	12	10	8	10	2	12	20	12	2	20	17	2	3	7	11	17	3	12	6	19	19	10	12	18	6	14	8	20	16
34	16	11	2	6	17	10	11	5	4	3	12	2	9	2	1	16	13	14	3	3	12	16	20	3	19	12	15	18	5	4
35	7	5	20	14	12	19	8	15	7	3	19	13	7	18	16	20	7	15	17	18	4	3	19	13	18	6	13	12	10	3
36	1	9	17	20	18	5	4	10	15	9	14	18	7	15	1	20	16	18	2	8	1	10	5	17	4	14	4	20	12	13
37	3	5	17	18	17	5	7	10	4	17	11	2	8	6	7	2	15	9	9	19	19	13	3	8	6	8	14	13	3	7
38	12	20	3	13	7	16	16	6	9	8	4	2	14	5	7	8	14	16	3	4	7	12	2	10	6	19	15	12	5	18
39	8	5	13	19	10	15	11	10	12	5	20	4	20	14	12	11	5	1	18	3	18	14	9	5	1	15	9	13	6	11
40	5	8	15	10	16	2	14	9	13	10	10	14	17	18	3	8	9	14	1	8	1	10	18	18	16	7	18	18	8	18
41	12	17	2	2	1	14	18	17	13	4	7	9	19	7	19	2	13	11	14	20	4	11	18	15	13	13	6	5	17	6
42	15	6	4	10	14	14	10	18	11	11	18	11	5	6	20	5	1	11	19	16	2	11	11	4	8	5	11	16	6	1
43	18	12	14	7	1	3	14	2	15	12	19	9	2	12	9	16	11	12	7	8	10	11	8	15	17	5	12	17	9	6
44	13	10	9	2	15	3	19	16	7	5	18	9	11	2	19	14	3	20	12	16	1	9	7	9	3	12	12	14	18	2
45	2	11	7	7	12	16	2	12	15	18	11	4	19	13	5	17	13	3	13	14	9	7	18	8	9	7	9	10	15	18
46	17	12	6	6	2	1	1	8	6	12	17	8	3	8	12	16	9	19	8	2	17	19	4	4	8	6	16	15	8	13
47	6	5	18	15	14	8	20	6	15	13	9	15	5	6	15	8	12	15	6	15	18	12	10	18	17	4	15	20	19	9
48	7	16	10	4	20	1	9	9	7	12	13	17	11	15	2	1	4	13	11	18	13	15	10	5	17	15	1	5	14	20
49	11	8	16	3	7	12	11	6	15	2	14	18	13	9	19	17	19	12	7	14	8	11	13	16	6	10	9	20	17	19
50	13	4	11	10	9	19	17	19	8	6	18	14	4	2	17	14	3	9	15	16	15	11	8	5	3	20	16	4	7	2
51	12	12	5	11	1	17	17	16	13	7	18	17	18	20	13	13	12	13	5	14	2	14	16	10	13	14	12	18	6	10
52	20	16	10	14	15	12	7	20	5	6	18	12	9	10	19	20	9	18	11	12	7	14	17	11	2	3	20	14	17	11
53	15	19	8	3	13	18	10	1	4	20	15	18	6	14	2	12	6	17	8	8	14	6	13	17	8	10	12	11	19	20
54	17	9	2	3	15	13	15	1	5	3	2	11	6	8	2	18	19	2	4	14	13	3	20	16	9	10	11	1	8	10
55	9	13	19	6	17	4	11	11	16	9	20	1	8	3	20	2	16	15	8	11	15	19	18	15	19	5	16	19	17	6
56	9	1	17	5	9	1	4	15	13	7	16	17	4	8	13	3	15	7	3	6	4	19	4	4	9	7	7	9	6	20
57	20	3	14	18	18	1	17	13	9	8	12	12	2	19	19	8	10	16	1	10	20	5	19	6	11	17	13	16	9	4
58	4	3	17	9	2	17	6	5	18	9	2	18	19	1	6	7	4	19	2	17	13	1	17	5	3	2	8	10	1	20
59	15	13	3	8	8	16	2	10	3	6	20	20	13	17	4	4	10	12	18	10	1	2	9	10	4	1	4	15	9	14

(Left margin label for rows 25–31, reading top to bottom: S E C O N D S)

Minutes

Seconds	30	31	32	33	34	35	36	37	38	39	40	41	42	43	44	45	46	47	48	49	50	51	52	53	54	55	56	57	58	59
0	4	2	7	10	14	12	5	3	15	6	6	17	9	2	2	6	6	1	8	12	13	16	9	16	19	19	17	19	6	20
1	13	14	1	19	13	2	16	13	7	15	17	7	14	9	19	15	8	7	13	11	1	20	2	15	10	20	7	3	14	4
2	20	14	7	19	8	17	10	6	1	17	7	19	5	11	1	19	19	13	2	2	15	17	19	6	13	6	13	4	16	19
3	16	14	5	11	11	16	13	19	12	1	4	13	3	11	11	4	12	20	15	17	15	13	12	16	3	6	11	16	9	2
4	4	3	9	3	2	4	9	10	5	11	17	13	10	5	10	3	18	5	6	11	5	17	1	14	8	18	2	3	18	20
5	3	7	14	20	3	19	20	3	14	1	12	19	4	4	6	16	13	17	7	13	20	19	12	8	13	13	12	16	13	8
6	13	11	17	8	19	1	10	2	5	13	2	15	10	7	12	18	4	4	9	10	20	11	11	17	9	9	4	5	12	5
7	7	11	6	7	10	12	10	6	3	19	1	6	18	7	13	3	15	16	8	4	8	8	11	2	17	7	11	14	4	1
8	18	18	10	10	18	15	12	14	13	8	20	11	7	14	20	10	13	14	15	13	14	20	13	12	7	13	14	5	19	14
9	11	3	19	14	6	3	13	1	19	15	10	7	9	4	13	19	6	10	10	18	8	6	13	15	20	10	19	12	1	7
10	18	2	13	3	11	12	12	7	8	12	10	2	11	15	17	14	10	12	16	16	16	7	11	16	5	4	13	14	11	20
11	6	20	7	9	16	17	1	5	9	12	4	6	6	2	14	1	11	5	12	17	14	20	9	13	19	17	16	17	7	18
12	1	8	11	10	7	16	9	8	20	20	4	3	12	15	6	4	19	5	2	7	15	6	13	10	9	10	13	18	8	11
13	6	14	8	2	2	20	18	6	6	4	19	15	15	18	1	8	7	13	10	9	10	10	11	15	11	15	14	5	5	16
14	2	10	5	8	3	2	13	9	10	2	18	18	5	3	11	15	5	3	16	2	14	17	16	16	12	2	5	20	11	20
15	18	6	1	12	16	8	9	17	11	20	15	12	19	6	17	3	16	2	2	8	20	19	14	9	8	12	2	1	6	13
16	13	2	20	13	1	13	2	9	9	17	17	1	5	19	19	3	19	13	4	5	14	6	12	8	17	15	9	12	15	15
17	9	13	17	8	5	2	6	18	3	15	6	5	3	12	15	7	17	5	10	15	16	15	6	20	15	5	13	18	4	7
18	20	11	7	10	14	1	20	11	18	13	5	2	8	3	1	9	4	1	15	14	19	18	17	14	17	4	15	6	14	12
19	19	18	13	1	9	7	15	15	15	14	15	15	12	1	8	9	15	3	2	20	4	2	7	6	13	11	1	7	13	11
20	2	10	2	11	8	18	16	17	20	4	10	15	19	1	13	1	20	11	16	20	6	16	13	11	17	4	20	10	1	3
21	10	6	6	8	20	5	4	16	15	5	13	12	13	17	17	7	8	6	4	8	17	12	19	15	13	2	2	7	2	3
22	11	3	5	7	15	12	9	20	12	1	5	15	4	2	11	5	3	20	15	16	9	10	19	19	15	19	3	16	7	4
23	20	9	12	8	17	17	5	4	13	3	1	16	8	8	2	4	4	11	2	18	1	13	11	11	18	18	17	16	5	3
24	10	19	9	11	5	9	6	15	13	16	7	14	8	17	6	2	3	1	2	15	3	18	5	12	12	17	9	18	1	8
25	6	10	6	2	1	1	11	20	17	10	7	13	17	10	3	4	10	1	2	2	3	12	12	2	12	7	12	19	4	20
26	20	11	3	12	14	15	9	5	2	10	2	6	4	16	12	8	4	8	9	16	20	8	18	4	9	12	10	7	10	11
27	4	1	16	16	2	15	6	14	20	16	3	4	13	3	7	19	11	20	10	3	1	6	2	1	7	10	14	7	12	10
28	20	14	19	9	10	20	11	19	10	10	17	9	4	5	16	11	3	13	2	3	20	18	15	18	9	17	5	13	17	12
29	14	13	11	11	18	8	3	7	6	9	11	8	10	3	6	18	8	11	12	12	9	5	14	1	11	6	15	9	19	15
30	2	7	10	14	12	5	3	15	6	6	17	9	2	2	6	6	1	8	12	13	16	9	16	19	19	17	19	6	20	1
31	14	1	19	13	2	16	13	7	15	17	7	14	9	19	15	8	7	13	11	1	20	2	15	10	20	7	3	14	4	6
32	14	7	19	8	17	10	6	1	17	7	19	5	11	1	19	19	13	2	2	15	17	19	6	13	6	13	4	16	19	14
33	14	5	11	11	16	13	19	12	1	4	13	3	11	11	4	12	20	15	17	15	13	12	16	3	6	11	16	9	2	8
34	3	9	3	2	4	9	10	5	11	17	13	10	5	10	3	18	5	6	11	5	17	1	14	8	18	2	3	18	20	8
35	7	14	20	3	19	20	3	14	1	12	19	4	4	6	16	13	17	7	13	20	19	12	8	13	13	12	16	13	8	17
36	11	17	8	19	1	10	2	5	13	2	15	10	7	12	18	4	4	9	10	20	11	11	17	9	9	4	5	12	5	12
37	11	6	7	10	12	10	6	3	19	1	6	18	7	13	3	15	16	8	4	8	8	11	2	17	7	11	14	4	1	20
38	18	10	10	18	15	12	14	13	8	20	11	7	14	20	10	13	14	15	13	14	20	13	12	7	13	14	5	19	14	9
39	3	19	14	6	3	13	1	19	15	10	7	9	4	13	19	6	10	10	18	8	6	13	15	20	10	19	12	1	7	16
40	2	13	3	11	12	12	7	8	12	10	2	11	15	17	14	10	12	16	16	16	7	11	16	5	4	13	14	11	20	3
41	20	7	9	16	17	1	5	9	12	4	6	6	2	14	1	11	5	12	17	14	20	9	13	19	17	16	17	7	18	3
42	8	11	10	7	16	9	8	20	20	4	3	12	15	6	4	19	5	2	7	15	6	13	10	9	10	13	18	8	11	1
43	14	8	2	2	20	18	6	6	4	19	15	15	18	1	8	7	13	10	9	10	10	11	15	11	15	14	5	5	16	12
44	10	5	8	3	2	13	9	10	2	18	18	5	3	11	15	5	3	16	2	14	17	16	16	12	2	5	20	11	20	2
45	6	1	12	16	8	9	17	11	20	15	12	19	6	17	3	16	2	2	8	20	19	14	9	8	12	2	1	6	13	6
46	2	20	13	1	13	2	9	9	17	17	1	5	19	19	3	19	13	4	5	14	6	12	8	17	15	9	12	15	15	2
47	13	17	8	5	2	6	18	3	15	6	5	3	12	15	7	17	5	10	15	16	15	6	20	15	5	13	18	4	7	2
48	11	7	10	14	1	20	11	18	13	5	2	8	3	1	9	4	1	15	14	19	18	17	14	17	4	15	6	14	12	15
49	18	13	1	9	7	15	15	15	14	15	15	12	1	8	9	15	3	2	20	4	2	7	6	13	11	1	7	13	11	16
50	10	2	11	8	18	16	17	20	4	10	15	19	1	13	1	20	11	16	20	6	16	13	11	17	4	20	10	1	3	20
51	6	6	8	20	5	4	16	15	5	13	12	13	17	17	7	8	6	4	8	17	12	19	15	13	2	2	7	2	3	18
52	3	5	7	15	12	9	20	12	1	5	15	4	2	11	5	3	20	15	16	9	10	19	19	15	19	3	16	7	4	11
53	9	12	8	17	17	5	4	13	3	1	16	8	8	2	4	4	11	2	18	1	13	11	11	18	18	17	16	5	3	6
54	19	9	11	5	9	6	15	13	16	7	14	8	17	6	2	3	1	2	15	3	18	5	12	12	17	9	18	1	8	9
55	10	6	2	1	1	11	20	17	10	7	13	17	10	3	4	10	1	2	2	3	12	12	2	12	7	12	19	4	20	10
56	11	3	12	14	15	9	5	2	10	2	6	4	16	12	8	4	8	9	16	20	8	18	4	9	12	10	7	10	11	12
57	1	16	16	2	15	6	14	20	16	3	4	13	3	7	19	11	20	10	3	1	6	2	1	7	10	14	7	12	10	18
58	14	19	9	10	20	11	19	10	10	17	9	4	5	16	11	3	13	2	3	20	18	15	18	9	17	5	13	17	12	4
59	13	11	11	18	8	3	7	6	9	11	8	10	3	6	18	8	11	12	12	9	5	14	1	11	6	15	9	19	15	2

SECONDS

2D20

Minutes

	0	1	2	3	4	5	6	7	8	9	10	11	12	13	14	15	16	17	18	19	20	21	22	23	24	25	26	27	28	29
0	20	36	19	23	20	15	24	27	21	30	30	11	6	27	13	13	31	17	25	13	3	29	17	20	24	31	8	27	29	21
1	23	21	32	10	15	18	26	15	16	23	24	16	8	34	26	24	20	28	28	32	31	27	33	29	21	15	36	17	16	21
2	26	15	15	30	25	23	14	15	6	24	24	19	15	14	30	22	28	27	31	21	26	34	26	23	22	12	30	11	22	33
3	9	27	13	13	12	23	35	20	18	13	23	10	4	24	11	35	28	18	13	12	29	27	15	9	22	14	29	15	25	9
4	30	24	12	37	24	30	21	25	24	12	25	30	29	26	14	26	15	12	32	17	26	24	12	35	38	27	22	32	8	16
5	22	21	16	38	31	20	14	20	5	25	8	28	16	4	33	24	29	35	19	11	11	26	31	25	23	25	10	24	4	8
6	24	13	22	23	17	25	20	33	13	31	28	12	11	22	25	26	14	26	11	25	22	20	18	14	9	25	27	22	22	25
7	33	35	16	21	19	14	25	14	26	17	14	32	23	22	21	16	6	18	17	32	17	13	20	35	7	13	5	26	26	7
8	27	31	27	21	13	20	28	28	26	28	23	13	35	33	18	22	27	11	9	18	9	12	23	5	16	25	15	26	17	24
9	27	6	16	29	23	27	13	23	5	24	31	19	15	29	10	19	8	22	15	24	20	3	18	26	16	20	18	25	29	14
10	18	15	28	13	17	27	17	25	28	27	33	18	27	27	26	30	5	29	31	15	31	27	28	36	23	23	8	13	27	17
11	30	28	11	23	18	17	17	27	19	22	8	19	9	35	31	30	20	22	20	29	34	9	28	34	20	14	18	36	21	31
12	27	8	21	21	24	16	35	28	30	22	14	21	24	28	27	10	21	9	24	7	22	30	34	11	23	20	28	22	27	19
13	14	31	35	26	36	34	26	24	28	26	22	19	13	18	10	12	16	29	14	27	34	21	21	25	10	6	23	16	10	37
14	22	25	15	20	24	15	14	27	25	19	22	19	24	21	20	32	34	25	24	18	19	18	32	29	10	15	19	28	31	10
15	16	30	16	25	16	15	35	16	11	38	16	11	11	16	8	30	19	16	32	13	29	31	13	24	29	13	31	31	10	26
16	25	26	28	15	21	23	4	14	31	18	7	20	26	33	10	19	37	29	17	6	31	25	21	27	28	9	25	8	18	15
17	14	35	10	31	7	22	29	24	19	10	23	29	16	26	30	8	14	20	35	19	18	25	37	10	26	12	12	36	18	29
18	21	15	11	15	20	24	36	24	8	11	21	28	21	26	25	31	22	23	22	16	13	24	16	24	3	19	14	19	16	11
19	24	11	19	18	11	23	28	28	22	9	30	24	27	21	33	36	19	32	14	31	30	22	7	30	30	10	20	16	18	12
20	30	36	26	35	27	16	12	26	35	11	25	17	34	10	14	12	34	19	9	30	12	25	28	39	13	14	16	15	13	16
21	10	6	23	19	24	28	22	25	10	21	4	27	11	29	22	27	19	21	19	17	26	21	34	22	32	21	25	8	4	29
22	31	17	14	14	8	14	28	20	20	39	26	30	28	33	17	17	30	13	35	20	6	28	21	19	20	30	6	11	37	25
23	39	12	21	5	11	3	18	5	19	33	16	24	27	35	12	36	30	35	17	33	29	3	10	15	15	11	8	25	10	9
24	11	25	16	21	20	25	20	31	34	32	22	18	30	21	21	15	20	32	11	35	23	20	31	19	17	23	24	17	8	20
S 25	17	14	4	11	31	14	16	28	29	16	21	34	17	13	24	15	26	29	8	21	36	21	27	35	40	17	9	13	19	19
E 26	11	22	16	25	13	13	36	10	19	12	27	15	30	31	19	21	31	21	8	20	5	21	36	9	20	25	8	13	12	12
C 27	6	15	23	7	15	27	23	38	19	9	23	16	9	19	34	26	23	17	12	22	11	33	20	38	29	27	17	11	13	12
O 28	27	24	36	14	26	19	22	21	15	9	24	2	28	16	14	12	24	28	35	23	18	26	27	11	28	22	14	31	10	24
N 29	13	27	17	37	27	23	24	23	17	23	25	10	8	33	20	30	33	17	17	14	15	36	12	30	36	17	29	30	26	13
D 30	36	19	23	20	15	24	27	21	30	30	11	6	27	13	13	31	17	25	13	3	29	17	20	24	31	8	27	29	21	3
S 31	21	32	10	15	18	26	15	16	23	24	16	8	34	26	24	20	28	28	32	31	27	33	29	21	15	36	17	16	21	28
32	15	15	30	25	23	14	15	6	24	24	19	15	14	30	22	28	27	31	21	26	34	26	23	22	12	30	11	22	33	38
33	27	13	13	12	23	35	20	18	13	23	10	4	24	11	35	28	18	13	12	29	27	15	9	22	14	29	15	25	9	29
34	24	12	37	24	30	21	25	24	12	25	30	29	26	14	26	15	12	32	17	26	24	12	35	38	27	22	32	8	16	31
35	21	16	38	31	20	14	20	5	25	8	28	16	4	33	24	29	35	19	11	11	26	31	25	23	25	10	24	4	8	12
36	13	22	23	17	25	20	33	13	31	28	12	11	22	25	26	14	26	11	25	22	20	18	14	9	25	27	22	22	25	35
37	35	16	21	19	14	25	14	26	17	14	32	23	22	21	16	6	18	17	32	17	13	20	35	7	13	5	26	26	7	20
38	31	27	21	13	20	28	28	26	28	23	13	35	33	18	22	27	11	9	18	9	12	23	5	16	25	15	26	17	24	20
39	6	16	29	23	27	13	23	5	24	31	19	15	29	10	19	8	22	15	24	20	3	18	26	16	20	18	25	29	14	5
40	15	28	13	17	27	17	25	28	27	33	18	27	27	26	30	5	29	31	15	31	27	28	36	23	23	8	13	27	17	18
41	28	11	23	18	17	17	27	19	22	8	19	9	35	31	30	20	22	20	29	34	9	28	34	20	14	18	36	21	31	27
42	8	21	21	24	16	35	28	30	22	14	21	24	28	27	10	21	9	24	7	22	30	34	11	23	20	28	22	27	19	14
43	31	35	26	36	34	26	24	28	26	22	19	13	18	10	12	16	29	14	27	34	21	21	25	10	6	23	16	10	37	9
44	25	15	20	24	15	14	27	25	19	22	19	24	21	20	32	34	25	24	18	19	18	32	29	10	15	19	28	31	10	18
45	30	16	25	16	15	35	16	11	38	16	11	11	16	8	30	19	16	32	13	29	31	13	24	29	13	31	31	10	26	21
46	26	28	15	21	23	4	14	31	18	7	20	26	33	10	19	37	29	17	6	31	25	21	27	28	9	25	8	18	15	23
47	35	10	31	7	22	29	24	19	10	23	29	16	26	30	8	14	20	35	19	18	25	37	10	26	12	12	36	18	29	17
48	15	11	15	20	24	36	24	8	11	21	28	21	26	25	31	22	23	22	16	13	24	16	24	3	19	14	19	16	11	17
49	11	19	18	11	23	28	28	22	9	30	24	27	21	33	36	19	32	14	31	30	22	7	30	30	10	20	16	18	12	7
50	36	26	35	27	16	12	26	35	11	25	17	34	10	14	12	34	19	9	30	12	25	28	39	13	14	16	15	13	16	15
51	6	23	19	24	28	22	25	10	21	4	27	11	29	22	27	19	21	19	17	26	21	34	22	32	21	25	8	4	29	15
52	17	14	14	8	14	28	20	20	39	26	30	28	33	17	17	30	13	35	20	6	28	21	19	20	30	6	11	37	25	14
53	12	21	5	11	3	18	5	19	33	16	24	27	35	12	36	30	35	17	33	29	3	10	15	15	11	8	25	10	9	29
54	25	16	21	20	25	20	31	34	32	22	18	30	21	21	15	20	32	11	35	23	20	31	19	17	23	24	17	8	20	15
55	14	4	11	31	14	16	28	29	16	21	34	17	13	24	15	26	29	8	21	36	21	27	35	40	17	9	13	19	19	12
56	22	16	25	13	13	36	10	19	12	27	15	30	31	19	21	31	21	8	20	5	21	36	9	20	25	8	13	12	12	5
57	15	23	7	15	27	23	38	19	9	23	16	9	19	34	26	23	17	12	22	11	33	20	38	29	27	17	11	13	12	31
58	24	36	14	26	19	22	21	15	9	24	2	28	16	14	12	24	28	35	23	18	26	27	11	28	22	14	31	10	24	19
59	27	17	37	27	23	24	23	17	23	25	10	8	33	20	30	33	17	17	14	15	36	12	30	36	17	29	30	26	13	26

Seconds \ Minutes	30	31	32	33	34	35	36	37	38	39	40	41	42	43	44	45	46	47	48	49	50	51	52	53	54	55	56	57	58	59
0	3	12	32	27	12	22	11	8	28	14	37	30	6	21	23	29	33	32	28	34	21	16	12	24	38	27	23	16	35	14
1	28	27	25	25	20	34	21	35	21	29	26	28	18	23	27	29	13	18	18	22	38	17	24	26	21	26	27	18	23	24
2	38	19	23	18	24	28	15	13	25	19	11	24	36	18	23	19	24	22	29	24	30	14	17	29	20	25	25	13	17	22
3	29	29	16	27	26	16	15	7	22	26	36	7	25	15	30	21	11	33	21	12	13	29	23	23	23	34	33	11	26	14
4	31	17	23	22	7	32	23	8	38	26	17	10	32	21	25	11	25	24	29	20	13	17	17	15	16	14	19	17	28	20
5	12	26	23	14	20	30	25	30	24	24	18	30	22	22	8	35	30	27	16	25	34	32	21	17	29	24	21	36	24	21
6	35	13	15	15	22	36	15	15	19	18	19	10	17	24	9	32	23	10	16	13	5	17	37	30	29	32	17	21	21	31
7	20	29	23	2	28	37	20	6	16	27	14	14	25	13	3	9	21	26	27	18	12	34	22	16	31	4	34	21	26	17
8	20	13	9	14	29	23	37	22	24	37	26	30	29	26	34	15	22	24	11	23	25	21	15	30	35	27	30	22	23	16
9	5	24	13	16	37	15	18	32	17	37	28	15	12	7	7	28	30	9	32	9	17	20	17	11	8	34	15	21	20	21
10	18	19	15	26	10	17	15	39	17	21	25	12	16	26	18	22	33	24	7	19	34	23	22	5	7	19	21	22	29	24
11	27	25	24	8	29	34	36	13	24	13	26	15	20	22	30	24	5	28	32	22	8	36	20	30	24	24	26	8	24	16
12	14	18	16	4	13	33	19	27	21	21	22	13	13	19	25	28	24	18	17	28	27	25	37	28	21	30	13	20	32	27
13	19	32	28	13	29	33	18	9	27	14	38	16	33	4	30	21	20	16	18	24	8	29	25	27	16	12	21	19	23	24
14	18	21	27	10	4	19	17	17	25	15	25	25	17	24	25	19	30	35	28	24	19	21	20	6	25	24	18	18	14	12
15	21	23	25	24	16	23	4	23	21	34	19	28	20	17	34	10	20	24	9	18	24	11	34	22	14	10	34	21	33	16
16	23	22	7	12	20	8	13	6	7	15	12	17	27	30	19	18	17	16	18	14	33	36	26	22	29	18	29	14	24	30
17	17	37	25	27	16	25	5	23	27	30	22	24	28	17	13	16	17	19	11	19	16	22	28	15	11	25	7	18	34	28
18	17	17	29	30	19	25	29	25	22	22	33	21	23	8	18	12	15	22	24	20	15	7	19	24	26	24	17	25	35	24
19	7	34	32	16	21	16	11	4	10	23	9	7	17	25	33	28	29	20	33	16	12	23	16	40	26	19	21	16	17	21
20	15	35	26	17	27	2	22	28	28	27	16	36	35	26	21	24	8	18	24	24	37	15	22	9	21	30	28	11	20	13
21	15	14	23	16	19	37	20	33	24	23	22	23	31	27	14	12	10	26	3	25	9	34	14	9	19	24	18	27	29	18
22	14	11	17	15	20	16	24	9	12	12	20	40	37	18	28	13	17	23	23	19	7	20	12	20	33	18	25	16	28	32
23	29	20	27	37	23	31	5	3	34	9	17	23	33	21	30	21	25	15	26	17	19	12	27	3	20	23	8	21	16	9
24	15	19	9	19	26	16	6	17	12	25	3	19	17	19	19	11	7	16	21	21	21	20	11	18	25	34	33	33	25	5
25	12	23	23	5	15	19	28	14	23	39	22	21	25	8	30	12	29	35	31	35	12	21	31	12	25	24	8	34	31	27
26	5	9	33	20	19	23	38	23	23	14	7	13	27	26	16	19	22	25	26	16	20	25	34	27	19	29	30	22	31	20
27	31	18	14	10	5	11	31	32	9	23	16	20	9	10	4	35	15	32	21	21	9	19	25	20	25	10	14	39	22	15
28	19	7	20	22	24	29	9	11	9	25	13	28	28	30	14	24	5	19	30	32	32	27	30	22	14	34	14	33	26	16
29	26	12	30	17	29	14	16	6	25	5	5	8	8	25	18	7	23	23	18	34	32	25	20	26	22	22	32	33	20	5
30	12	32	27	12	22	11	8	28	14	37	30	6	21	23	29	33	32	28	34	21	16	12	24	38	27	23	16	35	14	35
31	27	25	25	20	34	21	35	21	29	26	28	18	23	27	29	13	18	18	22	38	17	24	26	21	26	27	18	23	24	6
32	19	23	18	24	28	15	13	25	19	11	24	36	18	23	19	24	22	29	24	30	14	17	29	20	25	25	13	17	22	4
33	29	16	27	26	16	15	7	22	26	36	7	25	15	30	21	11	33	21	12	13	29	23	23	23	34	33	11	26	14	20
34	17	23	22	7	32	23	8	38	26	17	10	32	21	25	11	25	24	29	20	13	17	17	15	16	14	19	17	28	20	22
35	26	23	14	20	30	25	30	24	24	18	30	22	22	8	35	30	27	16	25	34	32	21	17	29	24	21	36	24	21	27
36	13	15	15	22	36	15	15	19	18	19	10	17	24	9	32	23	10	16	13	5	17	37	30	29	32	17	21	21	31	18
37	29	23	2	28	37	20	6	16	27	14	14	25	13	3	9	21	26	27	18	12	34	22	16	31	4	34	21	26	17	27
38	13	9	14	29	23	37	22	24	37	26	30	29	26	34	15	22	24	11	23	25	21	15	30	35	27	30	22	23	16	19
39	24	13	16	37	15	18	32	17	37	28	15	12	7	7	28	30	9	32	9	17	20	17	11	8	34	15	21	20	21	19
40	19	15	26	10	17	15	39	17	21	25	12	16	26	18	22	33	24	7	19	34	23	22	5	7	19	21	22	29	24	15
41	25	24	8	29	34	36	13	24	13	26	15	20	22	30	24	5	28	32	22	8	36	20	30	24	24	26	8	24	16	11
42	18	16	4	13	33	19	27	21	21	22	13	13	19	25	28	24	18	17	28	27	25	37	28	21	30	13	20	32	27	18
43	32	28	13	29	33	18	9	27	14	38	16	33	4	30	21	20	16	18	24	8	29	25	27	16	12	21	19	23	24	17
44	21	27	10	4	19	17	17	25	15	25	25	17	24	25	19	30	35	28	24	19	21	20	6	25	24	18	18	14	12	14
45	23	25	24	16	23	4	23	21	34	19	28	20	17	34	10	20	24	9	18	24	11	34	22	14	10	34	21	33	16	18
46	22	7	12	20	8	13	6	7	15	12	17	27	30	19	18	17	16	18	14	33	36	26	22	29	18	29	14	24	30	25
47	37	25	27	16	25	5	23	27	30	22	24	28	17	13	16	17	19	11	19	16	22	28	15	11	25	7	18	34	28	22
48	17	29	30	19	25	29	25	22	22	33	21	23	8	18	12	15	22	24	20	15	7	19	24	26	24	17	25	35	24	15
49	34	32	16	21	16	11	4	10	23	9	7	17	25	33	28	29	20	33	16	12	23	16	40	26	19	21	16	17	21	8
50	35	26	17	27	2	22	28	28	27	16	36	35	26	21	24	8	18	24	24	37	15	22	9	21	30	28	11	20	13	12
51	14	23	16	19	37	20	33	24	23	22	23	31	27	14	12	10	26	3	25	9	34	14	9	19	24	18	27	29	18	26
52	11	17	15	20	16	24	9	12	12	20	40	37	18	28	13	17	23	23	19	7	20	12	20	33	18	25	16	28	32	28
53	20	27	37	23	31	5	3	34	9	17	23	33	21	30	21	25	15	26	17	19	12	27	3	20	23	8	21	16	9	26
54	19	9	19	26	16	6	17	12	25	3	19	17	19	19	11	7	16	21	21	21	20	11	18	25	34	33	33	25	5	30
55	23	23	5	15	19	28	14	23	39	22	21	25	8	30	12	29	35	31	35	12	21	31	12	25	24	8	34	31	27	30
56	9	33	20	19	23	38	23	23	14	7	13	27	26	16	19	22	25	26	16	20	25	34	27	19	29	30	22	31	20	22
57	18	14	10	5	11	31	32	9	23	16	20	9	10	4	35	15	32	21	21	9	19	25	20	25	10	14	39	22	15	4
58	7	20	22	24	29	9	11	9	25	13	28	28	30	14	24	5	19	30	32	32	27	30	22	14	34	14	33	26	16	27
59	12	30	17	29	14	16	6	25	5	5	8	8	25	18	7	23	23	18	34	32	25	20	26	22	22	32	33	20	5	14

3D20

SECONDS

	0	1	2	3	4	5	6	7	8	9	10	11	12	13	14	15	16	17	18	19	20	21	22	23	24	25	26	27	28	29
0	22	30	19	31	38	40	33	19	25	45	48	37	34	18	27	28	23	35	32	35	19	6	31	32	38	25	43	47	31	48
1	51	25	20	39	14	33	24	24	37	35	33	25	49	22	28	28	5	30	31	27	41	31	19	22	46	32	44	30	28	35
2	47	32	13	26	24	16	45	27	49	36	27	17	44	28	38	32	40	26	21	10	22	14	16	31	38	39	35	35	34	46
3	36	23	44	30	45	16	30	38	23	13	27	49	26	28	25	44	42	24	47	13	35	40	47	29	27	39	42	21	32	22
4	32	43	34	13	8	33	24	32	28	34	46	46	17	27	38	35	14	31	36	38	36	23	37	27	23	26	20	19	48	53
5	28	24	27	19	41	39	31	29	36	17	33	35	45	36	37	31	38	22	18	41	43	28	50	26	38	47	20	36	41	20
6	31	37	24	32	40	33	52	37	26	30	25	25	45	31	39	47	20	36	35	39	28	37	30	24	37	28	29	35	31	32
7	46	42	37	7	45	24	17	33	30	30	34	25	37	25	39	20	48	28	34	37	23	36	46	28	37	44	26	40	35	51
8	26	41	5	27	48	24	36	34	36	34	38	33	32	14	47	46	35	7	44	26	33	41	23	41	16	39	32	24	32	38
9	42	36	50	26	43	16	43	25	45	33	44	38	36	45	38	22	21	15	44	28	17	33	41	22	36	27	25	43	23	42
10	39	21	53	43	12	18	23	34	22	26	40	42	25	44	19	25	32	34	41	43	31	24	42	29	18	36	10	23	39	23
11	57	32	20	35	25	33	27	34	20	13	37	41	28	33	53	14	26	24	17	23	45	34	30	30	30	20	21	16	32	33
12	26	32	15	35	18	42	44	8	42	20	26	23	9	24	37	25	41	39	39	40	37	47	18	36	26	47	44	32	38	43
13	23	25	31	31	32	24	46	46	21	21	15	34	40	32	28	36	43	44	37	47	28	19	20	37	39	36	21	33	24	35
14	36	48	8	25	33	31	13	12	38	39	33	10	33	24	15	20	28	28	42	35	39	44	18	28	36	47	20	31	41	17
15	39	36	52	23	47	47	32	48	27	24	25	36	45	40	28	41	42	51	21	22	21	33	35	29	24	32	26	19	47	31
16	42	34	30	25	12	23	15	48	19	19	18	33	27	12	37	48	27	48	42	25	36	26	35	38	31	39	29	27	22	49
17	31	17	38	14	39	34	32	45	42	37	21	36	36	24	38	23	23	34	41	15	38	31	42	14	28	39	32	21	22	13
18	27	19	20	18	54	31	29	16	38	23	23	28	32	26	33	42	24	39	36	24	19	38	41	12	31	26	33	13	32	49
19	28	25	27	32	19	19	33	21	40	18	13	25	27	41	33	22	44	41	33	4	17	36	23	15	37	28	39	36	46	23
20	31	31	45	31	31	41	32	31	15	47	35	41	24	42	13	36	24	38	15	35	35	41	26	46	29	24	27	12	44	18
21	27	36	23	36	36	34	31	28	30	29	29	46	55	44	24	19	24	47	36	40	36	40	17	29	45	48	41	48	36	12
22	31	14	24	30	10	28	35	19	22	39	33	35	21	19	26	29	29	32	27	25	40	32	19	24	19	44	22	39	46	39
23	26	17	49	41	27	24	18	48	33	54	36	25	40	23	16	40	11	34	44	19	32	30	31	26	47	15	25	33	38	38
24	40	15	24	26	26	20	37	26	38	37	47	21	47	23	29	45	37	29	37	45	34	39	52	22	18	25	25	28	36	35
25	18	45	18	25	35	35	29	25	45	33	28	33	26	27	22	41	29	41	21	37	37	22	49	28	22	47	21	33	40	37
26	39	50	33	28	33	41	39	34	25	23	41	54	32	23	25	29	30	20	30	38	28	41	16	14	32	40	38	31	32	43
27	25	36	28	32	37	35	43	52	39	56	49	36	27	50	6	37	46	26	20	31	38	48	30	24	28	50	40	44	36	31
28	35	28	46	26	21	15	21	39	36	27	42	29	39	19	15	24	41	33	51	39	46	24	31	34	46	29	52	31	38	18
29	41	30	12	22	34	25	47	21	41	34	28	48	21	31	34	46	33	30	36	50	20	37	49	23	31	26	57	31	18	27
30	30	19	31	38	40	33	19	25	45	48	37	34	18	27	28	23	35	32	35	19	6	31	32	38	25	43	47	31	48	18
31	25	20	39	14	33	24	24	37	35	33	25	49	22	28	28	5	30	31	27	41	31	19	22	46	32	44	30	28	35	15
32	32	13	26	24	16	45	27	49	36	27	17	44	28	38	32	40	26	21	10	22	14	16	31	38	39	35	35	34	46	21
33	23	44	30	45	16	30	38	23	13	27	49	26	28	25	44	42	24	47	13	35	40	47	29	27	39	42	21	32	22	29
34	43	34	13	8	33	24	32	28	34	46	46	17	27	38	35	14	31	36	38	36	23	37	27	23	26	20	19	48	53	14
35	24	27	19	41	39	31	29	36	17	33	35	45	36	37	31	38	22	18	41	43	28	50	26	38	47	20	36	41	20	32
36	37	24	32	40	33	52	37	26	30	25	25	45	31	39	47	20	36	35	39	28	37	30	24	37	28	29	35	31	32	39
37	42	37	7	45	24	17	33	30	30	34	25	37	25	39	20	48	28	34	37	23	36	46	28	37	44	26	40	35	51	43
38	41	5	27	48	24	36	34	36	34	38	33	32	14	47	46	35	7	44	26	33	41	23	41	16	39	32	24	32	38	46
39	36	50	26	43	16	43	25	45	33	44	38	36	45	38	22	21	15	44	28	17	33	41	22	36	27	25	43	23	42	20
40	21	53	43	12	18	23	34	22	26	40	42	25	44	19	25	32	34	41	43	31	24	42	29	18	36	10	23	39	23	24
41	32	20	35	25	33	27	34	20	13	37	41	28	33	53	14	26	24	17	23	45	34	30	30	30	20	21	16	32	33	17
42	32	15	35	18	42	44	8	42	20	26	23	9	24	37	25	41	39	39	40	37	47	18	36	26	47	44	32	38	43	23
43	25	31	31	32	24	46	46	21	21	15	34	40	32	28	36	43	44	37	47	28	19	20	37	39	36	21	33	24	35	38
44	48	8	25	33	31	13	12	38	39	33	10	33	24	15	20	28	28	42	35	39	44	18	28	36	47	20	31	41	17	24
45	36	52	23	47	47	32	48	27	24	25	36	45	40	28	41	42	51	21	22	21	33	35	29	24	32	26	19	47	31	31
46	34	30	25	12	23	15	48	19	19	18	33	27	12	37	48	27	48	42	25	36	26	35	38	31	39	29	27	22	49	23
47	17	38	14	39	34	32	45	42	37	21	36	36	24	38	23	23	34	41	15	38	31	42	14	28	39	32	21	22	13	29
48	19	20	18	54	31	29	16	38	23	23	28	32	26	33	42	24	39	36	24	19	38	41	12	31	26	33	13	32	49	26
49	25	27	32	19	19	33	21	40	18	13	25	27	41	33	22	44	41	33	4	17	36	23	15	37	28	39	36	46	23	25
50	31	45	31	31	41	32	31	15	47	35	41	24	42	13	36	24	38	15	35	35	41	26	46	29	24	27	12	44	18	33
51	36	23	36	36	34	31	28	30	29	29	46	55	44	24	19	24	47	36	40	36	40	17	29	45	48	41	48	36	12	36
52	14	24	30	10	28	35	19	22	39	33	35	21	19	26	29	29	32	27	25	40	32	19	24	19	44	22	39	46	39	47
53	17	49	41	27	24	18	48	33	54	36	25	40	23	16	40	11	34	44	19	32	30	31	26	47	15	25	33	38	38	24
54	15	24	26	26	20	37	26	38	37	47	21	47	23	29	45	37	29	37	45	34	39	52	22	18	25	25	28	36	35	37
55	45	18	25	35	35	29	25	45	33	28	33	26	27	22	41	29	41	21	37	37	22	49	28	22	47	21	33	40	37	27
56	50	33	28	33	41	39	34	25	23	41	54	32	23	25	29	30	20	30	38	28	41	16	14	32	40	38	31	32	43	39
57	36	28	32	37	35	43	52	39	56	49	36	27	50	6	37	46	26	20	31	38	48	30	24	28	50	40	44	36	31	56
58	28	46	26	21	15	21	39	36	27	42	29	39	19	15	24	41	33	51	39	46	24	31	34	46	29	52	31	38	18	41
59	30	12	22	34	25	47	21	41	34	28	48	21	31	34	46	33	30	36	50	20	37	49	23	31	26	57	31	18	27	19

Minutes

		30	31	32	33	34	35	36	37	38	39	40	41	42	43	44	45	46	47	48	49	50	51	52	53	54	55	56	57	58	59
	0	18	29	25	21	33	31	44	21	49	36	41	25	33	34	55	20	33	47	23	23	26	14	30	43	40	34	15	37	34	15
	1	15	34	13	37	25	27	35	30	44	26	30	39	23	27	30	37	47	37	46	55	31	33	46	29	31	40	21	47	43	31
	2	21	31	38	44	32	23	31	24	18	43	30	40	10	38	43	31	39	39	39	44	40	43	39	19	21	22	36	41	23	33
	3	29	17	25	28	34	32	43	37	15	42	35	47	17	41	29	27	28	38	40	23	33	26	17	14	27	33	43	44	42	49
	4	14	23	44	26	17	27	30	37	28	21	25	33	43	25	32	34	12	26	15	35	47	36	49	24	18	48	21	16	22	33
	5	32	32	12	33	24	39	32	17	31	19	22	37	32	24	27	32	30	54	33	30	20	24	24	25	18	36	23	27	43	33
	6	39	42	42	55	32	28	30	16	47	35	30	10	44	37	47	34	25	32	33	33	35	37	27	43	23	42	31	10	32	29
	7	43	22	29	46	46	29	29	42	28	48	40	37	42	35	27	32	32	26	36	25	42	32	40	43	44	14	15	40	38	23
	8	46	37	30	22	35	39	28	32	32	18	5	48	19	39	40	29	16	35	36	36	48	27	19	28	26	34	35	32	13	37
	9	20	46	37	33	37	25	35	29	34	23	22	31	30	10	27	37	47	40	43	34	30	37	18	37	35	27	42	38	28	43
	10	24	37	28	35	26	20	40	15	22	26	41	28	40	29	36	16	23	44	29	29	22	20	36	23	26	35	38	33	35	33
	11	17	39	52	39	31	45	19	40	20	31	24	29	31	26	41	33	35	46	48	23	39	35	26	38	29	45	30	19	33	36
	12	23	24	17	44	19	44	37	28	25	22	28	21	28	41	48	39	20	20	12	38	41	24	52	35	38	38	14	48	31	44
	13	38	12	35	22	29	48	29	24	35	26	24	25	22	28	28	31	18	27	28	30	28	21	45	45	38	28	26	39	51	28
	14	24	34	31	22	36	51	27	31	39	23	32	27	45	38	53	13	35	24	22	43	43	19	31	30	37	37	36	55	37	26
	15	31	29	42	15	55	30	33	17	40	35	52	34	35	15	27	31	45	46	21	33	40	13	33	44	24	40	40	26	40	35
	16	23	29	17	30	41	18	38	22	32	32	53	31	37	33	47	38	32	34	50	40	38	28	53	42	29	24	29	49	28	39
	17	29	35	27	20	9	28	21	26	34	34	21	49	25	33	14	11	26	40	38	44	24	29	30	43	38	25	28	19	22	18
	18	26	48	37	46	20	56	36	17	28	27	33	26	27	28	37	36	30	42	39	43	22	36	25	36	37	30	53	35	23	37
	19	25	46	9	59	26	49	17	43	28	35	23	31	29	31	23	18	45	45	18	15	24	27	18	28	23	16	28	18	26	27
	20	33	17	35	46	54	30	25	60	31	37	19	35	39	33	18	37	36	25	39	36	11	20	50	35	35	34	36	30	24	37
	21	36	45	18	24	45	16	26	28	44	16	41	33	13	38	32	36	46	39	45	41	27	48	39	27	20	17	43	35	25	35
	22	47	33	31	38	37	14	37	13	41	42	27	37	30	28	29	40	23	43	42	26	33	35	39	46	32	37	45	15	21	23
	23	24	34	34	8	28	20	31	26	41	26	50	31	36	24	26	28	23	34	20	37	28	29	46	36	44	52	29	21	42	25
	24	37	27	15	28	37	20	31	34	54	32	31	21	38	49	17	43	35	40	42	38	33	43	47	19	44	49	52	25	49	38
S	25	27	33	45	29	18	22	31	45	44	39	20	40	30	38	12	40	43	12	20	39	31	27	33	29	15	20	36	17	31	41
E	26	39	54	30	26	43	20	44	48	25	37	35	49	44	27	31	29	48	41	36	32	21	42	14	26	17	46	44	35	30	32
C	27	56	34	39	19	36	31	43	29	25	40	23	41	29	13	33	31	39	38	31	39	42	35	31	35	8	36	40	7	40	42
O	28	41	28	46	21	26	30	38	29	28	14	31	26	43	34	45	40	16	29	43	36	30	35	10	38	37	29	28	51	21	33
N	29	19	22	28	32	20	26	40	23	25	43	28	37	27	24	19	28	15	37	15	32	44	43	36	28	28	31	37	28	26	34
D	30	29	25	21	33	31	44	21	49	36	41	25	33	34	55	20	33	47	23	23	26	14	30	43	40	34	15	37	34	15	38
S	31	34	13	37	25	27	35	30	44	26	30	39	23	27	30	37	47	37	46	55	31	33	46	29	31	40	21	47	43	31	32
	32	31	38	44	32	23	31	24	18	43	30	40	10	38	43	31	39	39	39	44	40	43	39	19	21	22	36	41	23	33	39
	33	17	25	28	34	32	43	37	15	42	35	47	17	41	29	27	28	38	40	23	33	26	17	14	27	33	43	44	42	49	35
	34	23	44	26	17	27	30	37	28	21	25	33	43	25	32	34	12	26	15	35	47	36	49	24	18	48	21	16	22	33	47
	35	32	12	33	24	39	32	17	31	19	22	37	32	24	27	32	30	54	33	30	20	24	24	25	18	36	23	27	43	33	17
	36	42	42	55	32	28	30	16	47	35	30	10	44	37	47	34	25	32	33	33	35	37	27	43	23	42	31	10	32	29	30
	37	22	29	46	46	29	29	42	28	48	40	37	42	35	27	32	32	26	36	25	42	32	40	43	44	14	15	40	38	23	34
	38	37	30	22	35	39	28	32	32	18	5	48	19	39	40	29	16	35	36	36	48	27	19	28	26	34	35	32	13	37	35
	39	46	37	33	37	25	35	29	34	23	22	31	30	10	27	37	47	40	43	34	30	37	18	37	35	27	42	38	28	43	35
	40	37	28	35	26	20	40	15	22	26	41	28	40	29	36	16	23	44	29	29	22	20	36	23	26	35	38	33	35	33	40
	41	39	52	39	31	45	19	40	20	31	24	29	31	26	41	33	35	46	48	23	39	35	26	38	29	45	30	19	33	36	40
	42	24	17	44	19	44	37	28	25	22	28	21	28	41	48	39	20	20	12	38	41	24	52	35	38	38	14	48	31	44	13
	43	12	35	22	29	48	29	24	35	26	24	25	22	28	28	31	18	27	28	30	28	21	45	45	38	28	26	39	51	28	24
	44	34	31	22	36	51	27	31	39	23	32	27	45	38	53	13	35	24	22	43	43	19	31	30	37	37	36	55	37	26	41
	45	29	42	15	55	30	33	17	40	35	52	34	35	15	27	31	45	46	21	33	40	13	33	44	24	40	40	26	40	35	34
	46	29	17	30	41	18	38	22	32	32	53	31	37	33	47	38	32	34	50	40	38	28	53	42	29	24	29	49	28	39	19
	47	35	27	20	9	28	21	26	34	34	21	49	25	33	14	11	26	40	38	44	24	29	30	43	38	25	28	19	22	18	39
	48	48	37	46	20	56	36	17	28	27	33	26	27	28	37	36	30	42	39	43	22	36	25	36	37	30	53	35	23	37	40
	49	46	9	59	26	49	17	43	28	35	23	31	29	31	23	18	45	45	18	15	24	27	18	28	23	16	28	18	26	27	16
	50	17	35	46	54	30	25	60	31	37	19	35	39	33	18	37	36	25	39	36	11	20	50	35	35	34	36	30	24	37	14
	51	45	18	24	45	16	26	28	44	16	41	33	13	38	32	36	46	39	45	41	27	48	39	27	20	17	43	35	25	35	28
	52	33	31	38	37	14	37	13	41	42	27	37	30	28	29	40	23	43	42	26	33	35	39	46	32	37	45	15	21	23	34
	53	34	34	8	28	20	31	26	41	26	50	31	36	24	26	28	23	34	20	37	28	29	46	36	44	52	29	21	42	25	20
	54	27	15	28	37	20	31	34	54	32	31	21	38	49	17	43	35	40	42	38	33	43	47	19	44	49	52	25	49	38	47
	55	33	45	29	18	22	31	45	44	39	20	40	30	38	12	40	43	12	20	39	31	27	33	29	15	20	36	17	31	41	9
	56	54	30	26	43	20	44	48	25	37	35	49	44	27	31	29	48	41	36	32	21	42	14	26	17	46	44	35	30	32	28
	57	34	39	19	36	31	43	29	25	40	23	41	29	13	33	31	39	38	31	39	42	35	31	35	8	36	40	7	40	42	21
	58	28	46	21	26	30	38	29	28	14	31	26	43	34	45	40	16	29	43	36	30	35	10	38	37	29	28	51	21	33	47
	59	22	28	32	20	26	40	23	25	43	28	37	27	24	19	28	15	37	15	32	44	43	36	28	28	31	37	28	26	34	32

Percentage (00, 10, 20,…, 90)

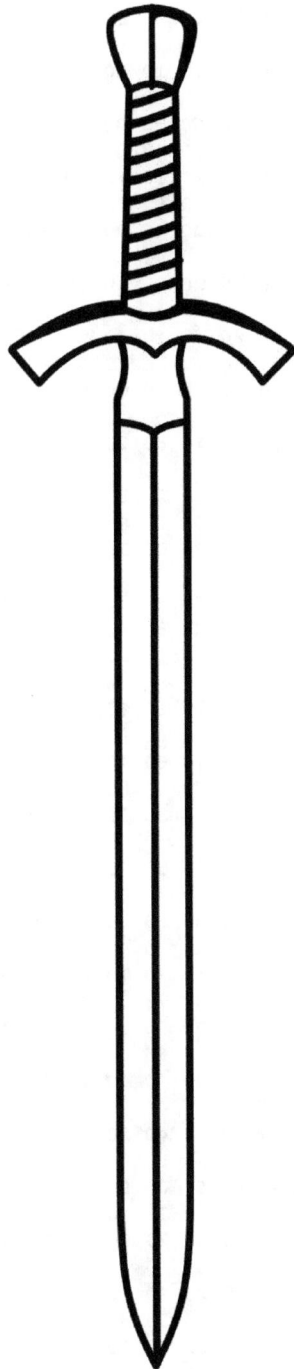

Percentage (00 – 90)

Minutes

	0	1	2	3	4	5	6	7	8	9	10	11	12	13	14	15	16	17	18	19	20	21	22	23	24	25	26	27	28	29
0	30	80	40	80	80	00	60	30	40	00	00	30	10	70	00	50	10	00	10	80	40	80	60	40	80	60	30	90	80	90
1	10	80	70	40	60	30	90	40	30	70	00	70	20	50	30	90	90	80	60	30	60	00	40	70	60	30	20	00	00	90
2	80	70	20	10	10	10	10	80	70	70	50	40	10	50	50	00	40	20	20	40	50	20	60	40	30	40	70	90	50	80
3	10	90	10	80	90	20	60	60	10	50	30	70	00	10	50	70	40	70	00	60	80	10	60	30	80	20	70	20	40	50
4	10	20	90	40	60	70	40	40	70	40	40	70	40	10	50	70	40	40	10	60	90	90	20	60	90	80	70	00	10	90
5	50	70	60	00	40	10	40	70	00	30	80	10	60	50	00	60	70	40	20	60	20	30	80	80	60	70	30	20	70	40
6	10	90	50	50	20	70	20	10	40	20	40	50	20	40	90	40	10	80	10	90	40	70	80	50	20	30	20	60	00	80
7	60	80	60	90	50	10	90	60	30	20	10	80	10	10	70	70	00	20	00	80	10	00	20	80	60	00	20	40	10	30
8	40	60	30	10	20	00	20	30	60	00	60	80	40	80	70	30	40	90	40	70	80	00	30	20	30	60	90	10	40	80
9	00	80	90	00	30	40	50	40	00	70	80	60	90	00	90	90	60	30	00	00	20	20	10	40	50	40	50	50	00	40
10	50	20	10	40	40	60	40	40	50	70	60	80	80	40	60	60	30	30	50	90	10	20	10	70	40	50	30	80	90	50
11	00	30	50	70	40	10	30	20	90	20	30	40	20	00	40	60	10	60	60	00	20	30	20	80	80	30	60	70	10	30
12	60	00	10	30	10	70	20	00	50	10	50	80	70	40	40	90	20	60	10	50	30	60	60	90	60	10	00	90	00	80
13	70	40	80	60	60	80	90	10	00	40	80	80	60	10	40	20	70	20	50	90	90	20	70	60	00	40	40	90	60	10
14	30	10	30	80	60	00	10	60	00	10	70	30	20	70	70	60	60	10	30	50	00	20	70	90	70	20	20	20	20	80
15	70	90	40	10	80	70	30	10	90	80	70	00	10	60	00	80	20	30	70	20	00	80	50	10	60	30	60	40	30	10
16	40	50	70	60	90	80	10	10	80	40	40	60	30	60	70	70	90	80	00	20	70	90	50	50	50	20	60	40	90	90
17	90	20	60	90	30	10	20	30	90	50	30	70	10	50	20	80	50	50	80	90	00	20	80	00	80	60	00	00	90	50
18	10	40	60	80	00	30	00	70	70	20	50	90	20	30	40	40	40	10	60	40	80	90	80	10	10	40	60	20	40	00
19	90	00	70	50	70	40	40	00	30	90	00	80	30	20	30	10	70	40	50	40	60	40	80	40	20	70	80	70	00	10
20	20	90	00	70	60	70	60	10	50	40	40	40	60	10	80	60	80	30	20	20	50	20	60	60	80	20	60	90	00	50
21	80	80	40	20	70	50	50	00	30	80	40	00	20	00	30	70	80	60	10	80	30	50	00	90	10	00	50	70	90	40
22	00	00	40	20	80	70	60	40	10	10	50	30	40	00	20	60	00	50	20	90	30	10	10	60	50	20	80	00	00	70
23	00	90	40	60	50	70	40	10	20	90	90	30	60	60	30	50	60	40	70	50	90	80	30	80	00	60	90	70	00	90
24	50	90	00	30	60	10	00	20	60	50	80	70	30	80	40	50	60	20	20	80	20	80	70	30	30	70	10	40	60	00
25	60	00	60	50	90	80	00	70	20	20	40	50	50	10	80	30	80	90	40	20	60	70	40	30	90	60	40	50	90	20
26	90	40	10	30	00	40	40	00	20	90	10	70	40	30	20	00	10	90	40	90	50	80	20	60	30	10	90	70	10	30
27	10	60	20	50	60	10	90	40	60	80	10	60	10	60	80	00	10	20	80	40	40	60	10	70	80	50	30	10	80	20
28	10	20	30	10	70	10	20	80	70	90	90	40	30	60	60	30	80	50	60	00	00	80	30	90	10	60	00	30	10	00
29	00	50	80	50	70	80	10	70	70	40	90	80	70	80	40	00	80	10	80	10	50	00	60	70	40	80	40	30	60	20
30	80	40	80	80	00	60	30	40	00	00	30	10	70	00	50	10	00	10	80	40	80	60	40	80	60	30	90	80	90	20
31	80	70	40	60	30	90	40	30	70	00	70	20	50	30	90	90	80	60	30	60	00	40	70	60	30	20	00	00	90	20
32	70	20	10	10	10	10	80	70	70	50	40	10	50	50	00	40	20	20	40	50	20	60	40	30	40	70	90	50	80	40
33	90	10	80	90	20	60	60	10	50	30	70	00	10	50	70	40	70	00	60	80	10	60	30	80	20	70	20	40	50	80
34	20	90	40	60	70	40	40	70	40	40	70	40	10	50	70	40	40	10	60	90	90	20	60	90	80	70	00	10	90	40
35	70	60	00	40	10	40	70	00	30	80	10	60	50	00	60	70	40	20	60	20	30	80	80	60	70	30	20	70	40	90
36	90	50	50	20	70	20	10	40	20	40	50	20	40	90	40	10	80	10	90	40	70	80	50	20	30	20	60	00	80	00
37	80	60	90	50	10	90	60	30	20	10	80	10	10	70	70	00	20	00	80	10	00	20	80	60	00	20	40	10	30	40
38	60	30	10	20	00	20	30	60	00	60	80	40	80	70	30	40	90	40	70	80	00	30	20	30	60	90	10	40	80	80
39	80	90	00	30	40	50	40	00	70	80	60	90	00	90	90	60	30	00	00	20	20	10	40	50	40	50	50	00	40	80
40	20	10	40	40	60	40	40	50	70	60	80	80	40	60	60	30	30	50	90	10	20	10	70	40	50	30	80	90	50	00
41	30	50	70	40	10	30	20	90	20	30	40	20	00	40	60	10	60	60	00	20	30	20	80	80	30	60	70	10	30	40
42	00	10	30	10	70	20	00	50	10	50	80	70	40	40	90	20	60	10	50	30	60	60	90	60	10	00	90	00	80	20
43	40	80	60	60	80	90	10	00	40	80	80	60	10	40	20	70	20	50	90	90	20	70	60	00	40	40	90	60	10	70
44	10	30	80	60	00	10	60	00	10	70	30	20	70	70	60	60	10	30	50	00	20	70	90	70	20	20	20	20	80	70
45	90	40	10	80	70	30	10	90	80	70	00	10	60	00	80	20	30	70	20	00	80	50	10	60	30	60	40	30	10	40
46	50	70	60	90	80	10	10	80	40	40	60	30	60	70	70	90	80	00	20	70	90	50	50	50	20	60	40	90	90	20
47	20	60	90	30	10	20	30	90	50	30	70	10	50	20	80	50	50	80	90	00	20	80	00	80	60	00	00	90	50	10
48	40	60	80	00	30	00	70	70	20	50	90	20	30	40	40	40	10	60	40	80	90	80	10	10	40	60	20	40	00	40
49	00	70	50	70	40	40	00	30	90	00	80	30	20	30	10	70	40	50	40	60	40	80	40	20	70	80	70	00	10	80
50	90	00	70	60	70	60	10	50	40	40	40	60	10	80	60	80	30	20	20	50	20	60	60	80	20	60	90	00	50	50
51	80	40	20	70	50	50	00	30	80	40	00	20	00	30	70	80	60	10	80	30	50	00	90	10	00	50	70	90	40	70
52	00	40	20	80	70	60	40	10	10	50	30	40	00	20	60	00	50	20	90	30	10	10	60	50	20	80	00	00	70	50
53	90	40	60	50	70	40	10	20	90	90	30	60	60	30	50	60	40	70	50	90	80	30	80	00	60	90	70	00	90	50
54	90	00	30	60	10	00	20	60	50	80	70	30	40	50	60	20	20	80	20	80	70	30	30	70	10	40	60	00	60	
55	00	60	50	90	80	00	70	20	20	40	50	50	10	80	30	80	90	40	20	60	70	40	30	90	60	40	50	90	20	20
56	40	30	00	40	40	00	20	90	10	70	40	30	20	00	10	90	40	90	50	80	20	60	30	10	90	70	10	30	40	
57	60	20	50	60	10	90	40	60	80	10	60	10	60	80	00	10	20	80	40	40	60	10	70	80	50	30	10	80	20	10
58	20	30	10	70	10	20	80	70	90	90	40	30	60	60	30	80	50	60	00	00	80	30	90	10	60	00	30	10	00	00
59	50	80	50	70	80	10	70	70	40	90	80	70	80	40	00	80	10	80	10	50	00	60	70	40	80	40	30	60	20	80

(Rows 25–31 are marked with the vertical label **SECONDS** along the left margin.)

Minutes

	30	31	32	33	34	35	36	37	38	39	40	41	42	43	44	45	46	47	48	49	50	51	52	53	54	55	56	57	58	59
0	20	60	00	60	80	90	50	40	10	40	20	30	40	20	90	40	00	80	60	60	50	10	90	40	80	90	80	90	60	60
1	20	60	20	20	70	80	20	10	70	10	70	00	60	60	80	80	40	50	00	70	40	70	10	80	40	20	30	00	00	50
2	40	80	00	30	80	50	30	50	30	70	70	40	30	30	20	30	00	50	40	60	00	20	20	80	70	50	80	80	10	90
3	80	80	40	30	10	00	30	90	90	40	80	70	00	70	20	40	50	40	80	30	40	10	20	80	60	10	20	10	30	30
4	40	40	80	60	10	90	00	10	70	00	10	70	70	60	90	10	30	00	20	60	90	60	30	90	10	80	50	10	30	90
5	90	60	60	30	20	60	70	80	80	50	30	80	80	50	40	20	80	90	50	00	60	30	00	20	00	20	60	00	10	80
6	00	50	60	90	20	40	30	40	60	60	70	60	60	90	50	60	70	00	50	60	30	00	00	70	30	10	80	40	40	50
7	20	80	50	50	10	90	30	60	80	10	00	70	60	90	00	30	70	00	10	40	40	80	70	50	90	80	60	50	00	00
8	80	10	10	10	60	10	60	10	30	50	20	40	70	30	80	50	10	80	20	20	30	10	20	00	30	20	90	50	70	70
9	80	40	80	30	30	50	30	50	50	90	20	80	70	50	30	20	70	10	50	50	30	90	20	10	90	30	10	00	80	10
10	00	00	90	50	30	00	20	20	50	10	20	90	20	90	70	50	80	70	50	10	10	50	70	70	40	30	00	10	00	50
11	40	30	20	60	10	30	20	10	10	30	50	50	10	20	40	30	60	60	50	00	40	90	30	50	30	70	90	10	60	10
12	20	40	80	10	10	60	40	10	30	70	90	00	20	50	70	20	20	70	90	30	00	20	40	50	50	50	80	60	40	10
13	70	90	50	70	20	00	60	70	60	10	00	90	50	20	60	30	80	90	30	30	10	60	50	90	30	40	60	90	20	50
14	70	90	40	50	70	60	50	80	40	90	00	50	40	40	20	70	10	60	10	60	70	50	90	10	20	70	50	80	40	20
15	40	20	40	20	90	40	80	30	70	60	70	60	30	60	90	20	70	10	30	80	40	60	20	10	50	80	80	20	80	00
16	20	00	80	70	00	90	50	20	00	90	60	20	40	50	10	50	40	40	30	00	50	40	80	30	70	60	00	80	90	30
17	10	00	50	40	10	80	20	00	90	70	10	20	90	60	30	20	50	70	10	00	80	40	00	00	10	80	70	10	80	30
18	40	30	60	30	10	70	30	90	10	90	70	00	30	50	90	00	60	70	30	10	90	30	60	90	90	80	60	40	90	20
19	80	10	50	70	80	20	50	70	10	30	80	30	30	60	90	00	40	00	00	10	90	80	40	30	00	40	50	60	40	00
20	50	90	90	00	90	40	50	70	60	20	20	10	50	80	90	70	70	80	80	40	20	50	80	10	60	50	30	00	40	00
21	70	70	50	40	60	00	80	00	20	60	30	40	10	50	20	30	50	60	60	70	60	90	40	10	70	90	50	30	50	00
22	50	90	20	10	30	20	20	60	30	70	80	30	60	50	50	20	20	40	90	70	70	20	10	40	70	50	60	10	60	60
23	50	70	50	50	20	70	80	90	10	60	60	80	50	60	10	50	50	10	60	40	80	30	00	90	70	90	50	30	70	60
24	60	50	30	60	90	10	10	90	20	00	00	90	30	80	60	20	20	40	80	10	10	90	60	00	60	10	30	90	60	70
S 25	20	60	60	90	10	10	30	30	70	50	10	10	60	60	10	40	60	80	40	70	30	10	30	10	70	70	00	40	00	30
E 26	40	50	00	20	80	60	10	80	50	60	30	80	60	70	40	60	60	30	60	90	50	30	50	80	10	70	20	10	60	50
C 27	10	10	10	50	60	00	60	20	20	00	80	30	60	90	60	60	10	70	60	70	20	70	40	90	00	20	80	50	10	50
O 28	00	30	90	20	30	10	60	80	40	00	10	20	00	10	80	10	30	00	10	80	80	90	60	40	30	00	80	60	60	
N 29	80	40	50	30	80	30	70	40	50	50	50	40	60	20	00	90	60	50	50	70	80	30	60	50	50	20	50	60	50	30
D 30	60	00	60	80	90	50	40	10	40	20	30	40	20	90	40	00	80	60	60	50	10	90	40	80	90	80	90	60	60	50
S 31	60	20	20	70	80	20	10	70	10	70	00	60	60	80	80	40	50	00	70	40	70	10	80	40	20	30	00	00	50	50
32	80	00	30	80	50	30	50	30	70	70	40	30	30	20	30	00	50	40	60	00	20	20	80	70	50	80	80	10	90	00
33	80	40	30	10	00	30	90	90	40	80	70	00	70	20	40	50	40	80	30	40	10	20	80	60	10	20	10	30	30	00
34	40	80	60	10	90	00	10	70	00	10	70	70	60	90	10	30	00	20	60	90	60	30	90	10	80	50	10	30	90	70
35	60	60	30	20	60	70	80	80	50	30	80	80	50	40	20	80	90	50	00	60	30	00	20	00	20	60	00	10	80	00
36	50	60	90	20	40	30	40	60	60	70	60	60	90	50	60	70	00	50	60	30	00	00	70	30	10	80	40	40	50	20
37	80	50	50	10	90	30	60	80	10	00	70	60	90	00	30	70	00	10	40	40	80	70	50	90	80	60	50	00	00	90
38	10	10	10	60	10	60	10	30	50	20	40	70	30	80	50	10	80	20	20	30	10	20	00	30	20	90	50	70	70	20
39	40	80	30	30	50	30	50	50	90	20	80	70	50	30	20	70	10	50	50	30	90	20	10	90	30	10	00	80	10	40
40	00	90	50	30	00	20	20	50	10	20	90	20	90	70	50	80	70	50	10	10	50	70	70	40	30	00	10	00	50	20
41	30	20	60	10	30	20	10	10	30	50	50	10	20	40	30	60	60	50	00	40	90	30	50	30	70	90	10	60	10	60
42	40	80	10	10	60	40	10	30	70	90	00	20	50	70	20	20	70	90	30	00	20	40	50	50	50	80	60	40	10	30
43	90	50	70	20	00	60	70	60	10	00	90	50	20	60	30	80	90	30	30	10	60	50	90	30	40	60	90	20	50	80
44	90	40	50	70	60	50	80	40	90	00	50	40	40	20	70	10	60	10	60	70	50	90	10	20	70	50	80	40	20	80
45	20	40	20	90	40	80	30	70	60	70	60	30	60	90	20	70	10	30	80	40	60	20	10	50	80	80	20	80	00	00
46	00	80	70	00	90	50	20	00	90	60	20	40	50	10	50	40	40	30	00	50	40	80	30	70	60	00	80	90	30	80
47	00	50	40	10	80	20	00	90	70	10	20	90	60	30	20	50	70	10	00	80	40	00	00	10	80	70	10	80	30	00
48	30	60	30	10	70	30	90	10	90	70	00	30	50	90	00	60	70	30	10	90	30	60	90	90	80	60	40	90	20	30
49	10	50	70	80	20	50	70	10	30	80	30	30	60	90	00	40	00	00	10	90	80	40	30	00	40	50	60	40	00	00
50	90	90	00	90	40	50	70	60	20	20	10	50	80	90	70	70	80	80	40	20	50	80	10	60	50	30	00	40	00	50
51	70	50	40	60	00	80	00	20	60	30	40	10	50	20	30	50	60	60	70	60	90	40	10	70	90	50	30	50	00	10
52	90	20	10	30	20	20	60	30	70	80	30	60	50	50	20	20	40	90	70	70	20	10	40	70	50	60	10	60	60	80
53	70	50	50	20	70	80	90	10	60	60	80	50	60	10	50	50	10	60	40	80	30	00	90	70	90	50	30	70	60	20
54	50	30	60	90	10	10	90	20	00	00	90	30	80	60	20	20	40	80	10	10	90	60	00	60	10	30	90	60	70	90
55	60	60	90	10	10	30	30	70	50	10	10	60	60	10	40	60	80	40	70	30	10	30	10	70	70	00	40	00	30	90
56	50	00	20	80	60	10	80	50	60	30	80	60	70	40	60	60	30	60	90	50	30	50	80	10	70	20	10	60	50	30
57	10	10	50	60	00	60	20	20	00	80	30	60	90	60	60	10	70	60	70	20	70	40	90	00	20	80	50	10	50	00
58	30	90	20	30	10	60	80	40	00	10	20	00	10	80	10	30	00	10	80	80	90	60	40	30	30	00	80	60	60	10
59	40	50	30	80	30	70	40	50	50	50	40	60	20	00	90	60	50	50	70	80	30	60	50	50	20	50	60	50	30	00

135

Percentage (0 – 99)

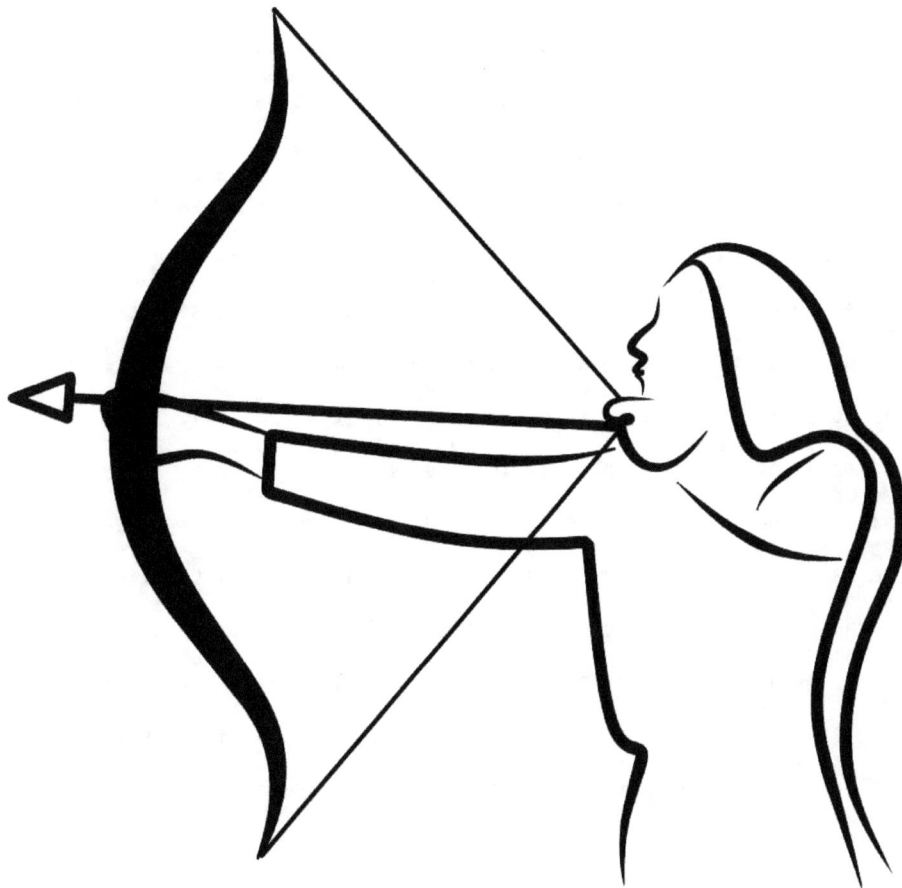

Percentage (0 - 99)

Seconds \ Minutes	0	1	2	3	4	5	6	7	8	9	10	11	12	13	14	15	16	17	18	19	20	21	22	23	24	25	26	27	28	29
0	80	58	57	65	92	34	45	52	87	63	83	93	86	17	78	86	55	9	85	81	99	28	42	64	31	55	5	46	71	81
1	96	70	68	78	23	63	52	92	51	72	70	26	86	5	55	68	64	57	38	45	87	92	84	44	26	84	57	81	77	68
2	80	21	60	67	74	63	20	93	31	39	79	69	27	60	46	18	56	61	1	8	25	55	12	96	97	82	9	11	57	72
3	26	14	28	51	34	51	38	7	94	90	40	83	38	14	53	86	19	28	9	77	97	50	89	52	27	54	69	65	4	26
4	58	40	92	98	51	57	67	58	43	88	46	63	30	1	31	53	93	20	19	79	70	64	38	34	98	7	68	48	77	82
5	55	53	47	62	79	49	84	45	98	75	48	89	99	11	17	25	97	74	91	79	96	94	92	11	43	95	10	58	52	71
6	85	12	85	29	80	37	25	99	41	67	63	95	31	71	58	52	59	54	47	8	96	15	39	36	32	90	9	19	11	56
7	20	64	87	42	3	45	56	54	25	50	26	42	51	30	70	55	70	4	56	40	64	46	8	16	65	39	65	87	41	60
8	73	43	71	64	38	22	61	55	65	0	47	60	57	68	35	58	21	71	74	7	47	17	96	54	25	60	40	71	95	94
9	3	77	4	18	59	76	73	97	54	80	15	51	89	7	99	85	72	79	45	77	95	26	28	63	3	3	98	62	51	78
10	29	44	65	21	79	60	53	82	14	32	43	58	19	6	41	21	97	43	76	19	74	20	86	77	48	38	4	38	95	54
11	45	74	23	62	61	48	89	17	66	25	94	85	21	94	96	47	22	95	15	81	42	71	95	68	36	37	21	77	32	40
12	29	58	87	22	76	9	81	23	95	57	16	24	69	29	98	11	60	54	69	62	47	32	15	30	39	1	28	35	22	2
13	13	43	52	29	53	59	53	24	93	47	89	64	11	77	42	13	58	12	69	70	86	0	16	35	27	74	37	94	99	88
14	90	90	93	71	48	56	39	70	51	80	28	7	83	55	1	48	16	29	72	29	30	65	43	94	80	55	57	22	26	91
15	87	76	69	44	85	79	64	18	63	51	22	32	5	40	36	74	34	86	48	98	83	9	85	64	49	4	50	16	78	0
16	14	45	78	34	86	57	55	96	7	84	57	80	63	23	88	83	7	32	92	69	92	1	72	22	95	33	86	66	96	48
17	68	50	84	42	80	25	73	38	26	27	78	13	93	22	74	79	2	39	84	88	38	29	85	69	4	36	9	75	83	59
18	0	92	41	63	57	89	21	3	85	94	69	71	8	95	3	51	22	78	8	15	97	40	80	89	49	78	30	59	17	31
19	29	29	55	5	71	72	64	90	64	84	7	66	2	81	19	66	32	70	36	49	26	75	87	98	57	19	13	93	21	65
20	3	65	29	32	53	82	98	52	0	32	13	85	34	89	24	50	37	93	84	99	26	56	65	68	49	24	65	27	34	44
21	64	75	19	80	62	57	60	3	61	74	64	66	40	21	41	21	39	59	4	2	67	47	53	28	94	90	55	75	66	32
22	28	23	78	10	59	85	42	36	31	74	79	90	81	28	61	82	85	38	84	75	11	85	94	92	16	23	30	92	60	83
23	26	90	61	87	84	34	23	12	17	15	69	15	80	73	43	4	14	87	20	58	80	55	14	61	40	59	98	22	13	26
24	24	31	20	39	0	76	92	97	73	99	29	94	1	81	53	21	48	49	43	74	83	11	82	5	56	50	65	63	85	47
25	37	43	55	30	26	17	30	67	14	58	10	61	17	93	27	1	21	52	24	16	72	17	63	6	96	81	53	57	92	18
26	5	32	44	39	19	79	82	42	57	66	13	49	76	43	78	93	48	26	19	17	25	75	17	12	84	14	80	19	48	50
27	68	76	82	66	91	97	23	19	34	25	96	17	40	25	80	69	45	34	49	58	85	9	29	82	39	24	77	46	75	17
28	23	35	38	46	74	92	39	11	7	2	0	80	87	34	69	55	27	12	75	91	29	62	17	54	99	75	40	82	48	46
29	29	32	34	72	59	66	57	8	39	55	30	82	78	74	33	32	12	10	25	87	79	12	34	91	98	93	32	28	51	47
30	58	57	65	92	34	45	52	87	63	83	93	86	17	78	86	55	9	85	81	99	28	42	64	31	55	5	46	71	81	45
31	70	68	78	23	63	52	92	51	72	70	26	86	5	55	68	64	57	38	45	87	92	84	44	26	84	57	81	77	68	73
32	21	60	67	74	63	20	93	31	39	79	69	27	60	46	18	56	61	1	8	25	55	12	96	97	82	9	11	57	72	24
33	14	28	51	34	51	38	7	94	90	40	83	38	14	53	86	19	28	9	77	97	50	89	52	27	54	69	65	4	26	88
34	40	92	98	51	57	67	58	43	88	46	63	30	1	31	53	93	20	19	79	70	64	38	34	98	7	68	48	77	82	74
35	53	47	62	79	49	84	45	98	75	48	89	99	11	17	25	97	74	91	79	96	94	92	11	43	95	10	58	52	71	47
36	12	85	29	80	37	25	99	41	67	63	95	31	71	58	52	59	54	47	8	96	15	39	36	32	90	9	19	11	56	95
37	64	87	42	3	45	56	54	25	50	26	42	51	30	70	55	70	4	56	40	64	46	8	16	65	39	65	87	41	60	43
38	43	71	64	38	22	61	55	65	0	47	60	57	68	35	58	21	71	74	7	47	17	96	54	25	60	40	71	95	94	1
39	77	4	18	59	76	73	97	54	80	15	51	89	7	99	85	72	79	45	77	95	26	28	63	3	3	98	62	51	78	49
40	44	65	21	79	60	53	82	14	32	43	58	19	6	41	21	97	43	76	19	74	20	86	77	48	38	4	38	95	54	87
41	74	23	62	61	48	89	17	66	25	94	85	21	94	96	47	22	95	15	81	42	71	95	68	36	37	21	77	32	40	85
42	58	87	22	76	9	81	23	95	57	16	24	69	29	98	11	60	54	69	62	47	32	15	30	39	1	28	35	22	2	5
43	43	52	29	53	59	53	24	93	47	89	64	11	77	42	13	58	12	69	70	86	0	16	35	27	74	37	94	99	88	73
44	90	93	71	48	56	39	70	51	80	28	7	83	55	1	48	16	29	72	29	30	65	43	94	80	55	57	22	26	91	3
45	76	69	44	85	79	64	18	63	51	22	32	5	40	36	74	34	86	48	98	83	9	85	64	49	4	50	16	78	0	64
46	45	78	34	86	57	55	96	7	84	57	80	63	23	88	83	7	32	92	69	92	1	72	22	95	33	86	66	96	48	55
47	50	84	42	80	25	73	38	26	27	78	13	93	22	74	79	2	39	84	88	38	29	85	69	4	36	9	75	83	59	17
48	92	41	63	57	89	21	3	85	94	69	71	8	95	3	51	22	78	8	15	97	40	80	89	49	78	30	59	17	31	80
49	29	55	5	71	72	64	90	64	84	7	66	2	81	19	66	32	70	36	49	26	75	87	98	57	19	13	93	21	65	70
50	65	29	32	53	82	98	52	0	32	13	85	34	89	24	50	37	93	84	99	26	56	65	68	49	24	65	27	34	44	2
51	75	19	80	62	57	60	3	61	74	64	66	40	21	41	21	39	59	4	2	67	47	53	28	94	90	55	75	66	32	19
52	23	78	10	59	85	42	36	31	74	79	90	81	28	61	82	85	38	84	75	11	85	94	92	16	23	30	92	60	83	55
53	90	61	87	84	34	23	12	17	15	69	15	80	73	43	4	14	87	20	58	80	55	14	61	40	59	98	22	13	26	53
54	31	20	39	0	76	92	97	73	99	29	94	1	81	53	21	48	49	43	74	83	11	82	5	56	50	65	63	85	47	60
55	43	55	30	26	17	30	67	14	58	10	61	17	93	27	1	21	52	24	16	72	17	63	6	96	81	53	57	92	18	35
56	32	44	39	19	79	82	42	57	66	13	49	76	43	78	93	48	26	19	17	25	75	17	12	84	14	80	19	48	50	29
57	76	82	66	91	97	23	19	34	25	96	17	40	25	80	69	45	34	49	58	85	9	29	82	39	24	77	46	75	17	77
58	35	38	46	74	92	39	11	7	2	0	80	87	34	69	55	27	12	75	91	29	62	17	54	99	75	40	82	48	46	45
59	32	34	72	59	66	57	8	39	55	30	82	78	74	33	32	12	10	25	87	79	12	34	91	98	93	32	28	51	47	99

	30	31	32	33	34	35	36	37	38	39	40	41	42	43	44	45	46	47	48	49	50	51	52	53	54	55	56	57	58	59
0	45	97	66	26	42	27	97	11	80	17	53	22	36	10	32	90	86	29	40	15	6	48	52	72	99	67	1	84	21	72
1	73	8	9	44	48	77	62	36	46	86	21	50	30	53	62	73	94	78	6	59	61	24	53	70	50	14	65	74	88	92
2	24	86	53	99	29	16	26	56	10	68	19	91	9	80	29	30	24	85	52	94	50	4	3	18	92	27	19	83	44	55
3	88	21	58	82	20	72	20	74	6	74	73	88	51	5	38	63	37	96	19	65	11	81	53	19	86	25	63	52	86	24
4	74	57	87	59	77	13	71	46	93	27	53	51	96	40	3	68	91	47	59	64	24	5	34	83	57	54	79	66	6	24
5	47	34	73	37	16	92	9	21	43	26	61	42	9	13	79	43	65	50	40	76	6	7	47	12	76	53	38	57	9	92
6	95	5	28	83	34	98	27	10	54	3	99	36	38	42	52	7	28	45	1	2	66	8	29	86	24	0	11	95	3	14
7	43	29	53	94	43	3	55	66	68	60	48	69	50	60	97	15	64	15	69	62	81	9	51	13	61	86	61	31	81	57
8	1	2	31	24	57	39	58	80	74	79	5	58	72	93	81	79	79	78	7	85	80	27	50	22	36	84	15	30	83	97
9	49	13	69	63	45	65	50	36	78	95	15	76	92	35	92	4	91	95	99	51	66	86	82	65	90	68	12	55	98	45
10	87	2	75	86	39	89	63	63	59	77	99	37	13	22	51	20	60	40	96	29	23	66	36	21	1	8	86	2	33	62
11	85	83	94	58	62	98	69	1	6	19	86	72	75	96	55	5	57	33	43	54	77	2	64	16	40	29	42	46	98	73
12	5	69	19	55	93	47	51	83	13	96	61	81	52	97	9	74	44	13	74	59	22	80	97	84	30	84	45	43	7	50
13	73	12	36	91	35	21	55	83	43	26	51	21	98	72	43	9	91	87	32	40	39	15	84	27	5	42	53	55	13	98
14	3	73	26	49	74	13	87	79	52	90	21	69	89	90	98	14	75	33	98	40	2	54	37	83	82	71	62	52	60	44
15	64	29	60	27	50	1	32	3	9	24	15	19	48	52	63	50	38	54	88	86	43	10	9	5	41	51	33	96	12	22
16	55	5	76	90	78	99	65	46	87	0	58	5	83	74	91	11	52	79	99	65	97	87	23	30	11	8	74	62	26	51
17	17	47	51	94	25	53	29	56	2	38	68	38	64	38	50	26	71	77	46	1	57	0	61	60	8	4	74	97	54	1
18	80	28	29	75	53	73	91	90	93	41	66	16	26	63	28	42	24	93	66	44	4	66	61	74	50	82	87	71	5	23
19	70	64	27	46	69	48	52	72	14	26	9	36	1	22	84	32	9	65	72	24	85	45	17	63	63	48	95	55	9	99
20	2	82	17	13	61	81	66	55	29	99	30	85	9	77	69	73	18	81	40	59	98	59	85	76	46	17	57	53	31	34
21	19	0	62	62	54	39	25	65	27	93	65	20	36	78	8	36	2	49	59	49	30	37	74	65	19	74	74	34	8	92
22	55	15	49	0	3	94	51	87	7	6	79	57	67	14	70	56	74	56	86	80	37	53	39	74	35	97	82	34	57	30
23	53	75	22	72	49	37	47	27	6	78	63	82	96	43	37	91	86	34	51	8	61	76	31	78	4	12	26	4	84	97
24	60	3	53	6	91	79	40	11	99	38	22	95	7	0	2	58	94	99	75	70	77	50	34	12	9	22	37	40	42	55
25	35	50	28	99	92	64	52	45	62	10	0	39	74	2	19	36	26	90	71	1	35	4	80	71	57	70	85	1	82	61
26	29	92	54	40	46	93	6	62	95	30	62	50	63	58	89	28	98	81	63	69	42	53	67	97	30	25	84	92	83	27
27	77	42	91	67	55	43	66	25	35	76	46	62	84	42	0	90	50	75	7	29	39	9	13	5	71	97	94	48	70	29
28	45	36	89	49	38	8	51	27	69	28	80	32	18	9	91	56	24	83	98	63	74	78	79	73	88	23	69	94	93	61
29	99	1	83	49	44	87	70	51	31	23	4	59	15	73	67	46	68	26	32	11	51	5	47	22	21	51	90	92	35	86
30	97	66	26	42	27	97	11	80	17	53	22	36	10	32	90	86	29	40	15	6	48	52	72	99	67	1	84	21	72	3
31	8	9	44	48	77	62	36	46	86	21	50	30	53	62	73	94	78	6	59	61	24	53	70	50	14	65	74	88	92	77
32	86	53	99	29	16	26	56	10	68	19	91	9	80	29	30	24	85	52	94	50	4	3	18	92	27	19	83	44	55	38
33	21	58	82	20	72	20	74	6	74	73	88	51	5	38	63	37	96	19	65	11	81	53	19	86	25	63	52	86	24	8
34	57	87	59	77	13	71	46	93	27	53	51	96	40	3	68	91	47	59	64	24	5	34	83	57	54	79	66	6	24	75
35	34	73	37	16	92	9	21	43	26	61	42	9	13	79	43	65	50	40	76	6	7	47	12	76	53	38	57	9	92	85
36	5	28	83	34	98	27	10	54	3	99	36	38	42	52	7	28	45	1	2	66	8	29	86	24	0	11	95	3	14	78
37	29	53	94	43	3	55	66	68	60	48	69	50	60	97	15	64	15	69	62	81	9	51	13	61	86	61	31	81	57	13
38	2	31	24	57	39	58	80	74	79	5	58	72	93	81	79	79	78	7	85	80	27	50	22	36	84	15	30	83	97	73
39	13	69	63	45	65	50	36	78	95	15	76	92	35	92	4	91	95	99	51	66	86	82	65	90	68	12	55	98	45	58
40	2	75	86	39	89	63	63	59	77	99	37	13	22	51	20	60	40	96	29	23	66	36	21	1	8	86	2	33	62	30
41	83	94	58	62	98	69	1	6	19	86	72	75	96	55	5	57	33	43	54	77	2	64	16	40	29	42	46	98	73	28
42	69	19	55	93	47	51	83	13	96	61	81	52	97	9	74	44	13	74	59	22	80	97	84	30	84	45	43	7	50	17
43	12	36	91	35	21	55	83	43	26	51	21	98	72	43	9	91	87	32	40	39	15	84	27	5	42	53	55	13	98	11
44	73	26	49	74	13	87	79	52	90	21	69	89	90	98	14	75	33	98	40	2	54	37	83	82	71	62	52	60	44	74
45	29	60	27	50	1	32	3	9	24	15	19	48	52	63	50	38	54	88	86	43	10	9	5	41	51	33	96	12	22	86
46	5	76	90	78	99	65	46	87	0	58	5	83	74	91	11	52	79	99	65	97	87	23	30	11	8	74	62	26	51	44
47	47	51	94	25	53	29	56	2	38	68	38	64	38	50	26	71	77	46	1	57	0	61	60	8	4	74	97	54	1	49
48	28	29	75	53	73	91	90	93	41	66	16	26	63	28	42	24	93	66	44	4	66	61	74	50	82	87	71	5	23	58
49	64	27	46	69	48	52	72	14	26	9	36	1	22	84	32	9	65	72	24	85	45	17	63	63	48	95	55	9	99	83
50	82	17	13	61	81	66	55	29	99	30	85	9	77	69	73	18	81	40	59	98	59	85	76	46	17	57	53	31	34	64
51	0	62	62	54	39	25	65	27	93	65	20	36	78	8	36	2	49	59	49	30	37	74	65	19	74	74	34	8	92	56
52	15	49	0	3	94	51	87	7	6	79	57	67	14	70	56	74	56	86	80	37	53	39	74	35	97	82	34	57	30	25
53	75	22	72	49	37	47	27	6	78	63	82	96	43	37	91	86	34	51	8	61	76	31	78	4	12	26	4	84	97	24
54	3	53	6	91	79	40	11	99	38	22	95	7	0	2	58	94	99	75	70	77	50	34	12	9	22	37	40	42	55	44
55	50	28	99	92	64	52	45	62	10	0	39	74	2	19	36	26	90	71	1	35	4	80	71	57	70	85	1	82	61	72
56	92	54	40	46	93	6	62	95	30	62	50	63	58	89	28	98	81	63	69	42	53	67	97	30	25	84	92	83	27	73
57	42	91	67	55	43	66	25	35	76	46	62	84	42	0	90	50	75	7	29	39	9	13	5	71	97	94	48	70	29	15
58	36	89	49	38	8	51	27	69	28	80	32	18	9	91	56	24	83	98	63	74	78	79	73	88	23	69	94	93	61	33
59	1	83	49	44	87	70	51	31	23	4	59	15	73	67	46	68	26	32	11	51	5	47	22	21	51	90	92	35	86	1

S E C O N D S

Russian Roulette
(click, click,..., BANG!)

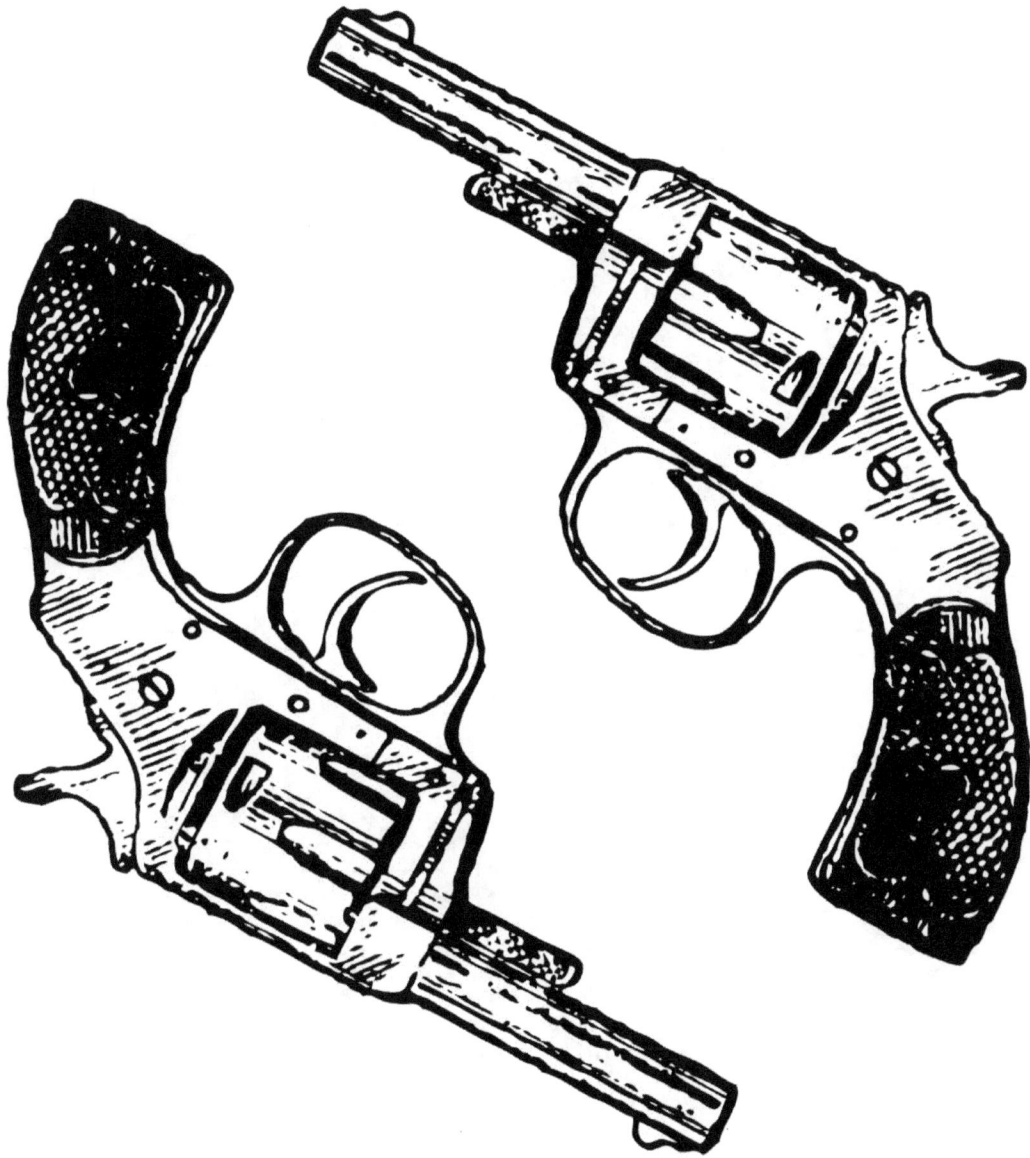

Russian Roulette (*! = Bang!)

Minutes

Sec	0	1	2	3	4	5	6	7	8	9	10	11	12	13	14	15	16	17	18	19	20	21	22	23	24	25	26	27	28	29
0	-	-	-	-	-	-	-	-	-	-	-	-	-	-	-	-	-	-	*!	-	-	-	-	-	-	-	-	-	-	-
1	-	-	-	-	-	*!	-	-	*!	-	-	-	-	-	-	-	-	*!	-	-	*!	-	-	-	-	*!	-	*!	-	*!
2	*!	-	-	-	*!	-	-	-	-	-	-	-	-	*!	-	-	-	*!	*!	-	-	-	-	-	-	-	-	*!	-	-
3	-	-	-	-	-	-	-	-	-	-	*!	-	*!	-	*!	-	-	-	*!	-	-	-	-	-	-	*!	-	-	-	-
4	-	-	-	*!	-	-	-	-	-	-	*!	-	-	-	-	-	-	*!	-	-	-	-	-	-	-	-	-	-	-	-
5	-	-	-	-	-	-	*!	-	-	-	-	-	-	-	-	-	-	-	-	-	-	-	-	*!	-	*!	*!	*!	-	-
6	-	-	-	*!	-	*!	-	-	-	-	*!	-	-	-	*!	-	-	-	-	-	-	-	-	-	*!	*!	-	-	-	-
7	-	*!	-	-	-	-	-	*!	-	*!	*!	*!	-	-	-	*!	-	-	-	-	-	-	-	*!	-	-	*!	-	-	*!
8	-	-	-	-	*!	-	*!	-	-	-	*!	-	-	-	-	*!	-	-	-	-	-	-	*!	-	-	*!	*!	*!	-	-
9	-	-	-	-	-	-	-	-	-	-	*!	*!	-	*!	-	-	-	-	*!	-	-	-	*!	-	-	-	-	-	*!	-
10	-	-	*!	-	-	-	-	-	-	*!	-	-	-	-	-	-	*!	-	-	-	-	-	-	-	-	*!	-	*!	-	-
11	-	-	-	-	-	-	-	*!	-	*!	-	-	-	*!	-	-	-	-	-	-	-	-	-	-	-	-	-	-	-	-
12	-	*!	-	-	-	-	-	-	-	-	*!	-	-	-	-	*!	-	-	-	-	-	-	-	-	-	-	*!	-	-	-
13	*!	*!	-	-	-	*!	-	-	*!	-	-	-	-	-	*!	-	-	-	-	-	*!	-	-	-	-	-	-	-	-	-
14	-	-	*!	-	-	-	-	-	-	-	-	-	*!	-	-	-	-	-	-	-	-	-	-	-	-	*!	-	-	-	-
15	-	-	-	-	-	-	-	-	-	*!	-	-	-	-	*!	-	-	-	-	-	*!	-	-	*!	-	*!	*!	-	-	-
16	-	-	-	*!	-	-	-	-	-	-	-	*!	*!	*!	-	-	*!	-	-	-	-	-	-	-	-	-	-	-	-	-
17	-	-	-	*!	-	-	-	-	-	*!	-	-	-	-	-	-	*!	-	*!	-	-	*!	*!	-	-	-	-	-	-	-
18	-	*!	-	-	-	-	-	-	-	*!	-	-	-	-	-	-	-	-	-	-	*!	*!	-	-	-	-	-	-	-	-
19	-	*!	*!	-	-	-	*!	*!	-	-	-	*!	-	-	-	-	-	-	-	-	-	-	-	*!	-	-	-	-	-	-
20	*!	-	-	-	*!	-	-	-	*!	-	-	*!	-	-	*!	-	-	*!	-	-	*!	-	*!	-	-	-	-	-	-	-
21	-	-	-	-	*!	-	-	-	-	-	-	-	-	-	-	*!	*!	-	-	*!	-	-	-	-	-	-	-	*!	-	-
22	-	-	-	*!	-	-	-	-	-	-	*!	-	-	-	-	*!	*!	-	-	-	-	-	-	-	-	*!	-	-	-	-
23	-	-	*!	-	-	-	-	*!	-	-	-	-	-	-	-	-	-	-	-	-	-	-	*!	-	-	-	*!	-	-	*!
24	-	-	-	-	-	*!	-	-	-	-	*!	*!	-	-	-	-	-	-	-	*!	-	-	-	-	-	-	-	-	-	-
25	-	-	*!	-	-	*!	-	-	-	*!	-	*!	-	*!	*!	*!	-	-	-	*!	-	-	-	-	-	-	-	-	-	-
26	-	*!	-	-	-	-	-	-	-	-	-	-	-	-	-	-	*!	-	*!	-	*!	-	-	-	-	-	-	-	-	-
27	-	-	-	-	*!	*!	-	-	-	-	-	-	-	-	*!	*!	-	-	*!	-	-	-	-	-	-	-	-	-	-	-
28	-	*!	-	*!	-	-	-	-	*!	-	*!	-	-	-	-	-	-	-	-	-	-	-	*!	-	-	-	-	-	-	-
29	-	-	*!	-	-	-	-	*!	-	-	-	-	-	-	-	*!	-	-	-	*!	-	*!	-	*!	*!	-	-	-	-	-
30	-	-	-	-	-	-	-	-	-	-	-	-	-	-	*!	-	-	-	-	-	-	-	-	-	-	-	-	-	*!	-
31	-	-	-	*!	-	*!	-	-	-	-	-	-	*!	-	-	*!	-	-	*!	-	*!	-	*!	*!	-	-	-	-	-	-
32	-	-	*!	-	-	-	-	-	-	-	-	*!	-	-	-	-	*!	*!	-	-	-	*!	-	-	-	-	-	-	-	-
33	-	-	-	-	-	-	*!	-	*!	-	*!	-	-	-	-	*!	-	-	-	-	*!	-	-	-	-	-	-	-	-	-
34	-	*!	-	-	-	-	-	*!	-	-	-	-	-	-	*!	-	-	-	-	-	-	-	-	-	-	-	-	-	-	-
35	-	-	-	*!	-	-	-	-	-	-	-	-	-	-	-	-	-	-	*!	-	*!	*!	*!	-	-	-	-	-	-	-
36	-	*!	-	*!	-	-	-	-	-	*!	-	-	*!	-	-	-	-	-	*!	*!	-	-	-	-	-	-	-	-	-	-
37	*!	-	-	-	*!	-	-	*!	*!	*!	-	*!	-	*!	-	-	-	-	*!	-	-	*!	*!	-	-	-	-	-	-	-
38	-	-	*!	-	*!	-	-	-	*!	-	-	-	*!	-	-	-	*!	-	*!	*!	*!	-	-	-	-	-	-	-	-	-
39	-	-	-	-	-	-	-	*!	*!	-	*!	-	-	-	*!	-	-	*!	-	*!	-	-	*!	-	-	-	-	-	-	-
40	-	*!	-	-	-	*!	-	-	-	-	-	-	*!	-	-	-	*!	-	*!	-	-	-	-	-	-	-	-	-	-	*!
41	-	-	-	-	*!	-	*!	-	-	*!	-	-	-	-	-	-	-	-	-	-	-	-	-	-	-	-	-	-	*!	-
42	*!	-	-	-	-	-	-	*!	-	-	-	*!	-	-	-	-	-	-	-	-	-	-	-	-	*!	-	-	*!	-	-
43	*!	-	-	-	*!	-	*!	-	-	-	*!	-	-	-	-	-	-	*!	-	-	-	-	-	-	-	-	-	-	-	-
44	-	*!	-	-	-	-	-	-	*!	-	-	-	*!	-	-	-	-	-	-	-	-	-	-	*!	-	-	-	-	-	-
45	-	-	-	-	*!	-	-	-	-	*!	-	-	*!	-	-	-	-	-	-	*!	-	*!	*!	-	-	-	-	-	-	-
46	-	*!	-	-	-	-	-	*!	*!	*!	-	-	*!	-	-	-	-	-	-	-	-	-	-	-	-	-	-	-	-	-
47	-	*!	-	-	-	-	-	*!	-	-	-	-	-	-	*!	-	*!	-	*!	*!	-	-	-	-	-	-	-	-	-	-
48	*!	-	-	-	*!	-	*!	-	-	-	-	-	-	-	-	-	*!	*!	-	-	-	-	-	-	-	-	-	-	-	-
49	*!	*!	-	-	*!	*!	-	-	*!	-	-	-	-	-	-	-	-	-	-	*!	-	-	-	-	-	-	-	-	-	-
50	-	-	*!	-	-	*!	-	*!	-	*!	-	*!	-	*!	-	*!	-	*!	-	-	-	-	-	-	-	-	-	-	-	-
51	-	-	*!	-	-	-	-	-	-	-	-	-	*!	*!	-	*!	-	-	-	*!	-	-	-	-	-	-	-	-	-	-
52	-	-	*!	-	-	-	-	*!	-	-	-	*!	*!	-	-	*!	-	-	-	-	-	-	-	-	-	-	-	-	-	-
53	-	*!	-	*!	-	*!	-	-	-	-	-	-	-	-	-	-	-	-	-	*!	-	-	*!	-	-	-	-	-	-	-
54	-	-	-	*!	-	-	-	*!	*!	-	-	-	-	-	-	-	-	-	*!	-	-	-	-	-	-	-	-	-	-	-
55	-	*!	-	-	*!	-	-	-	*!	-	*!	-	*!	*!	*!	-	-	*!	-	-	-	-	-	-	-	-	-	-	-	-
56	*!	-	-	-	-	-	-	-	-	-	-	-	-	-	*!	-	*!	-	*!	-	-	-	-	-	-	-	-	-	-	-
57	-	-	*!	*!	-	-	-	-	-	-	-	-	-	-	*!	*!	-	-	-	*!	-	-	-	-	-	-	*!	-	-	-
58	*!	-	*!	-	-	-	-	-	*!	-	*!	-	-	-	-	-	*!	-	-	-	-	-	*!	-	-	-	-	-	-	-
59	-	*!	-	-	-	*!	-	-	-	-	-	-	-	-	*!	-	-	-	*!	-	-	*!	-	*!	*!	-	-	-	-	-

142

Seconds	30	31	32	33	34	35	36	37	38	39	40	41	42	43	44	45	46	47	48	49	50	51	52	53	54	55	56	57	58	59
0	*!	*!	-	-	*!	-	-	-	-	-	-	-	-	-	-	*!	-	-	-	-	-	*!	-	-	-	-	-	-	-	-
1	-	-	-	-	-	-	-	-	*!	-	-	*!	-	*!	-	-	-	-	*!	-	*!	-	-	-	-	-	-	-	-	-
2	-	-	*!	-	-	-	-	*!	-	*!	-	*!	-	-	-	-	-	-	-	-	-	-	-	-	-	-	-	*!	-	*!
3	-	-	-	-	-	-	-	-	-	-	-	*!	-	*!	-	-	-	-	-	-	-	-	-	*!	-	-	-	-	-	-
4	-	-	-	*!	-	-	-	-	-	-	-	-	-	*!	-	-	-	-	*!	-	-	-	-	-	-	-	-	-	-	-
5	-	-	-	-	*!	-	-	-	-	*!	-	-	*!	*!	-	-	-	-	-	-	-	-	-	-	-	-	-	-	-	*!
6	-	-	*!	*!	-	-	-	-	-	-	-	-	-	-	-	-	-	-	-	-	-	-	-	-	-	-	*!	-	*!	-
7	*!	*!	-	-	-	-	-	-	-	-	-	-	-	-	-	*!	*!	-	-	-	-	-	-	-	-	-	-	*!	-	-
8	-	-	-	-	*!	-	*!	-	-	*!	-	-	*!	-	-	-	-	-	*!	*!	-	-	-	-	-	-	-	-	*!	-
9	-	*!	-	-	-	-	-	-	-	-	-	-	-	*!	-	-	*!	-	-	-	-	-	-	-	-	*!	-	-	-	-
10	-	*!	-	-	*!	-	-	-	-	-	-	-	-	-	-	-	*!	-	-	-	-	-	-	*!	*!	-	-	-	-	-
11	*!	-	*!	-	-	-	-	-	-	-	-	-	-	-	-	*!	-	*!	-	-	-	-	*!	-	-	-	-	-	-	-
12	*!	-	-	-	-	-	-	*!	-	-	-	*!	-	*!	-	-	-	-	-	*!	-	-	-	-	-	-	*!	-	-	-
13	-	*!	-	-	-	-	-	-	-	*!	-	-	-	-	*!	*!	*!	-	-	*!	*!	*!	*!	-	-	-	-	-	-	*!
14	-	-	-	*!	-	-	*!	*!	-	*!	*!	-	-	-	-	*!	*!	-	-	-	*!	*!	-	-	*!	-	-	*!	-	*!
15	-	-	*!	-	-	-	-	-	*!	-	-	*!	-	-	-	-	-	-	-	*!	-	-	*!	-	-	-	-	-	-	-
16	-	*!	-	*!	-	-	-	-	-	-	-	-	-	-	-	-	-	-	-	*!	-	-	-	-	-	-	*!	-	-	-
17	-	-	-	-	*!	-	-	-	-	-	-	-	-	-	-	-	-	-	-	*!	-	-	-	-	-	-	-	-	-	-
18	-	*!	-	*!	-	-	-	*!	-	*!	-	-	-	-	-	-	-	-	-	-	-	-	-	-	-	-	-	-	-	-
19	-	-	-	-	-	-	*!	-	-	-	-	-	-	*!	-	*!	-	-	-	-	-	-	*!	-	*!	-	-	-	-	-
20	-	-	*!	-	*!	-	*!	-	-	-	-	-	-	*!	-	-	-	-	*!	-	-	*!	-	-	-	-	-	-	-	-
21	-	-	-	*!	-	-	-	-	-	*!	-	-	-	-	-	-	-	-	-	-	-	-	*!	*!	-	-	-	-	-	-
22	-	*!	-	-	-	-	-	-	-	-	-	-	-	-	-	-	-	-	-	-	-	-	*!	-	-	*!	-	-	-	-
23	-	*!	-	-	-	-	-	*!	-	*!	-	*!	-	-	*!	-	*!	-	-	-	-	-	-	-	-	-	-	-	-	-
24	-	-	-	-	*!	-	-	-	-	-	-	*!	-	-	*!	-	-	*!	-	*!	*!	*!	-	-	-	-	-	-	-	-
25	-	-	-	*!	-	*!	*!	-	-	*!	-	-	-	-	-	*!	*!	-	-	-	*!	-	-	-	-	-	-	-	-	-
26	-	-	-	-	*!	-	-	-	-	-	*!	-	-	-	-	-	-	-	-	-	*!	-	-	-	-	-	-	-	-	-
27	*!	-	*!	-	-	-	-	-	-	-	*!	-	-	-	-	-	-	-	-	*!	-	*!	-	-	-	-	-	-	-	-
28	-	-	-	-	-	-	-	-	*!	-	*!	-	-	-	-	-	-	-	-	-	-	-	-	-	-	-	-	-	-	-
29	-	*!	-	-	-	-	*!	-	*!	-	*!	*!	-	*!	-	-	-	-	-	-	-	-	-	-	-	-	-	-	-	-
30	*!	-	*!	-	-	-	-	-	-	*!	-	-	-	*!	-	-	-	-	-	-	-	-	-	-	-	-	-	-	-	-
31	-	-	-	-	*!	-	*!	-	*!	-	-	-	*!	-	*!	-	-	-	-	-	-	-	-	-	-	-	-	-	-	-
32	-	*!	-	-	*!	-	*!	-	*!	-	-	-	-	-	-	-	-	-	*!	-	*!	-	-	-	-	-	-	-	-	-
33	-	-	-	-	*!	-	*!	-	-	*!	-	-	-	-	-	-	-	*!	-	-	-	-	-	-	-	-	-	-	-	-
34	-	*!	-	-	-	-	-	*!	-	*!	-	-	-	-	*!	-	-	-	-	-	-	-	-	-	-	-	-	-	-	-
35	-	-	*!	-	-	*!	*!	-	-	*!	*!	-	-	-	-	-	-	-	-	-	-	-	-	-	-	-	-	-	*!	-
36	-	*!	*!	-	-	-	-	-	-	-	-	-	-	-	-	-	-	-	-	-	-	-	*!	-	-	*!	-	-	-	-
37	*!	-	-	-	-	-	-	-	-	-	-	-	-	*!	*!	-	-	-	-	-	-	-	-	*!	-	-	-	-	-	-
38	-	-	*!	-	*!	-	*!	-	-	*!	-	-	-	-	*!	*!	-	-	-	-	-	-	-	*!	-	-	-	-	-	-
39	*!	-	-	-	-	-	-	-	-	-	*!	-	*!	-	-	-	-	-	*!	-	-	-	-	-	*!	-	-	-	-	-
40	*!	-	*!	-	-	-	-	-	-	-	*!	-	-	-	-	-	-	-	*!	*!	-	-	-	-	*!	-	-	-	-	*!
41	-	*!	-	-	-	-	-	-	-	-	*!	-	*!	-	*!	-	-	*!	-	-	-	-	-	-	-	-	-	-	-	-
42	-	-	-	-	-	-	*!	-	-	*!	-	*!	-	-	*!	-	-	-	-	-	-	*!	-	-	-	-	-	-	-	-
43	*!	-	-	-	-	-	-	-	*!	-	-	-	-	*!	*!	*!	-	*!	*!	*!	*!	-	-	-	-	-	-	*!	*!
44	-	-	-	*!	-	*!	*!	-	*!	*!	-	-	-	*!	*!	-	-	*!	*!	-	-	*!	-	-	*!	-	-	*!	-	-
45	-	*!	-	-	-	-	-	*!	-	*!	*!	-	-	-	-	-	*!	-	-	*!	-	-	-	-	-	-	-	-	-	-
46	*!	-	*!	-	-	-	-	-	-	-	-	-	-	-	-	-	*!	-	-	-	-	-	-	-	-	*!	-	-	-	-
47	-	-	-	*!	-	-	-	-	-	-	-	-	-	-	-	-	*!	-	-	-	-	-	-	-	-	-	-	-	-	-
48	-	*!	-	*!	-	-	-	*!	-	-	-	-	-	-	-	*!	*!	-	-	-	-	-	-	-	-	*!	-	-	-	-
49	-	-	-	-	-	*!	-	-	-	-	-	*!	-	*!	-	-	-	-	*!	-	*!	-	-	-	-	-	-	-	-	-
50	-	*!	-	*!	-	*!	-	-	-	-	*!	-	-	-	-	*!	-	-	*!	-	-	*!	-	-	-	-	-	-	-	-
51	-	-	*!	-	-	-	-	*!	-	-	-	-	-	-	-	-	-	-	-	-	*!	*!	-	-	-	-	-	-	-	-
52	-	*!	-	-	-	-	-	-	-	-	-	-	-	-	-	-	-	-	-	-	*!	-	-	*!	-	-	-	-	-	-
53	*!	-	-	-	-	-	*!	-	*!	-	*!	-	-	*!	-	*!	-	-	-	-	-	-	-	-	-	-	-	-	*!	-
54	-	-	-	-	*!	-	-	-	-	-	-	-	*!	-	*!	-	*!	-	*!	*!	*!	-	-	-	-	-	-	-	-	-
55	-	-	*!	-	*!	*!	-	-	-	*!	-	-	-	-	-	*!	*!	-	-	-	-	*!	-	-	-	-	-	-	-	-
56	-	-	-	-	*!	-	-	-	-	-	*!	-	-	-	-	-	-	-	-	*!	-	-	-	-	-	-	-	-	-	-
57	-	*!	-	-	-	-	-	-	-	-	*!	-	-	-	-	-	-	*!	-	*!	-	-	-	*!	-	-	-	-	*!	-
58	-	-	-	-	-	-	-	-	-	*!	-	*!	-	-	-	-	-	-	-	-	-	-	-	-	-	-	-	-	-	-
59	-	*!	-	-	-	-	-	-	*!	-	*!	-	-	*!	*!	-	*!	-	-	-	-	-	-	-	-	-	-	-	-	*!

143

Ability Scores
(3D6 with 1's re-rolled)

There are lots of ways to generate character attributes, this is just one.

3D6 (with 1's re-rolled)

SECONDS \ Minutes	0	1	2	3	4	5	6	7	8	9	10	11	12	13	14	15	16	17	18	19	20	21	22	23	24	25	26	27	28	29
0	10	14	13	12	9	9	10	16	10	11	9	14	12	14	9	13	11	15	10	13	15	15	11	12	15	11	14	11	11	9
1	12	10	11	14	13	11	12	17	10	14	11	10	13	12	13	14	8	13	12	15	11	18	12	11	12	12	16	12	14	7
2	14	11	17	10	13	15	10	14	12	11	12	10	9	9	12	13	14	8	15	12	10	10	9	11	15	10	12	13	12	10
3	11	16	15	7	7	18	11	13	11	12	10	14	14	11	15	15	15	15	10	11	12	13	9	17	14	17	13	12	15	16
4	10	14	15	10	13	14	12	10	7	12	16	14	10	14	7	9	12	8	9	13	9	13	8	12	10	10	13	12	11	13
5	10	9	15	11	12	15	6	10	13	9	10	12	14	12	11	10	9	18	12	17	12	16	7	13	8	8	13	9	9	14
6	14	13	14	10	12	10	12	16	11	8	13	10	9	14	7	15	7	13	11	9	12	10	10	17	12	16	9	10	11	15
7	14	12	9	10	13	11	11	14	10	10	11	14	11	11	8	14	13	15	13	8	9	11	13	13	11	13	14	14	7	11
8	11	10	11	15	14	11	11	10	12	9	16	11	9	9	14	10	12	12	9	9	12	13	14	14	11	11	7	13	10	9
9	14	10	14	11	13	10	10	14	14	11	10	14	12	11	10	9	13	12	7	10	13	7	17	8	12	11	10	12	13	11
10	11	14	14	10	12	10	14	12	13	9	14	13	8	11	12	12	14	12	10	12	12	11	10	14	12	13	10	14	11	9
11	12	7	15	10	12	12	12	18	12	14	10	13	11	11	9	11	12	16	17	11	13	13	13	13	9	10	11	11	11	15
12	13	11	16	10	13	9	13	14	14	12	11	13	12	12	15	12	13	8	17	9	12	13	17	8	11	14	15	18	9	13
13	12	16	15	16	15	14	14	13	12	12	9	12	11	15	13	16	16	9	10	9	8	8	11	10	9	10	13	10	14	15
14	10	10	11	10	9	11	13	12	7	11	14	12	13	10	15	11	11	10	16	13	9	11	10	12	12	15	13	13	7	10
15	14	15	14	11	11	13	15	15	15	11	14	14	12	9	12	13	11	11	17	16	13	14	12	16	14	15	8	12	10	12
16	14	12	14	15	16	15	10	10	14	7	12	13	8	16	15	7	11	9	12	11	11	11	8	10	11	15	7	12	12	14
17	10	7	15	17	15	13	18	14	12	11	12	16	15	10	10	15	15	10	11	10	10	10	8	11	15	16	11	10	15	13
18	7	12	11	10	9	13	16	15	12	12	12	11	11	7	17	14	13	9	15	13	14	15	7	8	9	11	14	11	9	10
19	12	16	14	12	10	16	13	13	14	8	13	14	9	13	13	14	12	11	13	9	13	12	14	15	13	15	13	10	10	6
20	14	11	9	13	9	14	12	10	15	9	12	12	11	14	12	11	13	11	14	10	10	9	13	14	15	8	12	11	8	15
21	11	10	10	10	12	11	11	13	15	11	13	13	13	12	10	13	10	9	11	13	16	11	12	10	12	11	14	7	12	11
22	11	15	8	17	11	14	10	13	14	16	13	13	11	15	14	10	14	15	14	11	10	12	6	11	9	13	11	14	8	14
23	9	10	15	16	16	15	9	16	10	15	14	12	15	12	13	6	12	11	11	16	12	14	13	7	13	11	12	10	9	11
24	10	14	15	11	10	10	15	15	14	10	14	12	13	11	13	11	16	16	10	6	12	12	14	12	10	13	14	11	13	15
25	12	10	13	17	13	6	11	11	15	10	15	14	15	11	15	17	14	12	9	14	11	15	12	16	10	15	16	10	11	10
26	8	14	13	12	14	13	11	15	15	12	14	14	14	10	11	10	13	16	13	15	12	14	10	11	11	11	9	13	11	11
27	11	13	12	13	14	11	11	14	10	11	9	11	12	15	13	15	12	13	12	10	15	9	14	9	10	13	13	13	15	13
28	16	9	11	10	14	15	13	14	12	9	9	13	15	12	14	12	13	9	14	15	18	15	13	8	12	12	9	13	13	13
29	10	12	10	13	13	10	10	10	14	7	12	12	11	9	8	11	12	15	15	10	11	9	15	12	11	15	14	12	11	10
30	14	13	12	9	9	10	16	10	11	9	14	12	14	9	13	11	15	10	13	15	15	11	12	15	11	14	11	11	9	16
31	10	11	14	13	11	12	17	10	14	11	10	13	12	13	14	8	13	12	15	11	18	12	11	12	12	16	12	14	7	14
32	11	17	10	13	15	10	14	12	11	12	10	9	9	12	13	14	8	15	12	10	10	9	11	15	10	12	13	12	10	13
33	16	15	7	7	18	11	13	11	12	10	14	14	11	15	15	15	15	10	11	12	13	9	17	14	17	13	12	15	16	11
34	14	15	10	13	14	12	10	7	12	16	14	10	14	7	9	12	8	9	13	9	13	8	12	10	10	13	12	11	13	9
35	9	15	11	12	15	6	10	13	9	10	12	14	12	11	10	9	18	12	17	12	16	7	13	8	8	13	9	9	14	14
36	13	14	10	12	10	12	16	11	8	13	10	9	14	7	15	7	13	11	9	12	10	10	17	12	16	9	10	11	15	10
37	12	9	10	13	11	11	14	10	10	11	14	11	11	8	14	13	15	13	8	9	11	13	13	11	13	14	14	7	11	10
38	10	11	15	14	11	11	10	12	9	16	11	9	9	14	10	12	12	9	9	12	13	14	14	11	11	7	13	10	9	10
39	10	14	11	13	10	10	14	14	11	10	14	12	11	10	9	13	12	7	10	13	7	17	8	12	11	10	12	13	11	15
40	14	14	10	12	10	14	12	13	9	14	13	8	11	12	12	14	12	10	12	12	11	10	14	12	13	10	14	11	9	10
41	7	15	10	12	12	12	18	12	14	10	13	11	11	9	11	12	16	17	11	13	13	13	13	9	10	11	11	11	15	14
42	11	16	10	13	9	13	14	14	12	11	13	12	12	15	12	13	8	17	9	12	13	17	8	11	14	15	18	9	13	9
43	16	15	16	15	14	14	13	12	12	9	12	11	15	13	16	16	9	10	9	8	8	11	10	9	10	13	10	14	15	12
44	10	11	10	9	11	13	12	7	11	14	12	13	10	15	11	11	10	16	13	9	11	10	12	12	15	13	13	7	10	14
45	15	14	11	11	13	15	15	15	11	14	14	12	9	12	13	11	11	17	16	13	14	12	16	14	15	8	12	10	12	15
46	12	14	15	16	15	10	10	14	7	12	13	8	16	15	7	11	9	12	11	11	11	8	10	11	15	7	12	12	14	13
47	7	15	17	15	13	18	14	12	11	12	16	15	10	10	15	15	10	11	10	10	10	8	11	15	16	11	10	15	13	10
48	12	11	10	9	13	16	15	12	12	12	11	11	7	17	14	13	9	15	13	14	15	7	8	9	11	14	11	9	10	9
49	16	14	12	10	16	13	13	14	8	13	14	9	13	13	14	12	11	13	9	13	12	14	15	13	15	13	10	10	6	14
50	11	9	13	9	14	12	10	15	9	12	12	11	14	12	11	13	11	14	10	10	9	13	14	15	8	12	11	8	15	12
51	10	10	10	12	11	11	13	15	11	13	13	13	12	10	13	10	9	11	13	16	11	12	10	12	11	14	7	12	11	17
52	15	8	17	11	14	10	13	14	16	13	13	11	15	14	10	14	15	14	11	10	12	6	11	9	13	11	14	8	14	9
53	10	15	16	16	15	9	16	10	15	14	12	15	12	13	6	12	11	11	16	12	14	13	7	13	11	12	10	9	11	15
54	14	15	11	10	10	15	15	14	10	14	12	13	11	13	11	16	16	10	6	12	12	14	12	10	13	14	11	13	15	7
55	10	13	17	13	6	11	11	15	10	15	14	15	11	15	17	14	12	9	14	11	15	12	16	10	15	16	10	11	10	8
56	14	13	12	14	13	11	15	15	12	14	14	14	10	11	10	13	16	13	15	12	14	10	11	11	11	9	13	11	11	12
57	13	12	13	14	11	11	14	10	11	9	11	12	15	13	15	12	13	12	10	15	9	14	9	10	13	13	13	15	13	11
58	9	11	10	14	15	13	14	12	9	9	13	15	12	14	12	13	9	14	15	18	15	13	8	12	12	9	13	13	13	10
59	12	10	13	13	10	10	10	14	7	12	12	11	9	8	11	12	15	15	10	11	9	15	12	11	15	14	12	11	10	14

Minutes

SECONDS	30	31	32	33	34	35	36	37	38	39	40	41	42	43	44	45	46	47	48	49	50	51	52	53	54	55	56	57	58	59
0	16	15	13	11	12	15	11	12	14	13	12	16	13	13	11	11	12	13	14	15	13	8	8	12	15	12	15	13	14	11
1	**14**	**9**	**9**	**9**	**16**	**13**	**14**	**14**	**12**	**15**	**13**	**10**	**10**	**13**	**9**	**14**	**13**	**18**	**16**	**8**	**9**	**12**	**13**	**11**	**16**	**17**	**7**	**10**	**15**	**12**
2	13	11	17	11	13	12	14	9	6	10	12	12	13	13	12	15	13	14	13	15	13	14	15	11	13	13	11	14	9	10
3	**11**	**15**	**16**	**10**	**8**	**8**	**10**	**11**	**14**	**14**	**8**	**13**	**9**	**14**	**13**	**13**	**11**	**12**	**16**	**11**	**10**	**10**	**15**	**18**	**13**	**16**	**9**	**10**	**13**	**13**
4	9	7	10	9	13	11	12	13	13	9	13	15	15	12	12	16	15	13	16	10	14	9	14	14	13	14	13	14	15	14
5	**14**	**16**	**16**	**15**	**11**	**14**	**12**	**10**	**13**	**16**	**14**	**9**	**14**	**11**	**12**	**12**	**9**	**7**	**12**	**11**	**17**	**12**	**15**	**11**	**12**	**10**	**9**	**14**	**12**	**11**
6	10	9	12	10	16	9	14	15	7	11	10	8	15	11	16	12	15	14	10	10	10	13	11	11	13	8	14	8	10	15
7	**10**	**14**	**11**	**16**	**10**	**11**	**11**	**9**	**9**	**11**	**10**	**12**	**11**	**8**	**14**	**11**	**11**	**11**	**6**	**10**	**13**	**11**	**9**	**8**	**11**	**17**	**16**	**13**	**18**	**17**
8	10	10	17	10	13	11	12	7	13	14	14	8	10	11	9	10	14	14	13	17	11	13	10	12	12	14	13	8	10	11
9	**15**	**12**	**14**	**8**	**16**	**12**	**13**	**12**	**12**	**14**	**10**	**14**	**13**	**10**	**17**	**15**	**9**	**11**	**17**	**12**	**11**	**14**	**12**	**10**	**15**	**10**	**12**	**8**	**10**	**8**
10	10	11	12	13	16	15	11	14	11	12	15	13	12	15	10	12	9	11	13	15	10	12	12	17	10	13	13	17	13	10
11	**14**	**12**	**10**	**10**	**11**	**11**	**14**	**11**	**14**	**12**	**8**	**13**	**14**	**12**	**16**	**9**	**9**	**15**	**15**	**14**	**15**	**13**	**12**	**12**	**12**	**10**	**16**	**15**	**14**	**13**
12	9	9	13	11	15	17	14	12	9	12	10	14	14	10	14	13	14	10	13	6	13	10	13	10	11	12	16	11	17	13
13	**12**	**11**	**14**	**12**	**12**	**16**	**11**	**14**	**11**	**8**	**12**	**13**	**9**	**8**	**12**	**16**	**15**	**14**	**14**	**10**	**12**	**13**	**13**	**13**	**16**	**11**	**9**	**16**	**9**	**14**
14	14	12	12	12	13	10	14	15	10	13	11	13	10	12	14	11	13	16	12	11	11	8	17	14	12	10	11	14	10	11
15	**15**	**9**	**10**	**13**	**11**	**9**	**14**	**11**	**12**	**12**	**13**	**16**	**13**	**11**	**10**	**13**	**11**	**7**	**14**	**11**	**13**	**9**	**13**	**11**	**17**	**11**	**11**	**10**	**13**	**13**
16	13	15	11	9	8	7	13	16	15	12	16	13	11	11	15	8	9	13	12	14	14	13	14	11	9	12	13	7	14	12
17	**10**	**10**	**11**	**16**	**7**	**14**	**11**	**11**	**11**	**14**	**13**	**14**	**16**	**14**	**12**	**10**	**9**	**17**	**11**	**13**	**11**	**17**	**12**	**17**	**11**	**13**	**14**	**14**	**12**	**12**
18	9	17	10	12	8	13	13	13	14	8	13	13	11	15	13	14	13	11	10	12	9	16	14	17	17	16	13	16	18	10
19	**14**	**13**	**8**	**14**	**13**	**11**	**10**	**14**	**10**	**16**	**11**	**8**	**13**	**13**	**12**	**9**	**8**	**11**	**8**	**9**	**12**	**11**	**9**	**9**	**15**	**11**	**10**	**15**	**11**	**9**
20	12	12	14	14	10	11	12	7	10	10	17	13	11	17	12	13	12	11	10	16	10	13	14	13	7	9	10	13	12	15
21	**17**	**12**	**14**	**9**	**13**	**11**	**15**	**9**	**15**	**6**	**13**	**7**	**6**	**16**	**8**	**12**	**9**	**11**	**13**	**13**	**10**	**8**	**11**	**16**	**15**	**15**	**14**	**14**	**9**	**13**
22	9	8	14	12	14	10	10	15	14	14	12	11	13	13	10	12	13	10	10	10	15	10	15	12	13	13	11	8	10	16
23	**15**	**10**	**11**	**10**	**12**	**12**	**11**	**14**	**10**	**9**	**12**	**15**	**13**	**11**	**13**	**14**	**8**	**17**	**14**	**13**	**8**	**11**	**15**	**12**	**10**	**11**	**13**	**13**	**11**	**14**
24	7	14	11	13	12	9	14	12	16	15	7	16	12	14	13	11	12	14	14	9	13	9	17	12	13	10	7	13	11	11
25	**8**	**15**	**9**	**17**	**14**	**16**	**12**	**16**	**13**	**11**	**17**	**12**	**13**	**9**	**13**	**15**	**15**	**14**	**12**	**13**	**8**	**14**	**14**	**13**	**12**	**13**	**9**	**14**	**15**	**15**
26	12	10	9	12	8	16	12	15	15	12	14	12	14	8	8	14	13	10	7	16	14	11	13	15	12	16	15	15	15	11
27	**11**	**13**	**13**	**15**	**15**	**13**	**12**	**14**	**12**	**13**	**11**	**9**	**10**	**10**	**14**	**14**	**12**	**12**	**14**	**13**	**13**	**8**	**13**	**6**	**8**	**12**	**12**	**8**	**12**	**15**
28	10	12	14	14	10	14	12	11	14	15	9	14	14	10	13	12	9	9	11	14	10	12	9	6	11	8	11	10	7	14
29	**14**	**15**	**9**	**11**	**11**	**14**	**11**	**7**	**11**	**9**	**14**	**12**	**12**	**10**	**11**	**15**	**14**	**15**	**12**	**15**	**12**	**12**	**11**	**12**	**12**	**13**	**11**	**9**	**11**	**11**
30	15	13	11	12	15	11	12	14	13	12	16	13	13	11	11	12	13	14	15	13	8	8	12	15	12	15	13	14	11	16
31	**9**	**9**	**9**	**16**	**13**	**14**	**14**	**12**	**15**	**13**	**10**	**10**	**13**	**9**	**14**	**13**	**18**	**16**	**8**	**9**	**12**	**13**	**11**	**16**	**17**	**7**	**10**	**15**	**12**	**12**
32	11	17	11	13	12	14	9	6	10	12	12	13	13	12	15	13	14	13	15	13	14	15	11	13	13	11	14	9	10	9
33	**15**	**16**	**10**	**8**	**8**	**10**	**11**	**14**	**14**	**8**	**13**	**9**	**14**	**13**	**13**	**11**	**12**	**16**	**11**	**10**	**10**	**15**	**18**	**13**	**16**	**9**	**10**	**13**	**13**	**11**
34	7	10	9	13	11	12	13	13	9	13	15	15	12	12	16	15	13	16	10	14	9	14	14	13	14	13	14	15	14	10
35	**16**	**16**	**15**	**11**	**14**	**12**	**10**	**13**	**16**	**14**	**9**	**14**	**11**	**12**	**12**	**9**	**7**	**12**	**11**	**17**	**12**	**15**	**11**	**12**	**10**	**9**	**14**	**12**	**11**	**15**
36	9	12	10	16	9	14	15	7	11	10	8	15	11	16	12	15	14	10	10	10	13	11	11	13	8	14	8	10	15	14
37	**14**	**11**	**16**	**10**	**11**	**11**	**9**	**9**	**11**	**10**	**12**	**11**	**8**	**14**	**11**	**11**	**11**	**6**	**10**	**13**	**11**	**9**	**8**	**11**	**17**	**16**	**13**	**18**	**17**	**15**
38	10	17	10	13	11	12	7	13	14	14	8	10	11	9	10	14	14	13	17	11	13	10	12	12	14	13	8	10	11	8
39	**12**	**14**	**8**	**16**	**12**	**13**	**12**	**12**	**14**	**10**	**14**	**13**	**10**	**17**	**15**	**9**	**11**	**17**	**12**	**11**	**14**	**12**	**10**	**15**	**10**	**12**	**8**	**10**	**8**	**12**
40	11	12	13	16	15	11	14	11	12	15	13	12	15	10	12	9	11	13	15	10	12	12	17	10	13	13	17	13	10	11
41	**12**	**10**	**10**	**11**	**11**	**14**	**11**	**14**	**12**	**8**	**13**	**14**	**12**	**16**	**9**	**9**	**15**	**15**	**14**	**15**	**13**	**12**	**12**	**12**	**10**	**16**	**15**	**14**	**13**	**12**
42	9	13	11	15	17	14	12	9	12	10	14	14	10	14	13	14	10	13	6	13	10	13	10	11	12	16	11	17	13	15
43	**11**	**14**	**12**	**12**	**16**	**11**	**14**	**11**	**8**	**12**	**13**	**9**	**8**	**12**	**16**	**15**	**14**	**14**	**10**	**12**	**13**	**13**	**13**	**16**	**11**	**9**	**16**	**9**	**14**	**13**
44	12	12	12	13	10	14	15	10	13	11	13	10	12	14	11	13	16	12	11	11	8	17	14	12	10	11	14	10	11	15
45	**9**	**10**	**13**	**11**	**9**	**14**	**11**	**12**	**12**	**13**	**16**	**13**	**11**	**10**	**13**	**11**	**7**	**14**	**11**	**13**	**9**	**13**	**11**	**17**	**11**	**11**	**10**	**13**	**13**	**15**
46	15	11	9	8	7	13	16	15	12	16	13	11	11	15	8	9	13	12	14	14	13	14	11	9	12	13	7	14	12	13
47	**10**	**11**	**16**	**7**	**14**	**11**	**11**	**11**	**14**	**13**	**14**	**16**	**14**	**12**	**10**	**9**	**17**	**11**	**13**	**11**	**17**	**12**	**17**	**11**	**13**	**14**	**14**	**12**	**12**	**13**
48	17	10	12	8	13	13	13	14	8	13	13	11	15	13	14	13	11	10	12	9	16	14	17	17	16	13	16	18	10	12
49	**13**	**8**	**14**	**13**	**11**	**10**	**14**	**10**	**16**	**11**	**8**	**13**	**13**	**12**	**9**	**8**	**11**	**8**	**9**	**12**	**11**	**9**	**9**	**15**	**11**	**10**	**15**	**11**	**9**	**15**
50	12	14	14	10	11	12	7	10	10	17	13	11	17	12	13	12	11	10	16	10	13	14	13	7	9	10	13	12	15	11
51	**12**	**14**	**9**	**13**	**11**	**15**	**9**	**15**	**6**	**13**	**7**	**6**	**16**	**8**	**12**	**9**	**11**	**13**	**13**	**10**	**8**	**11**	**16**	**15**	**15**	**14**	**14**	**9**	**13**	**14**
52	8	14	12	14	10	10	15	14	14	12	11	13	13	10	12	13	10	10	10	15	10	15	12	13	13	11	8	10	16	12
53	**10**	**11**	**10**	**12**	**12**	**11**	**14**	**10**	**9**	**12**	**15**	**13**	**11**	**13**	**14**	**8**	**17**	**14**	**13**	**8**	**11**	**15**	**12**	**10**	**11**	**13**	**13**	**11**	**14**	**13**
54	14	11	13	12	9	14	12	16	15	7	16	12	14	13	11	12	14	14	9	13	9	17	12	13	10	7	13	11	11	15
55	**15**	**9**	**17**	**14**	**16**	**12**	**16**	**13**	**11**	**17**	**12**	**13**	**9**	**13**	**15**	**15**	**14**	**12**	**13**	**8**	**14**	**14**	**13**	**12**	**13**	**9**	**14**	**15**	**15**	**11**
56	10	9	12	8	16	12	15	15	12	14	12	14	8	8	14	13	10	7	16	14	11	13	15	12	16	15	15	15	11	17
57	**13**	**13**	**15**	**15**	**13**	**12**	**14**	**12**	**13**	**11**	**9**	**10**	**10**	**14**	**14**	**12**	**12**	**14**	**13**	**13**	**8**	**13**	**6**	**8**	**12**	**12**	**8**	**12**	**15**	**10**
58	12	14	14	10	14	12	11	14	15	9	14	14	10	13	12	9	9	11	14	10	12	9	6	11	8	11	10	7	14	12
59	**15**	**9**	**11**	**11**	**14**	**11**	**7**	**11**	**9**	**14**	**12**	**12**	**10**	**11**	**15**	**14**	**15**	**12**	**15**	**12**	**12**	**11**	**12**	**12**	**13**	**11**	**9**	**11**	**11**	**14**

Probability and Odds Tables

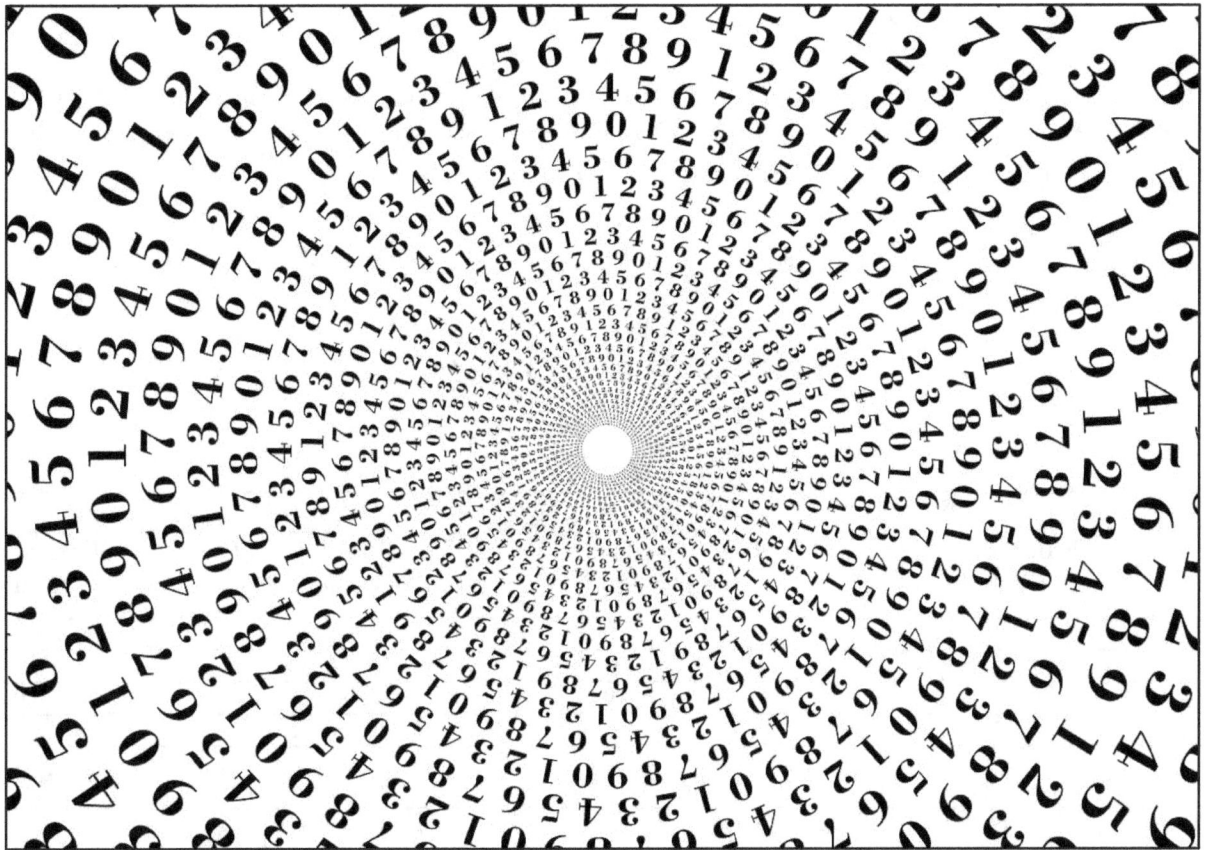

The tables in this section provide the probability and odds of rolling a given number with a given set of dice, for four, six, eight and ten-sided dice. For example, the probability of rolling 17 using 5D8. Two sets of figures are provided:

1. The probability and odds of rolling exactly a given number.

2. The probability and odds of rolling that number or greater.

Probability and odds are the same thing but represented differently. A 50% probability is the same as odds of 1 in 2. A 10% probability is the same as odds of 1 in 10 and so on.

Consider the 2D4 table below. The probability of rolling exactly a 7 is 12.5% This is the same as odds of 1 in 8. The probability of rolling 7 or more is 18.75% which is the same as odds of 1 in 5.3333.

All values are based on the theoretical probability of given rolls rather than the numbers in the dice tables presented earlier in the book. The distribution of rolls in the tables will be similar, but not identical to, the theoretical probabilities – that's the nature of random processes!

D4 Probability and Odds Tables

1D4				
Roll	Probability of exactly that roll	Odds of exactly that roll (1 in X)	Probability of rolling equal or greater	Odds of rolling equal or greater (1 in X)
1	25.0000%	4.0000	100.0000%	1.0000
2	25.0000%	4.0000	75.0000%	2.0000
3	25.0000%	4.0000	50.0000%	3.0000
4	25.0000%	4.0000	25.0000%	4.0000

2D4				
Roll	Probability of exactly that roll	Odds of exactly that roll (1 in X)	Probability of rolling equal or greater	Odds of rolling equal or greater (1 in X)
2	6.2500%	16.0000	100.0000%	1.0000
3	12.5000%	8.0000	93.7500%	1.0667
4	18.7500%	5.3333	81.2500%	1.2308
5	25.0000%	4.0000	62.5000%	1.6000
6	18.7500%	5.3333	37.5000%	2.6667
7	12.5000%	8.0000	18.7500%	5.3333
8	6.2500%	16.0000	6.2500%	16.0000

3D4				
Roll	Probability of exactly that roll	Odds of exactly that roll (1 in X)	Probability of rolling equal or greater	Odds of rolling equal or greater (1 in X)
3	1.5625%	64.0000	100.0000%	1.0000
4	4.6875%	21.3333	98.4375%	1.0159
5	9.3750%	10.6667	93.7500%	1.0667
6	15.6250%	6.4000	84.3750%	1.1852
7	18.7500%	5.3333	68.7500%	1.4545
8	18.7500%	5.3333	50.0000%	2.0000
9	15.6250%	6.4000	31.2500%	3.2000
10	9.3750%	10.6667	15.6250%	6.4000
11	4.6875%	21.3333	6.2500%	16.0000
12	1.5625%	64.0000	1.5625%	64.0000

4D4				
Roll	Probability of exactly that roll	Odds of exactly that roll (1 in X)	Probability of rolling equal or greater	Odds of rolling equal or greater (1 in X)
4	0.3906%	256.0000	100.0000%	1.0000
5	1.5625%	64.0000	99.6094%	1.0039
6	3.9063%	25.6000	98.0469%	1.0199
7	7.8125%	12.8000	94.1406%	1.0622
8	12.1094%	8.2581	86.3281%	1.1584
9	15.6250%	6.4000	74.2188%	1.3474
10	17.1875%	5.8182	58.5938%	1.7067
11	15.6250%	6.4000	41.4063%	2.4151
12	12.1094%	8.2581	25.7813%	3.8788
13	7.8125%	12.8000	13.6719%	7.3143
14	3.9063%	25.6000	5.8594%	17.0667
15	1.5625%	64.0000	1.9531%	51.2000
16	0.3906%	256.0000	0.3906%	256.0000

5D4				
Roll	Probability of exactly that roll	Odds of exactly that roll (1 in X)	Probability of rolling equal or greater	Odds of rolling equal or greater (1 in X)
5	0.0977%	1024.0000	100.0000%	1.0000
6	0.4883%	204.8000	99.9023%	1.0010
7	1.4648%	68.2667	99.4141%	1.0059
8	3.4180%	29.2571	97.9492%	1.0209
9	6.3477%	15.7538	94.5313%	1.0579
10	9.8633%	10.1386	88.1836%	1.1340
11	13.1836%	7.5852	78.3203%	1.2768
12	15.1367%	6.6065	65.1367%	1.5352
13	15.1367%	6.6065	50.0000%	2.0000
14	13.1836%	7.5852	34.8633%	2.8683
15	9.8633%	10.1386	21.6797%	4.6126
16	6.3477%	15.7538	11.8164%	8.4628
17	3.4180%	29.2571	5.4688%	18.2857
18	1.4648%	68.2667	2.0508%	48.7619
19	0.4883%	204.8000	0.5859%	170.6667
20	0.0977%	1024.0000	0.0977%	1024.0000

6D4				
Roll	Probability of exactly that roll	Odds of exactly that roll (1 in X)	Probability of rolling equal or greater	Odds of rolling equal or greater (1 in X)
6	0.0244%	4096.0000	100.0000%	1.0000
7	0.1465%	682.6667	99.9756%	1.0002
8	0.5127%	195.0476	99.8291%	1.0017
9	1.3672%	73.1429	99.3164%	1.0069
10	2.9297%	34.1333	97.9492%	1.0209
11	5.2734%	18.9630	95.0195%	1.0524
12	8.2031%	12.1905	89.7461%	1.1143
13	11.1328%	8.9825	81.5430%	1.2263
14	13.3301%	7.5018	70.4102%	1.4202
15	14.1602%	7.0621	57.0801%	1.7519
16	13.3301%	7.5018	42.9199%	2.3299
17	11.1328%	8.9825	29.5898%	3.3795
18	8.2031%	12.1905	18.4570%	5.4180
19	5.2734%	18.9630	10.2539%	9.7524
20	2.9297%	34.1333	4.9805%	20.0784
21	1.3672%	73.1429	2.0508%	48.7619
22	0.5127%	195.0476	0.6836%	146.2857
23	0.1465%	682.6667	0.1709%	585.1429
24	0.0244%	4096.0000	0.0244%	4096.0000

D6 Probability and Odds Tables

1D6				
Roll	Probability of exactly that roll	Odds of exactly that roll (1 in X)	Probability of rolling equal or greater	Odds of rolling equal or greater (1 in X)
1	16.6700%	6.0000	100.0000%	1.0000
2	16.6700%	6.0000	83.3333%	1.2000
3	16.6700%	6.0000	66.6667%	1.5000
4	16.6700%	6.0000	50.0000%	2.0000
5	16.6700%	6.0000	33.3333%	3.0000
6	16.6700%	6.0000	16.6667%	6.0000

2D6				
Roll	Probability of exactly that roll	Odds of exactly that roll (1 in X)	Probability of rolling equal or greater	Odds of rolling equal or greater (1 in X)
2	2.7778%	36.0000	100.0000%	1.0000
3	5.5556%	18.0000	97.2222%	1.0286
4	8.3333%	12.0000	91.6667%	1.0909
5	11.1111%	9.0000	83.3333%	1.2000
6	13.8889%	7.2000	72.2222%	1.3846
7	16.6667%	6.0000	58.3333%	1.7143
8	13.8889%	7.2000	41.6667%	2.4000
9	11.1111%	9.0000	27.7778%	3.6000
10	8.3333%	12.0000	16.6667%	6.0000
11	5.5556%	18.0000	8.3333%	12.0000
12	2.7778%	36.0000	2.7778%	36.0000

3D6				
Roll	Probability of exactly that roll	Odds of exactly that roll (1 in X)	Probability of rolling equal or greater	Odds of rolling equal or greater (1 in X)
3	0.4630%	216.0000	100.0000%	1.0000
4	1.3889%	72.0000	99.5370%	1.0047
5	2.7778%	36.0000	98.1481%	1.0189
6	4.6296%	21.6000	95.3704%	1.0485
7	6.9444%	14.4000	90.7407%	1.1020
8	9.7222%	10.2857	83.7963%	1.1934
9	11.5741%	8.6400	74.0741%	1.3500
10	12.5000%	8.0000	62.5000%	1.6000
11	12.5000%	8.0000	50.0000%	2.0000
12	11.5741%	8.6400	37.5000%	2.6667
13	9.7222%	10.2857	25.9259%	3.8571
14	6.9444%	14.4000	16.2037%	6.1714
15	4.6296%	21.6000	9.2593%	10.8000
16	2.7778%	36.0000	4.6296%	21.6000
17	1.3889%	72.0000	1.8519%	54.0000
18	0.4630%	216.0000	0.4630%	216.0000

4D6				
Roll	Probability of exactly that roll	Odds of exactly that roll (1 in X)	Probability of rolling equal or greater	Odds of rolling equal or greater (1 in X)
4	0.0772%	1,296.0000	100.0000%	1.0000
5	0.3086%	324.0000	99.9228%	1.0008
6	0.7716%	129.6000	99.6142%	1.0039
7	1.5432%	64.8000	98.8426%	1.0117
8	2.7006%	37.0286	97.2994%	1.0278
9	4.3210%	23.1429	94.5988%	1.0571
10	6.1728%	16.2000	90.2778%	1.1077
11	8.0247%	12.4615	84.1049%	1.1890
12	9.6451%	10.3680	76.0802%	1.3144
13	10.8025%	9.2571	66.4352%	1.5052
14	11.2654%	8.8767	55.6327%	1.7975
15	10.8025%	9.2571	44.3673%	2.2539
16	9.6451%	10.3680	33.5648%	2.9793
17	8.0247%	12.4615	23.9198%	4.1806
18	6.1728%	16.2000	15.8951%	6.2913
19	4.3210%	23.1429	9.7222%	10.2857
20	2.7006%	37.0286	5.4012%	18.5143
21	1.5432%	64.8000	2.7006%	37.0286
22	0.7716%	129.6000	1.1574%	86.4000
23	0.3086%	324.0000	0.3858%	259.2000
24	0.0772%	1,296.0000	0.0772%	1,296.0000

5D6				
Roll	Probability of exactly that roll	Odds of exactly that roll (1 in X)	Probability of rolling equal or greater	Odds of rolling equal or greater (1 in X)
5	0.0129%	7,776.0000	100.0000%	1.0000
6	0.0643%	1,555.2000	99.9871%	1.0001
7	0.1929%	518.4000	99.9228%	1.0008
8	0.4501%	222.1714	99.7299%	1.0027
9	0.9002%	111.0857	99.2798%	1.0073
10	1.6204%	61.7143	98.3796%	1.0165
11	2.6363%	37.9317	96.7593%	1.0335
12	3.9223%	25.4951	94.1229%	1.0624
13	5.4012%	18.5143	90.2006%	1.1086
14	6.9444%	14.4000	84.7994%	1.1793
15	8.3719%	11.9447	77.8549%	1.2844
16	9.4522%	10.5796	69.4830%	1.4392
17	10.0309%	9.9692	60.0309%	1.6658
18	10.0309%	9.9692	50.0000%	2.0000
19	9.4522%	10.5796	39.9691%	2.5019
20	8.3719%	11.9447	30.5170%	3.2769
21	6.9444%	14.4000	22.1451%	4.5157
22	5.4012%	18.5143	15.2006%	6.5787
23	3.9223%	25.4951	9.7994%	10.2047
24	2.6363%	37.9317	5.8771%	17.0153
25	1.6204%	61.7143	3.2407%	30.8571
26	0.9002%	111.0857	1.6204%	61.7143
27	0.4501%	222.1714	0.7202%	138.8571
28	0.1929%	518.4000	0.2701%	370.2857
29	0.0643%	1,555.2000	0.0772%	1,296.0000
30	0.0129%	7,776.0000	0.0129%	7,776.0000

6D6				
Roll	Probability of exactly that roll	Odds of exactly that roll (1 in X)	Probability of rolling equal or greater	Odds of rolling equal or greater (1 in X)
6	0.0021%	46,656.0000	100.0000%	1.0000
7	0.0129%	7,776.0000	99.9979%	1.0000
8	0.0450%	2,221.7143	99.9850%	1.0002
9	0.1200%	833.1429	99.9400%	1.0006
10	0.2701%	370.2857	99.8200%	1.0018
11	0.5401%	185.1429	99.5499%	1.0045
12	0.9774%	102.3158	99.0098%	1.0100
13	1.6204%	61.7143	98.0324%	1.0201
14	2.4884%	40.1860	96.4120%	1.0372
15	3.5708%	28.0048	93.9236%	1.0647
16	4.8161%	20.7637	90.3528%	1.1068
17	6.1214%	16.3361	85.5367%	1.1691
18	7.3538%	13.5984	79.4153%	1.2592
19	8.3719%	11.9447	72.0615%	1.3877
20	9.0471%	11.0533	63.6896%	1.5701
21	9.2850%	10.7701	54.6425%	1.8301
22	9.0471%	11.0533	45.3575%	2.2047
23	8.3719%	11.9447	36.3104%	2.7540
24	7.3538%	13.5984	27.9385%	3.5793
25	6.1214%	16.3361	20.5847%	4.8580
26	4.8161%	20.7637	14.4633%	6.9140
27	3.5708%	28.0048	9.6472%	10.3657
28	2.4884%	40.1860	6.0764%	16.4571
29	1.6204%	61.7143	3.5880%	27.8710
30	0.9774%	102.3158	1.9676%	50.8235
31	0.5401%	185.1429	0.9902%	100.9870
32	0.2701%	370.2857	0.4501%	222.1714
33	0.1200%	833.1429	0.1800%	555.4286
34	0.0450%	2,221.7143	0.0600%	1,666.2857
35	0.0129%	7,776.0000	0.0150%	6,665.1429
36	0.0021%	46,656.0000	0.0021%	46,656.0000

D8 (1 – 8) Probability and Odds Tables

1D8				
Roll	Probability of exactly that roll	Odds of exactly that roll (1 in X)	Probability of rolling equal or greater	Odds of rolling equal or greater (1 in X)
1	12.5000%	8.0000	100.0000%	1.0000
2	12.5000%	8.0000	87.5000%	1.1429
3	12.5000%	8.0000	75.0000%	1.3333
4	12.5000%	8.0000	62.5000%	1.6000
5	12.5000%	8.0000	50.0000%	2.0000
6	12.5000%	8.0000	37.5000%	2.6667
7	12.5000%	8.0000	25.0000%	4.0000
8	12.5000%	8.0000	12.5000%	8.0000

2D8				
Roll	Probability of exactly that roll	Odds of exactly that roll (1 in X)	Probability of rolling equal or greater	Odds of rolling equal or greater (1 in X)
2	1.5625%	64.0000	100.0000%	1.0000
3	3.1250%	32.0000	98.4375%	1.0159
4	4.6875%	21.3333	95.3125%	1.0492
5	6.2500%	16.0000	90.6250%	1.1034
6	7.8125%	12.8000	84.3750%	1.1852
7	9.3750%	10.6667	76.5625%	1.3061
8	10.9375%	9.1429	67.1875%	1.4884
9	12.5000%	8.0000	56.2500%	1.7778
10	10.9375%	9.1429	43.7500%	2.2857
11	9.3750%	10.6667	32.8125%	3.0476
12	7.8125%	12.8000	23.4375%	4.2667
13	6.2500%	16.0000	15.6250%	6.4000
14	4.6875%	21.3333	9.3750%	10.6667
15	3.1250%	32.0000	4.6875%	21.3333
16	1.5625%	64.0000	1.5625%	64.0000

3D8				
Roll	Probability of exactly that roll	Odds of exactly that roll (1 in X)	Probability of rolling equal or greater	Odds of rolling equal or greater (1 in X)
3	0.1953%	512.0000	100.0000%	1.0000
4	0.5859%	170.6667	99.8047%	1.0020
5	1.1719%	85.3333	99.2188%	1.0079
6	1.9531%	51.2000	98.0469%	1.0199
7	2.9297%	34.1333	96.0938%	1.0407
8	4.1016%	24.3810	93.1641%	1.0734
9	5.4688%	18.2857	89.0625%	1.1228
10	7.0313%	14.2222	83.5938%	1.1963
11	8.2031%	12.1905	76.5625%	1.3061
12	8.9844%	11.1304	68.3594%	1.4629
13	9.3750%	10.6667	59.3750%	1.6842
14	9.3750%	10.6667	50.0000%	2.0000
15	8.9844%	11.1304	40.6250%	2.4615
16	8.2031%	12.1905	31.6406%	3.1605
17	7.0313%	14.2222	23.4375%	4.2667
18	5.4688%	18.2857	16.4063%	6.0952
19	4.1016%	24.3810	10.9375%	9.1429
20	2.9297%	34.1333	6.8359%	14.6286
21	1.9531%	51.2000	3.9063%	25.6000
22	1.1719%	85.3333	1.9531%	51.2000
23	0.5859%	170.6667	0.7813%	128.0000
24	0.1953%	512.0000	0.1953%	512.0000

4D8				
Roll	Probability of exactly that roll	Odds of exactly that roll (1 in X)	Probability of rolling equal or greater	Odds of rolling equal or greater (1 in X)
4	0.0244%	4,096.0000	100.0000%	1.0000
5	0.0977%	1,024.0000	99.9756%	1.0002
6	0.2441%	409.6000	99.8779%	1.0012
7	0.4883%	204.8000	99.6338%	1.0037
8	0.8545%	117.0286	99.1455%	1.0086
9	1.3672%	73.1429	98.2910%	1.0174
10	2.0508%	48.7619	96.9238%	1.0317
11	2.9297%	34.1333	94.8730%	1.0540
12	3.9307%	25.4410	91.9434%	1.0876
13	4.9805%	20.0784	88.0127%	1.1362
14	6.0059%	16.6504	83.0322%	1.2044
15	6.9336%	14.4225	77.0264%	1.2983
16	7.6904%	13.0032	70.0928%	1.4267
17	8.2031%	12.1905	62.4023%	1.6025
18	8.3984%	11.9070	54.1992%	1.8450
19	8.2031%	12.1905	45.8008%	2.1834
20	7.6904%	13.0032	37.5977%	2.6597
21	6.9336%	14.4225	29.9072%	3.3437
22	6.0059%	16.6504	22.9736%	4.3528
23	4.9805%	20.0784	16.9678%	5.8935
24	3.9307%	25.4410	11.9873%	8.3422
25	2.9297%	34.1333	8.0566%	12.4121
26	2.0508%	48.7619	5.1270%	19.5048
27	1.3672%	73.1429	3.0762%	32.5079
28	0.8545%	117.0286	1.7090%	58.5143
29	0.4883%	204.8000	0.8545%	117.0286
30	0.2441%	409.6000	0.3662%	273.0667
31	0.0977%	1,024.0000	0.1221%	819.2000
32	0.0244%	4,096.0000	0.0244%	4,096.0000

5D8				
Roll	Probability of exactly that roll	Odds of exactly that roll (1 in X)	Probability of rolling equal or greater	Odds of rolling equal or greater (1 in X)
5	0.0031%	32,768.0000	100.0000%	1.0000
6	0.0153%	6,553.6000	99.9969%	1.0000
7	0.0458%	2,184.5333	99.9817%	1.0002
8	0.1068%	936.2286	99.9359%	1.0006
9	0.2136%	468.1143	99.8291%	1.0017
10	0.3845%	260.0635	99.6155%	1.0039
11	0.6409%	156.0381	99.2310%	1.0078
12	1.0071%	99.2970	98.5901%	1.0143
13	1.4954%	66.8735	97.5830%	1.0248
14	2.1057%	47.4899	96.0876%	1.0407
15	2.8259%	35.3866	93.9819%	1.0640
16	3.6316%	27.5361	91.1560%	1.0970
17	4.4861%	22.2912	87.5244%	1.1425
18	5.3406%	18.7246	83.0383%	1.2043
19	6.1340%	16.3025	77.6978%	1.2870
20	6.7932%	14.7206	71.5637%	1.3974
21	7.2632%	13.7681	64.7705%	1.5439
22	7.5073%	13.3203	57.5073%	1.7389
23	7.5073%	13.3203	50.0000%	2.0000
24	7.2632%	13.7681	42.4927%	2.3533
25	6.7932%	14.7206	35.2295%	2.8385
26	6.1340%	16.3025	28.4363%	3.5166
27	5.3406%	18.7246	22.3022%	4.4839
28	4.4861%	22.2912	16.9617%	5.8956
29	3.6316%	27.5361	12.4756%	8.0157
30	2.8259%	35.3866	8.8440%	11.3071
31	2.1057%	47.4899	6.0181%	16.6166
32	1.4954%	66.8735	3.9124%	25.5601
33	1.0071%	99.2970	2.4170%	41.3737
34	0.6409%	156.0381	1.4099%	70.9264
35	0.3845%	260.0635	0.7690%	130.0317
36	0.2136%	468.1143	0.3845%	260.0635
37	0.1068%	936.2286	0.1709%	585.1429
38	0.0458%	2,184.5333	0.0641%	1,560.3810
39	0.0153%	6,553.6000	0.0183%	5,461.3333
40	0.0031%	32,768.0000	0.0031%	32,768.0000

		6D8		
Roll	Probability of exactly that roll	Odds of exactly that roll (1 in X)	Probability of rolling equal or greater	Odds of rolling equal or greater (1 in X)
6	0.0004%	262,144.0000	100.0000%	1.0000
7	0.0023%	43,690.6667	99.9996%	1.0000
8	0.0080%	12,483.0476	99.9973%	1.0000
9	0.0214%	4,681.1429	99.9893%	1.0001
10	0.0481%	2,080.5079	99.9680%	1.0003
11	0.0961%	1,040.2540	99.9199%	1.0008
12	0.1762%	567.4113	99.8238%	1.0018
13	0.3021%	330.9899	99.6475%	1.0035
14	0.4887%	204.6401	99.3454%	1.0066
15	0.7500%	133.3388	98.8567%	1.0116
16	1.0975%	91.1171	98.1068%	1.0193
17	1.5381%	65.0159	97.0093%	1.0308
18	2.0721%	48.2592	95.4712%	1.0474
19	2.6917%	37.1519	93.3990%	1.0707
20	3.3783%	29.6007	90.7074%	1.1024
21	4.1016%	24.3810	87.3291%	1.1451
22	4.8225%	20.7360	83.2275%	1.2015
23	5.4977%	18.1893	78.4050%	1.2754
24	6.0829%	16.4395	72.9073%	1.3716
25	6.5369%	15.2979	66.8243%	1.4965
26	6.8253%	14.6515	60.2875%	1.6587
27	6.9244%	14.4416	53.4622%	1.8705
28	6.8253%	14.6515	46.5378%	2.1488
29	6.5369%	15.2979	39.7125%	2.5181
30	6.0829%	16.4395	33.1757%	3.0143
31	5.4977%	18.1893	27.0927%	3.6910
32	4.8225%	20.7360	21.5950%	4.6307
33	4.1016%	24.3810	16.7725%	5.9622
34	3.3783%	29.6007	12.6709%	7.8921
35	2.6917%	37.1519	9.2926%	10.7612
36	2.0721%	48.2592	6.6010%	15.1493
37	1.5381%	65.0159	4.5288%	22.0809
38	1.0975%	91.1171	2.9907%	33.4367
39	0.7500%	133.3388	1.8932%	52.8197
40	0.4887%	204.6401	1.1433%	87.4688
41	0.3021%	330.9899	0.6546%	152.7646
42	0.1762%	567.4113	0.3525%	283.7056
43	0.0961%	1,040.2540	0.1762%	567.4113
44	0.0481%	2,080.5079	0.0801%	1,248.3048
45	0.0214%	4,681.1429	0.0320%	3,120.7619
46	0.0080%	12,483.0476	0.0107%	9,362.2857
47	0.0023%	43,690.6667	0.0027%	37,449.1429
48	0.0004%	262,144.0000	0.0004%	262,144.0000

D10 (1-10) Probability and Odds Tables

The tables that follow are for D10 (1-10). To get probabilities for D10 (0 – 9) just subtract the number of dice from the roll column. For example, if you are rolling 2D10, then a roll of 17 using dice numbered 1 – 10 has the same probability as rolling 15 using dice numbered 0 - 9.

1D10				
Roll	Probability of exactly that roll	Odds of exactly that roll (1 in X)	Probability of rolling equal or greater	Odds of rolling equal or greater (1 in X)
1	10.0000%	10.0000	100.0000%	1.1111
2	10.0000%	10.0000	90.0000%	1.1111
3	10.0000%	10.0000	80.0000%	1.2500
4	10.0000%	10.0000	70.0000%	1.4286
5	10.0000%	10.0000	60.0000%	1.6667
6	10.0000%	10.0000	50.0000%	2.0000
7	10.0000%	10.0000	40.0000%	2.5000
8	10.0000%	10.0000	30.0000%	3.3333
9	10.0000%	10.0000	20.0000%	5.0000
10	10.0000%	10.0000	10.0000%	10.0000

2D10				
Roll	Probability of exactly that roll	Odds of exactly that roll (1 in X)	Probability of rolling equal or greater	Odds of rolling equal or greater (1 in X)
2	1.0000%	100.0000	100.0000%	1.0000
3	2.0000%	50.0000	99.0000%	1.0101
4	3.0000%	33.3333	97.0000%	1.0309
5	4.0000%	25.0000	94.0000%	1.0638
6	5.0000%	20.0000	90.0000%	1.1111
7	6.0000%	16.6667	85.0000%	1.1765
8	7.0000%	14.2857	79.0000%	1.2658
9	8.0000%	12.5000	72.0000%	1.3889
10	9.0000%	11.1111	64.0000%	1.5625
11	10.0000%	10.0000	55.0000%	1.8182
12	9.0000%	11.1111	45.0000%	2.2222
13	8.0000%	12.5000	36.0000%	2.7778
14	7.0000%	14.2857	28.0000%	3.5714
15	6.0000%	16.6667	21.0000%	4.7619
16	5.0000%	20.0000	15.0000%	6.6667
17	4.0000%	25.0000	10.0000%	10.0000
18	3.0000%	33.3333	6.0000%	16.6667
19	2.0000%	50.0000	3.0000%	33.3333
20	1.0000%	100.0000	1.0000%	100.0000

3D10				
Roll	Probability of exactly that roll	Odds of exactly that roll (1 in X)	Probability of rolling equal or greater	Odds of rolling equal or greater (1 in X)
3	0.1000%	1000.0000	100.0000%	1.0000
4	0.3000%	333.3333	99.9000%	1.0010
5	0.6000%	166.6667	99.6000%	1.0040
6	1.0000%	100.0000	99.0000%	1.0101
7	1.5000%	66.6667	98.0000%	1.0204
8	2.1000%	47.6190	96.5000%	1.0363
9	2.8000%	35.7143	94.4000%	1.0593
10	3.6000%	27.7778	91.6000%	1.0917
11	4.5000%	22.2222	88.0000%	1.1364
12	5.5000%	18.1818	83.5000%	1.1976
13	6.3000%	15.8730	78.0000%	1.2821
14	6.9000%	14.4928	71.7000%	1.3947
15	7.3000%	13.6986	64.8000%	1.5432
16	7.5000%	13.3333	57.5000%	1.7391
17	7.5000%	13.3333	50.0000%	2.0000
18	7.3000%	13.6986	42.5000%	2.3529
19	6.9000%	14.4928	35.2000%	2.8409
20	6.3000%	15.8730	28.3000%	3.5336
21	5.5000%	18.1818	22.0000%	4.5455
22	4.5000%	22.2222	16.5000%	6.0606
23	3.6000%	27.7778	12.0000%	8.3333
24	2.8000%	35.7143	8.4000%	11.9048
25	2.1000%	47.6190	5.6000%	17.8571
26	1.5000%	66.6667	3.5000%	28.5714
27	1.0000%	100.0000	2.0000%	50.0000
28	0.6000%	166.6667	1.0000%	100.0000
29	0.3000%	333.3333	0.4000%	250.0000
30	0.1000%	1,000.0000	0.1000%	1,000.0000

4D10				
Roll	Probability of exactly that roll	Odds of exactly that roll (1 in X)	Probability of rolling equal or greater	Odds of rolling equal or greater (1 in X)
4	0.0100%	10,000.0000	100.0000%	1.0000
5	0.0400%	2,500.0000	99.9900%	1.0001
6	0.1000%	1,000.0000	99.9500%	1.0005
7	0.2000%	500.0000	99.8500%	1.0015
8	0.3500%	285.7143	99.6500%	1.0035
9	0.5600%	178.5714	99.3000%	1.0070
10	0.8400%	119.0476	98.7400%	1.0128
11	1.2000%	83.3333	97.9000%	1.0215
12	1.6500%	60.6061	96.7000%	1.0341
13	2.2000%	45.4545	95.0500%	1.0521
14	2.8200%	35.4610	92.8500%	1.0770
15	3.4800%	28.7356	90.0300%	1.1107
16	4.1500%	24.0964	86.5500%	1.1554
17	4.8000%	20.8333	82.4000%	1.2136
18	5.4000%	18.5185	77.6000%	1.2887
19	5.9200%	16.8919	72.2000%	1.3850
20	6.3300%	15.7978	66.2800%	1.5088
21	6.6000%	15.1515	59.9500%	1.6681
22	6.7000%	14.9254	53.3500%	1.8744
23	6.6000%	15.1515	46.6500%	2.1436
24	6.3300%	15.7978	40.0500%	2.4969
25	5.9200%	16.8919	33.7200%	2.9656
26	5.4000%	18.5185	27.8000%	3.5971
27	4.8000%	20.8333	22.4000%	4.4643
28	4.1500%	24.0964	17.6000%	5.6818
29	3.4800%	28.7356	13.4500%	7.4349
30	2.8200%	35.4610	9.9700%	10.0301
31	2.2000%	45.4545	7.1500%	13.9860
32	1.6500%	60.6061	4.9500%	20.2020
33	1.2000%	83.3333	3.3000%	30.3030
34	0.8400%	119.0476	2.1000%	47.6190
35	0.5600%	178.5714	1.2600%	79.3651
36	0.3500%	285.7143	0.7000%	142.8571
37	0.2000%	500.0000	0.3500%	285.7143
38	0.1000%	1,000.0000	0.1500%	666.6667
39	0.0400%	2,500.0000	0.0500%	2,000.0000
40	0.0100%	10,000.0000	0.0100%	10,000.0000

5D10				
Roll	Probability of exactly that roll	Odds of exactly that roll (1 in X)	Probability of rolling equal or greater	Odds of rolling equal or greater (1 in X)
5	0.0010%	100,000.0000	100.0000%	1.0000
6	0.0050%	20,000.0000	99.9990%	1.0000
7	0.0150%	6,666.6667	99.9940%	1.0001
8	0.0350%	2,857.1429	99.9790%	1.0002
9	0.0700%	1,428.5714	99.9440%	1.0006
10	0.1260%	793.6508	99.8740%	1.0013
11	0.2100%	476.1905	99.7480%	1.0025
12	0.3300%	303.0303	99.5380%	1.0046
13	0.4950%	202.0202	99.2080%	1.0080
14	0.7150%	139.8601	98.7130%	1.0130
15	0.9960%	100.4016	97.9980%	1.0204
16	1.3400%	74.6269	97.0020%	1.0309
17	1.7450%	57.3066	95.6620%	1.0453
18	2.2050%	45.3515	93.9170%	1.0648
19	2.7100%	36.9004	91.7120%	1.0904
20	3.2460%	30.8071	89.0020%	1.1236
21	3.7950%	26.3505	85.7560%	1.1661
22	4.3350%	23.0681	81.9610%	1.2201
23	4.8400%	20.6612	77.6260%	1.2882
24	5.2800%	18.9394	72.7860%	1.3739
25	5.6310%	17.7588	67.5060%	1.4813
26	5.8750%	17.0213	61.8750%	1.6162
27	6.0000%	16.6667	56.0000%	1.7857
28	6.0000%	16.6667	50.0000%	2.0000
29	5.8750%	17.0213	44.0000%	2.2727
30	5.6310%	17.7588	38.1250%	2.6230
31	5.2800%	18.9394	32.4940%	3.0775
32	4.8400%	20.6612	27.2140%	3.6746
33	4.3350%	23.0681	22.3740%	4.4695
34	3.7950%	26.3505	18.0390%	5.5435
35	3.2460%	30.8071	14.2440%	7.0205
36	2.7100%	36.9004	10.9980%	9.0926
37	2.2050%	45.3515	8.2880%	12.0656
38	1.7450%	57.3066	6.0830%	16.4393
39	1.3400%	74.6269	4.3380%	23.0521
40	0.9960%	100.4016	2.9980%	33.3556
41	0.7150%	139.8601	2.0020%	49.9500
42	0.4950%	202.0202	1.2870%	77.7001
43	0.3300%	303.0303	0.7920%	126.2626
44	0.2100%	476.1905	0.4620%	216.4502
45	0.1260%	793.6508	0.2520%	396.8254
46	0.0700%	1,428.5714	0.1260%	793.6508
47	0.0350%	2,857.1429	0.0560%	1,785.7143
48	0.0150%	6,666.6667	0.0210%	4,761.9048
49	0.0050%	20,000.0000	0.0060%	16,666.6667
50	0.0010%	100,000.0000	0.0010%	100,000.0000

6D10				
Roll	Probability of exactly that roll	Odds of exactly that roll (1 in X)	Probability of rolling equal or greater	Odds of rolling equal or greater (1 in X)
6	0.0001%	1,000,000.0000	100.0000%	1.0000
7	0.0006%	166,666.6667	99.9999%	1.0000
8	0.0021%	47,619.0476	99.9993%	1.0000
9	0.0056%	17,857.1429	99.9972%	1.0000
10	0.0126%	7,936.5079	99.9916%	1.0001
11	0.0252%	3,968.2540	99.9790%	1.0002
12	0.0462%	2,164.5022	99.9538%	1.0005
13	0.0792%	1,262.6263	99.9076%	1.0009
14	0.1287%	777.0008	99.8284%	1.0017
15	0.2002%	499.5005	99.6997%	1.0030
16	0.2997%	333.6670	99.4995%	1.0050
17	0.4332%	230.8403	99.1998%	1.0081
18	0.6062%	164.9621	98.7666%	1.0125
19	0.8232%	121.4772	98.1604%	1.0187
20	1.0872%	91.9794	97.3372%	1.0274
21	1.3992%	71.4694	96.2500%	1.0390
22	1.7577%	56.8925	94.8508%	1.0543
23	2.1582%	46.3349	93.0931%	1.0742
24	2.5927%	38.5698	90.9349%	1.0997
25	3.0492%	32.7955	88.3422%	1.1320
26	3.5127%	28.4681	85.2930%	1.1724
27	3.9662%	25.2131	81.7803%	1.2228
28	4.3917%	22.7702	77.8141%	1.2851
29	4.7712%	20.9591	73.4224%	1.3620
30	5.0877%	19.6552	68.6512%	1.4566
31	5.3262%	18.7751	63.5635%	1.5732
32	5.4747%	18.2658	58.2373%	1.7171
33	5.5252%	18.0989	52.7626%	1.8953
34	5.4747%	18.2658	47.2374%	2.1170
35	5.3262%	18.7751	41.7627%	2.3945
36	5.0877%	19.6552	36.4365%	2.7445
37	4.7712%	20.9591	31.3488%	3.1899
38	4.3917%	22.7702	26.5776%	3.7626
39	3.9662%	25.2131	22.1859%	4.5074
40	3.5127%	28.4681	18.2197%	5.4886
41	3.0492%	32.7955	14.7070%	6.7995
42	2.5927%	38.5698	11.6578%	8.5779
43	2.1582%	46.3349	9.0651%	11.0313
44	1.7577%	56.8925	6.9069%	14.4783
45	1.3992%	71.4694	5.1492%	19.4205
46	1.0872%	91.9794	3.7500%	26.6667
47	0.8232%	121.4772	2.6628%	37.5545
48	0.6062%	164.9621	1.8396%	54.3596
49	0.4332%	230.8403	1.2334%	81.0767
50	0.2997%	333.6670	0.8002%	124.9688
51	0.2002%	499.5005	0.5005%	199.8002
52	0.1287%	777.0008	0.3003%	333.0003
53	0.0792%	1,262.6263	0.1716%	582.7506
54	0.0462%	2,164.5022	0.0924%	1,082.2511
55	0.0252%	3,968.2540	0.0462%	2,164.5022
56	0.0126%	7,936.5079	0.0210%	4,761.9048
57	0.0056%	17,857.1429	0.0084%	11,904.7619
58	0.0021%	47,619.0476	0.0028%	35,714.2857
59	0.0006%	166,666.6667	0.0007%	142,857.1429
60	0.0001%	1,000,000.0000	0.0001%	1,000,000.0000

If you are Really Struggling to Generate Numbers From 0 – 59…

Really? No timepiece available? Where the hell are you? OK, anything is possible, and who am I to judge. If you are struggling to generate numbers from 0 – 59 to use in the dice tables in this book (I don't know, maybe you're on a low-tech planet where the parent star's electromagnetic radiation destroys any electronic device without heavy EMP shielding), then cut out (one set) of the numbers below, put them in a bag and select them from the bag (with replacement). What's that? You don't have any scissors….

0	1	2	3	4	5	6	7	8	9
10	11	12	13	14	15	16	17	18	19
20	21	22	23	24	25	26	27	28	29
30	31	32	33	34	35	36	37	38	39
40	41	42	43	44	45	46	47	48	49
50	51	52	53	54	55	56	57	58	59

0	1	2	3	4	5	6	7	8	9
10	11	12	13	14	15	16	17	18	19
20	21	22	23	24	25	26	27	28	29
30	31	32	33	34	35	36	37	38	39
40	41	42	43	44	45	46	47	48	49
50	51	52	53	54	55	56	57	58	59

www.ingramcontent.com/pod-product-compliance
Lightning Source LLC
LaVergne TN
LVHW081333060426
835513LV00014B/1266